U0922483

CHINA DEVELOPMENT ZONES YEARBOOK

中国开发区年鉴

2021

中国开发区协会 编

首都经济贸易大学出版社
·北 京·

图书在版编目（CIP）数据

中国开发区年鉴.2021 / 中国开发区协会编. -- 北京：首都经济贸易大学出版社，2022.8

ISBN 978-7-5638-3367-2

Ⅰ.①中… Ⅱ.①中… Ⅲ.①经济开发区－中国－2021－年鉴 Ⅳ.① F127.9-54

中国版本图书馆 CIP 数据核字（2022）第 099883 号

中国开发区年鉴 2021
中国开发区协会 编
Zhongguo Kaifaqu Nianjian 2021

责任编辑 晓　红
封面设计 蒋萤雪
出版发行 首都经济贸易大学出版社
地　　址 北京市朝阳区红庙（邮编 100026）
电　　话 （010）65976483　65065761　65071505（传真）
E-mail publish@cueb.edu.cn
网　　址 http：//www.sjmcb.com
经　　销 全国新华书店
印　　刷 北京炫彩印刷有限责任公司
成品尺寸 185 毫米 ×260 毫米　1/16
字　　数 770 千字
印　　张 28　彩插 20 页
版　　次 2022 年 8 月第 1 版　2022 年 8 月第 1 次印刷
书　　号 ISBN 978-7-5638-3367-2
定　　价 400.00 元

中国开发区年鉴

编　委　会

卷首语

《中国开发区年鉴》（以下简称《年鉴》）是由中国开发区协会主编的大型资料性实用工具书，全面、系统、准确地记载了我国开发区的发展历程与光辉成就，面向国内外公开发行，至今已有近30年历史，具有独特的史料价值。

多年来，依托翔实的统计数据和严谨规范的文字记叙，《年鉴》介绍了我国部分各级各类开发区的基础条件、投资环境及有关政策法规等，向海内外投资商、研究机构、科技界及各界人士展示了开发区发展的整体情况，也为各有关机构和部门提供了良好的媒介服务，成为保留我国开发区历史的重要载体、汇集我国开发区各方面信息的百科全书，以及我国开发区领域公认的具有较高研究价值的年度资料性文献。在各方的协同努力下，《年鉴》的年度特征愈加鲜明，资料信息更加系统翔实，框架结构日臻完善，装帧设计独具特色，编校质量趋于一流。

《年鉴》（2021卷）重点围绕我国开发区2020年经济社会发展的主要目标和任务，收集整理了政治经济、区域协调发展、投资促进、科技创新、体制机制创新、人才引进、文化建设、生态文明建设、国际合作等方面的基本情况、重要举措、重大成就和重要经验。《年鉴》（2021卷）共收录了涵盖北京、上海、河北、浙江、江苏、福建、湖南、安徽、江西、河南和黑龙江等部分省市开发区的年度综合发展情况，以及部分国家级开发区、省级开发区及其他各类型开发区资料80余篇，层次分明、数据翔实。在此，《年鉴》编辑部特向各参编单位表示衷心的感谢和诚挚的敬意，感谢他们在资料搜集整理过程中一贯坚持“严、细、深、实”的工作作风，积极提供全面、翔实的高质量内容，高水准、高精度地进行文字把控，以及发扬无私奉献的精神。

《年鉴》编纂工作任务艰巨，意义重大，使命光荣。为更好地全方位记录我国各级各类开发区的发展情况，汇编形成权威资料，望各参编单位一如既往地贯彻执行“求真存实”的编纂原则，牢固树立精品意识、创新意识，站在对历史负责、对未来负责的高度，重视调查研究和深入细致的资料考证，把好《年鉴》质量第一关。愿我们共同携手，开拓创新，努力提升和扩大《年鉴》的社会影响力，汇聚起全面记录我国开发区发展历程的强大力量。

《中国开发区年鉴》编辑部

2022年5月

目　录

文献法规篇

专题研究篇

综 合 篇

开 发 区 篇

统计资料篇

文献法规篇

国务院办公厅关于进一步做好稳外贸稳外资工作的意见

国办发〔2020〕28号

各省、自治区、直辖市人民政府，国务院各部委、各直属机构：

当前国际疫情持续蔓延，世界经济严重衰退，我国外贸外资面临复杂严峻形势。为深入贯彻习近平总书记关于稳住外贸外资基本盘的重要指示批示精神，落实党中央、国务院决策部署，做好“六稳”工作，落实“六保”任务，进一步加强稳外贸稳外资工作，稳住外贸主体，稳住产业链供应链，经国务院同意，现提出以下意见：

一、更好地发挥出口信用保险作用。中国出口信用保险公司在风险可控前提下，积极应对出运前订单被取消的风险。2020年底前，中国出口信用保险公司根据外贸企业申请，可合理变更短期险支付期限或延长付款宽限期、报损期限等。（财政部、商务部、银保监会、中国出口信用保险公司按职责分工负责）

二、支持有条件的地方复制或扩大“信保+担保”的融资模式。鼓励有条件的地方支持政府性融资担保机构参与风险分担，对出口信用保险赔付额以外的贷款本金进行一定比例的担保，商业银行在“信保+担保”条件下，合理确定贷款利率。（各地方人民政府，财政部、商务部、银保监会、中国出口信用保险公司按职责分工负责）

三、以多种方式为外贸企业融资提供增信支持。充分发挥国家融资担保基金和地方政府性融资担保机构的作用，参与外贸领域融资风险分担，支持、引导各类金融机构加大对小微外贸企业的融资支持。（各地方人民政府，财政部、商务部、人民银行、银保监会按职责分工负责）鼓励银行机构结合内部风险管理要求，与资质较好的外贸类服务平台进行合作，获取贸易相关信息和资信评估服务，优化贸易背景真实性审核，更好地服务外贸企业。（各地方人民政府，商务部、银保监会按职责分工负责）

四、进一步扩大对中小微外贸企业出口信贷投放。更好地发挥金融支持作用，进一步加大对中小微外贸企业的信贷投放，缓解融资难、融资贵问题。（各地方人民政府，财政部、商务部、人民银行、银保监会、进出口银行按职责分工负责）

五、支持贸易新业态发展。尽快推动在有条件的地方新增一批市场采购贸易方式试点，力争将全国试点总量扩大至30个左右，带动中小微企业出口。（商务部牵头，各地方人民政府，发展改革委、财政部、海关总署、税务总局、市场监管总局、外汇局按职责分工负责）

充分利用外经贸发展专项资金、服务贸易创新发展引导基金等现有渠道，支持跨境电商平台、跨境物流发展和海外仓建设等。鼓励进出口银行、中国出口信用保险公司等各类金融机构在风险可控前提下积极支持海外仓建设。（商务部牵头，财政部、银保监会、进出口银行、中国出口信用保险公司按职责分工负责）

深入落实外贸综合服务企业代办退税管理办法，不断优化退税服务，持续加快退税进度。加大对外贸综合服务企业的信用培育力度，使更多符合认证标准的外贸综合服务企业成为海关“经认证的经营者”（AEO）。（商务部、海关总署、税务总局按职责分工负责）

六、引导加工贸易梯度转移。鼓励有条件

的地方结合当地实际，通过基金等方式，支持加工贸易梯度转移。培育一批东部与中西部、东北地区共建的加工贸易产业园区。借助中国加工贸易产品博览会等平台，完善产业转移对接机制。鼓励中西部、东北地区发挥优势，承接劳动密集型外贸产业。（各地方人民政府，财政部、商务部按职责分工负责）

七、加大对劳动密集型企业支持力度。对纺织品、服装、家具、鞋靴、塑料制品、箱包、玩具、石材、农产品、消费电子类产品等劳动密集型产品出口企业，在落实减税降费、出口信贷、出口信保、稳岗就业、用电用水等各项普惠性政策基础上进一步加大支持力度。（各地方人民政府，发展改革委、工业和信息化部、财政部、人力资源和社会保障部、商务部、人民银行、税务总局、银保监会、进出口银行、中国出口信用保险公司按职责分工负责）

八、助力大型骨干外贸企业破解难题。研究确定大型骨干外贸企业名单，梳理大型骨干外贸企业及其核心配套企业需求，建立问题批办制度，推动解决生产经营中遇到的矛盾问题，在进出口各环节予以支持，“一企一策”做好服务。研究在风险可控前提下，对大型骨干外贸企业进一步加快出口退税进度的支持措施。（商务部牵头，工业和信息化部、海关总署、税务总局、进出口银行、中国出口信用保险公司按职责分工负责）

九、拓展对外贸易线上渠道。推进“线上一国一展”，支持和鼓励有能力、有意愿的地方政府、重点行业协会举办线上展会。用好外经贸发展专项资金，在规定范围内，支持中小外贸企业开拓市场，参加线上线下展会。发挥好国内商协会、驻外机构、海外中资企业协会作用，积极对接国外商协会，帮助出口企业对接更多海外买家。（各地方人民政府，外交部、工业和信息化部、财政部、商务部按职责分工负责）

十、进一步提升通关便利化水平。持续优化口岸营商环境，继续巩固压缩货物整体通关时间成效，进一步推动规范和降低进出口环节合规成本，在有条件的口岸推广口岸收费“一站式阳光价格”，提升口岸收费透明度和可比性。加大对出口企业提供技术贸易措施咨询服务力度，助力企业开拓海外市场。推进扩大油脂油料、肉类、乳品市场准入，促进进口，保障市场供应。（海关总署负责）

十一、提高外籍商务人员来华便利度。在严格落实好防疫要求前提下，继续与有关国家商谈建立“快捷通道”，为外贸外资企业重要商务、物流、生产和技术服务急需人员往来提供便利。继续对符合条件的来华复工复产外国人全面实施“快捷通道”。参照“快捷通道”有关做法，本着“防疫为先、确保必需、压实责任、体现便利”原则，对来华从事必要经贸、科技等活动的外国人做出便利性安排。支持地方结合当地市场采购贸易方式特点，开通专有通道，便利外商入市采购，优先安排在华常驻外商尽快返华入市。在做好疫情防控的前提下，逐步有序恢复中外人员往来。按照国务院联防联控机制部署，分阶段增加国际客运航班总量，在防疫证明齐全的情况下，适度增加与我主要投资来源地民航班次，便利外籍商务人员来华。（各地方人民政府，外交部、发展改革委、商务部、移民局、民航局按职责分工负责）

十二、给予重点外资企业金融支持。外资企业同等适用现有 1.5 万亿元再贷款再贴现专项额度支持。加大对重点外资企业的金融支持力度，进出口银行 5 700 亿元新增贷款规模可用于积极支持符合条件的重点外资企业。各省区市商务主管部门摸清辖区内重点外资企业融资需求及经营情况，及时与银行业金融机构共享重点外资企业信息，加强各地外资企业协会等机构与银行业金融机构的合作，推动开展“银企对接”，银行业金融机构按市场化原则积极保障重点外资企业融资需求。（各地方人民政府，人民银行、商务部、银保监会、进出口银行按职责分工负责）

十三、加大重点外资项目支持服务力度。对全国范围内投资额 1 亿美元以上的重点外资项目，梳理形成清单，在前期、在建和投产等环节，内外资一视同仁加大用海、用地、能耗、环保等方面服务保障力度。（各地方人民政府，商务部、发展改革委、自然资源部、生态环境部按职责分工负责）

十四、鼓励外资更多投向高新技术产业。推动高新技术企业认定管理和服务的便利化，进一步加强对外商投资企业申请高新技术企业认定的培训和宣传解读，着重加强对疫情防控等应急领域企业的政策服务，吸引更多外资投向高新技术和民生健康领域。（科技部牵头，财政部、税务总局按职责分工负责）

十五、降低外资研发中心享受优惠政策门槛。降低适用支持科技创新进口税收政策的外资研发中心专职研究与试验发展人员数量要求，鼓励外商来华投资设立研发中心，提升引资质量。（财政部牵头，商务部、税务总局按职责分工负责）

各地区、各部门要以习近平新时代中国特色社会主义思想为指导，增强“四个意识”、坚定“四个自信”、做到“两个维护”，坚决贯彻党中央、国务院决策部署，提高站位、积极作为、狠抓落实。各地区要结合实际，完善配套措施，认真组织实施，推动各项政策在本地区落地见效。各部门要按职责分工，加强协作、形成合力，确保各项政策落实到位。

国务院办公厅

2020 年 8 月 5 日

（来源：国务院办公厅）

国家发展改革委、商务部发布2020年版外商投资准入负面清单

经党中央、国务院同意，国家发展改革委、商务部于2020年6月23日发布第32号令和第33号令，分别发布了《外商投资准入特别管理措施（负面清单）（2020年版）》和《自由贸易试验区外商投资准入特别管理措施（负面清单）（2020年版）》，自2020年7月23日起施行。《外商投资准入特别管理措施（负面清单）（2019年版）》和《自由贸易试验区外商投资准入特别管理措施（负面清单）（2019年版）》同时废止。

今年以来，新冠肺炎疫情给全球跨国投资带来巨大冲击，世界经济受到严重影响。发布2020年版外商投资准入负面清单，是贯彻落实党中央、国务院部署，实施更大范围、更宽领域、更深层次全面开放的重要举措，也是《外商投资法》施行后，推进负面清单管理制度的最新配套文件，展示了我国坚定不移支持经济全球化和跨国投资的决心，将进一步完善外商投资环境，以更高水平开放促进经济高质量发展。

本次修订按照只减不增的原则，进一步缩减外商投资准入负面清单。其中全国外商投资准入负面清单由40条减至33条，自贸试验区外商投资准入负面清单由37条减至30条。主要变化：一是加快服务业重点领域开放进程。金融领域，取消证券公司、证券投资基金管理公司、期货公司、寿险公司外资股比限制。基础设施领域，取消50万人口以上城市供排水管网的建设、经营须由中方控股的规定。二是放宽制造业、农业准入。制造业领域，放开商用车制造外资股比限制，取消禁止外商投资放射性矿产冶炼、加工和核燃料生产的规定。农业领域，将小麦新品种选育和种子生产须由中方控股放宽为中方股比不低于34%。三是继续在自贸试验区进行开放试点。在全国开放措施基础上，自贸试验区继续先行先试。医药领域，取消禁止外商投资中药饮片的规定。教育领域，允许外商独资设立学制类职业教育机构。

国家发展改革委、商务部将会同各地区、各部门，根据《外商投资法》及其实施条例要求，落实好2020年版外商投资准入负面清单，负面清单之外给予内外资企业平等待遇，同时完善开放型经济新体制建设，在扩大开放中维护国家安全。

（来源：国家发展改革委）

国务院关于同意在雄安新区等46个城市和地区设立跨境电子商务综合试验区的批复

国函〔2020〕47号

河北省、山西省、内蒙古自治区、辽宁省、吉林省、黑龙江省、江苏省、浙江省、安徽省、福建省、江西省、山东省、河南省、湖北省、湖南省、广东省、广西壮族自治区、海南省、四川省、贵州省、云南省、陕西省、甘肃省、青海省、新疆维吾尔自治区人民政府，商务部：

你们关于设立跨境电子商务综合试验区的请示收悉。现批复如下：

一、同意在雄安新区、大同市、满洲里市、营口市、盘锦市、吉林市、黑河市、常州市、连云港市、淮安市、盐城市、宿迁市、湖州市、嘉兴市、衢州市、台州市、丽水市、安庆市、漳州市、莆田市、龙岩市、九江市、东营市、潍坊市、临沂市、南阳市、宜昌市、湘潭市、郴州市、梅州市、惠州市、中山市、江门市、湛江市、茂名市、肇庆市、崇左市、三亚市、德阳市、绵阳市、遵义市、德宏傣族景颇族自治州、延安市、天水市、西宁市、乌鲁木齐市等46个城市和地区设立跨境电子商务综合试验区，名称分别为中国（城市或地区名）跨境电子商务综合试验区，具体实施方案由所在地省级人民政府分别负责印发。

二、跨境电子商务综合试验区（以下简称“综合试验区”）建设要以习近平新时代中国特色社会主义思想为指导，全面贯彻党的十九大和十九届二中、三中、四中全会精神，统筹推进“五位一体”总体布局，协调推进“四个全面”战略布局，坚持新发展理念，按照党中央、国务院决策部署，复制推广前四批综合试验区成熟经验做法，推动产业转型升级，开展品牌建设，引导跨境电子商务全面发展，全力以赴稳住外贸外资基本盘，推进贸易高质量发展。同时，要保障国家安全、网络安全、交易安全、国门生物安全、进出口商品质量安全和有效防范交易风险，坚持在发展中规范、在规范中发展，为各类市场主体公平参与市场竞争创造良好的营商环境。

三、有关省（自治区）人民政府要切实加强对综合试验区建设的组织领导，健全机制、明确分工、落实责任，有力有序有效推进综合试验区建设发展。要按照试点要求，尽快完善具体实施方案并抓好组织实施。要进一步细化先行先试任务，突出重点，创新驱动，充分发挥市场配置资源的决定性作用，有效引导社会资源，合理配置公共资源，扎实推进综合试验区建设。要建立健全跨境电子商务信息化管理机制，根据有关部门的管理需要，及时提供相关电子信息。要定期向商务部等部门报送工作计划、试点经验和成效，努力在健全促进跨境电子商务发展的体制机制、推动配套支撑体系建设等方面取得新进展、新突破。各综合试验区建设涉及的重要政策和重大建设项目要按规定程序报批。

四、国务院有关部门要按照职能分工，加强对综合试验区的协调指导和政策支持，切实发挥综合试验区示范引领作用。按照鼓励创新、包容审慎的原则，坚持问题导向，加强协调配合，着力在跨境电子商务企业对企业（B2B）方式相关环节的技术标准、业务流程、监管模式和信息化建设等方面探索创新，研究出台更多支持举措，为综合试验区发展营造良好的环境，更好地促进和规范跨境电子商务产业发展壮大。要进一步完善跨境电子商务统计体系，实行对综合试验区内跨境电子商务零售出口货物按规定免征增值税和消费税、企业所得税核定征收等支持政策，研究将具备条件的综合试验区所在城市纳入跨境电子商务零售进口试点范围，支持企业共建共享海外仓。商务部要牵头做好统筹协调、跟踪分析和督促检查，设定合理指标体系，建立评估和考核机制，研究建立综合试验区退出机制，会同有关部门及时总结推广试点经验和促进跨境电子商务发展的有效做法，重大问题和情况及时报告国务院。

（来源：中国政府网）

2020年新型城镇化建设和城乡融合发展重点任务

2020年是全面建成小康社会和“十三五”规划收官之年，也是为“十四五”发展打好基础的关键之年。为深入贯彻落实习近平总书记关于统筹推进新冠肺炎疫情防控和经济社会发展工作的重要指示精神，贯彻落实中央经济工作会议精神和党中央、国务院印发的《国家新型城镇化规划（2014—2020年）》《关于建立健全城乡融合发展体制机制和政策体系的意见》，现提出以下任务。

一、总体要求

以习近平新时代中国特色社会主义思想为指导，全面贯彻党的十九大和十九届二中、三中、四中全会精神，坚持稳中求进工作总基调，坚持新发展理念，加快实施以促进人的城镇化为核心、提高质量为导向的新型城镇化战略，提高农业转移人口市民化质量，增强中心城市和城市群综合承载、资源优化配置能力，推进以县城为重要载体的新型城镇化建设，促进大中小城市和小城镇协调发展，提升城市治理水平，推进城乡融合发展，实现1亿非户籍人口在城市落户目标和国家新型城镇化规划圆满收官，为全面建成小康社会提供有力支撑。

二、提高农业转移人口市民化质量

以深化改革户籍制度和基本公共服务提供机制为路径，打破阻碍劳动力自由流动的不合理壁垒，促进人力资源优化配置。

（一）督促城区常住人口300万以下城市全面取消落户限制。督促Ⅱ型大城市和中小城市（含设区市和县级市）坚决贯彻《中共中央办公厅 国务院办公厅关于促进劳动力和人才社会性流动体制机制改革的意见》，全面取消落户限制，进一步促进劳动力和人才社会性流动。（公安部、发展改革委、省级有关部门等负责）

（二）推动城区常住人口300万以上城市基本取消重点人群落户限制。督促除个别超大城市外的其他超大特大城市和Ⅰ型大城市坚持存量优先原则，取消进城就业生活5年以上和举家迁徙的农业转移人口、在城镇稳定就业生活的新生代农民工、农村学生升学和参军进城的人口等重点人群落户限制。推动Ⅰ型大城市探索进城常住的建档立卡农村贫困人口应落尽落。鼓励有条件的Ⅰ型大城市全面取消落户限制、超大特大城市取消郊区新区落户限制。（公安部、发展改革委、省级有关部门等负责）

（三）促进农业转移人口等非户籍人口在城市便捷落户。鼓励各城市政府简化户籍迁移手续，加强落户政策宣传，开通线上申请审核系统，大幅提高落户便利性。推动超大特大城市和Ⅰ型大城市改进积分落户政策，确保社保缴纳年限和居住年限分数占主要比例。（公安部、发展改革委、省级有关部门等负责）

（四）推动城镇基本公共服务覆盖未落户常住人口。出台国家基本公共服务标准。提高居住证发证量和含金量，推动未落户常住人口逐步享有与户籍人口同等的城镇基本公共服务。运用信息化手段建设便捷高效的公共服务平台，加快养老保险全国统筹进度，完善基本医疗保险跨省异地就医医疗费用直接结算制度，做好社会保险关系转移接续，方便人口流动。增加学位供给，健全以居住证为主要依据的随迁子女入学入园政策，使其在流入地享有普惠性学前教育。以解决新市民住房问题为主要出发点，完善住房保障体系。（发展改革委、财政部、公安部、人力资源和社会保障部、卫生健康委、教育部、住房和城乡建设部、市场监管总局、医保局、省级有关部门等负责）

（五）大力提升农业转移人口就业能力。深入实施新生代农民工职业技能提升计划，加强对新生代农民工等农业转移人口的职业技能培训。支持企业特别是规上企业或吸纳农民工较多企业开展岗前培训、新型学徒制培训和岗位技能提升培训，并按规定给予培训补贴。（人力资源和社会保障部、教育部、财政部、省级有关部门等负责）

（六）加大“人地钱挂钩”配套政策的激励力度。提高城市政府吸纳农业转移人口落户积极性，加大农业转移人口市民化奖励资金支持力度，加大新增建设用地计划指标与吸纳落户数量挂钩力度。维护进城落户农民土地承包权、宅基地使用权、集体收益分配权，不得强行要求其转让上述权益或将此作为落户前置条件；按照依法自愿有偿原则，探索其转让上述权益的具体办法。探索利用大数据技术建立各城市城区常住人口等的常态化统计机制，为政策制定提供支撑。（财政部、自然资源部、农业农村部、发展改革委、统计局、省级有关部门等负责）

三、优化城镇化空间格局

完善和落实主体功能区战略，发挥各地区比较优势，增强经济发展优势区域承载能力，构建大中小城市和小城镇协调发展的城镇化空间格局，形成高质量发展的动力系统。

（七）加快发展重点城市群。加快实施京津冀协同发展、长三角区域一体化发展、粤港澳大湾区建设、长江经济带发展、黄河流域生态保护和高质量发展战略。全面实施城市群发展规划，推动哈长、长江中游、中原、北部湾城市群建设取得阶段性进展，支持关中平原城市群规划实施联席会议制度落地生效，推动兰州—西宁、呼包鄂榆等城市群健全一体化发展工作机制，促进天山北坡、滇中等边疆城市群及山东半岛、黔中等省内城市群发展。（发展改革委、自然资源部、住房和城乡建设部、工业和信息化部、交通运输部、生态环境部、省级有关部门等负责）

（八）编制成渝地区双城经济圈建设规划纲要。加快推进规划编制实施，促进重庆市、四川省通力协作，加大成渝地区发展统筹力度，发挥中心城市带动作用，加强交通、产业、环保、民生政策对接，共同建设具有全国影响力的科技创新中心，加快培育形成新动力源。（发展改革委、重庆市和四川省有关部门等负责）

（九）大力推进都市圈同城化建设。深入实施《关于培育发展现代化都市圈的指导意见》，建立中心城市牵头的协调推进机制，支持南京、西安、福州等都市圈编制实施发展规划。以轨道交通为重点健全都市圈交通基础设施，有序规划建设城际铁路和市域（郊）铁路，推进中心城市轨道交通向周边城镇合理延伸，实施“断头路”畅通工程和“瓶颈路”拓宽工程。支持重点都市圈编制多层次轨道交通规划。（发展改革委、自然资源部、住房和城乡建设部、工业和信息化部、交通运输部、生态环境部、国铁集团、省级有关部门等负责）

（十）提升中心城市能级和核心竞争力。优化发展直辖市、省会城市、计划单列市、重要节点城市等中心城市，强化用地等要素保障，优化重大生产力布局。完善部分中心城市市辖区规模结构和管辖范围，解决发展空间严重不足问题。（发展改革委、自然资源部、住房和城乡建设部、工业和信息化部、民政部、省级有关部门等负责）

（十一）推进以县城为重要载体的新型城镇化建设。加快印发指导意见，明确发展目标和建设任务，加大要素保障力度和政策扶持力度，抓紧补上新冠肺炎疫情发生后暴露出来的短板弱项，推进环境卫生设施提级扩能、市政公用设施提挡升级、公共服务设施提标扩面、产业

配套设施提质增效。（发展改革委、财政部、住房和城乡建设部、省级有关部门等负责）

（十二）规范发展特色小镇和特色小城镇。强化底线约束，严格节约集约利用土地、严守生态保护红线、严防地方政府债务风险、严控“房地产化”倾向，进一步深化淘汰整改。强化政策激励，加强用地和财政建设性资金保障，鼓励省级政府通过下达新增建设用地计划指标、设立省级专项资金等方式择优支持，在有条件的区域培育一批示范性的精品特色小镇和特色小城镇。强化正面引导，制定特色小镇发展导则，挖掘推广第二轮全国特色小镇典型经验。（发展改革委、自然资源部、财政部、住房和城乡建设部、体育总局、林草局、省级有关部门等负责）

（十三）推进边境地区新型城镇化建设。在边境地区推进潜力型城镇以产聚人、战略支点型城镇以城聚产，打造以内陆邻近的大中城市为辐射源、边境县级市及地级市市辖区为枢纽、边境口岸和小城镇为节点、边境特色小镇为散点的边境一线城镇廊带。推进兴边富民行动，改善边境一线城镇基础设施和公共服务，建设沿边抵边公路。实施守边固边工程。（发展改革委、财政部、住房和城乡建设部、自然资源部、交通运输部、省级有关部门等负责）

（十四）推进大型搬迁安置区新型城镇化建设。顺应大型搬迁安置区转向新型城镇化建设新阶段的发展要求，加快推进搬迁人口市民化进程，强化产业就业支撑，帮助搬迁人口尽快解决稳定发展问题，适应新环境、融入新社区。（发展改革委、省级有关部门等负责）

（十五）优化行政区划设置。统筹新生城市培育和收缩型城市瘦身强体，按程序推进具备条件的非县级政府驻地特大镇设市，有序推进“县改市”“县改区”“市改区”，稳妥调减收缩型城市市辖区，审慎研究调整收缩型县（市）。全面完成各省（区、市）设镇设街道标准制定工作，合理推进“乡改镇”“乡（镇）改街道”和乡镇撤并。（民政部、发展改革委、省级有关部门等负责）

四、提升城市综合承载能力

着眼于增强人口经济承载和资源优化配置等核心功能，健全城市可持续发展体制机制，提升城市发展质量。

（十六）补齐城市公共卫生短板。改革完善疾病预防控制体系，健全公共卫生重大风险研判、评估、决策、防控协同机制，完善重大疫情预警、救治和应急处置机制，强化重要物资储备，推动城市群、都市圈内城市建立联防联控机制。整治城市环境卫生死角，建立严格检疫、定点屠宰、冷鲜上市的畜禽产品供应体系，健全污水收集处理和生活垃圾分类处理设施。（卫生健康委、发展改革委、应急管理部、工业和信息化部、住房和城乡建设部、省级有关部门等负责）

（十七）改善城市公用设施。健全城市路网系统，完善公交专用道、非机动车和行人交通系统、行人过街设施。完善市政管网和排水防涝设施。健全停车场、智能快件箱、社区菜市场等便民设施。扩大普惠性养老、幼儿园和托育服务供给。实施全民健康保障工程、全民健身提升工程、智慧广电公共服务工程。（住房和城乡建设部、发展改革委、教育部、民政部、卫生健康委、商务部、体育总局、广电总局、省级有关部门等负责）

（十八）实施新型智慧城市行动。完善城市数字化管理平台和感知系统，打通社区末端、织密数据网格，整合卫生健康、公共安全、应急管理、交通运输等领域信息系统和数据资源，深化政务服务“一网通办”、城市运行“一网统管”，支撑城市健康高效运行和突发事件快速智能响应。（发展改革委、卫生健康委、公安部、住房和城乡建设部、应急管理部、交通运输部、省级有关部门等负责）

（十九）加快推进城市更新。改造一批老旧小区，完善基础设施和公共服务配套，引导发展社区便民服务。改造一批老旧厂区，通过活化利用工业遗产和发展工业旅游等方式，将“工业锈带”改造为“生活秀带”、双创空间、新型产业空间和文化旅游场地。改造一批老旧街区，引导商业步行街、文化街、古城古街，打造市民消费升级载体，因地制宜发展新型文旅商业消费聚集区。改造一批城中村，探索在政府引导下工商资本与农民集体合作共赢模式。开展城市更新改造试点，提升城市品质和人居环境质量。（住房和城乡建设部、发展改革委、民政部、自然资源部、商务部、文化和旅游部、工业和信息化部、农业农村部、省级有关部门等负责）

（二十）改革建设用地计划管理方式。推动建设用地资源向中心城市和重点城市群倾斜。鼓励盘活低效存量建设用地，控制人均城市建设用地面积。修改土地管理法实施条例并完善配套制度，分步实现城乡建设用地指标使用更多由省级政府负责，将由国务院行使的农用地转为建设用地审批权以及永久基本农田、永久基本农田以外的耕地超过35公顷、其他土地超过70公顷的土地征收审批权，授权省级政府或委托试点地区的省级政府实施。探索建立全国性的建设用地、补充耕地指标跨区域交易机制。（发展改革委、自然资源部、省级有关部门等负责）

（二十一）改革城市投融资机制。在防范化解地方政府债务风险、合理处置存量债务的前提下，完善与新型城镇化建设相匹配的投融资工具。支持符合条件企业发行企业债券，用于新型城镇化建设项目、城乡融合典型项目、特色小镇和特色小城镇建设项目等。鼓励开发性政策性金融机构按照市场化原则和职能定位，对投资运营上述项目的企业进行综合授信，加大中长期贷款投放规模和力度。（人民银行、银保监会、财政部、发展改革委、开发银行、农业发展银行、省级有关部门等负责）

（二十二）改进城市治理方式。推动城市政府向服务型转变、治理方式向精细化转型、配套资源向街道社区下沉。加强和创新社区治理，引导社会组织、社会工作者和志愿者等参与，大幅提高城市社区综合服务设施覆盖率。提高国土空间规划水平，顺应城市发展逻辑和文化传承，落实适用、经济、绿色、美观的新时期建筑方针，加强建筑设计和城市风貌管理，提高城市绿色建筑占新建建筑比重。（民政部、住房和城乡建设部、发展改革委、自然资源部、省级有关部门等负责）

五、加快推进城乡融合发展

突出以城带乡、以工促农，健全城乡融合发展体制机制，促进城乡生产要素双向自由流动和公共资源合理配置。

（二十三）加快推进国家城乡融合发展试验区改革探索。指导试验区分别制定实施方案。推动试验区在健全城乡人口迁徙制度、完善农村产权抵押担保权能、搭建城乡产业协同发展平台等方面先行先试，引导县级土地储备公司和融资平台公司参与相关农村产权流转及抵押，加快探索行之有效的改革发展路径。（发展改革委、公安部、自然资源部、人民银行、有关省级部门等负责）

（二十四）全面推开农村集体经营性建设用地直接入市。出台农村集体经营性建设用地入市指导意见。允许农民集体妥善处理产权和补偿关系后，依法收回农民自愿退出的闲置宅基地、废弃的集体公益性建设用地使用权，按照国土空间规划确定的经营性用途入市。启动新一轮农村宅基地制度改革试点。（自然资源部、农业农村部、住房和城乡建设部、省级有关部门等负责）

（二十五）加快引导工商资本入乡发展。开展工商资本入乡发展试点。发挥中央预算内投资和国家城乡融合发展基金作用，支持引导工商资本和金融资本入乡发展。培育一批城乡融合典型项目，形成承载城乡要素跨界配置的有效载体，在长江流域开展生态产品价值实现机制试点。允许符合条件的入乡就业创业人员在原籍地或就业创业地落户并依法享有相关权益。

（中央统战部、全国工商联、发展改革委、人民银行、公安部、农业农村部、省级有关部门等负责）

（二十六）促进城乡公共设施联动发展。推进实施城乡统筹的污水垃圾收集处理、城乡联结的冷链物流、城乡农贸市场一体化改造、城乡道路客运一体化发展、城乡公共文化设施一体化布局、市政供水供气供热向城郊村延伸、乡村旅游路产业路等城乡联动建设项目，加快发展城乡教育联合体和县域医共体。（发展改革委、住房和城乡建设部、教育部、卫生健康委、文化和旅游部、省级有关部门等负责）

六、组织实施

（二十七）强化部际协同。国家发展改革委依托城镇化工作暨城乡融合发展工作部际联席会议制度，强化统筹协调和指导督促，并总结推广第三批国家新型城镇化综合试点等典型经验。各有关部门要细化制定具体措施，调动本系统力量扎实推进。

（二十八）压实地方责任。省级发展改革委要牵头会同省级其他有关部门，结合实际做好组织调度和任务分解。市县级政府要将各项任务落实到事，确保任务落地生效。

（来源：国家发展改革委）

国务院关于同意设立广西百色重点开发开放试验区的批复

国函〔2020〕34号

广西壮族自治区人民政府、国家发展改革委：

《国家发展改革委关于批准设立广西百色重点开发开放试验区的请示》（发改开放〔2019〕2043号）收悉。现批复如下：

一、同意设立广西百色重点开发开放试验区（以下简称“试验区”），试验区建设实施方案由国家发展改革委印发。试验区位于广西壮族自治区西部，与越南接壤，是我国对东盟开放合作的重要前沿。建设试验区是推进共建“一带一路”、加快沿边开发开放步伐、构建全面开放新格局的重要举措，有利于加强与东盟政治、经济、文化、科技等方面合作，加快建设中国—中南半岛经济走廊；有利于形成西南地区新的增长极，推动西部大开发形成新格局；有利于全面打赢脱贫攻坚战，加快左右江革命老区振兴发展；有利于加快边境地区城乡建设，促进稳边安边兴边。

二、试验区建设要以习近平新时代中国特色社会主义思想为指导，全面贯彻党的十九大和十九届二中、三中、四中全会精神，认真落实习近平总书记赋予广西的“三大定位”新使命和“五个扎实”新要求，按照党中央、国务院决策部署，坚持党的全面领导，坚持以人民为中心的发展思想，坚持新发展理念，按照高质量发展要求，充分发挥试验区对东盟特别是对越南合作的独特优势，推进体制机制创新，提升基础设施互联互通水平，推动产业深度开放合作，构建沿边高质量开放型经济体系，全力推进脱贫攻坚和乡村振兴，促进边境地区繁荣发展，加强生态环境保护修复与跨境合作，开展人文交流合作，努力将试验区建设成为我国与东盟高质量共建“一带一路”的重要平台、辐射带动周边经济发展的重要引擎、稳边安边兴边的模范区、生态文明建设的示范区，为构建全面开放新格局做出新的重要贡献。

三、广西壮族自治区人民政府要切实加强对试验区建设的组织领导，健全机制、明确分工、落实责任，有力有序有效推进试验区建设发展。要认真做好试验区建设总体规划和有关专项规划的编制工作，积极探索和推进多规合一。规划建设必须符合国土空间规划、城市总体规划、环境保护规划、水资源综合规划等相关规划要求，着力优化空间布局，严格保护生态环境，切实节约集约利用资源。试验区建设涉及的重要政策和重大建设项目，要按规定程序报批。

四、国务院有关部门要按照职能分工，加大对试验区建设的支持力度，在有关规划编制、政策制定、资金投入、项目安排等方面给予积极指导和倾斜。各部门要加强沟通协调，深入调查研究，及时总结经验，指导和帮助解决试验区建设过程中遇到的问题，为试验区发展营造良好的政策环境。国家发展改革委要加强统筹协调，对试验区建设情况进行跟踪分析和监督检查，适时开展阶段性总结评估，重大事项及时报告国务院。

（来源：中国政府网）

国务院办公厅关于推广第三批支持创新相关改革举措的通知

国办发〔2020〕3号

各省、自治区、直辖市人民政府，国务院各部委、各直属机构：

为深入实施创新驱动发展战略，党中央、国务院在京津冀、上海、广东（珠三角）、安徽（合芜蚌）、四川（成德绵）、湖北武汉、陕西西安、辽宁沈阳等8个区域部署开展全面创新改革试验，着力破除制约创新发展的体制机制障碍，推进相关改革举措先行先试。有关地区和部门认真落实党中央、国务院决策部署，聚焦发挥市场和政府作用有效机制、促进科技与经济深度融合有效途径、激发创新者动力和活力有效举措、深化开放创新有效模式，大胆探索创新，取得了一系列改革突破，形成了若干新经验新成果，已于2017年、2018年分两批推广36项改革举措。为进一步发挥改革试验的示范带动作用，经国务院批准，决定在全国或8个改革试验区域内推广第三批20项改革举措。现就有关事项通知如下：

一、推广的改革举措

（一）科技金融创新方面7项：银行与专业投资机构建立市场化长期性合作机制支持科技创新型企业；科技创新券跨区域“通用通兑”政策协同机制；政、银、保联动授信担保提供科技型中小企业长期集合信贷机制；建立银行跟贷支持科技型中小企业的风险缓释资金池；建立基于大数据分析的“银行＋征信＋担保”的中小企业信用贷款新模式；建立以企业创新能力为核心指标的科技型中小企业融资评价体系；提供银行与企业风险共担的仪器设备信用贷。

（二）科技管理体制创新方面6项：集中科技骨干力量打造前沿技术产业链股份制联盟；对战略性科研项目实施滚动支持制度；以产业数据、专利数据为基础的新兴产业专利导航决策机制；老工业基地的国有企业创新创业增量型业务混合所有制改革；生物医药领域特殊物品出入境检验检疫“一站式”监管服务机制；地方深度参与国家基础研究和应用基础研究的投入机制。

（三）知识产权保护方面2项：建立跨区域的知识产权远程诉讼平台；建立提供全方位证据服务的知识产权公证服务平台。

（四）人才培养和激励方面1项：“五业联动”的职业教育发展新机制。

（五）军民深度融合方面4项。

二、结合各自实际，深化改革探索

各地区、各部门要以习近平新时代中国特色社会主义思想为指导，深入贯彻党的十九大和十九届二中、三中、四中全会精神，坚定实施创新驱动发展战略，以“钉钉子精神”巩固完善全面创新改革试验成果，真正取得扎实成效。要把推广第三批改革举措与巩固落实第一批、第二批改革举措结合起来，同一领域的改革举措要加强系统集成，不同领域的改革举措要强化协同高效，不断巩固和深化在解决体制性障碍、机制性梗阻和开展政策性创新方面取得的改革成果，推动各方面制度更加成熟更加定型，真正把制度优势转化为治理效能。要认真梳理和总结本地区、本部门全面创新改革试验工作的成效和经验，在充分发挥已推广改革举措和典型经验示范带动作用的同时，继续加强和深化改革创新探索实践，进一步聚焦重点领域和关键环节，不断激发市场活力和社会创造力，推动经济持续健康发展。

三、明确主体责任，抓好组织实施

各省（区、市）人民政府要加强对全面创新改革试验工作的组织领导，着力以改革疏通堵点、破解痛点、攻克难点。要健全完善激励机制，细化实化任务分工，确保改革举措落地生根，更好服务经济社会发展。要结合本地区、本部门具体工作实际，坚持因地制宜、实事求是，务求取得实效。要充分调动各方面的积极性、主动性和创造性，进一步推动形成担当、作为、勇于创新的工作作风，营造有利于创新、创业、创造的良好社会环境。

国务院各有关部门要结合各自职责，积极主动作为、加强政策协同、做好工作衔接，加强对本领域全面创新改革试验工作的支持和指导。国家发展改革委和科技部要发挥牵头部门作用，做好统筹协调，加强政策解读，总结宣传典型经验和成效，重要情况和问题及时向国务院报告。

（来源：国务院办公厅）

国家发展改革委办公厅 民政部办公厅关于积极发挥行业协会商会作用 支持民营中小企业复工复产的通知

发改办体改〔2020〕175号

各行业协会商会：

新冠肺炎疫情发生以来，广大行业协会商会勇于担当、主动作为，积极组织行业企业协调重要物资与服务保障，指导推动企业复工复产，有力服务了疫情防控和经济社会发展工作大局。按照习近平总书记提出的发挥行业协会商会等社会组织作用，指导和帮助企业等会员单位科学精准防疫、有序复工复产的要求，各行业协会商会要不断提高政治站位，强化使命担当，充分发挥协会党组织战斗堡垒和党员先锋模范作用，利用好协会扎根行业、贴近企业的独特优势，在动员企业全力参与疫情防控的同时，积极支持行业企业特别是民营中小企业有序复工复产，在助力企业渡难关中提升服务水平和治理能力，实现转型发展，巩固改革成果。现就有关事项通知如下：

一、推动企业分区、分类、分批复工复产

行业协会商会可根据不同地区的疫情状况，分区分级为行业企业尤其是民营中小企业恢复生产秩序做好服务，支持低风险地区企业全面复工复产，中风险地区企业尽快有序复工复产，高风险地区企业根据疫情态势逐步复工复产。涉及医疗卫生、药品器械、防护物资、消毒用品等疫情防控必需，供水、供气、供电、通讯、环卫、物流运输等经济社会运行必需，食品、农牧、基本生活用品、市场流通销售等群众生活必需及其他重要国计民生领域的行业协会商会，要全力协助企业创造条件尽早复工复产。其他领域行业协会商会要积极协调地方政府，推动符合防疫条件的企业尽快开工生产。对近期难以复工复产的行业企业尤其是民营中小企业，行业协会商会要主动了解企业实际困难，及时向有关部门反映并配合协调解决。

二、协助保障企业复工复产防疫需求

行业协会商会可根据相关规范要求，加强与卫生健康部门沟通，主动制定本行业企业疫情防控手册、防疫预案范本和应急流程指南等，推动企业科学精准落实各项疫情防控和安全生产要求。积极推广居家办公、远程会议、灵活用工、弹性工作、错峰轮岗等方式，降低疫情扩散风险。行业协会商会可以了解汇总本行业企业特别是民营中小企业复工复产所需口罩等防疫用品需求，向各级联防联控机制或物资保障机制提出申请，积极争取调配支持。有条件的行业协会商会可以搭建防疫物资国际国内采购平台，组织民营中小企业集体采购，或者协调整合行业资源自行生产，以满足当前紧迫需求。防疫用品生产领域的行业协会商会要尽力为企业开足马力生产提供咨询服务、技术支持等，优先保障医护人员、公共服务行业以及复工复产的一线企业防疫需求。

三、协调解决用工、用料、用能、用运困难

行业协会商会可积极搭建劳动力、原材料、能源、运输服务供需对接平台，及时收集、整理、推送产品供需和招工用工信息，加强与劳

务输出量较大地区、原料能源供应大户、骨干物流企业的供需对接，帮助企业稳定就业、畅通供应链。劳动密集型行业领域的协会商会，要及时向地方政府或有关部门反映行业就业情况和用工困难，协调落实救助和纾困政策，缓解因疫情影响导致的用工紧张和就业困难。鼓励行业协会商会面向行业企业开展线上职业培训，帮助企业提高劳动力质量，尽快恢复生产能力。钢铁、煤炭、电力、石油、天然气和基础原材料等行业领域的协会商会要倡导会员企业稳定供应和价格，防止集中复工复产带来的区域性、时段性短缺或价格大幅上涨。铁路、民航、公路、港口、物流、仓储配送、对外贸易等领域的行业协会商会，要积极帮助行业企业特别是民营中小企业解决生产原料和产品的运输、仓储、配送、通关等问题。

四、提供专业化、高质量支援服务

行业协会商会可编制复工复产政策指南和民营中小企业自救指南，搭建线上政策咨询平台，帮助指导企业了解并用好用足税费减免延缴、援企稳岗、劳动用工、金融支持、房租补贴等各项优惠政策。帮助企业降低在进出口贸易、对外承包工程和参加国际展览展会方面的损失，为有需求的企业提供出具不可抗力事实性证明、法律咨询、纠纷调解、供需对接等服务，为企业应对因疫情引起的国际经济纠纷提供指引，在开拓国际市场方面提供支持。引导协调大型制造和商贸企业与上下游民营中小企业开展供应链金融合作，积极寻求地方政府、金融机构或行业龙头企业支持，多渠道缓解企业资金压力。金融领域行业协会商会要倡导金融机构全面落实下调贷款利率、还本付息延期等支持政策，加大对受疫情影响较大地区行业和企业的信贷、发债支持力度。组织法律专家为民营中小企业提供法律援助和咨询服务，帮助应对受疫情影响造成的合同履约、劳资关系等法律问题。搭建会员间信息交流平台，畅通沟通机制，交流经验做法，发挥抱团取暖作用。

五、精准施策，全力救助受困企业

建立企业复工复产帮扶机制，及时梳理形成行业内受疫情影响严重、濒临破产倒闭的民营中小企业名单，积极与有关部门对接，根据不同受损程度，协助政府开展精准扶持，特别对创新能力强、发展潜力大的民营中小企业进行专项帮扶。行业协会商会可组织专家团队为困难企业量身定制脱困方案，在应对风险、转型升级、技术创新等方面提供专业咨询服务。协调国有物业、创业创新示范基地等对较困难的企业特别是民营中小企业实行房租减免。商业地产、物业服务等领域行业协会商会要倡导会员企业减免经营困难的中小商户租金。鼓励行业协会商会对受疫情影响严重的民营中小企业和武汉等地区企业会员，减半或免收2020年度会费。

六、及时反映行业诉求，有力支撑政府决策

行业协会商会要通过电话调查、在线访谈等多种方式加强对行业企业的调研，及时跟踪了解疫情对本行业、本领域所带来的冲击和影响。准确摸底企业库存、产能，加强市场运行情况监测和风险预警，调查税费减免延缴、援企稳岗、劳动用工、金融支持、房租补贴等扶持政策落实情况，及时将信息反馈给相关部门，供决策参考。提前研究疫情结束后可能出现的产业链配套难、经营难、融资难等问题对行业企业特别是民营中小企业带来的影响，提出风险应对预案。餐饮零售、酒店旅游、影视娱乐、教育培训、畜牧养殖、交通运输等受疫情影响较大的行业领域，协会商会要及时提供行业发展应对指引，积极向有关部门反映行业受损情况，提出帮助行业渡过难关的政策建议，协助政府出台支持政策，提振市场信心。

七、自觉维护行业市场秩序

行业协会商会要进一步加强行业自律，规范行业企业行为，指导推动企业严格遵守《价

格法》《产品质量法》等法律法规，依法诚信经营，不哄抬物价、不串通涨价，组织行业企业不惜售、不限购、不蓄意囤积，配合有关部门严厉打击制造销售假劣药品、医疗器械、医用卫生材料等违法犯罪行为，切实防范假冒伪劣产品上市流通，积极维护市场秩序。推行企业产品标准、质量、安全自我承诺制度，强化民营中小企业社会责任建设。

八、创新推广新模式、新业态

行业协会商会要深入研究本行业本领域在疫情期间催生的新业态、新模式。帮助行业企业尤其是民营中小企业充分利用互联网、人工智能、大数据等技术实现智能生产、线上销售、远程服务、网络办公，提升信息化管理水平。支持发展面向中小企业的云制造、云服务平台。在行业内推广线上直播销售、无接触式服务、“不下车式”运输等新方式，引导企业利用好物联网、网上购物、外卖订餐、线上娱乐等数字经济、平台经济发展契机，促进行业实现转型升级。

九、积极做好舆论宣传引导

行业协会商会要充分利用网站、报刊和“两微一端”等宣传媒介，在行业内深入宣传党中央、国务院重大决策部署，及时解读政策动向并做好贯彻落实。积极发掘、广泛宣传、表扬奖励会员企业在疫情防控、捐款捐助、复工复产等方面的先进典型和感人事迹，总结好的经验做法，鼓舞士气、提振信心，充分展现团结一心、同舟共济、共克时艰的良好精神风貌。对在参与疫情防控、支持复工复产中表现突出的行业协会商会，国家发展改革委、民政部等部门将以适当形式予以通报表扬，组织媒体进行宣传报道，并将此作为社会组织等级评估等工作的重要依据。

国家发展改革委办公厅

民政部办公厅

（来源：国家发展改革委办公厅）

关于2019年度国家级开发区土地集约利用监测统计情况的通报

2020年1月8日

为深入贯彻落实党的十九大、十九届二中、三中、四中全会精神和《国民经济和社会发展第十三个五年规划纲要》，促进开发区提升土地供给质量，自然资源部组织开展了2019年度全国开发区土地集约利用监测统计工作，共有531个国家级开发区依据《2019年度开发区土地集约利用监测统计及汇总分析技术方案》及相关技术标准，对土地集约利用状况进行了监测统计。现将全国参评国家级开发区监测统计结果通报如下。

一、基本情况

2019年度监测统计在2018年度全国开发区土地集约利用全面评价工作基础上开展，更新时点为2018年12月31日。按照自愿参评原则，参与本次监测统计的国家级开发区共531个，监测统计范围面积49.57万公顷，平均每个开发区面积约为0.09万公顷。按区域分，东部地区245个，中部地区112个，西部地区120个，东北地区54个；按管理类型分，经济技术开发区、边境经济合作区等经济类开发区244个，高新技术产业开发区等高新类开发区161个，海关特殊监管区域126个；按监测统计类型分，工业主导型开发区421个，产城融合型开发区110个。

截至2018年12月31日，531个国家级开发区累计完成工业（物流）企业固定资产投资总额15.30万亿元；实现工业（物流）企业总收入23.41万亿元，开发区二、三产业税收总额2.06万亿元，工业（物流）企业税收总额1.17万亿元。国家级开发区总体经济社会效益显著，在引导和带动区域经济社会发展、推进产业结构调整方面发挥着重要作用。

二、土地集约利用总体状况

监测统计结果显示，国家级开发区土地开发利用程度总体良好，土地利用程度、利用强度和用地结构稳步提升，但用地效益稳中有降。

（一）土地利用程度显著提高。参评国家级开发区扣除河流、湖泊、山体等不可建设土地后，共有可开发建设土地47.80万公顷。其中，达到“三通一平”以上供应条件的土地42.32万公顷，土地开发率88.53%，比2018年度提高了1.32个百分点；已建成城镇建设用地36.62万公顷，占可开发建设土地的76.61%，土地建成率93.30%，比2018年度提高了0.31个百分点。已供应国有建设用地39.25万公顷，土地供应率92.74%，比2018年度提高了0.39个百分点。国家级开发区土地开发有序、供应及时、建设充分，开发利用建设程度明显提高。

（二）土地利用强度稳步提升。参评国家级开发区综合容积率0.96，工业用地综合容积率0.91，二者分别比2018年度提高了约0.02、0.01；建筑密度32.30%，比2018年度提高了0.72个百分点；工业用地建筑系数51.37%，比2018年度提高了0.38个百分点。国家级开发区已建成城镇建设用地利用强度比上一轮次进一步提升，建设用地利用方式更趋集约。

（三）开发区用地结构逐步调整。参评国家级开发区工矿仓储用地面积 17.82 万公顷，工业用地率 48.65%，比 2018 年度提高了 0.14 个百分点；住宅用地面积 5.80 万公顷，占已建成城镇建设用地的 15.84%，比 2018 年度提高了约 0.30 个百分点。

（四）开发区用地效益有所降低。参评国家级开发区工业用地固定资产投入强度 8 589.12 万元 / 公顷，比 2018 年度提高了 3.40%。工业用地地均税收达到 656.64 万元 / 公顷，比 2018 年度减少了 4.41%。工业用地地均收入 13 139.37 万元 / 公顷，比 2018 年度减少了 2.17%。综合地均税收 561.67 万元 / 公顷，比 2018 年度减少了 0.79%。人口密度 81 人 / 公顷，比 2018 年度减少了 1.11%。

三、不同区域、不同类型开发区集约利用状况及变化

（一）不同区域开发区情况。

1．东部地区开发区土地集约利用水平最高，用地效益相对较好，但闲置土地较上年度增加较多。东部地区开发区工业用地固定资产投入强度达到 9 659.55 万元/公顷，分别是中部、西部和东北地区的 1.27 倍、1.29 倍、1.70 倍；工业用地地均税收达到 828.80 万元 / 公顷，分别是中部、西部和东北地区的 1.94 倍、2.18 倍和 1.71 倍；综合地均税收达到 727.41 万元/公顷，分别是中部、西部和东北地区的 1.70 倍、2.15 倍和 2.20 倍。工业用地率、工业用地综合容积率、工业用地建筑系数均高于其他区域，产业用地特征突出。但土地闲置率比 2018 年度增加了 0.05 个百分点，增幅较其他区域多，应引起注意。

2．中部地区开发区土地供应率最高，土地利用强度水平仅次于东部地区，土地产出效益较上年度下降明显。中部地区开发区土地供应率达 94.84%，高于其他区域。建筑密度、综合容积率、工业用地综合容积率分别达到 34.95%、1.00 和 0.92，排在首位或次位，土地利用强度位列东部地区之后。但工业用地地均税收、综合地均税收与东部地区差距较大，分别为 426.32 万元 / 公顷和 429.05 万元 / 公顷。在工业用地固定资产投入强度较上年度增加 13.51% 的情况下，工业用地地均税收、综合地均税收分别比 2018 年度减少了 8.45% 和 2.47%，产出效益有明显下降。

3．西部地区开发区土地供应率、工业用地率明显低于其他区域，工业用地效益较上年下滑明显。西部地区开发区土地供应率、工业用地率分别 88.99%、38.11%，处于全国最低水平。工业用地固定资产投入强度比 2018 年度增加了 7.21%，但是工业用地地均税收大幅下降了 24.83%，仅为 380.88 万元 / 公顷，明显低于其他区域。经测算，西部地区省级开发区工业用地地均收入为 0.36 亿元 / 公顷，尚不到西部地区国家级开发区的一半。

4．东北地区开发区土地利用强度最低，工业用地投入持续偏低。东北地区开发区综合容积率、建筑密度、工业用地综合容积率、工业用地建筑系数分别为 0.80、28.06%、0.72、48.51%，均低于其他区域，土地利用强度明显偏低。综合地均税收处于全国最低水平，为 330.70 万元 / 公顷。工业用地地均税收为 483.49 万元 / 公顷，与去年基本持平。工业用地固定资产投入强度较去年增加 13.78%，但依然明显低于其他区域。从实际管理范围内土地投入产出情况看，工业用地地均新增固定投资强度不到批准范围内的八成，工业用地地均税收不到七成，土地集约利用水平明显低于批准范围。

（二）不同类型开发区情况。

1．高新类开发区土地集约利用整体水平最高，经济类开发区土地利用状况较好，海关特殊监管区域土地集约利用水平显著提升。

总体来看，高新类开发区土地开发率、土地供应率、土地建成率、综合容积率、工业用地综合容积率、工业用地固定资产投入强度、工业用地地均税收、人口密度均为全国最高。其中，土地供应率和土地建成率分别达到

95.57%、95.13%，分别是经济类开发区的1.03倍、1.02倍，综合容积率、工业用地综合容积率分别达到1.06、0.97，分别是经济类开发区的1.15倍和1.11倍；工业用地固定资产投入强度、工业用地地均税收、综合地均税收、人口密度分别达到9 436.68万元/公顷、801.14万元/公顷、624.72万元/公顷、106人/公顷，分别是经济类开发区的1.15倍、1.42倍、1.24倍、1.50倍。

海关特殊监管区域产业用地特征明显。工业用地率、工业用地建筑系数分别达到66.69%、55.51%，为全国最高，但土地建成率、综合容积率、建筑密度均为全国最低，分别为83.22%、0.68、30.20%。用地效益与高新类开发区也存在一定距离，但与2018年度相比，其土地开发率、综合容积率、建筑密度、工业用地综合容积率、工业用地建筑系数涨幅分别达到2.77%、4.44%、6.37%、4.06%、2.83%，增长幅度大于其他两种类型开发区。用地效益方面，综合地均税收最高，达684.11万元/公顷。工业用地地均税收和综合地均税收与2018年度相比分别增长4.36%和5.91%，较其他两类开发区增幅明显。

经济类开发区建筑密度达33.04%，为全国最高，土地开发率、土地供应率、土地建成率分别为87.92%、92.67%和93.36%，与全国水平基本持平，用地状况整体好于海关特殊监管区域。但工业用地地均税收、综合地均税收均最低，分别为全国平均水平的86%和90%。

2. 工业主导型开发区土地利用日趋集约，产城融合型开发区土地集约利用水平下滑。

根据综合评价和监测统计结果，分别以2018年度评价时工业主导型和产城融合型开发区土地利用集约度为基准值100，综合测算2019年度工业主导型开发区土地利用集约度分值为101.58，产城融合型开发区土地利用集约度分值为97.91。

工业主导型开发区工业用地率达到58.58%，超过产城融合型的2.41倍。建筑密度、工业用地综合容积率、工业用地建筑系数分别达到33.39%、0.91、51.83%，工业用地地均税收、综合地均税收分别达到664.55万元/公顷、573.42万元/公顷，均高于产城融合型开发区。

产城融合型开发区土地开发率、土地供应率、土地建成率分别为90.50%、94.99%、95.49%，均高于工业主导型开发区。产城融合型开发区工业用地固定资产投入强度为9 548.09万元/公顷，工业用地地均税收为609.71万元/公顷，综合地均税收为532.81万元/公顷，分别比2018年度下降27.73%、5.66%和4.15%。土地闲置率为0.19%，比2018年度上升了0.13个百分点，用地效益和管理绩效较不理想。

四、开发区土地利用中的问题

（一）开发区土地利用程度普遍较好，但土地整体集约利用水平仍有一定的提升空间。参评国家级开发区中，土地开发率超过90%的开发区超过6成（64.78%），土地供应率超过90%的开发区超过7成（71.94%），土地建成率超过90%的开发区超过7成（74.39%）。同时，综合容积率达到1.0的开发区仅有3成左右(34.83%)，建筑密度达到30%的开发区6成左右(61.77%)。工业主导型开发区中工业用地率超过50%的超过7成（74.82%），有8个工业主导型开发区已经转变为产城融合型开发区，其中工业用地率已不足30%。国家级开发区内土地供应和开工建设情况较好，但开发区用地结构有待进一步优化，已建成城镇建设用地综合利用强度仍存在进一步挖掘潜力。

（二）开发区用地效益呈现下降趋势。受宏观经济形势等多方面因素影响，国家级开发区经济、人口数据总体较上一年度明显下滑，工业用地地均税收、工业用地地均收入、综合地均税收、人口密度与2018年度分别减少了4.41%、2.17%、0.79%和1.11%。部分开发区投入产出效益偏低，有57个开发区工业用地地均固定资产投资总额低于3 000万元/公顷，有79个开发区工业用地地均税收在100万元/公顷以下，有27个开发区综合地均税收在100万元/

公顷以下。开发区用地效益有待进一步提高。

（三）开发区闲置土地面积有所增加，土地管理绩效有待提升。本年度参评国家级开发区闲置土地面积有所增加，存在闲置土地的开发区共计41个，占参评开发区的7.72%；闲置土地面积433.08公顷，土地闲置率0.11%，比2018年度增加了0.03个百分点。对于个别仍存在一定数量闲置土地的开发区，需积极挖掘开发区土地绩效管理潜力，进一步加强用地的供后监管和存量用地盘活力度。

五、下一步工作重点

国家级开发区作为我国改革开放的成功实践，应努力打造创新高地，推动产业升级，在落实生态文明理念、促进经济转型升级和推动高质量发展等方面发挥示范引领作用。下一步，各级自然资源主管部门要紧紧围绕国务院关于支持国家级开发区创新发展的有关部署，健全土地资源高效利用机制，重点推动以下工作。

（一）探索差别化政策管理，引导开发区走质量效益型发展之路。实施差别化用地管理政策，保障新产业新业态，培育发展用地需求，促进开发区转型升级。改善基础设施配套水平，适当提高生产性服务业用地比例，增加生产性服务业用地供给，引导高新产业集聚，提升开发区用地效益，逐步实现以用地供给驱动开发区产业结构优化，以节约集约用地驱动开发区产业转型升级。优化开发区土地利用政策，对发展较好、用地集约的开发区，在安排年度新增建设用地指标时给予适度倾斜。

（二）严格土地管理，推动闲置土地处置，切实提高土地利用强度。继续实施“增存挂钩”机制，加强土地开发利用动态监管，加大对批而未供、闲置土地的处置力度；探索、创新存量建设用地二次开发机制，大力盘活存量工业用地；提高存量建设用地供应比例，将经批准的开发区四至范围落实到国土资源管理“一张图”上，结合执法检查与督察，对开发区土地利用进行严格监管。

（三）探索开发区动态管理机制，建立健全激励机制和退出机制。各地区、各有关部门要加强指导和规范管理，进一步强化约束和倒逼机制，细化监督评估工作。推动开发区监测统计成果应用，并与奖惩措施挂钩，实行动态管理制度。对监测统计结果好的开发区优先考虑扩区、升级，加大政策支持力度；对监测统计结果不理想的开发区提出警告，限期整改；对土地等资源利用效率低、发展长期滞后的开发区，予以警告、通报、限期整改、退出等处罚，推动实现既有升级也有退出的动态管理，促进开发区良性发展，切实提高土地使用效率。

（四）严格开发区土地利用管理，强化土地节约集约利用，坚持合理、节约、集约、高效开发利用土地。各类开发区用地均应纳入所在市、县用地统一供应管理，并依据开发区用地和建设规划，合理确定用地结构。推动开发区集约利用土地、提高土地利用效率，从建设用地开发强度、土地投资强度、人均用地指标的管控和综合效益等方面加强开发区土地集约利用监测统计。积极推行在开发区建设多层标准厂房，并充分利用地下空间，以土地利用方式转变助力国家级开发区创新提升打造改革开放新高地。

（来源：自然资源部）

工业和信息化部关于工业大数据发展的指导意见

工信部信发〔2020〕67号

各省、自治区、直辖市及计划单列市、新疆生产建设兵团工业和信息化主管部门（大数据产业主管部门）：

工业大数据是工业领域产品和服务全生命周期数据的总称，包括工业企业在研发设计、生产制造、经营管理、运维服务等环节中生成和使用的数据，以及工业互联网平台中的数据等。为贯彻落实国家大数据发展战略，促进工业数字化转型，激发工业数据资源要素潜力，加快工业大数据产业发展，现提出如下意见。

一、总体要求

坚持以习近平新时代中国特色社会主义思想为指导，深入贯彻党的十九大和十九届二中、三中、四中全会精神，牢固树立新发展理念，按照高质量发展要求，促进工业数据汇聚共享、深化数据融合创新、提升数据治理能力、加强数据安全管理，着力打造资源富集、应用繁荣、产业进步、治理有序的工业大数据生态体系。

二、加快数据汇聚

（一）推动工业数据全面采集。支持工业企业实施设备数字化改造，升级各类信息系统，推动研发、生产、经营、运维等全流程的数据采集。支持重点企业研制工业数控系统，引导工业设备企业开放数据接口，实现数据全面采集。

（二）加快工业设备互联互通。持续推进工业互联网建设，实现工业设备的全连接。加快推动工业通信协议兼容统一，打破技术壁垒，形成完整贯通的数据链。

（三）推动工业数据高质量汇聚。组织开展工业数据资源调查，引导企业加强数据资源管理，实现数据的可视、可管、可用、可信。整合重点领域统计数据和监测数据，在原材料、装备、消费品、电子信息等行业建设国家级数据库。支持企业建设数据汇聚平台，实现多源异构数据的融合和汇聚。

（四）统筹建设国家工业大数据平台。建设国家工业互联网大数据中心，汇聚工业数据，支撑产业监测分析，赋能企业创新发展，提升行业安全运行水平。建立多级联动的国家工业基础大数据库，研制产业链图谱和供应链地图，服务制造业高质量发展。

三、推动数据共享

（五）推动工业数据开放共享。支持优势产业上下游企业开放数据，加强合作，共建安全可信的工业数据空间，建立互利共赢的共享机制。引导和规范公共数据资源开放流动，鼓励相关单位通过共享、交换、交易等方式，提高数据资源价值创造的水平。

（六）激发工业数据市场活力。支持开展数据流动关键技术攻关，建设可信的工业数据流通环境。构建工业大数据资产价值评估体系，研究制定公平、开放、透明的数据交易规则，加强市场监管和行业自律，开展数据资产交易试点，培育工业数据市场。

四、深化数据应用

（七）推动工业数据深度应用。加快数据全过程应用，发展数据驱动的制造新模式新业态，引导企业用好各业务环节的数据。

（八）开展工业数据应用示范。组织开展工业大数据应用试点示范，总结推广工业大数据应用方法，制定工业大数据应用水平评估标准，加强对地方和企业应用现状的评估。

（九）提升数据平台支撑作用。发挥工业互联网平台优势，提升平台的数据处理能力。面向中小企业开放数据服务资源，提升企业数据应用能力。加快推动工业知识、技术、经验的软件化，培育发展一批面向不同场景的工业 App。

（十）打造工业数据应用生态。面向重点行业培育一批工业大数据解决方案供应商。鼓励通过开展工业大数据竞赛，助力行业创新应用。加大宣传推广力度，开展线上线下数据应用培训活动。

五、完善数据治理

（十一）开展数据管理能力评估贯标。推广《数据管理能力成熟度评估模型》（GB/T 36073-2018，简称 DCMM）国家标准，构建工业大数据管理能力评估体系，引导企业提升数据管理能力。鼓励各级政府在实施贯标、人员培训、效果评估等方面加强政策引导和资金支持。

（十二）推动标准研制和应用。加强工业大数据标准体系建设，加快数据质量、数据治理和数据安全等关键标准研制，选择条件成熟的行业和地区开展试验验证和试点推广。

（十三）加强工业数据分类分级管理。落实《工业数据分类分级指南（试行）》，实现数据科学管理，推动构建以企业为主体的工业数据分类分级管理体系。

六、强化数据安全

（十四）构建工业数据安全管理体系。明确企业安全主体责任和各级政府监督管理责任，构建工业数据安全责任体系。加强态势感知、测试评估、预警处置等工业大数据安全能力建设，实现闭环管理，全面保障数据安全。

（十五）加强工业数据安全产品研发。开展加密传输、访问控制、数据脱敏等安全技术攻关，提升防篡改、防窃取、防泄漏能力。加快培育安全骨干企业，增强数据安全服务，培育良好安全产业生态。

七、促进产业发展

（十六）突破工业数据关键共性技术。加快数据汇聚、建模分析、应用开发、资源调度和监测管理等共性技术的研发和应用，推动人工智能、区块链和边缘计算等前沿技术的部署和融合。

（十七）打造工业数据产品和服务体系。推动工业大数据采集、存储、加工、分析和服务等环节相关产品开发，构建大数据基础性、通用性产品体系。培育一批数据资源服务提供商和数据服务龙头企业，发展一批聚焦数据标准制定、测试评估、研究咨询等领域的第三方服务机构。

（十八）着力构建工业数据创新生态。支持产学研合作建设工业大数据创新平台，围绕重大共性需求和行业痛点开展协同创新，加快技术成果转化，推动产业基础高级化和产业链现代化。

八、加强组织保障

（十九）健全工作推进机制。省级工业和信息化主管部门（大数据产业主管部门）要建立工业大数据推进工作机制，统筹推进地方工业大数据发展。鼓励各地因地制宜加强政策创新，开展重大问题研究，实施政策评估咨询，助力工业大数据创新应用。

（二十）强化资金人才支持。发挥财政资金的引导作用，推动政策性银行加大精准信贷扶持力度。鼓励金融机构创新产品和服务，扶持工业大数据创新创业。完善人才培养体系，培育既具备大数据技术能力又熟悉行业需求的复合型人才。

（二十一）促进国际交流合作。围绕政策、技术、标准、人才、企业等方面，推进工业大数据在更大范围、更宽领域、更深层次开展合作交流，不断提升国际化发展水平。

（来源：工业和信息化部）

科技部火炬中心发文推进创新型产业集群高质量发展

国科火字〔2020〕85号

为深入贯彻全国科技工作会议精神，落实科技部党组1号文件部署，按照科技部关于科技创新支持复工复产和经济平稳运行的要求，日前，科技部火炬中心印发《关于深入推进创新型产业集群高质量发展的意见》的通知。

通知原文如下：

各省、自治区、直辖市及计划单列市科技厅（委、局），新疆生产建设兵团科技局：

为深入贯彻全国科技工作会议精神，落实科技部党组1号文件部署，按照科技部关于科技创新支持复工复产和经济平稳运行的要求，科技部火炬中心研究提出了新时期深入推进创新型产业集群高质量发展的意见，现印发给你们，请结合各自实际，抓好贯彻落实。

关于深入推进创新型产业集群高质量发展的意见推进创新型产业集群高质量发展是深入实施创新驱动发展战略、建设现代化经济体系的重要战略支撑。在当前统筹推进疫情防控和经济社会发展的关键时期，进一步推进创新型产业集群建设，聚焦国家重大战略需求，着力攻克关键核心技术、提升产业创新能力、打造区域现代化经济体系，是有效降低疫情影响，促进经济社会健康发展的重要举措。为深入贯彻全国科技工作会议精神，落实科技部党组1号文件部署，按照科技部关于科技创新支持复工复产和经济平稳运行的要求，现就新时期深入推进创新型产业集群高质量发展，提出以下意见。

一、立足新兴产业，把握发展方向

要充分发挥国家高新技术产业开发区的产业集聚作用，按照“一区一主导产业”布局建设创新型产业集群。未来一个时期，在新一代信息技术、生物医药、智能制造、节能环保、新能源汽车、新材料、新能源、生物农业等战略性新兴产业中，按照国家战略与地方需求相结合、政府引导与市场主导相结合、科技创新与产业发展相结合、自主培育与扩大开放相结合的原则，在现有创新型产业集群试点和培育基础上，重点建设100个国家创新型产业集群，形成若干万亿级产业规模和一批千亿级产业规模，掌握关键核心技术、产业技术体系完备、大中小企业融通发展、处于国际国内领先地位的创新型产业集群。

二、强化政策集成，形成叠加效应

综合运用财政、税收、土地、金融、贸易以及科技项目、基地、人才、评价等政策，协同支持创新型产业集群载体建设、主体培育、科技创新和人才培养与引进。完善政府采购政策，扩大首购、订购等非招标方式的应用。加大力度在创新型产业集群建设中落实高新技术企业税收、科技型中小企业研发费用加计扣除、小微企业财税优惠等政策，确保已有政策应享尽享。

三、完善载体建设，优化空间布局

围绕创新型产业集群产业发展需求，科学

规划空间布局，探索实行差别化产业项目用地供地模式。充分落实当地产业用地政策，深入推进用地再开发，鼓励以业态调整、腾笼换鸟等方式，优化用地结构，盘活存量和闲置土地用于创新型产业集群发展。探索面向优质科技型集群企业，开展用地弹性出让、土地年租制等方式进行载体建设。

四、强化研发体系，着力产业创新

推动国家重大科技计划成果在创新型产业集群中进行产业化，鼓励集群内优秀科技企业承担各类政府资助项目。面向集群产业链关键核心技术需求，建设一批新型研发机构，鼓励集群领军企业牵头组织产业重大技术研发和行业标准制定，鼓励集群企业采取多种形式与高校、科研机构合作建立研发中心、设计中心和工程技术中心，着力提升集群产业创新能力和产业链现代化水平。探索建立股份制战略技术合作机构，推动全产业链上不同环节技术优势单位强强联合、交互持股，打造技术创新合作网络和利益共同体。

五、培育领军企业，促进融通发展

支持创新型产业集群领军企业的技术研发、技术改造和提档升级，促进其成为具有核心竞争力、市场影响力和行业话语权的国际领先企业。鼓励领军企业提升全产业链专业化协作和配套水平，将集群内有条件的科技型中小企业纳入供应链管理。以集群领军企业和关键核心企业为重点，充分发挥科技型中小企业优势，实施集群企业梯次培育行动计划，不断壮大集群企业队伍，促进大中小企业协同创新、融通发展。

六、搭建产业联盟，促进协同创新

支持建设创新型产业集群产业链各组成部分积极参与、知识分享、利益共享的产业技术联盟，形成定位清晰、优势互补、分工明确的协同创新机制，有效提高和降低联盟成员在技术研发、市场开拓、配套供给等过程中的效率和成本。鼓励大学、研究机构、金融机构和中介服务机构积极参与产业技术联盟建设，促进联盟进一步发挥整合各类优质创新资源的优势。

七、加强平台建设，完善服务体系

支持建设多元投入、市场主体、公益目标的创新型产业集群新型协同创新平台。加强集群“双创”平台建设，鼓励众创空间、科技企业孵化器、科技中介机构等不断提高服务水平，推动专业孵化、产业孵化，促进企业加速器建设。强化公共技术服务平台和技术转移服务平台建设，不断提高面向全产业链的服务能力。充分利用中国创新创业大赛、创新挑战赛等平台，为创新型产业集群发展推介优质科技型企业等创新资源。

八、创新支持方式，完善金融服务

以推动实施科技型中小企业成长路线图计划 2.0 为抓手，促进创新型产业集群科技创新和现代金融深度融合。鼓励建立集群创业与产业投资基金，引导社会资本参与集群建设，提升投资机构专业化服务能力，扩大权益性资本供给；建立科技金融服务中心，鼓励探索应用专业化科技金融工具，开展知识产权质押、股权质押、应收款质押等科技信贷业务，引导银行加大对集群企业的信贷支持。积极筛选推荐集群企业对接新三板、创业板、科创板，充分利用资本市场做大做强做优。

九、培育聚集人才，强化人才战略

支持建立符合创新型产业集群发展特点的人才评价方式。鼓励集群企业及研发机构建立各类高层次专业技术人才工作平台。探索建立人才柔性工作支持政策，鼓励外地人才通过各种方式为集群建设提供服务，在科研立项、成果转化、表彰奖励等方面与本地人才享受同等待遇。支持在集群中建立青年留学回国人员实习基地，吸引海外留学人员回国参与创新型产业集群建设。

十、加强开放创新，参与国际合作

积极参与“一带一路”建设，探索建立“一带一路”创新型产业集群国际合作交流机制。鼓励集群领军企业按产业链布局需要，在境外设立代表处、办事处等境外机构。鼓励集群内具备条件的企业，采取投资入股、收购兼并等方式，通过资本纽带与产业链中境外优秀机构快速融合，补齐发展短板。

十一、加强组织管理，明确工作责任

建立以培育为核心的创新型产业集群建设推进工作体系。科技部火炬中心是集群建设的组织管理机构，负责宏观指导、协调推进、分类管理和考核评价等。各省、自治区、直辖市、计划单列市科技管理部门是组织推进机构，负责地区创新型产业集群的政策制定、组织管理和审核报备。地市级科技主管部门或国家高新区管委会是集群建设的责任主体机构，具体负责创新型产业集群的建设方案制定和建设推进工作。

十二、提高服务水平，强化考核评价

各级创新型产业集群建设组织机构和责任主体，要积极落实创新政策，优化创新生态和营商环境，进一步加强服务意识，提高服务效率。要强化集群建设的考核评价工作，全面落实以评促建。科技部火炬中心将完善创新型产业集群动态监测和考核评价工作体系，并根据考核评价结果，对集群建设进行分类指导和推广示范。国家高新技术产业开发区内创新型产业集群建设的绩效纳入国家高新区评价体系。

（来源：科技部火炬中心）

科技部等印发《国家农业科技园区管理办法》的通知

国科发农〔2020〕173号

各省、自治区、直辖市及计划单列市科技厅（委、局）、农业农村（农牧）厅（委、局）、水利（水务）厅（局）、林业和草原主管部门，新疆生产建设兵团科技局、农业农村局、水利局、林业和草原主管部门，中国科学院院属各单位，中国农业银行各分行：

为进一步规范国家农业科技园区管理，科技部、农业农村部、水利部、国家林业和草原局、中国科学院、中国农业银行对《国家农业科技园区管理办法》进行了修订。现印发给你们，请结合各地实际认真贯彻执行。

科技部　农业农村部　水利部
国家林业和草原局
中国科学院　中国农业银行
2020年6月25日
（此件主动公开）

国家农业科技园区管理办法

建设国家农业科技园区是党中央、国务院提出的一项重要任务，自2001年由科技部等部门联合实施。为进一步加强国家农业科技园区建设与规范化管理，深入推进农业供给侧结构性改革，加快培育农业农村发展新动能，推进农业农村现代化，根据《国家创新驱动发展战略纲要》及实施创新驱动发展战略、乡村振兴战略、区域协调发展战略等要求，制定本办法。

第一章 总则

第一条 本办法所称国家农业科技园区，是指由国家农业科技园区协调指导小组批准建设的国家级农业科技园区（以下简称“园区”）。有关部门、地方批准建设的各级各类农业科技园区管理可参照本办法执行。

第二条 园区建设与管理要坚持“政府主导、市场运作、企业主体、农民受益”的原则，集聚创新资源，培育农业农村发展新动能，着力拓展农村创新创业、成果展示示范、成果转化推广和高素质农民培训四大功能，强化创新链，支撑产业链，激活人才链，提升价值链，分享利益链，把园区建设成为现代农业创新驱动发展的高地。

第三条 本办法主要包括园区申报、审核、建设、管理、验收、监测、评价和评估等工作。

第二章 组织机构及职责

第四条 科技部联合农业农村部、水利部、国家林业和草原局、中国科学院、中国农业银行成立园区协调指导小组，科技部为组长单位，农业农村部为副组长单位，其他部门为成员单位。园区协调指导小组负责对园区工作进行宏观指导，组织制定并发布园区发展规划、管理办法。

第五条 园区协调指导小组管理办公室（简称“园区管理办公室”）设在科技部农村科技司，负责园区统筹协调和日常管理。园区管理办公室委托中国农村技术开发中心开展相关工作。

第六条 园区管理办公室聘请相关领域知名专家组成园区专家工作组（专家工作组工作规则另行制定），负责园区发展战略与政策研究、提供咨询和技术指导，并参与相关论证、评审、过程监管、验收、评估等工作。

第七条 园区所在省（自治区、直辖市）、计划单列市及新疆生产建设兵团可根据实际情况按程序建立领导机制，负责辖区内园区建设的组织领导和协调推进工作，落实国家有关政策和制定地方配套政策。省级科技主管部门负责辖区内园区的组织申报、指导管理、资源整合、统筹发展等具体工作。

第八条 园区申报单位可根据实际需要组建管理工作专班负责园区建设的组织领导和协调推进工作，落实国家和地方有关政策和制定配套政策；负责园区规划编制、基础设施建设、创新能力建设、平台建设、产业发展等工作。鼓励园区组建具有法人资格的管理服务公司或投资管理公司，发挥市场在资源配置中的决定性作用，通过市场机制推进园区发展。

第三章 申报与审核

第九条 园区申报条件：

（一）园区申报单位原则上应为地市级及以上人民政府，应从严控制，避免同质化建设。

（二）园区要有科学的规划方案、合理的功能分区、明确的主导产业、完善的配套政策，并已正式成为省级农业科技园区一年以上。

（三）园区建设规划要符合国家农业科技园区发展规划，并经地市级及以上人民政府批准纳入当地社会经济发展规划。

（四）园区要有明确的地理界线和一定的建设规模，核心区、示范区、辐射区功能定位清晰，建设内容具体。

（五）园区要有较强的科技开发能力或相应的技术支撑条件，能够承接技术成果的转移转化；要有较好的研发基础设施条件和较完善的技术转化服务体系；要有一批专家工作站和科学测试检测中心，有利于聚集科技型人才。

（六）园区要有一批农业高新技术企业和科技服务机构，有效提高当地劳动生产率、土地产出率和资源利用率；要为高素质农民培训提供场所，促进农民科学素养和技术水平提升；要为大学生、农民工等返乡创业提供孵化器和公共服务平台。

（七）园区要有健全的管理服务体系。统筹科技资源，协调推进，充分发挥园区对当地农业主导产业的支撑作用。

第十条 园区申报程序：

（一）由园区申报单位通过所在地人民政府向省级科技主管部门提出申请。

（二）省级科技主管部门组织专家进行评审，并经省级人民政府审定后报送园区管理办公室。

第十一条 园区申报材料：

（一）国家农业科技园区建设申报书（见附件 1）。

（二）国家农业科技园区总体规划（见附件 2）。

（三）国家农业科技园区建设实施方案（见附件 3）。

（四）其他有关附件材料。

第十二条 园区论证与审核：

（一）园区管理办公室组织专家对申报园区进行实地考察，提出园区建设的相关建议，并形成考察报告。

（二）园区管理办公室组织专家通过视频答辩或会议评审等方式对申报园区进行论证和评审。

（三）园区管理办公室将考察报告及专家评审结果报请协调指导小组审定后，由科技部发文正式批准。

第四章 建设与管理

第十三条 园区申报单位须按照论证评审通

过后的总体规划，组织编制实施方案。总体规划和实施方案须经园区所在地政府常务会审议通过，报园区管理办公室备案后执行。

第十四条 园区管理工作专班负责协调和落实各级政府有关园区的土地、税收、财政等政策措施。

第十五条 省（自治区、直辖市）、计划单列市、新疆生产建设兵团科技主管部门要整合本地区各类涉农科技计划项目，倾斜支持园区发展。园区所在地人民政府要结合本地实际，制定支持园区发展操作性强的相关政策。

第十六条 园区要坚持新发展理念，制定出台优惠政策，以推动农业供给侧结构性改革为主线，推动科技服务业和创新创业政策在园区落地生根；要积极吸引优势企业和优秀人才入驻园区，着力孵化涉农高新技术企业，发展农业高新技术产业，推动园区向高端化、集聚化、融合化、绿色化方向发展；要强化一、二、三产业实质融合，积极推进产城、产镇、产村融合；要着力营造科技成果转移转化的良好环境，打造一批“星创天地”。

第十七条 园区实行年度报告制度和年度总结会议制度。每年3月底前，各园区应通过省级科技主管部门将上年度工作报告等材料报送到园区管理办公室，内容主要包括园区建设进展、统计数据、经验总结、存在问题及下一年度工作重点等。其中，统计数据参考国民经济统计数据，主要包括地区生产总值（第一产业、第二产业、第三产业）、总产值（农业、林业、牧业、渔业）、各类农产品产量、规上工业增加值、城镇和农村居民可支配收入等。园区管理办公室定期组织召开国家农业科技园区工作会议，交流各园区的主要经验和做法。

第十八条 园区实行创新能力监测与评价制度。按照“建立全国创新调查制度，加强国家创新体系建设监测评估”的要求，在科学、规范的统计调查基础上，对园区创新能力进行全面监测和评价，根据评价结果和区域发展需求进行针对性指导。园区管理工作专班要及时组织填报监测数据，并对数据真实性负责。

第五章 验收与评估

第十九条 园区建设期为三年。建设期满后，由园区建设单位通过省级科技主管部门向园区管理办公室提出验收申请。园区管理办公室根据园区验收申请，组织专家进行现场审查，结合年度创新能力监测与评价结果，经综合评议后认定是否通过验收，并将验收结果以适当方式向社会公布。

不能按期参加验收的园区，应提前半年由园区建设单位通过省级科技主管部门向园区管理办公室提出延期验收申请，由园区管理办公室批准。

第二十条 园区管理办公室对通过验收的园区，实行动态管理和综合评估。园区评估工作原则上每三年进行一次，评估结果分为优秀、达标和不达标。评估工作由园区协调指导小组统一部署，园区管理办公室组织实施。

第二十一条 加大对评估优秀园区的支持力度，支持符合条件的园区申请建设国家农业高新技术产业示范区；对评估不达标的园区要限期整改（整改期一般为一年）。整改后再次进行评估，达标则继续保留园区资格，不达标则取消其园区资格。

第二十二条 园区一个评估阶段（一般为三年）有两年不参加创新能力监测，视为园区评估不达标。

第六章 附则

第二十三条 本办法自公布之日起实施。

第二十四条 本办法由科技部负责解释。

第二十五条 原《国家农业科技园区管理办法》（国科发农〔2018〕31号）自本办法实施之日起废止。

（来源：科技部）

上海市商务委等印发《关于推进本市国家级经济技术开发区创新提升打造开放型经济新高地的实施意见》的通知

各区人民政府，市政府各委、办、局，各有关单位：

经市政府同意，现将《关于推进本市国家级经济技术开发区创新提升打造开放型经济新高地的实施意见》印发给你们，请认真按照执行。

上海市商务委员会
上海市发展和改革委员会
上海市经济和信息化委员会
2020 年 4 月 16 日

关于推进本市国家级经济技术开发区创新提升打造开放型经济新高地的实施意见

为贯彻落实《国务院关于推进国家级经济技术开发区创新提升打造改革开放新高地的意见》（国发〔2019〕11 号），发挥本市国家级经济技术开发区（以下简称“国家级经开区”）制度优势、产业优势、人才优势，着力推进国家级经开区开放创新、科技创新、制度创新，提升对外合作水平，提升经济发展质量，打造开放型经济新高地，现提出以下实施意见。

一、进一步扩大对外开放

（一）加快发展更高水平的开放型经济。紧紧围绕上海五个中心建设，坚持新发展理念，坚持高质量发展，支持国家级经开区在更大范围、更广领域、更高层次上进一步扩大开放，构建国家级经开区开放发展新体制，发展更高层次的开放型经济，加快形成国际竞争新优势。（责任单位：市商务委等）

（二）支持开展自贸试验区相关改革试点。支持国家级经开区按程序复制推广自贸试验区改革创新制度。支持金桥综合保税区实施自贸试验区金融改革创新等相关政策。（责任单位：市商务委、市发展改革委、上海海关、人民银行上海分行、国家外汇管理局上海市分局，浦东新区人民政府）

（三）鼓励跨国公司设立地区总部、研发中心等功能性机构。贯彻实施《关于本市促进跨国公司地区总部发展的若干意见》（沪府规〔2019〕30 号），支持国家级经开区内符合条件的外商投资企业升级为跨国公司地区总部或认定为研发中心，享受在资金管理、通关便利、人才引进及出入境等方面的优惠政策。鼓励国家级经开区出台支持力度更大的地区总部和研发中心政策。（责任单位：市商务委等）

（四）强化外资招商引资平台作用。积极推动符合国家级经开区产业发展导向的外资项目落户，对重大外商投资新设或增资项目，按照属地化原则，各区可根据其对本区域的经济社会综合贡献度给予奖励。对符合条件的国家级经开区市场化招商服务机构，按照属地化原则，各区可根据其引进项目对本区域的经济社会综合贡献度给予奖励。支持各国家级经开区举办境内外投资促进活动，各区根据实际情况对相关场地、宣传等费用可予以资金支持，对各国家级经开区组织的有实质性招商引资任务的出国（境）招商公务团组优先给予重点保障。支持国家级经开区围绕区内重点发展产业，对经济发展、技术创新贡献大的外商投资项目，因地制宜制定出台招商引资便利化的优惠政策。（责任单位：市商务委、市经济信息化委、市财政局、市政府外办，有关区人民政府）

（五）提升对外贸易质量。充分发挥外经贸发展专项资金作用，根据国家鼓励进口技术和产品目录，对先进技术设备和关键零部件等进口给予进口贴息支持，完善进口技术贴息相关政策。支持将国家级经开区内符合条件的中小外贸企业纳入重点支持企业名录，由上海中小微企业政策性融资担保基金及其他政策性融资担保机构予以担保支持。支持国家级经开区内符合条件的企业基于自由贸易账户开展货物转手买卖贸易，在沪商业银行可在展业三原则基础上，为其提供国际通行的跨境金融服务便利。支持真实合法合规的离岸转手买卖外汇业务发展，鼓励金融机构为离岸转手买卖贸易提供便利的贸易结算和贸易融资服务。（责任单位：市商务委、市财政局、市金融工作局、人民银行上海分行、国家外汇管理局上海市分局）

二、赋予更大改革自主权

（六）明晰管理机构职能。国家级经开区管委会或开发运营公司主要负责区内产业发展、招商引资、开发建设、科技创新和营商环境优化等经济管理事项。加强国家级经开区与所在行政区的合作，涉及国家级经开区内社会管理、公共服务等事项主要由所在行政区管理。（责任单位：有关区人民政府）

（七）深化“放管服”改革。推进全覆盖、全流程的工程建设审批制度改革，统一工程建设项目通过“一网通办”平台办理，推进“多规合一、多评合一、多图联审、多验合一、多测合一”等创新举措。探索推动有关审批事项下放至国家级经开区管委会或国家级经开区所在行政区办理。鼓励国家级经开区对投资项目提前介入、主动服务，对有需求的企业提供环境评估、消防管理、企业登记等前期办理服务，加快项目进程。（责任单位：市住房城乡建设管理委、市发展改革委，有关区人民政府）

（八）优化开发运营主体管理机制。鼓励国家级经开区开发运营主体根据发展需要实施开放性市场化重组，提高企业活力，做强做优企业。积极支持符合条件的国家级经开区开发运营主体首次公开发行股票并上市。支持在有条件的国家级经开区开展不动产投资信托基金试点。（责任单位：市商务委、市国资委、市发展改革委、上海证监局、市金融工作局，有关区人民政府）

（九）健全完善绩效激励机制。探索放宽国家级经开区开发运营主体参与区内风险投资、股权投资的相关限制。支持国家级经开区创新选人用人机制，允许实行年薪制等多种分配方式。支持国家级经开区按市场化原则开展招商、企业入驻服务等。（责任单位：市国资委、市人力资源社会保障局，有关区人民政府）

三、推动产业高质量发展

（十）统筹协调产业发展格局。闵行、松江经开区重点围绕装备制造、人工智能、生物医药、新材料，漕河泾经开区重点围绕电子信息、生物医药、人工智能等产业的总部、研发中心和创新中心，金桥经开区重点围绕汽车产业、5G产业和数字经济，虹桥经开区重点围绕地区总部、商贸、互联网、专业服务和金融服务，上海化工区重点围绕石化、精细化工和新材料的制造、科创和服务，打造各具特色、共生互补的产业生态布局。（责任单位：市经济信息化委、市商务委）

（十一）大力发展先进制造业。支持国家级

经开区创建国家新型工业化产业示范基地，打造制造业高质量发展载体。本市重大产业项目优先规划布局在国家级经开区，充分发挥本市现有各类产业投资基金作用，加快引进和培育行业龙头和“隐形冠军”企业、科技小巨人企业、关键零部件和中间品制造企业。鼓励国家级经开区内企业承担智能制造试点示范项目。（责任单位：市经济信息化委、市科委、市财政局）

（十二）优化升级现代服务业。鼓励国家级经开区瞄准人工智能、云计算、大数据等，着力发展信息服务业等高成长性服务业。加快新技术赋能传统服务业改造升级，促进5G、物联网、区块链等新技术转化应用，加速重构传统服务的产业链、价值链。加快发展科技服务、金融服务、服务贸易、旅游会展、文化创意产业等，打造现代服务业集聚区。（责任单位：市商务委、市经济信息化委、市发展改革委）

（十三）深度参与科创中心建设。推动国家级经开区开展创新创业集聚区建设，建设升级孵化器、众创空间，符合条件的科技企业孵化器、众创空间可按照国家有关规定享受免征房产税、城镇土地使用税、增值税等优惠政策。支持符合条件的国家级经开区打造特色创新创业载体，推动中小企业创新创业升级。鼓励国家级经开区举办创新创业大赛，提升“漕河泾科创嘉年华”、上海化工区“SCIP”绿色化学工业创新创业大赛等品牌活动影响力。加大高新技术企业培育力度，支持国家级经开区内企业建设工程技术研究中心、企业重点实验室、企业技术中心。鼓励国家级经开区内企业申报专利导航和专利评议等项目，提升知识产权信息利用能力。鼓励国家级经开区内企业具有自主知识产权的技术成果，进入上海技术交易所进行交易，加速技术成果转化。支持对国家级经开区内科创主体提供数字化、智能化、便利化、集约化海关监管服务。（责任单位：市科委、市税务局、市知识产权局、上海海关、市发展改革委、市经济信息化委、市商务委）

（十四）加快推进园区绿色发展。巩固本市国家级经开区通过国家生态工业示范园区复评成果，持续提升绿色生态发展水平。对国家生态工业示范园区内的重大项目依法简化项目环评内容，提高审批效率。对国家生态工业示范园区给予环保指标倾斜，区域减排指标统筹后优先供给。加大对国家级经开区循环化改造的技术指导和资金支持。（责任单位：市生态环境局、市经济信息化委、市发展改革委）

四、加强要素保障和资源集约利用

（十五）强化集约高效用地。国家级经开区引进国家和本市重大战略性产业项目，由市统筹用地指标予以优先保障。支持在国家级经开区试点规划土地创新支持政策，合理确定开发强度、建设产业创新综合体、开展土地混合利用、加强规划弹性适应能力等措施。对符合结余土地分割转让条件的产业项目类工业用地，在符合相关规划、产业等条件下，允许结余土地分割转让给经认定的国家级经开区平台公司或经认定的战略性新兴产业项目和高新技术产业化项目。在符合建设用地适建要求的前提下，允许国家级经开区内工业用地和研发用地配建科技创新服务设施，建筑面积占项目总建筑面积的比例可达到15%。优化存量土地收购政策，加大对国家级经区开发运营主体的存量收购支持力度。鼓励国家级经开区内经认定的存量优质企业依法按程序，通过厂房加层、厂区改造、内部用地整理及扩建生产、仓储场所、开发利用地下空间等方式实现增资扩产、升级迭代。存量优质企业增资扩产可根据企业项目绩效、能级等情况确定增容土地价款收取比例，按照分期方式缴纳。（责任单位：市规划资源局、市经济信息化委、市科委）

（十六）降低能源资源成本。按照上海市关于电力市场化改革的总体部署，支持国家级经开区内企业参与电力市场化交易，提高用电效率，降低用电成本。支持国家级经开区按规定开展非居民用天然气价格市场化改革，取消直接供气区域内国家级经开区管网输配服务加价环节。根据国家油气体制改革工作要求和市政府工作部署，支持具备条件的上海化工区企业通过自主渠道购买天然气。（责任单位：市发展改革委、市经济信息化委、市国资委、市住房城乡建设管理委）

（十七）完善人才政策保障。支持国家级经开区引进急需的各类人才，在户籍办理、出入境、子女入学、医疗保险、创业投资等方面提供“一站式”服务。对国家级经开区内企业急需的外国专业人才，按照规定适当放宽申请工作许可的年龄限制。鼓励国家级经开区开展高技能人才培养基地建设，按规定在实训设施设备添置、培养项目开发、师资队伍建设等方面给予经费资助。（责任单位：市人力资源社会保障局、市公安局、市科委）

五、发挥对内对外合作平台功能

（十八）积极参与国际合作。探索推动国家级经开区“走出去”参与境外经贸合作区建设。鼓励有条件的国家级经开区在海外设立联合孵化中心、创新中心和国际合作创新园，在科技创新领域开展国际合作。（责任单位：市商务委、市经济信息化委、市科委）

（十九）推动联动发展。鼓励国家级经开区参与长三角开发区协同发展联盟，在产业、人才、创新等方面开展合作，参与长三角一体化建设。继续推进国家级经开区品牌输出合作模式，建立品牌输出标准，共建跨区域合作园区。积极推进国家级经开区依托产业转移促进中心平台，结合园区转型发展需要，同中西部开发区开展产业合作。（责任单位：市发展改革委、市商务委、市经济信息化委）

各区、各部门要深刻认识推进国家级经开区创新、提升、打造开放型经济新高地的重大意义，加强组织领导和协调，加大对国家级经开区各项工作的支持力度，形成工作合力，确保各项措施落到实处。

本意见自 2020 年 6 月 1 日起实施。

（来源：上海市人民政府网）

山东省《关于推进开发区节约集约用地 促进高质量发展的若干措施》

鲁自然资发〔2020〕1号

为贯彻落实省委、省政府关于推动开发区体制机制改革创新促进高质量发展的决策部署，创新开发区用地管理制度，提高开发区节约集约用地水平，现制定如下措施。

一、加强规划管控

按照布局集中、产业集聚、用地集约的原则，加强产业规划和国土空间规划的衔接，优化开发区空间布局，突出生产功能，明确主导产业，统筹产业集聚区与生活区、商务区、办公区等城市功能建设，引导综合设施合理设置、开放共享。坚持以产业发展为主，加强规划引领，发展以产业链为纽带的多层次、多样化产业空间载体，提高产业发展集聚度和土地投入产出率，把开发区打造成产业集聚发展的主战场。（省发展改革委、省科技厅、省工业和信息化厅、省自然资源厅、省住房和城乡建设厅、省商务厅等按职责分工负责，各市、县（市、区）政府和各开发区管委会落实。以下均需各市、县（市、区）政府和各开发区管委会落实，不再一一列出）

二、引导工业项目进区入园

严格控制在开发区外安排新增工业用地，确需在开发区外安排重大或有特殊工艺要求的工业项目，须加强科学论证。化工投资项目原则上应在省政府认定的化工园区（含专业）、重点监控点内实施，并符合国土空间规划、产业发展规划等相关规划。对“退二进三”转型升级或开发区外“散乱污”整治搬迁改造企业，优先在开发区内安排建设用地或鼓励租赁标准厂房。（省发展改革委、省工业和信息化厅、省自然资源厅、省生态环境厅、省商务厅等按职责分工负责）

三、鼓励土地混合利用立体开发

鼓励工业、仓储、研发、办公、商业等用途用地混合布置、空间设施共享，强化公共服务、市政基础设施功能混合。单一生产功能的园区或中小民营企业集中区域，在符合国土空间规划的前提下，可适当集中安排建设用地用于公共服务设施、职工集体宿舍等建设。各地在编制国土空间规划时，应加强地上地下空间统筹，明确地下空间开发利用的空间布局和管控要求，支持对生态绿地、交通用地、公共服务设施用地的地下空间单独开发建设，引导地下空间横向连通和地上地下空间一体化发展。（省自然资源厅牵头，省发展改革委、省工业和信息化厅、省住房和城乡建设厅、省商务厅等配合）

四、建立项目优选联审制度

建立由发展改革、工业和信息化、自然资源、住房和城乡建设、生态环境、招商等部门参加的联席审查制度，重点对项目产业政策、固定资产投资、能耗、环境、用地标准等论证，对建设单位经济实力、社会信誉等进行核实，明确项目履约监管主体、监管措施、违约处理方式，从源头上保证项目质量。（省发展改革委、

省工业和信息化厅、省财政厅、省自然资源厅、省生态环境厅、省住房和城乡建设厅、省商务厅、山东省税务局等按职责分工负责）

五、推行“标准地”制度

各地要在开发区范围内，围绕事先评估、事前定标、事中承诺、事后监管等环节建立“标准地”制度体系。土地出让前，由开发区管委会组织开展“多评合一”，评估结果实现共享共用。土地出让时，明确土地出让的产业政策、投资、能耗、环境、建设、亩均税收等标准；在签订建设用地使用权出让合同时，开发区管委会与用地单位签订建设项目履约监管协议，明确用地标准、建设标准、企业承诺事项、违约责任等。建立“标准地”监管体系，根据“谁主管、谁负责”的原则，对依法开展土壤污染状况调查、项目建设、竣工验收、达产复核、股权变更等环节实施协同监管，按约定予以奖惩，项目正常运营后，转为按“亩产效益”评价改革结果，实施资源要素差别化配置，实现项目全生命周期管理。（省发展改革委、省工业和信息化厅、省财政厅、省自然资源厅、省生态环境厅、省住房和城乡建设厅、省商务厅、山东省税务局等按职责分工负责）

六、推进高标准厂房建设

支持和鼓励建设高标准厂房，除生产安全、工艺流程等有特殊要求外，不得建造单层厂房，具体建设标准按照国家、省有关规定执行。高标准厂房项目应明确产业定位，主导产业所占面积不低于高标准厂房总面积的70%，鼓励同行业企业、产业链上下游配套企业集聚发展。允许按幢、层等固定界限为基本单元分割登记和转让，但不改变用地性质和房屋用途。（省发展改革委、省工业和信息化厅、省自然资源厅、省住房和城乡建设厅、省商务厅等按职责分工负责）

七、支持新型产业用地发展

在开发区内支持融合研发、创意、设计、中试等新型产业用地发展，配建生活服务设施用地面积不超过项目总用地面积的15%。新型产业用地项目在达到土地出让合同和履约监管协议中约定条件后，允许按相关规定对产业用房办理不动产分割登记和转移登记，配建生产生活服务设施不得分割转让、抵押。受让方以共用土地形式取得土地使用权的，不再单独分割土地使用权。各地在确定新型产业用地出让价格时，可探索按照不低于工业用地且不高于商业用地价格并结合开发主体自持物业比例等因素综合确定。（省发展改革委、省科技厅、省工业和信息化厅、省自然资源厅、省住房和城乡建设厅、省商务厅等按职责分工负责）

八、多措并举推进存量土地资源盘活利用

各地要对批而未供、闲置低效用地等存量土地调查摸底，绘制存量土地资源空间分布“一张图”。招商引资、项目选址优先使用存量土地。推进低效用地再开发，加大财税金融支持，除由政府按照有关规定统一开发改造外，鼓励原土地权利人通过自主、联营、入股、出租、转让（含分割转让）等方式进行盘活。加快建设土地二级市场，促进土地循环和节约集约利用。（省自然资源厅牵头，省发展改革委、省工业和信息化厅、省财政厅、省住房和城乡建设厅、省商务厅、山东省税务局、省地方金融监管局等配合）

九、构建以信用为基础的监管机制

对符合条件的企业投资项目，经企业自主选择后，按照政府制定的用地条件做出具有法律效力的书面承诺并将承诺履约情况记入信用记录，作为事中、事后监管的重要依据。开发区管委会应加强对项目建设经营过程的监管，将企业的违法违规行为等信息纳入省公共信用信息平台，通过“信用中国（山东）”进行公开公示。对于严重失信企业，按照相关规定实施联合惩戒。（省发展改革委、省工业和信息化厅、省财政厅、省自然资源厅、省住房和城乡建设

厅、省商务厅、山东省税务局、省地方金融监管局等按职责分工负责）

十、建立节约集约用地评价激励机制

对开发区节约集约用地情况定期开展评价和年度监测统计，评价结果与开发区扩区、升级和新增计划指标奖励等挂钩。适时开展节约集约示范区创建评选活动，评选一批实践特色鲜明、资源利用高效、生态环境良好、示范作用显著的开发区，总结推广先进经验，提升资源节约集约利用整体水平。（省自然资源厅牵头，省发展改革委、省科技厅、省工业和信息化厅、省财政厅、省生态环境厅、省商务厅、山东省税务局等配合）

各市、县（市、区）政府要加强对开发区节约集约用地工作的组织领导，相关部门加强配合，共同做好用地管理工作，促进开发区高质量发展。

（来源：山东省自然资源厅）

福建省人民政府办公厅关于印发福建省实施工业（产业）园区标准化建设 推动制造业高质量发展三年行动计划（2020—2022年）的通知

闽政办〔2020〕48号

各市、县（区）人民政府，平潭综合实验区管委会，省人民政府各部门、各直属机构，各大企业，各高等院校：

经省政府研究同意，现将《福建省实施工业（产业）园区标准化建设推动制造业高质量发展三年行动计划（2020—2022年）》印发给你们，请认真组织实施。

福建省人民政府办公厅
2020年9月20日
（此件主动公开）

福建省实施工业（产业）园区标准化建设推动制造业高质量发展三年行动计划（2020—2022年）

为深入贯彻习近平总书记对福建工作的重要讲话重要指示批示精神，认真落实党中央、国务院决策部署和省委十届十次全会精神，大力实施工业（产业）园区标准化建设，全面提升我省工业（产业）园区发展水平，更好地促进优质生产要素集中集聚，做强做优做大产业，加快产业结构优化升级，为全方位推动高质量发展超越提供有力支撑，制订本行动计划。

一、总体要求

（一）发展思路

以习近平新时代中国特色社会主义思想为指导，坚持稳中求进的工作总基调，坚持新发展理念，坚持以供给侧结构性改革为主线，主动融入以国内大循环为主体、国内国际双循环相互促进的新发展格局，打好产业基础高级化、产业链现代化的攻坚战，提升产业链供应链现代化水平，加快建设先进制造业强省，打造未来发展新优势。

坚持扶引大龙头、培育大集群、发展大产业，着力抓好工业园区、工业互联网“一实一虚”两大平台建设，实施十大专项行动，推进园区标准化建设，通过高起点规划、高标准配套、高效率服务，将园区打造为推动制造业高质量发展的重要平台和发展引擎。围绕畅通产业循环、市场循环、经济社会循环，深入梳理、全力打通产业链供应链的堵点断点；加强产业链上下游协作，促进大中小企业融通发展，增强产业链韧性，提升产业链水平，健全产业生态体系，保产业链供应链稳定，大力推动制造业全方位、高质量地发展。

（二）主要目标

开展工业（产业）园区标准化建设试点，

力争到2022年，试点园区配套基础设施、商贸文体设施、人才职工住房保障体系基本完善，教育、医疗配套基本满足生产生活需要。各试点园区配套建设综合服务中心、科技公共服务平台1家以上。试点园区“亩产效益”达到全国先进水平，经济发展质量和效益明显提升。全省制定工业（产业）园区建设省地方标准10项以上，力争主导或参与制定工业（产业）园区建设国家级标准2项以上；试点园区企业参与制（修）订国际标准、国家标准、行业标准300项以上。到2025年，工业（产业）园区标准化体系基本完善，标准化建设经验全面推广，全省工业园区承载能力和产业集聚水平显著提升，有力助推制造业高质量发展，在全国形成品牌示范效应。

到2022年，全省纺织鞋服产业产值达12 500亿元，机械装备产业产值达10 200亿元，电子信息制造业产值达9 300亿元，石油化工产业产值达8 300亿元，食品产业产值达7 400亿元，冶金产业产值达5 900亿元，建材产业产值达5 400亿元，战略性新兴产业增加值达7 000亿元，数字经济规模达26 000亿元；培育形成55家以上产值超百亿元工业企业（集团）、65个以上产值规模超百亿元的工业（产业）园区（其中，超500亿元园区20个，超千亿元园区8个）、20个以上产值规模超千亿的产业集群（其中，超3 000亿元产业集群5个，2 000亿元至3 000亿元产业集群10个）。到2025年，培育形成4个超万亿产业，60家以上产值超百亿元工业企业(集团)，其中产值超千亿元的10家。

二、专项行动

（一）龙头品牌专项行动

突出龙头品牌带动，坚持优化园区布局、强化项目支撑、延伸产业链条、增强产业配套，持续实施百亿龙头、千亿集群、万亿产业推进计划，做强做优做大产业。加快培育一批优势龙头企业，到2022年培育形成1 000家左右“专精特新”企业、250家左右制造业单项冠军企业，着力提升质量品牌核心竞争力，培育更多国际国内知名品牌，打造福建制造新名片。扎实做好“六稳”工作，落实“六保”任务，突出抓龙头带动，促大中小企业协同；抓产业协作，促上下游贯通；抓进口替代，促供应链稳定；抓市场开拓，促产供销衔接；抓企业帮扶，促要素保障。深入实施制造业“百千”增产增效行动，以重点企业达产满产超产和产业链畅通为抓手，发挥辐射带动和示范引领作用，实现全省工业经济平稳运行。

发挥优势龙头企业引领性作用，积极布局建设产业链上下游企业联盟，实施中小企业梯度培育，促进大中小企业融通发展；加强产业链协同创新，开展产业链关键核心技术攻关；实施产业链协同制造，推动制造业向数字化、网络化、智能化转变；加快精准招引一批延链补链强链重大项目；积极拓展供应链、采购链、创新链、人才链、资金链、服务链等多个链条的协同发展，构建更加紧密的产业链综合生态。积极构建垂直整合的产业链集群，推动产业链上中下游和关联产业、同类企业同类产品、制造业和生产性服务业集聚发展，建设一批综合效益和竞争力全国领先产业集群。

依托各地重点产业，建立省市县三级联动挂钩重点产业链工作推进机制，突出党政领导挂帅，进一步盘活和整合区域各类资源，提升跨企业、跨行业、跨区域、跨行政部门之间的配置效率。围绕“巩固、增强、创新、提升”产业链，每条重点产业链成立一套工作专班，完善一个产业链发展规划、建立一套产业链发展支持政策、培育一批产业链龙头企业、打造一批产业链发展平台、实施一批产业链重点项目，打造一批具有战略性和全局性的产业链。

电子信息制造业突出“增芯强屏”延链补链，加大关键核心技术和设备开发，积极发展特色IC制造、OLED（AMOLED）新型显示、LED、自主计算机整机制造及以5G为牵引的网络通信产业，建设海峡两岸集成电路产业合作试验区，打造东南沿海集成电路和电子信息产业基地；机械装备产业突出高端化智能化，大力发展高端智能制造装备，提升关键零部件基础配套能力，做大做强汽车产业，打造具有区域特色的国内先进装备制造产业基地；石油化工产业突出一体化精细化，着力提升必要的炼油能力，增加烯烃、芳烃基础原料供应能力，延伸拓展石化中下游产业链，大力发展化工新材料、精细化学品、化纤和塑料等领域高附加值产品，打造世界一流的石化产业基地；纺织鞋服产业突出品牌化高附加值化，进一步推进上游纤维原料产业做大做强，推进中端印染行业关键环节转型升级，拓展提升终端高端纺织品供给应用，推进建设规模居前、制造高端、品质领先的纺织服装产业强省，打造全球知名鞋类生产基地；冶金建材产业突出新型化绿色化，重点通过工艺技术和装备等改造，推进绿色节能降耗技术应用，促进产品结构调整和精深加工，推动传统冶金建材产业向新型绿色冶金建材产业发展，建设产品结构高端绿色、关键基础材料支撑能力强的现代冶金和建材产业基地；食品产业突出生态化特色化，加快产业转型升级，促进食品精深加工，进一步延伸拓展食品产业链条，提升产品附加值，建设全国领先的健康生态食品制造基地。

新兴产业突出前沿化规模化，加快培育新兴产业龙头骨干企业，加快高水平科研平台建设，着力突破一批重大关键核心技术，完善技术创新体系，推动新一代信息技术、新材料、高端装备、节能环保、新能源、新能源汽车、生物与新医药等新兴产业存量提升、增量拓展，打造一批国家级战略性新兴产业集群；数字产业突出融合化赋能化，着力提升产业数字化和数字产业化的水平，大力发展新型基础设施、5G、工业互联网、物联网、大数据、软件和信息服务业及平台经济，推动数字经济占国民经济比重进一步提高；围绕电子信息、机械装备、能源石化、生物技术医疗等领域，结合汽车、稀土、石墨烯等国家新开放领域，组织闽台产业对接交流合作，构建两岸高新产业合作基地，深化闽台产业融合发展。

（二）规划提升专项行动

引导工业（产业）园区立足区域特点、产业基础、资源禀赋和环境承载能力，科学谋划、准确定位，及时开展园区总体发展规划修编，与当地经济社会总体发展规划、国土空间规划、产业规划，以及生态保护红线、环境质量底线、资源利用上线、环境准入清单（“三线一单”）等有机衔接，落实“多规合一”。强化规划引领，体现效益优先、集聚发展，生态优先、绿色发展导向，以园区高质量规划保障园区高质量发展。统筹规划重点产业集群发展，明确区域产业发展定位，推动形成区域分工有序、相互协作、连接紧密、资源集约和环境保护的产业集群发展格局。依托“五个一批”项目工作机制推进一批园区标准化建设项目。各试点园区发挥比较优势，合理规划布局重点产业，确定主攻方向，形成 1 ～ 2 个在全省具有明显示范引领和辐射带动作用的主导产业，推动延伸产业链、布局创新链、补足服务链、提升价值链，打造产业生态圈，优化提升产业生态系统。

（三）集约发展专项行动

明确标准化工业（产业）园区用地条件，按照工业用地综合容积率、固定资产投入强度及亩均税收等标准化工业（产业）园区用地主要指标，开展试点园区土地利用标准化评价工作，指导标准化园区建立土地集约利用长效工作机制。按照布局集中、产业集聚、用地集约的原则，科学合理布局工业项目，有序引导工业项目进区入园，鼓励新上工业项目集中连片建设。加大存量建设用地盘活力度，落实土地利用计划指标配置与存量建设用地盘活挂钩制度，保障试点园区转型升级项目的合理用地需求，支持园区所在地优先配置土地利用计划指标。对“退城入园”、转型升级的企业，优先在工业园区内安排建设用地或协调租赁标准厂房。

加大用地保障力度，对省级以上试点园区产业项目所需用地，由设区市统筹优先保障。积极支持试点园区在符合规划、安全生产前提下，适当提高建设用地容积率，单个工业项目的容积率上限可提高至3.0。支持试点园区生产性和服务配套设施建设，对于试点园区用于住宿餐饮、商务金融、设备维修检测、公共租赁住房等从单一生产功能向城市综合功能转型的建设，在符合国土空间规划的前提下，通过统一配套，可适当安排建设用地予以保障。

（四）产教融合专项行动

制定实施职业技能提升中心建设管理办法，指导试点园区普遍设立实体化运作的职业技能提升中心。园区管委会与职业院校（含技工院校）共建共管深度合作，开展校企合作，整合各类资源、平台建设职业技能提升中心，面向园区产业工人提供职业技能培训、职业技能评价、职业技能竞赛等多种公共服务，面向园区高技能人才开展技能技术交流、技术技艺攻关，面向企业管理人员、专业技术人员等对象开展继续教育。鼓励职业技能提升中心申报建设各级公共实训基地，打造产教融合创新平台。鼓励园区企业将职工培训机构设在职业技能提升中心，购买培训服务，深化企业职工在岗培训，共建技能大师工作室。深度结合园区产业发展实际和人才需求，优化引才政策，在人才引进、人才培训、服务管理等方面进行细化，建立健全各类高层次人才引进机制。到2022年，各试点园区实现政府、企业、职业院校（含技工院校）良性互动，技能人才培养模式健全完善。全省园区技能人才培养的结构、质量、水平与产业需求基本匹配，职业教育、职业培训对经济发展和产业升级的贡献显著增强。

（五）科技创新专项行动

建立试点园区科技公共服务平台建设项目库，推动试点园区围绕产业链部署创新链，以数字化、智能化、共享化为导向，联合优势龙头企业、产业链上下游企业和相关科研院所打造科技公共服务平台，每个园区配套建设或提升1家以上省级（或国家级）孵化器、省（或国家备案）众创空间、科技创新中心、公共研发检测平台、行业联合实验室、产业研究院、工业互联网等初创孵化平台和成果转化平台，为园区企业研发和成果转化提供高效便捷服务。围绕园区产业发展需求，发挥公共服务平台优势，储备一批科技成果，推动转化落地。加快推进科技公共服务平台服务资源向全省拓展，促进全省工业（产业）园区创新创业创造。

加大园区高新技术企业培育力度，持续培育创新主体。全面落实国家、省支持创新研发的政策，支持符合条件的企业享受研发经费分段补助、研发费用税前加计扣除和高新技术企业所得税减免等优惠政策。强化企业创新主体地位，促进企业加大研究与试验发展（R&D）投入，推动试点园区规上工业R&D投入经费增速高于主营业务收入增速，R&D投入强度（R&D投入经费与主营业务收入之比）高于全省平均水平。鼓励园区构建以企业为主导，科研院所、高等学校、金融机构、中介服务机构等多方参与的知识产权运用体系，大力培育高价值专利组合，打造知识产权密集型产业园区。

（六）融资支持专项行动

推进园区筹资体制机制创新，盘活园区自有资产，鼓励园区成立具备独立法人资格的专业运营公司，由同级财政注资，或将历年投入形成的实物资产通过划转或授权经营方式依法合规注入，支持运营公司加强与金融机构、战略投资者合作，开展股权、债权融资等多样化融资模式。省企业技改基金优先支持园区企业技术改造及园区配套设施建设。多渠道筹集资金，鼓励支持符合条件的园区基础设施项目争取国家专项资金支持或使用地方政府专项债券资金。建立园区配套设施建设及园区企业贷款财政贴息机制，鼓励园区企业创新创业创造，给予园区企业创业担保贷款贴息和外贸出口融资贴息，支持园区企业做大做强和转型升级。

发挥信贷主渠道作用，引导金融机构加强信贷资金组织调度，设立支持转型升级的信贷产品，鼓励银行盘活存量，加大对实体经济的支持力度。鼓励园区积极搭建银企对接平台，开展应收账款融资活动，引导金融机构为园区提供更好的资本和货币市场金融服务。提高直接融资比重，积极运用上市融资、再融资、发行债券、融资租赁、信托等各类融资工具，拓宽工业转型升级项目和企业融资渠道，支持企业转型发展。

（七）配套设施专项行动

围绕工业（产业）园区产业发展需求，持续强化园区软硬实力，在试点园区推广“七通一平”标准化建设，进一步完善道路、通信、能源、环保、安全等配套基础设施体系，切实提升基础设施承载能力。加强园区电力保障，电力部门设立专属项目经理，主动对接园区新增及扩能用电需求，开辟“绿色通道”，实行“一对一”服务。规划建设园区智慧综合能源体系，优化能源结构，节约能源，减少碳硫排放，提高能源利用效率，推动园区绿色发展。

完善园区商贸文体综合配套，指导园区结合发展实际需求，依托自身区位、交通、产业和生态人文资源特色，积极推动商业与商务、会展、文化、娱乐等相结合，科学优化商业空间布局，制订商贸、文体、住宿等综合体配套建设实施方案，加大投入力度，建设一批商务特色项目和休闲服务设施，建成综合性、全方位、多功能的综合配套服务体系。指导园区配套建设与产业发展需求相适应的现代物流服务体系，加快完善物流产业基础设施，促进生产要素有序流动和优化配置。

引导园区根据区域内教育、医疗规划，综合考虑园区发展水平、人口、地理交通环境等情况，合理布局设置一批教育、医疗配套项目，整合优质教育、医疗资源向园区配套，切实做到“学有所教”“病有所医”“宜居宜业”，园区社会事业发展水平与经济发展水平相适应。加强园区人才职工住房保障，逐步将工业（产业）园区的人才职工纳入住房保障范畴，符合当地人才认定标准和住房保障条件的人才可优先购买限价商品住房或租赁公共租赁住房。对人才聚集或外来务工人员集中的工业（产业）园区，支持其在符合国土空间规划等前提下，按照集约用地原则，申请利用自有土地统筹规划建设公共租赁住房。在保障园区基础设施项目建设用地的基础上，生活设施用地可安排不低于30%用于公共租赁住房等保障性住房建设。鼓励有条件的工业园区统一规划、集中建设新型社区，优化社区服务，配套完善生产生活服务设施，建设产业新城，推进产城融合，构建宜居宜业的园区营商环境。

（八）新型基建专项行动

以新一代信息技术为驱动，打造面向园区的新型信息基础设施，为园区管理和园区企业数字化、网络化、智能化转型升级赋智赋能，实现信息技术与制造技术的渗透、融合和创新应用。加快推进5G、固网“双千兆”和移动物联网深度覆盖，实现低时延、高带宽、广覆盖、可定制的工业互联网高质量外网全覆盖。部署一批数据中心、边缘计算节点等新型智能化计算设施，鼓励相关单位在时间敏感网络、边缘计算、IPv6、工业智能等领域加快技术攻关和应用部署。拓展工业互联网网络化标识覆盖范围，增强网络基础资源支撑能力。创新园区治理模式，围绕园区综合管理、智慧安防、云上招商、动态监测等目标，配套打造“智慧园区”综合管理平台，并接入福企网，形成省企联动的平台服务体系。鼓励园区企业开展内网升级改造，深化5G技术与垂直行业的融合创新，打造一批“5G+工业互联网”应用示范标杆。

推动园区企业开放生产制造场景和数据，促进新一代信息技术与制造业深度融合。建设一批工业数字化服务平台，服务入驻企业数字化转型，推动园区数字经济规模、质量显著提升。完善园区网络安全保障体系，加强工业大数据能力分析和安全监测，确保信息基础设施安全平稳可靠运行，提升工业领域信息系统安全漏洞可发现和风险可防范能力。

（九）机制创新专项行动

理顺并完善园区与属地政府管理关系，积极推进园区整合提升。对试点园区现有管理体制、机构设置等进行梳理，结合国家对经开区、高新区的考核要求，指导园区加快改革。重点在理顺区地关系、市场化选人用人机制和薪酬制度等方面开展探索，构建运转高效的园区管理体制机制。推动成立园区运营机构，充分发挥管委会管理职能和运营公司市场化运作功能。积极探索将园区资产打包交由专业的运营公司统一管理、运营，负责厂房回购、专业化服务等工作；鼓励建立专业的招商团队，推广产业链招商、第三方招商、龙头企业招商。

支持发展空间受限的试点园区采用“一区多园”的管理模式整合托管周边园区，拓展发展空间，有条件地支持其依法依规扩区升级。建设完善园区综合服务中心，培育中介服务机构，强化综合服务功能。深化“放管服”改革，加大赋权力度，创新服务标准，开展服务对标，着力提升政务服务能力和水平，切实降低制度性交易成本，优化园区营商环境。

（十）标准研制专项行动

以深入实施标准化战略为抓手，扎实开展“五个一”标准化行动。指导园区围绕工作协调、政策激励、科技成果运用转化、标准实施效果评价等，建立一套园区建设标准化工作机制。按照分类分级原则，针对不同类型和不同规模的工业（产业）园区对生产环境和配套设施的要求，科学划定标准层级，构建科学合理、层次分明的工业（产业）园区建设标准体系框架，加强园区建设标准体系的协同性，探索构建一系列工业（产业）园区建设标准体系。推动园区规划建设、企业生产制造、技术支撑服务等重点领域的标准制（修）订工作，研制一批工业（产业）园区建设重点领域标准。探索园区建设团体标准工作模式，深化园区团体标准试点和应用，促进团体标准更好满足园区建设需要，发展一批园区团体标准。推进企业开展对标国际先进标准活动，鼓励园区企业参与企业标准排行榜，培育一批企业标准“领跑者”。

三、保障措施

（一）强化统筹协调

省工业（产业）园区发展工作联席会议负责统筹推进园区标准化建设，整合省直相关厅局资源，形成试点园区标准化工作的产业发展项目和配套设施项目清单，协同推进项目建设。充分利用省直相关部门的专项资金，推进试点园区的产业发展、基础设施、科技创新、商贸服务、职工住房、产教融合等全面提升。对符合条件的试点园区产业项目和配套项目，省级预算内资金予以优先支持。符合公路网、防洪排涝、供水规划的园区配套项目，优先列入交通、水利部门建设计划。应急管理部门和生态环境部门依法依规做好园区安全生产监管和生态环境监管工作。

（二）强化责任落实

各专项行动牵头省直部门要根据工作任务和自身职能，制订具体的实施方案，建立工作机制，细化政策措施，并加强部门协同，形成工作合力；各试点园区所在地政府要落实属地主体责任，建立健全试点园区标准化建设统筹协调机制，研究制定具体实施方案和政策措施，整合资源力量，全面统筹推进试点园区标准化建设；各试点园区对照《福建省工业（产业）园区标准化建设指南》，结合当地实际，制订三年行动计划，细化梳理项目，确保各项任务落实到位。

（三）强化考核评价

省工业（产业）园区发展工作联席会议办公室（省工信厅）会同有关部门科学制定试点园区标准化建设考核评价办法，突出龙头品牌带动成效，充分考虑山区、沿海园区发展水平的差异。省级财政对考核优秀的试点园区按照正向激励机制给予一定奖励，对试点园区的重点产业项目及配套项目给予一定比例的财政资金扶持。设立省工业（产业）园区标准化建设咨询委员会，强化标准制定的科学管理，参与标准执行效果的评估。加大园区标准化工作的宣传推广，树立园区标杆，总结推广先进经验，促进产业高质量发展。

（来源：福建省人民政府办公厅）

湖北省人民政府关于推进开发区创新 提升打造改革开放新高地的实施意见

鄂政发〔2020〕13号

各市、州、县人民政府，省政府各部门：

为贯彻落实《国务院关于推进国家级经济技术开发区创新 提升打造改革开放新高地的意见》（国发〔2019〕11号）精神，统筹推进新冠肺炎疫情防控和经济社会发展，着力构建全省开发区开放发展新体制，形成开放引领、创新驱动新优势，制定如下实施意见。

一、放活改革自主权

（一）激发管理体制活力。鼓励和支持开发区推行政企分开、政资分开，实行管理机构与运营企业分离的制度，管理机构负责开发区的政策制定、发展规划、行政审批、投资促进、企业服务等工作，专业运营企业负责开发区的区域开发、投融资、基础设施建设、招商引资、专业服务等工作。支持开发区管理机构按照机构编制管理相关规定，在核定的机构总数内自主设置内设机构，推进机构设置和职能配置优化、协同、高效。支持开发区管理机构根据干部人事政策和发展需要，在核定的用人额度内，创新选人用人机制。支持开发区管理机构探索实行兼职兼薪、年薪制、协议工资制等多种分配方式。（责任单位：省委组织部、省委编办、省人社厅、省财政厅，各市、州、县人民政府）

（二）创新开发建设和运营机制。支持地方人民政府对所辖开发区开发建设主体进行资产重组、股权结构调优，大力引进外来资本开发运营特色产业园区。允许国内外先进园区通过援建、托管、合管、股份合作等模式与省内开发区合作共建产业园区。支持有条件的开发区开发建设主体申请首次公开发行股票并上市。（责任单位：省商务厅、省住建厅、省市场监管局、省地方金融监管局、湖北证监局，各市、州、县人民政府）

（三）持续优化营商环境。严格实施市场准入负面清单制度，持续推进行政审批“多证合一”“证照分离”“照后减证”等改革，切实解决“准入不准营”难题。压减工程建设项目审批时间，从申报立项到竣工验收，三类项目审批时间分别压缩至80、60、40个工作日。全面推进政务服务“一网通办”“一窗通办”“一件事一次办”，实行“不见面”审批。推进省级经济管理审批权限最大程度下放。深化投资项目审批改革，推行容缺审批、告知承诺制、“先建后验”、区域性统一评价、“标准地”供地方式等改革。在全省开发区复制推广中国（湖北）自贸试验区、东湖国家自主创新示范区等试点经验，鼓励开发区主动开展创新改革试点。协调解决企业在投资、生产、经营中遇到的实际问题，协调落实助企纾困支持政策，搭建企业诉求快速反馈平台，做好安商、稳商、扶商工作。（责任单位：省政务办、省发改委、省住建厅、省商务厅、省自然资源厅、省市场监管局，各市、州、县人民政府）

二、加快构建现代产业体系

（四）优化产业规划布局。认真落实“一芯两带三区”区域和产业发展战略布局，研究制定开发区总体发展规划，引导开发区培育壮大比较优势明显、竞争力较强、产业链完整的主导产业，加快形成共生互补、分工协作、错位竞争的产业生态体系。（责任单位：省发改委，各市、州、县人民政府）

（五）加快传统产业转型升级。按照高质量发展要求，推进新一轮技术改造，支持开发区传统制造业企业设备更新改造，承担智能制造试点示范项目。完善工业互联网基础设施，加快工业云平台建设，提高制造业数字化、网络化、智能化发展水平。支持有条件的开发区积极创建国家、省级新型工业化产业示范基地，培育先进制造业集群，全面提升产业能级和供给水平，加速新旧动能接续转换。（责任单位：省发改委、省经信厅，各市、州、县人民政府）

（六）培育战略性新兴产业集群。以市场化为导向，对接国家产业规划，大力实施战略性新兴产业倍增计划。深化5G、人工智能、工业互联网等新一代信息技术与制造业融合发展，进一步发展壮大高端装备、生物、新材料、绿色低碳、数字创意等新兴产业，培育一批领军企业、千亿规模企业，推动形成“领军企业+国家级创新中心+国家级产业基地+产业基金”的集群发展模式。（责任单位：省发改委、省科技厅、省经信厅，各市、州、县人民政府）

（七）推进现代服务业提档升级。大力推动“互联网+”、平台经济、共享经济、电子商务、文化创意，以及线上消费、远程医疗、线上教育、无接触配送等“宅经济”“云生活”新业态、新模式快速发展。推动开发区内现代物流、金融服务、研发设计和科技服务、软件和信息技术服务、检验检测、现代商务等生产性服务业向价值链高端延伸。统筹推进重点龙头企业和产业链配套企业复工复产，确保重点产业链和供应链稳定。（责任单位：省发改委、省商务厅、省科技厅、省经信厅，各市、州、县人民政府）

（八）加强绿色园区建设。加快开发区循环化改造升级，促进资源能源高效利用、废弃物资源化利用。落实开发区规划环境影响评价和“生态保护红线、环境质量底线、资源利用上线和环境准入负面清单”。加强开发区环境质量监测，石化、化工园区在2020年底前形成环境空气VOCs自动监测能力。支持入园企业采用先进清洁生产工艺技术，确保污染物达标排放，各类主要污染物排放满足总量控制要求。加强园区集中污水处理、环境风险防范和事故应急等设施建设。2020年底前，全省开发区污水管网实现全覆盖，污水集中处理设施稳定达标运行。（责任单位：省生态环境厅、省发改委、省住建厅、省应急厅，各市、州、县人民政府）

三、提升开放型经济质量和水平

（九）推动招商引资提质增效。强化招商引资“一把手”工程，支持开发区在法定权限内制定招商引资优惠政策，聚焦补链强链延链和龙头企业培育，开展平台招商、以商招商、资本招商、回归招商、校友招商，引进一批世界500强、行业领先和国内知名企业，不断提升招商引资质量效益。认真落实外商投资准入前国民待遇和负面清单管理制度，对重点外资项目实行专人跟踪、全程服务，在项目选址（用地预审）、工程建设、生产许可等方面给予支持。吸引跨国公司在开发区设立地区总部及区域性功能机构，鼓励外资以参股并购等方式参与开发区内企业改组改造和兼并重组，实现存量企业资源优化配置。健全外资企业投诉处理机制，清理不合理的政策规定，保障外商投资者的合法权益。（责任单位：省商务厅，各市、州、县人民政府）

（十）提升对外贸易质量。支持有条件的开发区申请设立综合保税区、保税物流中心等海关特殊监管区域。在全省推进“关税保证保险”改革，推动关税多元化担保，推广“关税保证保险”应用。推进外贸基地和外贸公共服务平台建设，支持开发区外贸基地企业拓展“一带一路”沿线国家、拉美等新兴市场，开展国际化经营。支持开发区建设跨境电子商务产业园，打造线上线下“一站式”对外贸易综合服务中心，为企业提供进出口相关资质申领、退税、报关、信保等服务，降低企业成本。突出开发区对外开放导向，将外贸外资发展列入开发区综合考评指标，促进开发区在稳外贸、稳外资工作中发挥更大作用。（责任单位：省商务厅、武汉海关，各市、州、县人民政府）

（十一）提高国际合作水平。支持开发区优势产业参与国际产能合作，引导通信、建材、电子信息、汽车及零部件、医药、农业等产业在“一带一路”沿线国家和地区布局。支持开发区参与中国—新加坡（重庆）战略性互联互通示范项目“国际陆海贸易新通道”建设。大力发展江海联运，加快建设武汉长江中游航运中心，提升江海直达以及近洋航线服务水平。推进“一带一路”沿线国家经贸合作项目库建设，加强与丝路基金、东盟基金、中非基金等的对接，争取将开发区企业境外投资合作项目纳入支持范围。（责任单位：省商务厅、省交通运输厅，各市、州、县人民政府）

（十二）拓展对内开放空间。支持开发区增强产业转移承载能力，开展项目对接。支持开发区依法依规扩展面积范围，鼓励发展较好的开发区发挥产业、资本、人才、管理等优势，对区位相邻相近、产业关联同质的产业园区进行空间整合、资源整合和产业整合，促进开发区扩容升级。扩大与外省市开发区和大企业的合作，联合创建产业园区，推动资源共享、优势互补，实现合作共赢。（责任单位：省发改委、省科技厅、省自然资源厅、省商务厅，各市、州、县人民政府）

四、增强创新驱动发展能力

（十三）提升产业创新能力。突出企业创新主体地位，支持企业开展技术研发和产品试制生产，加快引进一批高端、高质、高新产业项目，促进高端产业集聚发展。完善开发区科技综合服务体系，支持开发区企业创建数字产业创新中心、智能工厂、智能车间等。加大省预算内投资对开发区创新能力建设的支持力度。支持开发区在科技成果转化、科技金融创新、科研机构绩效激励、知识产权保护等方面探索试验。鼓励各类资本在开发区投资建设新型基础设施。（责任单位：省发改委、省科技厅、省经信厅，各市、州、县人民政府）

（十四）加强创新平台建设共享。支持开发区积极参与国家重大科技基础设施建设，统筹建设一批工程研究中心、企业技术中心、制造业创新中心、产业创新中心等高水平创新平台。支持开发区统筹高校院所、领军企业、行业联盟等共建一批产业创新和共性技术研发服务平台。鼓励地方人民政府向开发区开放共享的各类创新平台、实验室提供奖补资金。（责任单位：省发改委、省科技厅、省经信厅、省教育厅，各市、州、县人民政府）

（十五）优化创新创业环境。支持开发区细化落实“双创”支撑平台建设、创业投资发展等政策措施，着力打造“双创”升级版。鼓励地方人民政府对开发区与高校、职业院校（含技工院校）共建的人才培养基地、创业孵化基地等给予资金支持。开发区内依法批准设立的非营利性研究机构，从职务科技成果转化收入中给予科技人员的现金奖励，可减按50%计入科技人员当月工资、薪金所得，依法缴纳个人所得税。支持开发区建立健全知识产权公共服务体系。鼓励有条件的开发区开展资本项目收入结汇支付便利化、不动产投资信托基金等试点示范。（责任单位：省发改委、省科技厅、省人社厅、省财政厅、省税务局、省市场监管局、人行武汉分行、湖北证监局、省知识产权局，各市、州、县人民政府）

五、加强要素保障

（十六）加强人才保障。支持开发区引进高水平研发机构和创新团队，聚焦“高、精、尖、缺”人才，力争在某一领域实现人才聚集效应。开发区事业单位可采取公开考核的方式择优引进高层次紧缺人才，单位无相应空岗的可通过特设岗位予以聘用。允许事业单位设置流动岗位，用于建立“产、学、研”创新平台，吸引具有创新实践经验的企业家、科技人员兼职。畅通海外科学家引进工作通道，设立“招才引智”公共服务窗口，建立人才专员制度，研究制定人才“一卡通”办法，为急需人才提供户籍办理、出入境、子女入学、医疗保险、创新创业投资等“一站式”服务。加快推进国家移民管理局12条移民出入境政策在开发区复制实施。各类专家及高层次人才选拔培养向开发区倾斜，支持开发区高新技术企业申报博士后工作站和创新实践基地，加强职业技能培训，通过产教融合、校企合作等方式，培养高素质技术人才和职业技能人才。（责任单位：省委组织部、省人社厅、省公安厅、省教育厅、省医保局，各市、州、县人民政府）

（十七）节约集约用地。落实开发区闲置土地和批而未供用地奖惩办法，提高土地利用效率。支持开发区落实产业用地政策，引导企业实施“零地技改”加快转型升级，原出让或划拨的存量工业用地，在符合国土空间规划和不改变用途的前提下，经批准在原用地范围内进行技术改造、建设多层厂房、实施厂房改造加层或开发利用的地下空间而提高容积率的，不再收取土地出让价款。严禁擅自改变土地用途，严禁变相进行房地产开发。（责任单位：省自然资源厅，各市、州、县人民政府）

（十八）加大金融支持。拓宽开发区产业集群的投融资渠道，建立完善开发区银企对接、银保对接等信息交流机制，降低企业贷款成本。鼓励金融机构开展动产融资业务，推广知识产权质押贷款、供应链贷款、银税互动等新型融资模式。深入实施“百万千亿金惠工程”，扶持开发区小微企业发展壮大。支持开发区企业申报上市后备企业“金种子”“银种子”“科创板种子”计划，优先支持疫情防控重点保障企业，推动更多入园企业上市融资。推动区域金融租赁公司、担保公司和小额贷款公司等金融服务机构在开发区集聚，形成具有湖北特色的科技金融园区发展模式。加大对医用防护物资、诊疗检测等防疫重点企业的财政金融支持，促进企业降本减负，加快发展。（责任单位：省地方金融监管局、人行武汉分行、湖北银保监局、湖北证监局，各市、州、县人民政府）

（十九）降低用能成本。优化电力交易环境和电力市场结构，丰富交易品种，支持开发区企业集体与发电企业直接交易，降低企业用电成本。支持开发区开展非居民用天然气价格市场化改革，加大天然气输配价格监管力度，切实降低开发区用气成本。（责任单位：省发改委、省能源局，各市、州、县人民政府）

（二十）促进产城融合。将开发区基础设施纳入城市基础设施统一规划、统一建设，加快绿色园区、智慧园区建设，推动开发区基础设施提档升级。支持开发区完善医疗、教育、文化、体育等设施，建设集生活区、商务区、办公区等城市功能于一体，宜居宜业宜游的高品质开发区。（责任单位：省住建厅、省教育厅、省卫健委、省文旅厅、省体育局，各市、州、县人民政府）

（来源：湖北省人民政府网）

2020年湖南省产业园区工作要点

为贯彻落实中央、省委经济工作会议精神和政府工作报告部署，深入落实创新引领开放崛起战略，更好地发挥产业园区改革创新主阵地作用，推进建立更加灵活的体制机制，培育更具竞争力的特色产业集群，促进园区经济高质量发展，制定本工作要点。

一、总体要求

以习近平新时代中国特色社会主义思想为指导，以新发展理念为引领，以高质量发展为目标，以推进市场化改革为主线，以推进亩均产出提高、特色产业集群培育提速、绿色集约发展水平提升为重点，推动实现园区经济质量变革、效率变革，动力变革。

二、主要目标

2020年，力争全省园区技工贸总收入达5.3万亿，千亿园区达到14家，园区工业用地亩均税收达到13万元/亩，形成30个左右百亿级特色产业园区，为构建现代产业体系和现代化经济体系提供有力支撑。

三、重点任务

（一）全面启动市场化改革，激发转型发展活力

1. 制定出台支持园区高质量发展的若干政策。

2. 组织召开全省产业园区市场化改革和高质量发展现场会，支持引入社会资本开发运管园区，探索建立园区市场化运营产业基金，推广EPC+O+V等市场化运营模式。

（二）推动完善规划体系，进一步优化园区布局

1. 组织编制全省产业园区发展“十四五”规划、国土空间规划及相关领域专项规划。

2. 推进园区优化整合，建立健全淘汰退出机制，在综合评估的基础上劣汰扶强，及时撤销、调整、合并一批无发展前景的园区或区块，由各市州提出本地区园区整合方案，经省园区办审核，报省政府审定同意后实施。

3. 结合第三次土地调查和新一轮国土空间规划、编制全省园区产业地图，发布全省国家级和省级产业园区名录，明确园区面积、四至范围和主导产业。

（三）培育优势特色产业集群，推进构建现代产业体系

1. 继续做大做强国家级园区，加快“五个100”重点项目建设，推进打造工程机械、轨道交通装备、航空航天三大世界级产业集群，支持将自主可控计算机及信息安全、生态绿色食品、生物医药、先进储能材料及动力电池、新型轻合金等打造成为国内具有重要影响力的产业集群，实现经济总量、发展质量双提升。推动岳阳、娄底创建国家级高新区。

2. 制订全省先进制造业集群培育方案。

3. 总结推广特色产业园区建设经验。

4. 支持园区大力引进“三类500强”企业、新兴优势产业链龙头企业以及外向型实体企业。

5. 推进先进制造业与互联网深度融合。

（来源：湖南省开发区协会）

湖南省人民政府关于推进全省产业园区高质量发展的实施意见

湘政发〔2020〕13号

各市州、县市区人民政府，省政府各厅委、各直属机构：

为全面贯彻落实《国务院关于推进国家级经济技术开发区创新提升打造改革开放新高地的意见》（国发〔2019〕11号），深入实施创新引领开放崛起战略，加快推进全省产业园区（指经国务院或省人民政府批准，有明确地域界限，以制造业和生产性服务业为主的国家级和省级经济技术开发区、高新技术产业开发区、海关特殊监管区以及省级工业集中区，以下简称“园区”）转型升级高质量发展，制定如下实施意见：

一、把握发展要求

以习近平新时代中国特色社会主义思想为指导，全面贯彻党的十九大和十九届二中、三中、四中全会精神，落实新发展理念，以市场化改革为方向，加快建立更加精简高效的管理体制、更加灵活实用的开发运营机制、更加激励干事创业的干部人事制度、更加系统集成的政策支持体系，努力实现园区在贯彻新发展理念上率先、在供给侧结构性改革上率先、在振兴实体经济上率先，奋力走在全省高水平开放、高质量发展前列。

二、优化机构职能

允许园区按照机构编制管理相关规定，调整内设机构、职能、人员等，推进机构设置和职能配置优化协同高效。各地人民政府可根据园区发展需要，按规定统筹使用各类编制资源。

三、鼓励市场化运营

充分发挥市场在资源配置中的决定性作用，激发各类市场主体活力。按照政企分开、政资分开的原则，加快推进园区平台公司转型，建立现代企业管理制度。推进有条件的园区建设运营主体进行资产重组、股权结构调整优化，引入社会资本，开发运营特色产业园等园区，并在准入、投融资、服务便利化等方面给予支持。支持园区按市场化原则开展招商、企业入驻服务等，园区应将招商成果、服务成效等纳入考核激励范围。

四、配强园区队伍

坚持党管干部原则，坚持新时期好干部标准，坚持事业为上，突出政治标准、专业素养、担当作为，注重优秀年轻干部的培养选拔，健全和完善科学、精准的园区干部选拔任用制度。除由地方领导班子成员兼任及上级党委或组织部门任命的外，鼓励对园区其余人员实行档案封存、岗位聘任、末位淘汰的竞争性选人用人机制。对紧缺的专业性特别强的岗位人选，可以通过竞争性方式选配或向社会公开招聘。

五、健全绩效激励机制

创新园区选人用人机制，经批准可实行聘任制、绩效考核制等，允许实行兼职兼薪、年薪制、协议工资制等多种分配方式。事业单位实行以岗定薪、多劳多得、优绩优酬的工资收入分配方法。事业单位的绩效工资由园区在核定的绩效工资总量内自主确定分配办法。园区工资总额核定（事业单位绩效工资总量核定）与招商引资、项目建设、产业发展、税收增长等绩效挂钩。各园区薪酬方案报同级党委政府备案后实施。

六、强化经济功能定位

推动园区聚焦产业发展、科技创新、改革开放、“双招双引”、服务企业等主责主业。积极稳妥剥离园区社会事务管理职能，按照属地原则交由当地政府承担或由上一级政府派驻机构承担。原则上园区不再代管乡镇（街道），确有需要的，按管理权限从严审批。

七、开展亩均效益评价

发布园区产业用地投入产出强度指导标准。探索建立省级及以上园区“亩均论英雄”机制，实行有别于行政区的园区评价办法，建立以质量和效益为核心，以工业企业及规上服务业企业的亩均税收、单位工业增加值能耗降低率、主要污染物排放削减率等为主要指标的亩均效益评价体系。依据评价结果，实施分档激励和重要资源要素差别化配置，进一步强化约束和倒逼机制，实行优胜劣汰、动态管理。

八、支持区域合作共建

鼓励园区开展跨区域合作，发展“飞地经济”，共同建设项目孵化、人才培养、市场拓展等服务平台和产业园区，为承接产业转移项目创造条件。共建地区人民政府要加大对共建园区基础设施建设的支持力度。共建园区项目用地按照“飞地经济”周转用地管理。在保障“飞入地”污染物排放总量和能源消耗总量控制目标的前提下，对合作项目允许“飞出地”和“飞入地”之间按照排污权交易相关规定调剂使用相关总量指标。

九、提升产业创新能力

鼓励园区复制推广自贸试验区、自主创新示范区等试点经验，率先将国家科技创新政策落实到位，成效明显的可加大政策先行先试力度，打造成为科技创新集聚区。在服务业开放、科技成果转化、科技金融发展等方面加强制度创新。对新兴产业实行包容审慎监管。推进园区建设运行机制灵活高效的新型研发机构，实施科技成果转化项目技术交易后补助。支持符合条件的园区打造特色创新创业载体，推动中小企业创新创业升级。园区内科研院所转化职务发明成果收益给予参与研发的科技人员的现金奖励，符合税收政策相关规定的，可减按50%计入科技人员工资、薪金所得缴纳个人所得税。鼓励科研院所、高等院校科研人员到园区兼职。园区引进海外顶尖人才团队，符合相关人才引进政策的，按标准给予奖补。鼓励采取设立创业投资基金、天使投资基金、科技孵化资金和知识产权作价入股等方式，搭建科技人才与产业对接平台。省级以上大学科技园享受与当地孵化器同等政策待遇。积极推进园区内企业创建数字产业创新中心、智能工厂、智能车间等。

十、培育壮大园区主导产业

加强上下游产业布局规划，推动园区形成共生互补的产业生态体系。加快构建“产业集群—产业基地—产业社区”三级产业空间布局体系，支持园区围绕主导产业创建国家和省先进制造业集群，鼓励各地人民政府制订本地区特色产业链建设方案。开展产业集群区域品牌试点示范，列入范围的产业集群及龙头企业，优先推荐申报国家和省级专项资金，优先纳入各类政府性基金项目库，优先布局国家和省级研发中心、工程中心、技术创新中心、检测中心和重点实验室等公共服务平台。加快引进先进制造业企业、专业化“小巨人”企业、关键零部件和中间品制造企业，支持企业建设新兴产业发展联盟和产业技术创新战略联盟。加强与相关投资基金合作，充分发挥产业基金、银行信贷、证券市场、保险资金以及融资担保基金等作用，拓展园区发展产业集群的投融资渠道。

十一、提升开放型经济质量

加大投资贸易便利化等重点领域改革力度。园区着力提高引资质量，重点引进公司总部、研发、财务、采购、销售、物流、结算等功能性机构。各地人民政府可依法、合规在外商投资项目前期准备等方面给予支持。支持园区内企业开展上市、业务重组等。支持符合条件的园区申请建设外贸转型升级基地和外贸公共服务平台，推进关税保证保险改革，鼓励具备资质的保险公司为园区内企业提供关税保证保险服务。鼓励在科技人才集聚、产业体系较为完备的园区建设一批国际合作园区，鼓励港澳地区及各类资本参与国际合作园区运营。支持金融机构按照风险可控、商业可持续原则，做好国际合作园区的金融服务。有实力的园区可以“一带一路”沿线为重点，建设境外产业合作园，发展境外营销渠道、海外仓。

十二、合理预留发展空间

加强园区发展与新一轮国土空间规划的衔接，统筹生产、生活、生态空间，合理预留园区拓展用地，科学划定功能边界。新增建设用地原则上向园区核准范围或规划发展方向区集中配置。允许国家级园区在不变动核准范围的前提下，在规划确定的工业和仓储物流用地范围内有序安排产业项目落地和进行工业用地结构平衡。探索实行规划刚性约束与弹性调整并举机制，允许园区根据产业布局需要合理留白，为重大项目落地预留空间。

十三、促进产城融合发展

推进园区和城镇基础设施、产业发展、市场体系、基本公共服务和生态环保一体化建设。鼓励有条件的园区集中建设教育、医疗、文化、娱乐、商业、生态等生活配套设施，向城市综合功能区转型。支持在符合条件的国家级园区优先布局儿童、康复、养老等资源稀缺型医疗机构。鼓励各类社会资本以独资、合资、参股、特许经营等方式投资园区公共基础设施、市政公用事业、交通运输、资源环境、能源等项目建设和运营。完善园区产业配套和服务体系，深化产教融合，提升产业协同创新发展能力。

十四、强化资源集约利用

积极落实产业用地政策，支持园区内企业利用现有存量土地发展医疗、教育、科研等项目。原划拨土地改造开发后用途符合《划拨用地目录》的，仍可继续按划拨方式使用。对符合协议出让条件的，可依法采取协议方式办理用地手续。鼓励各地人民政府通过创新产业用地分类、鼓励土地混合使用、提高产业用地土地利用效率、实行用地弹性出让、长期租赁、先租后让、租让结合供地等，满足园区的产业项目用地需求。加强园区存量用地二次开发，促进低效闲置土地的处置利用。鼓励新入园企业和土地使用权权属企业合作，允许对具备土地独立分宗条件的工业物业产权进行分割，用以引进优质项目。除各级人民政府已分层设立建设用地使用权的地下空间外，现有项目开发地下空间作为自用的，其地下空间新增建筑面积可以补缴土地价款的方式办理用地手续。完善园区周转用地管理制度，支持园区在核准范围内提前征收或收购一定数量储备土地，用于重点产业项目建设。支持符合条件的园区开展电力市场化交易，按规定开展非居民用天然气价格市场化改革，加强天然气输配价格监管，减少或取消直接供气区域内园区省级管网输配服务加价。

十五、坚持绿色发展

强化“三线一单”管控要求，发布园区生态环境准入清单，严格执行区域限批制度。鼓励园区循环化改造和绿色生态园区创建。加快完善园区环保基础设施，积极推行园区环保管家制度，鼓励开展污染第三方治理。鼓励园区采用综合能源方式，推广使用清洁能源、低碳能源。推进节水型企业、节水型园区建设，加大高耗水工业企业节水技术改造力度。

十六、鼓励财政金融创新

鼓励市县完善园区财政管理体制，提高园区收入分享比例。有条件的国家级园区可开展资本项目收入结汇支付便利化、基础设施领域不动产投资信托基金等试点。支持园区设立天使投资基金、并购基金、绿色环保基金等私募投资基金。鼓励银行业金融机构成立主要面向园区和科技企业的科技支行，完善“产业基金+银行信贷”“风险补偿+银行信贷”等多种银园合作新模式。省金融发展等专项资金加大对科技企业贷款和创业投资风险的补偿力度，适时启动科技知识价值信用贷款改革试点。支持园区企业扩大直接融资。

十七、优化营商环境

深化“放管服”改革，发布全省园区放权赋权指导目录。国家级园区率先开展商事制度改革创新试点，全面实行“证照分离”“照后减证”，下放或者委托省管权限范围内的企业投资项目备案、科技计划项目管理等事项。深化投资项目审批全流程改革，推行容缺审批、告知承诺制等管理方式。深入推进“一件事一次办”改革和工程建设项目审批制度改革，项目在立项用地规划许可阶段、工程建设许可阶段、施工许可阶段、竣工验收阶段等环节全面推行并联审批。实施工程建设项目联合审图和联合验收。

各地各园区要强化主体责任，加强组织领导，健全工作机制，形成落实合力，确保各项措施落到实处。省内已有政策与本实施意见不一致的，按照本实施意见执行。涉及机构编制的事项，按照机构编制管理权限和程序办理。

本实施意见自发布之日起施行。

湖南省人民政府
2020年7月14日

（来源：湖南省政府网）

广西壮族自治区人民政府办公厅关于印发《2020年推进广西经济技术开发区创新提升政策落地见效工作方案》的通知

桂政办电〔2020〕166号

南宁市、桂林市、北海市、防城港市、钦州市人民政府，自治区党委编办（绩效办），自治区财政厅、自然资源厅、商务厅、市场监管局、投资促进局，南宁经济技术开发区管理委员会，广西—东盟经济技术开发区管理委员会，中国（广西）自由贸易试验区钦州港片区管理委员会，北海铁山港经济技术开发区管理委员会，防城港经济技术开发区管理委员会，桂林经济技术开发区管理委员会：

《2020年推进广西经济技术开发区创新提升政策落地见效工作方案》已经自治区人民政府同意，现印发给你们，请认真组织实施。

广西壮族自治区人民政府办公厅

2020年7月31日

（此件公开发布）

根据自治区党委全面深化改革委员会2020年工作要点，为加快推进《广西壮族自治区人民政府关于推进经济技术开发区创新提升打造改革开放新高地的实施意见》（桂政发〔2019〕44号）（以下简称《实施意见》）政策举措落地见效，确保高质量完成改革任务，特制订本方案。

一、工作目标

分层次、分阶段推进落实《实施意见》的主要任务和保障措施，确保赋予更大改革自主权、提升开放型经济的规模和质量、建立健全考核评价体系三项重点任务得到有效推进；确保2020年经济技术开发区（以下简称“经开区”）主要发展目标的达成，促进《实施意见》中确定的考核排名、地区生产总值、利用外资、外贸进出口、企业数量等关键指标得到提升。

二、工作机构

成立2020年推进广西经济技术开发区创新提升工作专班，由自治区党委编办（绩效办），自治区财政厅、自然资源厅、商务厅、市场监管局、投资促进局，南宁市、桂林市、北海市、防城港市、钦州市人民政府，南宁经开区管委会、广西—东盟经开区管委会、中国（广西）自由贸易试验区钦州港片区管委会、北海铁山港经开区管委会、防城港经开区管委会、桂林经开区管委会共17个单位组成。

工作专班组长由自治区党委常委、秘书长黄伟京担任，副组长由相关区直单位分管负责人、各设区市分管副市长及各经开区管委会分管领导担任，工作专班办公室设在自治区商务厅，负责统筹协调、情况汇总、信息通报等工作。

专班工作职责：建立自治区、设区市、经

开区三级联动机制，分别开展专项推进行动和创新提升行动，推动政策落地见效。

（一）从自治区层面开展十大专项行动，对各设区市、经开区加强督促指导，推动解决各经开区发展中的重点、难点问题。

（二）从各设区市、经开区层面开展创新提升行动，围绕已明确的年度工作目标，从完成目标任务、促进产业发展、推进机制体制改革、提升创新能力、深化“放管服”改革、建立健全考核评价体系、加强要素保障等方面有效推动落实。

三、开展十大专项行动

围绕《实施意见》制定的发展目标和政策举措，自治区有关部门根据职能分工，2020年内开展推进经开区创新提升政策举措落地见效十大专项行动，切实推动已出台政策举措的落地见效。

（一）提升经开区外商投资便利化程度。推动、指导将外商投资企业登记权限委托给符合条件的国家级经开区。

（二）推动经开区机制体制改革。加快推动国家级经开区机制体制改革，完善自治区级经开区管理体制。

（三）开展经开区产业精准招商活动。组织经开区开展招商引资活动，拓宽招商渠道，促进项目签约落地，做好产业转移承接。

（四）推动解决经开区土地制约问题。推动各设区市完善经开区国土空间规划，统筹经开区用地指标，保障经开区合理用地需求。

（五）搭建银区合作平台。搭建经开区与银行的合作平台，拓宽经开区融资渠道，创新经开区融资方式。

（六）推动国家级经开区争先进位。组织开展经开区综合发展水平考核评价，根据考核评价结果对相关国家级经开区进行约谈、奖励、通报，推动国家级经开区争先进位。

（七）完善经开区考核评价制度。将国家级经开区在国家级考核评价年度排名情况纳入所在设区市绩效考评范围。

（八）扩大经开区队伍。年内评审认定不少于3家自治区级经开区，进一步壮大经开区后备力量。

（九）加强对经开区的资金支持。落实《实施意见》奖励措施的资金，明确奖励兑现流程，确保奖励兑现落实。

（十）推动经开区和自贸试验区协同发展。结合自贸试验区改革创新成果，重点推动有条件的经开区作为自贸试验区的协同发展区。

四、工作要求

（一）强化责任意识。各成员单位要充分认识推进经开区创新提升和深化改革的重要性，主要领导亲自部署，积极推动广西经开区创新提升政策举措落地见效。工作专班办公室做好统筹协调，相关区直部门从自身职能出发，迅速开展各专项活动；各设区市发挥好主体责任，促进资源要素向经开区集聚；各经开区围绕已明确的发展目标和工作计划扎实开展各项工作，有效利用专班机制促进自身创新提升。

（二）报送工作进展。各成员单位分别于2020年8月15日、9月30日、11月30日前将工作进展情况、主要做法和成效、存在问题报送工作专班办公室。工作专班办公室于2020年12月15日前形成经开区创新提升总结报告，报送自治区党委改革办。

（三）报送改革方案。南宁市、桂林市、北海市、防城港市人民政府，根据《实施意见》明确的改革精神和方向，按照“一园一策”原则，与所辖经开区及有关部门协商制定机制体制改革方案，于2020年12月31日前上报自治区党委、自治区人民政府。

（四）做好政策兑现。各设区市要根据《实施意见》中第（二）及第（十二）的政策内容，提前做好项目调研、企业筛选、资金预测等有关工作，为政策的兑现提供制度保障和资金保障。

（来源：广西壮族自治区人民政府门户网站）

山西省大数据发展应用促进条例

（2020年5月15日山西省第十三届人民代表大会常务委员会第十八次会议通过）

第一条 为了发挥数据生产要素的作用，培育壮大新兴产业，推动经济社会各领域的数字化、网络化、智能化发展，促进高质量转型发展，根据有关法律、行政法规，结合本省实际，制定本条例。

第二条 本省行政区域内大数据发展应用及其相关活动，适用本条例。

本条例所称大数据，是指以容量大、类型多、存取速度快、应用价值高为主要特征的数据集合，以及对其开发利用形成的新技术和新业态。

第三条 大数据发展应用坚持政府引导、市场主导，应用驱动、创新引领，互联互通、共享开放，综合防范、保障安全的原则。

第四条 县级以上人民政府负责本行政区域内大数据发展应用工作，将大数据发展应用纳入国民经济和社会发展规划，确定大数据发展应用重点领域，建立大数据统筹协调机制，研究解决大数据发展应用中的重大问题。

第五条 省人民政府工业和信息化主管部门负责全省大数据发展应用的统筹推进、指导协调和监督管理工作；设区的市、县（市、区）人民政府确定的主管部门，负责本行政区域内大数据发展应用的具体工作。

县级以上人民政府其他部门按照各自职责做好大数据发展应用相关工作。

第六条 省人民政府工业和信息化主管部门应当编制本省大数据发展应用总体规划，报省人民政府批准后实施。

设区的市、县（市、区）人民政府大数据发展应用主管部门应当根据省大数据发展应用总体规划，编制本行政区域大数据发展应用规划，经本级人民政府批准，并报上一级人民政府工业和信息化主管部门备案。

第七条 省人民政府政务信息管理部门负责全省政务信息化建设的顶层设计、统筹协调、指导监督等工作，负责省级政务信息化项目的监督管理工作。

县级以上人民政府政务信息管理部门负责编制并定期更新政务数据资产登记目录清单，建设本级政务数据资产登记信息管理系统，汇总登记本级政务数据资产。

第八条 政务服务实施机构形成的政务数据应当通过共享交换平台予以共享，法律、法规另有规定的除外。

因履行职责需要，共享数据的使用部门应当提出明确的共享需求和数据使用用途，共享数据的提供部门应当通过政务数据共享交换平台及时响应并无偿提供共享服务。

政务数据资源开放实行负面清单管理。政务服务实施机构应当通过统一开放平台主动向社会开放经过脱敏和标准化处理、可机器读取的数据，法律、法规另有规定的除外。

通过数据共享交换平台和数据统一开放平台获取的文书类、证照类、合同类政务数据，与纸质文书具有同等法律效力。

第九条 鼓励行业协会商会、联合会、学会等社会组织，医疗、教育、养老等社会服务机构，供水、供电、供气、通信、民航、铁路、道路客运等公共服务企业以及大数据生产经营单位将依法收集、存储的相关数据，按照本省有关规定向政务数据共享交换平台和统一开放平台提供。

第十条 在保障安全的前提下，省人民政府政务信息管理部门可以通过政府采购、服务外包、合作开发等方式，开展政务信息资源市场化应用。

鼓励自然人、法人和非法人组织参与政务数据的开发利用，对自身采集的数据开展挖掘和增值利用，提升数据应用水平，发挥数据资源的经济价值和社会效益。

第十一条 支持培育大数据交易市场，鼓励数据交易主体在依法设立的大数据交易平台进行数据交易。数据交易应当遵循自愿、公平和诚信原则，遵守法律法规，尊重社会公德，不得损害国家利益、公共利益和他人合法权益。

依法获取的各类数据经过处理无法识别特定个人且不能复原的，或者经过特定数据提供者明确授权的，可以交易、交换或者以其他方式开发利用。

第十二条 县级以上人民政府应当开展宏观调控、经济监测、商事服务、市场监管等政府管理和公共治理领域的大数据应用，推动“放管服效”改革，优化营商环境。

第十三条 县级以上人民政府应当推动大数据在公共安全、应急管理、劳动就业、社会保障、城乡建设与管理、人口资源与环境、生态保护、卫生健康、养老服务、社会救助、科技教育、文化旅游等领域的应用，优化公共资源配置，提升社会治理能力和服务民生水平。

第十四条 县级以上人民政府应当推动大数据技术与制造业、煤炭及其他能源领域、建筑业、服务业的融合，结合人工智能、移动互联网、物联网等技术进行数字化升级改造，支持工业企业提升基于大数据分析的生产线智能控制、生产现场优化等能力，深化数据驱动的全流程应用，加速企业生产制造向生产智造转变。

第十五条 县级以上人民政府应当加强农业农村经济大数据建设，完善县、乡（镇）、村相关数据采集、传输、共享基础设施，建立农业农村数据采集、运算、应用、服务体系，实现大数据技术在农业、农村发展上的应用。

第十六条 县级以上人民政府应当推进社会信用数据的汇集和应用，推动社会信用体系建设，加强守信联合激励和失信联合惩戒机制建设。

第十七条 县级以上人民政府应当围绕研发设计、终端制造、平台构建、应用服务等大数据产业链关键环节，制定优惠政策，培育、引进大数据企业，加快推进大数据产业集聚区建设。

支持企业开展基于大数据的第三方数据分析发掘服务、技术外包服务和知识流程外包服务，培育大数据解决方案供应商；支持推动大数据与云计算、卫星导航、人工智能、区块链等信息技术的融合，培育大数据产业新技术和新业态。

第十八条 鼓励企事业单位和行业协会商会建设大数据通用技术平台和大数据开源社区技术创新平台，为用户提供研发设计、计量、评估、标准化、检验检测、认证认可等技术服务和面向行业应用的解决方案、软件开发和平台运营服务。

第十九条 省人民政府统筹下一代互联网、新一代移动通信技术、数据中心、工业互联网等新型基础设施建设工作，推动基础设施的共建共享和互联互通。

设区的市、县（市、区）人民政府应当做好信息基础设施建设与保护工作，提高城乡宽带、移动互联网覆盖率和接入能力，引导企业合理布局数据中心。

通信运营企业应当加强骨干传输网、无线宽带网、物联网及新一代移动互联网建设和改造升级，提高数字业务承载能力。

第二十条 省人民政府设立专项资金并制定具体措施，对大数据基础设施建设给予补助，对符合条件的大数据市场主体根据经营情况或者对地方财政的贡献情况给予奖励，对行业大数据融合应用示范、大数据机构科技创新发展和人才培养给予奖励。

设区的市、县（市、区）人民政府可以设立大数据发展应用引导基金，通过财政资金的引导，带动社会资本投资。

鼓励创业投资基金投向大数据产业，设立大数据产业领域专项基金。鼓励社会资金采取风险投资、创业投资、股权投资等方式，参与大数据发展应用。

鼓励符合条件的大数据企业依法进入资本市场融资。

第二十一条 县级以上人民政府应当将大数据企业用地纳入重点保障范围，优先安排用地供应。大数据园区或者企业用地，可以按科研用地出让，允许企业将部分用地用于建设自用的人才公寓。省人民政府有关部门对列入省级重点工程的数据中心项目用地，优先保障建设用地计划指标。

鼓励利用工业厂房、仓储用房等存量房产和土地资源创办大数据企业，符合国土空间规划和相关规定的，可以在一定期限内实行继续按原用途和土地权利类型使用土地的过渡期政策。具体办法由省人民政府制定。

对大数据企业自建、购买或者租赁自用办公用房的，设区的市人民政府可以制定具体办法对相关费用给予补贴。

第二十二条 支持数据中心全电量优先参加电力直接交易，鼓励开展风力、光伏等新能源电力交易，降低用电成本。

县级以上人民政府可以根据国家产业政策和产业转型升级需要，发挥我省能源革命改革试点优势，通过制定目标电价、给予电价补贴等措施，对数据中心用电进行支持，保障电量供应。

第二十三条 县级以上人民政府应当支持和促进大数据产业园区配套建设可再生能源发电和大型储能项目，形成园区并网型微电网，实现“源—网—荷—储”一体化运营；主动协调解决配电网规划、建设等问题，完善道路、管网、市政等配套基础设施建设。

第二十四条 大数据企业从事科学研究开发、科技成果转化等活动，依法享受国家有关税收优惠政策。

引进、培育数字经济领域技术、管理、市场和财务等优秀骨干人才的大数据企业，其骨干人才年薪达到规定数额的，按照有关规定给予奖励。

第二十五条 县级以上人民政府可以通过购买服务、以租代建、政府与社会资本合作等方式，鼓励大数据产业发展。

县级以上人民政府可以开展金融大数据发展应用专项项目建设，综合应用风险投资、股权投资、担保贷款、贷款贴息、科技保险等方式，优先支持重大应用示范类和创新研发类项目。

对购买本条例第十八条中平台服务的企业，设区的市人民政府按照服务费实际支出金额给予补贴，具体办法由省人民政府制定。

第二十六条 省人民政府应当支持企业、高等学校和科研机构成立大数据研究院，建设大数据相关领域实验室、院士工作站、博士后科研流动（工作）站等研发机构。

鼓励企事业单位、高等学校和科研机构以设立技术研发中心、股权激励、期权激励、学术交流、产业合作、柔性引进人才等方式，利用国内外大数据人才资源。

县级以上人民政府应当制定大数据人才引进培养计划，对标国内大数据产业发展先进地区的薪酬待遇等激励政策，引进领军人才和高层次人才，加强本土人才培养。

鼓励企业、高等学校和科研院所建设产学研结合的合作平台，采取开设大数据相关专业或者建立实训基地等方式，定向培养大数据专业人才。

第二十七条 支持高等学校开展大数据领域职务发明专利权改革探索，对于高等学校决定不申请专利的职务科技成果，发明人可以依法申请专利，获得专利转化取得的相关收益。支持高等学校以优化大数据专利质量和促进科技成果转移转化为导向，通过提高转化收益比例等方式对发明人或者团队予以奖励。

第二十八条 对大数据领域的新技术、新产业、新业态、新模式，应当遵循鼓励创新、包容审慎的监管原则，在保障安全的前提下，创新监管模式，为发展预留空间，审慎出台市场准入政策。

第二十九条 省人民政府应当组织相关部门进行大数据发展应用标准研究，推动数据采集、数据开放、分类目录、交换接口、访问接口、数据质量、安全保密等关键共性标准的制定和实施。

鼓励企业、社会团体、教育机构、科研机构等开展或者参与大数据领域的国际、国家、行业和地方标准的制定。

第三十条 推进大数据技术交流与合作，充分利用国内外创新资源，促进大数据相关技术发展。鼓励和支持省内外行业协会商会、联合会、学会等社会组织以及国内外大数据知名智库、行业机构在晋举办研讨会、论坛、培训等交流活动。

第三十一条 省人民政府应当建立数据安全工作领导协调机制，研究解决数据安全工作的重大事项，加强对大数据技术、服务、应用安全的风险评估和管理。

网信部门负责统筹协调大数据安全和相关监督管理工作；大数据发展应用、政务信息化、公安、国家安全、保密、密码管理、通信管理等主管部门按照各自职责，负责大数据安全相关监督管理工作。

第三十二条 数据采集、存储、开发、应用、服务、管理等单位应当按照国家网络安全等级保护、关键信息基础设施保护制度的要求，落实相关安全保护制度、标准和技术措施等。

产生、使用数据的程序、软件、系统和平台，在开发阶段应当进行安全可控修复手段的检测，保障数据的安全。

第三十三条 省人民政府政务信息管理部门应当建立健全大数据共享机制和分享流程，明确数据安全责任制。对数据流失、泄露、损毁的单位和个人由有关部门依法追究责任。

第三十四条 本条例自 2020 年 7 月 1 日起施行。

（来源：山西人大网）

山东省省级数字经济园区管理办法（试行）

第一章 总则

第一条 为贯彻落实省委省政府关于推进数字山东建设的部署要求，进一步发挥数字经济园区的集聚和带动作用，加快数字经济和实体经济融合发展，根据《数字山东发展规划(2018—2022年)》和《山东省支持数字经济发展的意见》，制定本办法。

第二条 本办法所称山东省省级数字经济园区(以下简称“省级园区”)是指聚焦数字产业化、产业数字化方向，具备相当基础和规模，管理科学规范、创新能力突出、特色优势明显、辐射带动性强、产业链条完整，按规定程序完成认定的数字经济发展集聚区。

第三条 省人民政府大数据工作主管部门(以下简称“省级主管部门”)负责省级园区的统筹规划、组织评定、引导扶持等工作。设区的市人民政府大数据工作主管部门（以下简称“市级主管部门”)，负责本辖区内省级园区的组织申报、建设指导、监督管理等工作。

第二章 基本原则

第四条 加强政策引领。紧紧围绕全省“八大发展战略”，结合数字山东建设重点任务，将园区发展规划纳入全省总体规划。统筹各级各部门力量，充分发挥政策集成作用，有效调动社会各方积极性，推动人才、资本、技术、数据等生产要素向园区集聚。

第五条 实行分级管理。设立省级园区名录库，建立健全园区分级创建、标准提升机制，根据园区发展前景、创新能力、发展环境等情况，在列入名录库的园区（以下简称“入库园区”）中优选省级示范数字经济园区、省级成长型数字经济园区（以下简称“示范园区”“成长型园区”)。鼓励各市、县（市、区）对数字经济园区实行入库管理、分级建设。

第六条 打造产业生态。以省级园区为载体，结合各级经济社会发展规划，充分发挥园区在改善区域投资环境、引进外资、促进产业结构调整等方面的积极作用，营造大中小型企业各具优势、竞相创新、梯次发展的园区经济生态圈，加快形成“产业+配套、平台+生态、技术+赋能”的数字产业生态。

第七条 突出发展特色。立足各地实际情况和特色产业，充分发挥各地独特的资源禀赋，促进大数据与当地支柱产业深度融合，推动打造独具特色的数字经济产业集聚区，引导全省园区实现差异化发展，构建特色鲜明、优势互补的省级园区建设格局。

第三章 申报条件

第八条 申报省级园区应具备下列条件：

（一）有完整的园区建设和发展规划，并符合当地总体规划和数字经济发展规划；在土地、消防、安全、环保等方面符合相关规定。

（二）园区主导产业符合国家产业结构调整方向，原则上应属于大数据、云计算、物联网、区块链、人工智能等新一代信息技术领域，或符合数字农业、智能制造、互联网金融、智慧物流、电子商务等传统产业数字化转型方向；入驻企业20家以上。

（三）有合理规范的管理机构和运营机制，能够有效组织开展园区的建设、管理和运营。运营机构应是合法注册的法人单位或政府部门派出机构，管理制度健全，近2年内无纳税违规行为。

（四）有较完善的基础设施和公共服务支撑体系，建有具备金融服务、知识产权服务或法律咨询等功能的公共服务平台，能为入驻企业提供网络传输、数据存储、计算资源、企业孵化和生产生活配套等基础服务。

第四章 遴选认定

第九条 省级主管部门组织省级园区遴选、认定工作，市级主管部门组织本辖区内园区申报，进行初审并上报省级主管部门。

第十条 省级园区通过在线申报，提供以下电子材料：

①《数字经济园区自评报告》；②园区资产情况证明材料，如土地使用证、自有物业房地产权证或租赁合同复印件、财务报表等；③ 近三年园区获得的市级及以上奖励证明材料；④ 近三年与园区有关的知识产权证明材料（包括软件著作权、标准制（修）订等）；⑤近三年园区承担政府项目证明材料；⑥近三年园区内政府扶持资金、专项资金或产业基金到位情况证明材料；⑦园区内上市挂牌、规上、小型、在孵等企业资料；⑧园区规划和县级以上人民政府对规划的批复；⑨其他需提交的证明材料。

第十一条 省级主管部门组织第三方机构审查园区是否符合申报条件、申报材料是否齐全，对园区集聚水平、支撑能力、创新能力、发展潜力等情况进行评估，必要时可进行现场审查。

第十二条 在组织申报、审查评估等工作中，园区应如实提交材料，杜绝隐瞒事实、弄虚作假等情况发生。市级主管部门要组织开展材料核查，确保材料真实可靠。

第十三条 省级主管部门根据第三方机构审查、评估情况，认定示范园区、成长型园区和入库园区。

第五章 建设管理

第十四条 省级主管部门统筹安排示范园区、成长型园区的中期评估和终期验收，鼓励具备条件的园区提前申请评估和验收。省级主管部门会同相关部门研究制定支持省级园区发展的资金奖补等具体措施，完善配套政策，建立支持园区发展的长效机制。

第十五条 各市、县（市、区）要结合实际情况，将省级园区发展纳入本地区中长期发展规划和年度重点工作计划，完善园区建设配套政策，进一步加大扶持力度。鼓励有条件的地区开展本级数字经济园区建设，并结合本办法制定资金奖补等支持措施。

第十六条 市级主管部门要及时总结数字经济园区建设经验，形成可复制、可推广的园区建设模式和典型案例。省级主管部门建立完善园区建设经验交流机制，积极推广各地园区建设好的经验做法，有效发挥示范带动作用。

第十七条 省级园区实行动态管理机制，市级主管部门组织园区开展自评自查工作，及时发现问题及时处理。成长型园区和入库园区达到更高建设标准，可申请示范园区和成长型园区认定。

第十八条 省级奖补资金用于支持示范园区、成长型园区建设，市级主管部门要加强奖补资金管理，确保专款专用，及时组织开展资金绩效评估，保障资金使用效益和安全。

第十九条 各级主管部门应建立长效管理机制，定期对省级园区开展复核，对发现的问题及时督促整改。对整改不到位、弄虚作假、不符合建设标准的园区，市级主管部门应及时将情况上报省级主管部门。省级主管部门核查后，对情况属实的园区撤销称号，收缴已拨付的奖补资金，不再拨付后续资金。

第六章 附则

第二十条 本办法由省级主管部门负责解释。

第二十一条 本办法自印发之日起实施，有效期 2 年。

（来源：大众日报）

中共沧州市委沧州市人民政府《关于举全市之力推进渤海新区高质量跨越式发展的意见》

为全面贯彻落实省委书记王东峰同志、省长许勤同志来沧调研检查指示要求和省委、省政府关于大力推进沿海经济带建设和渤海新区高质量发展的安排部署，以新状态、新担当、新作为推动渤海新区高质量跨越式发展，进一步构建“一港双城三带四区”发展格局，打造河北沿海发展增长极和发动机，特提出以下意见。

一、指导思想

以习近平新时代中国特色社会主义思想为指引，把握新发展理念和高质量发展要求，落实省委“三六八九”工作思路，抢抓历史叠加机遇，发挥港口、区位、空间三大优势，扎实推动“以城定港、港城融合、产城共兴”，深化改革，开拓创新，大做沿海文章，苦干实干三年，举全市之力支持渤海新区开发建设，不断向海洋要动力、要活力，带动全市乃至冀中南地区扩大开发开放，奋力打造全省沿海经济带重要增长极和改革开放新高地。

二、基本原则

（一）坚持跨越发展

自我加压、争先进位，引导优质要素聚集，实现港产城融合发展，打造全省沿海率先发展、跨越发展、高质量发展重要增长极。

（二）坚持改革创新

以质量变革、效率变革、动力变革为核心，把创新作为第一动力，着力破除体制机制障碍，释放新活力、增创新优势、汇聚新动能，提速高质量发展进程。

（三）坚持开放引领

坚持世界眼光、国际标准，高水准谋划好港产城现在和未来，统筹陆海资源配置，加强与冀中南及中西部地区经济互动，全面提升对内对外开放质量和水平。

（四）坚持生态优先

坚持绿水青山就是金山银山理念，严格生态保护红线管控，优化城市和产业功能布局，大力发展循环经济，建设绿色港口、绿色产业、绿色新城。

三、发展目标

（一）经济总量实现跨越式增长

地区生产总值增速、固定资产投资增速高于全省 2.5 个百分点以上，主体功能区力争保持两位数增长，一般公共预算收入到 2022 年达到 95 亿元以上，到 2025 年达到 140 亿元以上。

（二）创新驱动能力显著增强

创新发展新生态体系更加完善，科技投入、科技创新和科技服务能力大幅提升，创新主体年均保持两位数增长，创新平台年均增加 10 个以上，高新技术产业增加值保持年均增长 15% 以上。到 2022 年，研究与开发（R&D）支出占 GDP 比重达到 2.0%；到 2025 年，达到 2.2%。

（三）黄骅港转型升级取得明显成效

现代化综合服务港、国际贸易港、“一带一路”重要枢纽和雄安新区出海口功能日趋凸显，到 2022 年，吞吐量超 3 亿吨，其中综合港区突破亿吨、集装箱 100 万标箱。到 2025 年，集装箱、汽车滚装、原油、LNG 等综合性泊位力争投入使用，集装箱 200 万标箱、滚装汽车 20 万辆，改变以煤炭运输为主的单一模式，实现港口规模扩张与提质增效同步增长。

（四）现代临港产业体系加速形成

产业功能布局更加科学合理，汽车及零部件、绿色化工、冶金装备等主导产业动能更加强劲，生物医药、合成材料、通用航空、主题旅游等新兴产业不断壮大。到 2022 年工业总产值达到 1 500 亿元，2025 年达到 2 000 亿元。

（五）现代化海滨新城初具规模

城市规划布局更加合理，城市功能不断完善，城市品位明显提升，城市活力显著增强。到 2022 年底，城区聚集人口 55 万人，建成区面积 70 平方公里，全域城镇化率达到 70%；到 2025 年，城区聚集人口 70 万人，建成区面积 80 平方公里，城镇化率达到 75%，蓝绿空间占比达到 50% 左右。

四、重点任务

（一）加快港口转型升级，打造沿海经济带跨越发展的强大引擎

1. 优化港口规划布局。落实《黄骅港总体规划》要求，综合港区重点发展集装箱、滚装、多用途、粮食码头及物流园区，打造高端物流枢纽；散货港区重点建设矿石、原油、LNG 等大宗能源及原材料码头，巩固专业化散货港区地位。进一步巩固和发展“地主港”模式，强化政府在港口规划、建设与经营管理中的主导地位。严格码头审批机制，优先发展公用码头，促进岸线资源集约节约开发和高效利用，为后续发展留足空间。推进码头综合治理和功能整合，提升作业效率和协作能力，实现资源优化利用。

2. 加快码头和集疏运体系建设。深入实施“港口建设三年行动计划”，加快推进矿石、原油、集装箱、LNG、滚装、粮食等总投资 344 亿元的 15 个码头、29 个专业化泊位建设和前期工作，继续推进综合港区 20 万吨级航道改造提升工程和煤炭港区 7 万吨级双向航道工程。完善港口集疏运体系，推进运输结构调整，重点加快 6 条铁路专用线项目、油品管道及皮带管廊规划建设，提升港口综合运输效率。

3. 提升贸易服务水平。学习上海、天津、深圳等先进地区港口发展经验，加强国际贸易“单一窗口”建设，构建“信息互换、监管互认、执法互助”大通关模式。加快智慧港口和自动化码头建设，推动港口全面降低口岸通关成本。全力支持黄骅港综合保税区申报，确保尽快封关运营。积极申报集装箱海关监管作业场所和水果、水产品、木材等指定口岸，推动冷链物流发展。积极布局内陆港、海外仓，完善保税、交易、金融等贸易服务功能。

4. 推进港航协同发展。积极融入环渤海港口群，整合港口资源，推进与天津港、宁波舟山港、青岛港深度合作，布局与发展黄骅港内外贸航线，发展国际航运，加快开通非洲国际航线。以与天津港合作建设集装箱、散货码头为切入点，巩固黄骅港至天津港的集装箱“海上巴士”，打造两港“点线面”全方位合作新格局。加快完善金融租赁、航运保险、信息服务等服务功能，发展无船承运、船舶租赁等新型业态。

5. 深化陆海统筹发展。依托朔黄、太中银、邯黄三条铁路干线，加强与地方政府及铁路公司合作，通过轻资产运营模式，沿“三线”规划布局 20 个内陆港。研究用好中国（河北）自由贸易试验区政策，提高港口对腹地辐射带动能力。巩固现有的集装箱班列，拓展“三线”货源，充分利用朔黄铁路运力，抓好返程货源组织，实现“钟摆式”运输。加快集装箱海铁多式联运示范工程建设，构建以多式联运为中心的港口商贸物流体系。

（二）做优做强临港产业，构建沿海经济带跨越发展的有力支撑

6. 加快传统产业转型重塑。针对绿色石化、冶金装备制造等传统优势产业，制定转型升级路线图，做好“延链、补链、强链”文章。推动传统化工向化工新材料方向发展，大力发展合成橡胶、合成纤维、聚碳酸酯等高端化工制

品，推进航天长征煤炭清洁高效综合利用、中石化沧炼与中海油中捷石化合作、化工新材料升级改造等项目建设，打造全国重要合成材料基地。推进冶金和装备制造产业提档升级，鼓励精品钢铁、成套装备、海工装备等适港产业向渤海新区聚集。

7. 培育发展战略性新兴产业。生物医药产业向生物制药、医药制剂、现代中药等价值链高端迈进，向配方食品、医疗器械等大健康领域拓展，全力打造国家新型特色原料药基地。引进通用飞机和工业级无人机整机制造，延伸引进大型客机改装货机、航空零部件配套制造，打造省内航空产业基地。大力攻关制造及相关装备工程技术，超前布局先导性产业，带动一批无人驾驶、车载智能网联等智能化高端项目。

8. 积极发展海洋产业。大力发展海水淡化、海洋装备研发制造应用、海洋石化研发及应用等五大海洋产业，完善海水淡化—滨海旅游—浓海水综合利用产业链条，做大海洋生物制品，加大海洋水产品精深加工技术等领域的研发力度，开发高附加值海洋生物营养品、保健品，争创国家海洋经济示范区。依托北京生物医药产业园，瞄准国际国内领军企业，积极开展海洋生物医药合资合作，吸引国家级生物医药创新平台、研发外包机构向临港经济技术开发区聚集。

9. 大力发展现代服务业。建立与港口、产业配套的现代服务业体系，加快集装箱物流园、综合物流园等现代物流项目建设，促进电子商务与实体交易平台、专业市场相结合，建立物流大数据平台，建设线下交割库，构建“十大交易中心”，积极争取国家战略石油储备基地布局渤海新区。围绕打造国际滨海休闲旅游目的地，保护好利用好南大港湿地，提升恒大文旅城、沧海文化风景区开发建设、经营管理水平，创建全省全域旅游示范区。

（三）提升配套服务功能，打造沿海经济带跨越发展的城市样板

10. 强化规划引领。对标雄安新区，围绕“双城”发展格局，统筹生产、生活、生态空间，完成黄骅市国土空间总体规划（规划范围覆盖渤海新区）编制。按照“一主多组团”城市布局，推进黄骅市区和中捷城区相向对接发展，带动整个渤海新城建设。践行“规划即法、执法如山”理念，兼顾刚性管控和弹性引导，有序有效推动规划实施。搭建全域国土空间规划监督实施“一张图”平台，强化科技手段监督和公众广泛参与。

11. 彰显海滨特色。吸收和借鉴国内外优秀城市设计成果，挖掘城市特色和底蕴，审视城市色彩，突出海滨特色。搞好城市风貌和单体建筑设计，统筹城市建筑布局和景观，打造一批城市标志性地段、标志性景观、标志性建筑，创建一批“美丽街区”和“精品街道”，高标准打造城市“会客厅”。坚持职住平衡理念，城市中适度布局高端装备制造、科技研发等绿色产业，构建布局合理、小街区、密路网的城市格局。

12. 完善城市功能。补齐城市基础设施短板，加快推进雨污分流、垃圾处理、城市管网等配套项目建设，加快建设津潍高铁、曲港高速沧州段、任沧港快速路、G228、G205、S330等干线铁路或公路，以及沿海高速岐口互通、津汕高速吕桥互通工程，集中力量优先建设石衡沧港城际铁路沧州到港口段，积极谋划雄港铁路、天津至渤海新区城际铁路。树立经营理念，搞好市场运作，加快中东欧商务中心、奥特莱斯国际购物小镇、恒大文旅城等城市品牌项目建设。健全完善教育、医疗、交通、文体等公共服务功能，加快“四馆一中心”建设，构建从幼儿到高校的教育体系、包括三甲医院在内的医疗卫生服务体系。

13. 塑造城市品质。推行新能源利用，全面推进装配式、可循环利用建筑发展。聚焦城市智能化管理，促进大数据、物联网、云计算等现代信息技术与城市管理服务融合，加快5G网络建设。依托现状湖泊、坑塘等水体，打造观水、滨水、亲水、戏水景观。以生态绿地廊道建设为纽带，增加城区绿量，规划建设一批环

城林带、森林公园、植物园和湿地公园。

（四）提升科技创新水平，增强沿海经济带跨越发展的内生动力

14. 搭建科技创新平台。围绕科技研发、人才服务、安全环保等“六大支撑平台”建设，重点推进南开大学绿色化工研究院、中国火箭研究院、北交大轨道实验基地等项目建设。鼓励高校、科研单位优先在渤海新区设立创新创业平台，以企业为主体，建设一批技术创新中心、产业技术研究院、新型研发机构。实施孵化器和众创空间提升计划，打造和完善“众创空间—孵化器—加速器—科技园区”全链条科技企业孵化育成体系。

15. 大力培育创新主体。充分发挥战略性新兴产业创业投资等基金作用，探索建立风投资金，重点服务科技型中小企业。深入实施高新技术企业倍增计划，年均新增高新技术企业10家以上。实施科技型中小企业提质增量工程，全面落实研发费用75%税前加计扣除政策，年均新增科技型中小企业100家以上。

16. 促进科技成果转化。着力推进北京科创园渤海新区产业基地建设，对接国家和京津科技成果库，搭建中试服务平台、科技成果推广系统与综合服务平台，重点承接智能制造等尖端制造业中试产业，引进高新技术成果与人才，建立科技成果转化基地，实现“京津雄研发、渤海新区转化”，打造国家级中试基地。

（五）积极融入“双循环”战略，注入沿海经济带跨越发展的源头活力

17. 主动融入国家重大战略。围绕全省“三区一基地”功能定位，高标准建设京津产业转移合作先行区，落实与天津滨海新区合作协议，推进共建园区。深度融入“一带一路”建设，以中国—中东欧（沧州）中小企业合作区建设为突破口，持续办好合作论坛，加强与欧洲国家各领域合作，打造全市乃至全省、全国对外开放的窗口。借势雄安新区规划建设，打造雄安新区制造业协作基地、科技成果转化基地和清洁能源保障基地，带动沧州全域融入和服务雄安新区。

18. 加大招商引资力度。建立“一把手”轮流“走出去”常态化机制，建设高水平专业化招商队伍，发挥行业商会协会桥梁纽带作用，用心用力用情开展珠三角、长三角以及国内外发达地区招商引资活动。发挥渤海新区龙头拉动作用，带动冀中南六市向海发展。

五、政策支持

19. 理顺渤海新区管理体制。借鉴上海浦东新区、天津滨海新区和唐山曹妃甸区的经验做法，按照积极稳妥原则，有效整合行政资源，推动管委会向行政区转变，实现管理体制、规划布局优化提升和“人财物”科学配置，逐步走好城市发展模式。

20. 重大项目优先向渤海新区布局。引导全省绿色化工、生物医药、高端装备制造等重大项目向渤海新区聚集，吸引全市重大招商引资项目向渤海新区布局，探索实行“飞地”“分税”政策。市级层面在土地、能耗、燃煤及污染物排放总量指标等要素重点向渤海新区倾斜。围绕“双城”新定位，适当将沧州东部需要布局的重点基础设施和公共服务项目向渤海新区倾斜。

21. 支持创新政策先行先试。国家复制推广的自贸试验区、开发区、新区先行先试政策优先在渤海新区推广和试验。雄安新区相关创新政策条件成熟时，依规依程序优先在渤海新区借鉴推广。全面下放渤海新区市级审批、管理、行政执法权限，并协调省级层面，赋予渤海新区部分省级审批权限。支持沧州港务集团市场化改革。

22. 继续给予财政金融支持。市级层面加大协调力度，力争省级层面继续执行财税返还政策，争取省沿海开发基金支持。根据行政管理体制改革进展，按照“财随政走，政令财行”原则，调整渤海新区财政体制，全力支持渤海新区开发建设。给予渤海新区新增政府债券倾斜支持。鼓励银行、证券、信托、保险、金融

租赁等机构向渤海新区聚集，加大贷款投放力度，支持外资金融机构在渤海新区设立总部或分支机构。支持渤海新区争创国家级金融改革创新试验区。

23. 创新引才引智机制。制定和落实引才引智激励政策，吸引海内外高层次人才到渤海新区创新创业。支持京津冀高等院校、职业技术学院向渤海新区布局。鼓励市经济部门优秀干部到渤海新区挂职锻炼。

（来源：沧州渤海新区融媒体中心）

雄安新区13条措施助企业减负担促转型

2020 年 2 月 7 日，雄安新区出台《关于应对新型冠状病毒感染的肺炎疫情支持企业转型发展创新创业若干措施》（以下简称《若干措施》），通过 13 条具体措施综合施策，支持中小企业渡过难关，实现转型升级、创新发展。

雄安新区管委会相关负责人介绍，《若干措施》是新区在全面落实党中央、国务院和省委、省政府关于疫情防控的决策部署，针对新区传统产业生产经营困难进一步加大、转型升级压力进一步增加的现状，更好地发挥新区正在进行大规模开发建设和承接北京非首都功能疏解的优势的背景下制定的。

一、强化金融支持

增加信贷投放。协调新区金融机构增加信贷投放，确保贷款余额不下降，并适当降低贷款利率水平，新区各金融机构不得盲目抽贷、断贷、压贷，做好企业续贷服务，努力做到应续尽续、能续快续。

实行贷款贴息。对 2020 年 1 ～ 6 月新区金融机构新增中小企业流动资金贷款，经审核按照中国人民银行公布的一年期贷款市场报价利率（LPR）予以贴息，贴息期限不超过 1 年，每户贴息总额不超过 100 万元；对经审核的企业技术改造项目、高新技术项目，按照人民银行公布的一年期贷款市场报价利率（LPR）贴息，贴息期限不超过 2 年，每户贴息总额不超过 200 万元。

创新产品服务。支持鼓励新区金融机构为中小企业制定切实可行、精准匹配、综合成本低的金融产品和服务方案，提高中小企业金融服务质量和效率。

二、减轻企业负担

减免中小企业税收。企业因受疫情影响存在缴税困难的，可申请房产税、城镇土地使用税困难减免。

延期交纳税款。企业因受疫情影响存在申报困难的，可申请依法办理延期申报。对确有特殊困难而不能按期缴纳税款的企业，可申请依法办理延期缴纳税款，一般不超过 3 个月。

缓缴社会保险费。企业因受疫情影响导致暂时性生产经营困难，无力足额缴纳社会保险费的，经批准可按规定缓缴养老保险、失业保险和工伤保险费，缓缴期一般不超过 6 个月。缓缴期间，免收滞纳金，职工可按规定依法享受社会保险待遇。缓缴期满后，企业足额补缴缓缴的社会保险费，不影响参保人员个人权益。

减轻企业房租负担。对于在新区孵化器、众创空间内正常经营的企业，根据新区要求满员复工复业的，自复工复业之日起给予不超过 3 元 / 平方米 / 天的房租补贴，期限 3 个月。对于 6 月底之前入驻新区孵化器、众创空间的，开展实质业务且员工人数不少于 5 人的企业，给予自入驻之日起 3 个月房租补贴，补贴标准同上。

三、支持企业转型创新发展

提供供销对接便利和支持。定期发布更新新区建设所需产品、服务清单，加强对接服务，引导传统产业企业根据需求提供符合标准的产品和服务，鼓励新区建设企业优先采购。

加大政府采购支持力度。落实疫情防控采购便利化有关通知精神，优先采购当地中小企业产品及服务。鼓励中小企业针对新区建设需求研发创新产品和解决方案，对于首次投放市场的重大创新产品和技术，可以采取非公开招标方式进行采购。

支持传统企业融入新区产业链。鼓励企业间资源共享，引导疏解到新区及参与新区建设的大型央企、科创企业向三县中小企业开放共享资源，在产品、技术、市场等方面带动中小企业融入高端高新产业链。

四、加强就业保障

支持企业稳定职工队伍。企业因受疫情影响导致生产经营困难的，可以采取协商薪酬、调整工时、轮岗轮休等措施，保留劳动关系。对不裁员或少裁员的参保企业，可返还其上年度实际缴纳失业保险费的50%。对面临暂时性生产经营困难且恢复有望、坚持不裁员或少裁员的参保企业，返还标准可按6个月的当地月人均失业保险金和参保职工人数确定。

支持转岗就业创业。新区财政安排资金通过转移支付方式，支持传统产业外迁转移和转型升级带来的人员转岗再就业，以及大规模城市建设带来的交通、环保、安全、扶贫、护林、社区等专项岗位和辅助性岗位。

提升中小企业家管理能力。依托专业机构，引进符合新区高端高新产业发展需求的培训资源，线上线下定期举办雄安中小企业家培训，全方位提升中小企业家的创新创业能力。

（来源：雄安发布）

北京经济技术开发区博士后工作管理办法

第一章 总则

第一条 为加强北京经济技术开发区博士后科研工作站（以下简称“开发区工作站”）管理，吸引和培养适合开发区经济社会发展所急需的高层次特别是创新型优秀人才，特制定本办法。

第二条 开发区工作站设立在开发区管理委员会，在人力资源和社会保障部、全国博士后管理委员会、北京市人力资源和社会保障局的指导下开展工作。

第三条 在开发区登记注册、纳税且具备独立法人资格的单位内设立的园区类博士后科研工作站分站（以下简称“分站”），由开发区工作站管理。

第二章 管理机构职责

第四条 开发区社会事业局负责开发区工作站日常工作，制定开发区博士后工作管理制度，协调沟通有关部门共同做好博士后工作。开发区工作站主要职责包括：

（一）负责贯彻落实国家、北京市和开发区博士后工作政策及相关要求；（二）负责分站设立、更名和撤销的组织工作；（三）对分站的博士后工作进行指导、监督、检查、考核、奖惩；（四）指导协调分站与博士后科研流动站（以下简称“流动站”）建立合作关系，共同做好博士后人员的招收、培养、考核、管理、服务等具体工作；（五）为分站进出站和退站博士后人员办理相关手续，协助解决博士后人员工作、生活问题；（六）组织分站开展国家、北京市各类相关资助和奖项申报工作；（七）落实分站和博士后人员获得的开发区博士后工作专项经费；（八）完善博士后工作经验交流平台，组织开展博士后工作交流和政策培训；（九）组织开展其他博士后管理工作。

第五条 分站负责本单位博士后管理工作，具体职责包括：

（一）贯彻落实国家、北京市和开发区博士后工作相关政策并组织实施；（二）接受上级主管部门的业务指导、监督、检查和评估；（三）根据单位实际情况，制定博士后中长期发展规划和工作管理办法，建立进站遴选招收制度、经费管理制度、住房管理制度、以创新性成果为核心评价标准的绩效考核评价制度、以科研计划书为主要内容的培养制度等；（四）成立由人事、科研、财务等部门组成的领导协调机构，安排单位相关领导主管，配备专职人员具体负责本单位博士后管理工作；（五）负责博士后人员招收、在站期间和出站管理工作，包括招收进站、项目确定、财务安排、考核奖惩、奖励资助申报、业绩评估、科研成果验收、结题出站等；（六）负责做好博士后人员的工资福利待遇等日常管理和户口迁移等日常服务工作；（七）配合开发区工作站开展其他博士后管理工作。

第三章 博士后人员招收

第六条 具有博士学位，年龄一般在35周岁以下，获得博士学位一般不超过3年的人员，可进站从事博士后研究工作。

分站不得按照无人事（劳动）关系人员身份招收本单位或关联单位在职员工进站。

第七条 分站应按以下程序招收博士后人员：

（一）与流动站建立合作关系。与流动站联合确定博士后研究计划课题，确定双方博士后合作导师，其中分站导师应具有高级专业技术职务资格；(二) 可通过导师推荐、社会招聘等方式招收拟进站博士后人员。采取考核、考试或答辩等形式，对拟进站博士后人员开展进站评审，对申请者的学术道德、科研能力和已取得的科研成果进行综合评价，确保招收德才兼备的优秀博士进站；(三) 分站、流动站和拟进站博士后人员签订协议，或分站、流动站、开发区工作站和拟进站博士后人员签订协议，明确各方权利、义务以及工作目标、项目要求、在站工作期限、产权成果归属、违约处罚等；(四) 拟进站博士后人员到中国博士后网站注册个人信息，提交网上申请；(五) 分站按照相关规定为拟进站博士后人员办理进站手续，具体操作流程按照国家、北京市有关规定执行。

第八条 博士毕业6个月内暂未取得博士学位证书的拟进站博士后人员，可先提供学校或单位学位主管部门出具的同意授予博士学位证明办理进站，进站6个月内需将博士毕业证书交分站核验、备案、网上审核。

通过国（境）外、中外合作办学形式获得博士学位的拟进站博士后人员，需提供教育部留学服务中心出具的学位认证书（外籍人员可提供中国驻外使领馆出具的学位认证）。

第四章 博士后人员在站期间管理

第九条 分站应按单位性质与已办理完成进站手续的博士后人员签订事业单位聘用合同、企业劳动合同或工作协议 。

合同（协议）应从国家或北京市博士后管理部门批准同意进站之日起开始生效。

第十条 分站应为符合条件的博士后人员在进站后办理落户、档案转移、组织关系转接等手续。

博士后人员（除在职、定向委培博士后人员）进站后应将人事关系转入分站，由分站负责行政、工资、人事档案、社会保险等管理。

在职、定向委培以及未将人事关系（含人事档案、工资、社保）转至分站的博士后人员，进出站不办理户口迁落手续。

第十一条 分站应按照北京市职称评价工作规定，协助进站前没有进行过职称评定的博士后人员申报评定中级职称。

分站可通过高端领军人才专业技术资格评价，推荐符合条件的博士后人员直接申报评定正高级职称。

第十二条 博士后人员在站期间，有下列情形之一者，分站在告知本人或公告后，应予以退站并办理退站手续：

（一）考核不合格的；(二) 严重违反学术道德，弄虚作假，影响恶劣的；(三) 受警告以上行政处分的；(四) 因旷工等行为违反所在单位劳动纪律规定，符合解除劳动（聘用）合同情形的；(五) 因患病等原因难以完成研究工作的；(六) 出国逾期不归超过30天的；(七) 进站6个月后仍未取得国家承认的博士学位证书的；(八) 提供虚假材料获得进站资格的；(九) 被处以刑事处罚的；(十) 合同（协议）期满，无正当理由不办理出站手续或在站时间超过6年的；(十一) 其他情况应予退站的。

第十三条 退站的博士后人员，不享受国家、北京市和开发区对期满出站博士后人员规定的相关政策。

第十四条 分站博士后管理人员每年应至少参加一次业务培训，以做好博士后管理工作。

第五章 博士后工作服务保障

第十五条 设立开发区博士后工作专项经费，给予分站博士后工作的资助经费从该专项经费中列支。

对正常开展博士后培养工作的分站，每招收一名博士后人员进站，开发区一次性给予分站30万元资助经费。其中10万元为进站博士后人员生活补贴，分站应按税法相关规定纳税后拨付给博士后人员。

分站使用资助经费开支范围包括：博士后人员工资、奖金、生活补贴、参加社会保险费用和组织交流活动等支出；为开展博士后科研工作所支出的仪器设备费、实验材料费、出版/

文献/信息传播/知识产权事务费、会议费、差旅费、专家咨询费、国际合作与交流费和劳务费（支付给参与研究过程且没有工资性收入的相关人员和临时聘用人员的费用）等；博士后人员赴国（境）外开展短期培训和学术交流活动费用；其他博士后工作所需支出。

分站招收在职身份博士后人员进站时，不享受本条规定的资助经费。

第十六条 住房保障。博士后人员在站期间（不超过2年）可申请租住开发区博士后公寓。

第六章 博士后工作专项经费管理

第十七条 博士后工作专项经费由开发区社会事业局和财务主管部门负责组织实施及管理。

第十八条 分站6个月内无在站博士后人员开展研究工作，或在全国博管办注销的，应退回已拨付资助经费中未使用部分。

第十九条 受资助的分站对经费使用承担主要责任，应按照财务制度规定，对所获得的博士后工作专项经费实行专账管理与核算，不得收取或变相收取手续费、管理费，自觉接受有关部门监督检查，发现问题及时纠正和处理。

第二十条 受资助的分站和博士后人员应严格按照资金用途合理使用资金，确保资金专款专用，发挥资金最佳效益。对未按照核准的经费使用范围安排支出的，收回部分或全部资助经费。

第二十一条 博士后人员有剽窃、弄虚作假等违反学术道德和知识产权规定行为的，撤销资助，追回已拨付的资助经费，并给予通报。

第二十二条 对于违反财经纪律，虚报、冒领、截留、挪用、挤占资助资金的行为，按照国家和北京市有关规定追究相应责任；涉嫌犯罪的，移交司法机关处理。

第七章 附则

第二十三条 在开发区登记注册、纳税且具备独立法人资格的单位，经人力资源和社会保障部批准，可以招收博士后研究人员的博士后科研工作站，可以享受本办法中博士后工作服务保障政策。

第二十四条 本办法如与开发区其他政策有交叉适用，按照就高不就低原则，执行优惠条款，不重复享受。

第二十五条 本办法未尽事宜，按照国家和北京市有关规定执行。

第二十六条 本办法由开发区管理委员会负责解释。

第二十七条 本办法自2020年1月1日起施行。《北京经济技术开发区博士后科研工作站暂行管理办法》（京技管字〔2001〕514号）同时废止。

（来源：北京经济技术开发区）

烟台开发区山东自贸区烟台片区智慧自贸建设“六大突破行动”20条政策

为贯彻落实党中央、国务院和省、市关于“新基建”工作指示精神，抢抓新一轮信息技术发展机遇，推动数字经济全面发展，加快智慧自贸建设，结合我区实际，制定本政策。

一、“新基建”扩容落地突破行动

紧紧盯住5G、人工智能、工业互联网、物联网等为代表的新型基础设施，以更大的力度、更实的举措推进要素供给保障。

（一）推动重大“新基建”项目布局，对入围各级重点项目目录的“新基建”项目，政策有效期内择优遴选5个，按其实际固定资产投资的5%给予一次性补贴，单个项目最高1 000万元。启动智慧城市顶层设计与F-1城市大脑建设，以点带面，统筹推进全域智慧城市建设。

（二）落实公共资源免费开放共享，加快星级酒店、城市综合体、重点商圈、数字经济园区等公共场所和重点板块5G规模组网，以网速升级带动流量消费。对符合条件的项目执行工商业及其他电价中的两部制电价，优先支持申报电力跨省区交易并给予财政补贴。实施新能源汽车充电桩规划布局，鼓励建设数字化、智能化管理运维平台，发展充电桩大数据服务体系，对获得国家奖补资金的充电站，按照1∶0.5的标准给予补贴。

二、数字经济产业集群培育突破行动

以提升数字生产力为目标，加大数字经济新业态培育力度，加快建设全国、全省领先的数字经济引领示范区。

（三）重奖高端新项目，对落户的全球顶尖数字技术企业，按照“一事一议”原则给予建设运营补贴，单个项目奖励总额最高过亿元。

（四）加大数字经济总部引进力度，对世界500强企业、大型跨国公司、全国电子信息百强、软件百强和互联网百强等数字技术企业在我区设立总部基地的，给予一次性筹办补助，最高100万元。突出日韩等境外数字经济项目引进，最高补贴500万元。

（五）支持本土数字经济企业做大做强，对新认定的国家电子信息百强企业、山东省电子信息行业优秀企业分别给予200万元、100万元奖励。鼓励企业到各层次资本市场挂牌上市，给予首次境内外上市企业补助800万元，新三板挂牌企业300万元。

（六）优先支持数字经济企业创新平台建设，对企业建设国家级实验室、工程研究中心、技术中心、院士工作站、博士后工作站等重大创新载体，经认定，最高可给予1 000万元配套补助。

（七）支持数字技术企业在境外建立研发基地、开放实验室、科技孵化器、技术转移中心等海外人才离岸创新创业基地，视离岸人才引进使用数量和基地规模给予相应补贴。

（八）强化数字经济标准化建设，对主持制（修）订（前两位）国际标准、国家标准、行业标准的企业，分别给予100万元、50万元、20万元奖励。

三、数字经济示范园区创建突破行动

通过联合共建、市场化运作等方式，大力培育优势突出、辐射带动性强的数字经济园区，引导数字新生态集聚发展。

（九）以八角湾中央创新区、八角湾海洋经济创新区、自贸试验区、业达智谷、中韩产业园、中日产业园、保税港区、化学工业园、智能制造产业园等载体，率先打造一批智能示范园区；以科技大厦和创业园区1、2、3号厂房，开创互联网产业孵化园区为主体，升级打造“业达慧谷”。

（十）支持申报认定各级数字经济园区，对获评省级示范型、成长型数字经济园区分别给予最高500万元、200万元奖励。对入驻数字经济园区的数字技术企业，对其办公用房和厂房给予房租补贴。积极引进国内外知名运营机构和专业团队，参与数字经济园区运营管理，经评审后，按实际运营费用的50%给予补贴，单个机构每年最高150万元。

（十一）支持区内数字经济龙头企业牵头组建大数据行业协会（联合会、联盟），吸引国内外知名行业协会在区内设立分支机构。

四、制造业数字化转型突破行动

以促进新一代信息技术与实体经济深度融合为重点，加快数据赋能步伐，快速提升产业数字化水平。

（十二）对符合国家产业政策鼓励发展方向，设备投入500万元（含）以上或方案设计与软件投入达到100万元（含）以上的新上或技术改造项目，给予最高不超过1 000万元扶持。

（十三）引导行业龙头企业输出数字化管理模式，由制造企业向数字化解决方案综合提供商转变。研发管理平台升级为区域级、行业级公共技术服务平台和检验检测平台，建设期内给予不超过该平台总投入30%的资助，最高不超过3 000万元。

（十四）对工信部认定的智能制造试点示范项目、工业互联网试点示范项目、大数据产业发展试点示范项目、工业互联网优秀工业App或案例，给予100万元一次性奖励。

（十五）设立2 000万元中小企业数字化转型专项扶持资金，支持中小企业开展设备上云、业务上云及5G+工业互联网等数字化升级改造，对于选择本地服务商的升级改造项目优先扶持。

五、数字人才高地打造突破行动

（十六）面向海内外大力引进高水平数字经济人才团队，新进区国际或国内一流、对我区产业发展有重要推动作用的创新创业团队和领军人才，分别给予最高3 000万元项目经费资助、500万元创业资金支持。

（十七）发挥国际人才集团作用，重点面向日韩招引数字经济领域人才和专家顾问。对为数字技术企业选聘高端或紧缺人才的人力资源服务机构，经认定按猎头费用的50%给予奖励，单机构每年最高100万元。

六、营商环境优化提升突破行动

（十八）加大税费优惠和金融信贷支持力度，对符合条件的数字经济企业优先纳入新旧动能转换引导基金项目储备；支持符合条件企业申请“信保贷”业务，单户贷款额度最高1 000万元，担保费率最低0.5%。

（十九）大力发展现代会展业，鼓励开展数字经济领域合作交流，对区内承办的数字经济会展、论坛等，经认定按照不同层次给予补贴，最高金额不超过30万元。

（二十）探索制度模式规范创新，推动公共数据共享开放和关键“新基建”安全保护。对数字经济新业态、新技术、新模式、新产品实行包容审慎监管，鼓励企业利用“新基建”进行技术创新、应用创新和模式创新。深入推进“放管服”改革，启动“数聚赋能”专项行动，扩大“亮证”试点，加快制度创新和流程再造，提供优质政务服务。

本政策适用于工商注册地、税务征管关系及统计关系在烟台经济技术开发区、中国（山东）自贸试验区烟台片区范围内，有健全财务制度、具有独立法人资格、实行独立核算的企业或机构。符合本政策规定的同一项目、同一事项同时符合本区其他扶持政策规定，按照从高不重复的原则予以支持，另有规定的除外。获得奖励的涉税支出由企业或机构承担。享受本政策扶持的对象，须签订相关承诺书，若扶持对象违反承诺的，应将所获扶持资金予以退回。本政策自印发之日起施行，有效期 2 年，由烟台经济技术开发区经发科创局负责申报受理和政策解释。

（来源：烟台开发区）

苏州工业园区新型冠状病毒感染的肺炎疫情防控指挥部关于进一步推进疫情防控期间企业安全有序复工的通知

各功能区、各部委办局、各有关单位：

按照国家和省、市关于新型冠状病毒感染的肺炎疫情防控工作部署，除涉及保障公共事业运行必需、疫情防控必需、群众生活必需及其他涉及重要国计民生的相关企业外，企业不得早于2月9日24时复工。

在园区党工委、管委会统一领导下，园区新型冠状病毒感染的肺炎疫情防控指挥部企业指导组前期全力辅导上述企业平稳开展复工、防疫等各项工作，取得较好效果。

为进一步做好2月10日后企业复工期间的疫情防控工作，坚决打赢疫情防控阻击战，根据江苏省《关于切实加强当前疫情防控工作的通知》（苏肺炎防控〔2020〕3号）和苏州市《关于印发苏州市新型冠状病毒感染的肺炎疫情防控期间企业复工规程（试行）的通知》（苏防控〔2020〕4号）等文件要求，现将园区企业复工相关事项通知如下：

一、组织企业安全有序复工

企业复工实施备案制。为确保复工后疫情防控到位，企业复工前，须提前3天将复工信息及疫情防控相关材料报园区新型冠状病毒感染的肺炎疫情防控指挥部企业指导组（以下简称“企业指导组”），审核通过后，经同意方可启动复工。未经备案审批的企业，不得擅自复工。

企业复工实施分类审核。为确保企业有序复工，避免大规模集中复工带来防疫风险，按照“工业企业优先、企业资源集约利用评价为A类、B类的企业优先、用工人数少的企业优先、组织在苏未返乡员工上岗企业优先”的原则，企业指导组将分期分批加快实施审核验收工作。同步制定商务办公楼宇企业复工和疫情防控指南，加快推进商务办公楼宇企业复工工作。

企业有序组织复工。按照“能少则少、能近则近”的原则，企业要优先安排春节期间在苏且未接触湖北、温州、台州等疫情严重地区人员的员工第一批复工；安排其他地区来（返）苏且居家观察后无异常的员工第二批复工。目前仍在湖北、温州、台州等疫情严重地区的企业员工暂缓返苏，返回时间待通知。已从（经）湖北、温州、台州等疫情严重地区来（返）苏的企业员工，由用工企业负责督促员工落实14天医学观察，隔离观察后健康状况无异常，方可返岗。湖北、温州、台州等疫情严重地区以外地区返苏企业员工需居家观察7天以上方可返岗。企业可有计划地与输出地沟通，采取提倡自驾返回、企业包车接送来源地相对集中员工等必要措施，保障员工安全到岗。

加强复工后核查。各企业要主动承担企业主体责任，全力支持、参与疫情防控。复工后要严格落实疫情防控措施和安全生产措施，确保恢复生产后秩序稳定。坚决防止因赶工、抢工导致安全生产事故的发生。企业指导组将对企业复工情况进行检查抽查，对于存在私自提前复工、防护措施不到位等情形，或发现确诊病例的企业，将立即责令停产，企业需配合卫生健康部门做好疫情处置工作。载体、产业园等物业单位需对入驻企业进行疫情防控管理。

二、复工防控要求

企业应全面落实主体责任，严格按照《江苏省工业企业新型冠状病毒感染的肺炎疫情防控卫生学技术指南（试行）》相关要求，落实好复工前、复工后、发现病例后各项疫情防控措施，保障必需的物资、场所、人员与经费。确保做到组织机构到位、防控预案到位、资金物资到位、健康排查到位、人员管理到位、环境消毒到位、日常管理到位，具体要求如下：

组织机构到位。在省突发公共卫生事件一级响应解除前复工的企业，必须建立由企业主要负责人牵头的疫情防控工作机制，组建疫情防控领导小组，落实专门部门和人员负责疫情防控工作。始终坚持底线思维，严格落实疫情防控和安全生产各项规定，确保安全、规范、有序复工。

防控预案到位。企业须制定本企业疫情防控应急预案和复工方案，包括领导体系、责任分工、排查制度、日常管控、后勤保障、应急处置等内容。落实防控措施责任制度，将责任分解到部门、落实到人，实现车间（科室）、班组和个人全覆盖。

资金物资到位。保障防控新型冠状病毒感染的肺炎疫情所必需的经费和物资，加强口罩、温度计、消毒药械等疫情应对物资准备，物资储备不少于一周用量，并保证后续能够持续供应。有集体宿舍的工业企业要配置临时隔离宿舍，参照每100人设置一间的标准单独设置隔离间。园区新型冠状病毒感染的肺炎疫情防控指挥部将尽力协助保障企业的疫情防控物资。

健康排查到位。加强返岗返工人员健康监测工作，开展全体企业职工假期生活旅行情况登记，建立“一人一档”，了解其返回园区的时间和交通方式，合理安排员工返程。建立健康申报制度，返岗返工人员返苏前需填写“健康申报表”，内容包括前14天本人外出情况、与病人接触情况等流行病学史及本人与同住人员身体健康状况。对近两周有湖北、温州、台州等疫情严重地区旅行史、居住史的职工，由企业登记并及时上报，扎实做好隔离观察、体温监测、轮换休班、每日报告等工作。

人员管理到位。开展新型冠状病毒感染的肺炎防控知识宣传，督促员工科学佩戴防护用品并做好个人防护。在省突发公共卫生事件一级响应解除前，不得到疫情严重地区开展招聘活动，不得从疫情严重地区新招聘员工，不得安排员工到疫情严重地区出差，具备条件的可安排员工通过网络办公。要建立全员健康监测制度，应急响应期间，每日上午在人员进入工作场所时对全员测量体温并进行健康询问，凡有发热、咳嗽等症状的，应阻止其进入工作场所。要优化生产组织流程，采取封闭式管理等方式，最大限度减少人员聚集，降低传染风险。

环境消毒到位。开展以环境整治为主、药物消杀为辅的病媒生物综合防制，对食堂、职工宿舍、建筑工地等重点场所进行环境卫生清理和药物消杀。主要工作生活场所应设置洗手设施或消毒用品，公共交通工具、公共区域和物体表面应由专人负责每日不少于2次消毒。定期开窗通风，减少使用空调并做好空调空气过滤器的清洁和更换。

日常管理到位。加强卫生健康教育，积极倡导讲卫生、除陋习，摒弃乱扔、乱吐等不文明行为，做好个人卫生，推广健康的生活方式，增强身体抵抗力，提高职工对新型冠状病毒肺炎防治的正确认识和自我防护能力。为职工配备医用口罩，指导职工正确佩戴口罩，未佩戴口罩的职工禁止乘坐班车或进入企业人群密集岗位。做好口罩的定期更换，妥善处理使用后口罩。集体用餐的工业企业，提倡盒饭供应，应注意食物安全与卫生，并加强对餐具消毒及管理。落实企业集中食堂的安全卫生措施，禁止采购未经宰杀未经检疫的活禽活鱼肉品，禁止提供生菜。食堂服务人员每日上岗前必须开展健康检查、体温测量并保留检测记录，作业中必须统一佩戴手套、防护镜和医用口罩、防护鞋。食品留样按照规定执行。

三、企业复工程序

企业复工前，须将疫情防控工作方案、复工生产方案和承诺书等相关材料通过“SIP 经济视界”微信公众号“疫情防控—复工备案”小程序报企业指导组备案，审核通过后，方可启动复工。对部分疫情管控风险大、复工人员复杂或防控机制、防控物资不健全的企业，需现场审核合格，由企业指导组发放复工通知书后，再组织复工。

（来源：苏州工业园区）

天津经济技术开发区关于支持中小企业控疫情稳增长的第一批措施

为深入贯彻落实习近平总书记关于坚决打赢疫情防控阻击战的重要指示精神，全面落实党中央、国务院决策部署，落实市委市政府、滨海新区区委区政府系列要求，帮助中小企业渡过难关，根据《天津市打赢新型冠状病毒感染肺炎疫情防控阻击战进一步促进经济社会持续健康发展的若干措施》等文件精神，结合经开区实际，制定第一批支持中小企业控疫情稳增长16条政策措施（简称“暖企16条”）。

一、加大金融支持

1. 对疫情防控重点企业贷款给予财政贴息支持。经认定的疫情防控重点保障企业，对2020年新增的专用于防疫生产、采购、科研、运输、医用等贷款，在鼓励商业银行实施贷款利率下浮政策的基础上，再按商业银行实际贷款利率的10%给予贴息，贴息期限不超过1年，支持防疫重点企业扩大生产，保障防疫物资市场供应。

2. 加大对受疫情影响个人和企业的纾困力度。对商业银行已发放的个人创业类贷款，且创业实体在区内，借款人患新型冠状病毒感染肺炎的，可向贷款银行申请展期还款，经开区财政给予不超过1年的全额贴息支持。对受疫情影响暂时失去收入来源的企业，鼓励商业银行优先给予信贷支持，经开区财政按商业银行实际贷款利率的30%给予贴息。

3. 建立疫情期间银政企更紧密的合作机制。组织发动区内重点银行机构发出联合承诺，鼓励银行机构主动向受疫情影响较大的行业和企业倾斜信贷资源，对经营出现暂时困难的企业不得盲目抽贷、断贷、压贷，合理采取续贷、展期等政策，帮助企业顺利渡过难关。联合重点商业银行机构，建立专门的金融纾困服务队伍，开通企业金融服务的“绿色通道”，对企业反映的信贷需求和困难快速响应处理，精准高效地进行融资业务撮合，确保做到应贷尽贷、早贷快贷，保障企业特殊时期运转。

4. 畅通防疫物资跨境采买资金划转通道。充分利用自贸试验区FT账户跨境收支便利化和结售汇成本优势，支持企业跨境采购防疫所需物资，对于采购时间紧迫的，银行机构进一步简化开户手续，提高开户效率，保障账户“即开即用”。

5. 鼓励银行进一步优化信用贷、税银贷、消费贷等普惠金融产品，采取临时性提高融资额度、降低融资成本、免除相关手续费、减少担保要求、适当放宽还款期限等差异化方式，支持防疫期间企业发展。

二、保持就业稳定

6. 对于企业新招员工并缴纳社保3个月以上的，按每人500元给予企业一次性用工补助。

7. 因疫情防控措施等原因造成企业职工暂时无法入住经开区管委会所属国有公寓的，为减轻企业负担和损失，已签订公寓入住合同的，免除2月份当月租金。

8. 依法足额缴纳失业保险费满12个月的区内企业，疫情期间不裁员或裁员率低于上年度本市城镇登记失业率的，返还上年度企业实际缴纳失业保险费总额的 50%。

三、减轻企业负担

9. 对受疫情影响较大的小型、微型企业，经认定，给予其 2020 年 2 月、3 月和 4 月对经开区主要地方经济贡献的全额补贴。

10. 对已承租各类国有资产类经营用房的企业，自 2020 年 2 月 1 日起，免收 3 个月房租、3 个月房租减半。

11. 对租用其他经营用房的，鼓励业主为租户减免租金，由双方协商解决。

四、支持恢复生产

12. 对生产口罩、医用防护服等疫情急需防控物资的重点企业，对其在疫情期间增加的生产运营成本，经认定，给予最高不超过 100 万元资金支持。

13. 对研发、生产治疗本次新型冠状病毒药品、诊断设备等产品的企业，经认定，给予最高不超过 100 万元的研发投入资金支持。

14. 对于采购区内企业产品或服务进行恢复生产的区内企业，经认定，按照采购金额的 10%，给予最高不超过 100 万元资金支持。

15. 对于区内制造业企业一季度出口额高于上年同期值的，经认定，按照出口额增量的 10%，给予最高不超过 100 万元资金支持。

16. 加大对受疫情影响较大的企业政策扶持力度，项目主管部门抓紧组织企业申报，财政部门及时拨付资金，尽快发挥财政资金效益，帮助企业渡过难关。

上述政策措施支持对象为在本区实际经营、受疫情影响生产经营遇到困难的中小企业（符合工业和信息化部等四部门印发的《中小企业划型标准规定》），本政策自印发之日起施行，有效期至新型冠状病毒感染的肺炎疫情结束。国家、天津市和滨海新区出台相关支持政策的，我区参照执行，另有明确期限规定的从其规定，从优不重复享受。

（来源：天津经济技术开发区）

关于印发《南京经济技术开发区工程建设项目“一站式”收费改革方案》的通知

南京经济技术开发区管理委员会 2020年8月6日

为深入贯彻《南京市工程建设项目审批制度改革试点实施方案》(宁政发〔2018〕128号)、《南京市深化工程建设项目审批制度改革实施方案的通知》(宁政发〔2019〕156号)文件精神,根据《南京市工程建设项目“一站式”收费改革方案》(宁建改字〔2019〕1号)、《南京市工程建设项目“一站式”收费实施细则(试行)》(宁建改字〔2019〕3号)文件要求,结合开发区实际,制订如下收费改革方案。

一、指导思想

全面贯彻落实国务院工程建设项目审批制度改革试点要求,进一步优化南京经济技术开发区营商环境,针对工程建设项目领域企业反映突出的收费问题,对标找差,按照“三变三不变”的原则改革收费流程,即:多部门收费变为一个窗口集中收费、多环节收费变为两个环节集中收费、多个银行办理缴费变为一个银行集中办理;收费(协调)部门职能不变、收费征收主体不变、非税账户不变。通过减少收费环节,缩短缴费时间,提高效率,减轻企业负担,营造公平、公正的营商环境。

二、改革范围

(一)工程项目

属于《南京市工程建设项目审批制度改革试点实施方案》(宁政发〔2018〕128号)适用范围内的房屋建筑和市政基础设施工程建设项目,涉及纳入财政管理与工程项目建设过程中直接相关的收费项目,按照“应进全进”的原则,改革为“一站式”集中收费。

未纳入南京市工程建设项目审批管理系统的项目,仍按各项收费原有规定和控制环节实施征收。

(二)收费类别

纳入开发区工程建设项目“一站式”收费系统集中收费的项目包括城市基础设施配套费、防空地下室易地建设费、城市道路占用挖掘费、城镇垃圾处理费、水土保持补偿费、城市市政公用设施园林绿化损坏赔偿费、考古调查勘探发掘费共7项收费。

不动产登记费仍由市不动产登记机构负责征收。

三、改革内容

“一站式”收费实行告知承诺制,在申请工程建设许可等阶段承诺缴费,在申请施工许可阶段、竣工验收阶段和首次不动产权属登记环节集中缴费,其他环节不再收费。

(一)一张收费清单

综合收费窗口会同各收费职能(协调)部门,制定工程建设项目“一站式”收费清单,提前一次性告知建设单位8项收费类别及市、区两级政府收取部门,做到政府部门依法依规征收、建设单位明明白白缴费。

(二)一个窗口收费

在开发区政务服务中心设立工程建设项目综合收费窗口,统一负责“一站式”收费服务。综合收费窗口工作人员分为收费业务审核人员和收费事项收发件人员，负责窗口日常工作。纳入开发区“一站式”收费系统的收费事项，由综合收费窗口牵头办理工程建设项目线上、线下收费事项，统一开具财政票据。

暂不具备收费权限的收费事项，经对接市级综合收费窗口后，按照收费窗口一次性告知、项目信息网络推送的方式进行，开发区综合收费窗口与市级综合收费窗口应当做好收费边界切分、审核职责厘清、资金清分完善等工作。

（三）两个环节缴费

除不动产登记费在首次不动产权属登记环节收取外，其他收费在施工许可阶段和竣工验收阶段集中收取。具备条件的城市基础设施配套费、防空地下室易地建设费、水土保持补偿费、考古调查勘探发掘费以及城镇垃圾处理费等在施工许可阶段前集中收取。施工许可阶段前不具备条件的收费事项以及按规定应当多退少补的，在竣工验收阶段前集中办理。

（四）一个银行办理

将分散收缴改革为一个银行集中办理收缴，并按照“T+1”模式进行资金清分。建设单位通过银行柜台办理、网上银行转账等方式缴费至清分银行账户，实现与收费职能部门“不见面”征缴。

（五）信息系统核查缴费

通过政务服务、项目审批、规划许可、施工许可、竣工验收、不动产登记以及建筑垃圾处置许可、道路占挖许可、园林绿化许可等信息系统联合核查缴费情况；对于未完成缴费的项目，相应的施工许可、竣工验收阶段申请不予受理，确保“一站式”收费应征不漏。

对于按规定可不办理施工许可的项目、通过线下办理施工许可的涉密项目，以及需要办理规划许可、规划核实等确认手续的既有建筑，涉及的城市基础设施配套费和防空地下易地建设费缴费情况仍按原有线下办理方式征收，相关职能（协调）部门按原有职责分工确保应收尽收。

四、任务分工

在开发区开展“一站式”收费改革过程中，各部门任务分工如下：

（一）出台“一站式”收费改革方案

行政审批局负责草拟开发区工程建设项目“一站式”收费方案，方案报管委会同意后，印发实施。（牵头部门：行政审批局，配合部门：财政局，完成时间：2020 年 3 月）

（二）明确收费职能（协调）部门

“一站式”收费改革共涉及 8 项费用，除不动产登记收费明确由市级部门负责外，开发区涉及的其余 7 项收费需明确相应的职能或协调部门。

根据管委会部门职能，建设与交通局审核征收城市基础设施配套费，行政审批局审核征收防空地下室易地建设费；开发区暂无征收职能的 5 个事项分别由建设与交通局负责协调城市道路占用挖掘和城市市政公用设施园林绿化损坏赔偿费，城市管理局负责协调城镇垃圾处理费，行政审批局负责协调水土保持补偿费，企业服务局负责协调考古调查勘探发掘费。（牵头部门：行政审批局，配合部门：建设与交通局、城市管理局、企业服务局等职能（协调）部门，完成时间：2020 年 3 月）

（三）制定收费实施细则

行政审批局、财政局对接市工程建设项目审批改革办公室及南京市城市建设费用征收服务中心后，行政审批局负责牵头会同各收费职能（协调）部门共同梳理“一站式”收费流程，将 7 项收费进行集成优化并根据优化后的收费流程，制定“一站式”收费改革实施细则，开展综合收费窗口业务；各相关职能（协调）部门负责金额核定、缴费核查、汇总企业信用行为等职责。（牵头部门：行政审批局、财政局，配合部门：建设与交通局、城市管理局、企业服务局等职能（协调）部门，完成时间：2020 年 4 月）

（四）设立综合收费窗口

综合收费窗口负责制定并对外公布收费事

项、办事指南、收费流程，公示收费标准等，工作人员由政务服务人员、收费事项审核（行政征收）人员、缴费资金清分（财务管理）人员组成。其中，行政审批局（政务服务中心）负责提供工程建设项目综合收费窗口并配置收发件政务服务人员；行政审批局负责配置收费事项审核（行政征收）人员，财政局负责配置缴费资金清分（财务管理）人员；各相关职能（协调）部门按原有职责配合做好综合收费窗口工作。（牵头部门：行政审批局(政务服务中心)、财政局，配合部门：建设与交通局、城市管理局、企业服务局等职能(协调)部门，完成时间：2020 年 4 月）

（五）确定银行清分账户

财政局按照国家财政有关规定，选择开发区的“一站式”收费清分银行，确定清分账户，实行集中缴费办理和资金清分。（牵头部门：财政局，配合部门：行政审批局（政务服务中心），完成时间：2020 年 4 月）

（六）组织窗口人员培训

行政审批局组织综合收费窗口工作人员进行业务培训，协调各收费职能部门（包括收费职能在开发区的建设与交通局、行政审批局，以及收费职能在市级的交通、城管、水务、绿化园林、文旅等部门）负责对“一站式”综合收费窗口工作人员进行政策培训，确保窗口工作人员能够准确处理 7 项收费事项的征收流程、收费标准、要件清单、缴费核查等工作。（牵头部门：行政审批局、财政局，配合部门：建设与交通局、城市管理局、企业服务局等职能（协调）部门，完成时间：2020 年 4 月）

（七）启用“一站式”收费管理系统

启用南京市工程建设项目“一站式”收费网络系统，并与政务服务、规划许可、施工许可、竣工验收以及现有各部门收费及相关审批信息系统对接，实现收费信息互联互通。明确非税系统执收部门及开票权限，委托综合收费窗口统一申领、发放和出具财政票据。综合收费窗口启用新的业务专用章和收费专用章，并负责管理和使用。（牵头部门：行政审批局（政务服务中心）、财政局，配合部门：建设与交通局、城市管理局、企业服务局等职能（协调）部门，完成时间：2020 年 5 月）

（八）实行资金清分

财政局按执收主体和管理级次进行资金清分。

通过市级工程建设项目审批系统进行审批的建设项目，由开发区综合收费窗口对接市级综合收费窗口，协调将属于开发区的城市基础设施配套费及防空地下室易地建设费清分至开发区非税财政账户。

通过开发区工程建设项目审批系统进行审批的建设项目，由开发区综合收费窗口对接市级综合收费窗口后，财政局负责资金清分的财务管理人员将相关费用从清分银行划转至管委会非税银行账户及市级收费职能部门的非税财政账户。（牵头部门：财政局，配合部门：行政审批局（政务服务中心）、相关银行，完成时间：长期）

（九）加强“一站式”收费监管

实行“一站式”集中收费后，行政审批局负责综合收费窗口服务、汇总通知缴费、统一开具财政票据；财政局负责资金清分等财务管理事项；工程建设项目相关收费的应缴、应免、应退费用额度审批以及欠费追缴等工作仍由各收费职能（协调）部门负责；政务服务中心负责督促、协调各收费职能（协调）部门及时办理网上收费事项或对接市级收费部门，确保各项收费应收尽收。（牵头部门：行政审批局（政务服务中心）、财政局，配合部门：建设与交通局、城市管理局、企业服务局等职能（协调）部门，完成时间：长期）

五、保障措施

（一）加强部门配合

开发区工程建设项目“一站式”收费改革工作由行政审批局总牵头，财政局、建设与交通局、城市管理局、企业服务局等相关职能（协调）部门按照各自职责，共同配合做好收费改革工作。

（二）强化监督保障

建立工程建设项目“一站式”收费改革督查制度，由开发区“推进政府职能转变和放管服改革协调小组”办公室负责对各相关职能部门进行日常督查考核，纪工委对不认真履行职责、不配合改革的部门启动问责、约谈机制，确保改革顺利推进。

（三）做好宣传引导

做好工程建设项目“一站式”收费改革的宣传引导工作，让广大企业了解和掌握政策，提升社会对改革工作的了解和支持，增强办事企业的获得感，切实减轻企业负担。

（四）落实失信惩戒

各收费职能（协调）部门严格落实缴费核查工作，及时向综合收费窗口反馈建设单位信用承诺实施情况。对未遵守缴费承诺的建设单位，综合收费窗口负责将其失信行为纳入企业信用记录。

六、附则

本方案自印发之日起实行。“一站式”收费管理系统正式投入使用前，上述各项收费仍按原有规定和控制环节实施征收。

成都高新区关于聚力新基建 培育新动能的实施意见

成都高新区管委会 2020年5月27日

为贯彻落实中央推动基础设施高质量发展的决策部署，成都高新区遵循“政府主导、市场主体、商业化逻辑”原则，突出“稳增长、促发展、优民生”导向，探索“龙头企业领建、中小企业参建、金融机构助建”模式，不断加快新型基础设施建设，持续发展新经济培育新动能。

一、总体要求

（一）创新引领。突出市场主体，以商业化逻辑推动新基建项目全生命周期高效能实施；突出科技赋能，以新基建项目助力产业发展、民生服务、社会治理。

（二）协同聚力。突出投资主体多元化，社会资本投资新基建比重原则上不低于50%；突出实施主体多层次，支持行业龙头企业带动成都高新区科技型中小企业共享市场份额。

（三）场景赋能。突出场景开放，政府率先有序释放和启动新基建市场机会，财政资金撬动社会资本深度参与，撬动比例原则上不低于3倍；突出数字化特征，数字化智能化新基建项目占比原则上不低于70%，促进公园城市与智慧城市融合发展。

（四）激发动能。突出当期生态带动，通过当期拉动需求，进而带动主导产业发展；突出长期内涵增长，通过长期性高品质基础设施供给保障，支持经济可持续发展。

二、催生新技术

（五）建设新一代网络通信国家级重点实验室。推动高校院所及龙头企业共建通信抗干扰技术、6G技术研究等国家级重点实验室、国家级工程技术研究中心以及太赫兹科学技术等省级重点实验室，助推在5G核心芯片、关键元器件、基础软件、仪器仪表等重点领域的加快研发和工程化攻关，催生6G太赫兹等前沿技术突破。（责任单位：电子信息产业局、新经济局、经济运行局、科技人才局、未来科学城管理机构）

（六）创建网络安全与区块链国家级技术创新中心。创建信息安全与保密通信、信息安全工程技术创新中心等国家级重点实验室，促进数据采集、规约、质量管理、挖掘、分析、可视化等大数据关键技术突破，助推区块链底层公链技术、区块链安全及应用技术应用推广。（责任单位：电子信息产业局、新经济局、经济运行局、科技人才局、未来科学城管理机构）

（七）创建工业互联网国家级工程技术中心。加快搭建国家工业互联网标识解析节点，建设无人生产线、无人车间等无人工厂设施，助力重点企业在边缘智能、工业大数据分析、工业机理建模、工业应用开发等关键环节创新，推动工业互联网与制造业深度融合，实现数字化转型。（责任单位：电子信息产业局、生物产业局、新经济局、经济运行局、科技人才局、未来科学城管理机构）

（八）建设四川省人工智能研究院。支持四川省人工智能研究院、四川省智能服务机器人工程技术研究中心、成都川哈工机器人及智能装备产业技术研究院等培育为国家级技术创新中心，促进智能识别、类脑智能、机器学习、计算机视觉、自然语言处理、生物识别、人机交互、智能芯片、智能传感器、计算平台等核心关键技术突破。（责任单位：电子信息产业局、生物产业局、新经济局、经济运行局、科技人才局、未来科学城管理机构）

三、培育新业态

（九）建设卫星互联网产业示范园。规划建设卫星互联网产业园，加快推广卫星导航、高精度定位及室内外无缝定位等卫星互联网技术应用，加快培育卫星研制、生产、测试、总装、应用等卫星互联网特色产业集群。（责任单位：电子信息产业局、新经济局、科技人才局、未来科学城管理机构）

（十）建设车联网智慧园区。在成都5G智慧城布局高速泛在、融合绿色的基础信息网，加快建设5G双千兆宽带产业社区，搭建安全持续、保障有力的智慧能源网，加快布置新能源充电桩和充换电站，实施新建停车场15%～25%比例配建充电设施，打造车联网智慧园区，加快形成智能网联产业聚集效应。（责任单位：新经济局、经济运行局、公园城市局）

（十一）建设超高清视频产业示范基地。在天府长岛打造国家超高清视频制造业创新中心，支持超高清视频头部企业联合电信运营商聚焦文教娱乐、视频监控、医疗康养、超高清电视频道和院线等领域，建设5G+4K/8K超高清视频制作中心，设立音频大数据处理、全媒体智能播控、超清视频制播等平台，开展5G在音频、短视频、直播、影视类等超高清视频创新示范应用。（责任单位：新经济局、社会事业局）

（十二）建设国家网络视听产业基地。在瞪羚谷产业社区建设国家级网络视听产业基地，支持行业头部企业引进游戏、音乐等生态链企业，打造网络视听数字文创特色街区，支持游戏企业开展海外发行测试，聚集音乐版权代理、发行机构，推动5G、AR/VR等在游戏电竞、数字音乐、动漫影视、创意设计、赛事直播等领域的广泛应用，促进数字内容创新升级，加快构建网络视听与数字文创产业生态。（责任单位：新经济局、社会事业局）

（十三）建设新消费示范商圈。围绕交子公园、新南天地、大源等商圈建设，支持新零售头部企业落地生鲜电商、直播电商等新零售平台，吸引MCN机构、网络达人及知名品牌商入驻，联合产业链中小企业开发地方特色产品，加速推动线上线下融合消费，培育时尚前沿的消费新场景和业态。（责任单位：新经济局、经济运行局）

四、打造新平台

（十四）建设共性技术平台。以成渝共建西部科学城为契机，围绕国家新一代人工智能创新发展试验区、四川国家数字经济创新发展试验区、成都5G智慧城等建设要求，加快落地四川省信息技术应用与保障创新中心、工业信息安全（四川）创新中心、国家制造业创新中心、国家精准医疗产业创新中心等重大科技创新平台，为科学研究、技术开发、产品研制提供基础支撑。（责任单位：电子信息产业局、生物产业局、新经济局、经济运行局、科技人才局、未来科学城管理机构）

（十五）建设新型研发机构。支持高校院所、行业龙头企业设立产业技术研究院、创新中心等新型研发机构和检验检测、成果孵化基地，加快建设电子未来信息研究院、成都前沿医学中心，建立科技创新、人才培养、产业孵化、产业投资“四位一体”创新体系。（责任单位：电子信息产业局、生物产业局、新经济局、经济运行局、科技人才局、未来科学城管理机构）

（十六）建设投融资服务平台。以盈创动力为核心打造科技型中小微企业全生命周期金融服务平台，设立新基建资金池，支持银行、信托、券商、融资租赁、知名PE及VC等金融机构对成都高新区新基建项目集中授信1000亿元以上，对参与成都高新区新基建项目的科技企业提供针对性的银行贷款、信托贷款、债券发行、融资租赁、股权融资等服务。（责任单位：财政金融局）

（十七）建设国际合作平台。加快推动新川创新科技园纳入中新战略性互联互通示范项目，推动中国—欧洲中心上升为国家级对欧区域合作平台，推动中日（成都）地方发展合作示范区发展成为新时代中日双向开放发展引领区。（责任单位：国际合作投服局、新经济局）

五、创建新空间

（十八）建设高品质科创空间。3年投资建设300万平方米以上高品质科创空间，对国有平台公司或社会化专业产业园区开发运营商在优先保障用地需求、实行地价优惠、自持物业比例等方面给予支持。发展网络办公、云端商务、微创智能工厂等产业社区创新场景，全域布局一批创业苗圃、众创空间、科技企业孵化器、硬核科技“二次开发”实验室、中试共享生产线。支持在蓉高校与科创空间规上企业合作开展人才培养、共建学生实训（实习）基地、职教产业园，搭建科创空间人力资源服务平台。（责任单位：发展规划局、电子信息产业局、生物产业局、新经济局、公园城市局、未来科学城管理机构、高投集团）

（十九）建设智慧公园城市示范点。3年投资建设8个以上智慧化公园城市示范点项目，依托剑南大道景观廊道项目、交子金融大街形象提升项目、锦城大道街道一体化改造项目以及开放活力环、铁像文旅环、新川之心绿道环等重点项目，植入数字化智能化文体旅商设施，打造智慧停车数据共享平台等消费场景。（责任单位：电子信息产业局、生物产业局、新经济局、公园城市局、生态环境城管局、未来科学城管理机构、高投集团）

（二十）建设国际化人才公寓。3年投资建设680万平方米以上人才公寓，实施人才公寓网络覆盖、智能化设施提升工程，鼓励专业物业管理机构参与人才公寓智慧化管理服务，鼓励人才公寓广泛应用无接触配送智能储物柜、无人售货柜、无人回收站、自动配送、自动零售、自动清扫、自动泊车等成都高新区科技型中小企业及含高新技术企业产品（服务）。（责任单位：电子信息产业局、生物产业局、新经济局、公园城市局、未来科学城管理机构、高投集团）

六、赋能新治理

（二十一）建设智慧城市数字治理系统。与头部企业共建城市数字大脑，鼓励企业优先采购成都高新区科技型中小企业产品（服务），推动5G、人工智能、大数据、网络安全、区块链等新技术新产品示范应用，实现政府各部门、各行业数据共享共治，助推城市治理数字化、网络化、智慧化转型，提升科学决策水平，提高城市治理效能。（责任单位：网络理政办）

（二十二）建设公共卫生智慧调度系统。建设卫生医疗智能指挥调度系统、智慧疫苗管理系统、区域一体化医疗质量与药事服务管理系统、赋能家庭医生与区域协同服务系统。支持智慧医疗平台型企业、知名医院联合成都高新区科技型中小企业提供技术产品（服务）。支持国有平台公司联合智慧医疗头部企业共建5G+智慧医院示范项目、区域医疗影像AI诊断中心、智慧医养中心、5G应急救援中心等。（责任单位：社会事业局）

七、保障机制

根据《中华人民共和国招投标法》《中华人民共和国政府采购法》等规定，建立新基建项目“策、投、规、建、管、营、评”全生命周期推进机制，充分激发市场主体活力，加快打造经济高质量发展新引擎。

（二十三）“策”要突出场景。面向全球征集应用场景策划方案，聚焦公园城市示范区建设，策划一批引领性、示范性智慧公园城市特色项目；聚焦电子信息、生物医药、新经济等主导产业高质量发展，策划一批基础性、功能性、先导性新型基础设施项目；聚焦保障改善民生，策划一批科技化、人性化、便利化的公共服务智慧化项目。

（二十四）“投”要厘清主体。政府采购类及国有平台公司建设类项目由财政部门按照项目需求匹配相应资金；政企合作投资类项目由政府和企业按照双方协议共同出资建设；社会投资类项目由企业自主投资，政府给予场景开放及相应政策扶持。

（二十五）“规”要强调专业。城市基础设施项目规划要坚持公园城市理念，着眼城区、社区、园区发展需求，建设功能复合、职住平衡、服务完善、生态宜居的高品质产业功能区；产业园区项目规划要坚持产业生态理念，聚焦5G、人工智能、工业互联网、大数据、物联网、网络安全等细分领域，加快布局5G基站、新能源充电桩、智能网联示范路网等新型基础设施；科技创新平台项目规划要坚持可持续发展理念，注重政产学研用紧密协同，聚焦前沿性技术实施、前瞻性技术突破打造研发机构及技术平台，推动创新驱动发展。

（二十六）“建”要规范程序。针对政府部门及国有平台公司投资建设项目，立项阶段采取政府财务评价或电子政务项目管理办法方式予以评审；实施阶段按照招投标工作流程执行；验收阶段经财政部门、产业主管部门考核项目建设成效后兑现支持措施。

（二十七）“管”要落实责任。按管运分离原则，行业主管部门对项目实施予以指导，审计部门依法对项目进行审计监督，项目实施主体负责项目建设运维及迭代更新。

（二十八）“营”要体现效益。按照“谁建设、谁运营、谁受益”原则，政府开放运营场景机会，市场主体负责投资及专业化运营，推动形成多方参与、共建共享场景红利的良性互动机制。

（二十九）“评”要凸显绩效。建立新基建项目成都高新区业界共治理事会评估评价机制。项目实施前，业界共治理事会参与项目必要性和可行性进行评估；项目实施中，建立项目动态调整机制，业界共治理事会参与开展中期评估；项目投运后，业界共治理事会参与开展绩效评价。

本实施意见自发布之日起30日后生效，有效期3年。本实施意见由成都高新区管委会负责解释。

烟台经济技术开发区管委办公室印发《关于加快跨境电子商务产业发展的实施意见》的通知

烟开办〔2020〕21号 2020年7月31日

为抢抓烟台国家级跨境电子商务综合试验区发展机遇，根据《国务院关于同意在石家庄等24个城市设立跨境电子商务综合试验区的批复》（国函〔2019〕137号）、《关于扩大跨境电子商务零售进口试点的通知》等要求，进一步推进自贸试验区烟台片区跨境电子商务发展相关工作，特提出以下实施意见。

一、总体思路

以深化改革、扩大开放为动力，以自贸试验区、跨境电子商务综试区、跨境电子商务进口试点建设为契机，立足烟台片区的产业基础和区位优势，吸收借鉴先进地区的经验做法，坚持突出特色、重点突破，通过制度创新、管理创新、服务创新和协同发展，建立一套适应和引领跨境电子商务发展的制度规则体系；加快跨境电子商务产业集聚发展，推动形成跨境电子商务完整的产业链和生态链；依托实体经济，发挥跨境电子商务的平台作用，探索形成“产业+电商”的联动发展新模式，丰富应用场景，创新交易模式，培育产业生态，加速由跨境电子商务向数字贸易转变，打造推动新旧动能转换的新引擎，贸易方式转变的新模式，构建开放型经济体系新平台。

二、发展目标

到2024年，跨境电子商务交易额达到100亿元，培育3个年跨境电子商务交易额过亿元的跨境电子商务平台，打造3个年跨境电子商务进出口额过10亿元的优势特色产业集群，在重点国家和地区培育6个海外仓。构建更加完备的跨境电子商务生态，进一步健全优化跨境电子商务发展体制机制、基础设施体系和服务体系、政府高效监管等，推动我区外贸转型升级。

三、战略重点

（一）贸易转型，模式创新。重点推动传统贸易业态数字化转型，通过跨境电子商务模式创新、内容创新、技术创新，实现数字化贸易和贸易数字化。发挥地区产业链、供应链、价值链优势，推动基于工业产品供应链、创新链的跨境电子商务平台发展，大力促进大宗商品、云服务、数字贸易等业态发展。

（二）重点倾斜，强化特色。由竞争性补贴政策向精准性扶持政策转变，控制覆盖范围，精准施策，靶向支持，单项突破。向重点地区国家倾斜，充分发挥对日韩的区位优势，打造日韩跨境电子商务产品国内集散中心。向重点类别企业倾斜，重点支持物流服务、支付结算、外贸综合服务等产业链支撑性环节；重点支持本地企业依托行业优势自建电商平台；重点支持跨境电子商务新业态、新模式。向特色行业品类倾斜，重点支持水海产品、葡萄酒、电子产品等特色消费品类，鼓励高端装备制造、新一代信息技术、新材料、生物医药、大宗商品交易等依托我区优势产业的特色电商平台发展。

（三）系统集成，综合服务。建立高标准综

合性国际贸易在线服务平台，充分发挥平台系统集成优势，集聚“关”“税”“汇”“贸”“物”“融”“溯”等跨境电子商务公共服务功能，建立线上线下、进口出口、售前售后、区内区外联动的管理服务体系。

（四）制度先行，创新发展。充分发挥自贸试验区改革试验田作用，针对跨境电子商务发展的重点领域和关键环节，通过制度创新、管理创新和服务创新，形成与跨境电子商务模式相适应的报关、报检、结汇和退税等管理机制和实施细则，进一步提升便利化水平，形成一批可复制、可推广的制度创新成果。

（五）企业主导，产业联动。重点推动“产业+电商”，提升跨境电子商务与烟台优势产业、资源、产品的结合度、渗透率和本地化。积极引进国内外知名跨境电子商务平台与配套企业，鼓励基于电子商务的创业创新活动，探索高端装备制造、新一代信息技术、新材料、生物医药等特色产业与跨境电子商务深层次融合发展，拓展跨境电子商务模式的应用场景和内容。

四、主要任务

我区推动跨境电子商务产业发展的主要任务是实施“一园区两平台三配套”的“123”目标任务，建立以制度创新为引领、以平台为依托、以大数据为支撑、以数字技术为驱动的跨境电子商务新型监管服务模式，推动跨境电子商务自由化、便利化、规范化发展。

（一）打造跨境电子商务产业园区。

借力自贸试验区烟台片区、中韩（烟台）产业园、跨境电子商务综合试验区建设等机遇，立足我区特色产业和跨境电子商务发展实际，发挥我区产业基础优势，依托综保区设立跨境电子商务产业园区，深入挖掘跨境电子商务产业园发展潜力，培植壮大跨境电子商务市场主体，支持企业发展自主品牌、提升市场营销能力，鼓励企业扩大对海外企业和海外终端客户特色产品的进出口业务，为特色产业聚集发展创造便利条件，放大集聚效应。一方面，整合现有综保区及省级跨境电子商务聚集区电商监管中心的资源，深层次优化仓储物流、金融服务配套，鼓励第三方平台、品牌、代运营、创意、推广、培训、知识产权等跨境电子商务产业相关专业配套服务业发展，做长补足跨境电子商务产业链条，营造跨境电子商务产业良好生态圈。另一方面，大力招引培植具有竞争力的跨境电子商务经营主体，推动区内现有电商企业向跨境电子商务转型，提升本地制造业相关产成品线上交易比例，引导我区服装、水产品、机械制造、电子产品等传统出口优势行业发展跨境电子商务。在鼓励支持本土跨境电子商务企业做大做强的同时，坚持培育与引进相结合，研究制定鼓励政策，加强跨境电子商务产业链优势资源的招引工作，引进一批境内外跨境电子商务产业链优势资源项目，支持境内外知名跨境电子商务企业落户，形成示范引领效应。积极搭建跨境电子商务产品保税展示交易中心，做好跨境电子商务线下体验，让老百姓真正看得见、摸得着。

（二）搭建外贸（跨境电子商务）综合服务平台。

1. 搭建外贸综合服务平台。建立创新型自贸试验区外贸综合服务平台，提升自贸试验区信息化综合服务能力，打造“政府+企业+平台服务”的一站式跨境融合发展体系。平台主要承载公共服务中心、跨境交易服务中心、金融服务中心、保税展示+服务贸易中心等。公共服务中心侧重区域外贸、跨境电子商务数据整合，以线上外贸信息平台为依托，集合场站、物流、关、税、汇、安全及各政务服务部门、航运、电商平台、企业监管等全信息化综合服务，为中小微跨境电子商务企业提供更加高效便捷的服务，为快捷制定外贸政策和管理方案提供数字依据；跨境交易服务中心利用海关总署数据中心的存量贸易企业进出口通关数据和平台企业产品的真实记录数据，采取区块链技术打造数字贸易，为企业提供金融结算、退税、结汇、交易撮合等国际贸易服务；金融服务中心侧重搭建金融服务平台，建立创新型国际B2B线上交易支付，通过导入银行为合规的优质企业提供成本最低的普惠金融服务，导入供应链金融和基金公司等为不符合银行融资风控的企业提供多渠道的低风险融资方案；保税展示＋服务贸易中心为从事跨境零售进口的企业提供强大保税备货服务，提供多样化产品展示，解决进口零售企业的全球找商品和备货资金等问题，打造网红经济、场景经济、数字经济等跨境电子商务创新业务模式。

2. 搭建中日韩跨境贸易平台。充分发挥地区资源优势，立足现有中韩产业园、中日产业园区域优势，做优做强中日韩跨境电子商务公共服务平台，集合政策发布、产品展示、交易服务、支付结算、结汇退税、仓储物流等功能，将我区打造成为面向日韩的东北亚物流商贸双向集散中心。率先引进一批在日韩两国有影响力的电商企业，开展跨境网络零售业务，逐步形成烟台—韩国、烟台—日本跨境电子商务产业链，为开辟中日、中韩双向跨境电子商务提供新的载体平台。加快烟台与日韩跨境电子商务的跨国通道建设和打造国际配送物流体系，构建国际电子商务监管新模式。推动中日韩在化妆品、农副产品等重点领域相互采信检验结果，提升跨境电子商务业务中韩自贸协定的利用率。加强中日韩跨境电子商务鲜活产品快速通关绿色通道建设，双方共同探索建立区域跨境电子商务业务流程标准、数据交换与共享标准等规则，建立监管部门信用信息共享和信用互认机制。

（三）优化跨境电子商务配套体系。

1. 智慧物流体系。构建跨境电子商务智慧物流体系，优化整合口岸资源，推进跨境物流体系与供应链管理对接融合，推动各港口和烟台机场通过加密海运航线和机场航班、增设欧亚班列、开通海陆空转关通道等方式，进一步畅通日韩、欧美和东盟等“一带一路”沿线国家（地区）的物流通道，打造智慧物流信息系统、物流仓储网络系统与运营服务系统，提升国际供应链物流综合竞争力，为跨境电子商务提供便捷高效的物流服务。探索实施中日韩多式联运“一单制”，提高物流效率，降低企业成本。运用云计算、物联网、大数据等技术，充分利用现有物流公共信息平台，构建互联互通的物流智能信息系统、衔接顺畅的物流仓储网络系统、优质高效的物流运营服务系统等，实现物流供应链全程可验可测可控，探索建立高品质、标准化、规范化的跨境电子商务物流运作流程，形成布局合理、层次分明、衔接顺畅、功能齐全的跨境物流分拨配送和运营服务体系。

2. 金融服务体系。健全完善跨境电子商务金融服务功能，在风险可控前提下，鼓励金融机构、电商平台、外贸综合服务企业开展金融服务创新。依托自贸试验区烟台片区和中韩（烟台）产业园等，建设跨境电子商务供应链金融服务平台。鼓励金融机构为企业提供应收账款融资、仓单质押、保险理财等跨境电子商务供应链金融服务，支持出口信用保险公司与外贸综合服务企业多渠道合作，提供出口信用保险和海外仓业务金融服务。鼓励金融机构、第三方支付机构、第三方电子商务平台、外贸综合服务企业之间规范开展合作，利用跨境电子商务信息可查寻、可追溯的特点，为具有真实交易背景的跨境电子商务交易提供在线支付结算、在线融资、在线保险等完备便捷、风险可控的“一站式”金融服务。

3. 统计监测体系。利用大数据、云计算技术，对各类平台商品交易、物流通关、金融支付等数据进行分析处理运用。完善跨境电子商务统计方法，建立健全跨境电子商务统计监测体系，探索经营主体信息、电子合同、电子订单等跨境电子商务进出口商品的简化统计分类，为政府监管和企业经营提供决策咨询服务，促进跨境电子商务产业的健康发展。

五、保障措施

（一）完善组织领导，强化联动配合。成立由工委管委主要领导任组长，分管领导任副组长，相关部门主要负责人为成员的跨境电子商务发展领导小组，领导小组办公室设在经发科创局，统筹协调推进全区跨境电子商务产业培育发展工作。深化自贸试验区、跨境电子商务综试区等各项政策协同发展，整合相关资源，最大程度释放能量，促进本地跨境电子商务产业发展。积极争取国家有关部委的大力支持和政策、业务指导，加强省、市、区三级有关部门的协调配合。加强海关、税务、外汇等监管部门协同合作，建立各部门联动工作机制，形成齐心协力、共促跨境电子商务发展的广泛共识和良好氛围。

（二）细化资金支撑，叠加政策优势。设立区级跨境电子商务发展专项扶持资金，制定有针对性的奖补扶持政策，叠加烟台跨境电子商务综试区和自贸试验区政策优势，在扩大跨境电子商务业务规模、公共服务体系建设、龙头企业引进和培育、自主品牌出口和培育、市场开拓和营销、跨境电子商务人才培养培训和引进等方面制定具体支持政策，着力打造完整的跨境电子商务产业链，形成扶持跨境电子商务发展的有力政策支撑。

（三）健全人才培育，完善服务体系。加强跨境电子商务人才引进和培育。以市场需求为导向，加快引进一批跨境电子商务领军型人才及团队。加强政府、高校与行业协会、企业合作，鼓励本地高等院校及职业学院开设跨境电子商务专业、增设课程，建立跨境电子商务人才定制化培养的校企合作机制。建立烟台跨境电子商务人才实训基地，培养熟悉平台规则、掌握实际操作运用的人才梯队。鼓励借助互联网技术，开展跨境电子商务远程教育培训，建立跨境电子商务人才服务体系。完善跨境电子商务人才引进、培养、使用和激励机制，健全专业化、国际化的人才市场服务保障。鼓励跨境电子商务领域创业创新，建设跨境电子商务“双创”基地，为创业人员提供场地、人才、技术、资金支持等服务。

（四）优化发展环境，加强对外交流。加大简政放权力度，提升服务水平，降低跨境电子商务创新创业门槛和成本；推进口岸提效降费，促进对外贸易便利化，加强不同区域的物流、仓储、运输、配送企业合作，降低物流成本和经营成本，提升场站设备处理能力，加快推动有利于跨境电子商务发展的制度创新、服务创新和模式创新，持续优化提升专业服务能力水平，营造良好的跨境电子商务“软”环境。积极举办（参与）跨境电子商务相关的重要展会、论坛等活动，加强与国内其他自贸试验区、跨境电子商务综试区等交流合作，开展业务交流，学习借鉴先进经验和成熟做法。

专题研究篇

明晰挑战与机遇 推动国家级经开区实现高质量发展

文/商务部国际贸易经济合作研究院 程慧 经蕊

自1984年以来，国家级经济技术开发区一直以对外开放平台角色，在我国吸收利用外资、引进先进技术和管理经验、扩大对外贸易、促进产业集聚和工业发展、服务国家区域发展战略中，有效发挥了窗口、示范、辐射和带动作用。经过36年的发展，国家级经开区现阶段也面临来自国外、国内以及自身的各种挑战，必须认真分析面临的挑战与机遇，加快开放，深化改革，推动实现高质量发展。

一、国际国内环境及经开区自身挑战重重

（一）外部环境严峻

从国际形势看，全球经济总体发展态势趋缓，贸易增长持续低迷，正处于金融危机后的复苏期和变革期。国家级经开区作为外向型经济的集聚地，面临较大挑战。一方面，全方位国际竞争日益激烈。国际产业分工格局深度调整，发达国家纷纷实施“再工业化”和“制造业回归”战略，新兴经济体异军突起，均瞄准抢占国际产业竞争制高点，全球对于资源、资金、人才、技术等生产要素的竞争将更加激烈。另一方面，贸易保护主义抬头冲击发展环境。当前，单边主义、保护主义抬头，政策壁垒、贸易壁垒、技术壁垒进一步加强，对我国参与全球价值链和贸易增长形成消极影响。此外，新一轮国际投资规则加速重构，高标准的贸易投资自由化新趋势将给中国的市场开放与体制改革带来前所未有的压力。

从国内环境看，我国经济发展进入新常态，人口红利逐渐消退，资源环境约束趋紧，经济运行风险加大。一方面，我国利用外资结构发生重大变化。制造业外资流入持续放缓，一般制造业领域面临外迁，以服务业外商投资为主的格局仍将延续，制造业发展亟待寻找新的发展动能，以制造业为主导产业的经开区发展遇到进一步挑战。另一方面，国家级经开区的政策和体制优势弱化。十八大以来，我国先后推出自由贸易试验区、服务贸易创新发展试点等开放平台并逐步拓展范围，这些平台对标国际高标准的开放水平，并以制度创新占优，受到高度关注，而国家级经开区设立早期享受的优惠政策或已到期，或已推广到全国，独特的政策优势已大幅弱化，战略地位有所下降。

（二）内部问题待解

1. 地理空间受限。由于经开区规划面积限定，发展较好的经开区早已出现工业用地储备严重不足的问题，尤其是在经开区数量较多、土地资源较为短缺的东部地区。此外，经开区初期建设时允许许多企业自购土地，但由于缺乏退出机制，现今企业缺乏流动性，产业活力被抑制。

2. 产业聚而不集。当前，经开区产业门类较多，但行业相对分散；产值较高，但工业增加值较低；零部件制造能力强，但系统集成能力弱；引进技术多，但自主知识产权相对较少；以中介服务、研发服务、高端商务、现代金融服务等为主的生产性服务业未能有效投入制造业生产各个环节，产业发展整体缺乏核心竞争力。

3. 创新动力不足。相比高新区以及世界发达国家的产业集聚区，经开区的创新能力和科技成果转化能力仍有待提升，主要体现为科研机构间协同创新不多，且科研机构也较难与企业高度结合共同开发新技术，科研人员利用研究成果直接兴办企业也面临较多障碍。

4. 管理体制滞后。目前经开区管委会承担的社会职能逐步增多，内设机构不断增加，曾经在精简高效的准政府、大部制方面的优势也随之削减。参照世界一流高科技园区的发展经验，当园区进入成熟阶段，并具有一定规模后，采取官、学、产共管体制将更具优势。

二、进一步深化改革，推动实现高质量发展

当前，我国经济已深度融入全球经济发展，国家级经开区既是我国对外开放的平台，也是重要的产业承载区，在新时代新起点上，国家级经开区应当坚持开放引领不动摇，坚持制度创新不动摇，明确发展方向，进一步深化改革，推动实现高质量发展。

（一）加强功能完善，提升经开区引资质量

1. 突出引资重点。重点引进跨国公司地区总部，多渠道加大引资力度，推动重大项目落地，加大外资项目落地，加强和突出经开区在研发、财务、采购、销售、物流、结算等方面的综合功能，并在依法、合规的范围内对经开区的功能拓展提供有力支持。

2. 加快政策落地。要深入对标和学习自贸试验区改革开放创新的实质，在符合自身发展方向的基础上充分借鉴自贸试验区试点经验，特别是在放宽市场准入、优化外汇管理、提高通关效率等方面采取行之有效的创新举措，使其更好地服务于经开区的创新发展。

3. 推进区域联动。要通过对中西部和东北地区经开区的差异化支持政策合理引导外资导向，探索“飞地”经济新模式，形成协调联动的良性发展格局。

（二）加强制度改革，提升经开区发展活力

1. 以自身制度为抓手提升管理效能。优化职能结构，优化主体管理机制，优化绩效激励机制，逐步推行开发区多元共治，鼓励市场化主体介入，支持自主探索招商体制市场化改革，为经开区深化改革进行机制“松绑”和制度“激励”。

2. 以制度创新为契机优化营商环境。积极推动“放管服”改革，提高审批效率，加大推进降成本力度，探索开发区综合保税监管制度和内陆口岸功能完善，创新有利于国际合作的外汇监管和投资服务促进方式，构建经开区土地集约利用激励机制，扩大推广“一区多园、园中园”等市场化改革试点。

3. 以法治建设为基础夯实制度根基。应鼓励各省（区、市）为经开区出台条例，明确管理机构法律地位；赋予其更大管理权限，固化经开区在管理体制、商事制度、人事与经济管理、对外开放、招商体制、科技创新和成果转化等方面的制度成果，并为全国在相关领域深化改革提供示范。

（三）加强产业优化，提升经开区内生动力

1. 强调产业体系的高端化。通过加快引进先进制造业企业、专业化“小巨人”企业、关键零部件和中间品制造企业，创建数字产业创新中心、智能工厂、智能车间等方式，着重培育先进制造业集群，推动经开区产业体系转型升级，抢占产业高端和前沿领域。

2. 促进产业体系的服务化。我国经开区已从制造业为主的单一功能区向产业与城市融合发展的综合功能区转变，针对当前全球产业、贸易和规则“服务化”的发展趋势，要逐步构建制造和服务有机融合的现代产业体系。

3. 强调产业体系的创新性。在科技制度创新、创新创业载体建设、人才激励、知识产权运营及保护等方面推动全面提升产业创新能力，构建良好的产业生态环境。

4. 关注产业体系的绿色化。从简化环评审批程序、加大环境改造项目支持力度等方面入手，着力推动经开区的绿色升级。

（四）加强平台建设，提升经开区国际属性

1. 深化国际合作园区建设。当前，国际合

作园区建设飞速发展，合作形式已从单一的工业园拓展为生态产业园、创新园、企业合作基地等多种类型，合作主体也从中外两国政府拓展到相关部委以及地方各级政府。要充分运用国际合作园区对外开放合作的天然优势，全面对接国际环境，聚焦特定行业，精准吸纳国内外先进技术、资本、高端人才等创新要素，推动经开区继续成为开放型经济建设的探路者。

2. 加强与边合区、跨境合作区合作。一方面，可以通过共同建设项目孵化、人才培养、市场拓展等，为边境经济合作区、跨境经济合作区承接产业转移项目创造条件；另一方面，也有助于拓展经开区的对内开放空间，有利于在更大范围和程度上发挥经开区对国内区域经济发展的带动作用。

3. 推进与境外经贸合作区共建。当前，随着“一带一路”等倡议的提出，我国开展宽领域、高水平国际合作的任务更加艰巨，亟须通过要素创新、模式创新、机制创新、资源优化和产业转型等方面的系列探索，积极尝试对外合作的有效方式，并不断丰富合作内容。推进两类园区的联动有利于实现协同发展、优势互补，更好地发挥经开区在推动高质量发展和增强全球竞争力方面的先导性作用。

新基建为开发区高质量发展注入强力新动能

文 / 商务部国际贸易经济合作研究院 韩爽 韩露

新型基础设施（简称新基建）是以创新驱动为引领，以信息网络为基础，优化资源要素组织配置，承载经济社会新供给新需求，支撑数字转型、智能升级、融合创新等服务的基础设施体系，包括信息基础设施、融合基础设施、创新基础设施等。与传统领域基础设施建设关注交通、水电、灾害防治、市政服务等领域不同，新基建的概念凸显其以技术为核心的“新”，不仅其内涵和外延随着新形势发展而不断地变化调整，其关注的重点领域、投资群体和推广地域也均会发生与时俱进的新变化。

新基建概念的发展历程

2018 年 1 月，中央经济工作会议中提到，“加快 5G 商用步伐，加强人工智能、工业互联网、物联网等新型基础设施建设，加大城际交通、物流、市政基础设施建设等投资力度，补齐农业基础设施和公共服务基础设施建设短板。”这是新基建第一次出现在中央层面的文件中。

在 2019 年的地方和中央政府工作报告中，新基建成为重点工作之一，尤其着重强调要加快“新一代信息基础设施建设”。

2020 年 1 月 3 日，国务院常务会议将“出台信息网络等新型基础设施投资支持政策”作为促进制造业稳增长的重要措施之一。

2020 年 2 月 14 日，中央全面深化改革委员会第十二次会议则指出，“统筹传统和新型基础设施发展，打造集约高效、经济适用、智能绿色、安全可靠的现代化基础设施体系”。

2020 年 3 月 4 日，中共中央政治局常务委员会则强调目前需要加快“5G 网络、数据中心等新型基础设施建设进度”。

2020 年 4 月 20 日，国家发展改革委在新闻发布会上首次明确了新基建的范围。新基建是以新发展理念为引领，以技术创新为驱动，以信息网络为基础，面向高质量发展需要，提供数字转型、智能升级、融合创新等服务的基础设施体系。

新基建的重点领域与产业带动效应

新基建的发力点在于新的科学技术，实施重点在于其对关键产业的融合发展效应。结合目前的技术水平与经济发展需要，新基建关注的重点领域是 5G 基建、大数据中心、特高压、城际高速铁路和城市轨道交通、新能源汽车充电桩、人工智能、工业互联网七大体系。鉴于上述领域在国民经济发展中的核心地位和战略意义，新基建在实现惠及民生的高质量公共服务目标过程中，也实现了对其关联终端应用产业的投资倍增效应。

5G 基建方面，中国移动、中国联通以及中国电信三大运营商 5G 基站建设全面铺开，直接投资预计达到 2.5 万亿元，2025 年拟将形成覆盖全国的运营网络。其产业链覆盖广泛，将带动人工智能、虚拟现实以及高清视频等多类型的终端产业发展。

大数据中心建设方面，随着大数据中心机房楼、生产管理楼以及交换中心等基础设施建设的不断推进，以数据为核心的行业发展迎来前所未有的发展机遇。云计算、物联网等相关产业将在日益完善的技术设施平台上迅速发展，至 2022 年预计带动相关投资超过 3.5 万亿元。

新能源充电桩建设方面，新能源充电桩建

设是新型公共服务基础建设的重点领域之一，按照目前公共类年增长15万台的建设速度，预计2025年直接投资可达到900亿元。充电桩/充电站零部件行业将直接享受投资带动的发展效益，而新能源汽车行业也将成为下游产业链发展的受益者。

高铁和轨道交通方面，高铁和轨道交通建设是新型交通建设的重点领域之一。按照目前每年通车增加5 000公里的建设速度，预计2025年将实现直接投资规模4.5万亿元。轨道装备、电工电网、轨交车辆以及零部件等关联行业将直接享受投资带动的发展红利，而沿线省市的旅游、餐饮等三产服务业也会迎来新的发展机遇。

特高压工程方面，国家电网在建和待核准的工程线路共计16条，将直接带动装备制造、工程建设以及技术服务等产业的迅速发展，实现电力互联网、智能电网的快速推进。

人工智能方面，包括人工智能芯片的生产制造以及相关云平台、数据服务的建设发展。人工智能基础设施建设不仅可以带动计算机视觉、自然语言处理等技术的快速进步，智慧医疗、智慧交通、智慧金融等终端应用也会借势得到快速发展。

工业互联网方面，鉴于工业互联网是利用新一代信息通讯技术，与先进制造业融合发展形成的新业态，其建设发展直接赋能传统制造业，有效降低制造业的成本；同时拉动服务业与制造业的融合深度发展。

有关省份新基建发展规划

截至2020年4月，据初步统计，我国已有13个省区市发布了2020年新基建相关重点项目投资计划，其中，8个省份公布了计划总投资额共计33.83万亿元。

福建发布2020年省数字经济重点建设项目251个，总投资5 878亿元。其中，数字新基建项目52个，总投资729亿元。

江西发布《数字经济发展三年行动计划(2020—2022年)》，部署实施新型基础设施建设等八大行动，明确到2022年，全省数字经济增加值年均增速26%以上，达到1.5万亿元以上，建成4万个5G基站。

江苏制定了加快推进数字“新基建”扩大信息消费和支持发展5G网络的政策意见，将加快建设5G、大数据中心、新能源汽车充电桩等新型基础设施，2020年计划新建5G基站5.2万座，完成相应投资127亿元。

同时，广东、辽宁、河南等地也均有以5G和数据中心为代表的新基建投资计划，投资规模都达到百亿元级别。

开发区探索发展新基建的现状

当前，跟随中央对新基建发展的密集部署和各省（区、市）新基建发展的具体规划，各开发区根据自身的产业基础和发展实际，结合疫情后经济社会的实际需求，着手布局自身的新基建发展项目。

广州开发区依托自身产业基础、区域定位和资源优势，谋划新基建四大区域——鱼珠片区规划人工智能与数字经济试验区，科学城创建工业互联网融合发展示范区，知识城构建通信网络国际数字枢纽，生物岛建设生物安全智慧岛。2020年3月29日，广州开发区在全国发布第一个新基建产业政策——《加快“新基建”助力数字经济发展十条》(简称“新基建10条”)，旨在以新型基础设施建设为抓手，着力打造数字经济发展新样板。

武汉开发区结合疫情背景下社会发展的实际需要，加快5G基站建设，充分利用5G网络和信息化产品技术优势，开启企业“云”生产、老师“云”讲课、医生“云”会诊、开会“云”视讯等，高效服务疫情后企业的复工复产，利用大数据安全保障居民正常工作和生活。

江宁开发区深入贯彻落实“四新”行动部署，把新基建作为撬动新投资、培育新动能的发力点和突破口，以打造成为南京新基建发展的强阵地为目标，拟构建以5G、大数据、人工智能、工业互联网等为核心的基础信息产业集群；以新能源汽车、城际轨道交通、智能出行为核心的枢纽交通产业集群；以特高压、新能源充电桩等为核心的智慧能源产业集群；以产业基础高级化和产业链现代化等为核心的科创产业集群。2020年5月20日，江宁开发区举办的新基建产业生态招商推介会，共有投资超200亿元的16个新基建产业项目现场签约。

然而，随着新基建在各开发区的推进，其发展过程中的各种问题也日益凸显。首先，地方政府部门多是基于自身需求，积极运作有益于自身发展的新基建项目，但整体可能存在重复建设、产能过剩、重建设轻运营等问题，个别存在“一放就乱”的现象；其次，现阶段新基建的投资方仍多以政府、国企为主，民营社会资本参与门槛较高，市场在资源配置中未能发挥应有的调控作用；最后，开发区政府行政主导下的新基建项目可能引发高强度投资后的地方债务，进而为下一步发展埋下隐患。

开发区发力新基建的路径建议

基础设施投资是推动经济持续增长的主要动力之一，更是重大危机发生后拉动经济回升、稳定经济社会运行秩序的“强心剂”和“压舱石”。面对新冠肺炎疫情影响下经济下行的不利影响，新基建将成为稳定经济运行秩序、畅通国内外双循环的重要抓手，也是开发区提升经济发展质量的主要路径。

1. 统筹新基建和传统基建的融合发展。加快推进新基建，并不意味着弱化传统基建，而是立足当前统筹疫情防控和经济社会发展的需要，将新基建和传统基建统筹起来、一体推进，使新基建与传统基建共同发力。一方面，要统筹协调新基建与传统基建的时序、重点。受疫情影响，各地停工停摆的传统基建项目数量多、投资规模大，涉及的就业人口多，尽快推动传统基建项目复工开工，有利于尽快稳定当地经济社会秩序，因此，在财力、资源环境受限的前提下，两者必须共同分享地方财政年度投资规模和资源环境容量。各开发区应充分考虑不同时期经济社会发展面临的形势要求，统筹考虑本地基础设施短板和建设重点、存量升级和增量创新，以及本地区土地、资金、人力等资源要素的配置能力，合理安排项目建设时序。另一方面，要推动新基建与传统基建融合创新发展。充分发挥新一代信息技术的牵引作用，提高基础创新能力，加强大数据、云计算、人工智能等先进技术在交通、能源、水利、市政等传统基础设施领域的广泛应用，加快推进传统基建数字化、智能化、绿色化升级改造，以新基建改造提升传统基础设施，或在传统基础设施的基础上搭接新型基础设施，实现融合创新发展。

2. 促进新基建投资主体的多元化构成。新基建投资规模大、回报周期长、专业要求高，因此，投资主体的合理构成是新基建未来建设的核心。开发区的基建投资主要由地方政府主导，投资主体单一，而新基建则应吸引更多社会资本进入，促进投资主体多元化。首先，财政资金仍将是新基建投资的重要资金来源。开发区应积极响应财政部提出的“压缩政府经常性支出”和“财政资金绩效评价”，通过压减地方政府维持自身运转的规模、增加资金使用的效率，为基建投资提供更充沛的资金。其次，各开发区可以通过发行地方债为新基建募集部分发展基金，但是受疫情影响，各地政府普遍债务水平较高，债务规模扩张空间有限，因此地方债只能作为一种辅助手段。最后，新基建的关键投资主体应来自市场化的社会资本。随着基建内涵的变化，企业开始立足基建与产业化结合，在通信、新能源、智能化等领域，通过PPP（政府和社会资本合作模式）等形式投资基础设施建设。如阿里提出未来3年投资2 000亿元用于重大核心技术研发攻坚和面向未来的数据中心建设。由此，各开发区有必要在扩大新基建过程中，激发民间投资参与的积极性，充分调动民营龙头企业的专业能力、创新能力和市场应变力，形成“共建、共商、共赢”的合作生态。

3. 夯实新基建发展的科技基础。与传统基建不同，新基建的“新”是建立在日益革新的科技基础之上的。当前，我国在5G、大数据、人工智能、高速铁路等领域的头部企业已具备一定的国际竞争力，丰富的产业应用场景和极大规模的终端消费市场，为持续实现产业技术突破创造了条件。与此同时，还应看到我国在基础研究、芯片等基础技术方面仍存在明显薄弱环节，通过新基建投资释放经济增长动力的同时，也需要改善创新体系方面的一些短板，进一步夯实新基建发展的科技基础，释放核心发展动力。

4. 完善新基建的财政金融配套政策。新基建作为一种新兴业态，其初期发展培育离不开政府层面的政策引导和配套扶持。首先，对于公共产品属性较强的新基建项目，开发区应加大财政资金扶持力度，扩大新基建领域扶持项目范围，增加项目扶持资金额度。其次，对于基础研发投入大、回报周期长的新兴行业基建项目，开发区应实施更大力度的投资税抵免、研发费用加计扣除、高新技术企业低税率等税收政策。除此之外，开发区在新基建企业融资、贷款、并购、重组、上市、发债等方面也应出台更加优惠的金融支持政策。

“证照分离”改革诞生记
——一个改革亲历者的讲述

文 / 张湧

2017年7月，习近平总书记在中央财经领导小组第十六次会议强调，改善投资和市场环境，加快对外开放步伐，降低市场运行成本，营造稳定公平透明、可预期的营商环境。他亲自担任起草组组长通过的《党的十九届四中全会重要决定》再次强调，要深入推进简政放权、放管结合、优化服务，深化行政审批制度改革，改善营商环境，激发各类市场主体活力。

2015年11月25日，是一个难忘的日子。这一天，李克强总理考察上海自贸试验区，交办了一项全新的改革任务——“证照分离”。

不到一个月，2015年12月16日，国务院常务会议审议通过了《关于上海市开展“证照分离”改革试点总体方案》，决定在上海浦东新区率先开展“证照分离”改革试点，选择116项行政许可事项先行开展改革试验，取消或简化了一批涉企审批事项，提高了一批审批事项的标准化、透明度，强化了一批涉企事项的准入管理和风险防控。这是推进简政放权、放管结合、优化服务的重要举措，有利于营造更加宽松、便利和法治化的营商环境，有利于激发全社会的创业创新活力，有利于进一步转变政府职能、提高政府效能。

如今，四年已然过去。2019年12月2日，国务院召开“证照分离”改革全覆盖试点工作培训动员部署电视电话会议。韩正同志在会议上强调，推进“证照分离”改革，是深入贯彻落实党的十九届四中全会精神，推进国家治理体系和治理能力现代化的一项重要基础性工作。

中央如此反复提及、多次强调、积极试点、大力推广，那么，到底什么是“证照分离”？历经四年，“证照分离”改革究竟是如何孵化、诞生、不断创新并最终取得成功呢?

“证”与“照”的定义

依据《中华人民共和国行政许可法》第三十九条，“证照分离”中的“证”，是行政机关做出准予行政许可的决定时所颁发的行政许可证件、证书，或加贴、加盖的行政许可标签、印章等。对市场主体而言，行政许可证赋予的是从事某项特定活动的经营资格，也就是“准营证”。

而“证照分离”中的“照”，即营业执照，是一个市场主体诞生并具有法律地位的“准生证”“出生证”“身份证”。“多证合一”改革后，营业执照融合了组织机构代码证、税务登记证等功能。

2015年6月4日，国务院常务会议决定实施法人和其他组织统一社会信用代码制度，每个市场主体被赋予一个由18位数字或字母构成的统一社会信用代码，从代码可以读出每个市场主体的登记管理部门、类别性质、行政区划所在地等核心信息，这一代码又与自然人的身份证号码位数保持一致，为未来“两码管两人(自然人和法人)”做好了铺垫。

从“先证后照”到“先照后证”

《行政许可法》第十二条规定，对六类事项

可以设定行政许可，其中包括“企业或者其他组织的设立等，需要确定主体资格的事项”。换言之，一些企业需要先确定主体的经营资格才能被许可设立，比如设立商业银行，就必须先取得银保监会的前置审批，才能到市场监管部门领取营业执照。这就是通常所说的“先证后照”。该法第十五条规定，地方性法规和省、自治区、直辖市人民政府规章，不得设定企业或者其他组织的设立登记及其前置性行政许可，明确了前置许可的设定是国家事权。

对于一些特定的经营活动特别是金融活动，实行“先证后照”等“持牌持证”管理是十分必要的，可以保障广大投资者的合法权益，也是国际通行做法。过去，“先证后照”尚未被控制在合理范围内，一些没有必要实施事前“持牌持证”管理的非特定经营活动仍被纳入了“先证后照”，设立一家企业需要先办理各种许可证，再申请营业执照，程序十分复杂繁琐，不仅设立企业让人望而生畏，也为“设租寻租”创造了潜在空间，大大影响了市场的活跃程度和创新创业的活力。比如，过去设立娱乐场所需要涉及文化、卫生、消防、环保等多个前置审批事项，以在上海开办餐厅为例，共涉及4个部门6个审批事项，需要办理32项手续、跑8次窗口、准备至少40份申报材料，部分审批事项需具备前置条件，企业必须按照顺序逐一办理。可见，在实施“先证后照”为主的阶段，企业筹备组因前置审批无法取得而导致的投资风险较大。

《行政许可法》第二十九条规定，公民、法人或者其他组织从事特定活动，依法需要取得行政许可的，应当向行政机关提出申请。理解和运用这一条款，政府部门应该依法可以先允许设立法人，即先让市场主体获取营业执照，需要从事特定活动的，再由新设立的企业依法向有关行政机关提出申请。因行政许可的申请在营业执照申领之后发生，该类许可又被称为“后置审批”，与前述的“前置审批”相对应，这就是通常所说的“先照后证”。“先照后证”不仅便利了企业的设立，也减少了筹备企业过程中的投资风险。

“照后减证”与“照后简证”

党的十八大以来，新一届政府在人大修法等支持下，将原有的226项工商登记前置审批事项（法律、行政法规和国务院决定明确为企业登记前置的128项；法律、行政法规和国务院决定未明确审批与登记的前后顺序，但实际工作中实行前置审批的98项），于2014年经过三批集中调整削减了192项；2017年，再削减了6项，目前保留的工商登记前置审批事项仅有28项，其他87%的事项已改为后置审批或取消。

保留的前置审批中，涉及金融行业的共14项，包括证券公司、证券交易所、期货交易场所、证券期货结算机构、银行业金融机构、非银行金融机构、保险公司、自保互保组织、融资性担保机构、经营个人征信业务的征信机构等的设立；其他14项包括烟草生产和专卖、危险化学品经营、快递业务、保安服务、民爆物品生产、民用枪支弹药制造、出版单位等的设立。可以看到，保留的28项前置审批基本都是涉及国家安全、公共安全、金融安全、生态安全等的重大事项，确有先核准经营资格、再申领营业执照的必要性，以保证不出现“无证无照”经营可能造成的重大社会经济风险。

那么，削减的198个前置审批事项中，到底取消了多少，又有多少事项被改为后置审批呢？

● 2014年6月4日，国务院常务会议将废弃电器电子产品回收处理许可等36项工商登记前置审批事项改为后置审批。

● 2014年8月19日，国务院常务会议将营利性医疗机构设置审批、养老机构设立许可等90项工商登记前置审批事项改为后置审批。

● 2014年11月5日，国务院常务会议提出“五个一律”原则，对进一步精简前置审批事项做出系统化部署。

● 2015年2月24日，国务院发文将典当业、旅馆业、公章刻制业特种行业许可证核发等21

项工商登记前置审批事项改为后置审批。

● 2017 年 5 月 7 日，国务院发文将 6 项前置事项改为后置审批（含 1 项提请全国人大修法通过）。

从以上见诸媒体的材料粗略统计，党的十八大以来至今，工商登记前置审批事项改为后置审批的至少有 153 项。

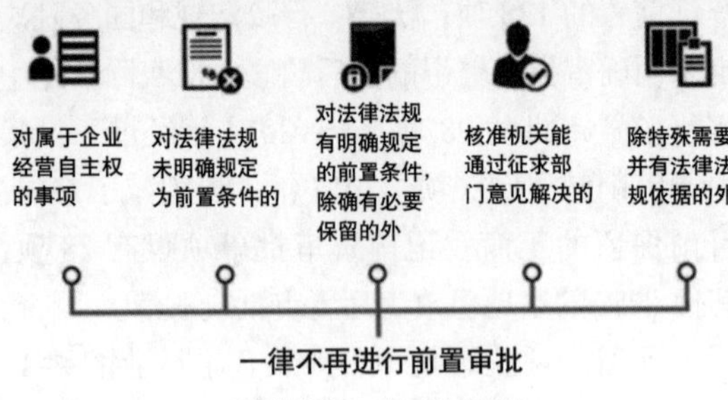

（图片来源：中国政府网）

此外，十八大以来，国家每年都推出一批或多批取消、下放行政审批或许可的事项清单，其中多数属涉企事项，可见，这一“刀刃向内”的改革始终没有停下脚步。包括但不限于：

● 2013 年 5 月 15 日，国务院发文取消行政审批事项 71 项，下放管理层级 20 项。

● 2013 年 7 月 13 日，国务院发文取消行政审批事项 27 项，下放管理层级 15 项。

● 2013 年 11 月 8 日，国务院发文取消行政审批事项 55 项，下放管理层级 29 项。

● 2014 年 1 月 28 日，国务院发文取消行政审批事项 59 项，下放管理层级 23 项。

● 2014 年 7 月 22 日，国务院发文取消行政审批事项 36 项，下放管理层级 17 项。

● 2014 年 8 月 19 日，国务院常务会议取消行政审批事项 68 项，下放管理层级 19 项。

● 2015 年 2 月 24 日，国务院发文取消行政审批事项 75 项，下放管理层级 19 项。

● 2015 年 5 月 10 日，国务院发文取消 49 项非行政许可审批事项，将 84 项非行政许可审批事项调整为政府内部审批事项，今后不再保留“非行政许可审批”这一审批类别。

● 2015 年 10 月 11 日，国务院发文取消指定地方实施的行政审批事项 62 项。

● 2016 年 2 月 3 日，国务院发文取消指定地方实施的行政审批事项 152 项。

● 2017 年 1 月 12 日，国务院发文取消指定地方实施的行政许可事项 39 项。

● 2017 年 9 月 22 日，国务院发文取消行政许可事项 40 项，取消指定地方实施的行政许可事项 12 项。

● 2018 年 7 月 28 日，国务院发文取消 11 项行政许可事项。

● 2019 年 2 月 17 日，国务院发文取消 25 项行政许可事项，下放管理层级 6 项。

虽然是不完全统计，且数字之间也有重叠（如下放的审批后来又被取消了），但从总体数据看，以上取消和下放审批权限事项数量已超过 1 000 项。

“证照分离”的“破冰之旅”

尽管在“先照后证”“照后减证”“照后简证”等方面做了如此之大的努力，但企业经营自由的问题并没有从根本上得到解决。为进一步给市场主体的自主经营活动松绑，上海率先获批试点“证照分离”改革，成为这项基础性、系统重要性制度创新的策源地。

这一试点切口看似不大，实质上是一次“破冰之旅”。总体而言，自贸试验区商事制度改革的第一阶段，是实现从“先证后照”到“先照后证”的重大转变，让企业可以先领取营业执照，在法律意义上获得主体资格，以便先行开展银行开户、人员招聘、物业租赁等活动；之后，再到主管部门、监管部门或审批部门申领各类许可证，以便获得相应的经营资格。而自贸试验区商事制度改革的第二阶段，则是实现从“先照后证”到“证照分离”的根本性转变，无论是前置审批还是后置审批，都必须重点解决许可证的办证多、办证难、办证繁等企业最为关切的痛点问题，做到“能取消则取消，不能取消的列入市场准入或经营资格许可‘负面清单’”，最终实现“取消为常态、审批为例外”的格局。

如今看来，“证照分离”系统集成了“先证后照”“先照后证”的改革成果。一方面，“证照分离”清晰地区别了“准生证”和“准营证”，明确企业取得法律主体资格（“照”）与取得经营活动资格（“证”）不应捆绑在一起，通常情况下不能将经营活动资格的取得作为法律主体资格成立的前置条件，也就是要将绝大部分的前置审批改为后置审批，以真正实现主体资格和经营资格获取相分离。另一方面，“证照分离”巧妙实现了“准生证”和“准营证”的有机结合，让绝大多数企业的绝大部分活动能够做到“准入”即“准营”，切实解决了许多企业反映的“准入不准营”“准入难准营”等痛点问题。

“证照分离”改革走向全国

在上海试点的基础上，2018 年 9 月 27 日，国务院发文决定在全国范围内对第一批 106 项涉企行政审批事项实施“证照分离”改革，实行四种分类改革模式。一是直接取消审批，企业持有营业执照即可开展经营。二是审批改为备案，对可以取消审批的涉企经营许可事项，需要企业及时主动提供有关信息，以便有关主管部门有效实施行业管理、维护公共利益的，由审批改为备案，但不能以备案之名行审批之实。三是实行告知承诺，对于确需保留的涉企经营许可事项，企业只要就符合经营许可条件做出相应承诺，有关主管部门应当场做出审批决定。四是优化审批服务，对不具备取消审批或实行告知承诺条件的涉企经营许可事项，优化审批服务，提高审批效率。上述四种改革方式沿用了上海 2015 年试点的基本方法，充分说明上海在可复制可推广上继续引领着全国特别是自贸试验区的制度创新。

从公布的 106 个事项看，因私出入境中介机构资格认定（境外就业除外）和国际船舶管理业务经营审批（外资）2 项为直接取消审批，首次进口非特殊用途化妆品行政许可 1 项为审批改备案，电影放映单位设立审批等 19 项实行告知承诺，旅行社业务经营许可等 83 项实行优化审批服务；另有小餐饮、小食杂、食品小作坊的经营许可 1 项，由各地自主决定改革方式。

可以看到，全国范围推行的“证照分离”改革是渐进式的，绝大部分事项仍然需要审批，实行告知承诺事项的数量比重也较低。但这一改革在全国范围的首次推开，意义十分重大，尤其是着眼于解决企业获得营业执照之后仍然面临的审批难、审批慢、审批繁、审批不透明等痛点问题，将有效降低企业运营的制度性成本，为实现经济高质量发展注入强大动力。

开启“新的征程”

在全国推开首批事项改革的 14 个月之后，2019 年 11 月 6 日，国务院发文决定，在 18 个自由贸易试验区对所有涉企经营许可事项实行全覆盖清单管理，按照在全国推广的首批 106 项涉企行政审批事项的四种分类改革模式推进“证照分离”改革，为下一阶段在全国范围内实现全覆盖改革形成可复制可推广的制度创新成果。

从国务院公布的方案看，中央层面设定的涉企经营许可事项清单共 540 项（包括国务院决定在自贸试验区暂时调整适用有关行政法规、国务院决定规定目录的 17 项），直接取消审批 19 项，审批改为备案 12 项，实行告知承诺 60 项，优化审批服务 449 项。从 18 个自贸试验区已经公布的情况看，地方层面设定的涉企经营许可事项数量仍十分有限，比如上海 4 项、海南 5 项。这一重大改革有四个突出亮点：

一是经营许可清单覆盖了所有的涉企事项。按照方案，经营许可清单中没有提到的内容和清单中直接取消审批的内容，企业领照后均可以直接经营，无须申请许可，也无须备案。这是继外资准入负面清单、市场准入负面清单、跨境服务贸易负面清单出台后，又一张具有负面清单意义的重要制度创新。

“负面清单”具有浓厚的市场经济特色，是界定政府和市场边界的重要工具，清单内的事项由政府审批管理，清单外的事项由市场自主决定，清单内外的所有事项都应接受政府的监管和社会的监督。相比之下，“正面清单”则带有一些计划经济的色彩，政府告诉企业和市场应该怎么做，但政府无法也难以承担企业经营失败的风险和责任。

二是告知承诺成为最具创新价值也面临较大挑战的一种审批改革，是社会信用发育成熟、政府管理更加智慧的重要标志。政府的依法告知和企业的依法承诺，将构成一种特殊的契约关系，这种契约关系的清晰设定和有效履行，既是对政府治理能力的考验，也是对企业诚信程度的检验。从“证照分离”四种方式看，直接取消审批、审批改为备案对政府而言相对简单，优化审批服务对政府服务水平要求较高，而需要当场做出审批决定、将监管重心放在事中事后的告知承诺制，则最为考验政府的管理能力和治理水平。

特别要指出的是，职能部门要准确完整地列出可量化可操作、不含兜底条款的审批要件、监管规则，切实做到审批要件的标准化、格式化、目录化，并以文本方式一次性告知企业。这就要求职能部门既要预想到企业经营中所有可能出现的风险及其防范措施，又要清晰简明地要求企业对风险防范做出具体化的承诺，而这种承诺文本也主要由职能部门提供范本、企业签字即可，这样就在便利企业的同时大大增加了职能部门的操作难度和审批责任。

总体而言，告知承诺审批改革之所以最具创新价值，主要在于其大大提升了市场主体获取经营资格的透明度、稳定性和可预期性，同时又倒逼政府部门再造审批行为、强化事中事后监管，而这恰恰是自贸试验区改革的精髓之所在。

三是建立了“谁审批、谁监管，谁主管、谁监管”的权责一体化机制，一定程度上颠覆了政府传统的行政理念和治理模式。随着“证照分离”全覆盖改革的深入推进，政府部门的工作重心将更多地转移到完善事中事后监管的基础性制度上，包括推进建立社会信用体系、信息共享和综合执法制度、企业年度报告公示和经营异常名录制度、企业投资信息报告和公示制度、社会力量参与市场监督制度等，建立起登记注册、行政审批、行业主管既相互分离又相互衔接的综合监管机制。

过去，政府对企业的经营行为事无巨细、管头管脚，看似权力很大，实则责任很大。而本该企业自己负责的很多事项，由于政府以审批方式全面介入，反而大大减轻了企业自律和风险防控的责任，其结果可能导致更多问题的发生。2016 年，上海在全国率先出台事中事后监管总体方案，随后开展的“六个双”监管创新对“证照分离”改革起到了重要的配套作用，切实解决了“不批不管”“批而不管”“批管分离”等政府内部的协同问题，维护了良好的市场秩序。

如今，政府对企业的经营行为大部分取消审批或改成告知承诺等方式，同时配套“双随机”（监管者或执法者随机抽取产生、被监管对象或被执法对象随机抽取产生）、“飞行监管”等制度安排，看似政府的权力做“减法”，实则震慑力做“加法”，企业的自律和风险控制则是做“乘法”，倒逼其更好地做到对自己负责、对监管部门负责、对社会负责。

四是“证照分离”将对区块链等新技术在社会治理中的应用提出重要需求。实行“证照分离”全覆盖改革后，政府必须建立部门协同、信用信息共享等机制，运用大数据、区块链、人工智能等新技术，对所有市场主体“宽进”以后的经营行为（无论保留审批或是取消审批）实行最为有效的过程监督和后续管理，切实维护国家利益、公共利益不受损害，确保不发生系统性、区域性风险。

加强事中事后监管，当务之急是加强监管基础设施尤其是信息共享平台建设。有人曾经形象地指出，政府部门的许多信息系统是“蜂窝煤式”的，往往“上下畅通、横向不通”，应依托互联网、大数据、云政务把这些数据上下左右全面打通。可选择的方式有 G2G（Government to Government），即打通行政职能部门、专业监管部门、司法部门之间的数据，或是 PPP，即政府（public）与社会（private）要形成伙伴关系（partnership），强化协同监管。上海作为“证照分离”改革的策源地，本次公布的全覆盖方案中特别强调多元监管、信用监管、智慧监管、大数据监管等事中事后监管的极端重要性，比如上海市大数据中心与市场监管部门一起被列为重要的责任主体。

总体看来，虽然“证照分离”改革已经取得了阶段性成果，但涉企经营许可全覆盖清单的 540 个事项中，仍有 449 项即 83% 没有取消审批，也没有实行告知承诺等简化审批，“照后减证”“照后简证”的任务仍很艰巨。可喜的是，在自贸试验区的建设过程中，整个国家已经在营造市场化、法治化、国际化以及更加稳定、透明、可预期的营商环境上取得了积极而重大的突破，“证照分离”全覆盖改革就是一个最好的明证。

此外，值得一提的是，上海浦东新区于 2019 年 7 月 31 日开始进一步探索“一业一证”改革，对便利店、体育健身场馆、宾馆、饭店、小餐饮、现制现售小商铺、烘焙店 / 面包房、咖啡店 / 茶馆、酒吧、药店 10 个行业的企业设立实施综合许可证管理，即将多个部门颁发的多张许可证融合在一张综合许可证里，进一步方便了企业经营。以开设便利店为例，过去的企业除了取得营业执照外，还要获得 5 张许可证，包括食品安全许可、烟草专卖许可、医药器械销售许可等，而“一业一证”改革后，企业在浦东开办便利店，仅需办理一张综合行业许可证便可开展市场运营；与此同时，需要填写的表格数量也从 9 张减至 1 张，填表要素从 313 项缩减为 98 项，需要准备的材料从 53 份减少至 10 份，办证时间也从法定的 95 个工作日缩减至 5 个工作日。

（作者：张湧，丝路研究院首席专家、院长，复旦大学上海自贸区综合研究院研究员，原中国（上海）自由贸易试验区管委会政策研究局局长）

在挑战中寻找机遇
——源自“华为事件”的中国集成电路产业发展的思考

文 / 礼森（中国）产业园区智库　蒲雅丽

美国当地时间2019年5月15日，特朗普总统签署行政命令，要求美国进入紧急状态，禁止美国企业使用任何可能会危害国家安全的公司生产的通讯设备。美国商务部下属工业和安全局同日发表声明，将把华为及其附属公司列入“实体清单”。此举引起了国内外轩然大波。这是距“中兴事件”仅一年时间，美国再次对中国高科技旗舰企业展开的“政治制裁”，粗暴干涉了国际集成电路产业正常秩序，破坏了世界集成电路产业平稳发展。

对此，华为海思临危不惧，“备胎计划”全面转正，在极限打压下，掀起科技自立的新浪潮。但与此同时，通过此次华为事件，我们也应当深思，中国集成电路产业的发展程度究竟如何？是否已站在国际的前端？在激烈的国际竞争中存在怎样的优势和不足？由此入手，深入剖析中国集成电路产业的发展现状，探讨“中国芯”的发展之路，是十分重要的。

产业规模稳步提升　对外依存度较高

集成电路（IC）是指经过特种电路设计，利用半导体加工工艺，集成于一小块半导体（如硅、锗等）晶片上的一组微型电子电路，目前广泛应用于手机、PC等各种电子设备中。IC生产技术可分为设计、制造、封测三个步骤。自“中兴事件”发生之后，中国掀起了一股“中国芯”热潮，各省市积极出台政策支持集成电路产业的发展，半导体设备市场不断扩大，处于高景气阶段。

据国家统计局数据显示（图1），2018年，中国集成电路产量达1 739.5亿块，同比增长11.18%；年销售额6 532亿元，较2017年增长了20.7%，从2013年开始呈现阶梯上升趋势，年均复合增长率为21.10%，并逐步进入持续、稳步、较快发展的新常态。全球半导体贸易统计组织（WSTS）数据显示，中国大陆目前有IC设计企业1 698家，相较于2010年的582家同比增长了191.8%。

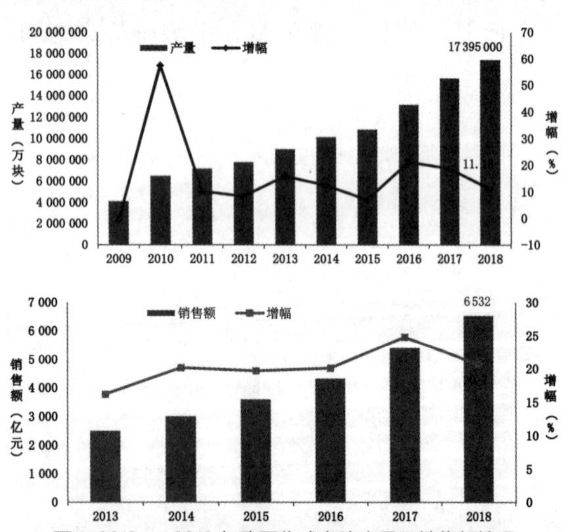

图1　2013—2018年我国集成电路产量及销售额情况

（数据来源：国家统计局公开资料）

2018年，中国集成电路进口4 176亿块，进口额达3 120.58亿美元，同比增长19.8%，是进口石油总金额的1.3倍；出口量2 171亿块，出口金额为846.36亿美元，仅为进口金额的27%（图2）。进出口额的逆差仍在不断扩大，已突破2 000亿美元大关，同比增长17.6%，表明我国中高端集成电路产品对海外依赖度依旧很高。

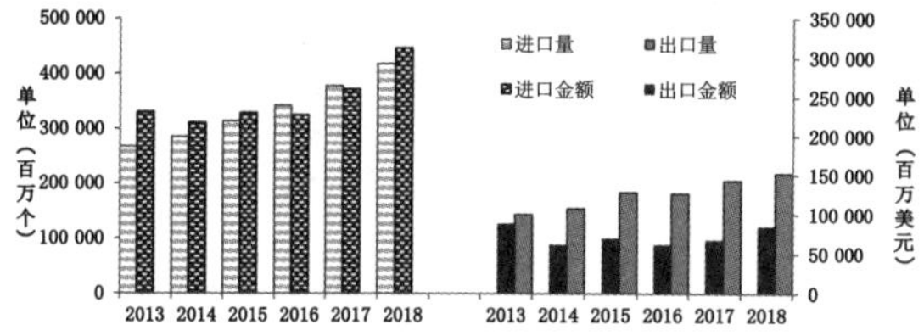

图 2 2013—2018 年我国集成电路进出口情况

（数据来源：中国海关总署）

“三核一区”布局成型 行业细分侧重明显

目前，中国集成电路产业已基本形成“三核一区”的发展布局（如图 3），“三核”即以北京为主的京津冀设计和制造发展核心区、以上海为主的长三角制造和封测核心区、以深圳为主的珠三角设计核心区；“一区”即以安徽、湖南、湖北、四川、重庆等为主的中西部重点发展区。

长三角地区是目前中国集成电路产业基础最扎实、链条最完整、技术最先进的区域。相关数据显示，2018 年，上海市集成电路产业实现销售收入 1 450.5 亿元，同比增长 22.9%，其设计、制造、封测等产业链发展较为完备，产业结构均衡，具有紫光展锐、华大半导体、中芯国际、华虹宏力、晟碟半导体等一批优秀的产业链龙头企业；江苏省集成电路产业完成销售收入 1 926.16 亿元，其中，封测业实现收入 1 012.57 亿元，占全国的 46.1%，领跑全国 IC 封测行业，拥有如华虹半导体、SK 海力士、台积电等一批制造型企业，以及江苏长电、通富微电等国际知名封测企业。

仅从设计环节行业细分来看，作为集成电路设计业的“老大”，2018 年，深圳市 IC 设计业实现销售收入 758.7 亿元，占该行业全部收入的 84.5%，对全国集成电路设计业贡献度达 30%，已培育出一批包括华为海思、汇顶等在内的代表国际顶尖水平的集成电路设计类企业；北京市集成电路设计业销售收入 550 亿元，占全国销售收入的 21.8%，成为继深圳市之后的第二大 IC 设计之都。

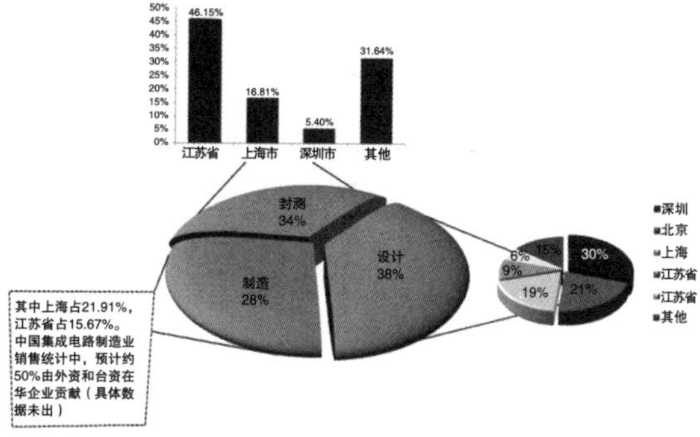

图 3 我国集成电路产业区域分布情况

产业链条完整 龙头企业带动力强

集成电路产业的完整链条可以划分为三个部分：处于产业链上游的 IC 设计环节，处于产业链中游的 IC 制造环节，处于产业链下游的 IC 封装环节。近年来，我国集成电路各产业链环节不断加快集聚和整合，在龙头企业的带动下，展现出新的活力。

在产业链上游，2018 年，集成电路设计业销售额达 2 519.3 亿元，同比增长 21.5%，占总销售额的 38.57%（图 4），其中，设计业销售额中超过 99% 是由中国本地企业贡献的。排名前三的龙头企业分别为海思、紫光展锐和豪威科技，

表 1 2018 年全国及重点省市集成电路发展情况 单位：亿元

产业类型	全国	上海		深圳		北京		江苏省		浙江省	
	销售收入	销售收入	占全国比重	销售收入	占全国比重	销售收入	占全国比重	销售收入	占全国比重	销售收入	占全国比重
设计	2 519.3	482	19.13%	758.7	30.12%	550	21.83%	230.49	9.15%	138	5.48%
制造	1 818.2	398.4	21.91%	17.85	0.98%	—	—	284.86	15.67%	108	—
封测	2 193.9	368.9	16.81%	118.42	5.40%	—	—	1 012.57	46.15%		—
其他	—	201.2	—	—	—	—	—	398.24	—	260	—
合计	6 532	1 450.5	22.21%	897.94	13.75%	—	—	1 926.16	29.47%	506	7.75%

（数据来源：中国半导体行业协会、上海市集成电路行业协会、江苏省半导体行业协会、浙江半导体行业协会、深圳市半导体行业协会）

其中，海思和紫光展锐位居全球前十位（表2）。

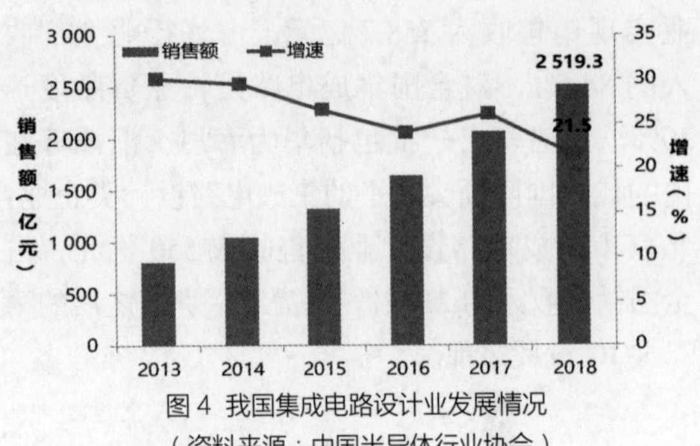

图4 我国集成电路设计业发展情况
（资料来源：中国半导体行业协会）

表2 我国集成电路设计业2018年十强企业

排名	企业名称	所在地
1	深圳市海思半导体有限公司	深圳
2	清华紫光展锐	北京
3	豪威科技	深圳
4	北京智芯微电子科技有限公司	北京
5	华大半导体科技有限公司	上海
6	深圳市中兴微电子技术有限公司	深圳
7	深圳市汇顶科技股份有限公司	深圳
8	杭州士兰微电子股份有限公司	杭州
9	北京矽成半导体有限公司	北京
10	格科微电子（上海）有限公司）	上海

（资料来源：中国半导体行业协会）

在产业链中游，2018年，集成电路制造业实现销售额1 818.2亿元，同比增长25.6%，占总销售额的27.84%（图5）。前十强企业分别为三星半导体、英特尔半导体、中芯、SK海力士、华虹等（表3），其中，长三角地区上榜企业6家，上海集成电路制造业占全国该类制造业销售收入的22%，其余分布在中西部地区。

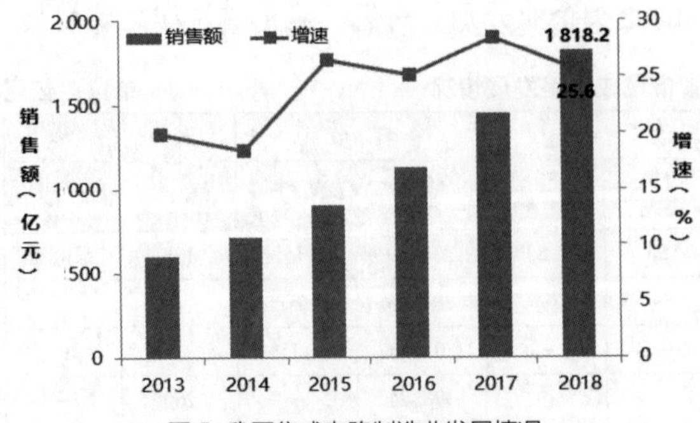

图5 我国集成电路制造业发展情况
（资料来源：中国半导体行业协会）

表3 我国集成电路制造业2018年十强企业

排名	企业名称	所在地
1	三星（中国）半导体有限公司	西安
2	英特尔半导体（大连）有限公司	大连
3	中芯国际集成电路制造有限公司	上海
4	SK海力士半导体（中国）有限公司	无锡
5	上海华虹（集团）有限公司	上海
6	华润微电子有限公司	无锡
7	台积电（中国）有限公司	上海
8	和舰芯片制造（苏州）股份有限公司	苏州
9	西安微电子科技研究所	西安
10	武汉新芯集成电路制造有限公司	武汉

（资料来源：中国半导体行业协会）

在产业链下游，作为与全球水平差距最小的行业类别，2018年，我国集成电路封测业完成销售额2 193.9亿元，同比增长16.1%，预计超过30%的销售额由外资及台资在华企业贡献（表4）。但自2013年以来，封测业销售收入占全国的比重逐年下降（图6），这意味着我国集成电路产业正在不断向高端设计和制造发展。目前，封装测试业的龙头企业主要集聚在长三角地区，尤以江苏省发展最为迅速。

表4 我国集成电路封装测试业2018年十强企业

排名	企业名称	所在地
1	江苏新潮科技集团有限公司	江阴
2	南通华达微电子集团有限公司	南通
3	天水华天电子集团	天水
4	恩智浦半导体	深圳
5	威讯联合半导体（北京）有限公司	北京
6	三星电子（苏州）半导体有限公司	苏州
7	全讯射频科技（无锡）有限公司	无锡
8	安靠封装测试（上海）有限公司	上海
9	海太半导体（无锡）有限公司	无锡
10	晟碟半导体（上海）有限公司	上海

（资料来源：中国半导体行业协会）

市场规模不断扩大 国际地位显著提高

中国作为全球半导体产业的主要消费市场，其规模不断扩大。据WSTS数据统计，2018年，全球半导体市场实现销售总额4 688亿美元，同比增长13.7%；中国大陆半导体市场销售总额 1 584 亿美元，同比增长 6.1%，占全球市场比重 33.79%；美国半导体市场销售额为 1 030 亿美元，同比增长 16.4%，占全球市场比重 21.97%；中国台湾地区半导体市场销售额 1 584 亿美元，同比增长 6.4%，占全球市场份额的 18.52%；欧洲和日本的半导体市场分别占全球市场的 9.17% 和 8.53%（图 7）。由此可见，中国集成电路产业应用市场巨大，目前已经取得了长足的进步，逐渐融入到全球市场中并占据越来越重要的地位。

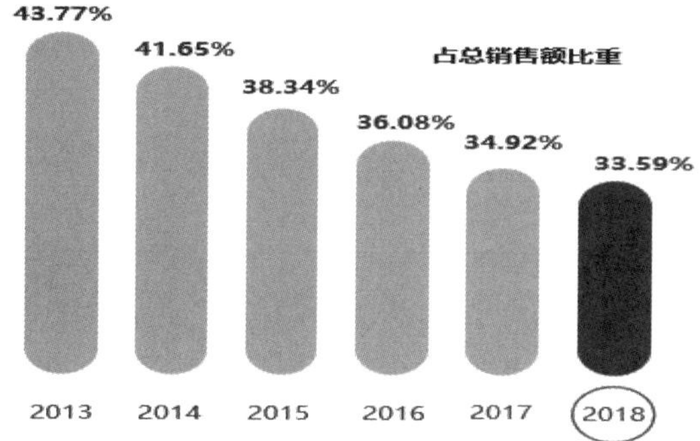

图 6 我国集成电路封装测试业发展情况

（资料来源：中国半导体行业协会）

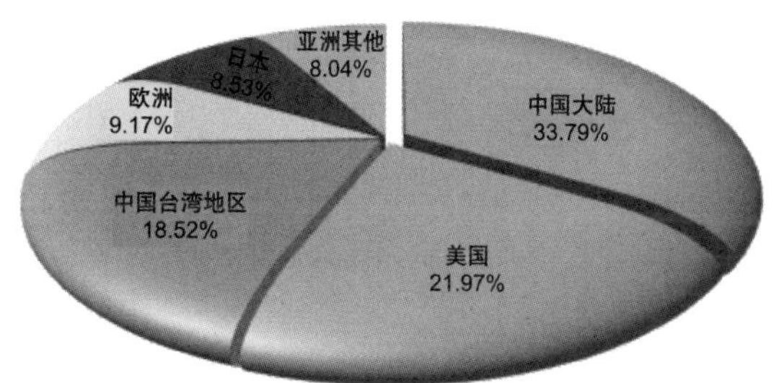

图 7 全球半导体市场规模分布情况

2019 年，全球半导体产业受贸易战、英国脱欧等多因素影响，较 2018 年同期下降幅度明显（表 5）。WSTS 数据显示，2019 年一季度，全球半导体市场较去年同期下跌 13%。市场调查机构 IC Insights 数据同样显示，一季度全球半导体市场实际销售严重下跌，跌幅高达 17.1%，其中，我国市场相较于其他区域虽有所下降，但总体情况相对较好，3 月份已出现回暖态势，下降幅度远低于美国，显示出强劲的市场活力。

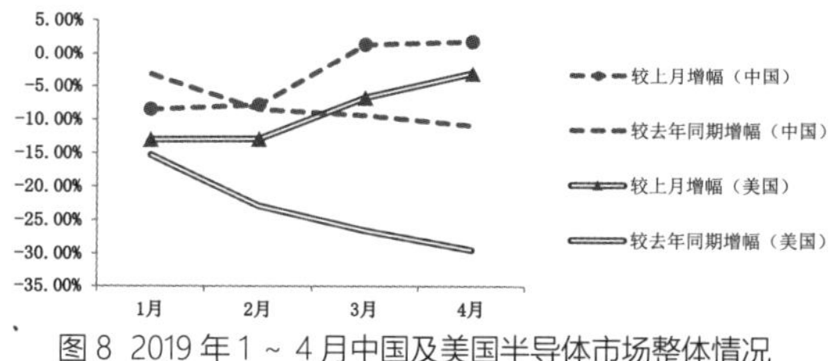

图 8 2019 年 1 ~ 4 月中国及美国半导体市场整体情况

（资料来源：WSTS）

综上可见，目前，我国集成电路产业正处在蓬勃发展阶段，随着电子、汽车、通讯等需求的日益增加，我国集成电路市场的潜力将会进一步释放。但同时也应看到，纵然目前中国集成电路产业发展势头强劲，产业规模不断扩大，产业结构日益优化，技术水平快速提高，企业核心竞争力与日俱增，但越来越大的进出口交易差和不断增加的对外依赖度迫使我们必须面对自身的"短板"——顶尖集成电路企业屈指可数，产品质量良莠不齐等。由此，更需要保持清醒的头脑，充分认识自身发展阶段，补"短板"，增"长板"，抓机遇，迎挑战，助力"中国芯"早日跻身国际第一梯队。

表 5 2019 年 1 ～ 4 月全球重点区域半导体市场销售情况 单位：十亿美元

	1 月	较上月增幅	较去年同期增幅	2 月	较上月增幅	较去年同期增幅	3 月	较上月增幅	较去年同期增幅	4 月	较上月增幅	较去年同期增幅
美国	7.31	−13.00%	−15.30%	6.37	−12.90%	−22.90%	5.93	−6.70%	−26.60%	5.75	−3.00%	−29.50%
欧洲	3.41	−1.50%	0.20%	3.34	−2.30%	−3.00%	3.4	0.60%	−6.80%	3.36	−1.20%	−8.00%
日本	3.16	−4.70%	−1.50%	2.99	−5.30%	−5.90%	2.86	−4.50%	−11.10%	2.93	2.50%	−10.90%
中国	11.63	−8.50%	−3.20%	10.72	−7.80%	−8.50%	10.85	1.30%	−9.40%	11.04	1.80%	−10.90%
亚洲其他	9.96	−3.60%	−3.80%	9.45	−5.10%	−7.20%	9.23	−1.90%	−9.30%	9.05	−2.00%	−10.70%
总计	35.47	−7.20%	−5.70%	32.86	−7.30%	−10.60%	32.27	−1.80%	−13%	32.13	−0.40%	−14.60%

表 6 我国集成电路产业发展 SWOT 分析

优 势	劣 势
1. 拥有巨大的市场需求。中国是全球最大的集成电路需求市场，随着新兴领域的不断发展，将成为集成电路市场新的增长蓝海，也将为国内集成电路产业带来前所未有的发展契机。 2. 发展环境利好。目前集成电路产业已经上升为国家发展战略，国家对其高度重视、配套政策措施、财政支持不断完善，发展环境极佳。国家层面不仅设立国家科技重大专项和产业投资基金，各地区相继推出政策支持，给予充足产业发展空间。 3. 产业规模增速较快。当前中国的集成电路产业正保持高速的增长，远高于全球平均水平。而且中国集成电路产业当中的三大块：设计、制造、封测，都同时保持了 20% 以上的增长，产业规模高速增长，发展后劲十足。 4. 产业结构愈发均衡。中国集成电路设计、制造、封测占比(38%、28%、34%）越发接近，发展不断趋于均衡	1. 产品水平与国际差距较大。目前我国集成电路产业发展成绩斐然，在封装测试和芯片设计方面已具备国际竞争实力，但在处理器等高端芯片、模拟芯片、光器件、配套设备材料和工艺、EDA/IP 和软件方面与国际先进水平相比，差距依然十分显著。 2. 龙头企业缺失。产业的发展离不开龙头企业的带动和支持，当前我国还缺失类似于三星、高通、英特尔等具有较强竞争力和影响力的龙头企业。 3. 人才缺口大。我国在集成电路产业以中小型企业为主，一个芯片从开始设计到完成量产需要花费大量的人力物力，市场周期较长，常常无法获得高端人才和资本市场的青睐。而中国大陆集成电路起步较晚，虽然在大力引进高端人才，但本土人才并不多，严重制约中国芯的崛起。 4. 科研投入严重不足。虽然近两年中国企业加大了科研投入，但相较欧美企业，总投资规模和研发投入依旧差距较大
机 会	**威 胁**
1. 人工智能； 2. 5G； 3. 智能网联汽车； 4. 超高清视频	1. 中美贸易关系不稳定； 2. 发达国家领先优势明显

“新基建”：筑牢信息化时代的产业安全的基础

文 / 礼森（中国）产业园区智库 管荣辉

“新基建”（新型基础设施建设）是最近一段时间资本圈和经济圈的热点话题。与传统基础设施建设相比，“新基建”既属基建范畴，又是新兴产业，既连接着巨大的投资需求，又牵引着不断升级的技术、消费市场，是未来二十年数字经济时代支撑中国经济社会繁荣发展的基石。

事实上，这一概念始于2018年底的中央经济工作会议，但在疫情影响激发更多在线服务需求的背景及数字化时代转型的大趋势下，2020年3月4日的中共中央政治局常务委员会指出，要调动民间投资积极性，加快5G基站、特高压、城际高速铁路和城际轨道交通、新能源汽车充电桩、大数据中心、人工智能和工业互联网七大新型基础设施建设，标志着新基建由政策概念转向项目落地的阶段。作为我国实体经济发展的重要载体，园区更应主动把握新基建热潮，加大新基建投入力度，助力经济转型，延伸发展新产业，继续扮演我国经济复苏先行者和我国产业安全守护者的重要角色。

新型基建是园区必不可少的产业发展土壤

1. 提高园区智慧管理水平。新冠肺炎疫情激发了园区智慧化、数字化的转型需求，对智能感知系统、信息传输网络、支撑平台、应用服务软件等要求越来越高。而智慧园区的建设与新基建密切相关，需要通过BIM（建筑信息模型技术）、物联网、地理信息技术、云计算等技术实现。

由此，园区要充分发挥5G、人工智能、物联网、大数据、云计算等先进技术的基础支撑作用，赋能园区各环节，打造管理数据化、应急主动化、设备智能化、服务精准化的新型智慧园区，才能解决传统园区面临的“服务体验差、综合安防弱、运营效率低、管理成本高、业务创新难”等痛点，全面提升区域、城市和园区的智慧化管理水平。

2. 激发园区产业不断迭代。新基建是技术进步和需求激发双重动力下的产物，也必将带动信息化、高科技、人工智能等新产业的再次发展。比如，5G技术的发展可推动基站、5G设备的生产，而5G通信速率更高、延时更低、智能终端网速提升、传输性能加快的特性，又推动人工智能、虚拟现实、远程操控等技术的更新迭代；再如，受益于智能城市、智慧农业、远程医疗、无人驾驶等领域需求和产业的发展，电子信息设备制造业、信息传输服务业、软件信息技术服务业等行业又实现了再次跃升。

从产业变革角度看，新基建本质上起到一种中介和助推作用，传统产业借助这些新型基础设施，不断迭代产生新产业发展需求，从而快速实现数字化、网络化、智能化转型。园区加强新基建，实际是建立了产业发展的温床，掌握了未来产业发展的孵化器和应用场景，在新基建的支撑带动下，未来园区全新、高附加值的产业链也将逐步建立。

3. 凸显产业投资乘数效应。新基建与科技创新、产业升级密切相关，既可以拉动自身领域上下游和软硬件领域的巨大需求，又能够为新兴供应链提供发展机会和空间，符合当前投资稳发展、促经济的多种目标。业界很多机构也对新基建的规模进行了预测，以5G建设为例，中国信息通信研究院研究预计，到2025年，5G建设投资累计将达到1.2万亿元，带动产业链上下游及各行业应用投资将超过3.5万亿元；而广发证券宏观研究团队则研究认为，广义“新基建”在基建整体中占比约在15%左右。

园区既是5G、大数据、人工智能、工业互联网等新产业技术的研发地，也是重要的应用场所。在新基建的浪潮中，产业园区应努力完善园区5G基站、人工智能平台、大数据中心等基础设施，既满足近期经济增长所需要的投资需求，又为后续产业升级和裂变做好准备。

园区新型基建应聚焦明确、指向精准

从产业经济关联度分析，园区应重点关注5G（数据收集和传输）、大数据中心（大数据存储和处理）、工业互联网（企业间的信息整合与共享）、人工智能（智能算法实现智能应用场景）等与工业生产领域效率大幅提升密切相关的4个子行业，通过新基建，进一步提升园区产业质量及巩固产业安全。

1. 加大5G应用技术和设施储备。5G作为信息技术时代的变革性产物，极大提升了移动通信效率，我国在技术储备上也处于国际领先地位。从5G基础设施产业链来看，其涉及的基站、天线、光纤光缆和终端设备等硬件，均属高附加值产品，能够有力带动园区固定资产投资力度。更重要的是，5G的应用环节十分广泛，任何“产业＋互联网化”的发展均离不开5G技术的传输支持，如工业互联网、车联网、企业上云、人工智能、远程医疗、在线办公、在线教育等。由此，作为5G应用最大的场景之一，园区应着重把握5G新型基建的基础，加大技术和设施储备，激发应用需求，进而带动新产业的迅猛发展。

2. 夯实大数据中心的基础建设。信息时代，数据资源已成为国际产业竞争的核心，制造业领域的数据更是涉及国家产业安全。据统计，2010年以来，制造业新产品数据达到2艾字节，而全球数据总量每18个月就会翻番，数据中心建设难以跟上数据产生的节奏。未来海量的工业数据如何运用、工业数据价值如何变现，将是园区产业经济发展又一重大课题。

从产业链条来看，大数据中心的基础建设主要涉及IT设备、电源设备、制冷设备、运营商等环节，虽然传统上是互联网技术公司的业务，但园区作为产业数据的源发地，也应把握数据中心的附加值作用。因此，建议针对性开展小型区域数据中心或细分产业数据中心平台的建设，既拉动数据中心投资，又掌握辖区内数据中心资源，浇筑未来大数据产业发展的土壤。

3. 运用人工智能实现资源整合。疫情期间，无接触公共场所测温、防疫机器人、无人机及基于深度学习的AI辅助诊断等人工智能技术，给民众留下了深刻印象。人工智能作为引领新一轮科技革命和产业变革的战略性技术，溢出带动性很强，正在释放历次科技革命和产业变革积蓄的巨大能量，将重构生产、分配、交换、消费等经济活动各环节，利用硬件AI芯片、视觉传感器、AI技术平台等核心技术，催生新技术、新产品、新产业。

作为智慧城市、智能驾驶、智能机器人、安防建设等领域应用的重要场所，园区可通过人工智能技术将分散在园区各个角落的数据连接起来，加以分析整合，保证即时分析，智慧调动、管理，实现跨地区、跨领域高效资源整合，为城市大脑提供核心支撑。

4. 搭建全新的工业互联网平台。工业互联网是智能制造发展的基础，可实现企业内的智能化生产、企业和企业之间的网络化协同、企业和用户的个性化定制、企业与产品的服务化延伸等多重功能。疫情期间，各类防疫物资的生产、跨区域产能分配及物资调动实际上都需要更高层次的工业互联网来代替传统人工计划分配模式。

由此，园区应聚焦重点行业领域，搭建工业互联网平台，链接企业工业生产应用端，通过跨设备、跨系统、跨厂区、跨地区的全面互

联互通，实现工业生产的资源优化、协同合作和服务延伸，提高资源利用效率。工业互联网构建的全新工业制造和服务体系，能够从更高层次上加固工业安全生产体系、安全保障体系，全方位提升智能化工业生产安全水平，奠定我国产业安全的基石。

园区新型基建的发展路径

1. 科学严谨制定园区新基建规划。近期，新基建概念的火热导致许多地方政府趋之若鹜，短期内可能导致大量项目的过度集聚，由此造成一定程度上的无效投资。对此，园区应通过严谨的产业规划和现状调研，从实际应用端和产业端考虑，制定符合园区特征和需求的新基建专项规划。

2. 率先开展新基建示范应用项目。5G、人工智能等信息网领域新基建与园区、企业息息相关，不少园区已经集聚了一定数量的相关企业，由此，园区更应鼓励有基础、有需求、有动力的企业深度开展新基建领域的创新应用，结合园区需求，打造一批基于人工智能、5G 等技术的应用案例和业务解决方案，加强试点示范引领，为加快以数据价值挖掘为基础的制造业转型升级和全新迭代模式营造良好氛围，也为园区全面实现数字化转型提供基础支撑。

3. 鼓励民间资本参与新基建项目。由于新基建领域大多属于科技产业范围，具有专业性较强的特点，建议园区鼓励民间资本参与新基建，积极推动“政府 + 园区 + 企业”的合作模式，理清权责，充分激发企业参与积极性。同时，主动对接政府和金融部门，加强政府投资引导基金、创投基金的设立。有条件的园区也可考虑发行专项债券进行直接融资，吸引社会资本适当超前投资园区新基建项目。

中国自贸试验区的“变”与“不变”

文 / 礼森（中国）产业园区智库 黄智俊

自 2012 年完成《外高桥现象及放大效应深化研究——探索建立浦东自由贸易园区的策略研究》、在全国率先探索自贸试验区建设的策略路径，到近日新一轮自贸试验区扩容尘埃落定、2019 年负责编制的《青岛自贸产业新城战略规划》蓝图进一步成为现实，通过亲历我国自贸试验区从无到有的历程，见证我国自贸试验区发展格局的变迁，感受自贸试验区开放倒逼改革、改革推动创新、创新引领高质量发展的蓬勃生机，深入学习相关自贸试验区总体方案，笔者逐渐形成了一些初步的认识与思考。

变中求新、新中求进、进中突破的源生动力

在距离第一个自贸试验区——上海自贸试验区挂牌运作近 6 年之际，我国自贸试验区布局在前期“1+3+7+1”的基础上，进一步扩容为“1+3+7+1+6”的新格局。6 年的发展历程，自贸试验区发展硕果累累。这种成果蕴藏在改革开放的突破上，体现在创新驱动的变化中。

1. 从点上突破到全面开花。自 2013 年 9 月上海自贸试验区挂牌以来，目前已有上海、广东、天津、福建、辽宁、河南、浙江、湖北、重庆、四川、陕西、海南、山东、江苏、广西、河北、云南、黑龙江共 18 个省市获批自贸试验区，呈现从点上突破到遍地开花的发展势头，形成了从东部沿海到内地、从东北到西南的全面布局。

2. 从沿海突围到沿海、沿边、沿通道推进。第一批的上海和第二批的广东、福建、天津，均为沿海省份，说明我国自贸试验区是从沿海开始突围。新一轮 6 个自贸试验区中增加的广西、云南、黑龙江均处于沿边地带，在当前强化国际合作的重要时点，这三地的重要性得到不同程度的提升。同时，广西自贸试验区方案中提出，打造西南中南西北出海口、面向东盟的国际陆海贸易新通道，形成 21 世纪海上丝绸之路和丝绸之路经济带有机衔接的重要门户；山东自贸试验区方案中提出，构建东联日韩、西接欧亚大陆的东西互联互通大通道；云南自贸试验区方案中提出，着力打造“一带一路”和长江经济带互联互通的重要通道，建设连接南亚东南亚大通道的重要节点。这些项目的建设纷纷显示出自贸试验区的推进选择将构建发展通道作为重要考量，通过沿海、沿边、沿通道布局，构建我国全方位对外开放的新格局。

3. 从突出“便利”到突出“自由”。2013 年 9 月挂牌的上海自贸试验区的试验核心突出在“便利”上——投资便利、贸易便利、融资便利、监管便利，强调的是“放管服”改革和政府放权。与之相对应，2019 年成立的临港新片区的方案核心突出在“自由”——投资自由、贸易自由、资金自由、运输自由、人员从业自由上，国际互联网数据跨境安全有序流动，以及设立具有国际竞争力的税收制度和政策。

4. 从服务业开放到新业态新模式探索。上海自贸试验区起始于金融、航运、商贸、文化和专业服务业等领域对外开放的先行先试，之后逐步扩大到高端制造业的开放探索。目前，新设的自贸试验区已经明确提出要培育新业态新模式，即“培育康复、健身、养生与休闲旅游融合发展新业态，推动互联网、大数据、人工智能与实体经济深度融合”等。

5. 从产业促进到产城融合。如果说之前的自贸试验区着重于促进产业发展，海南自贸试验区、临港新片区等则更加重视产城融合。如，临港新片区的方案中明确提出，新片区鼓励国际优质资本进入教育、医疗、养老、文化、体育、园区建设、城市运行等公共服务领域，加强各类基础设施建设管理，提升高品质国际化的城市服务功能，打造开放创新、智慧生态、产城融合、宜业宜居的现代化新城。

从物流通道构建到要素快捷联通。自贸试验区的核心是“境内关外”，是以优惠税收和海关特殊监督政策为主要手段，以贸易自由化、便利化为主要目的，最大的聚焦点在于货物贸易，以及与之紧密相关的投资、金融等制度创新。发展至今，我国自贸试验区建设已经从简单构建货物外贸物流通道转变为更加关注人员的往来便利、信息的便捷联通、数据的商务交换等要素的全方位流动自由。

“变”中“不变”的战略定力

经过6年的砥砺奋进、改革创新，我国自贸试验区建设取得了可喜可贺的积极变化。但自贸试验区作为我国战略叠加区、改革开放主战场、创新发展新高地、中国经济增长极的功能没有变，变化中蕴藏着内在不变的发展逻辑，体现了政府推动发展的战略定力。

1. 开放立国。试点建设自贸试验区，是我国顺应全球经贸发展新趋势，更加积极主动对外开放的重大举措。6年来自贸试验区不断扩围，表明我国探索开放型经济发展路径模式的步伐始终没有停，特别是当下推出的新一轮自贸试验区的扩围，更加昭示了我国坚定不移推进全方位深度开放、积极融入全球化的决心和魄力。

2. 改革强国。推进自贸试验区建设，是当前我国深化改革的重要突破口，是以开放促改革的重要载体和平台，有利于我国探索对外开放新模式，形成以开放促改革的新动力，加快构筑面向世界、深耕亚太、参与国际竞争的新优势。已经获批的自贸试验区方案中涉及行政管理、投资、贸易、金融等领域全方位的改革尝试，其重大意义和深远影响将不亚于20世纪90年代我国做出的浦东开发开放战略。

3. 创新兴国。党的十九大以来，得以明确的高质量发展意味着我国经济发展从“重视数量”转向“提升质量”，从“规模扩张”转向“结构升级”，从“要素驱动”转向“创新驱动”，是新时代中国发展的需要。我国自贸试验区试点的重点是制度创新，将全面促进体制、机制、法制、政策的一系列创新，是实现创新兴国的重要抓手和途径。

4. 协同治国。新一轮自贸试验区方案中提出的“探索中日韩区域经济合作、构建面向东盟的国际陆海贸易新通道、形成‘一带一路’有机衔接的重要门户、打造对俄罗斯及东北亚区域合作的中心枢纽、推动长江经济带和长江三角洲区域一体化发展”等，充分显示了中国发展与其他国家之间的协同性和区域发展的协调性，前者包括统筹各类资源，发挥我国的比较优势，积极参与国际合作和全球治理，在与“各国良性互动、互利共赢中开拓前进”；后者则包括自觉打破地区本位主义和“一亩三分地”思维定式，推进跨区域城市群、都市圈和发展带之间的相互配合、优势互补、互利共赢。

新起点上的发展潜力

经过新一轮的扩容，我国自贸试验区的发展已经站在了新起点。但我国改革开放的步伐不会停，我国自贸试验区的前进方向不会变，下一步自贸试验区发展的模式、路径和重点仍然值得高度期待。

1. 查漏补缺。获批自贸试验区不仅能体现一个省份在我国对外开放战略中的地位，而且能带来更大程度改革探索权的实质性发展机遇。目前，除了获批自贸试验区的18个省和北京之外，仍没有自贸区的省份还有湖南、安徽、江西、贵州、山西、新疆、青海、西藏、甘肃、宁夏、内蒙古、吉林12个。这些省份自然将成为下一批自贸试验区扩围的方向与重点。

2. 形式创新。当前，我国自贸试验区主要还是以省为单位，但试点都落在具体城市之内，不同片区定位不同。伴随着城市群正逐步成为承载发展要素的主要空间形式，我国经济发展的空间结构正在发生深刻变化。下一步，我国自贸试验区的形式也有可能随之发生变化，有望出现跨省域的自贸试验区（如试点长三角一体化发展示范区设为自贸试验区），也可能探索跨国境的自贸试验区（如将自由贸易园区和自由贸易区战略叠加，推进中日韩自贸试验区建设等）。

3. 功能升级。自由贸易港是当今世界最高水平的开放形态。伴随着全国自贸试验区数量的持续增加、功能的不断创新和作用的日益扩大，可以预见，不久的将来，我国也将会有一批自贸试验区进一步升级为自由贸易港。

探究我国孵化器发展现状以推动多元化转型

文 / 礼森园区（产业）智库　马彤晖

1987 年，我国第一家孵化器——武汉东湖新技术创业者中心在武汉诞生。1988 年 8 月，国务院将中国科技企业孵化器建设列入国家科技产业发展计划的“火炬计划”。经过 30 年发展，中国科技企业孵化器逐步发展到北京、上海、天津及全国各地，规模跃居世界前列。2014 年 9 月，李克强在天津的夏季达沃斯论坛上发出“大众创业、万众创新”的号召，随后企业高管、科技人员、大学生和留学归国人员等纷纷加入创业大军，涌现大众创业、万众创新的时代大潮。也就是在那个时候，中国遍地出现了孵化器、众创空间、联合办公等创业平台，整个孵化器行业在双创的氛围烘托当中快速崛起。到 2018 年末，全国共有孵化器 4 849 家，位列世界第一。其中，1 429 家为专业孵化器，孵化面积 13 623 万平方米，孵化器总收入 463 亿元，实现纳税额 37.2 亿元。孵化器也从政府主导的项目进化成以民营企业经营为主的众创空间、联合办公，为初创期科技中小企业提供便利，至今已累计孵化十余万家科创企业。

有关数据表明，超过半数的孵化器中政府补助占净利润的比例超过 50%，也就是说超过半数的孵化器业绩依赖于政府补贴。在这一情况下，亟需研究孵化器的现状，推动孵化器转型。

科技部《关于进一步提高科技企业孵化器运行质量的若干意见》指出，科技企业孵化器是为新创办的科技型中小企业提供物理空间和基础设施，提供服务支持，降低创业者的创业风险和创业成本，提高创业成功率，促进科技成果转化，帮助和支持科技型中小企业成长与发展，培养成功的企业和企业家和扶植高新技术中小企业的服务机构。

我国孵化器发展模式的进化趋势

经过三十余年的发展，孵化器已由孵化器 1.0 进化为孵化器 4.0。孵化器 1.0 主要是依靠政府补贴，为创业者提供一个地理位置较佳的办公场地，做着二房东的角色。这类孵化器在建设初期主要是由政府来支持推动，之后在各级政府的鼓励引导下，许多社会资本进入科技企业孵化器领域，出现了民营企业、国有企业、合资企业和社团组织等建立的孵化器，但政府在科技企业孵化器体制改革、政策优惠和考核评价方面仍然发挥着重要作用。再加上我国企业孵化器的经营采取“事业单位”式的模式，缺乏追求利润的意识和相应的能力，孵化器 1.0 模式的价值创造能力十分低弱。

但随着业务延伸，仅仅提供场地无法帮助创业者孵化出好的项目，为此，孵化器 2.0 模式除了提供场地外，还开始提供财务、人力等基础服务，中关村创业大街、SOHO 三期就是运用这种模式的经典案例。

孵化器 3.0 则解决了初创企业的启动资金或者资金链管理问题，采取“天使基金 + 孵化器”模式，通常由民间资本或教育类机构引进成功创业者、大型企业高管或创业投资人等具有丰富行业或创业经验人士作为导师，传授管理、运营等经验，预估创业障碍，降低创业风险，提升创业成功率，实现创业者和投资人双赢。36 氪、创新工场、启迪之星、洪泰创新空间、联想之星等孵化器便是运用这种模式的经典案例。

发展孵化器4.0，其核心不再是空间、服务、投资，而是资源（图1）。相较于之前模式下的孵化器提供单一资源的特征，孵化器4.0与创业者的需求更加吻合，并直指初创企业发展的核心问题，能够为其提供重度服务和精准孵化。其中，重度服务包括提供链接和分享服务，通过加强创业导师指导、创业培训等活动并引入第三方专业机构，为创业者提供创业经验、人脉等资源；精准孵化指针对企业资金需求直接入股或与其他资本对接进行精准孵化。

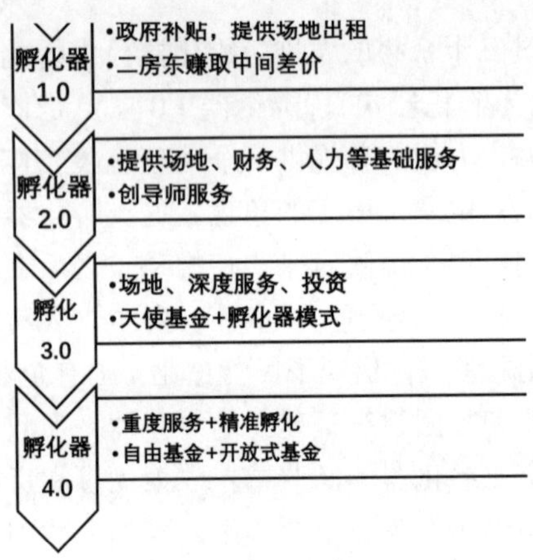

图1 孵化器发展模式的进化趋势

我国孵化器总体呈现增长提升趋势

自1987年全国诞生2家科技企业孵化器后，我国科技企业孵化器数量规模持续扩大，2001年首次突破300家，达到324家，到2018年底数量已达到4 849家，呈现高速增长态势。尤其是2014年后，受国家经济发展和“双创”政策的推动，孵化器数量增长迅猛，每年新增科技企业孵化器数量均超过700家（图2）。

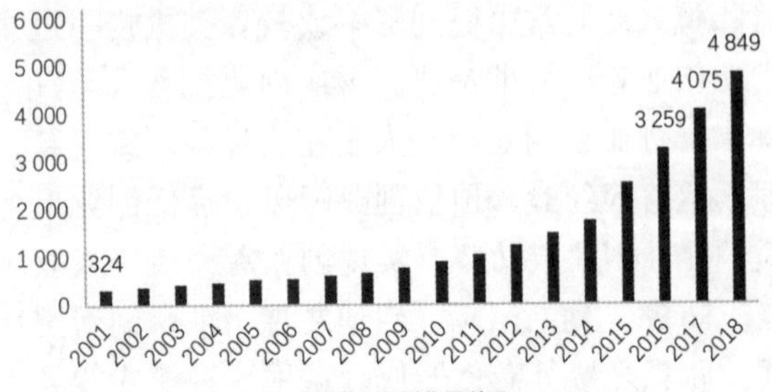

图2 2001—2018年科技企业孵化器数量分布（单位：家）

从2001—2018年国家级孵化器数量分布情况来看，国家级孵化器数量持续增长，到2018年突破1 000家。但国家级孵化器相较全国孵化器增速较慢，占全国孵化器的比例出现了先增长后下降的趋势，尤其近几年下降趋势明显。出现下降趋势主要是源于近年来全国孵化器遍地开花、增长太快，但是达到申请为国家级孵化器水平的孵化器增速较慢，也反映了国家为保证孵化器发展质量，有意识地控制新增国家级孵化器的数量。

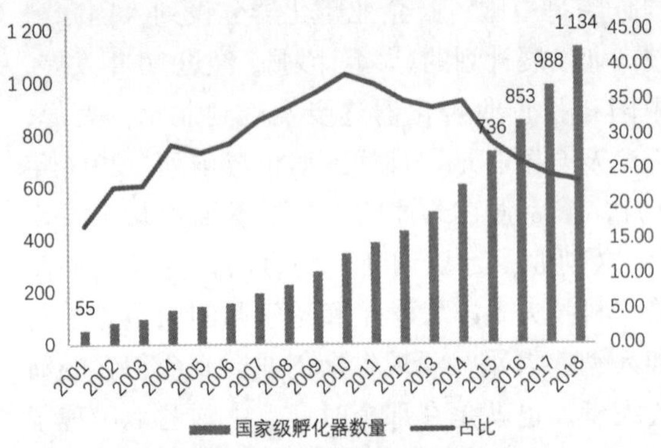

图3 2001—2018年国家级孵化器数量分布（单位：个、%）

孵化器的发展离不开孵化空间场地的支撑，1987年，武汉东湖新技术创业者中心的孵化场地面积仅有650平方米；到2018年，我国科技企业孵化器的孵化场地总面积已达到13 623万平方米，极大提高了科技企业孵化器的孵化能力。从2001—2018年孵化器场地面积发展速度来看，2014年前科技企业孵化器的孵化场地面积呈现稳步递增，2014年后孵化场地面积实现飞速增长。

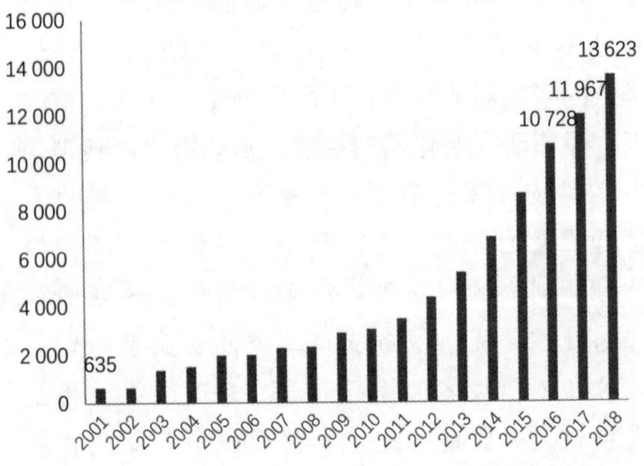

图4 2001—2018年孵化器场地面积（单位：万平方米）

从孵化器在孵企业数量来看（图5），2011—2018年孵化器孵化能力不断提升，可孵化企业数量不断增加，到2018年底，孵化器在孵企业数量突破20万个。从增速来看，2014年前在孵企业数量保持缓慢增长，2014年后年平均增速超过30%，越来越多的初创企业选择入驻孵化器享受孵化器带来的政策红利及服务。

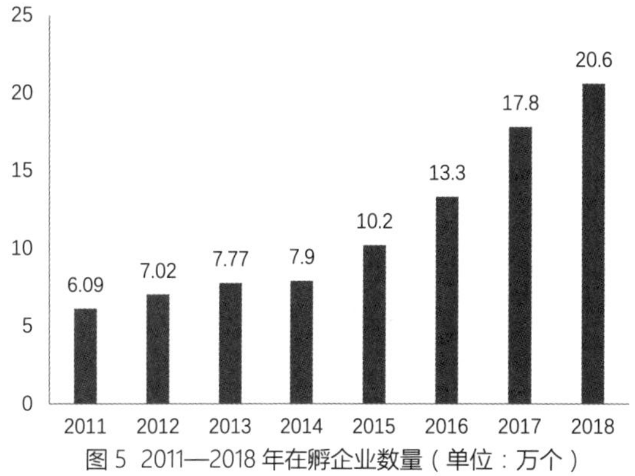

图5 2011—2018年在孵企业数量（单位：万个）

我国国家级科技企业孵化器分布仍不平衡

我国国家级科技企业孵化器主要集中于东部沿海地区，江苏、广东两省国家级科技企业孵化器数量排名位居前二，均超过百家；排名第三的山东共有82家；北京和上海排名分别为第五、第六，分别为56家、49家；西部地区仅有陕西排名位于前十，共有31家；海南、西藏等地仅有1家。

现阶段，我国国家级科技企业孵化器发展范围遍及全国各地，但区域发展不平衡现象较为明显，主要分布在科教资源丰富和经济发达地区，如江苏、山东和广东等省份；青海、宁夏和西藏等经济欠发达地区虽然均建立了国家级科技企业孵化器，但数量偏少，难以形成孵化产业集聚效应。

为加强对科技企业孵化器自身建设，提升服务创新能力，完善创业生态体系，科技部每年根据《国家级科技企业孵化器认定办法》（国科发高〔2010〕680号）和《科技部火炬中心关于印发国家级科技企业孵化器评价指标体系（试行）的通知》（国科火字〔2013〕182号）相关要求，对全国国家级孵化器进行考评，取消考评不合格的国家级孵化器。

近几年随着市场环境的变化，创业者、投资人越来越趋于冷静，创业公司的注册数量呈逐年下降趋势，靠“二房东”活着的孵化器对初创企业而言越来越缺乏吸引力，许多孵化器面临着被淘汰的处境。

由于我国2018年度国家级孵化器考评结果尚未公布，从科技部火炬中心公布的2017年度对988家国家级科技企业孵化器考评结果来看，共有139家评为优秀（A类），占比为14%；414家评为良好（B类），占比为42%；405家评为合格（C类），占比为41%；30家评为不合格（D类），占比为3%。由此可见，988家国家级科技企业孵化器中优秀科技孵化器数量占比偏少，评为合格、不合格的合计为435家，两者数量占比达到44%，因此，国家级科技企业孵化器的孵化能力有待加强，孵化效益有待提升。

深刻理解高质量内涵 推动高新区提效增益
——《国务院关于促进国家高新技术产业开发区高质量发展的若干意见》政策解读

文/ 骆山鹰

日前，国务院正式印发了《国务院关于促进国家高新技术产业开发区高质量发展的若干意见》(国发〔2020〕7号，以下简称《意见》)，为国家级高新区的发展路径、建设模式进一步指明了方向、明确了标准。本次《意见》深刻解读了高新区高质量发展的内容要求，为下一阶段高新区各项工作的开展确立了基本面和落脚处。对此，高新区应当抓紧发展机遇，充分理解和贯彻《意见》内涵，研究实现高质量发展的落地举措和实施途径，在新时期新环境中推动高新区的新一轮提效增益。

高质量发展的内涵要素

1. 实现创新的高质量发展。从要素驱动到创新驱动的转型升级，代表了国家级高新区高质量、可持续发展动力源的转变。按照《意见》要求，高新区要以打造优质创新创业生态为抓手，为科创要素的集聚做好招才引智工作，以优惠政策引才、以优质环境留才，为高新区的科创实力提升做好人才资源储备。同时，推动创新创业平台建设，通过优化知识产权激励政策助推创新创业发展，通过完善知识产权服务体系支撑创新创业活动，通过开展知识产权质押融资降低创新创业门槛，以高质量的创新创业成果实现科技创新推动经济发展的强大动能。

2. 实现效益的高质量发展。作为带动区域经济发展的重要引擎，国家级高新区承接了放大产业集群经济效益的重大任务，需要着力布局产业集群的同时，不断优化产业的发展质量。为此，高新区要以“亩均论英雄”为导向，注重产业的集约式发展模式，通过创新、协作、开放的方式提升各类资源的获取和使用效益，进而推动高新区由数量规模型向质量效益型转变，增强高新区人才密度与科技浓度，从而进一步实现区域经济的高质量、可持续发展。

3. 实现企业等高质量发展。对于国家级高新区而言，企业的高质量发展意味着良好的综合发展环境、领先的科技创新实力、丰富的产业链布局。在目前外部环境不稳定、内部经济下行压力大的形势下，企业的发展质量关乎高新区经济发展的潜力与动能，必须落实帮助企业高质量发展的实施路径，充分挖掘企业的潜质与价值，通过高新企业的聚集为园区提供自主创新的动力源泉，吸引龙头企业入驻发挥行业标杆的引领示范作用，带动产业链上下游协同发展。

4. 实现人才的高质量发展。各类功效人才的引入和培养在国家级高新区的发展战略中起到了至关重要的作用，是科技研发、技术落地、成果转化、科学治理的实施者。高新区要发挥人才策源的平台功能，通过产业集聚优势、良好创新生态、产城融合发展等方式筑巢引凤，吸引高端人才落地，促进人才协同成长。此外，还要着力完善人才教育环境，通过产学研合作、技术溢出效应、资源共享平台等途径为人才赋能，从而为高新区储备符合产业发展战略和科技创新要求的综合性人才队伍。

5. 实现生态的高质量发展。国家级高新区的高质量发展依托于高质量的生态，优质的生态生活环境是高新区肩负社会和历史责任的担当，是可持续发展的前提，更是吸引企业、人才、技术落地落户的金钥匙。为此，高新区必须要注重优化前沿技术产业的选择布局，要引导企业坚持少能耗、低污染的成长路径，打造青山绿水的友好生态环境。

实现高质量发展的新思路

1. 着力打造支柱产业。国家级高新区未来的产业发展要瞄准全球产业发展变革趋势，进一步抓住国产替代、民营企业蓬勃发展的历史机遇，充分利用区位优势所形成的资源禀赋，因地制宜、精准定位支柱产业，大力发展战略新兴产业，打造具有国内乃至国际市场竞争力的产业集群，发挥产业集聚所带来的技术、人才、品牌溢出效应，形成具有前沿性的核心产业及产业链，辐射带动区域经济发展的同时，响应支持国家发展战略新兴产业的战略部署。

2. 推进区域协同发展。在区域一体化国家战略背景下，区域协调机制的建立与跨区域合作的推进将实现区域间更高效的资源共享、要素流动，而国家级高新区作为区域经济增长和高质量发展的重要推动力量，对于促进区域产业结构调整、加快双创生态系统建设有着积极的辐射带动与引领示范作用。因此，国家级高新区必须通过推进和深化跨区域合作，整合创新创业资源，实现优势互补和互利共赢。

3. 积极参与全球合作。在不断提升国际竞争力的同时，国家级高新区要更加注重整合利用全球创新资源，可以通过跨国并购、设立海外研发机构，建立国际研发战略联盟、海外孵化器、创新创业中心等方式，在全球范围内获取和整合创新资源。此外，要发挥帮助企业参与全球合作的平台功能，提升国际市场拓展能力，帮助、鼓励企业积极参与到全球合作、全球竞争；培育、提升企业国际研发能力，重点扶持国家高新技术企业的发展，帮助具有前沿技术与顶尖研发能力的企业对接全球科创资源；抓住国际产业链中的机遇，对接国际项目、资本、人才等资源配置，使国际化创新要素资源的集聚成为高新区新一轮高速发展的内生动力。

（作者：骆山鹰，科技部特聘专家，上海紫竹高新技术产业开发区党委书记、副总经理，上海市创业投资行业协会副会长，高级经济师）

用存量创新构筑国家级开发区发展新空间

文 / 李耀尧

当前，在国家级开发区尤其是第一批设立的国家级经济技术开发区和高新技术产业开发区等老开发区的发展中，普遍面临土地资源紧缺、现存空间产业容量不足的巨大压力。如何推动区域更新改造及存量创新，已经成为这类开发区转型升级与可持续发展的重大课题。

存量创新是增量创新的现实基础

在创新驱动发展中，增量创新和存量创新这两个创新越来越受到高度关注。所谓增量创新，就是区域创新要素的吸收引进，注重从外部环境考虑，通过招商引资和招技引智的模式，用外源性资源实现创新增量的提升，从而实现区域创新发展，这在传统的老开发区体现最为鲜明。所谓存量创新，就是区域创新体系的自我革新，通过内部挖潜改造和转型升级的模式，实现区域发展的脱胎换骨式创新，这是未来区域创新的关键所在。

为什么存量创新如此重要？第一，有限空间的稀缺性所致。理论而言，空间也是一种稀缺资源，特别是大都市的空间更是一种稀缺资源，对于地处大都市、大城市的国家级开发区，这种稀缺空间更加需要存量创新的运用。第二，关键资源（土地）的承载性所致。土地是空间的核心要素，这种不可再生的关键性资源在开发区、高新区中极为宝贵，经历二三十年变化的老开发区就已经步入存量时代，更加迫切需要实施存量创新，以获取更大的增量价值。第三，对外扩展的策源地所致。老开发区已经成为所在城市、区域的增加极和创新源，不仅自身需要“旧瓶装新酒”，而且需要用好存量创新对外扩散，以更好地发挥老开发区创新发展的区域引擎作用。

存量创新孕育巨大创新发展空间

从全球商业成长到国内新常态变局，经济发展与技术创新更多依赖于已有的发展空间，需要从有限的地理空间谋求广阔的增量价值。对于区域发展的局部或者开发区而言，存量创新不仅是经济增长方式的转变，而且是加快创新途径和创新方式的转型，拥有巨大的发展空间。

1. 存量创新有助于解决福特制空间问题。福特制的生产空间特点是以资本、利润为中心，一切的城市优势资源均被工业资本占据，人类生活的需要退居其次。而市民的开放空间严重不足或质量不高便成为福特制空间的一个突出特点。制造业空间是福特制时期的城市特征及面临的困境，政府对城市发展的关注集中于就业创造、引进资本与制造业发展，以制造业为主体的经济活动内容已经成为城市形象的直接联想；制造业型城市对于城市的货物运输有着强烈的依赖，综合立体的货物运输网络是制造业型城市的特点；一些重化工业在空间上存在着资源依赖或产业链条件的供求关系依赖，从而形成了相互靠近集中区位，并与港口铁路等大型海陆集疏运枢纽相复合的倾向。同样，制造型开发区不仅面临技术创新课题，更重要的是解决产业空间拓展问题，因此，在新型工业化和再工业化浪潮下急待谋求老开发区新型发展的新型空间拓展。

2. 存量创新有助于扩大科技与商业空间。

新经济时代的经济发展动力是所谓“积累的社会资本”，产业生命周期缩短从而使得生产决策加快。在此背景下，对于科技和商业环境的需求正在成为城市管理者与规划者的关注焦点。由于新经济时代无论是创意产业还是高级生产服务业，主要生产要素均是人，科技和商业对空间的需求则更多地体现了以人为本，其空间特征体现为：商业与生活成本节约，公共设施密度大，可达性高，用地功能混合，具有交通选择多样性，以及审美吸引力。然而创造混和空间与单一功能空间相比需要的时间更长，但是新经济却又在以越来越快的超加速度发展，因此空间营造作为一项具有产业政策意义的空间战略便愈发具有紧迫性。老开发区在过去相当长的一段时间里，培育了一批先进制造业和科技产业，形成了较强的经济产能，但现今也面临产城分割、环境污染、资源约束的困境，只有将现有发展空间进行优化提升，才能释放更大更多的科技及商业空间，进而提升产业发展的质量与水平。

3. 存量创新有助于提高土地利用价值。大都市的空间及其土地极为珍贵，迫切需要提高其使用价值。特别是与开发区人均产出水平较高相比，老开发区土地产出效率呈现下降趋势。以功能区与行政区合并后的广州开发区（广州市黄埔区）为例，全区人均 GDP 水平在广州市所有辖区中排名第一，但从每平方公里的产出效率看，开发区（黄埔区）却远远低于越秀、天河、荔湾、海珠四区，大约相当于天河区的 1/5，越秀区的 1/13。这说明（新）黄埔区的经济密度、土地产出效率明显偏低，（新）黄埔区在用地资源上尚存较大的可挖掘潜力。老开发区早期工业用地内的部分企业存在闲置厂房和用地，这些存量土地孕育转型升级的极大空间，也有助于开发以科技综合体的新型园区。

存量创新关键在于盘活存量空间

基于创新驱动发展战略考虑，老开发区未来发展的关键在于做活存量这盘棋，坚持用存量创新谋求开发区、高新区发展的新空间，即以高端资源集聚和现有产业空间整合为基本手段，以存量创新为根本动力，加快推动开发区更新改造和产业创新。通过盘活开发区自身土地资源，加快集聚高端科技创新资源，增强科技型产业的全球竞争力，大力培育本土领军企业，才是实现老开发区转型升级的根本路径。

1. 坚持实施“优二强三”转型战略。面对传统制造业持续衰退和服务经济快速发展的时代背景，英国伯明翰市提出构建以服务业为主导的多元化产业体系的转型目标，但并非局限在传统“退二进三”的思维定式中，而是着眼于“优二强三”，通过提高服务业在经济中比重，形成服务业对整体城市产业体系的支撑，走“高端制造业 + 高端服务业”并举的道路。借鉴伯明翰产业转型经验，老开发区在坚持走新型工业化道路基础上，绝不可简单地放弃第二产业，而应是加快产业融合创新，对传统制造业及其生产模式进行改造，植入高新技术活力，提高产品附加值，实现创新型产业集群发展，推动高端制造服务化转型，发展服务型高端制造业。

2. 加快老开发区“复合功能”再开发。位于英国伯明翰市中心的布林德里地区，通过基于复合功能的再开发，从一个充满着工厂和码头的破败地区，变成了由一系列商店、餐馆、咖啡厅、办公楼、住宅、文化设施等组成的令人眩目的公共广场和华美建筑群。借鉴伯明翰及国内先进地区的经验，老开发区二次开发的关键在于实施“复合功能”地产开发，通过区域价值的提升带动旧厂旧村更新。在复合开发中，应贯彻与市场对接的原则，并以此作为确定更新时序和项目启动的基本依据；同时发挥政府作用，通过基础设施和公共服务配套建设，提升区域空间价值，进而推动旧村更新有序展开。在具体操作模式上，主要以大项目推动旧厂联合开发，注重实际效果而不是为目标或任务所累及，并注意克服更新中过于“碎片化”而忽视整体协调原则的倾向。

3. 重构制造业与服务业融合发展的紧凑型

空间。老开发区要注重发挥制造业及科技集聚优势，大力挖掘生产性服务业产生的潜在需求，顺应当代制造业与服务业融合发展趋势，致力于打造制造业与服务业融合发展、空间集中的紧凑型城市空间。例如，广州开发区在与黄埔区合并过程中，坚持发挥各自优势，致力于打造紧凑型城市空间，消除现有制造业集聚区的功能单一、产城分离问题。目前，已经确立66个三旧改造与城市更新项目，致力于3年完成所有旧改任务，促使老工业园蝶变为新产业园。在现有制造业集聚区中引入金融、保险、商务服务与咨询等生产性服务部门，并配套居住功能与生活服务设施以及综合性商业服务功能，聚集人气、提高土地使用效率，激发开发区经济活力，为国家级开发区二次开发与产业结构优化升级创造空间整合效率。

4. 实现工业区改造与城市形态相结合。老开发区未来发展的重点是推进新型产城融合，加快公共空间的网络连接，形成产业、科技、商业多重发展格局。在实际操作中，可以采取多重组团发展策略、复合地产策略和功能创新策略。第一，置换为创意活动空间——创意行为的承载场所。通过设计手段，将旧工业建筑空间设计为创意活动空间，原有的大空间结构使得改建后的空间更为自由灵活，更能满足不同的创意设计活动的需要。第二，置换为展示交流空间——创意成果的展览平台。旧工业建筑的大空间在空间形式上与大型展览空间布局有异曲同工之效，经过简单的空间分割或整合，即作为展览之用；既有厂房的结构或者内部弃置设备等，也可成为展示的主角或辅助部分。第三，置换为休闲消费空间——创意产业的消费地点。创意产业园区需要消费空间承载设计平台的辅助性功能，园区的消费空间将成为城市中新的消费场所，满足各类高端人才的消费需求。

5. 加快培育与打造创智型产业社区。依据老开发区工业用地信息系统，对工业区内现状用地构成进行清理，从权属、现状建设情况、区位、建筑质量、功能构成等层面综合判断可控更新潜力用地。同时，将评价结果与所在城市现行更新改造办法相对应，对具体更新潜力空间选择适宜的更新模式（拆除重建、功能改变、综合整治），并优先选用功能改变和综合整治两种更新模式，避免大拆大建。对于综合整治与功能改变类潜力空间，结合地块内原有建筑功能（酒店、商业、公共服务等），增添娱乐中心、医疗保健中心、银行、邮局等功能与活动，完善社区单元的服务水平；同时结合户外下沉广场与屋顶绿化，使绿化空间与商业空间的边界模糊化，扩大人们的活动与交流空间。对于拆除重建类潜力空间，基地内部原有建筑拆除后，针对服务类空间建议采用半围合布局，作为产业社区的“城市客厅”，建筑空间内设置企业家俱乐部、小型会议中心、医疗中心等服务功能，结合园林设计创造“双地表”的活动平台。针对轨道站点周边的地块建议采用建筑综合体的建设模式，建筑内部综合商业、办公、居住、旅馆、展览、餐饮、文娱等多功能，公共空间与建筑底层裙房融合，打造成为老开发区的地标性空间。

6. 以交通要素整合释放新型空间活力。由于老开发区一般设立区域远离城市中心区，因此，需要将现代交通网络建设作为存量创新的重要抓手，不断降低开发区通勤成本。坚持现代立体式交通整合，建设连接开发区各产业片区交流系统，必要时建设形成以地铁站为核心的地下空间体系，最大程度地发挥开发区与中心城区融合发展的催化作用。具体改造项目包含大型城市轨道交通、现代地铁线、快速公交系统，以及大面积办公和配套商业空间带来的汽车交通、公共交通、服务交通、步行交通和大型停车场等。

存量创新需要良好的发展策略

与增量创新相比，开发区存量创新更是一项系统化工程，需要政府制定合理的发展策略及政策措施。为了促进和保证存量创新中企业重组、土地重新收储和招拍挂等工作的顺利运行，必须发挥政府的宏观调控和引导作用，综合运用各种经济手段、法律手段和必要的行政手段进行监督、调控和适时调整，创新集约高效化发展模式。

坚持政府引导，合作开发。对于符合园区产业导向、尚有一定增资扩产或内部挖潜空间的低效企业，包括尚未达到建设规划参数下限指标的土地，项目已建成但长期未达到招商协议要求产能的企业等，通过签订低效企业整改协议书，鼓励其增资扩产、提高容积率，督促其按整改协议限期整改、限期建设，按承诺达产。对于不符合园区产业导向，但有原地转型发展意愿和实力且占地面积较大的企业，政府可通过区属国企与其协商，通过全部或者部分改造的方式，合作建设专业园（包括孵化器、加速器），确保改造后引进符合园区发展导向的产业。对于在规定期限内完成改造或合作开发的企业，政府可给予建设改造专项资助。

坚持限期整改，限期达产。积极鼓励盘活停产企业土地，各建设项目优先开发利用停产企业的土地，促进土地的合理利用。政府要对土地利用方式进行强制调节，并通过经济、法律和必要的行政手段，对现有存量土地充分挖潜，约束土地使用主体的短期行为，转变经济增长方式由粗放型为集约型，节约资源、降低消耗。利用存量土地进行“二次招商”，引导企业嫁接改造、合营合资，盘活存量建设用地，最大限度控制建设用地扩张。对于部分面积小、较分散、不利于开发建设的闲置地块，应该改变利用思路，闲置期内先行建设公共绿地，不断改善开发区城市环境。

坚持原地改造，滚动实施。按照国家《土地管理法》《城市房地产管理法》等有关法律法规，遵循公开、公正、公平的原则，通过协议置换、鼓励流转等方式，原地改造滚动实施，适当提高规划容积率。重点加强基础设施建设，逐步增加绿化面积，将建筑密度大、绿地率低、容积率低的城中村改造成为建筑密度低、绿地率高、容积率适宜的城市新社区。积极引导城中村的产业发展方向，使其用地向有利于建设现代服务产业体系的用地方式转变。通过“三旧”改造改善民生环境，盘活和释放存量土地，推动园区新型社区建设，引导土地资源高效配置，促进创新型经济持续增长。

坚持多元主体，共同参与。在老开发区存量空间改造中，通过政府赋予能力，可以使低收入者有能力改善自身的居住环境，保持社区社会结构的延续，控制开发商对开发区造成的破坏，保持中小型经济活动，从而增加传统社区的活力，实现开发区经济、社会、环境等方面的可持续发展。为此，应重构一种新的更新改造模式——多主体共同参与模式。这种模式应区分行动者的不同角色，以产权为纽带，以外部性成本内部化为基础，通过合约安排，使政府、开发商和原住地居民组成利益共享、风险共担的共同体。即在既定的旧城旧厂改造范围内，城市基础设施和公共服务设施由政府投入，不计入改造成本，旧房屋的拆除、重建及所增加的商业面积通过出租出售带来的利润，扣除对原产权人弃产的补偿和回购房的成本之外，原产权人与开发商可按股分红。这种“利益共享、风险共担”的治理模式有利于将更新改造的成本和收益内部化，也有利于产权人享有真正意义上的决策权，更有利于开发区可持续发展。

（作者：李耀尧，广州开发区政策研究室主任兼广州高新区高质量发展研究院院长，经济学博士）

"双循环"下，中国园区制造业应何去何从？

文 / 华夏幸福研究院院长 顾强

当前，新冠肺炎疫情在许多国家仍未得到根本缓解，全球产业链、供应链重塑已经成为世界经济发展的明显趋势，许多国家已制定本国新的产业发展规划或对原有规划进行调整，同时加强外资审查和本国产业保护，吸引海外制造业回归或做出新的布局，由此，产业链、供应链的安全风险不期而至。

面对新的风险与挑战，中国制造业如何面对后疫情时代的全球产业链重构？中国制造业如何在疫后新格局当中找到自己的位置？如何在新的国际格局变化之中，实现中国制造的转型升级？作为中国制造业的集聚高地和引领先锋，开发区应当审慎思考、谋定后动。

"双循环"下的战略选择

从2017年底开始，全球产业链、供应链的重塑已经成为一个重要的议题。随着中美摩擦的不断升级，许多外资企业面临"产能放在中国本土还是转移出去"的重要选择。事实上，这样的产业转移可以追溯到2012年。以韩国三星为例，过去产能主要布局于天津、深圳、东莞，到2019年，三星已在越南投资137亿美元，建立了8个生产基地，总出口额达657亿美元。目前，韩国三星与韩国LG两家公司的出口总额已占到越南电子产品出口总额的70%。与此同时，中国内资企业也同样发生着一些变化，比如，自2018年开始，许多内资企业选择将一部分投资和产能布局在东南亚地区，华夏幸福也在越南和印尼设立了产业新城。由此可见，产业链的局部重构早已开始，而如今受中美贸易摩擦、大国博弈叠加新冠肺炎疫情的影响，这样的产业链重构将会进一步提速，或呈现出新的趋势和特点。

于我国制造业而言，如今正面临逆全球化和去中国化的严峻挑战，无论技术、人才等方面的阻断，或是影响深远的全球贸易规则重塑，加之百年一遇的新冠肺炎疫情影响，可以判断，虽然目前表现出来的出口还具有很强的韧性，但未来几个月、甚至未来几年的外部循环都很有可能会受到阻碍。相应的，我国制造业也将面临一个全新的发展环境，比如，一些面向中国市场的外资企业进一步加大了在中国的投资，但对大部分企业特别是生产性企业而言，疫情之下的资本性投入仍然十分艰难。

在这样的背景下，中央提出"以国内大循环为主，内外循环互促"的新格局成为战略选择。在这样的战略选择下，中国内部的产业链也面临着重塑：外循环有可能收缩，内循环以"六稳六保"作为底线，也同样面临着一些压力，产业动能也会出现一些新的变化。从数据看，当前，我国每年生产各种材料约36亿吨、能耗约46亿吨、能源产品约38亿吨、货运总量约515亿吨。在外循环收缩的情况下，内循环即上述指标总量都将会出现不同程度的下降。

从供给侧看，我国要建立的内循环应当是在双循环条件下，即进一步开放市场下的国内市场循环。换言之，我国目前的装备、材料等产业链条将可能形成新的体系，从全球角度也将会出现新的格局。以半导体产业为例，目前全球已形成三大体系，一是美国能够影响和控制的体系，二是非美国体系，三是中国的自主体系。在这三个体系当中，中国企业能否对国内产业形成支撑，能否真正替代国际需求，是未来非常重要的任务，也是需要开发区牵头示范的重点。此外，由于企业升级的需求普遍在专业服务技术生态等高附加值领域，因此，专业化服务能否延伸，能否满足专业化服务的新业态、新模式、新产业的诞生，也应当是开发区特别关注的问题。

从消费侧来看，由于我国具有规模市场优势，目前衣食住行等消费需求都在迭代升级，但在升级过程中，往往伴随着低端产能的萎缩，为此，开发区的着力点应放在中高端产能的同步升级上。与此同时，医疗服务等个人消费需求也面临升级，对内循环而言，关键在于下一阶段国际高端消费能否回流。

从政府层面来看，涉及公共产品、公共服务、城市更新以及基础设施建设等多个领域，比如，新冠肺炎疫情之后，公共医疗等很多领域的“短板”逐渐显现，作为一个以内循环为主的经济体系，政府的投资需求也会相应地有所增加；再如，新基建的兴起与发展，也将给开发区内企业特别是制造业企业带来新动能、新增量。

中国制造业面临五个变革

“以国内大循环为主、内外循环互促”的新格局，对中国制造业而言是全新的发展环境。在这个新环境下，将发生很多新的变革，激活更广阔的市场、更多样的产业、更丰富的业态和更新颖的模式，也对开发区的制造业加速转型升级提出了更高要求。

一是技术的变革。智能化是技术变革的方向，新一轮产业革命与科技革命是建立在新一代信息技术基础之上的，从过去的互联网、移动互联网，到如今人与物互联、物与物互联，未来还将进入万物互联、万物智慧、万物智能的时代。2020 年，新冠肺炎疫情更加速了对万物智能的需求，在这样的背景下，未来制造业竞争的焦点自然也会产生变化。必须清楚认识到，与过去相比，数据成为新要素，算力成为新基建，算法成为新内燃机。面向未来智能化的世界，开发区发力的重点也应集中在这些方面。

以数据为例，中国拥有庞大的数据源，但需要后台先进的操作系统，包括 PC 端的操作系统、手机的操作系统、云计算的操作系统等。而获取数据手段的竞争，实则是抓取数据中使用的传感器的技术竞争，即芯片的技术竞争。类似的，算力本质上也是芯片的计算速度和计算能力，其基础是芯片开发工具、生产芯片的装备和材料的竞争。算法实则是基础理论的竞争，是最底层基础技术的竞争。

由此可见，就未来竞争而言，包括生物医药等在内的所有产业，最终实则都是数据、算法、算力的竞争，再究其根本则是基础技术的竞争。对于我国开发区而言，以内循环为主的要求下，应特别关注在基础理论、底层技术、基础材料、新装备、工业软件等领域寻求突破，以缩小与发达国家的差距。

二是产业结构的变革。服务化是制造业转型升级的重要的方向，调查公司 AndyNeely 曾在 2008 年对全球 1.3 万家制造业上市公司提供的服务进行了研究，结果显示，美国制造与服务融合型的企业占制造企业总数的 58%，芬兰的这一比值为 51%，马来西亚为 45%，荷兰为 40%，比利时为 37%；而相比之下，我国制造业服务化的进程远远落后，具备服务型制造能力的企业仅占所有企业的 2.2%。中国制造业的收入仍主要来自所制造产品的直接销售，制造与服务融合型的企业数量不多。事实上，全球一些著名制造业公司如 GE 等，已经向定制化、服务化转型，提供运维、金融、咨询、解决方案等多元服务。

从制造业全行业来看，目前的投入也大都集中于服务型的软性投入，包括新技术研发、工业设计、个性化产品设计、精准化供应链服务、物流、技术咨询，以及 AR、VR 的导入、解决数据分析的导入等。与此同时，对于许多制造业企业特别是传统意义上的产业链下游企业而言，产出也是服务化的，如销售、全生命周期运营维护、在线检测、在线维修、在线升级、便捷化电子商务、实时响应服务等。可见，开发区应鼓励区内企业从设计、研发、制造、销售、运营维护等环节上积极实现服务化、定制化，形成消费者驱动的C2M新型制造模式。

三是空间结构的变革。我国产业特别是制造业的空间结构变革，是一个与全球产业链集群发展、中国制造业双重嵌入同等重要的话题。目前，产业的都市圈化和地方化是主流趋势。

都市圈内产业呈现“3—2—1”的三次产业逆序化分布，体现了中心的创新尖峰与周边制造体系之间的协同以及空间的重构。以上海都市圈的汽车产业为例，以上海市为中心形成的总部经济、创新经济、创新集群和周边的产业体系，形成了一个区域性的产业体系，可称之为“创新尖峰＋制造业高地”的发展模式。

从更大范围来看，无论是在长三角地区、珠三角地区还是成渝地区，均可以看到都市圈化与地方化的双循环，即都市圈内部产业体系的循环，以及产业链的区域产业集群循环。在这样的地方化循环体系中，由于各类要素集聚协同，从而使区域内的后发地区具备创新“蛙跳”的条件。比如，集成电路产业最早在上海得以蓬勃发展，苏州、南京紧跟其后，之后合肥等地也开始着力培育集成电路产业。但目前来看，合肥的集成电路产业已经实现了跳跃性升级，即呈现出“蛙跳”现象。

总体来看，一个地区内，不同城市、不同都市圈之间的产业链、产业集群的升级，可分为沿价值链的链状协同升级和围绕要素共享的云状协同升级两类，其中，不同都市圈和不同城市之间的协同大多是链状协同升级，而一个都市圈内部的协同往往是云状协同升级。

四是产业生态的变革。地方化和都市圈化下的产业生态的变革体现于产业链的植根性，即生产要素集聚于某一个地方后，能否实现沉淀，在沉淀之后能否实现升级，最终能否形成更完善的产业生态，并在这一生态下实现产业价值链上的跃迁和提升。以生命健康产业集群为例，从上海张江、苏州工业园区、泰州中国医药城以及南京的一些产业集群中均可以看到，与过去简单的企业数量集中不同，典型的生命健康集群是多个要素、多个链条、多个物种和多个业态的集中，产业从传统制造业集群提升为创新集群，内涵更为丰富。

应当强调的是，要构建根植性强的产业生态，必须同时关注产业体系的完善、人力资本的吸引与提升、产业文化的丰富、制度规则的规范、公共服务水平的提升等多方面问题。其中，尤为重要的抓手之一是创新应用场景，需要发挥超大规模的内循环市场优势，通过四维场景的创新使内循环和新产业获得更好的成长环境。在这一方面，以“平台＋资本＋赋能”增强产业连接和集群植根性，是开发区新型产业创新集群培育的优秀经验。

五是规则的变革。对于中国制造业而言，无论内循环、外循环或是内外双循环，三种循环都会长期存在，只是在某一个阶段可能由于某种循环提速而侧重以这一循环为主。在这其中，面临着一些规则的锁定，如低端锁定和升级路径锁定等。中国制造业的最大特征是规模大、体系全，几乎所有制造业门类和产品中国都有所涉及，但部分产业由于技术体系并不为中国企业所掌控，升级面临着很大的制约。如何突破锁定，跨越路径锁定的“山峰”，是中国制造业当下最严峻的挑战。

总体而言，依靠“硬实力＋软实力”提升价值链的分工地位，将是中国园区制造业的一个长期任务，“规则求胜”是更高的要求。只有能够真正定义一个产业、定义一种技术、定义一类产品，才真正走到了价值链的最高端。

跨省园区共建 推动长三角一体化发展的“临港模式”

文 / 上海发展战略研究所城市战略研究部部长 张云伟
上海临港创新管理学院科研咨询部部长 刘明星

跨省园区共建是推动长三角一体化发展的重要抓手。根据《长江三角洲区域一体化发展规划纲要》，长三角三省一市要探索共建合作园区，共同拓展发展空间。临港集团及下属子公司漕河泾开发区总公司已探索跨省园区共建十余年，初步形成了特色鲜明的“临港模式”，但在长三角一体化新形势下也面临新的挑战。

先行探索形成长三角跨省园区共建的“临港模式”

经过十余年发展，临港集团已形成特色鲜明的跨省园区共建路径，形成了以“共建品牌化、合作多元化、收益共享化、区域联动化”为特点的“临港模式”。

1. 共建品牌化。临港集团在“走出去”过程中非常注重品牌塑造。第一，严控品牌输出风险。在园区“走出去”之前，漕河泾开发区总公司会对共建过程中存在的风险逐一排查，避免因各类因素导致共建园区运营困难，降低品牌影响力。第二，制定品牌输出标准。临港集团下属子公司漕河泾开发区总公司制定了《漕河泾高科技园区品牌服务输出标准》，并梳理基础服务产品清单，从而进一步夯实了品牌输出内容。第三，打造品牌项目。以“科技绿洲”为抓手，漕河泾开发区总公司在共建园区打造品牌化项目。如 2019 年，海宁园区科技绿洲入驻企业达到 28 家，实现合同外资 1 065 万美元，实到市外内资 74 000 万元。

2. 合作多元化。为满足合作多方需求，应对各类风险，临港集团形成多元化的合作路径，灵活选择跨省园区共建的合作方式。第一，投资合作。临港集团拿出一定规模资金，与合作方共同成立合资公司，负责共建园区开发建设。如上海临港经济发展（集团）公司与光明食品（集团）有限公司、江苏省沿海开发投资有限公司、盐城市国有资产投资集团有限公司、盐城市大丰区金茂国有综合资产经营有限公司，按 40%、30%、10%、10%、10% 的股比，共同投资成立沪苏大丰产业联动集聚区开发建设有限公司；漕河泾开发总公司与海宁开发区公司，按 55%、45% 的股比，投资成立合资公司。第二，品牌合作。在品牌合作模式中，漕河泾开发区总公司输出品牌，获得一定品牌使用管理费。目前，长三角地区海宁分园、盐城分园、慈溪分园、余姚分园四个共建园区冠名“漕河泾”。第三，服务合作。漕河泾开发区总公司具有高质量双创服务，在合作过程中将双创服务输出到共建园区，改善共建园区的营商环境。如漕河泾为共建园区提供孵化器培训等双创服务。

3. 收益共享化。按照出资比重或资源贡献，共建双方分享合作收益。第一，运营收益共享。按照出资比例，临港集团获得合资公司运营收益。如临港集团获得沪苏大丰产业联动集聚区开发建设有限公司 40% 的运营收益，漕河泾开发区总公司获得海宁合资企业 55% 的收益。第二，品牌收益共享。漕河泾开发区总公司向海宁、盐城、慈溪、余姚输出品牌，获得千万元品牌收入。共建园区通过“漕河泾”品牌，提升社会影响力与经济效益。

4. 区域联动化。在共建双方的合作带动下，共建园区与上海形成联动发展的态势。第一，产业联动。沪苏大丰产业联动集聚区吸引光明乳业、上海奥为智能等龙头企业入驻，形成上海研发、大丰生产的产业联动格局；海宁分园内电子信息、新能源、新材料、生物医药等产业也与上海相关行业发展密切相关。第二，创新联动。通过共建园区的科技中介组织，共建园区与上海形成创新联动。如漕河泾海宁分园通过漕河泾创营等平台，推动海宁分园内企业与上海优质创新主体进行创新合作。

新形势下优化“临港模式”面临四大难题

在长三角一体化新形势下，对照一体化发展新要求，上海推动临港集团等一批园区开发主体“走出去”，优化跨省园区共建的“临港模式”，主要面临四大难题。

1. 跨省园区共建的制度基础仍较薄弱。由于园区开发主体多数为功能性国企，主要任务是推动本区域发展，考核导向并没有过多考虑跨省“走出去”，因此，园区开发主体推动跨省共建的制度动力不足。第一，园区开发主体定位区域化。园区开发主体一般是地方政府为推动本区域发展设置的功能性公司，主要工作是一定区域内的开发建设、招商引资、企业服务等，在一定程度上降低了园区开发主体跨省共建的积极性。第二，国资委考核约束园区“走出去”。园区开发主体由国资委考核，考核指标包括人均利润、投资收益率等。考核中的部分条目导致临港集团及漕河泾开发区总公司在跨省合作过程中顾虑较多。

2. 跨省园区共建的利益分享机制仍不健全。在当前制度环境下，合作园区税收等指标仍然无法实现两地共享，运营收益共享也在一定程度上存在障碍。第一，税收分享路径不畅通。虽然共建主体可通过合资公司收益，共享区域开发红利，但两地政府分析税收收益的机制还不畅通。第二，发展指标共享难。在园区共建过程中，一些企业会从共建输出方进入合作园区，造成GDP、税收等指标的空间转移，但共建园区的发展指标又无法拆分落实到合作双方。第三，一二级开发利益共享难。在园区开发过程中，前期一级开发投入大，主要由江浙本地政府主导；二级开发收益大，主要由两地组建的合资公司主导。在现有开发机制上，实现一二级联动开发较难，如何平衡合资公司的一二级开发收益，成为利益共享机制的关键。

3. 园区开发公司外派人员配备难、高管输出难。在与江浙两地合作共建园区过程中，上海园区开发主体面临人员外派难等问题。第一，增加外派人员编制难。受制于国企人员编制约束，功能性开发主体难以派出大批人员参与园区共建。如漕河泾开发区总公司大约1 000人，外派职工增加较难。第二，长期外派有经验的管理人员比较难。园区共建输出方难以派出经验丰富的园区开发运营管理人员。如漕河泾开发区总公司难以长期外派拥有足够经验的管理人员负责外地合作园区的建设运营。

4. 合作共建资金沉淀周期长、风险大。园区开发是一个漫长的过程，需要数年、甚至更长时间才能实现收益回报。第一，输出方资金沉淀周期长。在重资产合作中，上海园区开发主体会投入大量资金，但投资回报周期长，资金压力大。如海宁园区自2009年建设以来，直到2017年左右才有利润回报。第二，面临开发政策变化等多重风险。共建园区开发与当地政府发展方向、重点密切相关，离不开当地政府的大力支持。若当地政府发展导向变化，共建园区发展滞后，将会给输出方带来沉重打击。

进一步优化“临港模式”
推动长三角一体化发展

为推动以临港集团为主的一批园区开发企业积极参与跨省园区共建，加快长三角一体化发展，江浙沪皖等地政府应在制度设计等方面展开进一步探索。

争取国家在GDP核算与税收分成方面的支

持。结合长三角一体化示范区建设，建议探索GDP统计和上缴税收的分成机制。如建议两地政府协商，制定双方共建园区的GDP分解核算方案，报国务院审批；在税收分成方面，可加强与合作区域的沟通，协商税收共享模式，比如对共建园区入驻的企业可探索短期内（3～5年）通过“异地开票”的方式，即入驻共建园区的企业在当地缴纳增值税，在输出地缴纳营业税、所得税，实现短期内两地在企业税收方面的共享。

确定3～5家上海跨省园区共建主体。依托长三角区域合作办公室等机构，形成园区异地共建的指导意见，并尽快认定一批有实力、有品牌的开发主体，进行长三角园区共建。结合上海开发区综合排名情况，从园区开发完成率、园区运营成熟度、品牌等方面，选定3～5家园区开发主体，并通过政策激励等措施，鼓励这些企业走出上海，在长三角区域合作共建园区。

调整对跨省园区共建主体的管理考核制度。第一，针对当前园区“走出去”存在的制度性问题，重点从人员管理和企业考核等方面调整相关制度。针对人员短缺问题，建议动态增加共建主体的人员编制，为外地项目开展提供充足人才保障。针对企业考核约束等问题，建议结合项目投资特点，前期适当放宽对于企业人均利润等指标的考核。第二，构建园区共建的考核新制度。根据资金、品牌、服务等合作内容的不同，分别制定相应的考核制度，提升园区共建效率。

为跨省园区共建提供充足的资金保障。第一，依托长三角区域合作办公室，在市级层面成立跨省园区共建资金池，支持共建园区主体开发土地、投资高技术项目等。第二，上海国资投资平台通过股权投资等形式，向园区共建主体注入前期开发资金。第三，鼓励园区共建主体多渠道融资，在外地共建园区。

临港集团开展跨省园区共建的实践

临港集团主要以子公司漕河泾开发区总公司为主体，推动跨省园区共建。十多年来，临港集团在长三角地区已跨省共建5个园区，包括漕河泾海宁园区、漕河泾盐城园区、沪苏大丰产业联动集聚区、漕河泾慈溪高新区、漕河泾余姚工业区，大致经历三个发展阶段。

第一阶段：初步探索期（2009—2014）

2009年，上海与浙江探索实质性建设第一个跨区域园区合作项目——漕河泾海宁分园。漕河泾开发区海宁分园总规划面积15平方公里，致力于发展电子信息、新能源、新材料、生物医药、装备机械、汽车零部件等先进制造业及现代服务业等产业。上海漕河泾新兴技术开发区和海宁经济开发区双方共同成立合资公司，作为园区唯一的开发、经营主体，负责园区的开发、建设、经营和管理；漕河泾开发区总公司主要输出管理运营经验等。2019年，海宁分园实现规上企业①工业总产值58.8亿元，主营业务收入48.9亿元，利税总额6.4亿元。

2011年，漕河泾与盐城市探索园区共建，成立漕河泾开发区盐城园区。漕河泾盐城分园，规划面积10.5平方公里，产业定位为新能源汽车及汽车零部件、新光源和新能源装备制造、生产性服务业和区域总部经济。

第二阶段：顶层合作期（2015—2018）

2015年，上海市政府和江苏省政府在大丰农场共同设立沪苏大丰产业联动集聚区。集聚区规划面积33平方千米，定位于建设安全食品、装备智造、战略新兴产业生态圈，实行“省市完全授权、园区封闭运作”管理模式。沪苏大丰产业联动集聚区开发建设有限公司是唯一的前期开发主体，由上海临港集团、光明集团、江苏沿海投资公司等五家企业组建。

第三阶段：全面共建期（2019年至今）

为有力支撑长三角一体化国家战略，落实《长江三角洲区域一体化发展规划纲要》，临港集团加快跨省园区共建步伐。2019年，与慈溪签订全面战略合作协议，推动双方在长三角区域一体化架构下的深度合作；同年，与余姚工业区合作，实现品牌输出。

① 规上企业，即规模以上企业

新经济增长：实体经济数字化发展路径
——基于广州开发区制造业数字化的转型分析

文 / 广州开发区政策研究室主任、广州高新区高质量发展研究院院长 李耀尧

党的十九大报告指出，要加快数字经济等新兴产业蓬勃发展，推动互联网、大数据、人工智能与实体经济深度融合。作为新时代新经济的重要模式，数字化经济对于国家级开发区、高新区抢占全球竞争制高点极为关键，为此，基于广州开发区制造业数字化转型，提出新经济发展的若干思考。

数字经济及其数字化是新经济增长的重要形态

认识新时代新要素：数字化知识和信息。与传统的土地、资本、劳动要素相比，不断数字化的知识与信息已经成为新的关键生产要素。人类生产、生活及治理的数据基础和信息环境正在得到大幅强化，移动互联网和物联网持续普及部署，智能终端和传感器加速应用渗透，人、机、物逐步交互融合，与经济增长和社会发展相关的各项活动已启动全面数字化进程，呈现出从被动到主动、从碎片到连续、从单一分离到综合协同的三大转变，源源不断地产生着呈现爆炸式增长态势的海量数据，蕴含着巨大的价值和潜力。可以说，大数据已成为超越资本与土地的关键生产要素，被不断地分析、挖掘、加工和运用，价值持续得到提升、叠加和倍增，有效促进全要素生产率优化提升及经济增长。

认识新时代新模式：数字化新经济增长。新经济在经济全球化和信息技术革命背景下，在以生命科学技术、新能源技术、新材料技术、环境技术和管理技术等高科技产业为龙头带领下，已经成为具有低失业、低通胀、低赤字、高增长特点的经济。新经济趋向全球一体化，各孤岛型的经济体被紧密连接为一个整体，交互渠道变得更为复杂和多样性；信息和数字化让企业和各经济体之间的交互变得更为快捷，数字化的处理方式使得数据和分析能够更为高效和简便；数字化、信息裂变和技术创新，促使经济已经在呈几何级方式发展。

认识新时代新绩效：数字经济引领经济发展。2006—2016 年，美国 GDP 增速只有 1.5%，而数字经济年均增速却高达 5.6%。2016 年，美国数字经济（1.2 万亿美元）占据美国 GDP（18.6 万亿美元）的 6.5%。2018 年 5 月，华为发布的《全球联接指数（GCI）2018 报告》显示，数字经济增速是全球 GDP 增速的 2.5 倍。预测到 2025 年，全球数字经济规模将达 23 万亿美元，比 2017 年的 12.9 万亿美元增长接近一倍。2017 年 8 月，麦肯锡全球研究所（McKinsey Global Institute，MGI）发布的《中国数字经济：全球领先力量》（“China's Digital Economy ：A Leading Global Force”）报告显示，近 10 年来中国已处于数字经济领域的领先地位。2017 年，我国数字经济总量达到 27.2 万亿元，占 GDP 比重达到 32.9%，同比提升 2.6 个百分点，数字经济在国民经济中的地位不断提升。

探索以制造业为核心的实体经济数字化模式

当前，数字化发展成为经济前沿地区的重要取向，国家级开发区、高新区以其超前思维、

厚重实力、优越机制大力发展数字经济，孕育着新经济增长的核心动力。广州开发区是制造业大区，已经形成IAB、NEM（新一代信息、人工智能、生物医药、新能源、新材料）高端产业集群，集聚行业巨头公司（世界500强）195家；创建了全国首个区块链特色中国软件名城示范区、广东省首个面向5G技术的物联网与智慧城市示范区、首批省级大数据产业园、新型网络基础设施工业互联网标识解析国家顶级节点。由此，广州开发区新经济增长的重点便是基于制造业数字化转型升级。目前主要有几种发展模式：

1. 新型基建先行——建成数字经济基础设施。广州开发区以智能发展需求为导向，建成融合感知、传输、存储、计算、处理的信息基础设施。在物联网基础设施方面，2018年12月开通工业互联网标识解析国家顶级节点，成为中国华南地区工业互联网互联互通数据枢纽。在新一代通信技术方面，实现生物岛5G基站全覆盖，全区已建成5G基站728座，力争2020年底全区建成5G基站3 500座。在高性能计算基础方面，数据中心等基础设施逐步升级完善，广宽云数据中心、广州科天智慧云公司、广东电信IDC云计算中心等大型数据中心率先与广州市超算中心完成了互联互通，中兴通云计算数据中心、中国移动（广东广州）数据中心等超融合云计算中心即将建成，中科院超算环境分中心为各类应用研究提供强大计算支持。

2. 制造业大转型——促进核“芯”能力增强。一是实施“强芯”工程。2018年1月，启动了广州市第一个芯片制造项目——粤芯12英寸芯片制造项目，打破广州“缺芯”的局面；2019年2月，引入国芯集中研发高端嵌入式CPU技术及产品、高性能RAID存储卡、可信存储服务器和系统。二是实施突“显”工程，瞄准全球创新资源和高端要素，打造“世界显示之都”。引入国内首条8.5代OLED面板生产线——乐金8.5代液晶面板项目，全球领先的基板玻璃生产商——日本电气硝子，广州首个大型偏光片生产项目——LG化学偏光片项目，创维4K超高清工程等，高端优质项目不断集聚靠拢，显示产业集群在全球的竞争力不断凸显。三是实施补“链”工程，助推产业集群发展。形成包括泰斗微电子、润芯、硅芯、捷普、新岸线、兴森快捷、风华芯电、海格通信等知名企业在内的完整产业链，通过深化电子信息在健康医疗、安防监控、智能家居等领域应用，加快新一代信息技术的产业链、价值链、创新链、资金链、政策链深度融合发展。

3. 5G+制造业提升——打通新经济多领域场景。依托广东省工业互联网产业示范基地，先行先试推动新一代信息技术与实体经济深度融合，鼓励规上工业企业与电信运营商协同开展网络改造，探索利用5G新兴技术推动实体经济转型升级，建成京信通信、昊志机电、智光电气等一批5G智慧工厂。京信通信将自动化设备与基于5G的工业控制交互操作“神经元”体系相结合，提高了工业机器人及AGV小车等设备在数据采集、传输、分析方面的可靠性，实现了流水线上生产物料高效流转和物流线路柔性调配。昊志机电结合5G、物联感知、智能算法、AR建模等技术，实现了全厂区生产单元、机器手臂等设备与MES系统的实时无线连接。在5G智慧工厂场景中，结合京信通信和昊志机电工厂的实际需求，利用5G高速率、大带宽、低延时的三大特性，结合物联感知、智能算法、AR建模等技术，可实现“身临其境”地对厂区及设备进行实时监测，极大提高了工业机器人及AGV小车等设备在数据采集、传输、分析方面的可靠性，提升了工厂的网络化、柔性化、智能化水平。在5G智慧河涌场景中，以黑臭水体治理、打造绿水青山为目标，基于“无人船+固定点”模式的5G智慧河涌示范项目已开始运作，搭建起集监测、分析、预警、优化于一体的河涌在线监测机制。在区块链+5G智慧停车场场景中，广州科学城总部经济区、市民公园、香雪人才公寓、科学城广场•未来空间4个基于区块链技术的5G智慧停车场已投入使用，构建起由地上到地下的智慧化综合交通服务体系。

4. 工业互联网应用——实现供与用双擎驱动。探索工业互联网开放、共享、互动、融合方式，呈现出供给支撑日益完善、融合应用逐渐丰富、产业生态日趋成熟的工业互联网生态，显现新经济增长活力。在工业互联网平台方面，以中设智控为代表，探索基于平台设备资产管理的金融服务生态链；以航天云网INDICS平台为代表，探索基于工业互联网的开发者双创孵化平台；以广州视源电子为代表，探索龙头OEM工业企业驱动供应链上游伙伴数字化迭代。在工业互联网应用模式方面，以京信通信为代表的数字化协同，促使人均效率提升22%，设备利用率提升10%，供货周期缩短8天，原材料库存降低60%；以昊志机电为代表的智能化生产，促使设备利用率将提升10%，生产效率提升30%；以明珞汽车装备为代表的服务化延伸，成功促使生产型制造向服务型制造转型。

5. 制造业区块链助力——应用加速突破与赋能。率先在智慧城市、税务、政策兑现领域引入区块链技术，借助区块链技术创新促进新经济增长。实施“区块链+智能停车”，开放了科学城1 500个公共停车位，高效释放了闲置停车资源；实施“区块链+政策兑现”，在全球首推“政策公信链”，通过引入区块链分布式网络和共识机制，实现审核自动化、流转可信化、审批同步化，每年将为企业节约成本约4 500万元，压缩时间超50%；实施“区块链+税收治理”，率先搭建全国首个电子发票区块链平台“税链”，建立起以税务部门为主的多方共管机制，破解了传统电子发票归集效率低、自查真伪难、重复报销等痛点，首批接入企业100户，已开出上链电子发票16 470张。此外，从人工智能产业链细分领域看，推动基础算法、云计算、数据挖掘、传感器、芯片、机器人、无人机、智能制造、语音交互、视觉交互、脑机交互、认知智能、教育评测、多语种技术等领域发展。

新经济增长重在实施实体经济数字化策略

新经济增长的重要动力在于数字经济驱动。根据有关专家预测，2020年，我国数字经济规模将超过32万亿元，占GDP比重达35%；2030年这一比重将超过50%。基于广州开发区制造业数字化转型实践与问题的分析，国家级开发区和高新区要勇于担当国家战略，加速创新思维并推进数字经济发展，使得实体经济数字化的新经济增长路径清晰有为。

（一）坚持创新创业集群化，实施实体经济数字化发展的集群化策略

以平台聚双创生态。重点建设航天云网INDICS平台，建设平台App开发者生态，培育一批基础性、行业通用的工业App，鼓励优秀工业App项目创新创业，定期开展工业互联网开发者大赛、工业App大赛。创建广东省工业互联网孵化器，为工业互联网平台、工业App新创企业提供创客空间。

以合作引高端人才。加强与浙江大学教授、中国工程院院士陈纯团队合作，加快建设区块链黄埔研究院，加速推动区块链、云计算、人工智能、边缘计算等技术融合发展，打造产学研商一体的区块链黄埔大学，构建以企业为主体、市场为主导、产学研深度融合的区块链人才培育体系，形成“对接产业、相对集中、错位发展、优势互补”的专业发展人才梯队。

以创新催生新业态。聚焦主导产业，支持推广一批智能化生产、网络化协同、个性化定制和服务化延伸等创新应用示范项目，比如明珞、京信、黄船、昊志等项目，催生一批网络协同制造应用、云制造、协同设计、众包众创应用，促进新业态新模式发展。

（二）坚持技术创新高端化，实施实体经济数字化发展的链条化策略

设立工业和信息化技术成果产业化中心。支持明珞建设广东省CPS离散制造数字化创新中心，面向新一代信息技术、工业互联网、人工智能、智能制造、网络安全等新兴战略必争

领域，促进 7 所部直属高校、19 所共建高校、部属单位技术创新成果在区内产业化应用，引领和支撑本地工业互联网产业创新发展。

引入国家省部级重点领域实验室。联合部属科研机构，建设国家级 CPS 实验室、国家级 5G 实验室、工业互联网先进技术研究中心，超前布局一批平台、网络关键技术，加快平台核心技术研发与产业化，打通前沿技术和共性关键技术研发供给、转移扩散和商业化的链条，形成协同的创新生态系统。

加速前沿技术交叉融合创新。与建设区块链特色中国软件名区紧密结合，推动区块链、人工智能、CPS、5G、工业互联网等技术交叉融合，发展以区块链技术为特色的嵌入式工业集成软件、CPS 软件，推动 5G 技术与工业制造领域的深度融合，形成优势资源汇聚、协同发展、合作共赢的平台体系。

（三）坚持行业领域市场化，实施实体经济数字化发展的体系化策略

培育自主创新品牌。开展重点平台遴选、跟踪培育、重点扶持、集成应用，支持、鼓励和引导区内企业上云上平台，丰富数字化平台应用场景，在不断建设和实践中优化平台接入能力和数据整合分析能力，支持航天云网 INDICS 平台、阿里云飞龙工业互联网平台、中船“船海智云”平台、东土科技工业互联网 intewell 操作系统云平台等工业互联网平台做大做强，培育一批国家自主可控安全数字化转型重点龙头平台，形成一批知名平台品牌。

搭建创新资源载体。整合国家省市及港澳相关的创新资源及载体，搭建面向粤港澳大湾区和应用测试环境和公共服务平台，承接国家新一代信息技术相关重大项目，推动关键共性技术突破，成立粤港澳大湾区数字经济产业联盟，带动数字经济核心产业、社会资本、高端人才向广州集聚，形成关键技术突破、应用测试、公共平台服务、创新成果孵化、高端人才培养的重要平台。

构建数字经济融合式创新平台。鼓励发挥广州开发区巨大市场优势和追求创新的优势，支持创新产学研融通的合作和共享方式，使技术研究的成果源源不断流向产业发展的前沿，从而提升创新能力，加快推进中国科学院大学和新加坡南洋理工大学筹建研究生院，积极推动香港大学、香港理工大学、澳门大学等港澳优质高校来穗合作。

（四）坚持协同发展融合化，实施实体经济数字化发展的联动化策略

加快区域协同发展。以广州开发区内的科学城、临港经济区、永和、云埔、东区、西区六个区域为重点，形成以先进制造为主导的新一代信息技术与实体经济深度融合的产业集群，推动形成片区特色的完整产业链，建成完善的产业发展基础设施，形成“一区六片多组团”联动发展的产业格局，打造人才、技术、资金、信息等高端要素集聚地。

提高港澳产融、产教协同水平。协同大湾区内制造企业、ICT 企业、高校和科研机构等创新资源要素，在鼓励政策、市场环境、公共服务、基础设施、通信网络、信息化建设和人才培养等方面深化新一代信息技术领域产融合作，进一步打通科技、产业、金融链条。

牢筑湾区数字安全防护屏障。发展新一代信息技术安全产业，重点突破网络安全、数据安全、应用安全等相关核心技术，推动攻击防护、漏洞挖掘、入侵发现、态势感知、安全审计、可信芯片等安全产品研发，建立健全信息安全工作机制，推动省市区三级联动开展重点行业数字安全检查、风险评估，构筑粤港澳大湾区工业互联网安全保障。

（五）坚持安全发展生态化，实施实体经济数字化发展的服务化策略

发展黄埔特色工业软件。结合区内区块链、智能网联、5G 及软件产业发展特点，探索出工业软件与新兴产业的融合，引导工业软件向产业向自主方向发展。

构建安全可控的生态体系。加快推进国产自主可控替代计划，推动自主安全可控软件产

业发展，建立以706所、鼎甲、蓝盾、东土科技、龙芯、七喜电脑等为核心的国产安全可控软件生态体系，打造以工业软件为特色的安可基地。

打造软件创新发展产业集群。支持基于东土科技等自主可控工业操作系统的工业互联网平台建设及推广应用，补强工业互联网攻击防护、漏洞挖掘、入侵发现、态势感知、安全可信工业用芯片等工业信息安全技术，形成具有黄埔特色的自主、安全、可靠的工业App优势。

全面提升政策服务体系。广州开发区为推动新一代信息技术与实体经济深度融合，营造了“态度好、速度快、温度暖”营商环境，陆续出台了《关于加快IAB产业发展的实施意见》及实施细则、《开发区促进工业互联网产业发展办法》《开发区促进区块链产业发展办法》《开发区促进5G产业化发展办法》等政策文件，“工业互联网10条”“区块链10条”“5G10条”“黄金10条”“美玉10条”等一系列政策。下一步，要将这些政策进行整体提升，推动数字经济发展的规范化、标准化体系建设，构筑“1+4+N”高质量发展政策系统，用好广东省首个营商环境改革创新实验区，打造“承诺制信任审批”“订制式审批服务”“来了就办、一次搞掂”等改革品牌，为实体经济数字化转型赋能。

浅谈如何编制好“十四五”规划

文 / 中国开发区协会特聘专家、广东文理学院客座教授　李国良

当前，全国各地开发区正在谋划编制“十四五”规划。而编制好“十四五”规划，对园区未来五年乃至更长时间的发展都至关重要。我国的“十四五”时期，正逢世界百年变局之关键时期。党中央、国务院、习近平总书记高度重视此项工作，正举全国之力，并列为头号重点工程推进。

一、为什么要下大力气做好“十四五”规划？

首先，规划是以长远发展结果为目标导向的重大安排；其次，规划是以限制自由发挥为依归的重要手段；最后，规划是一种行为规范的准则。因此，规划视同立法，必须共同遵守、强制执行，绝不能流于形式，不能出现“墙上挂挂，不如领导一句话”的问题。

二、作为国家级或省级开发区，如何才能做好“十四五”规划？

（一）要做好规划定位

园区的规划定位要与国家、所在省（市、区）的发展战略规划相呼应、相匹配，不能脱离“大环境”而只考虑“小环境”，否则就只能是闭门造车。

（二）要做好产业规划

没有产业支撑的园区就是“沙漠里的新城”，也被人们称为“鬼城”，因此，一个园区的未来发展至少要明确打造 3 ～ 5 个主导产业集群，才有可能把“蛋糕”做大。

（三）要做好招商规划

必须进行“有目的的招商”，摒弃过去那种饥不择食、“拣到篮子就是菜”的大海捞针和全民招商战略。要重点推进规划招商、产业链招商、上门招商、“一把手”招商、企业招商和招大商等模式，不断提高招商质量和成功率。

（四）要做好产城融合规划

要让开发区成为宜业、宜居、宜学、宜游的新城，成为人人向往的地方，就必须下大力气把产业生态、社会生态和环境生态规划好、建设好。应当向苏州工业园区和广州开发区等先进园区学习，在促进当前发展的同时，实现园区长久的繁荣昌盛和可持续发展。

（五）要做好空间规划

对于土地这一不可再生资源，如何将其充分利用好是一篇“大文章”。过去，土地资源利用规划大都只局限于平面和本位思考，走粗放式开发路线；但如今，情况已发生了改变，国家对建设用地指标控制不断收紧，倒逼开发区必须进行全新思考。事实上，空间规划应当打破部门藩篱、整合各部门空间责权，要涵盖社会经济协调、国土资源合理开发利用、生态环境保护有效监管、新型城镇化有序推进、跨区域重大设施统筹、规划管理建设等多个方面。

（六）要做好融资用资规划

搞建设、上项目、构筑“筑巢引凤”大环境等，样样都离不开资金。资金就如同园区（躯体）的血液，一旦失去或不足，后果可想而知。因此，园区“十四五”规划必须包括详细的融资和用资的制度性安排。

（七）要做好体制创新规划

自诞生之日起，开发区的最大优势就是体制优势，之所以走到今天，并且在全国国民经济总量中“五分天下有其一”，关键因素仍是体

制优势。不等、不靠、不要，白手起家，从无到有，从小到大，“滚雪球式”地发展，令世人刮目相看。体制创新永远在路上，祝愿全国开发区越办越好！

内外联动　破解人才创业难题

文/广州开发区产业园区发展协会执行会长　陈永品

在创新驱动发展战略的指引下，一大批高层次人才到开发区创新创业，推动开发区产业转型升级。这些人才企业从孵化期，经过数年甚至十几年发展，有些进入了成长期，有些成功上市，但成功者寥寥无几，许多人才企业并未能做大做强。以广州开发区为例，集聚了上千家留学回国人才创办的企业，提升了开发区形象和显示度，但对开发区的税收贡献较小，成为长不大的“小巨人”。因此，需要认真思考这其中的原因，帮助人才创业企业寻找成功之路。

一、人才创业优势明显，但也先天不足

人才创业大都以技术起家，拥有可产业化的先进技术是人才企业的一大特色。人才凭借技术优势受到资本青睐，凭此技术作价评估，获得创业的原始资本；之后利用这笔资本租房装修，购置设备，招兵买马，将技术向产业化方向推进一步；然后再估值，稀释股权，再融资。发展好的企业经过这样一轮一轮的估值融资，直到上市。

但许多企业往往面临“长不大”的困境，一是这些企业利用完第一笔融资后，如果没有达到预期效果则难以继续融资，缺乏资金支持更无法聘请优秀人才，而企业离开人才就难以发展；二是比较好的人才企业可以有条件地不断进行融资，但又担心融资太多会失去对企业的控制；三是人才创业大多有技术而缺管理，但企业管理往往是企业走向成功的关键一步；四是人才创业完全依靠政府资金支持和风险投资及金融机构融资，被考核压力较大，一些企业甚至签订对赌协议，达不到协议要求则很难继续融资。

二、内外结合升级，助力人才企业壮大

人才企业发展总会经历爬坡过坎阶段，若要做大做强则必须转变传统发展观念，练好内功、借好外力。

（一）提升内在实力

1. 由控股企业转为控制企业。通常人才认为企业由自己创办，应占企业绝对大股，但这样做可能导致企业融资渠道收窄而发展受限。人才想要控制企业，需要向先进企业学习，从股权结构上入手，进行科学设计，从而掌握企业的控制权。

2. 由投入资产转为投资人才。高科技最大的资产就是人才，企业应做到感情留人、待遇留人、事业留人。一方面，人才企业发展早期不应大量购置固定资产，而应将有限的资金投资人才，给予人才一定的股权和股份，让人才成为企业的主人，以实现集聚人才、培养团队。另一方面，营造适合人才发展的企业氛围，用人所长、避其所短，尊重人才、善待人才，用情用心留住人才，以发挥好人才作用。

3. 由单打独斗转为优势互补。人才企业以技术为本，但也要加强管理，树立正确的发展观念，合理分工，优势互补，共赢发展。一方面，人才要正确评估企业各方面要素，客观认识自身能力，积极寻找合作伙伴，邀请专业公司参与公司治理，特别是将企业管理专业化分工逐步细化，聘请专业人员负责企业咨询、人力资源、财务等，将科学技术与企业管理有机结合，实现优势互补，合作共赢。另一方面，技术价值较高但也具有时效性，如果人才对自

己的技术认识过高而不愿意与别人合作，企业发展便会受到限制。因此，人才企业应客观看待技术本身，并依靠资本的力量，不断更新技术、挖掘人才，进而发展壮大。

4. 由大而全转为小而精。人才企业要在细分领域内做精做细，即在大与强之间要选择强，切勿总将眼光放在IPO上市层面，以防盲目扩张将自身拖垮。

5. 由“朋友圈”学习转为实战型学习。许多人才企业的技术产品拥有良好的市场前景，但缺乏成功经验和专业化培训指导，加之初创期周期长、爬坡过坎时间长、达到顶峰时间长，有些甚至永远达不到顶峰，尚未迎来春天便已夭折。为此，人才企业要善于向成功者学习，上“企业大学”借鉴成功经验，并结合自身实际情况学以致用，减少创业弯路，而非搞“朋友圈”式的形式化学习。

（二）借助外部力量

1. 打通融资渠道。一方面，用好政府资本。人才企业发展离不开国家的支持，当前国家出台了许多鼓励创新的政策，丰富的政策资源值得人才企业认真研究。另一方面，以技术换资本。人才企业应善于以出让技术获取资本，通过知识产权证券化进行抵押融资贷款，或通过出让技术股权获得风险资本；善于推动技术产业化吸引更多风险投资，以增强技术转化能力，提高市场占有率，从而吸引更多更高端人才加入共同创新创业。

2. 打通市场渠道。一要善于与客户形成战略联盟，可用股权与市场进行交换，让客户入股；二要将生产与销售分开，寻找专业的营销机构进行推广与销售；三要重视产品品牌形象，以质取胜，绝不能降低标准，以低端劣质的产品迎合市场。

3. 主动借助外脑。企业发展除了依靠先进的技术、科学的管理，更要有明确的发展蓝图，要重视战略规划、思想思路，研究和关注经济发展的形势和国家大政方针政策，坚持以市场为导向，顺势而为，这样的企业才能走得远、走得久、走得稳。

开发区的“三级跳”：产业园区、创新社区、城市新区

文/广州开发区 黄孝恕

纵观中国的城市化进程，最初的开发区只是单一的产业功能区，是所在城市母城的补充，或者说，是产业发展的新的增长点。但发展至今，开发区的功能与定位已不再仅仅局限于产业，而是城市新空间的增长点、新发展模式的增长点，在城市化进程中，开发区已从一枚重要棋子，发展为主要推手和支撑，甚至重要的主导力量。这种演进的根本原因在于，特大型城市进入了以创新要素集聚为主导的新阶段，而开发区也随之成为创新要素的集聚地。从目前开发区与所在母城的关系来看，集中型城市的开发区可能发展成为城市新区，而网络状分布的开发区则可能成长为新的城市轴线，部分城市甚至可能进入由功能区主导城市发展方向的新阶段。

开发区的迭代改变了什么？

1. 开发区改变了城市格局。必须强调，应当从开发区所依托的母城的发展来看待开发区的定位问题，最为典型的案例就是苏州工业园。作为一座有 2 500 多年建城史的历史文化名城，苏州是中国屈指可数的世界级的旅游城市，是中国在传统农业文明时代结出的最为绚丽的城市之花。近 30 年，由于苏州工业园和苏州高新区相继启动建设，苏州以老城为母体，形成了“一城三区”的城市格局，这座千年古城的城市格局在开发区的带动下发生了根本性的变化。以苏州工业园为核心的“洋苏州”，以苏州高新区为核心的“新苏州”，以苏州老城姑苏区为核心的“老苏州”，古今结合，相映生辉，成为世界城市建设史上的典型样板。最根本的是，开发区带来了科技创新资源和新兴产业的集聚，把以“小桥流水人家”为代表的消费型城市变成了现代化的科技创新型城市。类似的还有杭州，以杭州高新区为代表的经济功能区成为城市新空间的主要支撑，推动母城从“西湖时代”走向“钱江时代”。

2. 开发区重塑了城市新轴线。当前，特大型城市正在从“单中心”走向功能性的“多中心”，城市也从“单一轴线”走向“多轴线”——连接大城市各大区域的快速交通的普及，使上述一切成为可能。而在这其中，开发区是母城的一个新的增长点，连线分布的开发区则有可能成长为母城的新的轴线。举例而言，目前，广州已经形成三条轴线，一是以北京路—中山纪念堂为主干的历史文化线，二是以珠江新城为核心的现代商贸线，第三条新的发展轴线正是从 20 世纪 80 年代以来，以广州开发区的开发建设为起点，经济功能区开发迅速延展，由北向南先后沿轴线分布的“增城教育城—中新广州知识城—广州科学城—广州临港经济区—广州国际生物岛—广州大学城—珠江国际创新城—南沙资讯园—南沙新区”一线。这条以产业集聚为引领、以创新要素的集聚而得到强化的新的城市轴线，正在成为广州城市产业发展的核心引擎，带动广州从一个以千年商都为标志的商贸城市向具有国际影响力的创新型城市转变。对于广州这样实际居住人口接近两千万的特大城市而言，这条新的轴线将在一定程度上决定这座城市的未来。

3. 开发区创新了产城融合的城市化路径。产和城不是对立的关系，也不是互助替代的关

系，而是互相促进的关系。曾经一个时期，有人认为开发区的“有产无城”是中国城市化进程的一个障碍。产城分离的发展模式往往带来相对明确的功能分区，从而导致产业园区内部缺乏适当的居住功能和配套服务功能，进而降低园区环境的便利性和吸引力，较为典型的现象即是白天人流丰富的产业园区在夜间成为空城。近年来，不少开发区发挥产业集聚优势，创新城市更新改造和产业转型升级模式，坚持产业转型、城市转型互相促进，通过建设时序、园区形态、土地开发模式、产业引进模式、盈利模式的创新，走出了一条规划引领、环境再造、产业升级、人口转型、价值提升、品牌重塑的新路，实现了以产兴城、以城促产，推动了开发区从产城分离向产城融合的转变。这也是中国城市化的一种独特形态，开辟了产城融合的新路径。

如何实现开发区发展的“三级跳”？

产业园区要突破“产”与“城”的边界，既要提升产业运营能力，也要提升城市运营能力。在开发区的发展过程中，有两种不同的“产城病”。一是“老产城病”，即有产无城的“园区病”，是由开发区“先天不足”带来的单一产业园区配套不完善的问题，主要体现于有针对性地满足不同群体的实际需求不够，从财政投入、规划和用地等关键环节向民生工程倾斜的力度不足，交通、居住、商贸、教育、医疗等设施配套存在短板。在工业时代，适度的产城分离有利于降低园区的综合成本，在一定程度上是“经济”的。但在后工业时代，产城分离明显不利于降低园区的交易成本，必须从“不经济”走向“经济”，推动产城融合进程。

如今“老产城病”已经在很大程度上得到解决，但“新产城病”也随之而生，即“房挤压厂”的“城市病”。一些开发区见缝插针地上马房地产项目，旧城改造中房地产占比也相对过大，这一定程度上加剧了环境保护和公共服务的压力。从“老产城病”到“新产城病”，其重要杠杆是交通条件的改善，特别是在特大型城市，地铁、城轨的接通将促使开发区土地效应的快速显现，对开发商的吸引力也空前提升，这也导致开发区面临着商业和居住地产短时间内快速膨胀，甚至挤压产业发展的危险，市场驱动的力量会对开发区的产业发展构成冲击。可见，从一定程度上来讲，有产无城的“老产城病”要比房地产泛化的“新产城病”更难解决。也正因如此，房地产的规模、体量、内容、内涵，均应从开发区的产业发展来考虑，从开发区的区域功能和定位来考虑，从有利于创新资源的集聚来考虑。开发区本身就是城市的基础设施，不是社区在园区之外，也不是园区在城市之外，必须做到“有房、有地、也有产”，既要有社区，更要有校区和厂区。

创新社区要突破“业”与“居”的边界，既要完善创新基础设施，更要培育激发创造的活力社群。创新社区是集工作、学习、生活、休闲于一体的活力社群，是多功能集聚的综合型创新社区。开发区也属于创新社区，不仅因为其涌现了大批创新型的龙头企业、建立了一系列重大科技基础设施，更因为其产生了许多重大的科技创新成果，建立起与世界一流大学和科研机构的产学研合作关系。由此，开发区从最初的规划就应当体现出创新社区的特点与要素，要将重点放在打基础、谋长远的方面，真正厘清开发区的发展环境、功能定位、重大基础设施、生态本底，由城市基础设施向创新基础设施拓展，向塑造有利于创新的环境体系转变，既要完善城市基础设施，更要强化创新基础设施建设。产业集聚了大量人才，正是社区形成的基础；而社区增强了对人才的吸引力，也构成产业提升的基础。

城市新区要突破单一功能分区用地的边界，既解决用地僵化问题，更要增强用地弹性。在发展初期，园区用地往往以生产性用地为主，工业用地所占比例较高，随着园区转型的深入，工业用地所占比重逐渐下降，生活用地、服务设施用地、绿化所占比例逐渐升高。特别是开发区发展初期引进的企业为节约成本往往靠近道路进行布局，导致园区整体的土地利用模式相对粗放、效率低下，可以利用的发展空间十分有限。随着园区劳动力、土地等各类成本的增加，企业逐渐外迁，但是在土地资源总量成为硬约束的条件下，受制于规划对工业用地在高度、强度等多方面的控制，大多数开发区面临产业用地难以置换、产业能级难以提升的困局。

在城市新区时代，产业与城市的边界趋于模糊，生产生活空间高度融和、功能混合，产业社区的各个主体存在于城市的各个空间，只能采用功能混合型园区发展模式。因此，要从规划、用地和配套政策入手，大力破除早期开发带来的用地僵化问题，使得传统的产业园区的空间适应新引进企业的发展诉求。同时，必须对用地进行结构性调整，对不同类型用地占总用地的比例进行优化。综合先进园区的经验来看，产城融合片区的用地结构基本为生产占比 40%、研发总部占比 20%、居住占比 30%、环境占比 10%。

特别应当强调的是，要通过环境的打造实现土地的增值，建设时序是一个至关重要的问题。苏州工业园的金鸡湖开发就是一个成功的案例，起到了生财、生景、生辉的综合效益。开发区的经验就是开发一片，成熟一片，收益一片，滚动发展才能实现土地的增值收益，才能实现园区的可持续发展。

将改革进行到底：广州开发区全面深化改革的十大经验

文/广州开发区政策研究室副主任 褚大军
广州开发区政策研究室改革协调处处长 曾繁荣
广州开发区政策研究室改革协调处干部 王博

改革是广州开发区生生不息的灵魂。30余年来，广州开发区人始终秉持敢闯无人区、敢饮头啖汤的改革担当和勇气，在“富起来”的征程上杀出了一条创新发展的新路。站在新时代的新起点上，如何推动高水平开放、高质量发展，关键仍在于坚定不移高举改革开放大旗，将改革进行到底。

黄埔区、广州开发区是广州改革开放起步最早的地方。这里因改革而生，伴开放而长，靠创新而强，开创了土地有偿出让制度、园区服务、人才公选、外企党建等多个领域的国内先河。党的十八届三中全会以来，开发区上下以习近平新时代中国特色社会主义思想为指引，认真贯彻习近平总书记关于全面深化改革的一系列重要论述精神，将改革开放之初“杀出一条血路”的雄心，化为新时代“将改革进行到底”的豪情，在政策制度创新、知识产权运用和保护改革、营商环境改革创新等领域敢闯无人区、敢饮头啖汤，探索了鲜活经验、塑造了改革品牌、走在了全国前列。

十个“率先”走出改革新路

1. 率先推动体制机制创新。率先推出贯彻落实《中共中央关于坚持和完善中国特色社会主义制度、推进国家治理体系和治理能力现代化若干重大问题的决定》的实施意见，创造性地提出打造“11个黄埔”改革举措。深化行政区和功能区深度融合下的体制机制改革，加快创建国家级经开区创新提升示范区，推动各方面制度更加成熟、更加定型。设立广东省首个行政审批局，实现企业投资建设项目“一枚印章管审批”；优化设立全国首个民营经济和企业服务局，专门破解企业“落地难”的瓶颈问题；率先成立北上广深四个特大城市中首个营商环境改革局，统筹推进及监督开发区营商环境改革工作；全国唯一单设区级知识产权局，专司知识产权综合改革。

2. 率先开展知识产权运用和保护综合改革。深耕全国唯一的国家级知识产权综改试验区，成立广州知识产权法院，引进国家知识产权局专利局专利审查协作广东中心、中国（广东）知识产权保护中心、广州知识产权仲裁院，集聚各类知识产权机构200余家，加速建立运转高效的知识产权综合管理体制，全面构建便民利民的知识产权公共服务体系，探索支撑创新发展的知识产权运行机制，打通知识产权创造、运用、保护、管理、服务全链条，形成权界清晰、分工合理、责权一致、运转高效的体制机制，成为国内知识产权要素最齐全、链条最完整的区域。“PCT国际专利申请量”“发明专利授权量”两项知识产权指标均居219家国家级经济技术开发区首位。2019年3月，“探索知识产权运用和保护综合改革试验”被国家知识产权局列为第一批知识产权强省建设试点和典型案例，在全国复制推广。

3. 率先推进营商环境改革创新。全面建设广东省首个营商环境改革创新实验区，全力争创国家级实验区。将企业投资建设项目从立项到动工全链条 8 个部门 38 项行政许可和公共服务事项划转由行政审批局统一实施。全国首创“区块链 +AI”商事服务模式，全国首推“秒批”政务服务清单，全市首推“企业开办‘一站式’服务”，率先推行涉企证照“44 证合一”改革，企业开办实现“一天办、一键办、离岸办”。创新推出“12345 审批服务体系”，通过“来了就办、一次搞掂”“承诺制信任审批”“订制式审批服务”等举措，将企业投资建设项目审批时间从 110 个工作日压减至 13 个。建立“一张清单全覆盖、呼叫启动便利来、部门联动齐响应、系统对接一平台”的高效企业筹建服务机制。位列“2019 年全国经开区营商环境指数”第一、“2019 年度中国营商环境十佳经济开发区”第一，获评“2019 年度中国营商环境改革创新最佳示范区”“2019 年度全球杰出投资促进机构大奖”。

4. 率先推出“金镶玉”政策体系。陆续出台先进制造业、现代服务业、总部经济、高新技术产业 4 个“黄金 10 条”和人才、知识产权 2 个“美玉 10 条”，以及“金融 10 条”“区块链 10 条”“纳米 10 条”“新基建 10 条”等专项政策。新冠疫情发生以来，开发区又迅速推出 4 个“黄金 10 条”产业发展政策 2.0 版，在国家级开发区中率先出台“暖企 8 条”，推出土地资源保障“暖企 6 条”信任审批，制定“稳企 6 条”，构建具有全国影响力的“金镶玉”产业发展促进政策体系。推出全省首个“一门式”政策兑现窗口，建成全国首个限时办结政策兑现系统，将 15 个部门 382 项兑现事项“一口受理、内部流转、集成服务、限时办结”，平均兑现时间只用 10.5 个工作日，最短仅 8.5 个小时，相比传统政策兑现模式效率提升 4 倍以上。累计完成 3 万余宗拨付，5 000 多家企业受益。被评为 2019 年度粤港澳大湾区营商环境改革创新十大案例之一、广东省政府第一批全省供借鉴的改革举措。

5. 率先推进供给侧结构性改革。全面落实国家减税降费政策，打造“不收费、无费区”，停征（免征）涉企行政事业性收费，推行企业全生命周期免费服务，近 2 年累计新增减税 270 多亿元。持续推进售电体制改革，为企业节约电费 3.29 亿元。试行新批工业用地“标准地”制度，实行先建后验。实行工业用地先租赁后出让、弹性年期出让，对届满符合续期使用条件的，采用协议出让方式续期。推出全国首支纯专利知识产权证券化产品，为区内 11 家民营科技企业融资 3.01 亿元，参与的 11 家民营企业中小企业获得 300 万元至 4 500 万元不等的融资款，破解中小微企业“融资难、融资贵”难题。持续推进人才工作，率先出台落实市“广聚英才”计划的区级配套政策，全市首创“人才举荐权”。优化人才服务模式，全市首开区级高层次人才国情研修班，全国首创“上管老、下管小”全链条人才服务。全区入选国家、省、市、区各级人才计划的高层次人才已达 925 人，数量位居全市第一，全省前列。

6. 率先打造“中小企业能办大事”标杆。坚决贯彻习近平总书记视察广州科学城时提出的“中小企业能办大事”重要指示精神，省委深改委印发《广州科学城创新发展行动方案》，推出创建广州科学城“中小企业能办大事”先行示范区改革举措。实施大中小企业融通发展专项工程，支持打造大中小企业融通型特色载体和融通发展典型示范。出台“民营及中小企业 18 条”，统筹 3 个百亿元产业投资基金、民营企业发展基金和中小企业融资计划，设立知识产权质押融资风险池、科技信贷风险补偿资金池、中小微企业融资风险补偿资金池。建立健全科技型民营中小企业常态化融资对接机制，加快建设民营科技型中小企业金融创新服务超市、科技企业信用信息和融资对接平台。截至 2019 年底，习近平总书记视察的 12 家民营中小企业全年完成产值超过 300 亿元，同比增长 12%，新增专利申请量 242 项，新增授权 104 项，均同比增长 1 倍，洁特生物登陆科创板。

7. 率先打造开放型经济新体制。积极主动参与“一带一路”建设，广州知识城成功上升为国家级双边合作项目，中新、中欧、中以、中英、中沙国际合作深入推进，累计引进外资企业3 500多家，其中世界500强企业项目170多个，经贸联系遍及100多个国家和地区，成为外向型经济基地。在全国率先出台落实国发11号文、打造“7个新高地”举措，成功承办国家级经开区创新提升现场会。创新提出“湾区+”战略，加快建设穗港智造特别合作区、穗港科技合作园，出台“港澳青创10条”和“海外尖端人才8条”，高质量建成运行广州区块链国际创新中心、香港青年人创新天地、澳门人创新创业部落等重要载体。加快对接港澳营商规则，推进粤港澳知识产权互认互通，建立粤港澳大湾区知识产权调解合作机制。推出商事登记“跨境通”服务，实现港澳企业商事登记“足不入境、离岸办理”。全国首创海运口岸24小时智能通关改革，探索开展粤港澳大湾区同船货运模式。

8. 率先推进“令行禁止、有呼必应”的基层治理改革。创新推出党建引领、绩效管理、财政预算、基层赋权、三级管理等体制机制改革举措，搭建共建共治共享的综合指挥平台，构建“区—街镇—村社（网格）”三级响应管理机制，试点推开“五治同创、阳光村居”社区治理创新，实现全区调度指挥上下贯通、双向联动的快速响应新机制，形成以党建为“魂”、街镇为“头脑”、村社网格为“眼耳”、区属部门为“手脚”的基层治理新模式，打造党建引领基层治理现代化“黄埔样板”。加快实施省“三旧”改造改革创新试点工作，创新“快拆、快批、快建”工作机制。“三旧”改造考核工作连续三年在全市排名第一，全市城市更新工作现场会在我区召开，“云埔模式”成为老城市新活力的生动实践。深入推进农村人居环境整治工作，打造“千村示范、万村整治”工程，大力推进“厕所革命”、垃圾分类、农村生活污水治理工作，建立垃圾分类样板小区60个，全面推进黑臭水体整治，广州市河（湖）长制考核、环保目标责任考核均位列第一。

9. 率先构建科技防控重大疫情新模式。以改革的思维抓防疫，依靠科技创新构筑起预防、检测、治疗三位一体防治体系。①科学“防”。加速新冠疫苗研发，牵头开展被列为省科技重大专项的“疫苗开发与生产项目”。牵头开展3个针对疫情防治的科技重大专项，占全省一半。②精准“检”。广东省入选国家药监局应急审批的新冠病毒检测试剂盒4个产品中，有3个出自广州高新区；全省公布的5家新冠肺炎检测诊断机构，广州高新区独占4家，占全省八成，担负全省70%以上的检测任务。全区新冠肺炎诊断检测试剂日产能达250万人份，占全国1/4。③攻关“治”。再生医学与健康广东省实验室牵头组织区内科研力量，从新药合成研发、老药新应用、靶向药物研究、ITNK细胞治疗、致病机理研究及治疗方案优化5个方面进行科研攻关，分离出第一株在广州本地被感染病例的新冠病毒毒株。

10. 率先推进党的建设制度改革。创新“党建+区块链”，建立党建服务系统，促进链上党支部标准化建设。推行“党建+服务链”，深化区、镇街、社区三级党组织联动服务群众机制。通过赋予综合指挥、人事否决、用人自主、财政自主、经济社干部管理等权限，街镇高效调度驻街机构。提高“两新”组织党组织单独组建率，推动182家“五类企业”完成单独组建，打造全市唯一一家区级非公经济组织党群服务中心，实现党建与创新创造创业融合促进。率先全面推行镇街纪（工）委书记专职化，纪（工）委副书记作为区管正科级干部提级管理、交流任职，基层纪检监察人员实现“3+1”配备。加快文化宣传改革创新，成功打造“到黄埔去”文化宣传品牌。深化“政府+企业”共建、共享公共文化服务模式，文化馆、图书馆总分馆建设模式受到国家文化和旅游部的关注和肯定，工作经验在全国推广。完善容错纠错机制，围绕招商引资、企业筹建、征地拆迁、相对集中行政许可权、区属国有企业5项重点改革创新领域，明确容错纠错具体适用情形，给锐意进取干部吃下“定心丸”。

主动求变方能赢得先机

行之力则知愈进，知之深则行愈达。改革开放40多年来的实践充分证明，改革如逆水行舟，不进则退。只有顺应历史潮流，准确识变、科学应变、主动求变，始终把改革“关键一招”抓在手上、用到实处，才能与时代同行、与人民同心、与发展同步，才能赢得高质量发展。

思想指引是根本。理论是实践的先导，思想是行动的指南。全面深化改革是崭新事业，必须以伟大思想为指引，在不断探索中前进。从广州开发区近年来的改革实践和所取得的成绩看，只有始终高举习近平新时代中国特色主义思想伟大旗帜，认真学习贯彻习近平总书记关于全面深化改革的重要论述和中央全面深化改革委员会历次会议精神，按照党的十八届三中全会的总体部署推进全面深化改革工作，才能始终坚定改革的信心不动摇，才能始终保持正确的改革方向，才能推动改革发展无往而不胜。

领导重视是关键。“龙头怎么甩，龙尾怎么摆”。改革千难万难，“一把手”肯抓肯干就不难。近年来，区委、党工委和全区上下始终保持将改革进行到底的昂扬斗志，把改革“关键一招”作为推动高质量发展的有力武器，先后召开12次深改委（组）会议，专题召开开发区全面深化改革工作会议，审议改革文件近30份。每当改革纵深推进或者遇到“难啃的骨头”，区委、党工委“一把手”总是敢担当敢作为，敢接“烫手山芋”，充分发挥了“头雁”作用，带领开发区全面深化改革工作干在了实处、走在了前列。

用好平台是基础。平台成就伟业。改革是广州开发区人生生不息的基因和代代相传的灵魂。这里处处洋溢着改革的气息，时时奔涌着改革的激情，每天都在上演“改革故事”。省委、市委也高度关注广州开发区的改革实践，赋予为全省摸索经验、探索新路的时代使命。依托这个平台，开发区乘势而上、顺势而为，争取省委改革办将我区列为基层改革观察哨和联系点，推动省委深改委批准我区建设广东省首个营商环境改革创新实验区、广州科学城“中小企业能办大事”先行示范区，争取省委深改委赋予32项省级管理权限和支持政策，为开发区改革发展赢得先机。

健全机制是前提。没有规矩，不成方圆。纵深推进全面深化改革工作，必须建立一套完善而行之有效的改革运行机制。开发区推动出台《区委全面深化改革委员会工作规则》等工作制度，健全区委对改革工作的领导体制机制。区委改革办与区政研室深度融合、实体运作，改革工作实现有人抓、有事抓。推动区委、党工委将全面深化改革工作纳入各单位年度绩效考核，开发区上下谋改革、抓改革、促改革的氛围更加浓厚。切实加强部门之间的协作配合，推动各项改革协同推进、形成合力。出台《关于进一步完善改革创新容错纠错机制的实施意见》，为敢担当敢作为的干部撑起“保护伞”。

重点突破是动力。抓住关键环节，则落一子而满盘活。近年来，广州开发区通过把营商环境改革创新作为重点突破方向，将其作为全面深化改革的头号工程，重磅推出“来了就办、一次搞掂”“承诺制信任审批”“订制式审批服务”，营商环境改革创新实验区建设探索案例，作为广东唯一代表入围“2019中国改革年度案例”，政策兑现、知识产权证券化、“秒批”3项改革举措在全省推广，“黄埔营商”成为闪耀全国的靓丽名片和金字招牌，牵引和带动区内供给侧结构性改革、知识产权保护与运用综合改革、“三旧”改造等重点领域改革，黄埔改革呈现全域推进、全面开花的良好局面。

深化改革更需行稳致远

习近平总书记指出，“发展环境越是严峻复杂，越要坚定不移深化改革”。深化改革只有进行时，没有完成时。广州开发区始终保持将改革进行到底的勇气和担当，紧紧围绕打造“四个区”，坚定不移推动全面深化改革工作向纵深发展，努力在危机中育新机、于变局中开新局，全力以赴，争取在大战大考中交出优异答卷。

加快创建国家营商环境改革实验区。加快建设广东省营商环境改革创新实验区，加快国家实验区申报工作。深化行政审批制度改革，继续落实和提升“来了就办、一次搞掂”“承诺制信任审批”“订制式审批”等行政审批改革品牌。提升跨境贸易便利化，持续推动海关改革，提出一批跨境贸易便利化措施，探索推动港澳商品进口环节流程简化，扩大跨境电商监管制度改革。改善缴纳税费环境，推进优化税收营商环境试点，拓展多元化办税渠道，所有税费种类申报100%“网上办”。深化知识产权运用和保护，支持开展粤港澳知识产权金融、保险、交易、贸易活动，建立粤港澳知识产权国际协作体系。完善市场监管体系，创新公平竞争审查方式，推广第三方评估机制，开展企业信用风险分类管理工作试点。

加快创建国家级经开区创新提升示范区。深入贯彻《中共中央关于坚持和完善中国特色社会主义制度、推进国家治理体系和治理能力现代化若干重大问题的决定》，深化行政区和功能区深度融合，推动市域社会治理现代化，建立平安建设协调机制，组织实施推进全国市域社会治理现代化试点城市创建工作目标任务，加快构建社会基层治理格局，创建国家级经开区创新提升示范区。深化城市规划建设管理体制改革，深化省“三旧”改造改革创新试点，争创“三旧”改造改革创新国家级试点。推动信用经济创新，创建国家级信用经济试验区。

加快创建“中小企业能办大事”先行示范区。强化企业创新主体地位。深入开展高新技术企业树标提质行动，大力实施专精特新“小巨人”和“冠军企业”培育工程，选定100家具有行业领先优势的企业进行重点培育，形成一大批走在全国前列的民营及中小企业品牌。提升金融服务实体经济能力。加速推动风投创投机构集聚发展，建立健全科技型民营及中小企业常态化融资对接机制，完善“金融超市”功能，全力破解融资难融资贵等问题。加强与沪深港新交易所对接合作，推动区内企业登陆资本市场上市融资，支持广东股交中心创设“科技创新专板”。实打实为民营企业服务。探索信息化筹建服务，推进“企业筹建App”建设。建立健全协同发展机制，建设国家级“大中小企业”融通型特色载体示范园区。

加快创建广东省生物安全与健康产业先导区。打造国家一流的生物安全与健康产业研发引擎，建设粤港澳大湾区生物安全创新研究院和人类细胞谱系大科学装置，建设军事医学研究院生物安全军民融合基地，建设纳米生物安全中心，建设国内顶尖生物安全与健康产业人才队伍。打造全球顶尖的生物安全与健康产业集聚高地，重点发展生物制药、医学检验、医疗器械、再生医学等细分领域，积极争创国家生物经济先导区。打造国际领先的生物安全风险防控和治理中心，加强生物安全风险防控和治理体系建设，建立健全应对重大突发公共卫生事件的部门合作长效机制，加强生物安全治理国际合作，建设全球生物安全运筹中心和总部基地，打造具有国际影响力的生物安全风险防控和治理中心。

开发区应如何实现从外向型经济优势向自主创新优势的关键转换?

文/广州开发区　黄孝恕

经过三十余年发展，我国开发区所形成的产业、环境、管理、财力、人才等诸多优势，为发展高新技术产业提供了坚实的基础。目前，大多数开发区熟悉国际市场，拥有产业培育经验、对外开放人才，集聚了一批有实力的外资企业，积累了一定的财力，已经具备了相对较强的综合发展能力，在区域经济社会发展中形成了明显的先发优势。但如何将引进外资所形成的这种优势转化为自主创新的能力，特别是引进、吸收、消化、再创新和集成创新的能力，显然已成为当前开发区发展面临的重大问题。

新时期，要利用开发区这个相对成熟、基础条件较好的载体，大力营造良好的创新环境，积极打造开放型创新体系，聚集国际化创新要素，努力将对外开放形成的产业基础、经济实力、管理体制等优势，转化为自主创新的优势，将我国开发区建设成为促进国内高质量发展和高水平开放的结合体，高新技术产业、现代服务业和高素质人才的聚集区，以及具有国际影响力和国际竞争力的多功能综合性区域。

把资本积累优势转化为创新投入优势

科技创新不仅拥有前景好、产出高的吸引力，而且具有投入大、周期长、风险高的特点。因此，科技创新既要“投得起”，还要“投得对”，既要政府投，还要社会投，要制定可持续的盈利模式，通过不断的资本投入带来长期经济效益。

持续加大科技创新投入。开发区要优化财政支出结构，深化公共财政体制改革，将科技投入作为开发区财政预算保障的重点，确保财政科技投入增幅明显高于财政经常性收入增幅，保持在开发区空间拓展、招商引资、基础设施和生态建设上合理的投资规模，进一步提高财政投资效益。具体而言，加大财政科技投入对企业自主创新的引导和支持，通过直接投入、补助、贷款贴息等多种方式，鼓励企业加大研发投入，开展技术创新和对引进技术的消化吸收再创新；鼓励和引导全社会多渠道、多层次增加科技投入，建立和完善以政府投入为引导、企业投入为主体、社会投入为支撑的多元化科技投入体系。并且，在开发建设中，既要注重财政收入、经济增长和就业，也要统筹兼顾开发建设所带来的技术溢出、产业结构升级、人力资本提升等综合效益。

建立可持续发展的营利模式。开发区要建设成为自主创新战略高地，必须准确把握园区的阶段性特征，合理确定园区主导盈利模式，走出一条“创新驱动、战略提升”的可持续发展路径。要逐步推动开发区政府性收入从以企业税收、土地收益、国资经营收入为主，向高新企业税收、综合服务收入和品牌输出收入拓展，实现收入来源多样化、持续性和高端化。依托开发区坚实的经济基础和良好的发展潜力，最大限度地发挥开发区品牌效应，整合开发区的各种资源特别是各类资产，通过资本运作手段，推进开发区资产证券化。

创新开发建设运营机制。开发区要改革“土

地开发—税收返回—土地开发”这种单纯依赖财政投入的园区开发建设模式，可以采取“融资运作、经营生财、滚动发展”的策略，吸收各种社会资本参与园区开发建设，建立健全多个投资主体共同参与的多元投资共建体系，实现投资主体多元化、融资方式多样化、运作方式市场化。按照统一规划、分期建设、重点突破的要求，构建企业先行、政府推动、市场运作的开发运营模式，依托分步实施、滚动开发获取的土地收入和税收，增强对创新驱动的支持能力。探索“企业办园、政府支持、市场运作”的新模式，促进国内外资本进入园区建设运营，推动土地资本、金融资本与产业资本“三资融合”。充分发挥企业高效运作实施、市场高效配置资源的优势，积极吸纳国内实力雄厚的央企、创新型科技大型企业、盈利能力强的优质民企、基金投资公司和国外优质企业、国际主力机构等战略投资者，或根据园区功能成立专业项目公司，参与园区各功能区的土地开发、基础设施建设、资金筹措、营运管理、招商引智、创新服务等工作，形成各个主体联合开发、相互补充、相互竞争的开发格局，让企业真正成为园区开发的主力军和先行者。充分发挥市场配置资源的基础性作用，在园区开发建设、运营管理、产业发展、招商引资、品牌推广等方面发挥市场优势，广泛吸引社会资本投入，充分调动企业、战略投资者的积极性，提升园区开发建设效率和园区盈利水平。

把产业集群优势转化为技术扩散优势

当前，随着跨国公司研发本土化战略的推进，跨国公司研发中心的大量入驻，已成为全球产业转移的新特征。开发区要以已引进的外资企业，特别是世界500强企业为基础，发挥跨国公司技术扩散和技术溢出效应，增强内资企业的技术消化吸收再创新能力，在内资与外资的创新竞争和协同合作中提高地区技术创新的规模与水平。

激发本土企业的创新能力。坚持以“竞争促创新”，促进内资与外资在创新过程中的竞争与合作，推动企业由引进、模仿和学习到消化、吸收和再创新，走面向价值链高端的促进产业国际化发展路径，实现园区企业从低附加值加工制造向研发、设计、营销和先进制造等高附加值环节延伸，从封闭式自我创新走向开放式自主创新，激励本土企业“走出去”创新，创造自有知识产权、自主品牌和标准，形成技术创新的国际化格局。同时，要为制造业转型升级提供必需的“技术流”，提高制造业中的技术、知识、人力等创新型生产要素的含量，营造制造业转型升级过程中的高效率服务环境，促进制造业新的生产分工，从而节约交易成本和制造成本，提高整体生产率。

打造承接技术扩散的有效载体。当前，我国外资企业中属于外商独资的企业比重越来越大，不利于形成与外国先进技术直接学习对接的中方载体；即使是中外合资企业，中方的吸收消化能力也有限。实行以市场换技术，要在实际工作中解决“换给谁、由谁换”的问题，但我国至今仍未建立起良好的引进、吸收、消化、再创新的有效工作体系，在引进与吸收、消化、再创新之间缺乏良好的转换机制和载体。对于国有企业而言，要消除缺乏自主创新动力的体制机制障碍；对于民营企业而言，要提升与跨国公司在引进高新技术方面的合作能力；对于科研院校而言，要打破现行教育科研体制的影响，在主要资源与精力的配置上，更好地处理纯学术研究与先进技术转化投放的关系。

促进外资企业的本地化根植。良好的产业集群优势以及长期形成的产业链的密切联系，使国家级开发区具备吸引跨国公司设立研发中心、转移与生产紧密关联的应用性技术的先发优势。开发区要以产业链为纽带，坚持招商引资与招研引智相结合，大力引进具有前沿技术和研发中心的高端产业、专业化科研机构和企业技术中心，努力建设成为跨国公司转移高科技高附加值加工制造环节、研发中心及其服务外包业务的重要承接基地。

建设有利于技术转移的环境。创建有利于技术溢出的适度竞争环境，促进跨国公司提升在开发区的技术创新和技术扩散水平，从而实现技术溢出的最大效益。同时，在政策和制度设计方面，要努力促成外资企业与本土企业联盟合作，将外资机构能否实现与本地高科技产业的结合作为考虑引入的重要因素，促进外资企业本地化的技术溢出。

把超大规模市场优势转化为创新协同优势

充分发挥“利用两种资源、面向两个市场”的优势，建立多层次、多方位、多形式的国际技术与创新合作，在更大的空间范围内构建园区的创新体系，从片断式构建到功能性整合，再到超越空间的创新网络构造，使开发区成为全球创新价值链的重要组成部分和国际创新网络的重要节点。

促进大规模创新协作。促进各类社会创新资源聚焦开发区，推进政府、企业、研究机构、高校、金融机构以及其他中介服务机构之间的合作，实现对创新资源的整合利用，使各科技、经济和社会主体与开发区发展结成“共生”和“共赢”关系。适应当代网络社会快速发展的新特点，遵循开放、对等、共享和全球运作的规则，利用互联网等先进信息技术，实现开发区内外各种创新要素在全球范围内的大规模协作，加速创新要素集聚与创新网络拓展，迅速提升园区的创新能力。

强化产业扩散与辐射。支持创建跨区域的产业联合协会等组织，协调产业内关系，整合产业内资源，对产业的长期发展进行战略指导，开展产业交流与合作活动，形成开发区在区域范围内规模与效率上的领先优势和在关键产业上的控制地位，推动开发区产业和技术向区域外扩散，实现对区域相关产业的支撑，力争成为国际产业价值链的关键环节，促进区域内产业结构的优化升级。

加速创新资源的区域融合。支持和鼓励开发区创新资源与区域创新网络实现有机衔接，建立与区域其他经济体的联系、沟通和交流，促进形成创新资源的共享机制。围绕区域的发展，有意识地引导开发区创新资源向区域产业集群辐射，形成对区域产业发展的导向能力和对区域传统产业的改造能力，促进开发区和区域经济的协调发展，增强开发区创新经济的活力。

开发区的基金培育与发展，关键在哪里？
——对“七星汇”基金小镇与浙江知识产权交易中心的调研报告

文 / 黄埔区委办信息处 屈于朝 李婧昀
广州开发区投资基金管理有限公司 许牧

为更好地推进开发区产业引导基金和基金小镇建设，进一步优化知识产权运营服务管理机制，大力发展金融服务业，支持高新科技型中心企业、民营企业发展，广州开发区组织相关部门人员先后赴浙江省宁波市、杭州市，对“七星汇”基金小镇、浙江知识产权交易中心开展专题调研。调研结果显示，宁波市“七星汇”基金小镇按照“政府搭台、机构运营、企业唱戏”的思路，构建起投融资一体化的金融生态圈；类似地，浙江知识产权交易中心也通过打造知识产权交易、评判认证、创新服务、金融服务四大平台，建设起以知识产权交易为核心的政产学研金协同创新生态圈。可以看到，完整优化的金融创新生态体系对于基金的培育与发展是十分重要的，其中的实践经验与细化措施更值得梳理和借鉴。

“七星汇”基金小镇：政策扶持 金融支撑

“七星汇”基金小镇位于宁波市江北区北岸财富中心，在宁波市江北区政府指导与监督下，以市场需求为导向，依托金融、证券、律所、财务咨询公司等优质资源，集聚一批金融、类金融、高端中介等机构，按照政府搭台、机构运营、企业唱戏的思路，通过整合职能部门、企业机构多方资源，为证券投资基金、股权投资基金、上市公司等资本市场各类主体，提供企业并购、资本相亲、股权投资管理和阳光私募四大服务，逐步构建起了投融资一体化的金融生态圈。

打造全链条扶持政策。一是实施落户奖励政策，支持管理规模10亿元以上、具备高级资质的私募证券投资机构入驻，对于在中国证券投资基金业协会注册、获得相关会员资格、在当地实际运营的机构给予奖励。其中，观察会员单位，给予一次性奖励30万元；普通会员单位，给予一次性奖励50万元。二是实施税收优惠政策，证券投资注册资金1 000万元以上的，给予增值税按留地方所得的80%给予奖励，企业所得税按留地方所得的90%给予奖励，个人所得税(利息、股息、红利所得；财产转让所得)按留地方所得的90%给予奖励。三是实施场地补贴政策，提供设施齐全、拎包入住的产业载体，设有多个私募办公空间、路演中心、洽谈区，符合创收要求的企业可享受免租金入驻。四是实施人才引进政策，企业高管工资、薪金所得按留地方所得的80%予以奖励（享受该奖励的高管人数不超过10人，年度个税总额须在60万以上）。

建设多元化产业平台。一是打造企业并购平台，开展并购项目对接和服务，提供从孵化到风险投资、股权投资、上市并购等全阶段支持，培育一批技术含量高、发展质量好、产业带动强的行业龙头企业。二是构建资本相亲平台、股权投资管理交流平台，打造并购项目库、路演中心和融资服务为一体的服务共享平台，全过程、多维度助推企业对接多层次资本市场。

三是打造阳光私募孵化器，提供办公空间、产品设立发行、专业评估、业绩推广、资金支持等多项孵化支持，为阳光私募机构的快速生长提供全生命周期的成长空间和贴心服务。

提供专业化金融支持。一是提供工商注册和私募申牌“一站式”服务。在“七星汇”开设投资管理公司工商注册服务绿色通道，为企业提供工商注册、税务登记、私募管理人资格申请、产品发行备案等行政审批许可的“一对一”保姆式服务，提供私募牌照申领全程专业外包服务。

二是提供便捷的深度投研服务。“七星汇”借助兴业证券研究所的智力优势，联合国内60家券商研究所、107家公募基金、25家保险资管机构、超过千家（1 500家）私募管理人，共建第三方平台投研服务平台，为“七星汇”的私募基金提供上市公司调研、电话会议和闭门交流会等深度便捷的投研服务。

三是提供全周期咨询服务。为基金公司申请主体股权、团队设置等重点问题提供咨询及专业意见；对申请主体进行尽职调查和规范性建议，辅导申请主体按基金协会管理人备案要求进行整改；为管理人提供发行产品托管、备案和产品结构设计等咨询。

四是给予多元化资金募集支持。重点扶持培育一批业绩优秀、管理规范、成长性强的私募基金管理人，为私募基金管理人的发展壮大提供强大的资金和客户支持。建立“七星汇”内部净值排名和基金代销白名单，为基金公司提供FOF母基金投资、“七星汇”子投顾推荐、上市公司客户专户定制等投融资一体化服务。

浙江知识产权交易中心：关注服务 开放合作

浙江知识产权交易中心（以下简称“知交中心”）由浙江省科技厅、浙江大学、国家知识产权出版社等联合发起，2016年8月经浙江省人民政府批准设立，同年11月正式运营，是浙江省内唯一一家从事知识产权交易及相关服务的省属交易场所。知交中心以促进科技成果转移转化为宗旨，以服务高校院所国有科技成果转移转化为使命，以推动企业科技创新为目标，构建起知识产权交易、评判认证、创新服务、金融服务四大平台，打造了以知识产权交易为核心的政产学研金协同创新生态圈。

构建以技术交易为核心的服务平台。

一是建立健全技术交易市场规则体系。编制（修）订以《浙江知识产权交易中心易规则（试行）》为核心，《浙江知识产权交易中心高校院所知识产权交易管理办法（试行）》《浙江知识产权交易中心高校院所知识产权协议定价公示管理办法（试行）》《浙江知识产权交易中心交易收费暂行规定》等15个管理办法为辅助、5个《业务工作流程》为细则，30个文本为规范的《交易业务指引》，在全国数十家知识产权交易中心中，率先建成完善的技术交易市场规则体系；并试行业务收费模式，全面覆盖交易业务的各个环节和领域。

二是推行“协议定价+挂牌+拍卖”交易方式。在全国率先参照国有产权交易规范，实现高校科研院所专利的公开挂牌交易；在知交中心、（海宁）国际中心、温州医科大学、浙江工商大学等地组织浙江大学等高校院所科技成果专场拍卖会；完成首例高校专利包的书面竞价交易，为国内高校临过期专利包的集中处置探索新路。截至2018年12月31日，浙江知交中心累积成交474笔交易项目，交易金额4.54亿元。

三是创新技术交易服务模式。建立线上橱窗推荐和线下技术路演相结合的技术交易服务模式，升级交易服务官网平台，自主研发Z-Ranking知识产权评分系统和Z-Matching技术匹配系统，建立从专利筛选、专利匹配、专利推送的全链条交易服务体系，提高科技成果转移效率，为政府、高校、技术经纪机构等交易主体提供高效实用的知识产权交易服务平台。

开展多层次开放式合作。一是引入多元化市场投资主体。知交中心由浙江大学科技园发展有限公司、浙江伍一技术股份有限公司、北京中献电子技术开发中心、浙江省知识产权研究与服务中心等 11 家国有和民营企业股东合资设立，注册资本 1 亿元，为国有相对控股的有限责任公司，依托混合所有制的市场优势，汇聚各方市场资源。

二是加强与高校院所合作。聚焦高校科研院所知识产权资源密集优势，积极与浙江大学、中科院、浙江工业大学、桂林电子科技大学等 30 余家高校院所签订科技成果转化合作协议并进场交易，覆盖浙江高校院所可运营发明专利数量占比超 80%。

三是拓展国际合作渠道。开设浙江省首个国际科技成果路演交易平台——浙江知识产权交易中心海宁国际中心，与美国、加拿大、日本、德国、芬兰、丹麦、瑞典、墨西哥、白俄罗斯及“一带一路”沿线国家的 20 余家机构建立合作伙伴关系，与美国 Moore & Van Allen 律所，德国 Bank M、BDP 咨询公司、Portus 金融公司，日本富士电机、JST 科学技术振兴机构，以色列米超林集团，以及英国牛津大学 OUI、新西兰奥克兰大学、芬兰阿尔托大学、新加坡国立大学等机构合作，线上线下推广海外专利、科技项目 220 余项。

建设“一体两翼”知识产权服务体系。知交中心以促进科技成果转移转化交易为核心，“知识产权 + 金融”服务、“知识产权 + 咨询”服务为两翼支撑，推动科技成果产权化、商品化、资本化、证券化、产业化，推动科技成果转移转化，服务科技型企业创新发展。

一是探索“知识产权 + 金融”服务。与杭州市科委、杭州未来科技城共同推动设立知识产权质押融资风险池和知识产权运营基金，参与制定《杭州市重点产业知识产权运营基金管理办法》，探索与浙大科技园、北京华软金宏、中关村知识产权服务集团等合作设立知识产权金融服务平台。在杭州未来科技城试点开展知识产权质押融资，与银行合作设计“成长贷”产品，探索投贷联动的科技金融新模式，以市场化机制有效解决科技型企业融资渠道窄、融资成本高问题。目前，已为杭州绿洁科技、杭州追灿科技、北京大友科技等企业提供知识产权质押融资顾问服务，累计签署知识产权质押融资顾问合同金额超 8 000 万元。

二是开展“知识产权 + 咨询”服务。依托知交平台的资源优势，为各类市场主体提供专业化知识产权咨询服务，完成《浙江省发明授权有效专利评价报告》，形成《浙江省高校专利运营情况调查简报》，对浙江省高校的专利中有运营记录的 4 904 件数据进行统计分析，助力高校科技成果转化；为海宁、枣庄、绍兴等地产业园区提供《海宁知识产权分析报告》《国际失效专利报告》《浙大专利匹配报告》《枣庄专利匹配清单》等，更好服务当地产业发展；为“第四届全球浙江大学校友创业大赛”“浙江好项目 2018 第三届浙江省中小微企业创新创业大赛”等活动提供知识产权支持，激发高校、企业创新活力。

共性启示：发挥政府与市场的双向合力

从宁波“七星汇”基金小镇和以基金为重点的“浙江知识产权交易中心”的发展经验来看，他们坚强有力的政府支持、灵活高效的市场机制、及时有效的政策扶持，是两地获得成功不可或缺的共同要素，很值得开发区借鉴参考。

坚强有力的政府支持是先导。“七星汇”的发展壮大离不开宁波市江北区政府的鼎力支持。在路径谋划方面，为了重振逐渐空心化的金融行业，实现错位发展，江北区政府提出“金融保险创新港”发展战略，为打造“七星汇”金融中介平台指明了方向；在评估指导方面，江北区政府通过宁波证监局等渠道在交易评估过程中开展企业辅导，帮助有上市意愿的公司梳理问题，加快了企业成长和上市的步伐；在信息支持方面，江北区金融办牵头组织上市公司沟通会、企业推荐会等交流活动，大大提升了“七星汇”的行业影响力。在江北区政府强有力的支持下，“七星汇”成功吸引了多家大型私募机构落地，推动了江北区 2 家本地企业上市。

类似地，浙江知识产权交易中心的诞生与发展也离不开浙江省的大力支持。事实上，浙江知识产权交易中心的建立缘起于2015年浙江大学教师节座谈会。当时，国家刚刚出台《促进科技成果转化法》（修订案），浙江大学顺势而为，提议建设知识产权交易中心，浙江省主要领导当即指示浙江大学和省科技厅负责组建工作。近年来，浙江省和杭州市更加重视科技创新，主要领导也对知交中心寄予厚望，在资金支持、整合科技资源等多个方面提供了大量的支持。

灵活高效的市场机制是关键。市场化机制是“七星汇”创立之初便具备的基因，也是其在风云变幻的市场竞争中茁壮成长的关键因素。一方面，为了凸显平台的专业性，江北区政府引入市场专业机构兴业证券宁波分公司主导运营“七星汇”，为证券投资基金、股权投资基金、上市公司提供“一站式”服务。作为一家资质齐全的老牌券商，兴业证券的良好口碑和专业化服务，为“七星汇”在市场竞争中赢得先机打下了基础。另一方面，“七星汇”以客户细分需求为导向，提供注册筹划、私募牌照申请、产品托管、运营外包、投研咨询、资金募集、企业并购等多种服务，多元化的解决方案贴合了客户的细分需求，也赢得了市场的青睐。2017年，七星汇平台注册资本近10亿元，创造税收超过1 000万元。

与此同时，市场化机制也是浙江知识产权交易中心始终秉持的发展理念。早在发起成立之时，知交中心就坚持市场化理念，国资的控股比例仅占40%，民营企业占股60%，所有人员按照市场机制聘用，大大增强了企业管理的灵活度。知交中心还构建了以需求为导向的“N-M”业务模型，针对产品设计、资源整合、平台运营等多元化需求，创新包括金融、技术、人才、运营在内的多元化解决方案。所服务的客户不仅包括高校、科研院所等非创新主体，还覆盖了浙江省科技型中小企业。市场化的经营举措不仅获得企业、高校交口称赞，还为政府推动招商引资提供新路子。比如，细分领域的专利池免费使用，大大推动了地方政府招商引资的效率。

及时有效的政策扶持是保障。“七星汇”的健康发展离不开相关政策的扶持。一方面，江北区依托“宁波保险创新综合示范区”、慈城省级特色小镇等政策优势，吸引保险机构、银行、证券公司、金融中介入驻，初步营造了良好的金融业态；另一方面，江北区相继出台税收优惠、租金补贴、人才奖励等全链条配套政策，吸引具备高级资质的私募证券投资机构入驻。比如，在企业办公方面，在市中心提供享受租金补贴甚至免租金的办公场所（注册地），距离宁波高铁站、机场仅十几分钟车程，交通十分便利；在人才奖励方面，符合条件的私募机构及其高管可享受地方政府的奖励政策。

类似地，浙江知识产权交易中心的发展也受益于浙江省的政策扶持。为促进高校科研成果转移转化，浙江省在高校科研成果分配比例方面明确规定研发团队占比70%、学校占比30%，大大提高了科研人员将科研成果市场化的积极性。同时，为了赋能知识产权交易，浙江省还为知交中心提供政策性知识产权运营资金，开启“企业家+科学家”模式，实现了资本和科技成果的结合。此外，浙江省科技部门还支持知交中心建设成果资源库，目前已经录入大部分浙江省科技型企业专利，实现了科技专利评级、筛选、推送、交易“一条龙”服务，极大地推动了知交中心的发展。

经验嫁接：因地制宜构建专业化基金载体

合理规划空间布局，建设专业化基金载体。一是参照国内先进经验，打造基金小镇与知识产权交易中心，充分发挥集聚效应，积极引进高端金融机构、行业优秀人才，加强与国内同行业组织交流协作，补足“短板”。对规划面积内的低效用地等建筑进行统一更新改造，提高土地使用效率，建设高端的标准办公用房。二是根据开发区产业类型及特色，有针对性地引进私募股权类、产权投资类、证券期货类、财富管理类投资机构，及金融中介服务组织、知识产权服务公司等，形成完整的新金融产业生态链条，服务区内企业全生命周期。三是设立公交、地铁站点，确保园区内外交通便利；打造标准化办公用房、人才公寓，引进专业医疗中心、学校、邮政等设施，开设咖啡厅、健身房等休闲娱乐区域，打造高端舒适工作生活一体化园区。

依托行业专业机构，建立基金发展市场机制。一是由国有企业牵头，通过竞标方式选取行业内知名专业机构，签订委托管理协议，对基金小镇、知识产权交易中心的主要业务方面进行经营管理，充分利用其在行业内的各种资源，减少政府干预影响，最大化发挥市场化优势。二是由政府牵头统筹规划，成立行业自律组织协会，由企业成员选举协会主席。协会主席企业在任期内负责召集协会会议，集合各企业诉求，并将意见统一反映给政府进行及时沟通。三是积极联络国内优秀基金小镇、知识产权交易中心，寻求对外合作，学习对方先进经验，分享历史数据库等各类资源，形成统一的数据网络。与区域内高等院校、科研院所、科技企业建立合作机制，建立知识产权专利池，通过技术许可、技术转让等方式作价入股给相关企业，实现产学研一体化发展，帮助企业实现专利布局和产业升级转型。

积极创新政策支持，建立基金发展支撑体系。除在硬件上发力之外，政府也应在软件上狠下功夫，积极创新政策支持。一是提供虚拟挂靠服务。对新设或迁入孵化基地的私募股权投资基金、私募证券投资基金、其他投资类基金提供挂靠服务。为入驻基金小镇的基金公司提供注册地址，解决租赁办公场地难题，减少前期资金投入，解决科学城土地紧缺问题。二是办公用房补贴。对符合条件的优秀机构，提供拎包入住、三年免租金等政策，节省机构办公支出成本，缩短企业入驻时间，优化流程，吸引优秀机构落户。三是落户奖励。针对金融机构单独出台政策，对私募证券投资机构，实际募集资金达到一定规模的，按照其实际招募规模给与奖励并设置封顶金额，相比原有的分档奖励，按比例奖励更加灵活、具有吸引力。四是针对领军人才设置专项奖励。领军人才在金融业中具有高于其他行业的重要地位，具有更强的号召力和影响力。针对金融领军人才出台专门的安家补贴、配偶就业、子女教育、医疗保障等方面的相关政策补贴，高于现有其他政策力度，对于引入优秀金融机构的领军人才，按引入规模比例给予奖励。

积极服务实体经济，建立有效率的基金生态系统。一是设立专项投资基金，明确投资对象，或设置一定的投资比例，定向支持其投资我区准备发展的目标产业，如新一代信息技术、生物医药、人工智能等战略性高新技术产业。二是大力发展“知识产权＋金融”业务。由知识产权交易中心对企业进行调研、评估，通过背书等手段为企业增信，发展知识产权质押融资产品、信用贷款等，积极引入担保机构与投资机构，实现投担贷联动的外部增信结构设计，为高新技术企业、发展初期的中小企业提供融资服务，释放经济活力。三是设立知识产权运营投资基金，通过基金和高等院校、研发型企业合作，根据市场需求、行业发展方向和未来技术路线进行专利布局，形成知识产权专利池，通过专利许可、技术转让等形式支持企业发展，实现资本增值。

建立考核监督机制，建立有效的基金发展举措。一是加强政府部门考核，将基金小镇、知识产权交易中心的建设、运营管理的职责明确到各单位、部门，列入全区绩效考核评价体系中，强化相关负责人的责任意识。二是加强对机构的考核，实行双向激励制度，如对引入基金小镇的私募机构设置募集资金规模绩效目标，对超额完成目标的，在支付管理费用及各种税费后，对产生的利润按照一定比例给予机构奖励作为正向激励；对于未能达成目标的，采取减免政策优惠支持，甚至追回部分补贴等手段进行处罚，通过逆向激励让机构产生危机感，激发积极性与潜能。三是形成定期报告机制，每季度基金小镇管委会、产权交易中心对季度内经营业务成果与重大事项进行统计与汇报，对于出现坏账、亏损、不合规交易等现象应当及时处理、叫停止损等，防止事态恶化，同时对基金小镇、知识产权交易中心的整体布局与发展方向进行宏观调控，确保其顺利、快速发展。

开发区新形态：产城人文融合的复合型创新空间

文/广州开发区发改局 黄孝恕

后工业时代的知识经济园区，工作和生活之间的时空界限越来越模糊。为此，开发区要更加科学地处理经济、社会、环境三者关系，加快推进现有园区产业转型、基础设施建设和环境改造升级，成为新技术、新产业、新经济集聚集群区，成为开放型的全球创新网络枢纽和引领型的世界新兴产业技术创新策源地，成为开放引领、创新驱动、制度先进、经济繁荣、环境优美、人民幸福的现代化高科技产业新城。

从单一生产性空间转向产城人文融合的复合性空间

创新城市并不是由传统经济元素发展起来，而是很大程度上由于创新人士追求充满活力的城市生活，创新企业则选择建立在创新人士愿意生活的城市。要坚持功能融合，集聚集约，规划引领，科学布局，优化开发区与周边区域的互动关系，明晰内部组团功能定位和发展方向，促进扩展区域空间融合、功能联动，打造国际一流的基础设施配套体系，形成战略明晰、布局合理、协调互促的产业布局和城市格局。开发区要围绕产业运行、园区使命，综合考虑园区人口在工作、生活、娱乐、学习等方面的实际需求，完善基础设施布局、公共服务配套、绿色低碳建设、智慧体系导入和景观人文营造，打造便利要素集聚和流通的区域环境，形成先进制造业要素高效流通、科技创新要素活跃融通的复合型创新空间，成为彰显协调发展理念的产城人文融合样板区。

借鉴新加坡裕廊工业区向城市副中心转型的经验，以“生态人文相宜，创业安居首选”为目标，处理好空间与内涵、地上与地下、工作与生活等关系，强化开发区公共服务设施建设，以人为本，综合城市要素，尊重人本需求，建立人性化的街道空间和公共场所，不断提升城市环境品质，打造创新引领未来的高端品质生态、要素流动活跃的高品质宜居宜业生态新城。结合城市空间布局，围绕社会化方向，按照城市新区标准优化配套城市公共服务设施，增加医疗卫生、休闲娱乐、生活服务、学校教育等公共服务配套。坚持绿色发展、生态优先，处理好人与人、城市发展与生态保护、经济导向与品质提升之间的包容关系，活化生态文化资源，充分利用生态资源，提高公共空间质量，激活开放空间体系功能，打造和谐共生生态之城。

从为生产要素流动服务转向为科技创新形成协同效应提供载体

创新是通过协同作用而形成的，协同作用是通过人之间的相互作用而产生的。科技创新并非只是诸多创新要素的简单叠合，其一定要通过社会网络，促进交流和信息要素流通，产生协同效应。因此，开发区要突出“人才储备、技术基础、创业氛围、园区管理”四大关键要素，围绕智力转换，聚焦人才诉求，完善城市服务功能，促进交流和信息要素流通。加速互联互通互促，构建“复合交通体系”，实现30分钟可达机场、车站、码头等交通枢纽；30分钟可到达中心城区。完善内部交通组织和道路建设，营造内部交通微循环，打通各片区间的联系，打造职住平衡的低碳新城区。坚持以公交站点为导向的开发模式，提高公共交通的覆盖率和市民选择公共交通的出行率。依托轨道交通站点综合体或交通枢纽，打造地区级、片区级和街区级的公共活动中心，保障交通的高可达性，形成从工作场所到居住场所之间必经的社区活力核心，创造更多面对面交流机会，满足创意阶层对于思想交流的诉求。街区级公共活动中心提供工作时间交往活动场所。片区级公共活动中心依托轨道交通站点或公共交通枢纽，形成工作场所与居住场所之间的产城融合交汇部，鼓励科技人员在工作之余继续享受片区餐饮、娱乐、文化、购物设施，形成人员集聚、流动。地区级公共活动中心依托地铁换乘点等打造城区客厅，配置多样化、高端化的社会交往和文化艺术体验场所。科技创新要求的人力资源集中体现为外来人口多、青年人口多、科研人员多的特征，要激活创新创业和强化协同效应，建立人性化街道空间和公共场所，建设生态、人文、复合型社区，在住宅供应、教育、医疗等公共服务配套等方面构建符合产业发展导向和片区动能升级的要素供给，促进职住平衡。住房供给以人才公寓、家庭社区和国际化社区形成复合供应，科技人才公寓与公共活动中心结合，满足青年科技人员的生活服务和社会交往需求；家庭型社区通过优化基础教育设施配置，打造优质教育环境，以满足科技人员家庭需求；探索外籍人士参与社区治理模式，适当集中配置符合境外科技人员的特定生活方式的居住服务设施，配备国际学校、教堂、高端超市、健身中心、酒吧、咖啡馆等的国际化社区，为吸引海外高端科技人才落户创业提供支撑。

从功能分区型用地转向混合用地

通过创新产业用地分类、鼓励土地混合使用、提高产业用地容积率上限、实行用地弹性出让等举措，满足产业项目用地需求，提升片区土地利用效益。通过促进村社土地流转，采取政府引导、村社自愿、市场运作、合作共赢的原则，用好、用活农村建设用地，调动村社发展集体经济与改善居住条件的积极性。围绕垂直城市、城市综合体的规划布局，推进公共交通与城市综合体联合开发，适度提高重点地区的土地开发强度。对以现有企业及以制造业为主的产业用地进行综合评价，采取物业评估置换、置换补偿形式引导企业服从新的用地规划。鼓励新引进企业和土地使用权权属企业合作，允许工业物业产权以幢、层等固定界限为基本单元进行分割，采取厂房租赁、先租后售、租售结合、股权作价等多种方式，用以引进优质项目。鼓励工业企业综合开发和利用地下空间，现有项目开发地下空间作为自用的，允许地下空间建设用地使用权采用协议方式出让，对于有效利用地下空间企业单位给予适当的建筑补贴。进一步优化竖向规划，对地下综合管廊、地下停车场、地下商业设施、地下交通通道、地下休闲空间等进行统一规划分步建设，增加城市的层次感和错落感。根据土地开发利用的级差梯次效应，在土地使用机制上采用土地承租、先租后让、租让结合等多种方式，将土地阶段性短期利用和长期开发项目相结合，避免储备用地闲置与荒芜，满足各类项目对土地的需求。

“区镇分设协同创新合作共建”模式初探
——基于南通家纺产业园区的实践研究

文/叠石桥国际家纺产业园区管委会 赵永根

江苏省南通市的纺织产业体系十分完善，涵盖家纺、棉纺织、服装、化纤、丝绸和印染六大板块，其中，家纺产业是南通纺织产业链的重要门类。为支持家纺业高端化、高质量持续发展，南通市委市政府精心编制家纺产业与市场协同发展专题规划，通过“区镇分设”“合作共建”模式，全方位实现协同创新、融合发展，积极筹建“江苏南通国际家纺产业园区”，全面整合区域范围内关联家纺产业各方面优质资源。

按照规划，以南通城市功能新片区、南通主城“一中心三片区”中空港家纺城片区核心区、高端商贸新城、世界级家纺产业集群示范园区为总体定位，在南通市家纺产业协同发展规划统领之下，以产城融合理念，规划建设“四中心一新城”即“国际家纺商贸中心、创新创意设计中心、高端家纺研制中心、优质货品集散中心与产城融合示范新城”。

在实践中，通过对地级市所辖两大行政区海门区与通州区内同类型家纺产业集群与专业大市场的全方位、全方面资源整合、协同创新，有效推动了两地突破县域行政思维合作共建地级市特色产业园区，彻底解决了多年来困扰和影响南通家纺业持续健康和谐发展的突出矛盾，有效解决了家纺产业集群同区域范围的无序竞争现象，真正实现了“1+1>2”融合创新效应和专业的人做专业的事。

合作共建的特色模式

1. 区镇分设、统筹协调的创新思路。2020年7月，南通市委市政府报请江苏省人民政府批准同意，成立了正处级特色产业园区——江苏南通国际家纺产业园区，力争建设以世界级家纺产业集群为核心，产业先进、货通天下、宜商宜居的产业新城。具体而言，江苏南通国际家纺产业园区将在南通市海门区“海门叠石桥国际家纺产业园区”与通州区川姜镇（南通家纺城）两大行政区划基础上，分别以“叠石桥国际家纺城”和“南通家纺城”两大家纺专业市场商圈为核心区的中国南通国际家纺商贸城及周边辐射配套区组成，区域范围合计50平方公里。

按照区镇分设、统筹协调的创新思路，产业园将全面整合区域范围内关联家纺产业各方面优质资源，合作共建、规划打造“四中心一新城”——国际家纺商贸中心、创新创意设计中心、高端家纺研发制造中心、优质货品集散中心与产城融合示范新城。最为重要的是，产业园将组建统筹协调的整体化管理机构，保障协同发展规划坚持“一体化发展道路”，突破行政区划局限，“一盘棋”谋划，“一张图”到底，最大程度充分整合资源、优化要素配置，实现效率最大化。

2. 统一建设、统一管理的运作模式。南通市委市政府从南通市级层面抽调精兵强将，配备处级领导班子筹建江苏南通国际家纺产业园区管委会机构，围绕特色产业园区主责主业内设党政办公室（党群工作局）、住房与建设局（生态环境办公室）、投资促进局（经济发展局）、综合行政执法局（市场管理局）、应急管理局（社会事务局）等，同时按有关规定设立纪工委、设置一个全额拨款事业单位综合服务中心。在园区管委会机构下，通过资源整合、混合改制等重新组建国有公司——南通家纺产业集团、新志浩集团。

在运作机制上，家纺产业园区与海门区三星镇、通州区川姜镇实行“区镇分设”、职能分离，其中，明确“统一规划建设、统一相关政策、统一市场监管、统一考核管理”核心原则，具体在家纺产业园区与专业市场的监管政策、监管职责、执法权限、主体准入、综合监管、信用管理、知识产权等方面实施统一管理。与此同时，通州区川姜镇、海门区三星镇区域范围仍作为通州区、海门区行政区划范围。

3. 界线清晰、职能明确的职责划分。新组建的江苏南通国际家纺产业园区与海门区、通州区以及三星镇、川姜镇、江苏叠石桥家纺产业集团公司、新志浩实业有限公司（简称“两区两镇两公司”）职责划分明确边界职能。

具体而言，江苏南通国际家纺产业园区管委会负责做好园区建设领导小组确定的年度工作目标任务和项目建设计划的组织推进实施、市场综合管理、绩效考核评估等，重点集中在国际家纺产业园区和国际商贸城的建设发展，做好《南通家纺产业协同发展规划（2020—2030 年）》和《中国南通国际家纺商贸城国土空间总体规划（2020—2035 年）》的组织实施，以及招商引资、行业管理、经济运行、城市建设等方面工作。

两区两镇两公司负责家纺产业园区范围内村（社区）和经济社会组织党的建设等工作；负责家纺产业园区区域范围内土地征收、拆迁安置和市政基础设施、公共服务设施建设、土地指标调剂以及上述所有事项资金筹集支出等工作；负责家纺产业园区区域范围内社会管理、平安与法制社会建设、司法、民调、信访维稳工作；负责村（社区）管理工作；负责安全生产综合监督及应急管理工作，负责园区重大活动、政策性支出的资金筹集支出。

“区镇分设”的客观选择

“区镇合一”模式存在诸多问题。自组建成立省级开发区（副处级）——“江苏海门工业园区”以来，十余年时间中，海门工业园区管委会与海门市三星镇（正科级）一直采取合署办公方式，实行一套班子、两块牌子的“区镇合一”运作模式。在这样的模式下，主要领导、分管领导经常被乡镇层级区域范围一些繁杂的其他社会性事务、农村事务等工作牵制牵涉大量的时间与精力，无法专心致志主攻家纺特色产业园区创新发展，专门用在对家纺产业与市场创新发展方面的时间、精力无法得到有效保障，时常出现“力不从心”的问题，导致对家纺产业与市场转型升级的系统谋划、专题研究广度不足、深度不够。

“区镇分设”模式优势特色凸显。对“区镇合一”模式进行创新，探索按照“区镇分设”模式重新组建园区，将与家纺产业园区与市场建设发展关联性工作职责内容全部划归产业特色园区职能范畴，其他非关联性或关联度小的其他事务性工作则归拢并归乡镇职能范围，为特色产业园区机构配备精兵强将，实现“专业的人做专业的事”，最大程度为特色园区主要领导、分管领导等腾出足够的时间与精力专心谋划家纺产业园区的创新高质量发展。

“协同创新”的现实意义

伴随着南通家纺的快速发展，位于海门区的叠石桥市场和通州区境内的志浩市场积累已久的深层次问题也在逐渐暴露：两大商圈地域相近、定位相似，缺乏协调统筹而引起的客源之争、价格之争、地域之争、产业同构化、产品同质化等一系列问题持续显现，不但破坏了正常的市场秩序，也削弱了两个市场的竞争力和可持续发展能力，再加上其他区域的同类市场优惠政策不断推出，致使南通地区市场的群体效应有所流失。南通两大专业市场和产业集群打破传统发展模式、调动资源协调效率，共筑协同创新发展平台，已成为时代变迁的客观要求。

协同创新是提升区域竞争力的有效途径。区域产业协同化将有效提高区域内产业高效协同作战能力，提高区域经济抗御外部冲击能力，是提升区域竞争力的有效途径。积极整合叠石桥市场与志浩市场两大商圈及相关产业集聚区的产业资源、市场资源，放大集聚效应，增强市场活力，发挥相关资源的增长合力可有效促进南通家纺业竞争力的显著提升。

协同创新是推进产业升级的必要选择。南通家纺产业正处于产业升级关键时期，打破叠石桥市场与志浩市场及其相关产业聚集区的割裂格局，构筑产业、资金、市场、人才、平台、技术等诸多要素协同支撑的现代化产业体系，能提高资源整合效率，进一步提升本地产业体系化的竞争优势。

协同创新是建成世界级产业集群的重点抓手。南通家纺产业协同通过“强链、补链”实现高质量发展，是将南通建设成为世界级家纺产业集群的重要抓手，有利于促进我国产业迈向全球价值链中高端，能让南通家纺真正成为具备有技术引领、标准引领、产品引领、趋势引领的行业“风向标”，能够发挥引领和推动全国乃至全球行业发展的作用和功能。

综 合 篇

2020年北京市开发区发展情况综述

自1988年5月北京市第一个开发区——新技术产业开发试验区，后来更名为中关村科技园区，经国务院批准成立以来，经过三十年多的发展，北京市开发区取得了显著的发展成效，已成为全市科技创新和产业发展的重要载体。主要情况如下：

一、经济总量快速增长

截至2020年底，北京市开发区累计投产开业企业2.89万家，实现总收入8.51万亿元，同比增长6.83%。其中，中关村自主创新示范区实现总收入7.23万亿元，同比增长8.81%。开发区实现工业总产值14 024.2亿元，占北京市工业总产值的69.2%，同比下降2.9%。带动就业330.4万人。实现利润总额为6 690.1亿元，同比增长38%；实现税收总额2 315.4亿元，同比下降1%。2020年，北京经济技术开发区全年实现工业总产值4 467.9亿元，同比增长6%，占北京市开发区工业总产值的31.9%，成为北京市“高精尖”产业的重要承载区和经济发展的增长极。

二、土地空间集约利用

截至2020年底，北京市开发区规划面积457.15平方公里，累计已开发土地面积和累计已供应土地面积分别为333.58平方公里和271.92平方公里，占规划面积的比重分别为73%和59.5%。国家级开发区单位土地总收入和工业总产值分别为3.02亿元/公顷和2亿元/公顷，市级开发区分别为1.29亿元/公顷和0.49亿元/公顷。

三、科技创新优势领先

2020年，北京市开发区规上国家高新技术企业数量为1.7万家，实现利润总额3 647.8亿元，占北京市开发区利润总额的54.5%，从业人员规模为228.4万人，占开发区从业人数的69.1%。其中，中关村聚集了全国21%的“千人计划”人才、全国近30%的国家级重点实验室、超过20%的国家工程研究中心。北京经济技术开发区强力推进具有全球影响力的技术创新中心建设，“十三五”期间累计获得国家科技进步奖5项、北京市科技进步奖45项。国家级高新技术企业超过1 200家，是“十二五”末的2.2倍。强化与大院大所合作，全国首个获得世界卫生组织国际通用名的生物创新药、首个民营商业航天火箭发射等一批重大科技成果相继诞生。

伴随着北京四个中心功能定位的进一步明确，高精尖产业成为开发区发展方向。依据《北京城市总体规划（2016—2035年）》，将提升中关村国家自主创新示范区的创新引领辐射能力，规划建设好中关村科学城、怀柔科学城、未来科学城创新型产业集群和“中国制造2025”创新引领示范区，形成以三城一区为重点，辐射带动多园优化发展的科技创新中心空间格局。由此，北京市开发区发展将面临新的转型升级机遇，与“三城一区”协同发展共同构筑北京发展新高地，将成为全市开发区重要的发展任务与目标。

（北京市开发区协会）

2020年河北省开发区发展情况综述

2020年，河北省经济开发区（以下简称“经开区”）坚持以习近平新时代中国特色社会主义思想为指导，深入学习贯彻党的十九大和十九届二中、三中、四中、五中全会及河北省委九届九次、十次、十一次、十二次会议精神，落实省委、省政府《关于深化开发区改革开放的实施意见》（冀字〔2019〕8号）要求，重点领域改革不断深化，建设发展保持良好态势。2020年，全省经开区实现营业收入63 826.6亿元，同比增长15.3%；营业收入超1 000亿元的20家，超2 000亿元的4家。

一、进一步深化体制机制改革，发展动力活力不断增强

一是加大放权赋能力度。

经河北省政府同意，省有关部门按照“权力责任一致、职责能力匹配、能放皆放”的原则，以依法授权或委托等方式，定向精准向石家庄经开区等5个国家级开发区下放57项省级行政许可事项。市县也向已设立行政审批局的经开区下放一批审批权限。深化经开区财政管理体制改革，按照财政管理权限，经开区所在的市、县（市、区）根据其发展需要确定对经开区的财政管理体制。二是简化项目审批流程。推行标准化审批流程和示范文本，大幅压缩经开区工程建设项目审批时限，对同类项目不同部门审批层级存在差异的审批事项，实行审批事项同级化、属地化，实现“只进一扇门、最多跑一次”。各地积极推行“区域评估”“多评合一”改革，项目审批持续简化。经开区内行政审批部门实现与各级政务服务部门和有关职能部门的互联互通、数据共享和协同联动，一网通开办率达95%以上。三是深化人事薪酬制度改革。积极完善经开区领导体制，对设区市管理的经开区主要负责同志由当地领导班子成员兼任不再做统一要求，县（市、区）管理的经开区，不再实行党政正职兼任体制。着力选优配强经开区主要负责同志，配备一批政治素质好、业务水平高、开放意识强、有创新精神、作风过硬以及懂经济、会管理、善协调、能服务的干部。继续推进经开区人事薪酬制度改革，建立更具激励性的人事管理和绩效工资制度。四是着力推进市场化运营。经开区运营模式进一步创新，各地引入战略投资者和专业化园区运营商开发、建设、运营园区，或采取政府购买服务等方式开展委托招商、代理招商，探索推进对园区及区内企业的“全生命周期”管理，项目准入、企业品质控制、全方位服务、市场化退出等机制不断完善。

二、持续推进开放创新，打造高水平发展平台

一是统筹推进疫情防控和复工复产。面对严峻复杂的疫情防控形势，省商务厅印发《关于统筹推进全省经开区疫情防控和经济发展工作的通知》等文件。持续抓好疫情常态化防控举措，有力有序推进区内企业复工复市、复产达产。在增加防疫医疗物资生产、保障生活必需品供应、畅通物流渠道等方面，为重点经开区及企业提供全方位的支持和援助，协调解决在投资、生产、经营中遇到的困难和问题。组织开展“疫情防控、复工复产入企帮扶”专项行动，深入经开区调研帮扶。落实差异化生态管控措施，将疫情防控重点企业项目纳入生态

环境监管正面清单，不停产不限产，支持企业项目生产建设。全省经开区率先实现复工复产，为防疫医疗物资供应和经济恢复做出贡献。二是组织开展系列招商引资活动。修订完善《河北省开发区产业地图》，进一步明确全省开发区的支柱产业、主导产业，指导开发区精准招商。瞄准重点区域和重点目标，通过网上展会展示、视频会议、云洽谈、云签约等方式，千方百计引进优质内外资项目特别是战略性新兴产业项目。组织开发区参加“云招商”系列推介活动、廊坊“5•18”网上国际经洽会、国际合作园全球网络招商推介大会、中意中小企业产业园线上对接会、京津冀开发区战略性新兴产业发展论坛等招商推介和培训活动。三是扎实推进合作园建设。制定《河北省国际合作产业园和省际合作产业园建设发展指南》，指导20家重点合作园制定或完善发展规划，分解下达任务目标，加强调研督导。加快重点项目建设，在项目、资金、渠道、培训、招商等方面给予政策支持和倾斜。组织国际合作产业园参加国家级经开区绿色发展联盟国际合作园建设论坛和联席会议。不断完善体制机制，提升合作产业园市场化运作水平。四是加大培育引进创新载体和人才力度。积极培育“专精特新”中小企业和小型微型企业创业创新示范基地。实施开发区提档升级科技专项行动，以5家开发区为试点，投入专项资金进行科技服务业试点创新，有效带动开发区创新生态升级。组织开展“京津高校走进河北开发区”系列活动，在怀安和邢台举办两场专题活动。外籍高层次人才在全省开发区办理（永久）居留证件的申请流程进一步优化。开发区的生活环境、配套设施进一步优化升级，有效增强了开发区对人才的吸引力。

三、坚持集约节约，提升绿色安全发展水平

一是促进集约节约利用土地。加大批而未供和闲置土地处置。开展开发区土地集约利用状况的专项评价，并作为开发区扩区、调区、升级审核的硬条件。加强评价成果运用，连续3年未参与土地集约利用评价的开发区不允许升级、扩区、调区，评价综合排名居全省开发区后三分之二的不得升级，综合排名居全省后三分之一的不允许扩区调区，引导开发区提高项目投资强度和亩均税收等“亩均效益”。二是引导绿色循环发展。严格落实区域环评和规划环评相关要求，对全省开发区及产业园区开展规划环评审查。推进园区实现污水全收集全处理，组织开展园区污水集中处理设施专项督察，除新批复设立的以外，全省经开区已全部完成污水集中处理设施建设和自动在线监控系统装置安装，或纳入城镇污水处理管网系统。将推进涉气企业进区入园和产业集群整治纳入大气污染综合治理重点工作，在全省开发区建设空气质量自动监测站218个，每月将全省开发区空气质量进行排名通报。引导开发区绿色化建设和改造，2020年新创建沧州经开区等7家省级绿色园区，累计达到13家；石家庄经开区等3家国家级绿色园区，累计达到8家。三是强化安全生产。组织开展全省经开区安全生产专项整治三年行动，明确经开区安全生产责任体系，强化安全监管力量，加强重大安全风险管控能力，实现安全隐患排查治理制度化、常态化、规范化、长效化，初步建立起以风险分级管控和隐患排查治理为重点的开发区安全预防控制体系。

四、加大政策支持力度，要素保障水平不断提高

一是优先支持开发区项目用地。优先保障开发区所需建设用地规模，优先安排年度用地计划指标。支持符合条件的开发区扩区调区和托管园区，省政府批准1家经开区调区，各市政府批准16家开发区对30个园区实施托管。二是着力解决融资难问题。上线“河北省金融服务平台”，为包括开发区在内的全省中小微企业提供全流程在线普惠金融服务。对开发区内拟上市挂牌企业逐一排查摸底，全面掌握进展，与沪深证券交易所、股转公司、地方金融监管

局加强协作，及时沟通河北拟上市挂牌企业进展情况，推进申报审核进程。积极支持开发区内上市挂牌公司通过资本市场再融资与并购重组融资、发行公司债券及资产证券化产品融资。开发区内企业有2家首发上市，实现直接融资和上市再融资15.4亿元，4家公司发行公司债券融资49亿元，1家公司发行资产证券化产品融资7.1亿元。三是用好产业支持政策。利用省开发区发展资金1.9亿元，对全省45家先进开发区给予奖励；开展能级提升综合示范开发区和特色产业示范开发区评审认定工作，经省政府批准，下达示范建设目标，并给予4亿元专项资金支持。依托开发区加快建设一批新型工业化产业示范基地，秦皇岛经开区（装备制造）、石家庄经开区（生物医药）成功入选国家新型工业化产业示范基地，累计创建省级以上新型工业化产业示范基地101家，其中国家级新型工业化产业示范基地累计达到21家，居全国第6位。

五、加强统筹协调，考核激励不断深化

一是加强政策指导。深入研究《关于加快开发区创新发展提升能级的若干措施》，先后报省政府、省委审议并原则通过。与智库机构合作，在实地调研和广泛征求各市开发区主管部门、重点开发区意见建议的基础上，研究编制完成《河北省经济开发区“十四五规划”》（征求意见稿）。二是强化督导考核。省开发区改革发展领导小组办公室多次组成专门小组赴各市县和30多家开发区督查指导工作，协调解决重点问题。坚持按月通报全省经开区主要经济指标排名，表扬先进、督促落后。对连续两年实际利用外资为零的开发区进行集中约谈和重点帮扶。组织2019年度全省经开区综合发展水平评价考核，根据考核结果严格兑现了奖惩。落实省干部考核领导小组《河北省开发区综合考核办法（试行）》，确保新考核办法落地实施。组织了全省开发区统计造假行为专项整治，严明责任，杜绝漏报、虚报等行为。

附图1 京津高校河北开发区

附图2 秦皇岛经开区企业厂房

（供稿：河北省商务厅二级巡视员、开发区管理处处长 唐金江；河北省商务厅开发区管理处二级调研员 李文革）

2020年上海市开发区发展情况综述

2020年上海市开发区社会经济发展成效如下：

工业生产稳中有升：2020年，在新冠肺炎疫情和复杂多变的国内外环境的双重考验下，上海市开发区坚持疫情防控和经济发展两手抓、两促进。从9月起，全市开发区规上工业企业完成工业总产值累计增速由负转正，并且保持持续增长。2020年，上海市开发区规上工业总产值同比增幅达到3.21%。总体来看，上海市开发区工业生产呈现稳中有升、总体向好态势。

社会投资大幅增加：2020年上海市开发区完成固定资产投资金额为2 529.67亿元，同比增长27.14%，占全市比重为28.62%；完成工业固定资产投资1 298.85亿元，同比增长28.52%，占全市比重为82.92%。其中，国家级开发区是上海市开发区中固定资产投资最重要的区域，尤其是工业固定资产同比增长60.98%，成为推动全市各项工业项目有效投资、稳定经济发展的中坚力量。

招商引资全力扩大：2020年，上海市开发区大力引进内、外资，全力稳定外资外贸。开发区共引进外资项目2 649个，同比下降18.06%，降幅进一步缩小，吸引合同外资金额220.42亿美元，同比增长0.26%。引进内资项目40 377个，同比增长26.13%，开发区落户内资企业注册资金为4 409.26亿元，同比增长61.17%。从项目数和注册资本金变化幅度来看，上海市开发区内资项目主要集中在大中型园区。

上缴税金全年未实现正增长：新冠疫情影响下，上海市开发区贯彻落实退税免税政策，全力支持企业平稳健康发展。2020年上海市开发区上缴税金5 097.25亿元，同比下降5.84%。

工业出口力顶压力实现正增长：2020年，在中美贸易摩擦不断升级的背景下，上海市开发区工业迎难而上，规上工业企业完成出口交货值6 892.44亿元，可比增长0.37%，占全市规上工业出口交货值的90.97%，占比高于产值在全市的占比，说明上海市工业出口主要来源于开发区。进一步分析各工业行业的出口情况，在全市开发区30个有出口的行业中，22个行业出口下降，仅有8个行业维持增长。计算机、通信和其他电子设备制造业作为出口交货值比重最高的行业，全年完成出口交货值4 200亿元，同比增长4.4%，有力提高了上海工业出口交货值；汽车制造业作为上海市的支柱产业，全年完成出口交货值337亿元，同比增长29.4%。

（上海市开发区简报）

浙江省经济开发区“十三五”暨2020年开发区发展情况综述

“十三五”时期，浙江省经济开发区以习近平新时代中国特色社会主义思想为指导，坚决贯彻党中央国务院关于开发区建设的决策部署，在浙江省委省政府的坚强领导下，坚持以“八八战略”为总纲，高举开发开放旗帜，以发展为第一要务，全力建设高质量高能级平台。

五年间，浙江省经济开发区始终坚持扩大开放，外向型经济指标画出“一路上扬”的漂亮曲线；始终坚持创新发展，主导产业更加集聚，新兴产业更加高能；始终坚持服务至上，以“最多跑一次”改革为引领，市场化、法治化、国际化营商环境持续提升。

经过五年的发展，经济开发区已成为浙江省改革开放的主要载体、经济建设的重要引擎、产业集聚的重要基地、科技创新的重要力量、产城融合的重要平台。

一、“十三五”时期浙江省开发区经济发展和平台建设主要亮点

(一）开发区队伍不断壮大，整合提升效果显现

“十三五”期间，浙江省经济开发区数量较“十二五”末增加16家，共有各类经济开发区103家，其中国家级经济技术开发区22家、海关特殊监管合作区11家、省级经济开发区62家、参照省级经济开发区管理单位8家。国家级经济技术开发区实现全省地市全覆盖。

五年来，全省经济开发区共完成三轮整合提升，生产要素向开发区集聚，向高质量项目倾斜，经济指标稳步提升，基本形成了层次分明、布局合理、类型多样的区域开放平台新格局。

(二）综合实力稳步提升，经济贡献不断增长

“十三五”期间，全省经济开发区各项经济指标均呈现增长态势。五年累计实现实际使用外资485.66亿美元、进出口总额10 838.49亿美元、规上工业增加值51 639.13亿元，较“十二五”分别增长28.75%、42.69%、55.97%，年均增长率分别为5.75%、8.54%、11.19%。

五年来，全省经济开发区主要经济指标占全省的比重逐年增加，对全省经济增长贡献率明显提升。实际使用外资、进出口总额和工业增加值占全省的比重分别从“十二五”末的52.2%、47.5%和65.0%，提高到“十三五”末的59.65%、52.35%和74.04%。

(三）多项创新工作在全国复制推广

一是首创开发区产业链“链长制”。“链长制”在应对中美经贸摩擦和抗击新冠疫情推动复工复产中发挥了重要作用，被商务部作为典型创新案例，在全国20多个省市复制推广。二是持续推进国际产业合作园建设。“打造国际产业合作园”被列为浙江经济转型升级组合拳之一，并作为一类目标写入政府工作报告，先后出台《浙江省人民政府办公厅关于加快国际产业合作园发展的指导意见》《浙江省国际产业合作园综合评价暂行办法》，支持国际产业合作园打造成为全省高质量外资的集聚地。三是大力推进自贸试验区联动创新区工作。充分利用自贸试验区产业发展和制度创新优势，推进自贸试验区与重点开放平台优势叠加、联动创新、协同发展，自贸试验区联动创新区已实现全省地市全覆盖。四是打响美丽园区建设品牌。按照“三生融合”“四位一体”理念和“六化”标准，建设一批具有国际竞争力的现代化美丽园区，打

响“美丽中国、美丽浙江、美丽园区”建设品牌。

二、2020 年浙江省经济开发区经济发展情况

2020 年，全省经济开发区经受住了复杂多变的国内外环境和突如其来的新冠肺炎疫情的双重考验，经济运行稳中有升，以全省 7.4% 的土地面积，贡献了全省 40.32% 的税收收入、52.35% 的外贸、59.65% 的外资和 74.04% 的规上工业增加值，圆满完成了“十三五”规划目标。

经济运行呈现以下主要特点：

（一）主要经济指标稳步增长，发展势头良好

实际使用外资同比增长 6 个百分点。2020 年，全省经济开发区实际使用外资 94.16 亿美元，同比增长 6.28%，占全省的 59.65%。其中，国家级经济技术开发区实现 65.71 亿美元，同比增长 2.83%，占全省经济开发区的 69.79%；省级经济开发区实现 28.45 亿美元，同比增长 15.12%。实际使用外资质量提升，2020 年末实有外商投资企业 15 536 家，新增 1 226 家，同比增长 8.57%。引进 3 000 万美金以上项目 234 个、500 强项目 13 个。

进出口总额同比增长 12 个百分点。2020 年，全省经济开发区实现进出口总额 2 722.59 亿美元，同比增长 12.21%，占全省的 52.35%。其中，出口额 2 066.65 亿美元，进口额 655.83 亿美元，分别同比增长 12.75% 和 10.49%，增幅均高于全省平均水平。国家级经济技术开发区实现 1 540.35 亿美元，同比增长 14.14%，占全省的 56.58%；省级经济开发区实现进出口总额 1 184.24 亿美元，同比增长 9.67%。

规上工业增加值同比增长 12 个百分点。2020 年，全省经济开发区实现规上工业总产值 55 334.56 亿元，同比增长 10.24%；实现规上工业增加值 12 374.91 亿元，同比增长 12.00%，占全省的 74.04%。

税收收入同比增长约 9 个百分点。2020 年，全省经济开发区实现税收收入 5 103.33 亿元，同比增长 8.74%，占全省的 40.32%。其中，国家级经济技术开发区实现 3 105.74 亿元，同比增长 7.1%，占全省经济开发区的 60.86%；省级经济开发区税收收入 1 997.6 亿元，同比增长 9.6%。

（二）产业投资稳定增长，项目招商引资成效显著

2020 年，全省经济开发区主动融入新发展格局，共吸引 2 亿人民币以上投资项目 1 906 个，其中，落户国家级经济技术开发区的 1 007 个，占全省经济开发区的 52.83%。

2020 年，全省经济开发区完成固定资产投资 13 328.56 亿元，同比增长 11.28%，高出全省 5.88 个百分点。其中，经济开发区内完成基础设施投资 2 878.17 亿元，占固定资产投资的 21.76%。

三、2020 年浙江省经济开发区产业发展情况

（一）千亿级平台不断壮大

2020 年，全省 3 家经济开发区工业产值突破 2 000 亿元，19 家经济开发区工业产值突破 1 000 亿元，其中，宁波经济技术开发区实现工业产值 3 734.30 亿元，嘉善、长兴经济技术开发区首次加入千亿级队伍。乐清、海宁、余姚三家省级经济开发区发展动能强劲，与国家级经济技术开发区齐头并进。

表 1 2020 年工业产值千亿级经济开发区

序号	开发区简称	规上工业总产值（亿元）	同比增幅（%）
1	宁波	3 734.30	−3.02
2	杭州	2 953.87	1.24
3	嘉兴	2 710.94	−15.46
4	宁波杭州湾	2 442.51	27.79
5	余姚	1 767.67	10.49
6	甬石化	1 705.23	−12.92
7	余杭	1 595.76	11.24
8	海宁	1 556.18	1.53
9	乐清	1 466.82	7.54
10	湖州	1 368.33	10.92
11	温州	1 338.42	9.72
12	袍江	1 336.81	5.42
13	桐乡	1 314.44	−9.17
14	衢州	1 277.85	16.32
15	杭州湾上虞	1 260.36	6.76
16	嘉善	1 173.45	18.86

续表

序号	开发区简称	规上工业总产值（亿元）	同比增幅（%）
17	平湖	1 172.33	5.33
18	柯桥	1 078.72	−3.30
19	长兴	1 001.34	4.95

2020 年，全省经济开发区实现规上工业营业收入 51 953.19 亿元，同比增长 6.67%。20 家经济开发区规上工业营业收入超千亿，较 2019 年新增 3 家。其中，宁波、杭州经济技术开发区规上工业营业收入突破 3 000 亿元。

表 2　2020 年规上工业营业收入千亿级经济开发区

序号	开发区简称	规上工业营业收入（亿元）
1	宁波	3 641.146
2	杭州	3 106.219 3
3	嘉兴	2 998.321 91
4	宁波杭州湾	2 402.677 9
5	余姚	1 755.938 2
6	余杭	1 652.152 9
7	海宁	1 631.037 62
8	甬石化	1 570.280 7
9	桐乡	1 455.709 3
10	湖州	1 442.738 9
11	衢州	1 382.648 3
12	乐清	1371.510 2
13	慈溪滨海	1 307.596 5
14	温州	1 296.093 2
15	袍江	1 258.496 7
16	富阳	1 203.015 6
17	平湖	1 173.773 9
18	杭州湾上虞	1 173.566 81
19	嘉善	1 173.525 5
20	长兴	1 013.455 2

（二）产业布局日趋优化

主导产业优势明显。2020 年，全省经济开发区主导产业实现产值 35 298.58 亿元，同比增长 7.87%，产业集聚度达 63.79%。千亿级产值的主导产业 11 个，较 2019 年增加 3 个。全省经济开发区三大主导产业仍是电气机械和器材制造业、汽车制造业、化学原料和化学制品制造业，分别占全省经济开发区主导产业产值的 14.79%、11.89% 和 11.79%，产值比重差距缩小，化学纤维制造业、医药制造业增长较快。

表 3　2020 年全省经济开发区产值超千亿产业情况

产业类别	产值（亿元）	同比增幅（%）	产业集聚度（%）	龙头企业产值（亿元）	企业产值行业占比（%）
电气机械和器材制造业	5 220.92	22.63	14.79	1 006.89	19.29
汽车制造业	4 196.24	12.60	11.89	1 429.62	34.07
化学原料和化学制品制造业	4 161.65	−32.18	11.79	1 105.18	26.56
通用设备制造业	3 369.50	7.32	9.55	493.70	14.65
石油加工、炼焦和核燃料加工业	2 603.11	42.33	7.37	2 441.36	93.79
纺织业	2 492.47	−24.49	7.06	206.28	8.28
化学纤维制造业	1 683.23	236.06	4.77	390.49	23.2
金属制品业	1 596.74	20.55	4.52	340.18	21.3
计算机、通信和其他电子设备制造业	1 593.55	9.16	4.51	593.26	37.23
医药制造业	1 090.37	42.59	3.09	374.37	34.33

战略新兴产业蓬勃发展。2020 年，全省经济开发区战略新兴产业实现产值 31 038.17 亿元，同比增长 62.04%。新能源汽车产业异军突起，产值大幅提升，实现 9 828.67 亿元，同比增长 441.36%，占全省经济开发区的 31.67%。节能环保、新材料、新能源等产业增速较快。

表 4　2020 年全省经济开发区战略新兴产业发展情况

产业名称	产值（亿元）	增幅（%）
节能环保产业	3 128.72	22.02
新技术物联网产业	2 131.33	20.76
生物产业	1 943	−26.88
高端装备制造产业	3 437.11	19.51
新能源产业	1 738.06	29.99
新材料产业	8 705.06	45.02
新能源汽车产业	9 828.69	441.36
核电关联产业	64.90	−13.25
海洋新兴产业	61.31	−1.90

表 5　2019—2020 年全省经济开发区战略新兴产业产值占比对比

产业名称	产值占比（%）	
	2020 年	2019 年
新能源汽车产业	31.67	9.48
新材料产业	28.05	31.34
高端装备制造产业	11.07	15.01
节能环保产业	10.08	13.39
新技术物联网产业	6.87	9.21

续表

生物产业	6.26	13.87
新能源产业	5.60	6.98
核电关联产业	0.21	0.39
海洋新兴产业	0.20	0.33

（三）单位能耗增加值呈下降趋势

2020年，全省经济开发区规上工业能耗增加值1.13万元/吨标煤，同比下降0.67万元/吨标煤。其中，国家级经济技术开发区单位能耗增加值1.4万元/吨标煤，与2019年持平；省级经济开发区单位能耗增加值0.93万元/吨标煤，同比下降1.17万元/吨标煤。

（四）规上工业企业劳动生产率再创新高

2020年，全省经济开发区规上工业企业从业人员476.85万人次，规上工业企业劳动生产率实现25.95万元/人，与2019年持平，高于全省0.95个百分点。其中，国家级经济技术开发区规上工业企业劳动生产率29.70万元/人，同比下降1.7万元/人；省级经济开发区规上工业企业劳动生产率22.91万元/人，同比提高1.3万元/人。

（五）研究与科研经费支出占比呈线性上升

2020年，全省经济开发区企业科技活动经费支出1 590.09亿元。其中，国家级经济技术开发区研究与试验发展（R&D）费用836.87亿元，同比增长14.86%；省级经济开发区研究与试验发展（R&D）费用753.22亿元，同比增长12.32%。

四、2020年浙江省经济开发区亩均效益情况

2020年，参加全省经济开发区综合评价的82个经济开发区中共有规上工业企业30 337家，已完成开发利用面积459.46万亩，其中规上工业企业面积104.94万亩，实现规上工业增加值12 374.91亿元，规上营业收入55 059.4亿元，规上营业利润6 894.64亿元，税收5 103.33亿元。

（一）亩均税收

1. 开发利用面积的亩均税收

2020年，全省经济开发区已开发利用土地亩均税收实现11.11万元/亩，同比增长0.11万元/亩。其中，国家级经济技术开发区10.54万元/亩，同比下降0.66万元/亩；省级经济开发区12.13万元/亩，同比提升1.43万元/亩。地区差异明显。

表6　2020年国家级经济技术开发区亩均税收情况（已开发利用面积）

开发区简称	亩均税收（万元/亩）	同比增幅（%）	已开发利用面积（亩）
甬石化	101.60	−1.13	20 193
宁波	48.54	−4.79	106 230
萧山	31.57	−0.69	70 800
余杭	24.40	0.33	70 628.1
嘉兴	16.43	13.08	190 230
湖州	15.88	14.16	84 210
富阳	14.03	18.50	63 255
义乌	12.48	6.03	58 260
杭州	11.10	−8.34	164 475
平湖	8.88	7.77	122 040
丽水	8.78	14.77	89 715
衢州	7.27	−22.25	78 510
宁波杭州湾	7.09	−66.67	289 725
温州	7.03	−11.90	172 995
金华	6.44	−12.74	80 925
长兴	6.09	2.01	148 140
柯桥	5.77	14.03	239 745
杭州湾上虞	5.58	30.07	190 500
嘉善	5.14	10.30	194 385
袍江	2.73	78.43	513 015

表7　2020年分片区部分省级经济开发区亩均税收情况（已开发利用面积）

开发区简称		亩均税收（万元/亩）	已开发利用面积（亩）
东北片	安吉	29.18	954 544
	桐乡	28.75	1 035 113
	海宁	22.81	1 330 158
	前洋	22.22	392 668.9
	南浔	19.66	693 630
西南片	乐清	32.27	43 430.25
	金磐扶贫	20.67	2 760
	永康	19.21	36 675
	瑞安	17.32	36 463.5
	温岭	16.63	28 020

2. 规上工业亩均税收

2020 年，全省经济开发区规上工业亩均税收实现 48.63 万元 / 亩，同比下降 1.37 万元 / 亩。其中，国家级经济技术开发区规上工业亩均税收 59.57 万元 / 亩，同比增长 0.7 万元 / 亩；省级经济开发区规上工业亩均税收 38.52 万元 / 亩，同比下降 0.1 万元 / 亩。

表 8　2020 年国家级经济技术开发区规上工业亩均税收情况

开发区简称	规上亩均税收（万元 / 亩）	规上工业企业面积（亩）
萧山	177.71	12 578.85
义乌	96.57	7 527.00
宁波	87.41	58 995.00
柯桥	81.32	17 019.90
余杭	76.94	22 402.05
甬石化	75.46	27 186.00
湖州	75.10	17 805.00
杭州	65.12	28 036.80
富阳	55.92	15 868.50
宁波杭州湾	55.27	37 170.00
嘉兴	55.05	56 797.05
温州	55.03	22 107.37
袍江	54.65	25 650.00
丽水	48.47	16 254.60
杭州湾上虞	46.02	23 115.00
平湖	45.52	23 820.00
长兴	45.34	19 905.00
嘉善	43.92	22 770.00
金华	25.51	20 415.00
衢州	12.43	45 900.00

表 9　2020 年分片区部分省级经济开发区规上工业亩均税收情况

开发区简称		亩均税收（万元 / 亩）	规上工业企业面积（亩）
东北片	吴兴	106.26	3 934.05
	前洋	87.08	4 509.15
	宁海	62.91	4 000.50
	余姚	59.33	26 239.80
	桐庐	57.21	7 662.00
西南片	景宁	134.70	620.25
	乐清	98.22	14 271.00
	小洋山	85.47	174.75
	瑞安	83.51	7 561.05
	瓯海	73.40	3 762.60

（二）亩均增加值

2020 年，全省经济开发区实现工业亩均增加值 117.92 万元 / 亩，同比增长 1.00 万元 / 亩。其中，国家级经济技术开发区实现 126.45 万元 / 亩，同比下降 2.6 万元 / 亩；省级经济开发区实现 110.45 万元 / 亩，同比增长 5.95 万元 / 亩。

表 10　2020 年国家级经济技术开发区亩均增加值情况

开发区简称	亩均增加值（万元 / 亩）	同比增幅（%）
杭州	234.28	−2.40
湖州	180.65	12.11
甬石化	169.33	−14.71
余杭	164.62	11.64
柯桥	159.31	0.77
萧山	148.95	−4.73
宁波	145.04	0.74
宁波杭州湾	142.35	−20.92
富阳	132.2	−1.57
温州	129.96	5.79
义乌	118.01	4.66
杭州湾上虞	115.12	39.10
嘉兴	111.1	−1.08
袍江	109.2	15.59
平湖	97.78	−7.37
长兴	97.14	3.75
嘉善	96.52	29.54
丽水	89.21	−14.86
金华	65.25	−36.23
衢州	55.34	−19.70

表 11　2020 年分片区部分省级经济开发区亩均增加值情况

开发区简称		亩均增加值（万元 / 亩）	规上工业企业面积（亩）
东北片	宁海	275.85	4 000.5
	奉化	255.97	11 454.9
	海盐	177.53	13 301.55
	吴兴	176.61	3 934.05
	余姚	158.32	26 239.80
西南片	瓯海	269.3	3 762.60
	乐清	210.97	14 271.00
	瑞安	175.14	75 61.05
	舟山石化	157.52	14 029.8
	兰溪	151.00	7 717.5

五、"十四五"时期浙江省经济开发区发展规划

"十四五"时期，浙江省经济开发区将继续贯彻落实《国务院关于推进国家级经济技术开发区创新提升打造改革开放新高地的意见》，根据省委、省政府《关于整合提升全省各类开发区（园区）的指导意见》等工作部署，深化开发区"三并重、两致力、一促进"指导思想，以系统思维推动经济开发区加速构建现代产业体系，以数字化改革和法治化建设推动经济开发区治理体系和治理能力现代化，推进全省经济开发区建设成为经济社会高质量发展和实现共同富裕的高能级平台。

（一）加强顶层设计，以数字化改革撬动平台能级提升

构建"1+N+1"的工作指导体系，编制浙江省经济开发区总体发展方案，在总结历史经验基础上，明确经济开发区在新发展阶段的新定位，以数字化改革的理念和手段，整体谋划经济开发区体制机制、产业布局、招商引资、绿色发展等，推动《浙江省开发区条例》出台。编制功能平台发展指导意见，推进综合保税区、自贸试验区联动创新区、国际产业合作园、美丽园区等平台建设工作。每年发布经济开发区年度工作要点，推进整体方案和指导意见落地。

修订完善经济开发区统计调查制度，优化"全省经济开发区统计监测考核系统"，推进全省经济开发区线上线下联通，打造数字化高能级开放平台。

（二）推进开发区整合提升，持续放大体制机制优势

根据《全省开发区（园区）公告目录（2021版）》，按照分类指导、动态管理原则，指导各经济开发区按照整体方案制订实施方案，推动方案尽快落地。

围绕招大引强、有效投资、亩均效益、绿色低碳发展等重点工作，发挥平台整合、要素集聚、机构精简、职能优化等优势，加快形成承载国家重大战略和打造世界级高端产业集群的重大战略性核心平台。

（三）深化产业链"双链长制"，助力共同富裕示范区建设

围绕"巩固、增强、提升、畅通"八字方针，迭代升级产业链"链长制"，在全省经济开发区探索"双链长制"。鼓励发达地区和26县开放平台开展产业链"链长"结对，由县域全面合作向平台精准对接转变，加快推动山26县开放平台产业跨越式发展，共建产业链生态圈，打造现代产业体系，助力高质量建设共同富裕示范区。

（浙江省商务厅开发区处）

2020年江苏省开发区发展情况综述

【概况】江苏作为沿海开放地区，是最早建设开发区的省份之一，江苏开发区经过40多年的建设，经济实力不断增强，新兴动能快速发展，统筹疫情防控和经济社会发展取得显著成效，是推动全省双向开放、高质量发展的主力军。截至2020年末，江苏省现有省级及以上开发区158个，其中，国家级46个，省级112个。在国家级开发区中，经济技术开发区26个，高新技术产业开发区17个，旅游度假区2个，保税港区1个。

2020年全省开发区坚持以习近平新时代中国特色社会主义思想为指导，全面贯彻党的十九大和十九届二中、三中、四中、五中全会精神，认真落实习近平总书记对江苏工作的重要指示要求，按照党中央、国务院和省委省政府决策部署，坚持稳中求进工作总基调，扎实推进“六稳”工作，全面落实“六保”任务，经济实力不断增强，新兴动能快速发展，全省开发区经济运行呈现稳定向好态势，为全省经济社会的平稳健康、高质量发展提供了重要支撑和坚实保障。

【综合】2020年，全省158家开发区（不含筹建开发区，下同）实现业务总收入262 839.9亿元，同比增长22.6%，地方一般公共预算收入5 067.5亿元，同比增长4.0%。国家级开发区实现业务总收入143 635.9亿元，地方一般公共预算收入2 975.9亿元，同比分别增长18.0%和2.3%。全省共有416家上市企业落户开发区，其中国家级有250家上市企业。全省开发区在高平台上稳步发展。

【工业经济】全省开发区结合自身特点，围绕转型升级目标，着力加快重点产业发展，产业结构不断调整、优化和集聚，产业规模稳步增长。2020年，全省开发区完成重点产业增加值同比增长8.2%。其中，国家级开发区完成重点产业增加值同比增长5.6%。

【固定资产投入】2020年，全省开发区完成固定资产投资同比增长3.2%，其中，工业项目固定资产投资同比增长为2.2%。国家级开发区完成固定资产投资同比增长4.7%，工业项目固定资产投资同比增长3.9%。区内营业收入20亿元以上的“四上”企业数1 359家，其中，国家级营业收入20亿元以上的“四上”企业数811家。

【招商引资】2020年，全省开发区实际使用外资239.4亿美元，同比增长0.7%，占全省比重84.3%，其中，国家级开发区实际使用外资143.0亿美元，同比增长1.4%。新批外商投资企业2 903家，同比增长8.5%，占全省81.2%，其中，国家级开发区新批外商投资企业1 644家，同比增长7.9%。区内共引进跨国公司总部和功能性机构254家，占全省86.1%，其中，国家级开发区195家，占全省66.1%。

开发区吸引内资企业规模在高平台上快速增长。2020年，全省开发区新增内资企业注册资本18 773.2亿元，同比增长26.4%，其中，工业项目注册资本42 779.9亿元，同比增长15.5%。国家级开发区新增内资企业注册资本11 103.4亿元，同比增长26.1%，其中，工业项目注册资本1 808.1亿元，同比增长3.7%。区内新增内资企业213 955家，同比增长13.1%，其中，国家级开发区新增内资企业134 913家，同比增长12.0%。

【对外贸易】2020年，全省开发区实现进出口总额、出口额和进口额分别为4 811.5亿美元、

2 933.9 亿美元和 1 877.6 亿美元，同比分别下降 5.0%、5.5% 和 4.3%，分别占全省的 74.9%、74.0% 和 74.2%，其中，高新技术产品进出口额 2 097.9 亿美元，占全省比重 83.1%，民营企业进出口额 1 589.9 亿美元，占全省比重 70.2%。国家级开发区实现进出口总额和出口额分别为 3 798.6 亿美元和 2 255.3 亿美元，同比分别下降 7.8% 和 9.4%，其中，高新技术产品进出口额 1 970.9 亿美元，占全省比重 78.0%，民营企业进出口额 1 016.5 亿美元，占全省比重 44.9%。

【科技创新】全省开发区不断增强科技引领实施创新驱动。现有高新技术企业 25 399 家，同比增长 40.6%，高新技术企业产值同比增长 29.8%。省级以上研发机构共 6 762 家，同比增长 6.1%。年度 PCT 专利申请量 6 558 件，同比增长 51.1%，占全省比重 68.2%。发明专利授权量 25 189 件，同比增长 24.1%，占全省比重 54.8%。集聚省“333 高层次人才培养工程”、中科院“百人计划”（不含区内各类高校）等省级以上领军人才 5 183 人。区内共有智能车间 1 093 个、智能工厂 39 家、“专精特新”小巨人企业数 474 家（不含产品数），占全省比重分别为 94.5%、92.9% 和 68.0%。

【社会贡献】2020 年，全省开发区期末从业人员达 1 787.8 万人，同比增长 5.7%，其中，工业从业人员 903.6 万人，同比增长 4.2%；境外人士在职人员 13.3 万人，同比增长 7.6%。国家级开发区期末从业人员 886.7 万人，同比增长 0.3%，其中，工业从业人员 466.6 万人，同比增长 3.4%；境外人士在职人员 6.3 万人，同比下降 1.8%。

【生态环境】全省开发区坚持绿色低碳循环发展，污染防治力度不断加大，节能减排成效显著。通过关停低端落后化工企业、完成钢铁水泥等行业去产能任务，区内工业综合能耗同比下降 0.3%，单位规上工业增加值用水量同比下降 95.1%，重点产业增加值占全区 GDP 比重 51.5%。全省 158 家开发区中共有 112 家开发区开展生态工业园创建。其中，获批省级以上生态工业示范园 82 家，占全省开发区的 70.9%。

【平台载体】紧紧围绕省委、省政府“一特三提升”的工作目标，探索竞合发展实践路径，建设一批优质平台，推动全省开发区建设成为现代产业园区。截至 2020 年底，先后认定 54 家省级特色创新示范园区、22 家省级智慧园区、13 家省级国际合作园区，充分发挥推动开发区加快特色创新产业集聚、加快提升开发区信息化水平、深化国际合作双向开放的载体平台作用，推动全省高质量发展。

表 1 分区域业务总收入和一般公共预算收入完成情况

（单位：亿元）

地区	业务总收入	同比 (%)	一般公共预算收入	同比 (%)
全省	262 839.9	22.6	5 067.5	4.0
苏南	166 923.3	16.8	3 458.9	−0.3
苏中	53 515.4	38.6	723.3	12.8
苏北	42 401.2	29.4	885.3	16.2

表 2 重点产业增加值排位前 8 位的行业发展速度 （%）

产 业 名 称	完成增加值
计算机、通信和其他电子设备制造业	10.6
电气机械及器材制造业	19.2
化学原料及化学制品制造业	5.8
通用设备制造业	6.7
汽车制造业	7.1
黑色金属冶炼和压延加工业	5.6
专用设备制造业	8.7
纺织业	1.9

注：(1) 重点产业增加值：指以《国民经济行业分类与代码》(GB/T4754—2011) 的大类划分，并且增加值排在前三位的 3 个行业增加值的总和，同口径计算增速。

(2) 开发区主要经济指标来自省有关部门数据和各开发区上报汇总核实数，进出口等外贸数据来自海关；计算方法是与上年同期相比；增加值增速为名义增速。

（江苏省开发区协会）

2020年福建省开发区发展情况综述

2020年，福建省开发区认真贯彻落实省委、省政府决策部署，围绕贯彻落实《国务院关于推进国家级经济技术开发区创新提升打造改革开放新高地的意见》《国务院关于促进国家高新技术产业开发区高质量发展的若干意见》《福建省人民政府关于促进开发区高质量发展的指导意见》《福建省人民政府关于实施工业（产业）园区标准化建设推动制造业高质量发展的指导意见》，坚持创新驱动、深化改革、扩大开放，统筹推进疫情防控和经济社会发展，经济建设取得新成效。一是经济规模持续壮大，实现地区生产总值15 972亿元，较上年同比增长6.5%，约占全省36.4%，实现税收收入1 240亿元，较上年同比增长4.7%，占全省税收收入(不含海关）的比重为29.3%；二是产业集聚步伐加快，户均产业集聚度为79.4%（前三位主导产业工业产值占比），较上年提升2.1个百分点；三是工业用地集约增效，工业用地固定资产投入强度、产出强度分别较上年同比增长13.8%、3.5%；四是科技创新活力增强，新认定国家级高新技术企业数840家，累计3 600家，占全省55.5%；五是开放合作稳中有进，实际使用外资总额166.7亿元，进出口总额7 661亿元，对外直接投资额213.51亿元，分别占全省47.9%、54.6%和62.6%。

一、推动工业（产业）园区标准化建设

2020年初，福建省政府印发《福建省人民政府关于实施工业（产业）园区标准化建设推动制造业高质量发展的指导意见》，提出坚持高起点规划、高标准配套、高效率服务，促进高水平发展，打造一批基础设施完善、功能配套齐全、产业集聚发展、宜居宜业的标准化园区。《指导意见》提出十大专项行动计划，确定16家试点开发区，分别由省直相关部门牵头组织落实。省商务厅重点抓好“体制机制创新”专项工作，我们相应制定了《福建省工业（产业）园区标准化建设“机制创新专项行动”实施方案》，提出建立高效灵活管理机构等七个方面改革措施，印发各地各试点园区实施；同时，推动福州、莆田、三明、南平等地政府出台了推进园区体制机制创新相关文件；具体指导我厅挂钩的2家试点园区创新管理体制机制，及时总结梳理典型经验材料，报送标准化园区联席会议办公室印发推广。

二、加快产业集聚和转型升级

指导各开发区结合区位特点、资源禀赋、产业基础、资源环境容量等做好产业布局，重点培育1～2个主导产业，集聚创新资源和高端人才，制定产业发展规划及实施计划，培育产业集群，着力打造一批产值超千亿、竞争力强的专业化特色园区，形成布局合理、错位发展、功能协调的开发区发展格局。指导各开发区围绕主导产业开展精准招商，造链、扩链、强链、补链，招引大项目、集聚大产业、完善大配套，推动开发区产业向高科技含量、高附加值、高税收的“三高”转型。充分发挥开发区对外开放平台作用，加大对外招商力度，提高开发区利用外资比重。据不完全统计，2020年厦洽会期间，开发区共签约内外资项目25个，总投资351亿元。推进区域协作招商和合作共建，推动闽东北、闽西南两大协同发展区开发区加强协同招商，促进新招商项目按产业定位

落户园区，推动16家国家级和省级开发区加强合作，签订协同招商协议，实现资源整合、优势互补、合作共赢。

三、提高土地集约利用水平

福建省商务厅会同省自然资源厅联合制定印发《促进开发区土地集约利用的十条措施》，对开发区项目入驻、开发区扩区、升级等明确土地集约利用标准，提高开发区项目投资强度和产出水平。鼓励工业企业“退城入园”，促进项目集聚发展。推动各开发区科学统筹土地要素，进一步盘活土地存量，处置低效用地，通过回购、产权转让、合资合作等方式开展“二次招商”，实现“腾笼换鸟”。根据《关于开发区整合托管工作指导意见》，鼓励以国家级开发区和发展水平较高的省级开发区为主体，整合或托管区位邻近、小而散的工业园区，实行“一区多园”管理模式，统一规划、统筹布局、统一管理，做大做强。

四、创新开发区管理和运行机制

深化“放管服”改革，加大授权赋能力度，依法依规把能够下放给开发区的经济管理权限全部下放（包括省、市、县区）。推动公共服务平台建设，全面提供“一站式”的“互联网+政务”服务，进一步优化营商环境。引入市场化改革机制，激活管理机构活力，让开发区管委会“瘦身强体”“轻装上阵”“聚焦主业”。成立开发区运营机构，实行企业化管理、市场化运作，目前全省开发区设立运营公司的占80%，成立招商公司的占比近三分之一。进一步推动有条件的县（市、区）建立由当地政府领导为召集人、相关部门领导参加的开发区联席会议制度，加强对开发区工作的领导，促进开发区工作高效运转。指导推动部分开发区设立、更名、升级。

五、发挥综合考评的激励引导作用

福建省商务厅牵头会同省科技、工信、自然资源、生态环境、住建和统计等7个部门联合制定考评办法，组织对全省开发区综合发展水平进行评价，从发展规模、土地集约、科技创新、环保安全、开放合作、管理服务六个方面，分三级57项指标形成考核评价体系，委托第三方机构开展评价。评价结果通报各地政府、省直有关部门、各开发区管委会。对评价结果排名居前的给予奖励，评价排名居后5名的予以警告并督促整改。2020年9月如期完成2019年度福建省开发区综合发展水平考核评价报告，并会同省科技厅、工信厅召开福建省开发区2019年度综合发展水平考评结果新闻通气会。

六、推进海关特殊监管区域整合优化

认真落实《国务院关于促进综合保税区高水平开放高质量发展的若干意见》，推动福州出口加工区、厦门象屿保税物流园区、福州保税港区、厦门海沧保税港区4家海关特殊监管区域先后获国务院批准整合优化为综合保税区，会同福州海关、厦门海关召开福建省海关特殊监管区域整合优化工作新闻通气会，取得良好社会影响。做好海关特殊监管区域发展绩效评估，根据海关总署发布的《综合保税区发展绩效评估办法（试行）》，指导7个海关特殊监管区域做好评估材料的填报，并跟踪配合评估相关要求，评估结果显示我省海关特殊监管区域发展绩效居中上水平。

七、推进开发区生态环境保护和安全生产

福建省商务厅积极配合环保部门抓好开发区生态环境保护，推动全省开发区完善环保基础设施建设，根据《2020年度党政领导生态环境保护目标责任书》和考核评分细则，对各开发区污水集中处理设施建设和运行情况进行考核。按照省委省政府办公厅印发的《福建省贯彻落实中央生态环境保护督察报告整改方案》和相应子方案，推动有关开发区按期完成整改任务。目前全省开发区全部实现污水集中处理并在线监控。会同省生态环境厅、科技厅印发《福建省开发区生态环境专项整治工作方案》，

建立“一区一档”。同时，继续落实省委、省政府《关于推进安全生产领域改革发展的实施意见》，印发《关于加强开发区安全生产做好复工复产工作的通知》，督促开发区加强安全生产风险防范。按照省政府《关于研究危险化学品企业进园入区及安全监管有关工作的纪要》，配合省应急厅开展开发区安全风险隐患排查和危险化学品安全专项督查。

2020 年，福建省开发区建设发展虽然取得一定成效，但仍然存在产业规模总体偏小、体制机制活力不足、发展不平衡、要素制约有待化解等问题。下一阶段，全省开发区工作将继续坚持以习近平新时代中国特色社会主义思想为指导，按照党中央、国务院和省委省政府工作部署，着力推动开发区开放创新、科技创新和制度创新，提升开放水平和发展质量，推动开发区在以国内大循环为主体、国内国际双循环相互促进新发展格局中发挥更大作用，为全方位推动高质量发展超越做出更大贡献。

附：2020年度福建省开发区综合发展水平考核评价结果发布

根据《福建省人民政府关于促进开发区高质量发展的指导意见》和《福建省商务厅等 7 部门关于印发〈福建省开发区综合发展水平考核评价办法（暂行）〉的通知》精神，由福建省商务厅牵头组织委托第三方机构，对全省 97 家开发区 2020 年度综合发展水平进行考核评价，评价内容包括发展规模、土地集约、科技创新、环保安全、开放合作、管理服务共六个方面 57 项指标。

考评结果显示，2020 年全省开发区建设发展取得新成效。

【经济规模持续壮大】实现地区生产总值 15 972 亿元，较上年同比增长 6.5%，占全省地区生产总值的 36.4%；实现规上工业增加值 8 517 亿元，其中 100 亿元以上开发区 29 个，较上年同比增长 7.9%，占全省全部工业增加值的比重为 54.1%；实现税收收入 1 240 亿元，较上年同比增长 4.7%，占全省税收收入（不含海关）的比重为 29.3%。

【产业集聚步伐加快】产业集聚水平（前 3 位主导产业工业产值占比）较上年提升的开发区数有 63 个，户均产业集聚水平达 79.4%，较上年提升 2.1 个百分点。全省开发区境内上市及新三板和区域性股权市场挂牌企业数达 282 家，较上年增加 143 家，同比增长 102.9%；省级龙头企业 349 家，较上年新增 56 家，同比增长 19.1%，占全省龙头企业数的 67.4%。

【工业用地集约增效】全省开发区工业用地固定资产投入强度为 461.7 万元 / 亩，工业用地产出强度为 597.7 万元 / 亩，分别较上年同比增长 13.8%、3.5%；按可比口径统计，89 个开发区工业用地地均税收 23 万元 / 亩，较上年同比增长 2.8%，其中 58 个开发区地均税收比上年增加。全省 89 个开发区户均综合容积率为 1.1，较上年提升 6.5 个百分点。

【科技创新活力增强】全省开发区财政对科技的实际投入额为 75.3 亿元，较上年同比增长 24.4%。新认定国家级高新技术企业数 840 家，累计 3 600 家，占全省国家级高新技术企业数的 55.5%。省级以上创新研发平台数 940 家，较上年增加 149 家，同比增长 18.8%；全年有效发明专利数 26 497 件，较上年同比增长 21.7%，占全省 52.2%。

【开放合作稳中有进】全省开发区实际使用外资总额 166.7 亿元，占全省实际使用外资总额的比重为 47.9%。全年实现进出口总额 7 661 亿元，较上年同比增长 1.9%，占全省进出口额的比重为 54.6%；其中出口总额 4 276.6 亿元，较上年同比增长 3.3%，占全省出口总额的比重为 50.5%。

【海关特殊监管区域整合优化】7 个海关特殊监管区域一线和二线进出口总额分别为 1 135.1 亿元、1 218.3 亿元，同比分别增长 34.0%、2.5%；区内注册企业数为 14 409 户，同比增长 17.1%；区内从业人员数 112 093 人，同比增长 42.5%；实现税收总额 62.28 亿元，同比增长 6.7%；实现地均税收 33.04 万元 / 亩，同比增长 7.3%。

通过量化评价，按照综合指标、分项指标以及不同层级、不同类型开发区分值及位次进行排序。其中，厦门火炬高技术产业开发区等 20 家开发区综合发展水平位居全省各类开发区前列；东侨经济技术开发区、厦门海沧台商投资区、福州经济技术开发区 3 家开发区综合发展水平位居 10 家国家级经开区前 3 位；晋江经济开发区等 10 家开发区综合发展水平位居省级开发区前列；厦门火炬高技术产业开发区等 10 家开发区位居实际使用外资排名前列。

按照有关规定，对综合发展水平、单项发展水平排名居前的开发区将予以奖励；对评价结果后 5 名的开发区予以警告，要求对照评价结果，认真查找差距、分析原因、提出整改提升措施；对连续两年评价结果全省最后一名的省级开发区，将根据不同情形设定强制整改期，逾期未整改到位的，退出省级开发区管理序列。

（福建省商务厅）

2020年黑龙江省开发区发展情况综述

2020年，黑龙江全省开发区坚持统筹疫情防控和经济社会发展，不断深化改革创新，持续优化营商环境，进一步加强项目建设和服务保障力度，经济运行保持了平稳向好态势，营业收入突破万亿元，达到12 454.25亿元，同比增长27.5%。

【经济支撑作用明显】2020年，黑龙江全省开发区实现地区生产总值3 751.83亿元，税收收入364.94亿元，分别占全省的27.38%、44.94%；实际利用境外资金4.71亿美元，实际利用国内资金732.77亿元，实现进出口总额591.25亿元，分别占全省的86.5%、60.0%、38.46%。

【经济规模稳步扩大】2020年，黑龙江全省开发区各类企业达到58 732家，从业人员914 069人，实现营业收入12 454.25亿元。全区"四上"企业4 027家，同比增长33.08%；主营业务收入10 778.75亿元，同比增长24.64%。有21个开发区进入"百千亿级"园区，其中哈尔滨经济技术开发区、大庆高新技术产业开发区营业收入分别实现2 664亿元、1 850亿元。

【投资建设步伐加快】2020年，黑龙江全省开发区固定资产投资983.76亿元，同比增长30.08%。完成基础设施投入133.40亿元，同比增长20.15%；新注册内资企业7 342家，新批准设立外商投资企业26家。2020年开发区承载省百大项目172个，占产业项目量的72.8%，总投资1 773亿元。

【集聚集群格局基本形成】扎实推进"百千亿级"园区培育提升工作，在黑龙江全省开发区实施产业链"链长制"，聚焦聚力109条核心产业链开展"稳链、补链、延链、强链"行动，逐步构建了装备制造产业集群（哈尔滨、大庆、齐齐哈尔所属开发区）、农副产品加工产业集群（绥化、佳木斯、伊春所属开发区）、资源化工产业集群（鸡西、七台河、双鸭山、鹤岗所属开发区）、医药制造产业集群（哈尔滨、牡丹江所属开发区）、信息技术产业集群（哈尔滨所属开发区）五大千亿级产业集群。

截止2020年底，黑龙江省拥有各类开发区106家，其中，国家级经济技术开发区8家、国家级高新技术产业开发区3家、国家级边境经济合作区2家、省级经济开发区87家、省级高新技术开发区6家。全省开发区形成了以国家级开发区带动、省级开发区支撑，多个经济功能区（哈尔滨新区、黑龙江自贸试验区、跨境经济合作试验区、综合保税区、互市贸易区）合力推进全省经济高质量发展的良好局面。

（黑龙江省商务厅官网）

2020年安徽省开发区发展情况综述

2020年，安徽省各开发区精准稳妥推进复工复产，不断加大招商引资力度，着力推进产业结构调整，区内经济运行良好、结构向好、活力增强。

一是经济增速逐季提升。一季度受新冠肺炎疫情冲击，全省开发区“四上”企业经营（销售）收入同比下降7.8%。二季度以来，随着“六稳”“六保”政策举措落地见效，经济发展快速恢复，二季度、三季度和四季度分别增长14.4%、17.1%和20.6%。全年开发区“四上”企业经营（销售）收入4.55万亿元，比上年增长12.7%。

二是工业生产量质齐升。2020年，全省开发区规上工业增加值同比增长10.2%，增幅高于全省4.2个百分点。高新技术产业产值增长19.4%，占区内规上工业产值的61.3%，比上年提高4.6个百分点；战略性新兴产业产值增长20.7%，占49.9%，提高4.2个百分点。

三是招商引资力度不减。2020年，全省开发区实际利用外资138.9亿美元，比上年增长8.6%，增幅高于全省6.5个百分点，总量占全省的75.9%，比上年提高4.6个百分点。亿元以上项目实际到位省外境内资金8 925亿元，增长12.2%，总量占全省的63.3%。

四是集约水平不断提升。2020年，全省开发区每平方公里完成固定资产投资7.9亿元，比上年增加0.6亿元，增长8.1%；税收1.6亿元，增加0.1亿元，增长6.4%。能耗水平不断下降，全年规上工业单位增加值能耗0.92吨标准煤/万元，比上年下降0.8%。

五是创新发展态势良好。2020年，全省开发区专利申请量13.3万件，比上年增长31.9%，增幅高于全省10.7个百分点，总量占全省的65.5%，比上年提高5.3个百分点。专利授权量7.7万件，增长35.7%，总量占全省的68.7%。

（中国开发区网搜集整理）

2020年江西省开发区发展情况综述

江西省共有开发区 103 家（另有 4 家海关特殊监管区）。其中，按级别划分，国家级开发区 19 家（9 家高新区、10 家经开区），省级开发区 84 家；按类别划分，高新区 25 家，经开区 19 家，工业园 47 家，产业园 12 家。经过近 30 年的发展，全省开发区总量规模不断壮大，质量效益持续提升，工业企业数量、就业人数占全省 80% 以上，利润总额占全省 90% 以上，利用外资总额占全省 70% 以上，开发区已成为全省经济增长的主引擎、产业集聚的主阵地、创新创业的主平台。

一、总量规模持续提升

2020 年，全省开发区营业收入首次突破 3 万亿元，达到 3.24 万亿元，同比增长 10.1%，超千亿的有 5 个，超 500 亿的有 20 个，超 300 亿的有 35 个，分别较上年增加 1 个、3 个和 4 个；实现利润总额 2 265.4 亿元，同比增长 15.4%；投产工业企业 14 257 个，同比增加 9.6%；实现工业增加值 0.73 万亿元，同比增长 5.5%，开发区整体经济实力持续提升。

二、产业集聚日臻完善

2020 年，全省开发区首位产业集聚度平均达到 57%，同比提高 0.4 个百分点；全省 100 个省级重点产业集群全部集中在开发区，实现营业收入 2.1 万亿元，利税 1 622.2 亿元，同比分别增长 11.6% 和 10%，营业收入占规上工业比重超过 50%，新增千亿元产业集群 1 个，总数达 2 个；过 500 亿元产业集群 3 个，总数达 8 个。

三、创新能力显著增强

全省开发区累计各类科技创新平台 1 298 个，其中，国家级或省级重点实验室近百个，形成了从研发、检验检测到技术运用全链条研发服务体系。新认定高新技术企业 2 374 家、同比增长 16.6%；高新技术产业增加值占工业增加值比重达到 39.4%，创新创业活力持续释放。

四、开放效益逐步显现

2020 年，全省开发区共引进“5020”项目 160 个，投资总额 4 969 亿元，覆盖率达 98%；招商引资实际到位资金 8 443.68 亿元，同比增长 46%，较上年提高 36 个百分点。大规模、高质量的项目建设，为全省开发区高质量跨越式发展注入了新动能。

五、营商环境日渐优化

2020 年，全省开发区完成基础设施投入 1 909.91 亿元，同比增长 34.2%，每平方公里基础设施投入 2.82 亿元，同比增加 0.59 亿元，累计新建标准厂房超过 5 175.6 万平方米，实际使用率达 77%；“放管服”改革深入推进，开发区涉企政务服务事项一网通办率达到 95.24%。

（江西省发改委开发区处）

2020年河南省高新区发展情况综述

河南省加速省级高新区布局引领带动区域高质量发展。河南省政府批复河南省新设立濮阳、洛阳谷水、禹州、商丘睢阳、洛阳吉利、夏邑6家省级高新技术产业开发区，截至2020年底，全省高新区总数达到38家，其中国家高新区7家，省级高新区31家，实现了省辖市全覆盖，高新区总数位列全国第四位，中部第二位。

河南省委、省政府高度重视高新区建设工作，先后出台了《关于加快改革创新促进高新技术产业开发区高质量发展的实施意见》，从深化体制机制改革、夯实创新基础、提升产业发展水平、推进开放合作和成果转化、优化空间布局、强化要素资源保障等方面提出了一系列具体政策措施，支持高新区高质量发展；修订了《河南省高新技术产业开发区管理办法》，进一步强化高新区“高”和“新”定位，不断优化认定审批程序，研究制定高新区考核评价指标体系，加强管理激励，推动高新区争先进位。这些政策的出台实施，为河南省高新区实施创新驱动发展战略，率先实现高质量发展指明了方向，提供了路径，做好了保障。

在此基础上，河南省高新区牢记“发展高科技，实现产业化”的使命，坚持“高”和“新”的定位，不断深化体制机制改革，大力实施创新驱动发展道路，高新区建设跃上新台阶。截至2020年底，全省32家高新区R&D经费占比达到4.6%，高于全省3个百分点以上；共建有高新技术企业2 342家、科技型中小企业3 801家，分别占全省的36.9%、32.1%；省级以上各类创新平台1 369家，占全省的50.2%；省级以上科技企业孵化器61家，占全省的43.9%。在2020年全国169家高新区排名中，郑州、洛阳、新乡、平顶山4家高新区进入全国前100名，分别位列第17、37、66和88位，安阳、南阳、焦作高新区位次也明显提升，分别提升了4位、3位和8位，位列第103、118和130位，其中，郑州、新乡、平顶山均取得了历史最好位次，特别是平顶山、新乡高新区三年共提升28位和26位，发展潜力不断释放，创新实力明显增强，对河南省经济社会发展和科技创新的支撑引领作用逐步显现。

下一步，河南省将按照省委、省政府“打造国家创新高地、重要开放平台、先进制造业研发生产基地”的要求，积极争创国家高新区，加快省级高新区布局；复制推广自创区以“全员聘任制、绩效考核制、薪酬激励制”为核心的体制机制改革，深化“放管服效”改革，不断释放创新活力；开展评价激励，推动高新区争先进位；支持高新区大力实施创新驱动发展战略，围绕产业链部署创新链，围绕创新链布局产业链，推动高新区实现依靠创新驱动的内涵型增长，打造全省创新驱动发展的示范区和高质量发展的先行区，引领带动全省创新驱动高质量发展，为建设国家创新高地提供强力支撑。

（河南省人民政府门户网站）

2020年湖南省高新区发展情况综述

《湖南省高新区创新发展绩效评价研究报告》日前发布，“十三五”期间，湖南省高新区规模不断壮大，成为经济创新发展的重要支撑。

2020年，湖南省44家高新区生产总值年均增长12.7%，全省44家高新区实现技工贸总收入22 574.3亿元、高新技术产业主营业务收入12 172.4亿元，“十三五”期间年均增长分别为16.05%、20.8%。2020年，高新区实现生产总值5 850.7亿元、利润总额907.4亿元，近三年分别年均增长12.7%和13.0%。

和五年前相比，关键领域创新型产业集群蓄势崛起，长沙高新区的工程机械、株洲高新区的轨道交通装备、航空发动机三大世界级产业集群基本成形；湘潭高新区智能制造产业集群、长沙高新区智能制造装备产业集群、娄底高新区先进结构材料产业集群、岳阳高新区的新型功能材料四大产业集群成功入选国家首批战略性新兴产业集群。

湖南省各地逐步形成了因地制宜、特色发展、创新发展的新格局。通过数据可以看到整个产业发展的集聚态势和集聚优势。着力打造促进科技企业成长的双创体系，2020年全省高新区登记入库的科技型中小企业3 007家，是2019年的2倍，截至2020年底，全省高新区共建有165家省级及以上科技企业孵化器和众创空间。已经完成长沙高新区4 000多家科技型企业的信息集成和评价，例如柳枝行动、雏鹰计划、瞪羚计划以及双创大赛的一些活动，都在这个系统上进行了集成。

“十三五”期间，全省高新区在人才引育、支持科技创新、财政税收优惠、金融扶持等方面率先进行系列改革和探索。在人才政策方面，大部分高新区设立了灵活的引进人才政策，设立知识更新教育基金，试行企业科技人员个人所得税返还政策，部分高新区还建立了标志性专项人才计划，如湘潭高新区的“551”人才计划、宁乡高新区的“5123”计划、衡阳西渡高新区的“蒸阳领头雁”计划等。人才政策方面更加针对企业急需的精英人才、研发人才来引进，通过高科技人才项目的孵化、带动，培育了一批比较优质的企业。

（湖南省开发区协会）

开发区篇

金普新区（金州区、大连经济技术开发区）

【概况】 金州区（金普新区）地处辽东半岛南部、大连市区东北部，东南临黄海，西濒渤海，南与甘井子区毗邻，北与普兰店区接壤。国务院批复金普新区总面积 2 299 平方公里，其中金州区行政区划面积 1 480.47 平方公里。海岸线长 478.4 公里，其中陆岸线长 404.93 公里，岛岸线长 73.47 公里。

2020 年，全区有街道办事处 25 个，设社区居民委员会 132 个、村民委员会 189 个。年末户籍总人口 91.9 万人，比上年增长 3.4%。金普新区坚持稳中求进工作总基调，以供给侧结构性改革为主线，推动高质量发展，深化“重强抓”专项行动，做好“六稳”（稳就业、稳金融、稳外贸、稳外资、稳投资、稳预期）工作，改革、开放、创新、发展等事业稳中有进、持续向好。全年实现地区生产总值 2 079.4 亿元，比上年增长 0.5%；规上工业增加值比上年增长 0.2%；一般公共预算收入 152.32 亿元，按可比口径比上年增长 2.7%；实际利用外资 1.8 亿美元，比上年增长 36%；省外实际到位内资 293.9 亿元，比上年增长 20%；社会消费品零售总额比上年下降 9%；城镇居民人均可支配收入 48 799 元，比上年增长 0.2%。

【经济发展】 2020 年，金州区（金普新区）围绕统筹新冠肺炎疫情防控和经济社会发展、打好三大攻坚战（防范化解重大风险攻坚战、精准脱贫攻坚战、污染防治攻坚战）、做好“六稳”（稳就业、稳金融、稳外贸、稳外资、稳投资、稳预期）工作、落实“六保”（保居民就业、保基本民生、保市场主体、保粮食能源安全、保产业链供应链稳定、保基层运转）任务等重大决策部署，坚持以保促稳、稳中求进。固定资产投资稳步增长，利优比压铸变速器零部件、迈艾特厂房、锂电池隔膜等 27 个项目竣工投产；逸盛大化年产 100 万吨多功能聚酯切片、网营物联等 194 个项目续建；柏德皮革三期、达利凯普二期等 251 个项目开工。数字经济和新一代信息基础设施建设开局良好，建成投用 5G 基站 1 448 个，全国首个复杂车流环境城市主干道无人驾驶场景开通，“城市大脑”启动运行。制造业与互联网融合发展步伐加快，东北特殊钢集团股份有限公司、大连光洋科技集团有限公司等 15 个工业互联网应用场景基本建成，大连冰山集团有限公司获评首批省级重点工业互联网培育平台。

【产业发展】 2020 年，金州区（金普新区）抢抓新冠肺炎疫情催生的新经济、新基建机遇，谋划布局瓦格芯片、EX 机器人、水下智能装备产业基地等项目，推进瑞光非织造布、科兴疫苗等项目，规划建设防疫防护产业基地 4 个。启动金州产业新园建设，超前布局 5G、无人驾驶和金牌教育园。抢抓汽车行业“新四化”（电动化、网联化、智能化、共享化）重大风口，推进东软睿驰汽车智能系统、松下新能源、百度无人驾驶汽车、优品车等项目。主导产业支柱地位更加突出，石油化工、汽车整车及零部件、电子信息、装备制造、生物医药五大产业保持良好势头，总产值占规上工业总产值 80.8%；第二产业增长 3.4%，拉动地区生产总值增长 2.2 个百分点。现代服务业呈现复苏性增长态势，大连金石滩植物园正式开园；金普购物节、日本物产节、国际冬泳节、大樱桃采摘直播季等节庆活动收益显著，全年接待游客820万人次，实现综合收入1 048万元；石河村成为全国第二批乡村旅游重点村。现代农业“两水、一菜、一花、一畜”（水果、水产，蔬菜，花卉，畜牧）特色产业健康发展，新增设施农业净面积133.3公顷，完成增殖放流6.4亿尾。金普新区获评全国农村一二三产业融合发展先导区和辽宁省第三批省级现代农业产业园。

【科技创新】2020年，金州区（金普新区）科技创业、招才引智氛围更加浓厚。全区高新技术产品产值占规上工业总产值比重58.8%；高新技术产品增加值610.5亿元；技术合同成交额突破50亿元；新增专利授权5 225件，其中企业占比67%；新增高新技术企业222家，高新技术企业总数670家，比上年增长49%；新增市级以上研发机构25家；新备案辽宁省“瞪羚”企业（注册时间20年内，表现出成长速度快、科技含量高、创新能力强、发展前景好等特征，营收或人员增长率及科技活动投入强度达标的企业）10家，辽宁省“瞪羚”企业总数31家，比上年增长47%，占大连市的44%；新增市级以上研发机构25个，其中省级研发机构6个。大连达利凯普科技有限公司、大连长之琳科技发展有限公司、大连吉星电子股份有限公司、大连保税区科利德化工科技开发有限公司、科德数控股份有限公司、大连崇达电路有限公司、大连日佳电子有限公司和辽宁垠艺生物科技股份有限公司8家企业入选工业和信息化部第2批专精特新“小巨人”企业，占全市入选企业的40%。获评辽宁省“专精特新”中小企业9家、专精特新“小巨人”企业4家，入围中小企业“专精特新”产品（技术）42个。18家企业被列入大连市重点科技计划支持项目，1家企业被列入大连市重大科技计划支持项目，46家企业进入大连市“高成长百强企业”名单。

人才引进取得新进展。推介金普新区聚集人才十项重点政策，召开万人网络招聘大会。发放金普新区人才安居补贴2 848万元。通过实施人才公寓、金普工匠、城市紧缺人才遴选等重点人才工程，引进高校毕业生6 004人、高层次人才82人、城市发展紧缺人才112人、外国专家86人；“金普学者”系列人才计划全面实施；与大连民族大学、大连大学等7所高校签署校地合作协议。沈大国家自主创新示范区“十四五”科技创新发展规划启动实施。北方知识产权交易中心项目启动；引进EX机器人项目；举办2020年全国海洋智能装备创新大赛、全国水下机器人大赛（大连）、人工智能与水下机器人高峰论坛、新基建应用及产业转化高峰论坛。松下制冷（大连）有限公司“基于物联网及云服务的中央空调一站式服务模式的建立”案例获评中国企业联合会“2020全国智慧企业建设最佳实践案例”。大连经济技术开发区获批国务院第3批双创示范基地（融通创业方向）。

【投资促进】2020年，金州区（金普新区）招商引资逆势上扬。实际利用外资1.8亿美元，比上年增长36%；省外实际到位内资293.9亿元，比上年增长20%。以金普新区为核心的中日（大连）地方发展合作示范区获批。新日本工业团地开工建设。大连大窑湾综合保税区、大连湾里综合保税区获批。中国（辽宁）自由贸易试验区大连片区落实对标上海临港新片区深化改革方案任务65项，探索建设自由贸易港先期行动计划17项，推出全国首创制度创新成果26项，“进出口商品智慧申报导航服务”入选自贸试验区第六批改革试点经验并在全国复制推广，“出口货物检验检疫证书云签发（E签通）平台”等16项改革创新经验在全省推广。东北亚冷链物流、油气贸易等功能性平台开通。大连金普新区获评国家进口贸易促进创新示范区，是全国10个国家级进口贸易促进创新示范区之一，也是东北地区唯一入选地区。

【体制机制创新】2020年，金州区（金普新区）推进各项改革工作。优化党政机构和事业单位内设机构设置，调整事业单位领导体制，政府机构改革、事业单位改革任务基本完成。“新区统领、三区协同”工作机制确立，中国（辽宁）自由贸易试验区大连片区（大连保税区)、大连普湾经济区、大连金石滩国家旅游度假区法定机构组建、人员选任招聘、薪酬制度创新等体制机制改革任务基本落实，先行先试引领示范效应初步显现。国资国企改革稳步推进，大连金普新区产业控股集团有限公司组建工作快速起步，组建大连德泰建设工程有限公司、大连云数据科技有限公司等混合所有制企业。农村集体产权制度改革取得阶段性成果，7个村民委员会建制依法撤销，208个村完成资产清算、改革和登记赋码。

【绿色集约】2020年，金州区（金普新区）完成城乡基础设施建设投资9.6亿元，拆除违法建筑42.1万平方米，改造老旧小区66.6万平方米、管网15公里、农村三类人员危房130户，827户居民“回迁难”问题妥善解决。改造厕所2万座，厕所无害化改造率100%。改造新建农村公路44.9公里，金普新区城区一号路、永安大街、金七公路等21条道路竣工通车。完成农村饮水维修改造工程11个。建设市级美丽示范村20个，七顶山街道老虎山村被评为第十批全国“一村一品”示范村镇。农村人居环境三年整治、“五年治违”任务全面完成。63处非正规垃圾点整治任务提前完成，垃圾分类主要指标全部合格，城区生活垃圾分类实现全覆盖。金普新区在辽宁省唯一获批全国2020年河长制湖长制激励市县。污染防治攻坚战成效显著。中央生态环境保护督察及“回头看”交办的27项反馈问题全部完成整改。18座污水处理厂稳定达标排放，西海污水处理厂三期工程完成验收。农村地区农药包装及农膜回收实现全覆盖，秸秆综合利用率95%。栽种绿植114万株，植树造林161.6公顷，完成裸露地面整治1 227公顷。实施普兰店湾生态修复项目，修复生态岸线6.6公里，恢复滨海湿地396公顷。PM2.5月均浓度30微克/立方米，全年环境空气质量达标330天。万元生产总值能耗比上年下降3%。大连经济技术开发区被工业和信息化部评为第5批“绿色工业园区”。

【营商环境建设】2020年，金州区（金普新区）营商环境持续优化。金普一号“马上办”专线诉求办结率100%，“一网一门一次”（“一网通办”、线下“只进一扇门”、现场办理“最多跑一次”）政务服务改革取得明显成效，“证照分离”改革全覆盖试点深入推进，“审批无障碍、监管不干扰”制度初步建成。大连经济技术开发区营商环境指数在全国经开区中排名第6位、东北第1位。推进信用体系建设，2.17万家中小企业入驻全国“信易贷”平台。助企纾困力度加大。启动“项目服务年”活动，为1 481个项目配备包保领导和项目“秘书”。兑现各类扶持资金9.6亿元。金融科技服务平台运行良好，为企业提供金融支持400亿元。会同中国银行保险监督管理委员会大连监管局举办银保政企对接大会，协调区内企业与15家金融机构签署合作协议，为企业争取金融支持2 150亿元。

【社会事业】2020年，金州区（金普新区）民生保障力度加大。扩大就业，支付稳岗补贴2.6亿元、培训补贴1.7亿元，减免社保资金17亿元，城镇登记失业率3.2%。居民养老保险及时足额发放，城乡低保标准提高至每人每月750元，全年发放低保、残疾人、孤儿等重点群体最低生活保障金9 000余万元。卫生事业健康发展，建成3个国家级、2个省级、1个县级专业医疗中心，区域一体化医疗平台正式启用，爱国卫生运动广泛开展。教育体育事业蒸蒸日上，小窑湾金牌教育园等7个校建项目全面开工，义务教育阶段大班额全部消除，新增公办幼儿园6所、民办普惠性幼儿园22所，新建2所小学并投入使用；承办2020赛季中超联赛大连赛区比赛。文化惠民工程深入实施。推进全民阅读活动；金普新区档案馆成功创建辽宁省4A级数字档案馆，获评辽宁省档案系统先进集体。推进安全城市创建和安全生产专项整治三年行动，全区各类安全生产事故起数和死亡人数均比上年下降。扫黑除恶专项斗争取得阶段性工作成效。信访矛盾三年减存控增攻坚任务提前完成。完成73名转业军官和士官安置工作，挂牌成立退役军人服务站348个，实现“五有”

（有机构、有编制、有人员、有经费、有保障）全覆盖，为2 088人次发放优抚金2 978.5万元。第七次全国人口普查任务基本完成。中央宗教工作督查“回头看”反馈意见全部整改落实到位。石河街道获评第六批全国民族团结进步教育基地。推进对口帮扶工作。向贵州省盘州市、辽宁省朝阳市、湖北省、新疆维吾尔自治区、西藏自治区合计援助资金472万元、募赠款物700余万元、扶持消费1 730万元，提供产业合作到位资金11.4亿元，选派36名专业技术人才赴贵州省盘州市开展支医、支教、支农等帮扶活动。

【新冠肺炎疫情防控】2020年，金州区（金普新区）面对新型冠状病毒肺炎疫情冲击，坚持人民至上、生命至上，守住群众生命健康安全底线，赢得疫情防控重大战略成果。大连瑞光非织造布集团有限公司党支部获全国抗击新冠肺炎疫情先进集体，那君获关于辽宁省2020年最美志愿者，11人获评大连市新冠肺炎疫情防控工作先进个人。

1. 年初疫情阻击战。坚持干部带头、依靠群众、全面排查、堵塞漏洞、严防严控，3 100余个党组织、3万余名党员参加疫情防控。组织防疫物资生产企业复产，支撑全市全省、支援全国防疫物资供应。

2. “7•22”疫情歼灭战。围绕迅速启动应急处置和响应措施，部署“十日攻坚战”“十日歼灭战”，仅用25天取得“7•22”疫情防控全面胜利，保障企业不停工停产，经济生活秩序正常有序。

3. “12•15”疫情防控。12月15日，相关部门在某企业例行“应检尽检”人员定期检测中，发现4例新冠病毒无症状感染者并立即启动应急预案，成立工作专班，组成流调、消杀、核酸检测等12个工作组，迅速开展流行病调查、密切接触者转运隔离等工作，就地封存冷链货物，避免涉事产品流入市场。12月16日，4名确诊病例居住旅馆所在的格林小镇小区开始实施封闭管理。根据疫情防控形势需要，大连金普新区统筹推进新冠肺炎疫情防控和经济社会发展工作指挥部决定，自12月23日起，对金州主城区先进、光中、站前、友谊、拥政5个街道实行严格封闭管控，人员和车辆“里不出、外不进”，5个街道辖区居民居家隔离，无住宿条件企业一律停工，大型商超在防控措施充分保障情况下可继续营业，餐饮场所一律关闭。开通24小时热线电话，妥善处理和解决企业、群众诉求，及时回应社会关切。至年末，疫情防控工作仍在持续进行中。

【助力企业复工复产】2020年，金州区（金普新区）严格执行各项新冠肺炎疫情防控措施，加强商品流通、社情民意等重点环节动态管控，依法严惩各类破坏市场秩序行为和扰乱社会安定问题，支持企业复工复产。2月15日起，采取摸底调查、制定企业防疫措施、开展防疫督导检查和包保服务等措施，助力企业安全复工生产、重点项目开复工。组建由27名区级领导干部、1 000余名机关工作人员参加的包保体系。包保人员主动下沉、对接，指导和服务规上工业企业、限额以上“批零住餐”企业、限额以上服务业企业和资质等级建筑企业1 200余家，帮助企业解难题，支持和组织推动企业有序复工复产。至3月24日，金普新区复工企业8 247家，复工人数40.7万人。其中，规上工业企业840家，除因季节性生产外全部复工，复工率100%。年内，出台《关于新型冠状病毒感染的肺炎疫情防控期间支持中小企业发展十条政策措施》《金普新区新冠肺炎疫情防控期间支持冷链物流和水产品加工企业稳定发展政策措施》2项政策措施；金普新区市场监督管理局出台支持市场主体复工复产的25条措施办法，内容包括登记许可事项网上办理、扩大告知承诺制实施范围、开通防疫相关企业“绿色通道”、延长企业证照变更等行政许可期限、提供质量技术融资服务等，推出“不见面指导”“零见面审批”“特事特办”“先用后审”等服务；搭建“用工调剂对接”在线服务平台，开通外籍员工包机入境快捷通道，解决部分企业用工荒、人员入境难等实际问题。

【中日（大连）地方发展合作示范区建设】 2020年5月14日，国家发展和改革委员会召开中日地方发展合作示范区启动视频会议，标志中日（大连）地方发展合作示范区等正式启动建设。4月27日，发改委办公厅复函辽宁省人民政府办公厅同意设立中日（大连）地方发展合作示范区，天津、上海、苏州、青岛、成都5个城市同时获批设立中日地方发展合作示范区。中日（大连）地方发展合作示范区产业定位为高端装备制造与新材料，是唯一获批两个产业方向且面积最大的示范区。示范区以金普新区为核心区，以长兴岛经济区和花园口经济区为拓展区，构建“一核两翼、多片区联动”总体空间布局，通过搭建技术创新、产业对接、金融服务等合作平台，加强与日本产业对接合作，促进大连高端装备制造与新材料产业发展质量提升。8月24日，中日（大连）地方发展合作示范区揭牌仪式举办，日本电产工业园千人研发中心项目等8个重点合作项目签约。

【七顶山街道老虎山村获批全国“一村一品”示范村镇】 2020年12月1日，金普新区七顶山街道老虎山村被农业农村部评为第十批全国“一村一品”示范村镇。老虎山村地处金普新区西部沿海，土地贫瘠，严重缺水，曾以粮食作物和黄桃生产为主。20世纪90年代起，加强农业基础设施建设，引导和鼓励村民栽种大樱桃，取得良好经济效益，并成立水果专业合作社，引导村民按照“一村一品”要求，全面发展大樱桃生产。至2020年10月，大樱桃种植面积520公顷，占耕地面积97.5%，全村970户家家有樱桃树。2013年起，老虎山村大樱桃连续3届入选《全国名特优新水果产品目录》，获2018年中国十大樱桃品牌、2020年中国樱桃产业榜样100品牌等称号。

【大连诚泽检测公司获批国家中小企业公共服务示范平台】 2020年12月8日，工业和信息化部公布2020年度国家中小企业公共服务示范平台名单，大连诚泽检测有限公司名列其中。该公司成立于2010年，实验室面积8 000余平方米，各类仪器设备700余台，主要提供食品、建筑、环境、核酸检验检测服务，非食品和食品检测参数5 000余个，检测能力涉及建筑工程、消防设施、环境、集中空调通风系统、放射卫生防护、合成材料跑道面层、职业卫生、食品、初级农产品、生活饮用水、饲料、化妆品等领域。新型冠状病毒肺炎疫情发生后，紧急组织疫情防控突击队，全面投入核酸检测工作中。8月，组织起草《冷冻食品及加工环境的核酸检测采样技术规范》企业标准，填补食品、环境及外包装新冠病毒核酸采样及检测标准空白，为大连市冷链食品生产企业食品及环境检测、采样环节工作方案制定提供科学有效参照依据。至年末，完成检测样本23万余例，覆盖46万余人次；服务冷链食品生产企业300余家，覆盖冷链食品检测点位12万余个。

【机构设置与党工委、管委会领导】 2020年，金普新区党工委、管委会分别为市委、市政府的派出机关，分别与金州区委、区政府合署办公；金普新区党工委、管委会工作部门及派出机关和群团机关也是金州区委、区政府工作部门及派出机关和群团机关。

至年末，党工委设置工作部门10个，分别是纪工委机关（监察委员会）（金州区纪委、区监委）、区委巡察办、党工委管委会办公室、组织部、宣传部、统战部、政法委、编办、直属机关工委、信访局。管委会设置工作部门19个，机构规格为正处级，包括发展和改革局、教育和文化旅游局（广播电视局、体育局）、科学技术局、民族和宗教事务局、司法局、财政局、人力资源和社会保障局（民政局）、住房和城乡建设局（城市管理综合行政执法局）、交通运输局、农业农村局、商务局、卫生健康局、退役军人事务局、应急管理局、审计局、国有资产监督管理局、市场监督管理局（知识产权局）、统计局、营商环境建设局（行政审批局）。群团机关12个，包括总工会、共青团、妇联、工商联，为党工委管委会直接管理单位；社科联、科协、文联、侨联、残联、贸促会、红十字会、计生协会，为党工委管委会工作部门代管理单位。设置园区3个，包括：中国（辽宁）自由贸易试验区大连片区（大连保税区）、大连普湾经济区、大连金石滩国家旅游度假区。3个园区的党委、管委会分别为市委、市政府派出机关，机构规格为大连市正局级，委托金普新区管理，承担本区域内规划建设、财政融资、招商引资等职责。全区辖街道办事处25个，分别是：光中街道办事处、先进街道办事处、拥政街道办事处、友谊街道办事处、站前街道办事处、登沙河街道办事处、杏树街道办事处、大魏家街道办事处、七顶山街道办事处、向应街道办事处、华家街道办事处、得胜街道办事处、大李家街道办事处、金石滩街道办事处、董家沟街道办事处、大孤山街道办事处、海青岛街道办事处、湾里街道办事处、马桥子街道办事处、三十里堡街道办事处、石河街道办事处、复州湾街道办事处、炮台街道办事处、亮甲店街道办事处、二十里堡街道办事处。在其他有关事项方面，普兰店区所辖的普兰店经济开发区和铁西、丰荣、南山、太平4个街道享受金普新区政策，区域规划和产业布局等重大事项金普新区和普兰店区建立相应协商机制。

至2020年年末，金普新区党工委、管委会在职领导人员如下：大连市委常委，金普新区党工委书记、管委会主任，大连经济技术开发区党工委书记、管委会主任，中国（辽宁）自由贸易试验区大连片区（大连保税区）党委书记李鹏宇；中国（辽宁）自贸试验区大连片区（大连保税区）管委会主任刘爱民；金普新区党工委委员、管委会副主任，大连经济技术开发区党工委委员、管委会副主任吕东升；金州区人大常委会党组书记、主任张晓丹；大连普湾经济区党委书记丛军；大连金石滩国家旅游度假区党委书记、管委会主任柳金红；金普新区管委会副主任，金州区政府副区长，大连经济技术开发区管委会副主任兼普湾经济区管委会主任楚天运；金州区政协党组书记、主席夏德永；金普新区党工委委员、管委会副主任，大连经济技术开发区党工委委员、管委会副主任，金州区委常委、金州区政府党组副书记、副区长马英骥；金普新区党工委委员、纪工委书记，大连经济技术开发区党工委委员，金州区委常委、纪委书记、监委主任王锡庆；金普新区党工委委员、统战部部长，大连经济技术开发区党工委委员，金州区委常委、统战部部长佟欣秋；金普新区党工委委员，大连经济技术开发区党工委委员，金州区委常委、金州区人民武装部部长徐相会；金普新区党工委委员、宣传部部长兼新区党工委网信办（新区互联网信息办公室）主任，大连经济技术开发区党工委委员，金州区委常委、宣传部部长兼区委网信办（区互联网信息办公室）主任刘昱；金普新区党工委委员，大连经济技术开发区党工委委员，金州区委常委刘文锋；金普新区党工委委员、政法委员会（国家安全委员会办公室）书记（主任），大连经济技术开发区党工委委员，金州区委常委、政法委员会(国家安全委员会办公室)书记(主任)王端平；金普新区党工委委员、组织部部长兼非公有制经济组织和社会组织党工委书记，大连经济技术开发区党工委委员，金州区委常委、组织部部长兼非公有制经济组织和社会组织党工委书记，金普新区党工委党校（党群服务中心、行政学校、社会主义学校)校长王开革；金普新区党工委委员，大连经济技术开发区党工委委员，金州区委常委赵东；金普新区党工委委员、管委会副主任（挂职）郑煜；金普新区管委会副主任，金州区政府副区长，大连经济技术开发区管委会副主任，市公安局金州分局党组书记、局长王天欣；金普新区管委会副主任，金州区政府副区长、大连经济技术开发区管委会副主任王长义；金普新区管委会副主任，金州区政府副区长、大连经济技术开发区管委会副主任王杰；金州区人大常委会党组副书记、副主任刘新君，金州区人大常委会副主任毛长毅、杨永全（党组成员）；金州区政协党组副书记、副主席阎立明，金州区政协副主席徐晓莉、张俊余、刘秀岩（党组成员）。

（金普新区党工委、管委会）

秦皇岛经济技术开发区

【经济发展】 2020年，秦皇岛经济技术开发区面对经济下行压力，积极克服疫情等不利因素影响，深入挖潜增效，努力稳定增长。全区完成地区生产总值301.18亿元，按可比价计算增长7.2%，在全市各县区中排位第一；规上工业增加值比2019年同期增长12.5%。其中：轻工业增长30.1%，重工业增长9.6%。规上工业营业收入923.91亿元，比2019年同期增长7.6%；实现利润75.26亿元，增长43.1%。在全市各县区中排位第一；实际利用外资4.58亿美元，比2019年同期增长10.0%；全年一般公共预算收入21.35亿元，同比增长13.8%，增幅位居全市第三；财政收入增长，支出下降。实现全部财政收入48.79亿元，比2019同期增长7.8%，其中：一般公共预算收入21.35亿元，增长13.8%。财政支出19.40亿元，下降11.0%。全区主要经济指标稳中有升，经济运行稳中有进。同时，突出抓好防范化解政府性债务风险，隐性债务超额完成任务，有力促进了经济持续健康发展。

【项目建设】 秦皇岛开发区大力实施项目统筹统管机制，围绕“3+2+1”产业布局创链、补链、延链、强链，谋划储备124个产业项目，总投资1 583亿元。深入开展“重点项目建设落实年”活动，按照“一个项目一位领导、一个方案一套人马、一个目标一抓到底”的模式，实施全方位、全天候、全周期分包。创造性地建立“企业服务专班”工作机制，为区内重点企业提供精细化、差别化、点对点的精准服务，密切了政企关系，坚定了投资者信心。奇瑞汽车和康复辅具产业园项目取得阶段性成效，食品深加工项目、城市综合开发建设项目、秦皇岛京航科技产业园等一批优质项目实现签约，掀起了项目建设热潮。2020年，列入省、市重点项目30个，其中，省市重点建设项目18个，总投资135.65亿元，开工率100%，2020年完成投资31.6亿元，占当年计划的123.4%，已有9个项目竣工投产；市重点前期项目12个，总投资86.9亿元，共办理立项、规划等前期手续15项，经过努力，已有1个项目提前开工且实现竣工投产。此外，谋划储备的亿元以上项目，已有10个提前开工纳统。顶天立地的大项目形成了新的发展增量，为经济持续增长提供了动力支撑。

【产业创新】 秦皇岛开发区以“扩、增、融”为抓手，提出构建新的“3+2+1”产业体系（以汽车及零部件、粮油食品深加工、高端装备智能制造3个产业为主导产业，智慧消防及信息技术、康复辅具及医疗健康2个产业为新兴产业，加快发展现代服务业），加快产业规模化、高端化、品牌化发展，积极融入新格局，全面提升产业活力和竞争力。坚持把平台建设作为推动产业发展的重要支撑，紧紧围绕“3+2+1”产业布局打造各类支撑平台。2020年，开发区拥有国家级企业技术中心、河北省省级技术创新中心等各类创新平台87家，占秦皇岛市总量的37.4%。

【对外开放】 秦皇岛开发区扎实做好各项对外开放工作，综合保税区顺利通过实地验收。强力推进综保区招商引资工作，以中信戴卡物流集散中心和海东青冷链物流集散中心为基础，建立综保区物流分拨中心和冷链物流产业基地，助力综保区发展。2020年，综合保税区完成进出口额6.46亿美元，同比增长11.3%，进出口指标增幅在全国海关特殊监管区域中名列前茅。积极推动企业上市工作，康泰医学、天秦装备公司创业板上市，拓洋贸易、汉生农业、丰泰自动化均已启动四板挂牌程序。实施“请进来”“走出去”洽谈活动，在西安召开专场推介会，现场签约项目8个，先后赴北京、芜湖、深圳等地招商，增强联络对接，开放格局迈向更广空间和更深层次。

【产城融合】秦皇岛开发区认真贯彻落实中央、省、市关于国土空间规划编制的各项要求，以打造产城融合的现代产业新城为目标，统筹城乡发展，优化功能布局，高标准推进“多规合一”，国土空间规划方案研究取得阶段性进展，初步划定开发区城镇开发边界面积78.62平方公里。按照“高起点规划、高标准建设、高效能管理”思路，加大道路、给排水、电力等基础设施建设。2020年，综保区道路工程已完成建设，综合管廊项目天池路标段主体工程、峨眉山路北延伸工程已开工建设，城市综合承载力进一步提升。

【生态环境】秦皇岛开发区牢固树立绿水青山就是金山银山的理念，深入实施蓝天、碧水、净土“三大行动”。大力实施VOCs深度治理，涉及企业全部安装治理设施；全面整治裸露土地，49处扬尘源全部完成苫盖；PM2.5年平均浓度为33微克/立方米，同比2019年下降21.4%，超额完成市目标任务，优良天数292天，同比2019年增加55天，优良率为80.4%，开发区空气质量持续好转。深入实施戴河、小汤河和小潮河综合治理工程，持续加强入河排污口监管和城市黑臭水体整治工作，全区5个考核断面水质达标率100%，河水水质不断提升。持续发展绿色农业，建立农药减量增效示范区，实现农药使用量持续减少，守住了绿色发展底线。

【城市管理】开发区严格落实“河长制”“路长制”“片长制”“湾长制”，城市环境显著提升。大力开展农村人居环境整治行动，创新实施“保洁企业总包＋村委会责任制＋村民三包”的农村垃圾治理模式，建立网格化机制，明确标准，清晰责任，实现农村垃圾治理无死角、全覆盖。开展垃圾清理“百日攻坚”行动，实现存量垃圾清零见底，城乡人居环境明显改善。深入开展创卫百日攻坚和爱国卫生运动，实施“清零攻坚”和“晨检夜查”活动，对全区各点位进行拉网式排查，对存在问题实行挂账督办、逐一销号，顺利通过创城复检和全国卫生城市创建验收。

【社会保障】开发区突出抓好“保就业”这个最大的民生，组织开展“就业政策宣传周”“就业援助月”专题活动，举办“春风行动”“高校毕业生”“退役军人”等线上招聘会，为兴龙、威卡威、臻鼎科技等200余家企业发布就业岗位4 600余个，招聘1 800余人；开发公益性岗位131个，发放就业专项补助资金910.70万元，指导服务330人实现创业，发放担保贷款贴息25.13万元，组织兴龙集团等80余家企业15 165名职工开展职业技能提升培训，拨付职业技能专项资金691.8万元；深化国有企业改革，扎实推进国有企业退休人员社会化管理工作，接收国有企业退休人员3 000余人。稳步提高低保和特困群众帮扶力度，将符合条件的困难群众及时纳入保障范围，对受疫情影响的低保对象及时调整救助水平。持续巩固提升脱贫攻坚成果、全区建档立卡贫困户全部稳定脱贫，“两不愁三保障”和饮水安全得到全面保障，产业、就业、科技、消费等扶贫措施全面落实到位。防贫体制机制帮扶政策全面建立，防贫长效机制持续完善，细化出台《精准防贫工作方案》《防贫监测和帮扶工作实施办法》，设立20万元防贫保险金和500万元社会救助基金，从源头上筑起了发生贫困的“截流闸”和“拦水坝”。

【民生实事】2020年，开发区的深河片区、郭庄二期、计新庄项目均已竣工，进入房源分配阶段；王校庄、刘马坊片区项目有序推进；积极推动第一小学、第三小学扩建工程和王校庄安置房、曦城花语、孤家子安置房小区配套幼儿园施工建设；实施第二小学与上徐小学、第三小学与长不老口小学2个教育集团运行机制，实现优质教育资源共享，27所配套幼儿园签定移交协议，新招聘的109名中小学教师进一步壮大了教师队伍；落实全域禁煤，实现清洁取暖全覆盖，按期高质量完成1.4万户清洁取暖改造任务，做到了应改尽改，有效改善了大气质量，确保了群众安全、温暖、清洁过冬。

【和谐发展】开发区严格落实国家安全责任制，以扫黑除恶专项斗争为统领，以“亮剑2020”打击整治专项行动为抓手，统筹推进“港城利剑2020”严打整治、禁毒“两打两控”等行动，严打各类违法犯罪活动，全力压减发案，治安大局平稳有序。持续开展信访“积案清零”和矛盾纠纷排查化解工作，对163名涉访、涉众、涉军信访重点人，采取走访约谈、救助安抚、教育疏导等方式，推动信访事项化解和人员源头稳控；持续加大对涉访违法犯罪行为的打击力度，实行专案督办，从严从重从快处理3名非访人员，维护了信访秩序，重大时间节点未发生进京和到北戴河访。严格落实安全生产责任制，加强食品药品安全监管，大力推进法治开发区建设，切实做好新形势下统战工作，工会、共青团、妇联等群团工作不断强化，党管武装工作扎实推进。

【疫情防控】2020年，开发区面对新冠肺炎疫情，坚持人民至上、生命至上，充分发挥工委、管委班子领导核心作用，及时研判疫情形势，建立“早碰头、晚研判、双包联、日通报”机制，先后召开28次专题会调度部署，牢牢把握疫情防控主动权。针对企业集中的特点，设立企业防控组，为山船重工、鹏鼎科技等重点企业提供“量身定制”防控方案，派专人驻厂，37个职能部门分包2 000家重点企业，形成了“横到边、纵到底”的企业疫情防控体系。以社区、村居为主阵地，织密织牢防控网络，把全区87个行政村、104个自然小区划分为1 073个网格，整合党员干部3 520人，开展无死角、全覆盖、地毯式排查，不漏一户、不落一人。坚持一手抓防控、一手抓服务，出台《关于帮助中小微企业应对疫情共渡难关的若干措施》，累计为企业减征养老保险费、失业保险费、医疗保险费3.2亿元，创新推出“口罩银行”，帮助企业纾困解难，支持企业渡过难关。

【规范制度】开发区以规范管理为突破口，坚持从问题改起，从基础做起，从日常严起，在完善国企管理、投融资、金融风险防控等制度规定的基础上，进一步建立健全招商引资、项目建设、信访稳定和“三重一大”决策制度执行等方面规章制度，制定出台《投资项目评审管理实施办法》《信访工作责任制实施细则》等11项制度性文件，建立工委会周调度经济工作制度，立起了用制度规范、公开、透明管理的四梁八柱，有力推动了制度优势向治理效能和发展红利转化。

【基层改革】开发区以深化乡镇街道改革和推进机构调整、职能优化为契机，将原有7个乡处优化整合为5个乡街，大幅度调整管辖范围，增加人员力量配备，调整权责清单，夯实了基层工作基础，基层治理能力显著提升。科学整合部门和内设机构，突出经济功能、完善管理职能，构建了条块协同、上下联动、完备一体的治理新机制。深化“互联网+政务服务”建设，加强政务服务“一网、一门、一次、一窗”建设，网上可申报事项达394项，“在线办理”率达100%，行政审批效率和社会满意度不断提高。

【组织建设】开发区始终把落实全面从严治党主体责任作为首要政治任务，纳入全区工作总体布局和全年工作要点，进行21次研究部署，切实做到将党的建设摆在核心地位。狠抓基层党建，深化“基层党建质量提升年”活动，指导各领域400余个基层党组织重点实现“十个提升”，7个软弱涣散基层党组织完成整顿转化，吴庄村党支部被评为发展壮大集体经济“全省先进基层党组织”。深入实施“四融四促”非公企业党建质量提升工程和“火炬”示范点计划，全区非公企业、社会组织党组织覆盖率分别达

91.8%和93.94%，19家企业党组织被评为市级星级示范党组织，非公党建品牌效应逐步显现。

【干部培养】开发区以深化机构改革为契机，落实好干部标准，选拔了一批政治坚定、成绩突出的干部。全年调整科级干部291人次，其中，对7名区直单位、3名乡街的党政主要领导以及58名中层干部进行跨部门、跨岗位交流，提拔和进一步使用88人，调任11人，累计为区直部门选配了167名科级干部，提拔了14名年轻干部充实到乡街领导班子，优化了干部队伍结构。持续加大人才引进力度，为区内企事业单位引进全日制本科以上学历人才895人，积极与燕山大学高级人才对接，洽谈合作项目，积极组织"港城英才卡"申报工作。2020年，全区共有获得省级以上荣誉专家21名，享受国务院特殊津贴专家3名，筑牢了人才强区的"金字招牌"。

【作风建设】2020年，开发区坚决贯彻落实中央八项规定精神，持之以恒反"四风"，突出加强政治监督，重点查处不担当、不负责、不落实等突出问题，有效纠正了上有政策、下有对策、有令不行、有禁不止的行为，推动了各项工作不折不扣落实落地。坚持挺纪在前，落实重遏制、强高压、长震慑要求。全年深化运用监督执纪"四种形态"，有效发挥了警示和震慑作用，保持了惩治腐败的高压态势，维护了全区风清气正的良好氛围。

【工委、管委会领导】中共秦皇岛市委常委、开发区党工委书记刘学彬，管委会主任苏景文。

（秦皇岛经济技术开发区管委会）

天津经济技术开发区（南港工业区）

【区域简况】天津经济技术开发区（简称“天津经开区”）于1984年12月6日经国务院批准建立，系首批国家级经济技术开发区。1984年8月6日，天津经开区管委会成立，系天津市政府派出机构，代表市政府对经开区实行统一管理。2009年4月，天津市委、市政府决定由经开区管委会主导南港工业区开发建设，组建南港工业区管委会，与经开区管委会“一套机构、两块牌子”，全称为天津经济技术开发区（南港工业区）。2017年12月24日，中共天津市委、滨海新区区委决定，滨海新区中心商务区并入经开区，中心商务区管委会并入经开区管委会，经开区形成“实体经济＋自贸功能”“先进产业＋核心城市”发展格局。2019年，天津市人民代表大会修订《天津经济技术开发区条例》；经开区启动并完成法定机构改革。天津市人民政府在经开区设立管理委员会，作为在经开区履行相应行政管理和公共服务职责的法定机构，负责区域开发、产业发展、投资促进、企业服务等工作，根据市人民政府授予的权限，实行企业化管理。

1984年11月，天津经开区建立中共天津经济技术开发区总支委员会。后历经经开区临时委员会、经开区工委、中共天津经开区保税区工委等变更。2008年4月3日，中共天津经开区保税区工委并入中共滨海新区工委，并成立经开区管委会党组。2015年7月28日，经开区管委会党组改建为经开区工委，为市委派出机构，并接受滨海新区区委领导。2019年6月27日，中共经开区党委成立。

经开区适应发展需要拓展区域，占地面积由建区时的33平方千米扩至逾400平方千米，形成东区、商务片区、西区、南港工业区、滨海—中关村科技园、现代产业区、逸仙科学工业园、微电子工业区、南部新兴产业区、一汽大众基地等区域的一区十园发展格局。

2020年，经开区深入贯彻习近平新时代中国特色社会主义思想，加强党建引领，统筹疫情防控和经济社会发展，聚焦实体产业，经济发展稳中有进。织密网格战区，抓好常态化疫情防控，推动企业复工复产。实现疫情防控和经济社会发展双战双赢，经济实现稳定恢复。落实利企惠民的创文工作，坚持全域创建。2020年11月10日，以经开区为核心区的滨海新区入选第六届全国文明城市。

【经济发展】2020年，天津经开区地区生产总值（GDP）按可比价格计算，比2019年增长1.8%，其中，第二产业增加值可比增长3.8%；第三产业增加值可比下降0.8%。第二、第三产业比例为53.9∶46.1，第三产业比重比2019年提高0.3个百分点。全员劳动生产率51.9万元/人，可比增长0.3%。完成全口径财政收入665.27亿元，下降3.2%，其中，税收收入555.86亿元，下降3.5%，税收占比为83.6%。区级一般公共预算收入154.59亿元，下降3.4%，其中，税收收入146.49亿元，下降3.1%，税收占比为94.8%。全年财政总支出370.58亿元，同比增长39.8%，其中，一般公共财政预算支出229.54亿元，同比增长9.2%。全区税收规模10亿以上企业共10家，较2019年增加1家，税收合计209.5亿元，占比为37.7%。

【产业发展】2020年，天津经开区工业增加值按可比价格计算，比2019年增长3.0%。规上工业增加值增长3.1%。规上工业总产值5 090.43亿元，下降1.0%，其中，外商及中国港澳台投资企业实现工业总产值4 021.22亿元，增长3.9%，占比79.0%；内资企业实现工业总产值1 069.21亿元，下降16.1%，占比21.0%。全区共有265家企业工业总产值超1亿元，占全区工业总产值的比重为98.1%，其中，67家企业产值超过10亿元，占比85.4%；11家企业产值超过100亿元，占比56.6%。工业产销率99.8%，较同期增长2.4个百分点。

在规上工业中，汽车制造、装备制造、电子信息、化工新材料、医药健康五大支柱产业实现工业总产值4 674.76亿元，下降1.0%，占全区规上工业总产值的91.8%；工业增加值增长3.2%，占全区规上工业增加值的92.5%，其中，汽车制造产业实现产值1 602.63亿元，下降0.7%；装备制造产业实现产值689.85亿元，增长13.1%。电子信息产业实现产值1 164.85亿元，增长6.2%。化工新材料产业实现产值709.81亿元，下降20.8%。医药健康产业实现产值507.63亿元，增长0.1%。

在规上工业中，战略性新兴产业实现产值2 320.83亿元，增长6.5%，占全区规上工业总产值的45.6%，工业增加值增长4.8%，总量占全区规上工业增加值的41.4%。高技术制造业实现产值1 541.51亿元，增长3.1%，占全区规上工业总产值的30.3%。高新技术企业实现产值1 176.84亿元，增长6.2%，占全区规上工业总产值的23.1%。2020年天津经开区各园区中，西区完成规上工业总产值1 781.63亿元，增长7.9%；南港工业区完成规上工业总产值405.16亿元，下降21.4%；微电子工业区完成规上工业总产值331.48亿元，下降14.1%；现代产业区完成规上工业总产值119.31亿元，增长17.4%；逸仙科学工业园完成规上工业总产值111.66亿元，增长3.8%；中区完成规上工业总产值25.13亿元，下降8.2%；一汽大众华北基地完成规上工业总产值19.57亿元，增长42.1%；中心商务片区完成规上工业总产值18.50亿元，增长56.5%；滨海—中关村科技园完成规上工业总产值10.43亿元，下降12.5%。

2020年，建筑业实现总产值263.44亿元，同比增长31.5%；增加值增长21.9%。2020年，规上营利性服务业实现营业收入732.47亿元，同比增长30.8%；规上交通运输及邮政仓储业实现营业收入995.72亿元，同比下降42.2%；商业（批发零售业和住宿餐饮业）实现限额以上商品销售额3 296.09亿元，同比下降6.7%；房地产业实现营业收入88.40亿元，同比下降49.2%。

【科技创新】2020年，天津经开区培育创新动能，提升科技实力，加大创新要素引育力度，营造创新创业生态。制定出台《加快引育新动能推动科技企业高质量发展的八条措施》，建立高新技术企业培育库，形成“遴选一批、入库一批、培育一批、认定一批”的态势。启动“雏鹰—瞪羚—领军”企业梯度培育行动，国家级高新技术企业累计784家，国家科技型中小企业785家，雏鹰企业370家，瞪羚企业46家。全年专利授权超5 558件，同比增长超10%，3家企业入选天津市制造业单项冠军培育企业，9家企业获评市级企业技术中心、重点实验室，11家企业获市级专利金奖、优秀奖，15家企业入围天津市民营企业科技创新百强。天津经开区成为全市唯一获批国家先进制造业和现代服务业“两业融合”的发展试点区域。泰达档案（图书）馆获评国家科技图书文献中心（NSTL）优秀服务一等奖。

2020年，天津经开区新增在孵企业255家，累计1 786家；新认定工程技术研究中心1家，累计41家；新认定企业技术中心6家，累计74家；新认定企业重点实验室3家，累计31家；市级以上众创空间累计17家；孵化转化载体面积累计120.5万平方米；天津经开区累计在各类资本市场挂牌、上市企业66家，其中科技型企业58家。泽达易盛（天津）科技股份有限公司、康希诺生物股份公司在科创板上市，其中，康希诺成为天津市唯一同时在科创板和香港联交所主板上市的民营科技企业。康希诺与军事科学院联合研发的腺病毒载体新冠病毒疫苗进入三期临床试验。诺思（天津）微系统有限公司获得国家重点研发计划“制造基础技术与关键零部件”专项。芯海创科技有限公司自主研发芯片连续三届获得“中国芯”称号。航天泰心公司的“植入式磁液悬浮心室辅助装置”进入创新医疗器械特别审批程序并开始临床试验。

2020 年，天津经开区围绕优势产业链、创新链，部署人才链，落实人才工程计划，引育优秀人才，强化高质量发展人才保障和智力支撑。60 人入选各级各类人才项目，新增急需型人才 269 人，累计 2 094 人。推动天津市企业家队伍建设“111”工程，其中“杰出企业家”17 人、“新型企业家”24 人、“优秀企业家”315 人。40 家企业入选第五批天津市战略性新兴产业领军企业，累计入选 129 家。61 家企业入选市级“项目 + 团队”。探索开展服务英才“结对子”活动，与 80 名高层次人才建立联系，为人才“送政策、送信息、送服务、送关怀”。高标准推动人才联盟建设，成立无人机和新材料人才创新创业联盟、精细化工和新材料产业（人才）联盟，积极筹备互联网新经济人才创新创业联盟。

唯捷创芯、飞旋科技、达因建材、建昌环保、民康医疗等公司列入天津市滨海新区上市储备项目。利安隆新材料获批国家第五批制造业单项冠军企业以及中国轻工业塑料行业十强企业。凯莱英集团获得中国化药制药工业综合实力百强企业称号。七一二通讯广播股份有限公司、立中集团、华为海洋网络有限公司获批天津市制造业单项冠军培育企业。立中集团获得 2019—2020 年度天津市专利金奖，深之蓝公司等 10 家企业获得 2019—2020 年度天津市专利优秀奖。唯捷创芯、赛诺医疗等 15 家企业入围天津市民营企业科技创新 100 强。全年技术合同登记 716 项，技术交易额 89.9 亿元。科技成果鉴定登记 35 项，申报专利 2 811 项，授权专利 5 642 项。至年末，天津经开区内资企业拥有专利总数 2.3 万项。

【投资促进】2020 年，天津经开区坚持“项目为王”，创新招商模式，推进重点项目建设进度，培育一批新增长点。开展“云招商”“云推介”等形式多样的招商活动，全年实施线上招商宣介活动 10 余场。全年新增各类市场主体 6 671 家，合计认缴注册资金约 2 503.2 亿元。全年 650 家企业实现增资扩产，一汽丰田、雀巢、飞思卡尔等项目分别增资 11.3 亿美元、1 亿瑞士法郎和 1.5 亿美元，高瓴资本增资 14 亿元投入医疗投资基金。承接非首都功能疏解项目，全年共引进北京项目 178 个，投资额超过 520 亿元。发挥滨海—中关村科技园承接首都科技资源枢纽作用，加大对高端人才和高端创新要素的引进力度，构筑科技金融与科技服务业高地。滨海—中关村科技园新增注册企业 666 家，注册资本 616.42 亿元，其中引进北京企业占五分之一；累计注册企业 2 109 家，注册资本 752.4 亿元。

2020 年，天津经开区实际利用外资金额 12.48 亿美元，新批外商及中国港澳台投资企业 56 家，51 家企业增资，合计新增外资合同金额 50.30 亿美元。实际利用内资 323.73 亿元，新设立登记内资企业 4 465 家，合计认缴注册资金 2 368.67 亿元。新批外商及中国港澳台投资企业投资总额 37.33 亿美元，合计认缴注册资本 30.81 亿美元，合计合同外资金额 30.65 亿美元。在 56 家新批企业中，投资总额 1 000 万美元及以上企业 21 家。外商及中国港澳台企业合同外资增资金额 19.65 亿美元，平均增资规模 3 153 万美元。全年新设立内资企业平均认缴注册资金 5 305 万元，投资总额 1 亿元及以上企业 163 家，投资总额 1 亿元以下、1 000 万元及以上企业 1 009 家。

新批外商及中国港澳台投资工业企业 7 家，22 家工业企业增资，合计新增合同外资金额 9.78 亿美元。新设立内资工业企业 103 家，合计认缴注册资金 19.15 亿元。一汽丰田事业体总部、长城汽车新平台、大陆汽车混合动力及电动汽车系统亚太区研发总部、朗誉机器人、井芯微电子、雀巢宠物食品新生产线、康龙化成研发外包扩产、中星微电子、唯捷创芯上市总部和研发中心、飞旋科技生产研发总部及生产基地、利仕航科技新能源特装车、法莫西创新药孵化基地、信汇公司新制剂车间、海光药业碳酸氢钠等项目实现落地。

新批外商及中国港澳台投资服务业项目 48 家，29 家服务业企业增资，合计新增合同外资金额 9.87 亿美元。新设立内资服务业企业 3 938 家，合计认缴注册资金 2 265.98 亿元。仁合益康研发中心、京天成生物实验室、韩华投资、麦格理乐歌电商基地、高瓴资本基金、查博士二手车服务平台、蒙古富源国际粮源综合采销平台、隆平安出行、蚁信通科技、智云慢病管理北方总部、春雨医生互联网医院、奇云诺德癌症无创早筛等一批现代服务业企业批量落户。

至 2020 年末，天津经开区有外商及中国港澳台投资企业及单位 5 990 家，投资方来自 66 个国家和地区，合计投资总额 1 051.00 亿美元，共有内资企业 31 770 家，合计认缴注册资金 18 068.39 亿元，其中认缴注册资金 1 亿元及以上企业 1 836 家，认缴注册资金 1 000 万元及以上、1 亿元以下企业 8 055 家。

【体制改革】2020 年，天津经开区立足经济功能区定位，在自贸创新、国企改革、政务服务等方面推进体制改革，激发内生动力。

自贸创新多个案例得到复制推广。推动实施 FT（自由贸易账户）等新业务模式，探索金融创新制度。“一汽信达保理”案例在全国复制推广。天津市首家港资私募润晖投资、北方首家外资私募韩华投资启动运营，天津市成为全国第二大外资私募机构聚集地。推动天津商业保理创新发展基地揭牌，发布三项团体保理标准。完成全国首单完全基于交易信用的资产证券化产品、发行首单商业保理行业公司债券，首推保理线上债权确认融资新模式。天津泰达综合保税区通过联合验收，全年实现进出口总值 12.8 亿元，在全市率先落地全球维修业务试点。保税物流中心（B 型）在全国保税物流中心排名首次跻身全国第一。

深化审批改革。开展“证照分离”改革全覆盖试点，全年办理 1 100 余件。推进承诺制审批，全年办理 968 件，落实信用承诺分级审批管理，全年办理 132 件。梳理政务服务事项清单，形成“全生命周期”有效监管。打造 160 项行政许可事项统一制发证模式，推行首席审批官模式，全年办结 1 813 件，好评率 100%。打造线上线下政企交互平台，无人审批服务范围覆盖经开区全域，实现 13 项高频事项小程序申报办理。

推进国企改革。围绕城市开发建设、产业招商服务、专业园区运营、新兴产业发展等重点领域，组建泰达城市发展集团、泰达产业发展集团、泰达南港发展集团、新金融公司四大板块集团。完善“管委会—国资局—区属企业集团”三级监管机制，以国资监管清单为核心、各专项监管政策为支撑的“1+N”政策制度体系基本构建完成。

【优化营商环境】2020 年，天津经开区提高服务效能，改善营商环境，构筑崇商、重商、安商、暖商的市场化、法治化、国际化营商环境。出台天津经开区营商环境总体建设方案，制定发布并实施天津经开区 2020 年优化营商环境行动计划，36 项攻坚计划、177 项改革任务按时完成，被评为“国际化营商环境建设十佳产业园区”。开展“双万双服促发展”活动，帮扶企业 3 500 余家，解决企业反映突出的建设、用工、税务、入学等问题。出台《优质企业优人才入学服务措施》，帮助 40 家企业、70 名高级人才子女入学。推出“企业家和人才购房鼓励基金”，对企业中层以上人员置业予以资金鼓励。举办天津经开区“中小企业融资服务对接会”等多场线下活动，协助 90 余家企业进行业务对接。

【绿色集约】2020 年，天津经开区环境空气质量综合指数为 5.23，改善率 4.7%，达标天数比例 66.7%；PM2.5 的浓度为 50 微克 / 立方米，PM10 的浓度为 65 微克 / 立方米。区域环境噪音平均值52.3分贝，道路交通噪声平均值68.2分贝。排海污水达标率达98.3%，排海雨水达标率达93.5%，污水处理厂出水达标率达100%，工业废水排放量1 574万吨，工业固体废物产生量75.27万吨，工业固体废物综合利用率92.4%，危险废物集中处置率100%。全区公园19座，人均绿地面积217.1万平方米，年末实有树木599.3万株。

坚决打赢蓝天、碧水、净土保卫战，落实第二批中央环保督查突出环境问题整改，强化事中事后监管，全年检查企业1 439家次。创新审批模式，实行环评“无纸化在线审批”，豁免审批27家次。强化政策引导，修订《天津经济技术开发区促进绿色发展暂行办法》，争取国家大气专项补贴资金2 200余万元。“十三五”期间天津经开区获得绿色制造相关荣誉企业65家，初步形成绿色制造产业聚集区。天津经开区入选国家首批绿色产业示范基地名单。

2020年，天津经开区加强环境监察执法，提升环境执法效能。全年累计检查企业1 439家次，启动8次共24天重污染应急响应。制定《天津经济技术开发区生态环境局行政处罚工作指南（试行）》，修订《天津经济技术开发区生态环境局行政执法、处罚裁量内部指导意见（试行）》，建立健全行政处罚制度，信特恩生态环境损害赔偿及生态修复案获评全国十大生态环境损害赔偿磋商典型案例。提高环境监测质量，完成地表水断面、海河大闸断面等监测619项次；完成区域内3个点位环境空气挥发性有机物监测54次、5 904项次；完成41个网格区域、19个道路交通噪声监测；完成各类污染源监测205家次、3 071项次。

【机构设置与管委会领导】2020年末，天津经开区管委会设置内设部门35个：商务和投资促进办公室，电子信息产业促进局，汽车产业促进局，装备及智能制造产业促进局，新经济促进局，绿色石化产业促进局（南港工业区经济发展局），新能源和新材料产业促进局，医药健康产业促进局，金融局，贸易发展局，科技创新局（科学技术协会），滨海—中关村科技园办公室，企业服务局（营商环境办公室），发展和改革局（统计局），财政局，人力资源和社会保障局（医疗保障局），规划和自然资源局，生态环境局，建设和交通局，应急管理局，审计局，国有资产监督管理局，政务服务办公室（行政审批局），市场监督管理局（知识产权局），中国（天津）自由贸易试验区滨海新区中心商务片区管理局（全面深化改革委员会办公室、政策研究室），西部片区管理局，北部片区管理局，南港工业区综合办公室，南港工业区规划建设局，南港工业区应急管理局，党委办公室（管委会办公室、政法办、网信办、信访办），党建工作部（机关党委、机关工会、机关团委），经开区纪委（巡察工作办公室、巡察组），非公有制经济组织和社会组织党委办公室，总工会（妇联、团委）。专业工作机构22个：综合事务服务中心，档案馆、图书馆（地方志编修办公室），法律援助中心，泰达公证处、翻译中心，金融综合监管中心，双创服务中心，统计调查中心，财务中心，公寓管理中心，人才服务中心，土地整备发展中心，不动产登记中心，环境保护监测中心，环境监察支队，建设工程管理中心，交通运输服务中心，投资项目评审中心，安全生产执法监察中队，南港规划建设服务中心，南港工业区安全生产执法监察中队，市场稽查大队（计量检定所、特种设备安全监察站）。

2020年末，天津经开区领导成员：党委书记、管委会主任尤天成，党委副书记张青，党委常委、纪委书记刘越红，党委常委徐庆和、马建军，管委会副主任金香花，党委常委、管委会副主任李涛、叶炜、徐斐、曹红钢、张磊。

（天津经济技术开发区档案馆）

青岛经济技术开发区

【概况】青岛经济技术开发区于1984年10月经国务院批准设立，1985年3月动工兴建，是首批14个国家级开发区之一。随着西海岸新区开发建设上升为国家战略，青岛开发区站在新的历史起点，以习近平新时代中国特色社会主义思想为指引，深入贯彻新发展理念，聚焦高质量发展，聚力新旧动能转换，加快推进青岛开发区产城融合、转型发展。近年来，先后获批国家生态工业示范园区、国家级园区循环化改造示范试点单位、国家智能化工业园区示范试点单位、中国最具投资价值十大园区等荣誉称号，综合实力位居全国开发区前列、山东省首位。

【经济发展】2020年，青岛开发区坚持以决战精神、奋战状态抓改革、促创新、强动能，深化供给侧结构性改革，加快构建以海洋经济为特色的现代化经济体系，家电电子、石化、汽车、船舶海工等四大集群产值均占全市的“半壁江山”，家电电子产业基地成为青岛市首个千亿级产业集聚区。大力推动互联网、大数据、人工智能和实体经济的深度融合，以人工智能、数字经济、大数据等为代表的新经济加速崛起，中电光谷、海尔信息谷等新一代产业园区已集聚科大讯飞、以萨技术、宸芯科技等高端企业600余家，科大讯飞未来港被国家工信部授予“国家人工智能创新应用先导区（青岛）赋能中心”，被市委主要领导誉为“青岛打造人工智能应用与服务产业高地的引领性实践”。大胆探索实施“管委会+属地街道”协同作战、“管委会+平台公司”联合招商、“管委会+园区”联合招商和服务会商等多项工作机制并取得显著成效。全省经开区综合评价连续7年蝉联第一，功能区改革创新经验获得省、市充分肯定。2020年完成地区生产总值2 412亿元，增长4.0%（按可比价计算），占青岛市地区生产总值的比重为19.5%。实现公共财政预算收入200亿元，增长1.2%；实现税收收入328亿元，同比下降3.3%；完成固定资产投资827亿元，增长10.7%。

【招商引资】2020年，青岛开发区全年引进日本横河高端智能测控设备研发中心、顾国彪院士大数据中心、高端DNA合成研发中心等过亿元签约注册项目212个、总投资约2 900亿元，其中世界500强投资项目13个、中国500强投资项目5个。组建专业化招商小分队，全年走访企业近400次，接待客商200余批次。持续创新探索“管委会+”联合招商融合发展机制。2020年11月，研究实施“联合招商融合发展7条意见”，全面构建“信息畅通、资源联通、队伍融通、服务直通”的联合招商新模式，山东省政府新闻办2020年12月16日第12场“十三五成就巡礼”主题系列新闻发布会上充分肯定了青岛开发区“管委会+平台公司”运作模式。

【项目建设】青岛开发区强化项目“生命线”意识，和抓项目建设就抓住了经济发展的“牛鼻子”理念，坚持以健全项目服务机制、优化营商环境为重点，通过实行“专班服务、全程跟进”等方式积极推进重点项目建设不断实现新突破，有效形成了“重点项目储备一批、签约一批、开工一批、投产一批”和产业梯次升级的良好生态。2020年，共开工建设保税物流中心、海信商用空调、中瑞威飞高端海洋装备制造等亿元以上产业项目 202 个、总投资 1 423 亿元，共投产运营全球中文学习平台、青岛自贸全球新消费体验中心等产业项目 56 个。同时，坚持实体经济优质化发展，先后有 3 家企业入围青岛市首批国家级制造业单项冠军储备企业，占全市 14%；6 家企业入围全省瞪羚企业评选，占全市 10%；5 家企业上榜全省百强企业，占全市 40%；7 家企业入列全国工业节能诊断服务任务清单，居全市首位。项目建设典型经验被光明日报、中国发展网、人民网、山东改革等主流媒体刊发推广。

【社会事业】2020 年，青岛开发区加大基础设施项目、民生工程投资建设力度，有序推进道路修建、管线改造、环境提升。殷家河片区改造工程总投资 208 亿元、总规划面积约 7.3 平方公里，其中总建筑面积 67.4 万平方米的安置区提前半年实现封顶（涉及 10 个村庄、1 832 户、6 172 人），被评价为全省棚改项目典范、全市进度最快的棚改项目，配套建设教育、医疗、交通等核心资源，一片现代化城市片区已然崛起。王台新动能产业基地发展迅速，已累计投入 60 余亿元提升基础设施，新建、改造道路 25 公里，管网 65 公里，绿化总面积近 58 万平方米。先后对 G204、S318 道路工程进行改造，顺利实现茂山路马连路至环台东路段竣工通车。联东 U 谷、德盛利等项目全面启动建设，城区面貌日益改善。

【机构设置与管委会领导】按照省、市改革部署，加快服务型管委会建设，建立完善权责到位、分工明确、精简高效的管理体制和运行机制。深化行政管理体制改革，按照大部制要求，进一步精简优化机构设置，精简整合职能部门，提升行政效能和服务效率。

工委管委领导成员：工委书记路玉军（任职至 2020 年 3 月）、周安，管委主任路玉军（任职至 2020 年 3 月）、赵士玉（2020 年 8 月至今），工委委员、管委常务副主任赵增高（2020 年 9 月），工委委员、管委副主任高嵘、陈国良（任职至 2020 年 9 月）、闫晓峰（2017 年 1 月至 2021 年 12 月）。

（青岛经济技术开发区管委会）

南通经济技术开发区

【经济发展】2020年，南通经济技术开发区完成地区生产总值931.05亿元；工业产值2 677.19亿元；财政收入163.3亿元；进出口总额67.5亿元，其中出口39.75亿元；城镇居民可支配收入55 022元；在2020年国家级经济技术开发区综合考评中列第二十九位，在江苏省省级以上开发区综合考评中列第十位。

【产业发展】2020年，南通开发区深入实施“培大扶强”工程，召开企业高质量发展大会，做大做强实体经济。百强工业企业实现应税销售834亿元，增长3.95%；医药健康、装备制造产业产值分别增长51.34%、25.57%。江苏中天科技股份有限公司获得中国工业领域最高奖——中国工业大奖，罗莱生活科技股份有限公司获得2020年度“江苏省省长质量奖”；江苏鹿得医疗电子股份有限公司在新三板精选层挂牌，新增国家高新技术企业45家，高新企业总数达203家；高新技术企业工业产值达到801亿元；新兴产业产值达到329亿元，增长8.9%。南通综保区实现进出口80亿元，增长36%，研发进出口总量列全省海关特殊监管区第一。

【科技创新】2020年，南通开发区加大高层次人才招引力度，举办第三届“能达杯”创新创业大赛、百名英才开发区行系列活动，征集人才科技类项目109个。设立南通集成电路测试产业研究院。新增国家级企业研发机构1个（中天科技海缆有限公司）、省级3个（爱慕希、力德尔、中集安瑞科），新签订实质性产学研合作项目突破100项，通过江苏省知识产权示范园区三年复核验收。南通产业技术研究院引进科创型企业128家。新入选“千人计划”1人、省“双创计划”项目7个、“江海英才”项目24个。

【投资促进】2020年，南通开发区聚焦新一代信息技术、智能制造、大数据等特色产业，与昆山市、无锡经开区建立战略合作关系，组建招商中心有限公司，招聘16名市场化、专业化、产业化招商人员，组织开展招商专题培训活动，举行重大项目集中签约仪式。2020年，实际利用外资5.6亿美元，同比增长16.5%。新签约项目73个，其中总投资亿元以上产业项目40个、总投资10亿元重大项目24个；总投资50亿元的普米斯创新生物医药、总投资30亿元的新松机器人等项目落户。新开工亿元以上项目25个，包括维业达柔性触控屏、虎牌生活用品、筱莫智能项目等21个超10亿元重大项目；认定竣工投产项目28个，包括中天无机材料二期、振华智能装卸等项目；认定转化达产项目11个。在南通市产业项目建设考评中列开发园区第一。建立重大产业项目审批“绿色通道”，打造“能达无忧办”服务品牌，在2020年全国经开区营商环境指数排名中列第17位、全省第5位。

【绿色集约】2020年，南通开发区持续深化污染防治攻坚，聚焦水、大气、土壤等重点领域，深入开展扬尘整治“654”专项行动，区域生态环境持续改善。PM2.5浓度32$\mu g/m^3$，下降6.8%；优良天数比例88.2%，上升5.9个百分点。3个省考断面水质均优Ⅲ，其中团结闸断面、营船港闸断面水质平均为Ⅱ类，G15跨境桥断面水质平均为Ⅲ类。污染地块安全利用率为100%，耕地安全利用率为100%，飞灰、废盐库存率不超过10%，均达到年度考核要求。

【基础设施建设】2020年，南通开发区完成城建工程实际投资18.6亿元。完成拆迁34万平方米，其中通创区10.3万平方米；总投资3亿元的开发区公共文化中心正式启用；星湖大道改造工程建成通车，营船港桥改造实现简易通车，能达中学、振兴路小学、张江路等重点工程加快建设，天星湖中学二期、竹行小学教学楼续建工程投入使用；春季景观绿化、公共文化中心配套景观等7项工程项目按期完工，绿化面积达3 466.46公顷；完成小海横河河道整治、斜洪桥北横河闸等8项水利工程建设。

【社会事业】2020年，南通开发区织密织牢常态化防控网络，筑牢新冠肺炎疫情防线，全区本土确诊“零病例”。12项民生实事工程顺利完成。制定出台《开发区教育现代化2035》，全力推动教育优质均衡发展。健康开发区建设、文化旅游事业、群团工作有序推进，获评南通市文化产业发展水平先进地区。帮扶创业944人，新增高技能人才580人，每万人劳动力高技能人才1 602人，占比南通市第一。深入推进危化品安全综合治理、违法违规“小化工”专项整治百日行动、建筑施工领域安全生产“百日行动”，提升本质安全水平；获评“江苏省食品安全示范区”。深化平安法治开发区建设，不断提升网格化管理水平。扫黑除恶专项斗争扎实开展，社会大局保持和谐稳定。

【党建工作】2020年，南通开发区严格落实党管意识形态工作责任制，广泛宣传党的十九届五中全会精神以及总书记视察江苏重要讲话指示精神，在中央、省、市各类媒体刊登党建文章302篇。扎实推进社区“两委”换届，深化街道“大工委”和社区“大党委”工作，打造“15分钟党建惠民服务圈”；加强“两懂两会”干部培养，不断优化队伍结构。新建非公企业党组织25家，社会组织党组织2家；建有党建网格421个，网格员524名，解决各类基层民生实事问题732件。推动社区普法宣传、义务调解、健康义诊、结对帮扶等共驻共建活动139次。从严开展“四不两直”监督和专项监督；认真抓好南通市委巡察“回头看”“六稳六保”专项巡察整改；实施“亲清双修、勤廉双优”工程，加大违纪违法行为查处力度，运用“第一、二种形态”处置问题线索比例达89%。

【机构设置与管委会领导】

2020年，南通开发区党工委、管委会下设办公室（宣传部、文明办、社科联、网信办、改革办）、纪工委监察工委（市纪委、市监委派出机构）、组织部（人社局、编办、两新工委、民政局、残联）、政法委（司法局、国安办、依法治区办、法学会）、群工部（总工会、商会、妇联、团委）、人武办公室、社会事业局（红十字会、人口计生委、教育工委、教育工会、爱卫办）、经济发展局、招商局、投资促进局、财政局（国资办）、住房和城乡建设局、行政执法局、应急管理局、生态环境局（生态环境局开发区分局，市生态环境局派出机构）、南通综合保税区管理局（区管委会派出机构）、市场监督管理局（食品药品监督管理局、工商行政管理局、质量监督管理局）、行政审批局（投资服务中心、政务服务管理办公室、企业发展服务中心）、服务业发展局、人才科技局（高新技术创业服务中心）、审计局、统计局、区域治理现代化指挥中心、化工园区管理办公室等，另有法院。

南通开发区党工委、管委会领导成员为：党工委书记羌强（2016.5—2020.12）、党工委书记张建华（2020.12至今）；党工委副书记、管委会主任沈红星（2018.7—2021.7）；党工委副书记董克新（2012.4—2020.6）；党工委副书记、政法委书记丁秉华（2013.2—2021.6）；党工委副书记周建；党工委委员、管委会副主任陈强；党工委委员、综保区管理局局长范志强；党工委委员、管委会副主任李晓斌（2013.2—2020.6）；党工委委员、管委会副主任刘锋；党工委委员、纪工委书记（监察工委主任）周静（2016.6—2021.7）；党工委委员、管委会副主任曹海锋（2019.2—2020.6）；党工委委员、开发区公安分局局长、党组书记成明（2016.6—2021.6）；党工委委员、组织部部长、人社局局长曹雁卉（2019.2—2020.9）；党工委委员、管委会副主任曹雁卉（2020.9 至今）；党工委委员、管委会副主任保德林（2017.2—2021.4）；党工委委员、管委会副主任曹维熙；管委会副主任陆建新（2020.6—2021.6）；党工委委员、组织部部长、人社局局长葛伟（2020.9 至今）；党工委委员、科技镇长团团长徐明（2019.8 至今）；党工委委员、人武办主任蔡大军（2020.1 至今）；党工委委员唐亮（2020.6—2020.11）；党工委委员、政法委书记印露(2020.7 至今)；党工委委员、管委会副主任王文先（2020.9 至今）。

2019—2020 年南通经济技术开发区主要经济综合指标一览表

项　目		单位	2019 年	2020 年	增幅（%）
开发区生产总值		亿元	865.74	931.05	7.5
第二产业		亿元	560.9	605.01	7.9
工业		亿元	523.8	565.25	7.9
第三产业		亿元	303.9	325.03	7.0
工业总产值（现价）		亿元	2 454.3	2 677.19	9.1
高新技术企业		亿元	753.25	870.24	15.5
销售（营业）收入		亿元	3 776.4	4 035.1	6.9
第二产业		亿元	2 576.2	2 743.65	6.5
工业		亿元	2 481.6	2 644.75	6.6
第三产业		亿元	1 198.3	1 288.4	7.5
利润总额		亿元	205.6	244	18.7
第二产业		亿元	145.1	189.1	30.3
工业		亿元	142.5	186.43	30.8
区内主导产业及产值	1. 化学新材料	亿元	621.37	658.5	6.0
	2. 现代纺织	亿元	295.6	316.4	7.0
	3. 精密机械	亿元	265.8	266.8	0.4
	4. 通用设备制造	亿元	175.2	182.5	4.2
进出口总额		亿美元	67.73	67.5	−0.3
出口		亿美元	40.94	39.75	−2.9
财政收入		亿元	160.07	163.3	2.0
税收收入		亿元	109.73	111.8	1.9
财政支出		亿元	71.44	62.19	−12.9
新批企业个数		个	3 321	2 754	−17.1
外商及港澳台企业		个	43	19	−55.8
内资企业		个	3 278	3 361	2.5
新批企业投资额	外商及港澳台企业	亿美元	19.5	19.8	1.5
	内资企业	亿元	268.7	346.56	29.0
	增资企业	亿美元	25.2	26.3	4.4
规上企业个数		个	895	930	3.9
合同外资金额		亿美元	7.29	2.74	−62.4
外商实际投资		亿美元	6.174 3	6.924 9	12.2
固定资产投资		亿元	587.17	597.47	1.8
年末从业人员数		万人	16.28	17.13	5.3
万元 GDP 能耗		吨标煤／万元	0.382 1	0.354 3	−7.3
水资源消耗总量		万立方米	8 312	7 906	−4.9
单位国内生产总值取水量		立方米／万元	9.60	8.49	−11.6
RD 支出		万元	233 301	290 835	24.7
RD 投入强度		%	2.7	3.1	15.0
上市企业数量		家	5	8	60.0
创业创新平台数量		个	58	77	32.8
科研院所数量		家	1	1	0.0
区内职业教育学校数量		家	2	3	50.0

（南通经济技术开发区管委会）

宁波经济技术开发区

【概况】 宁波经济技术开发区位于浙江省宁波市东部的北仑区，1984年10月，经国务院批准设立，规划面积3.9平方公里，为全国首批14家国家级开发区。1992年10月，扩大到29.6平方公里，同时撤销原北仑港工业区，并统一纳入宁波开发区管理。2002年底，宁波开发区与北仑区实行“一套班子、两块牌子”新的管理体制。北仑区陆域面积615平方公里，海域面积258平方公里，常住人口92万。2002年底，两区合并后，宁波经济技术开发区管辖面积为北仑全域。

【经济发展】 宁波开发区（北仑区）依托港口优势和开发优势，经过三十五年多来的发展，形成以汽车、装备、石化、钢铁、能源等为主体的临港产业集群，以集成电路、高端装备、新材料等新兴产业。拥有吉利、申洲、海天等一大批实力企业，规上工业企业784家，产值超百亿元企业11家、超十亿元企业58家，境内外上市公司18家。2020年全区实现地区生产总值2 020亿元，财政总收入612亿元。外贸进出口总额、规上工业总产值、规上工业增加值全省第一，财政总收入全省第二，10项总量指标位居宁波市首位。

宁波开发区（北仑区）坚持以习近平新时代中国特色社会主义思想为指引，围绕忠实践行“八八战略”、奋力打造“重要窗口”和锻造硬核力量，唱好“双城记”、建好示范区、当好模范生，加快建设现代化滨海大都市，全面建设现代化临港智创之城、国际化滨海秀美之城，争当长三角经济社会高质量发展排头兵。先后成功创建国家级生态区、国家循环经济试点示范区、国家生态文明建设示范区和全国法治县（市、区）创建活动先进单位，荣获省“大禹银鼎”和“平安金鼎”。特别是2020年3月29日，习近平总书记考察浙江，首站来到宁波北仑，考察宁波舟山港、大碶高端汽配模具园区；2020年9月，中国（浙江）自由贸易试验区宁波片区落户北仑，为北仑发展带来千载难逢的历史机遇。

【产业发展】 宁波开发区（北仑区）坚持以平台聚产业、以产业带集群，全力打造全球先进制造业基地示范样板，着力推进“三城三平台”建设。①凤凰城：位于城市中轴线，区域规划面积10平方公里，核心区毗邻北仑区行政中心和商业广场，紧邻地铁1号线。自凤凰城启动开发建设以来，按照“打造青年理想之城”的定位，着力抢抓建设自贸区宁波片区的重大机遇，促进港产城人文融合发展，打造北仑城市和产业的金子塔尖，为北仑调整“人口、产业、空间”三大结构发挥支撑性作用，为北仑改革开放后40年发展再创新优势。②滨江新城：依甬江而立，是宁波的东门户区，范围涵盖北仑区小港街道和戚家山街道，全域辖区面积82平方公里，总人口数22万人。北仑滨江新城核心区北临甬江、东至泰山路、南临陈山、西至绕城高速小港互通，用地面积约5.36平方公里。滨江新城是东部新城的拓展区，也是北仑中心城区融入宁波主城区的枢纽区。滨江新城以打造“海港经济创新中心、高端人才创业基地”为核心，高质量建设“滨江国际智创城”。③梅山湾新城：梅山物流产业集聚区的核心区域，梅山湾一湾两岸核心区域，约61平方公里

（一期重点开发25平方公里），国家海洋战略的重要展示窗口、长三角对外开放的海上门户，着力构建“一港一湾一城”。“一港”即高能级的国际贸易港，建设展现海洋文化自信和魅力的港航门户，努力打造文化交流与港航贸易的自贸试验港；“一湾”即畅享自在的风尚休闲湾，聚焦蓝湾空间，建设28公里缤纷海湾带，打造全季休闲、全龄共享、全时体验的共享蓝湾；“一城”即创新驱动的智创未来城，以蓝湾山海图景为底色，聚焦国际交往、智慧科创、跨境贸易等核心功能，打造面向湾区、展现未来的海上花园城。④“246”万千亿级产业集群示范园（灵峰现代产业园）：以灵峰山、太白山的青山绿水为依托，临近穿好高速、甬台温高速、轻轨一号线邬隘站等重要交通枢纽，规划范围为13.4平方公里，建设范围为10.9平方公里，其中产业用地7.1平方公里（包括大碶高端汽配模具园区2.3平方公里），商服办公及配套用地0.7平方公里。园区重点拓展智能装备及服务、5G+工业互联网、工业关键基础零部件、高端汽配零部件四大产业领域，目标是到2025年，新增工业产值500亿元，到2030年，新增工业产值突破1 000亿元。⑤浙江省“万亩千亿”新产业平台（宁波北仑集成电路产业平台）：规划总面积6.81平方公里，按照“一核三片五基地”的总体布局框架，目标打造国际知名的集成电路材料研发及产业化战略高地、国内一流的集成电路产业重要基地、全国重要的产城融合双创示范区。2020年1月，平台成功入选第二批浙江省“万亩千亿”新产业平台培育名单。截至2020年底，平台累计引进集成电路项目28个，总投资超150亿元，多家企业获国家02、03专项和国家大基金支持，年度完成基础设施投入8.4亿元，产业投资11.26亿元。⑥临港经济示范区：总面积初步规划为15平方公里，北临世界第一大港口宁波舟山港。该区块已集聚高端装备制造、汽车配件、纺织服装、电子信息、新材料等特色产业，截至2020年底已有规上企业153家，年产值477.4亿元、税收14.1亿元。在发展定位上，对标上海、香港、新加坡、日本等发达地区临港产业，按照“一区三片”的总体思路，在临港经济示范区内打造制造业核心片、现代产业拓展片、现代服务业片。

【项目建设】在危机中抢新机，化变量为增量，2020年实现了经济企稳回升向好。累计引进德国格拉默、中铝等42个重点项目，总投资790亿元。全年新开工项目30个，完成固定资产投资305亿元，超额完成省市重点工程建设任务。灵峰现代产业园乘势破题，总投资超140亿元的18个重大项目成功签约，总投资42亿元的9个重大项目集中开工。芯港小镇入选省“万亩千亿”新产业平台培育名单、省开发区产业链“链长制”试点示范单位，中芯宁波N2、安集微电子二期等项目顺利开工，累计落户集成电路产业项目28个，总投资超150亿元。大碶高端汽配模具园区创成省五星级小微企业园，北仑灵峰汽模小镇入选省级特色小镇，年产值增长7%。全力提振消费，发放消费补贴1 200万元，积极发展夜经济，拓展直播带货、“云特卖”等消费新模式，全年实现社会消费品零售总额258亿元、增幅全市第二，网络零售额增幅全市第一。富邦、银泰、博地三大商圈全面升级，万科未来广场建成营业。打好信保扩面、“云展览”、出口转内销等“稳外贸”组合拳，获批两个国家外贸转型升级基地。

【体制机制创新】宁波开发区（北仑区）推进更深层次改革、更高水平开放，浙江自贸试验区宁波片区46平方公里全部落地北仑，宁波北仑港综合保税区顺利通过现场封关验收，全面开启改革引领、创新赋能的“自贸时代”。“最多跑一次”改革再提速，全省率先建成“浙里办”北仑站，政务事项100%“网上办”、96%“一窗即办”、87%“全城通办”。企业开办实现“1个环节+0成本”，企业投资实现一般项目审批“最多80天”，低风险小项目审批“最多20天”。“亩均论英雄”改革再深化，淘汰“低散乱”企业104家，改造提升低效企业63家，盘活低效用地 3 066 亩。新改建小微企业园 13 个，工业社区治理模式获省地方标准立项。

【科技创新】2020 年，宁波开发区（北仑区）中科院上海有机所宁波园区、中科院海西创新研究院、北大宁波海洋药物研究院等平台顺利落地，新增省级制造业创新中心、产业创新服务综合体各 1 家，开发区科创园获评国家级优秀科技企业孵化器。“数字北仑”建设成效斐然，入选全国首批“两业融合”试点，全市首推数字化改造“百企提升”，新增 2 个市级“5G+ 工业互联网”试点，华朔科技获评工信部物联网创新应用类项目，东方电缆入选浙江首批“未来工厂”，全区规上数字经济核心产业制造业增加值增长 12%，高于市平均 3.5 个百分点。新增高新技术企业 66 家、国家单项冠军示范企业 2 家、国家专精特新“小巨人”8 家、国家科技型中小企业 228 家，3 家企业入选全国制造业民营企业 500 强，成功入选全国大众创业万众创新示范基地。“凤凰行动”再结硕果，雪龙、长鸿高科主板上市，德业科技成功过会，球冠电缆入选全国首批新三板精选层。新增“浙江制造”企业 6 家、专利授权 4 431 件，全国模具标准委员会压铸模分会落户北仑。加大人才招引力度，升级“青年北仑”政策，新引育院士等顶尖人才 17 名、特优人才 24 名，新增青年人口 2.28 万人、青年人才 1.95 万人。

【城乡建设】2020 年，宁波开发区（北仑区）加快城市有机更新，提升城市能级，推进城乡融合发展。高起点实施凤凰城开发，蓝海、君仑等“烂尾”项目成功盘活，通山、原海港乐园地块开发进展顺利，凤环巢、中央公园一期开工。高效推进滨江新城建设，建成滨江装备创业园二期，启动创智科学城一期，牵手市轨道交通集团开展 TOD8 领域深度合作。梅山湾新城扬帆启航，25 个总投资超百亿元的城市功能项目开工，蓝湾工程二期纳入国家项目库，宁波中心城区至梅山轨道和快速路列入交通强市三年行动计划，梅山湾游客服务中心建成投用。高标准常态化开展文明城市创建，探索建立了“执法清单进小区”“物业三联单”等一批长效管理机制。扎实推进“两整两提”攻坚行动，改造提升农贸市场 8 个、老旧小区 16.4 万平方米，连片街区改造模式全市推广，人力三轮车全面“退市”，垃圾分类获市考核优胜，小港、戚家山街道分获全省垃圾分类示范片区、“美丽城镇”省级样板。青年体育公园、中心公园入选“席地而坐”城市客厅示范公园。高速收费优惠政策延续，骆霞线、沿海中线完成局部路段拓宽，象山湾疏港高速北仑段、黄山路西延、329 国道改建等工程加快推进，甬舟铁路、六横公路大桥北仑段动工，获评省美丽交通走廊达标县。全面推进乡村振兴，新增中国美丽休闲乡村、全国文明村镇、省 4A 级景区街道、市乡村全域旅游示范区各 1 个，省 3A 级景区街道 2 个、省 A 级景区村庄 29 个。“活力清水溪”综合体开园，205 个生态河埠头投用，花香柴桥、浃江风情等一批乡村振兴示范带项目启动建设。超额完成年度高标准农田考核目标，水稻种植面积增长 5.5 倍，建成年出栏 2 万头的生态养猪场，生猪存栏量实现倍增，成功创建国家农产品质量安全区。平稳完成行政村规模优化调整和村社组织换届。

【绿色集约】2020 年，宁波开发区（北仑区）坚持绿色发展，“美丽北仑”建设再加力，落地生态治理项目 90 个，全社会环保投入达到 50 亿元，连续三年荣获“美丽浙江”考核优秀。实施宁钢超低排放改造和电厂煤堆场封闭，扩大柴油货车禁行范围，划定非道路移动机械禁行区，淘汰运营类国Ⅲ及以下柴油货车 3 556 辆，改造低氮锅炉 78 台，全区空气优良率达 92.6%，比上年提高 3.8 个百分点，PM2.5 浓度均值降至 20 微克 / 立方米，六项指标全部达到国家二级标准，空气质量达到历史最好水平。基本建成全域污水零直排区，全区 535 条河道基本达到Ⅳ类以上水质，芦江河入选省级美丽河湖，两度捧得“大禹银鼎”，成功创建全国节水型社会建设达标区。全面启动“无废城市”创建，新增工业固废处理能力 4 万吨 / 年，受污染耕地和污染地块安全利用率达到100%。投运纯电动公交车96辆，绿色能源公交比重领跑全市，“绿满港城”行动入选“美丽中国”十佳公众参与案例。实施“三线一单”生态环境分区管控，探索岩河上下游生态补偿，推广企业生态环境绿色保险制度，单位GDP能耗下降3.5%，入选全省唯一的国家绿色发展最佳实践园区。

（宁波经济技术开发区管委会）

漕河泾新兴技术开发区

2020年是“十三五”规划的收官年、“十四五”规划的谋划年。面对突如其来的疫情，漕河泾开发区以“再创业、再出发”为总纲，内强管理，外塑品牌，继续保持良好发展势头。

【经济发展】疫情影响下，园区经济率先筑底、率先企稳、率先上行，走出逆周期表现。2020年，漕河泾开发区实现营业收入4 450亿元（含浦江），同比上升6.2%，三产收入3 530亿元，同比上升8.3%；利润总额363亿元，同比上升8.1%；税收总额151亿元，同比下降2.6%；从业人员数27.5万人。

【科创动能】园区科创动能不断增强，在2020年上海开发区综合评价中，综合发展指数名列中型园区第一名。在4项分项指数中，营商环境指数排名第一，产业发展指数和创新发展指数排名第二；在9项专业评价指数中，持续发展指数和产业发展指数排名第一，创新成果指数和管理服务水平指数排名第二；在25项单项评价指标中，“世界500强企业地区总部数和入区投资企业数及上市公司、挂牌公司数加权合计数”“园区内公共服务平台数”“认定的国家级或市级功能性园区加权合计数”排名第一。

【产业集聚】2020年，漕河泾开发区利用现有总部与研发中心的集聚优势，以商养商、以商招商，加快“一部三中心”引进力度，发挥“总部经济”强磁场效应，引入新项目近90个，包括世界500强企业2家（全球领先的汽车技术公司采埃孚亚太集团、中荷合资汽车电子IC生产商大唐恩智浦半导体公司），美国500强1家（雅诗兰黛全球创新研发中心），央企3家（国家电投集团风电产业创新中心、东华工程科技华东总部、上海电气集团数字科技有限公司），科创板企业1家（中国领先物流输送分拣系统提供商德马物流），以及思特威中国总部、米哈游、泽怡信息等一大批线上经济、生物医药和芯片设计的知名企业项目，年内5家区内企业上市或挂牌，开发区累计上市企业143家，逆势提振了园区产业实力。

【项目建设】2020年，漕河泾开发区新建项目按计划推进，全年建设面积218万平方米，包括本部100万平方米，赵巷88万平方米，北杨30万平方米；规划面积129万平方米，其中北杨80万平方米，颛桥31万平方米，河南队18万平方米。

努力克服疫情影响，17万平方米的科技绿洲四期项目为虹桥镇首个、闵行区第二个复工工地，在11月底竣工，比原计划提前40天；45万平方米的科技绿洲五期、六期完成地下室结构。32.5万平方米的漕河泾中心6月竣工备案，一举解决了困扰多时的规划验收和土地核验等多个难点问题。30万平方米的北杨项目A、B地块年内开工，其中B地块仅用13天即拿到施工许可证。31万平方米的颛桥项目完成公司组建、项目组框架搭建，明确相关职能部门权责，确定拿地方案。

各工程项目在多点推进同时，竣工项目也获多个行业内荣誉：漕河泾中心荣获LEED金奖、上海市优质工程“白玉兰奖”、中国绿色建筑协会“绿色建筑二星”；科技绿洲四期获得“2020年度中国十大绿色项目”、上海市优质工程“白玉兰奖”、“上海市文明工地”等荣誉。

【科创服务】2020年，双创服务方面，揭牌成立上海证券交易所资本市场服务徐汇漕河泾开发区基地。举办11场股权融资对接活动，24个项目获风投26.3亿元。帮助16家企业获得1.74亿元科技信贷。投贷联动新增4家服务入股企业。融资平台制定了无还本续贷、延长贷款期限、降低放贷利率、开辟信息化申贷快速通道、贴息补助等一系列纾困措施，受理企业贷款61家次，通过授信58家次，授信额度达3.475亿元，成立运营至今累计向526家次企业发放贷款24.16亿元。

知识产权服务方面，沪上首单企业商标保险在开发区落地，牵头成立徐汇人工智能产业知识产权联盟、上海市商标品牌创新创业（漕河泾）基地和中国（上海）知识产权维权援助中心漕河泾工作站。国家知识产权服务业集聚发展示范区通过评估验收。年内对接区内“三中心＋二协会＋重点服务机构”，促成路儆、东升、鸿研等区内企业利用知识产权融资政策获批专利质押贷款1.2亿元。开发区企业全年申请专利6 837件，累计申请专利50 172件，每万人拥有发明专利数419.6件，比肩国外科技创新发达地区。

【大事记】

1. 5月20日，上海首批命名的三个商标品牌双创基地之一的上海市商标品牌创新创业（漕河泾）基地及中国（上海）知识产权维权援助中心漕河泾工作站揭牌仪式在漕河泾开发区宝石园创新型孵化器内举行。新成立的商标品牌创新创业基地将由漕河泾开发区委托专业机构，围绕商标品牌培育、发展、集聚、提升和保护，为园区企业商标品牌建设提供“零距离”的身边服务。新成立的知识产权维权援助中心工作站通过延伸维权援助服务网络，使园区企业“足不出园”享受知识产权维权援助，促进知识产权的保护效益和效能不断提升。

2. 5月8日，上海将徐汇区“漕河泾”、奉贤区“东方美谷”、杨浦区“长阳创谷”命名为首批上海市商标品牌创新创业基地。首批命名的三个商标品牌双创基地都是上海市颇具影响力的重点产业园，这三个基地不但拥有丰富的商标品牌公共服务资源，还集聚了大量知名商标品牌企业，园区和企业对商标品牌发展的需求都十分强烈。

3. 工业和信息化部公布了2019年国家新型工业化产业示范基地（简称“示范基地”）发展质量评价结果，上海市电子信息（上海漕河泾新兴技术开发区）、生物医药（上海张江高科技园区）、装备制造（上海临港装备产业区）、新材料（上海宝山）、装备制造（上海莘庄工业区）、汽车产业（上海嘉定汽车产业园区）、军民结合也称民用航天（上海闵行区）、装备制造（上海嘉定工业区）共8家示范基地进入五星级评价结果名单，在产业实力、质量效益、创新驱动、绿色集约安全、融合发展等方面绩效显著，其中，漕河泾开发区聚焦战略新兴产业体系，形成了“1+5+1”产业发展模式。以电子信息为支柱产业，形成了以新材料、生物医药、航天航空、环保新能源、汽车研发配套为重点产业，以高附加值现代服务业为支撑产业的产业集群框架。

4. 区区合作更进一步，漕河泾光华园开园。10月23日，漕河泾光华园喜迎开园，标志着漕河泾品牌输出再结硕果，与闵行区产业合作进一步深化。园区已经聚集了易欧司光电、瀚矿环保、三菱叉车等40余家优秀高科技企业。依托漕河泾强大的品牌效应和专业园区运营经验，未来漕河泾光华园有望成为闵行区又一个明星园区。

5. 11月8日，总投资超3 500万美元的雅诗兰黛全球创新研发中心签约落户位于闵行区的漕河泾科技绿洲园区。该中心将利用前沿技术及设备，覆盖从基础研究到产品上市各研发环节，主导亚太地区诸多知名品牌、明星产品和品类的研发，推动中国、亚太地区乃至世界各地的突破性美容创新。

6. 12月31日，漕河泾北杨人工智能小镇B地块开工。本次开工仪式属于2021年市重大产业项目集中开工仪式的一个分会场，也是继A标段启动4个月后，又一地块顺利开工。年内北杨项目开工总量达到30万平方米。项目B地块性质为科研设计用地，设置研发及社区配套文化、体育、商业生活服务设施功能。共计五个单体建筑，地上建筑面积约8.9万平方米；地下建筑面积约4.7万平方米。建设体量和难度较大，设计定位高端，建成后将成为上海市又一个地标性建筑群，力求打造最适合人工智能产业高质量发展的制度供给试验田，抢占人工智能发展“制高点”。

7. 12月28日，国家电投集团能源科技工程有限公司与漕河泾高科技园公司举行签约仪式，国家电投集团风电产业创新中心落户漕河泾科技绿洲四期。国家电投集团是漕河泾科技绿洲首位客户，2006年落户以来至今，公司发展迅猛，并带动了一大批环保新能源企业在漕河泾开发区集聚，如国核工程有限公司、ABB能源电子、阿尔斯通电网中国技术中心等，涵盖了核电、火电、风电、水电、太阳能电力等新能源产品和设备的研发、设计与生产，也推动漕河泾开发区成为清洁能源的产业高地。国家电投集团风电产业创新中心时隔15年，再次选择落户漕河泾科技绿洲，无疑是对漕河泾开发区投资环境和服务能力的最高褒奖与肯定。

8. 坚持质量第一，漕河泾科技绿洲四期荣获上海市建设工程“白玉兰”奖。在项目建设过程中，漕河泾总公司规划建设部门、设计、管理公司及监理、施工单位通力合作，严格执行ISO管理体系，实现工程安全、质量、进度、投资的有效控制。此次漕河泾科技绿洲四期获评“白玉兰”奖及“白玉兰”优质观摩项目，为漕河泾开发区项目建设工作增添了新亮点，给漕河泾品牌注入了新活力，也为漕河泾“二次创业”持续发展提供了坚实基础。

9. 漕河泾科技绿洲四期项目获“2020年度中国十大绿色项目”，项目采取了艾灵顿景观设计理念，注重建筑和景观的协调性。整个项目内的建筑沿地块内的环状人工水系排布错落有致，形成建筑与景观层层渗透、互相融合的景象。开放及自然的景观连接着园区内所有地块，形成宜人的办公环境。项目先后获评上海市文明工地、上海市优质工程、市绿色施工达标工程、市明星工地、市安装优质结构、市绿色施工样板工程奖，还获评建筑工程“白玉兰”奖、“白玉兰”观摩工地等奖项。项目的建成为漕河泾开发区增添了新的亮点，为漕河泾品牌注入了新的活力。

10. 11月26日，上海漕河泾开发区通过国家知识产权服务业集聚发展示范区验收。

11. 以城兴产，临港集团携手印力集团打造漕河泾商业标杆。9月17日上午，临港集团下属漕河泾开发区总公司与印力集团签署战略合作协议。漕河泾核心商业项目——漕河泾印象城正式揭牌，印力集团将为项目提供全方位管理服务。

12. 上海电气集团数字科技公司签约入驻漕河泾科技绿洲。8月18日下午，上海电气集团数字科技有限公司与上海漕河泾开发区高科技园发展有限公司举行签约仪式，入驻漕河泾开发区科技绿洲三期。

13. 在危机中育新机，5家科技企业获国家科技部专项资金支持。漕河泾开发区园区企业感图科技、烨映电子、巨哥电子、上海航芯、思路迪生物5家企业的科技创新项目获批国家科技部“科技助力经济2020”重点专项，其中，感图科技、烨映电子、巨哥电子等是漕河泾开发区孵化基地自主培育的高科技企业。

14. 根据国务院服务贸易发展部际联席会议办公室关于印发深化服务贸易创新发展试点经验和第二批“最佳实践案例”的函（商服贸函〔2020〕236号），漕河泾开发区国家知识产权服务业集聚发展示范区建设入选国家商务部“深化服务贸易创新发展试点第二批最佳实践案例”。漕河泾开发区通过积极推进国家知识产权服务业集聚发展示范区建设，聚焦知识产权运营和保护，以知识产权服务业政策为引导，集聚了知识产权服务重要功能服务和各类专业服务资源，建立健全完整知识产权服务链条，形成了以知识产权服务业为特色科创服务体系，为科创中心建设发挥了重要作用。

15. 汽车半导体设计巨擘大唐恩智浦签约入驻漕河泾中心。入驻漕河泾开发区后，大唐恩智浦将凭借开发区科研人员高度聚集的人才优势，依托恩智浦半导体雄厚的技术力量，紧跟国家大力发展半导体芯片行业的国家战略步伐，乘势突破自主半导体发展的卡脖子环节，更加高效地推进产品的研发布局，从而早日实现我国在该领域的弯道超车。

（上海漕河泾新兴技术开发区）

上海闵行经济技术开发区

【经济发展】上海闵行经济技术开发区（简称闵行开发区）由上海地产集团旗下的上海地产闵虹（集团）有限公司（以下简称“地产闵虹”）负责运营管理。2020 年，闵行开发区整体保持平稳发展态势，开发区完成规上工业总产值 587.59 亿元，与上年同比增长 5.45%，超过闵行区全区工业总产值的 1/6；销售收入 674.73 亿元，同比增长 2.75%；企业利润总额 65.11 亿元，同比增长 15.78%。闵行开发区临港园区工业总产值达到了 61 亿元，同比增长 29%。

闵行开发区 2020 年度主要经济指标（单位：亿元）

指标数据	2019 年	2020 年	同比增减(%)
工业总产值	557.22	587.59	5.45
销售收入	656.67	674.73	2.75
利润总额	56.23	65.11	15.78

【落实“两手抓”工作要求】做到疫情防控、复工复产“两手抓、两手硬”。一是全力保障园区平稳运行。地产闵虹走访调研多家园区重点企业，了解和关心企业复工的情况、倾听企业各方面的意见和建议，并紧急调配相关防疫物资派送给园区复工企业，让企业充分感受到了闵行开发区的温度和速度，闵行开发区也是全市首个 100% 复工的园区。及时出台《上海闵行经济技术开发区关于全力防控疫情支持服务企业平稳健康发展的若干措施》政策，帮助企业扩产能，提效益，降成本，覆盖园区多数企业。同时根据政府部门有关政策以及地产集团的工作部署，制定了闵行开发区中小企业租金减免实施方案，为园区内中小企业落实减免租金政策。二是激发内在需求、培育经济新动能。策划举办“闵行开发区 529 购物节”，开发区 30 000 余名职工积极参与活动，线上和线下销售总额超过 4 000 万元，最大限度促进消费回补和园区企业产能潜力释放，打响园区品牌。

【招商引资】地产闵虹超额完成地产集团下达的自主引入战略性新兴产业重大项目（厂房租赁协议或土地出让合同签署）的工作目标。一是聚焦重大产业项目。2020 年分别与重庆博腾制药科技股份有限公司、上海新微半导体有限公司、中微半导体设备（上海）股份有限公司、山东天岳先进材料科技有限公司、上海中芯盛半导体设备有限公司、昕原半导体（上海）有限公司等一大批智能制造、集成电路、生物医药产业头部企业签署厂房租赁或投资协议，项目总投资共计约 315 亿元人民币。二是完成跨国地区总部认定工作。完成与苏尔寿、不凡帝等一批跨国公司地区总部项目签约认定工作，推动伊利、英格索兰等研发中心和技术中心落地。三是创新招商模式。2020 年闵行开发区开展虚拟招商工作，完成注册企业 100 家，内资实缴注册资本 12.6 亿元人民币、合同外资 0.38 亿美元。

【科技创新】地产闵虹做强闵行开发区创新创业生态，推动校企合作再上新台阶。一是积极探索大零号湾全球创新创业集聚区建设。2020 年 6 月，地产集团、闵行区、上海交大三方在科技成果转化方面深度合作的标志性成果，上海交通大学“大海洋科研创新平台及产业化基地”正式落户闵行开发区，一系列涉及国家战略性科技力量的“国之重器”项目集体签约，首批平台科技创新及成果产业化团队已入驻。二是做强产学研平台，校企创新联合体落户临港新片区。为构建更完整的产业生态圈，推动产业资源与全球科创资源对接整合，地产闵虹与上海海事大学携手合作打造创新联合体，将海事大学的尖端科研技术与闵行开发区临港园区的市场化运作相结合，鼓励企业探索创新源头“最先一公里”与产业化“最后一公里”的对接，为园区企业的创新发展提供科技成果转化平台，输送科技人才及研发成果，加快科技赋能，以此整体提升临港新片区区域产业能级及创新能力。

【项目建设】地产闵虹提升项目建设速度，打造和储备优质发展载体。一是克服疫情对施工工期造成的不利影响，“智芯源”一期B区、临港ABB二期定制厂房项目实现当年开工、当年竣工、当年交付，彰显地产闵虹速度和效率。二是提升资源获取能力，拓展园区发展空间和潜力。地产闵虹抓住临港新片区发展的历史机遇，为地产集团在临港守住阵地，成功获取临港四期标准厂房用地，推进临港五期标准厂房项目土地获取。此外，积极贯彻落实地产集团提出的“要坚持核心竞争力，把资源变成资金，资金变成资产，以此形成良性循环”的工作要求，加快实施补地价工作及回购园区企业厂房，为下一步闵行开发区转型升级储备资源。2020年，地产闵虹共完成了15幅地块的补地价工作。

【营商环境】地产闵虹积极打造闵行开发区园区服务中心，使园区营商环境进一步提升。园区服务中心是地产闵虹在闵行开发区闵行园区打通服务园区职工和周边居民“最后一公里”，集党群、服务、展示、管理四个中心为一体的多功能活动空间，被列入“2020年度市政府实事项目”。自2020年6月正式运行以来，截至当年底，累计开展各类学习培训会务近200场次，接待参观、咨询、服务8 427人次。

【党的建设】地产闵虹党委坚持党建引领，推动党建与业务工作的有机融合，发挥国企党建“压舱石”“定盘星”“助推器”作用，不断加强公司党的建设，2020年地产闵虹党委获评市国资委系统“红旗党组织”荣誉称号。严格落实党风廉政建设目标责任，为地产闵虹与其下属各产业园区的创新发展、转型升级提供坚强的思想保证、组织保证和力量支撑。

（上海地产闵虹（集团）有限公司）

连云港经济技术开发区

【经济发展】2020 年，连云港经济技术开发区抓住国家级开发区、自贸试验区、综合保税区“三区叠加”历史机遇，“三新一高”产业加快集聚，重大项目加速突破，创新能力持续增强。全年完成地区生产总值 357.1 亿元，同比增长 3.3%；工业应税销售收入 722 亿元，增长 12.1%；一般公共预算收入 42.6 亿元，增长 3%；实际利用外资 2.07 亿美元；“三新一高”产值 578.5 亿元，增长 6.8%；新增规上企业 102 家，创历史新高。在商务部最新公布的全国 218 家国家级开发区综合发展水平考核评价中，排名第 28 位。

【产业发展】2020 年，连云港开发区实现规上工业总产值 736.7 亿元，增长 7.8%。新医药产业受药品管理政策调整和新冠疫情的影响，实现产值 441.9%，增长 -0.3%；连云港开发区医药产业示范基地在工业和信息化部组织开展的 2019 年示范基地发展质量评价工作中，获评五星级工业化示范基地。在最新公布的中国上市公司市值 500 强榜单中，恒瑞医药、翰森制药分别位居第 23 位、113 位；在《2020 胡润世界 500 强》企业榜单中，恒瑞医药位列第 183 位，是江苏唯一入榜企业，也是唯一上榜的中国制药企业。新材料产业厚积薄发，实现产值 30.2 亿元，增长 47.5%，总投资百亿级的光电新材料产业园全面铺开。高端装备制造产业加速攀升，实现产值 106.4 亿元，增长 35.8%，中科院燃气轮机产业园、路友重工等一批重点项目加快实施。新业态产业全新突破，“一带一路”供应链等新业态项目纷纷落地。

【科技创新】连云港开发区实施“科技兴区”战略，持续强化“企业创新主体能力、创新平台支撑能力、创新创业服务能力”三大能力建设，引导企业加大科技投入、提升创新能力。2020 年，连云港开发区完成国家科技型中小企业评价入库 123 家，净增国家高新技术企业 18 家，获批新药 3 个。花果山医学科学中心等实质运行，中科院燃气轮机项目加快建设。恒瑞医药位列全球医药创新指数排行榜第 13 位，是唯一上榜中国制药企业；江苏康缘药业股份有限公司发明专利“含有银杏内酯的制剂及其制备工艺”荣获第 21 届中国专利金奖。全社会研发投入占比达 7.1%，科技贡献率达 58.7%，万人发明拥有量达 130 件，均位居国家级开发区前列。

【投资促进】2020 年 4 月，连云港开发区新组建中华药港、自贸试验区两个招商团组，形成“4+2+3”（即 4 个招商主体、2 个专业团队、3 个街道）9 个招商团组新架构，按照各自产业定位和重点招引方向，全力推进精准招商、驻点引商、以商引商，强化补链、延链、强链，全年新签约奥萨医药等过亿元产业项目 61 个，其中过 10 亿元项目 27 个。

【体制机制创新】连云港开发区结合中国（江苏）自贸试验区连云港片区建设任务，结合园区特色优势，推动自贸试验区“证照分离”全覆盖改革试点落地见效，主动探索开展“一业一证”改革试点，在全省率先开展商事主体登记确认制改革，企业集群注册、“一照多址”登记、拿地即开工、市场监管领域容错免罚等改革办法纷纷出台，简化涉企经营许可审批事项 1 480 项，投资项目施工许可审批环节减少

35%、承诺办结时限缩减 55%，新注册企业数同比增长 320%。2020 年连云港开发区营商环境在全国 217 家经济技术开发区中位列第 29 位。

【绿色集约】坚决打好污染防治三大保卫战，2020 年，PM2.5 平均浓度为 37.3 微克 / 立方米，较“十二五”末下降 15.2%；空气质量优良率为 82.2%，较“十二五”末提高 21.1%，大气质量达到历史最优水平。国省考断面水质稳定达标，全面消除了黑臭水体。投资 3 500 万元，铺设涉农村居污水管网 60.9 公里，新增分布式污水处理站 4 座，实现所有行政村自然村生活污水“全覆盖、全收集、全处理”。区内国家级生态乡镇建成率 100%，成功获批江苏省生态环境政策集成改革试点园区（全省仅 10 家）。国家生态工业示范园区 2020 年 12 月通过复审。

【基础设施】2020 年，连云港开发区实施城建项目 155 个，完成投资 73 亿元。实施城建“十大提升工程”，推进“六大组团”建设，融盛双语学校、猴嘴盐韵生活广场等投用，自贸试验区医院等加快建设，猴嘴征收基本扫尾。坚持规划引领，东方大道以南片区控规获市政府批复，完成自贸区产业空间规划，朝阳北片区、猴嘴片区、242 省道以东片区等控规修编已取得初步成果。

【党建工作】2020 年，面对突如其来的新冠疫情，第一时间发出“党旗飘起来、党员站出来”动员令，全区 239 个党组织、6 779 名党员闻令而动争当先锋。向基层一线拨付防疫专款、捐赠急需物资共计 20 余万元，组织党员自愿捐款 65 万余元支持疫情防控。康缘“千里驰援武汉”“中云街道夫妻农场 5 000 斤蔬菜赠企业”等暖新闻持续霸屏，程宽传、程小波父女“携手抗疫”获评 4 月份“江苏好人”，15 个集体（个人）获市级表彰。在全市首届党建引领发展十大红旗村评比中，中云街道金苏村获评，东巷村获得提名。稳步开展壮大村集体经济“四清”专项行动，梳理不规范合同 210 份、不良债权 578 万元、无效债务 270 万元，收回 200 万元，增加集体经营性收入 780 余万元。

【机构设置与党工委管委会领导】2020 年，连云港开发区管委会（含自贸区）共设置 14 个职能部门、4 个园区管理办公室和 1 个市派出纪检监察机构：党政办公室（政策研究室）、组织宣传部（统战部、机构编制委员会办公室）、政法委员会、经济发展局、科学技术局、财政局（国有资产监督管理办公室）、人力资源和社会保障局、住房和城乡建设局、社会事业局、行政审批局（政务服务管理办公室）、综合行政执法局（市场监督管理局）、应急管理局、自贸区综合协调局、自贸区制度创新区、综合保税区管理局、生命健康产业园管理办公室、新材料产业园管理办公室、新能源和装备制造产业园管理办公室、纪工委监察工委。

连云港开发区党工委、管委会领导有：连云港市委常委，连云港开发区党工委书记，中国（江苏）自由贸易试验区连云港片区管委会主任尹哲强，开发区管委会主任、党工委副书记孙爱华，开发区党工委副书记、管委会常务副主任胡传宏，开发区党工委副书记、区纪工委书记、监察工委主任、政法委书记王波，开发区党工委委员、管委会副主任张磊，开发区管委会副主任王琪，开发区党工委委员、管委会副主任张庆科、何国栋（挂职）、张小海、万军、殷元、吴恒仲（挂职），开发区党工委委员、区组织宣传部部长、总工会主席王涛，开发区党工委委员，区公安分局局长、党委书记雷斌，开发区党工委委员，区人民武装办公室主任刘玮。

连云港经济技术开发区2019—2020年主要经济综合指标一览表

项　目		单位	2019年	2020年	增减（%）
地区生产总值		亿元	354.7	357.1	3.3
第二产业		亿元	286.71	284.12	3.5
工业		亿元	281.07	279.42	3.5
第三产业		亿元	67.5	67.43	2.5
工业总产值（现价）		亿元	678	736.7	7.8
高新技术企业		亿元	529.9	546.6	7.3
销售（营业）收入		亿元	1 082.8	1 117.3	3.2
第二产业		亿元	881.9	729.0	7.1
工业		亿元	867.6	711.6	6.8
第三产业		亿元	199.1	391.2	96.5
利润总额		亿元	121.4	141.1	16.2
第二产业		亿元	115.6	124.5	13.3
工业		亿元	114.1	125.1	15.0
第三产业		亿元	5.6	16.6	195.9
区内主导产业及产值		亿元	540	576.4	7.6
主导产业	1. 生命健康	亿元	443.1	441.9	0.8
	2. 先进材料	亿元	19.3	30.2	47.9
	3. 临港装备制造	亿元	77.6	104.2	37.5
进出口总额		亿美元	30.7	25.7	−13.9
出口		亿美元	9.8	8.9	−7.6
财政收入		亿元	90	89.9	−0.1
税收收入		亿元	76.2	76.6	0.6
财政支出		亿元	28.3	24.8	−12.4
新批企业个数		家	1 523	3 015	98.0
外商及港澳台企业		家	19	13	−31.6
内资企业		家	1 504	3 002	99.6
区内世界500强企业数		家	33	—	
国家级高新技术企业数		家	60	72	20.0
规上企业个数		个	275	313	13.8
科学研究与试验发展经费（R&D）支出		万元	212 335	255 684	20.4
研究与试验发展（R&D）经费投入强度		%	5.97	7.16	1.2
合同外资金额		亿美元	9.7	7.9	−18.6
外商实际投资		亿美元	2.07	2.07	−0.02
固定资产投资		亿元	250.66	218.73	−12.7
年末从业人员数		万人	78 821	84 704	7.5
万元GDP能耗		吨标煤/万元	0.164 5	—	
水资源消耗总量		万立方米	135 4	132 6	−2.1
单位国内生产总值取水量		立方米/万元	3.82	3.71	−2.7
上市企业数量		家	4	4	0.0
区内建立的创业创新平台数量		个	155	157	0.0
区内科研院所数量		家	1	1	0.0
区内职业教育学校数量		家	1	1	0.0

（连云港经济技术开发区管委会）

广州开发区

【概况】广州开发区为广州经济技术开发区、广州高新技术产业开发区、广州保税区、广州出口加工区四个国家级经济功能区和中新广州知识城的统称。广州经济技术开发区建于1984年，位于珠江和东江主干流交汇处，毗邻黄埔新港，面积9.6平方千米，即西区；至1995年，规划面积扩大至永和经济区，即东区。广州高新技术产业开发区建于1988年，为省级高新区，1991年升格为国家级高新区，原名为广州天河高新技术产业开发区，1996年更名为广州高新技术产业开发区（简称“广州高新区”），实行“一区多园”管理模式，包括广州科学城、天河科技园、黄花岗科技园、广州民营科技园和南沙资讯科技园。其中，广州科学城是广州高新区的核心园区，是高新技术产业的示范基地，规划面积为144.65平方千米。1998年，广州高新区与广州经济技术开发区合署办公，实行“一个机构、两块牌子”管理体制。广州保税区建于1992年，在广州经济技术开发区西区范围内，面积1.4平方千米，与广州经济技术开发区实行财税分离，成为“友邻”单位。广州出口加工区建于2000年，在广州经济技术开发区东区范围内，面积2.0平方千米，广州出口加工区管理委员会与广州经济技术开发区管理委员会、广州高新技术产业开发区管理委员会合署办公，实行“一个机构、三块牌子”的管理体制。2001年，广州市政府明确广州经济技术开发区参照广州科学城的开发建设模式，负责对位于海珠区的广州国际生物岛（原名“官洲岛”）进行开发建设。2002年，广州市委、市政府决定，广州保税区管委会并入广州经济技术开发区管委会，挂广州经济技术开发区、广州高新技术产业开发区、广州出口加工区、广州保税区4块牌子，以上四区统称为广州开发区。合并后的广州开发区党工委、管委会对此四区实行统一管理。中新广州知识城建于2010年6月，中国政府和新加坡政府跨国合作标志性项目，规划面积123平方千米，其中规划建设用地面积60平方千米。是年10月，中新广州知识城管委会成立，是广州市政府的派出机构，享有市一级管理权限。2012年9月，中新广州知识城管委会与广州开发区管委会合署办公，两个机构仍为广州市政府派出机构。

【经济发展】2020年，广州开发区实现生产总值（GDP）3 101.43亿元，比上年增长4.5%。其中，第一产业增加值3.96亿元，增长6.8%；第二产业增加值1 856.93亿元，增长4.0%；第三产业增加值1 240.53亿元，增长5.3%。工业生产总值5 991.85亿元，增长0.6%，占全市的30.0%。合同利用外资44 4276万美元，增长127.5%；实际使用外资254 678万美元；增长24.8%，占全市的36.2%；第一、二、三次产业增加值的比例为0.1∶59.9∶40。三次产业对经济增长的贡献率分别为0.2%、50.7%和49.2%。财政总收入1 303.77亿元；税收收入908.81亿元，增长0.2%，占全市的17.0%；一般公共预算收入189.56亿元，增长4.6%，占全市的4.1%。进口总额2 053 232万美元，下降11.6%，占全市的34.5%；出口总额1 982 342万美元，增长10.1%，占全市的25.2%。固定资产投资增长10.9%。

【项目建设】2020年，广州开发区全面推进“百大项目庆百年”行动，以“两新一重”建设为重点，实施知识城、城市更新、国企项目“三个500亿元”固投计划，全年知识城完成固投583亿元、比上年增长50.5%，城市更新、国企项目固投分别增长125%、74.8%。组织集中签约、动工、投试产活动9次，增加5次，引进百度阿波罗等优质项目154个，总投资3 500亿余元，立景创新等258个项目动工，卡尔蔡司等60个项目投试产，合同利用外资增长127.5%；实际使用外资占全省10%。开展“一十百千万”服务企业专项行动，在全国开发区首推“暖企8条”“稳企6条”，落实减税降费100亿余元，为企业争取融资、贷款300亿余元，率先实现规上工业企业、省市重点项目100%复工复产，新增市场主体6.3万户，逆势增长20%。

【产业链现代化】2020年，广州开发区构建“智谷氢谷药谷美谷纳米谷”五谷丰登产业发展格局，高规格举办中国IC30人圆桌会、中国游戏产业年会等行业盛会17个，厚植产业生态优势。建成百济神州二期、诺诚健华一期，形成全球顶尖生物医药产业集群。启动粤芯二期建设，推动光掩模等11个项目集中落户，打造中国集成电路产业第三极核心区迈出坚实步伐。引进建设现代氢能、小鹏汽车，打造新能源汽车产业集群。推进国家纳米科技创新研究院建设，中国纳米谷一期工程全面竣工，打造中国纳米科技产业化高地。中国软件CBD一期投入运营，集聚麒麟、统信、飞腾等信创企业53家，形成“芯片+软件+云生态”的安全可控信创产业集群。贪玩、四三九九等游戏龙头企业引进落户，启动建设大湾区国际电竞创新中心。构建新一代国际数字枢纽，工业互联网二级节点接入数量全国第一。

【科技创新】2020年，广州开发区高起点强化科技自立自强。出台研发费和技术合同交易奖励政策，从基金扶持、研发资助、技术合同奖励等方面给予全方位支持，鼓励企业加大研发投入，加快技术转移和成果转化，促进创新企业高质量发展，区内22家企业入选“2020年广州企业创新TOP50榜”，入选数量居全市第一位。全社会研发投入强度4.38%。建设国家级知识产权运营中心，集聚广州知识产权法院、仲裁院等保护要素，建立集司法、行政执法、仲裁、快速维权于一体的知识产权大协同大保护机制，激发全社会创新活力。全年获得专利授权量2.26万件，比上年增长28.2%。开展精准培育，构建“高新技术企业—瞪羚企业—独角兽企业—百亿级高企”科技企业成长链条，开展高企树标提质行动，加大研发投入和股权投资奖励，鼓励企业做优做强。

加大科技创新投入，布局人类细胞谱系、航空轮胎动力学、慧眼等重大科技基础设施，引进建设中科院项目5个，中科院合作项目达到13个，省高水平创新研究院新增3家、总数占全省2/3，获批建设大湾区国家技术创新中心，科技创新实力蝉联全国经开区第一。成功举办“智汇湾区、到黄埔去”等重大活动，高层次人才达到1 099名，其中院士91名，分别增长25%、72%，广州科学城“双创”基地连续2年获得国务院督查激励。科创板上市企业新增4家、总数占全市83%，上市企业新增10家、累计达到63家，居全市第一、全国开发区首位。组织200余家企事业单位科研攻关，核酸检测试剂盒供应量超全国4成、检测能力占全省90%，国务院联防联控医疗物资保障组2次发来感谢信。

【营商环境】2020年，黄埔区、广州开发区获批广州黄埔综合保税区、“中小企业能办大事”先行示范区，复制实施FT账户等156项自贸区政策。对照国家和世界银行营商环境标准，推出营商环境改革创新“2个办法”“99条举措”，承接用好45项省市级事权，建设项目审批改革经验全省推广。聚焦塑造产业生态，提升产业根植性，瞄准产业龙头，创新出台“高端生物制药8条”“新基建10条”、电竞游戏“双10条”等产业政策11项，修订升级“金镶玉”2.0等产业政策8项，“一门式”政策兑现入选中国改革年度十佳案例，获评“企业家幸福感最强区”。首发知识产权海外侵权保险，PCT国际专利申请量、中国专利奖数量居全市第一。

【重大项目推进】2020年，广州开发区推进重大项目建设，加快构建现代化产业体系。围绕产业链部署创新链、创新链布局产业链，推进产业基础高级化和产业链现代化，初步形成智谷、氢谷、药谷、美谷、纳米谷“五谷丰登”产业发展新局面。发展生物医药产业，生物安全和健康产业基地、冠柏医疗仪器生产基地及总部中心、汉图达无人船生产基地等落地建设；发展车联网产业，推进小鹏汽车智能网联汽车智造基地、百度阿波罗项目建设；发展人工智能与数字经济产业，实现昕动出行、拉卡拉等重大项目签约落地，中国电子信息产业集团下属飞腾（国产CPU）、麒麟软件（国产操作系统）2家重要企业落户广州开发区；发展信创产业，吸引集聚统信软件、麒麟软件两大国产操作系统领军企业，以及龙芯中科、飞腾、航天科工706所等知名硬件企业；发展区块链产业，以黄埔区块链研究院为抓手，引进得安信息技术、中育数据、贝富等30多家区块链知名企业入驻，至年末，全区集聚区块链企业338家，总体实力位居全国第一梯队。

【重大平台整体跃升】至2020年末，广州开发区重大平台整体跃升，协调发展成为新示范。坚持按照“南北相连、东西纵贯”要求，高水平布局城市交通基础设施，新建道路101条、升级改造道路167条，开通地铁线路6条、高速公路2条、有轨电车1条，引领带动“四区四中心”快速互联互通，获批国家级产城融合示范区。中新广州知识城以先进制造业快速发展带动城市化快速推进，形成新一轮腾飞的强劲发展态势。以百济神州为代表的生物制药产业、以粤芯芯片为代表的集成电路产业、以小鹏汽车为代表的新能源汽车产业集群集聚发展，建设成为中国纳米科技创新能力最强的产业化高地，建成全国保护和运用要素最集中的知识产权高地。“一核两心”城市发展格局加快构建，围绕九龙湖、凤凰湖建成运营一大批高端民生设施，邻里中心成为城市客厅，南洋华侨中学、中大肿瘤医院、知识城南方医院等即将投入使用，南北大门成为靓丽名片，国务院批复中新广州知识城总体发展规划进一步拓展发展空间，被誉为新加坡企业在中国投资的首选地。广州科学城围绕科技创新资源汇集和先进制造业集聚实现新一轮提质发展，科学大道、开创大道、创新大道连贯形成总部企业落地的热土，超100个世界500强企业项目、超1 000家高端研发机构在此聚集，一大批创新型、科技型中小企业突破关键核心技术、实现快速成长，形成比肩上海张江、北京中关村的科技成果转化应用示范区。集聚以LG为代表的新型显示产业集群，以京信通信、海格通信为代表的5G产业集群，以及一大批氢能源、新材料领域创新创业企业，形成驱动新基建快速发展的重要动力。

【助力湾区经济高质量发展】2020年，广州开发区重点任务出色完成，全面助力经济高质量发展。向国家发改委地区经济司派驻1名干部，与中央湾区办加强工作对接。争取纳入国家、省湾区建设重要文件，《广东省推进粤港澳大湾区国际科技创新中心建设实施方案》明确将中新广州知识城和广州科学城定位为广深重大创新承载区并作专段表述；中新广州知识城总规划批复、广州黄埔天然气热电联产机组投产发电写入国家粤港澳大湾区建设2020年工作总结。争取国家支持，航空轮胎大科学中心项目纳入2021年度中央预算内投资计划草案，中新广州知识城重大产业平台配套建设项目等地方政府专项债成功列入国家发改委推荐项目名单；粤港澳大湾区（广州）产业协同发展基金和粤港澳大湾区科技创新股权投资基金设立方案正按程序报中央领导小组审议。

【国家循环经济试点园区建设】2020年，广州开发区推进国家循环经济试点园区建设，发挥财政资金杠杆作用。全年安排绿色低碳专项资金3 654万元，扶持绿色低碳类项目约150个。

加快推动分布式光伏发电项目建设，是年推动新增光伏发电总装机容量超过 22 兆瓦，预计年发电量新增 2 200 万千瓦时，折算年节约标准煤 2 704 吨（当量值），全区分布式光伏发电已备案项目 160 余个，备案总装机容量超 150 兆瓦，建成约 100 兆瓦，年发电量近 1 亿千瓦时，折算年节约标准煤 1.2 万吨（当量值）。是年，广州经济技术开发区获评“2019 年度国家级经开区绿色发展最佳实践园区”，连续第四次获得该称号。广州经济技术开发区获批为首批国家绿色产业示范基地。

【中新广州知识城】 中新广州知识城（以下简称“知识城”）位于广州市的地理几何中心、黄埔区北部，规划总面积 232 平方千米，规划总人口 100 万人，是中国和新加坡国家级双边合作项目、粤港澳大湾区高水平科持创新载体。2010 年 6 月，知识城项目正式奠基建设。2011 年 3 月，中新合作首期 6.27 平方千米获国家发改委核准。2016 年 7 月，经国务院批准，知识城成为全国唯一经国务院批复的知识产权运用和保护综合改革试验区。2018 年 4 月，习近平总书记在博鳌亚洲论坛期间强调，支持广州知识城升级为国家级双边合作项目，下一步要在政策支持和创新驱动上下功夫。2018 年 11 月，知识城正式升级为国家级双边合作项目。2019 年 2 月，知识城列为《粤港澳大湾区发展规划纲要》重大创新载体。2020 年 8 月，国务院批复同意《中新广州知识城总体发展规划（2020—2035 年）》。至 2020 年末，中新广州知识城区域基本实现控规全覆盖，现代产业体系基本构建，现代城市面貌初步形成，高质量发展态势全面彰显。构建“一核两心多园”城市空间格局，环九龙湖地区控规方案和城市设计方案基本稳定，布局国际会议中心、知识塔、科技馆等高端配套，将建设为城市核心、生态绿心和群众活动中心。新龙、枫下两大片区副中心城市设计方案持续优化。

2020 年，中新合作全面深化，中新合作机制日趋成熟。中新联委会明确“中新广州知识城是新加坡企业进入中国的首选地”总体合作定位；组织召开中新联合实施委员会、粤新合作理事会，签署生物科技、人工智能等领域 5 个合作项目，在中新合作机制会议上累计签署涉及知识城发展的合作项目 59 个。启动中新二期合作，启动 2 平方千米中新国际科技创新合作示范区建设，围绕总部经济、生物医药与大健康产业等领域导入龙头产业项目，引入新加坡能源总部基地等 12 个中新合作项目，布局胡姬花中新公园、中新青年创业街区，预计未来五至十年内引入投资 500 亿元，打造升级版纬壹科技园。全面拓宽中新合作领域，全年新方政府、企业代表来知识城交流 10 批次、111 人次，促进中新合作持续升温，成功签署中新国际联合研究院深化合作协议，永久办公大楼已封顶。加快落地新加坡国立大学广州创新研究院项目。是年，中新广州知识城完成固定资产投资 583 亿余元，累计完成固定资产投资 1 873 亿余元。累计注册市场主体 2.35 万家，注册资本 4 393 亿元。

【大事件】

1. 广州人工智能与数字经济实验区鱼珠片区建设。

2020 年 1 月，广东省通过《广州人工智能与数字经济试验区建设总体方案》，明确打造以琶洲为核心、以珠江为纽带、以产业融合发展联动周边区域的广州人工智能与数字经济试验区，由琶洲核心片区（含广州大学城）、广州国际金融城片区、鱼珠片区构建起“一江两岸三片区”空间格局，总面积约 81 平方千米。

鱼珠片区位于黄埔区西南部，核心区面积为 25.64 平方千米（西至鱼珠，东至东二环高速，北至广园快速，南至珠江），同步规划建设拓展区，包括横沙片区、“三条围”片区和将军山片区。相比于其他片区，鱼珠片区拥有港口岸线，在现代物流与电子商务发展方面具备独特优势，将打造以区块链为特色的中国软件名区、以千年黄埔港为底蕴的数字贸易与数字金融中心、以珠江黄金岸线为纽带的精品城市、以新基建为代表的城市基础设施。规划建设以鱼珠港、华南国际港航中心、黄埔国际邮轮港等为代表的新贸易创新中心，建设现代港航物流信息化平台，推动智慧物流、跨境电商、数字贸易等产业发展。在功能布局上，强化鱼珠片区与广州科学城和中新广州知识城联动发展，推动鱼珠片区数字技术孵化与知识城数字产业化相联动、与科学城产业数字化相驱动，成为赋能知识城数字产业的“加速器”和科学城产业数字化的“新引擎”，建设数字经济与实体经济融合的新标杆，形成产学研“南北贯通”、全链条内生增长。按照“一核引领、两片联动、三区协同、多园并进”总体思路，构建高端完备的人工智能与数字经济产业生态。将中国软件CBD定位为鱼珠片区产业内核，以护林路为发展轴带，由西向东依次布局国家高端智能装备产业基地、工业互联网示范基地、高端服务业产业基地、中国游戏软件谷、中国信创产业基地和中国基础软件战略基地，打造人工智能与数字经济产业集聚区。加速布局发展信创、智能传感器、游戏电竞等数字经济特色产业，引进和培育一批具有核心技术能力的独角兽企业。

2020年3月31日，广州开发区举行广州人工智能与数字经济试验区鱼珠片区动工活动。63个项目合计总投资1 830亿元，预计达产产值及营收3 000亿余元。此批项目包括以5G、人工智能、工业互联网为代表的33个新型基础设施与先进制造业项目动工建设；广州区块链研究院等24个人工智能和数字经济重大项目签约入驻；含中国软件CBD在内的6个项目开业运营。

至年末，已引入统信软件、麒麟软件、合芯科技等一批信创龙头企业，加快创建国家级信创产业基地。启动省、市、区共建广东省智能传感器产业园，打造大湾区国际电竞创新中心，举办广州人工智能与数字经济试验区系列活动——“中国信创黄埔论坛”、2020年英雄联盟德玛西亚杯电子竞技赛事发布会，加快引进一批数字经济龙头企业，推动电竞游戏产业高端资源集聚。

2. 广州开发区连续4年获“国家级经开区绿色发展最佳实践园区”。

2020年12月，“2019年度国家级经开区绿色发展最佳实践园区”名单公布，广州开发区连续4年获此荣誉。广州开发区严把项目绿色准入关，实施扶持政策绿色环保一票否决制，引入能源消耗低、污染排放少、资源循环利用项目，从引进源头贯彻绿色新发展理念，构建绿色发展产业体系。打造绿色创新平台，鼓励企业开展绿色技术创新投入，已形成“1+18”产学研一体化的绿色创新体系构建和绿色技术科技成果转化平台。推广绿色发展“样板”，重点引入国际绿色产业领先企业落户区内，支持区内企业走出去拓展海外市场。泛亚聚酯“沙特石油化工化纤一体化”项目全面采用国产设备，输出绿色产品、标准和服务，带动绿色园区走出去。畅通绿色金融通道，出台地方绿色金融政策“绿色金融10条”，围绕“机构、产品、市场、平台、创新”五大维度提出22项具体支持措施。打造多层次绿色金融服务体系，涵盖绿色信贷、绿色证券、绿色基金、绿色保险等领域的绿色金融体系，管理资金规模达987亿元。率先设立广东省资源金融服务中心，落地全省首个排污权质押融资项目，辖区金融机构发放节能贷、技改贷、环保贷等绿色信贷产品89个，绿色信贷余额达160亿元。完成全国首个开发区特色的绿色金融标准体系，上线广州开发区绿色金融融资对接系统，实现区内企业融资需求与金融机构供给高效、精准对接。

3. 广州高新技术产业开发区科学城园区被列入国家“双创”示范基地督查激励名单。

2020年5月5日，国务院办公厅发布《关于对2019年落实有关重大政策措施真抓实干成效明显地方予以督查激励的通报》，对2019年落实国务院重大政策措施真抓实干、取得明显成效的213个地方予以督查激励，相应采取30项奖励支持措施。其中，广州高新技术产业开发区科学城园区被列入国家“双创”示范基地督查激励名单，是广东省唯一获督查激励的“双创”示范基地，也是科学城“双创”示范基地继2018年后连续2年获得国务院督查激励，为全国62家区域型双创示范基地中连续2年获得激励的3家基地之一。

4. 全国经济开发区首个“暖企8条”出台。

2020年2月初，广州开发区支持企业在做好新冠疫情防控工作的前提下全面复工复产，实现“中小企业能办大事”，率先在国家级经济开发区制定出台黄埔区、广州开发区、广州高新区暖企亲企稳企八条措施(简称“暖企8条”)。从应急保障、生产保障、攻关奖励、金融纾困、投产奖励、租金减免、稳岗就业、创新扶持8个方面着手，全力支持和组织各类生产企业有序复工复产，至2月4日，有复工复产规上工业企业120家。强化物资保障。搭建应急物资生产供应与需求采购对接平台，保障复工企业优先采购急需的卫生应急防疫物资。对提前复工生产疫情防控应急保障物资的企业给予20万元一次性奖励，并按设备购置款的80%予以补贴。对在一季度实现两位数增长的骨干工业企业，给予最高500万元一次性奖励。加快科研攻关。鼓励高校、科研院所、企业等开展应急科研攻关，对突出贡献企业给予1 000万元一次性奖励。对获得上级科技部门防治新型冠状病毒感染的肺炎科技攻关项目应急立项的，采用前资助方式进行配套支持，对国家级科技项目，最高给予500万元扶持。做好稳岗就业。对租用区属国企经营用房企业，实行“一免两减半”，帮助企业最大限度降低经营成本。鼓励区级以上孵化器减免企业租金，对疫情期间累计减免企业租金超过100万元的，给予50万元一次性奖励。对不裁员、少裁员的中小企业，按其上年度获得稳岗补贴金额的50%给予资金配套支持，返还企业失业保险费的75%，属全国力度最大返还政策。

5. 全国首发柔性AI视觉口罩机支援“战疫”行动。

2020年2月，广州开发区硬核科技支援全国“战疫”。召集区内智能装备企业，动员辖内重点企业加快技术改造，研发生产口罩、防护眼镜、防护服等自动化设备，号召各企业在非常时期，突破企业界限，相关职能部门全力支持，上下游产业链通力协作，以最快速度完成技术攻关和设备制造，打造全链条防疫用品生产体系。广州普理司科技有限公司于2月6日启动技术攻关项目，2月8日完成，仅用3天就将3C产品质量检测机改造为柔性AI视觉全自动口罩机，并于2月9日实现试产，2月10日开始量产，实现“3天研发、5天量产”，每分钟120片、24小时不间断生产，单机日产超15万片。该机器生产过程集“过程质量检测、机器人引导、定位、识别、信息采集管理和自动化生产线集成应用”于一体，相比传统口罩机，此款机器生产更集约稳定，占地面积更小，可满足长时间运行需求。

【机构设置及党工委（管委会）领导名录】

至2020年年末，广州开发区党工委、管委会单独设置工作部门9个：广州开发区政策研究室、广州开发区投资促进局、广州开发区国有资产监督管理局、广州开发区民营经济和企业服务局、广州开发区知识产权局、广州开发区金融工作局、广州开发区援建和对外经济合作局、广州开发区城市更新局和广州开发区营商环境改革局。广州开发区党工委、管委会部分工作部门分别与黄埔区委、区政府有关工作部门和市政府工作部门派出机构实行“一个机构、两块牌子”的单位有19个：广州开发区纪工委机关与黄埔区纪委机关一个机构、两块牌子，广州开发区党工委办公室（广州开发区管委会办公室与其合署办公）与黄埔区委办公室一个机构、两块牌子，广州开发区党工委组织部与黄埔区委组织部一个机构、两块牌子，广州开发区党工委机构编制委员会办公室与黄埔区委机构编制委员会办公室一个机构、两块牌子，广州开发区党工委老干部局与黄埔区委老干部局一个机构、两块牌子，广州开发区口岸局与黄埔区政府办公室（黄埔区口岸局）一个机构、两块牌子，广州开发区发展和改革局与黄埔区发展和改革局一个机构、两块牌子，广州开发区科技创新局与黄埔区科学技术局一个机构、两块牌子，广州开发区经济和信息化局与黄埔区工业和信息化局一个机构、两块牌子，广州开发区财政局与黄埔区财政局一个机构、两块牌子，广州开发区规划和自然资源局与市规划和自然资源局黄埔区分局一个机构、两块牌子，广州开发区生态环境局与市生态环境局黄埔区分局一个机构、两块牌子，广州开发区建设和交通局与黄埔区住房和城乡建设局一个机构、两块牌子，广州开发区应急管理局与黄埔区应急管理局一个机构、两块牌子，广州开发区审计局与黄埔区审计局一个机构、两块牌子，广州开发区市场监督管理局与黄埔区市场监督管理局一个机构、两块牌子，广州开发区统计局与黄埔区统计局一个机构、两块牌子，广州开发区行政审批局与黄埔区政务服务数据管理局一个机构、两块牌子，广州开发区商务局与黄埔区商务局一个机构、两块牌子。设置的功能园区管理机构有6个：中新广州知识城合作事务办公室（中新广州知识城开发建设办公室）、广州开发区西区产业园管理委员会、广州开发区长岭居管理委员会、广州开发区黄埔临港经济区管理委员会（挂长洲生态文化旅游区管委会、广州人工智能与数字经济试验区鱼珠片区管理委员会牌子）、广州国际生物岛（中以合作区）管理委员会、广州开发区云埔工业区管理委员会。

2020年，广州开发区党工委书记周亚伟，副书记陈勇、冼银崧，委员周亚伟、陈勇、冼银崧、胡德开、王大通（2020.5任职）、黄晓峰（任至2020.5）、陈娟、陈智勇、牟治平、刘石（2020.7任职）、顾晓斌（2020.7任职）。广州开发区管委会主任周亚伟，常务副主任陈勇、副主任黄晓峰、王大通（2020.5任职）、刘石、张晖（2020.7任职）。

（广州开发区管委会）

温州经济技术开发区

【经济发展】2020 年，温州经济技术开发区实现地区生产总值 249.73 亿元，增长 2.1%；规上工业总产值 507.2 亿元，增长 3.2%；规上工业增加值 105.3 亿元，增长 3.9%；财政总收入 38.74 亿元，增长 14.3%，其中，一般公共预算收入 22.88 亿元，增长 12.1%；固定资产投资 124 亿元，增长 4.3%；外贸出口额 143.5 亿元，增长 50.1%；城镇和农村居民人均可支配收入分别增长 4.4%、7.0%。

【产业发展】2020 年，温州开发区深入实施全省“争先创优”和全市经济高质量回升行动，及时兑现惠企政策 6.91 亿元，减轻企业负担超 13.31 亿元，主要经济指标实现逆势上扬，规上工业增加值增长 3.9%，数字经济增加值增长 10.8%，工业性投资增速 22%，财政总收入增速 14.3%。突出招大谋强，国际电竞中心、万华不锈钢等“152”项目落地，引进亿元以上项目 16 个，中国长城、百威啤酒正式投产，浙南电竞小镇入选省创建名单，引进腾讯公司打造国内首个智慧电竞乐园，与华为签约打造“浙南智造示范园”。突出企业主体培育，完成工业企业“小升规”95 家，新增“专精特新”培育企业 201 家，企业上市报会 2 家、报辅导 4 家，16 家企业入选温州市领军型工业企业、14 家企业入选温州市高成长型工业企业。突出消费升级，市场主体总量突破 3.8 万，新增数量同比增长 37%，推出“政府消费券”“网上展会”“敬业红包”等载体，做好社区商圈消费、网红经济、夜间经济文章，其中汽车零售额 33.4 亿元，拉动消费 21.1 个百分点。

【科技创新】2020 年，温州开发区围绕“一区一廊”建设，全力推进金海湖科创核心区、智能制造和数字经济产业园重点区块建设，新增高新技术企业 61 家、省科技型中小企业 256 家，实现“双倍增”；新增省级企业研究院 3 家、省级研发中心 6 家、市级企业技术研发中心 38 家，高新技术产业增加值同比增长 7.5%，居全市第一，高新技术增加值在规上工业增加值占比 76.32%，规上工业企业研发费用增速 24.6%，规上工业新产品产值同比增长 13.5%，新产品产值率 31.6%，创历史新高。引进大学生 4 019 人，其中硕士以上学历 63 人。海洋科技创新园正式开园，启动建设杭州科创飞地，浙江中德智能制造创新研究院提质提效，完成智能制造公共教学实验室平台建设，成立中德研究院“青年人才工作站”“海外人才工作联络站（德国站）”，建成全市首个工业互联网创新体验中心和大数据应用国家工程实验室浙南分中心，浙江长城信创适配中心获省 AK 办授牌。新增市创新型领军企业 4 家、市级“卡脖子”核心技术 2 项。实施智能化技改项目 105 个，获得省级上云标杆 1 家，市级两化融合示范试点企业 5 家。完成技术合同交易总额 14.8 亿元，发明专利产业化项目立项 69 项，“浙江制造品字标”认证企业 7 家，发布浙江制造标准 6 个。成功举办首届全国新区经开区高新区班组长管理技能大赛决赛，获最佳贡献奖。

【投资促进】2020 年，开发区温商回归到位资金 39.7 亿元，实际利用外资 2 346 万美元，招引“500 计划”项目 2 个。落地百威啤酒浙南销售分公司等 3 家总部项目，全年总部税收 8.29 亿元。积极融入长三角战略，举行长三角合作

16个项目集中签约仪式、总投资119亿元，嘉定产业园一期项目顺利结顶，投资约30亿元的嘉定工业园二期签订框架协议。拓展国际国内和线上线下两个市场，助力企业发展跨境电商、社交电商、内容电商等新模式，外贸出口逆势增长50.1%，增速位居全市第一。开展本土跨国企业培育，人本集团入选浙江本土跨国公司培育名单，境外投资完成率居全市前列。

【体制机制创新】2020年，温州开发区入围长三角地区营商环境十佳政务机构（园区），排名第二。建立“五心”红色代办服务机制，打好“模拟审批”“标准地+不见面”“并联审批+容缺办理”“标准地+告知承诺制”“零土地”技改等组合拳，加快项目建设进程。突出审批流程再压缩、审批时限再提速，“最多80天”改革实现率100%，“最多80天”全流程审批平均用时35.3天。产教融合示范基地入选省级创建名单，构建浙南产教协同发展创新中心、特色产业学院技能培养平台、“金海匠谷”文化育人平台、温州民营企业党建研究服务平台“一中心三平台”协同育人机制。其中，金海产业学院采取三年制新型现代学徒制培养模式，实现“招工即招生”“就学即就业”“育才即留才”，建成12家企业特色学院，完成招生约1 000名。

【绿色集约】2020年，温州开发区开展“大建大美”三年行动，第一、第三污水处理厂技术改造工程投入试运行，启动滨海自来水厂项目，滨海污水处理厂项目与杭钢集团签订投资合作框架协议。打好环大罗山科创走廊及高速沿线环境整治攻坚战，处置存量违建面积39.43万平方米，完成美丽田园整治9 219亩。深化“五水共治”工作，创新打造污水零直排智慧系统平台，开展全域三级管网排查整治，管网疏通清淤83公里，污水处理厂污水收集及处理率达100%。新增市级“美丽河湖”“乐水小镇”“水美乡村”各1个，推进围填海项目生态修复。

【社会事业】2020年，温州开发区实施“明眸皓齿”工程，完成适龄儿童窝沟封闭1 700人，配置可调节课桌椅4 000套。加强教育发展，投用金海湖小学、金海湖幼儿园、温大附属滨海幼儿园等新学校和天河中学、海城一小、沙城一小等改扩建项目，推进星海实验小学、海城实幼、沙城二幼、天河二幼等项目建设，以公建民营模式合作引进温州大学附属幼儿园，引进北京均优集团创办优质学校。深化国家卫生城市创建成果，完成15座公厕升级改造；倡导“生活垃圾”新风尚，建成省、市高标准“垃圾分类”示范小区7个、“定时定点”投放清运商业街4条；新创放心农贸市场3家、省AA级农批市场2家、放心消费示范餐饮单位8家，新增放心消费单位966家。开展精准扶贫工作，医疗救助政策落实率和困难群众资助参保率均达100%，结对四川南部县开展东西部扶贫协作。

【党建工作】2020年，温州开发区扎实推进村社组织换届工作，44个村社组织顺利完成换届，全程平静高质，“一肩挑”人选全部高票当选。率全市之先打造集多功能于一体的“瓯江红”智慧党建平台，建成1个区级、4个街道级和“N”个基层党组织及“瓯江红”党群服务中心，新建提升红色阵地30个，党群服务中心6家，形成15分钟党群服务圈。创成两新党建特色品牌、示范点各12个，其中市级两新党建示范点1个。开展“模范机关”“清廉机关”建设，持续打造机关党建“问•学”课堂品牌。以政治监督为引领，推动落实“四责协同”机制，实行重点监督项目化管理，持续纠治“四风”，开展领导干部“两违”、扶贫领域监督等12个专项行动。

【机构设置与管委会领导】

直属机构包括：党政办公室、组织宣传部、统战和群团工作部、政法委（信访局）、经济发展局（统计局、金融办）、文化和教育体育局、科技局、财政局、人力资源局、公安分局、交通和建设局、民政和卫生健康局、农业农村和水利局、招商局（商务局）、应急管理局、审计局、综合行政执法局（城市管理局、综合行政执法大队）、行政审批局、人大工作联络室（政协工作联络室)。

直属事业单位包括：行政事务服务中心、产业研究中心、招商服务中心、建设项目前期管理中心、大数据和档案管理服务中心、机关事务管理服务中心、社会事务服务中心、建设工程管理站、财政集中支付中心、不动产登记服务中心。

派驻机构包括：派驻纪检监察组、司法分局、自然资源和规划分局、生态环境分局、市场监督管理分局、社会保障分局、交管局五大队、消防分局（消防救援大队)。

街道办事处包括：星海街道、海城街道、沙城街道、天河街道。

管委会领导包括：徐蓬勃、沈林杰（挂职)、黄定恩、陈旭辉、黄伟龙、张福祯（至2020.5)、金旭东、潘国杰、董学德、朱城、谢庆全（2020.6 至今)、姜益祥、应维胜、赵立强、凌王兴。

温州经济技术开发区 2020 年主要经济综合指标一览表

项　目		单位	2020 年	增减（%)
开发区生产总值		亿元	249.73	2.1
第二产业		亿元	180.81	2.3
工业		亿元	170.82	3.2
第三产业		亿元	68.51	1.6
工业总产值（现价）(规上)		亿元	507.18	3.2
销售（营业）收入（规上)		亿元	507.61	5.7
工业（规上)		亿元	507.61	5.7
区内主导产业及产值（规上)	1. 电气机械和器材制造业	亿元	93.9	5.7
	2. 通用设备制造业	亿元	84.92	3.0
	3. 汽车制造业	亿元	84.13	9.1
	4. 黑色金属冶炼和压延加工业	亿元	43.18	1.7
	5. 金属制品业	亿元	33.4	0.5
进出口总额		亿元	144.6	49.1
出口		亿元	143.52	50.1
财政收入		亿元	38.74	14.3
税收收入		亿元	20.28	18.2
财政支出		亿元	24.41	7.3
规上企业个数		家	487	–
科学研究与试验发展经费（R&D）支出		亿元	10.75	3.1
固定资产投资（限上)		亿元	124.05	4.3

(温州经济技术开发区管委会)

苏州工业园区

【概况】苏州工业园区位于苏州古城以东，1994年2月经国务院批准设立，同年5月实施启动，行政区划面积278平方千米，其中，中新合作区80平方千米，下辖8个街道(社工委)。2020年末，园区常住人口113.39万人。苏州工业园区是中国和新加坡两国政府间的重要合作项目，被誉为“中国改革开放的重要窗口”和“国际合作的成功范例”。

【经济发展】2020年是江苏省社会主义现代化建设试点和“十三五”收官之年，也是统筹新冠肺炎疫情防控和经济社会发展极不平凡的一年。一年来，面对突如其来的疫情和国际国内形势深刻复杂的变化，苏州工业园区坚持以习近平新时代中国特色社会主义思想为指导，结合自身实际，创造性地落实中央和省、市重大决策部署，聚焦项目建设“一号任务”、科技创新“一号动能”、自贸区建设“一号工程”，全力以赴在危机中育新机、于变局中开新局，区域发展呈现“低开高走、持续向好、逆势上扬”态势。2020年实现地区生产总值2 907.09亿元，增长4.6%；一般公共预算收入377.28亿元，增长1.9%；进出口总额927.16亿美元，增长19.8%；实际利用外资及港澳台资10.94亿美元，增长11.33%，创历史新高；全社会固定资产投资453.84亿元，增长3.7%；社会消费品零售总额934.81亿元；城镇居民人均可支配收入7.97万元；生物医药、纳米技术应用、人工智能三大新兴产业总产值2 494亿元，增长21.9%。生物医药产业竞争力、人才竞争力排名全国第一。中国（江苏）自由贸易试验区苏州片区建设成果丰硕，年度80项创新任务、182项工作任务全部实施，累计形成制度创新案例66项，首创率60%以上。在商务部公布的国家级经济技术开发区综合考评中，苏州工业园连续五年（2016年、2017年、2018年、2019年、2020年）位列第一，在国家级高新区综合排名中位列第四位，入选全国第三批大众创业万众创新示范基地（全球化创业方向）。

【疫情防控】2020年，苏州工业园区坚持人民至上、生命至上，第一时间成立新冠肺炎疫情防控工作领导小组，立足“早、稳、准”，守住“零死亡、零院感”的底线。按照“分批分类分级、有力有序有情”方针，指导服务企业有序复工复产，建立服务企业“四项机制”，推出“惠企15条”措施，加大金融和财政支持力度，着力做好援企稳岗工作，组织包机、专列打通物流通道、跨国跨省接回员工，探索“共享员工”机制，全力为相关行业雪中送炭，较早实现“三必需一重要”企业、规上工业企业、世界500强企业、税收100强企业100%复工，苏州工业园区成为疫情冲击下经济恢复最快、发展势头最好的开发区之一。

【产业转型】2020年，苏州工业园区推进苏州自贸片区工作，苏州自贸片区年度80项创新任务、182项工作任务全部实施，形成制度创新案例66项，首创率60%以上。进口研发(测试)用未注册医疗器械分级管理、智慧物流服务平台获评国务院深化服务贸易创新发展试点“最佳实践案例”，14项经验在全省推广，设立全国首个地方法院国际商事法庭，获批扩容建设苏州国际互联网专用通道。推出高端产业全产业链保税监管新模式，离岸贸易企业数量增长

23%，苏州工业园区外贸增量占全省外贸增量的70%。新增注册外资35.2亿美元，增长81.4%；新设外资项目295个、增资项目142个，新兴产业占比70%以上。参天全球眼科制药基地、丹纳赫诊断研发制造基地、罗氏组织诊断及系统试剂、恒瑞研究院及总部基地、微软亚太研发集团苏州二期等一批重大项目落地。华为海思贸易分拨中心、毕马威苏州分所、菲律宾首都银行苏州分行等项目落户，入选新一批省级跨国公司地区总部和功能性机构占全市1/3，入选苏州首批生产性服务业领军企业占全市一半以上。率先实现5C信号全覆盖，48家企业获评国家、省、市智能制造、工业互联网工厂，苏州工业园区入选“国家5G车联网城市级验证与应用项目”、全省首批“互联网＋先进制造业”基地。

【科技创新】2020年，苏州工业园区生物医药、纳米技术应用、人工智能产业总产值2 494亿元，增长22.9%；生物医药创新成果倍增，产值突破1 000亿元，一类新药临床批件280个、上市销售新药9款，艾博生物、艾棣维欣全国首个新冠信使核糖核酸（mRNA）、脱氧核糖核酸（DNA）疫苗获批临床并进入二期试验，生物医药产业竞争力、人才竞争力排名全国第一。国内半导体微机电系统（MEMS）十强企业一半来自苏州工业园区。集成电路产业产值400亿元，增长11%，入选苏州市优秀集成电路企业20强占全市近七成。全年认定国家高新技术企业744家，有效期内国家高新技术企业1 837家，增长31%；2 630家企业入库国家级科技型中小企业，较去年翻一番。新增上市企业12家（含已过会），占全市近1/3。科学研究与试验发展（R&D）经费支出占地区生产总值比重4.5%；企业研发投入186亿元，增长29%；新认定省级以上研发机构125家，占全市40%。出台《关于加快集聚高端和急需人才的若干意见》，建成全省首个外籍高端人才工作、居留“单一窗口”，设立全省首个工程系列高级职称评审基地，新增市级以上领军人才138人，创历史新高；新增国家级重大人才引进工程13人，其中创业类7人、占全国17%。中国科学技术大学苏州高等研究院签约并启动建设，材料科学姑苏实验室揭牌并入选首批江苏省实验室，苏州超级计算中心投入运行，国家生物药技术创新中心、国家第三代半导体技术创新中心方案通过国家科技部论证。新增6家海外离岸创新中心。发行全国首单知识产权质押创新创业债券、全省首单知识产权证券化产品，知识产权质押融资实现5倍增长，万人有效发明专利列全市第一。

【深化改革】2020年，苏州工业园区高质量完成全省现代化建设试点任务，出版发行《迈向社会主义现代化——苏州工业园区的实践与探索》，在全国首创“10+N”产业用地出让模式，率先试点土地用途综合利用，创新实施政府投资基金协议转让，获批地方金融机构设区市级审批权限。出台《苏州工业园区优化营商环境创新行动2020》，实施政务营商环境六大工程，开展“数字政府”顶层设计，迭代升级“一网通办”平台，企业开办一窗受理压缩至1个工作日，“证照分离”改革事项平均办理时限比国家承诺时限减少15个工作日；国内首创多元参与政务服务下沉“融驿站”模式，完善“最后一米”基层政务服务体系；苏州工业园区位列长三角营商环境发展水平园区类第一名。前瞻谋划园区未来发展，高质量做好“十四五”规划编制。开展新一轮体制机制改革，完成“1+7”一揽子制度设计，顺利实施街道“三整合”改革。积极探索国有资产国有企业“轻资产”模式输出品牌与经验，参与苏州市国有资产国有企业“1+10”项目合作，投资规模220亿元。

【社会民生】2020年，苏州工业园区金鸡湖隧道、独墅湖第二通道、星湖街隧道等重大工程加快推进，九龙仓国金中心竣工投用，苏州中南中心、苏州自贸商务中心等重大项目开工建设，苏州工业园区智慧城市运行管理中心一期建成启用。9所新学校竣工启用，苏州工业园区获评国家级信息化教学实验区；苏州市独墅湖医院、斜塘区域养老中心建成投用，苏州工业园区北部市民中心工程完工。社区综合性文化服务中心实现标准化全覆盖，举办中国足球协会超级联赛、第五届金鸡湖双年展等重大文体活动，苏州工业园区公共文化中心成为国家级文化和旅游公共服务机构功能融合试点单位，苏州工业园区融媒体中心被评为全国开发区融媒体工作杰出单位，公共文明程度指数测评继续保持全市第一。发布全国首个电子劳动合同标准，构建和谐劳动关系综合配套改革试点9项举措并在全国复制推广。蓝天、碧水、净土三大污染防治攻坚战成效明显，空气质量优良率列市（区）第一，水环境考核断面达标率100%，垃圾分类“三定一督”四分类小区实现全覆盖，连续四年获评“国家级经开区绿色发展最佳实践园区”。中新社会治理合作新三年试点顺利收官。获评江苏省食品安全示范区。安全生产专项整治“一年小灶”和“三年大灶”强力推进，“无黑园区”创建并深入开展。

（苏州工业园区管委会）

昆山经济技术开发区

【概况】昆山经济技术开发区(以下简称“昆山开发区”)位于昆山东部，东至太仓、上海市界，西至环城河、娄江、需浦河、铁路、小澞河一线，南至312国道、青阳港、吴淞江、黄浦江路、铁路一线，北至太仓塘。2020年，昆山开发区深化改革开放，引领产业多元化、功能创新化、园区城市化发展，综合保税区、光电产业园、留学人员创业园等一批国家级特色功能园区形成规模，机器人智能装备产业园、欧美科学产业城、高端食品产业园等一批特色产业园区加快建设，形成电子信息、光电半导体、新能源汽车、智能装备、高端食品五大主导产业。截至2020年底，累计引进欧美、日韩、港澳台等51个国家和地区客商投资的超2 600个项目，投资总额超420亿美元；注册外资超223亿美元，注册内资企业数量超40 000家，注册资金近2 000亿元。2020年，昆山开发区位列2019年度江苏省经济开发区科学发展综合考核评价第2名、2020年全国经开区营商环境指数第2名、2020年国家级经开区综合发展水平考核评价第5名。

【经济发展】2020年，昆山开发区全面实施创新引领战略，取得疫情防控和经济社会发展“双胜利”，经济指标再创历史新高、招商引资取得重大突破、各项评比实现争先进位。全年完成规上工业产值5 417.4亿元，比上年增长6.6%；全社会固定资产投资达254.66亿元，比上年增长8.7%；一般公共预算收入152.88亿元，比上年增长1.5%；完成进出口总额675.50亿美元，比上年增长6.6%；新增到账外资超8亿美元，比上年翻番，创历史新高。高新技术产业、新兴产业产值占规上工业比重分别达33.9%、60.8%；高新技术产业投资占工业投资比重达51.08%。

【招商引资】2020年，昆山开发区面对严峻复杂的经济环境，强化企业服务优存量、加大招商引资强增量，扎实做好“六稳”工作，全面落实“六保”任务。路易达孚、三井物产等世界500强项目相继落户。三一创智云谷、和硕投资性总部等一批行业龙头项目成功引进。台资在全区经济发展中继续保持重要地位，截至2020年底，全区共集聚台资企业1 446家，总投资265.83亿美元，注册资本126.43亿美元。其中制造业企业543家，注册资本93.82亿美元，占比74.2%；服务业企业903家，注册资本32.61亿美元，占比25.8%。2020年，共到账台资3.58亿美元，占全部外资到账金额的44%，比上年增长142%。

【科技创新】2020年，昆山开发区科创载体建设取得重大突破，获批“国家级创新人才培养示范基地”，留学人员创业园获批“国家小型微型企业创业创新示范基地”。人才项目数量创新高，引进人才项目120个，新增昆山市级以上“创新创业”人才83人。对接大院大所成效显著，新增高校技转中心等创新平台22家，签订产学研合作协议210项。创新企业集群不断壮大，认定高新技术企业151家，比上年增长60%。昆山国显光电有限公司获批“国家级博士后科研工作站”。华天科技（昆山）电子有限公司获评“昆山市祖冲之自主可控产业技术攻关计划”金π奖。留学人员创业园牵头制定“创新创业”领域首个国家标准《科技企业孵化器服务规范》。昆山龙腾光电股份有限公司在上交所科创板上市，成为全省首家科创板上市的国资控股企业；伟时电子股份有限公司在上交所主板上市，成为国内首家在主板上市的日资控股总部企业。

【体制机制创新】2020年，昆山开发区主动融入“双循环”新发展格局，创新搭建“昆盟通”货物贸易平台，全年完成进出口贸易7.49亿美元，持续提升东盟贸易额比重。扩大综保区一般纳税人资格试点，全年新增试点企业5家，累计29家，开票金额63亿元，比上年增长103%；实现税额7.8亿元，比上年增长88%。深化“放管服”改革，创新实施“一轴两端三保障”审批模式，推进网上办、掌上办、远程办、预约办，保障重大项目建设。全年窗口办件量超52万件，新增企业开办5 361户（全市占比27.80%），新增个体开办5 640户；社会事务新批项目26个，筹设、变更等其他许可类项目27个，注销项目2个；全年投资核准、立项金额350.81亿元，报建施工面积284.95万平方米，工程造价112.9亿元。全年办理投资立项核准26件、备案662件，办理规划许可证472件、施工许可证197件、开挖许可证382件。在重点跟踪服务的项目中，开工建设的工业类95个(重点48个)、房产商业类12个（重点12个)、重点实事工程8个，建筑面积近260.96万平方米。

【城市建设】2020年，昆山开发区不断完善“四轴三廊”生态空间格局，新增绿化43万平方米，完成闲置地覆绿54万平方米。加快青阳港城市客厅更新步伐，全年征迁企业34家，收回土地32.07万平方米。全面开展工业区改造升级，收储近30万平方米。新开工建筑250万平方米，竣工200万平方米。完善夏驾河科创走廊功能载体，完成夏驾人才公寓二期和S1线金融街站综合开发项目土地挂牌。完成蓬朗老镇特色小镇启动区一期核心区工程，二期有序推进。

【社会事业】至2020年底，昆山开发区辖区总人口64.47万，比上年下降4.10%。其中户籍人口19.77万，比上年增长8.97%；流动人口44.70万，比上年下降8.94%。各级各类学校43所（以建制为单位），在校学生61 591人。图书馆(室)21家，藏书11.8万册；影剧院(场)4家，座位3 063个。社区卫生服务中心1个、院区1个、社区卫生服务站10个、体育场馆6家、健身点144个。全年完成村级经济总收入1.25亿元，村均1 140万元；农民人均收入48 197元，比上年增长6.4%，居民人均可支配收入增长4.2%；完成社区股份合作制改革，分红4 097万元，平均每股分红578元。完善社区管理“红黑榜”，推进社会治理网格化联动工作，完成3个街道、15个社区综治警务网格化联动工作站建设。加大就业服务保障力度，为创业、就业人员提供技能培训、创业贷款等“一站式”服务。加大教育投入，开发区高级中学成功创建四星级中学，上海华二昆山国际学校投入使用。公办学校“明厨亮灶”“五常法”制度全覆盖，完成3个农贸市场标准化改造。加快推进福利院公建民营。深入实施文化体育惠民工程，加快建设文体中心，完善公共文化设施和15分钟体育生活圈。组织举办慧聚两岸夜市、群众文艺优秀节目巡演、重阳戏曲巡演等惠民节庆活动，承办、配合做好2020年海峡两岸（昆山）马拉松赛、2020年海峡两岸（昆山）中秋灯会慧聚广场灯区文化活动、江苏省青少年象棋锦标赛、长三角追逐赛等重大活动。开展矛盾纠纷大排查大化解专项行动，完成党的十九届五中全会和第三届进博会等重要时间节点安保维稳任务。全面推行“三定一督”模式（即“定时开放、定点投放、定人督导”)，健全完善生活垃圾“投收运处”体系，垃圾分类工作实现全覆盖。推进扫黑除恶专项斗争。完善信访矛盾包案化解机制，化解信访积案35件。

【安全环保】2020年，昆山开发区统筹推进安全生产专项整治“一年小灶”“三年大灶”、危险化学品安全综合治理、蓝盾护航百日行动、群租厂房综合治理等重点工作，排查整治各类风险隐患，事故起数和死亡人数比上年下降82.1%和73.7%，火灾起数比上年下降52.1%。实体化运作安委办、消安办，在各部办局增设（增挂）安全应急科，不断强化安全生产监管力量。探索形成二维码点检制、企业交叉互查检查制、特种设备安全监管工作站等一批可复制、可推广的创新做法。扎实做好中央环保督察和上级挂牌督办问题整改。完成83项大气污染防治项目、16家重点企业清洁生产改造、87家重点企业规范化管理达标建设，空气优良天数比例提升至85.4%，PM2.5平均浓度降至31微克/立方米。全面落实河长工作制，水环境状况持续好转。

【综合保税区】昆山综合保税区于2009年12月20日经国务院批准设立，规划面积5.86平方公里，由全国首个封关运作的昆山出口加工区转型而成。2006年12月，经国务院批准，昆山出口加工区开展拓展保税物流功能和开展研发、检测、维修业务试点。2010年6月30日、2012年12月3日，昆山综合保税区分期通过国家验收并封关运作。2016年11月昆山综合保税区成为全国海关特殊监管区域第一批“增值税一般纳税人”试点区域。2019年1月，昆山综合保税区落地全球维修业务国内“第一票”。截至2020年底，全区已投产企业126家，其中工业企业70家、物流企业40家、贸易企业9家、其他服务企业7家，投资总额46亿美元，注册资本23亿美元，实际利用外资15亿美元，从业人员14万余人。2020年，昆山综合保税区完成工业产值3 101.1亿元，同比增长6.6%；进出口总额515.8亿美元，同比增加9.6%，其中出口为367.4亿美元，同比增长8.9%，进口为148.4亿美元，同比增长11.3%。2020年，参与增值税一般纳税人资格试点企业29家，其中正式运作27家。根据海关统计，2020年全年非保税货物入区金额115.1亿元，非保税货物出区金额79.3亿元；保税货物进口额85.8亿美元，保税货物出口额100.3亿美元；增值税发票开票金额63.0亿元，税额7.8亿元。

【昆山留学人员创业园】昆山留学人员创业园由江苏省人事厅、科技厅和昆山开发区于1998年联合创办，是全国首家设立在县级市的留学人员创业园，也是全国首家设在县级市的“省部共建”创业园。园区已建成科技广场、现代广场、加速器等载体，拥有孵化面积14万平方米，集聚了光电、半导体、智能制造等等产业领域的优质企业，在昆山市首创从院士工作站、博士后科研工作站到研究生工作站、大学生科技创业见习基地的阶梯式人才培养体系。截至2020年底，昆山留学人员创业园累计引进科技企业650家，高企和高企培育入库企业110家，集聚昆山市级以上领军人才238人次，其中国家“千人计划”46名（自主培养6名），省双创人才32名，姑苏人才54名，昆山市级领军人才147名，2020年在园企业144家，在园留学人员85名。昆山留学人员创业园先后被命名为全国首批“中国青年科技创新行动示范基地”“国家火炬计划先进管理单位”“国家先进高新技术创业服务中心”，被中央组织部、宣传部、统战部、国家人事部、教育部、科技部联合授予“全国留学回国人员先进工作单位”。牵头起草的双创领域首个国家标准《科技企业孵化器服务规范》正式发布，在科技部火炬中心孵化器考评中获A类优秀，获批国家小型微型企业创业创新示范基地、江苏省首批留学人员之家。

【夏驾河科创走廊】作为全市产业科创中心建设核心区之一，“夏驾河科创走廊”以“推动成果转化、促进协同创新、实现自主可控”为功能定位，以构建“一带四园”空间格局为切入点，围绕已经形成和支持发展的产业链部署创新链，沿夏驾河滨水景观带、轨交S1线，整合布局“科创创意园、科创孵化园、科创总部园、科创加速园”四个核心科创功能区块，形成“产业、生活、生态”三大磁极，打造不少于100万平方米的科创承载区。截至2020年底，已启用科创载体面积超110万平方米，拥有市级以上孵化器13个、众创空间40个，高校技术转移中心等创新平台37个，投入使用人才公寓664套。2020年引进院士项目3个，国家级人才项目6个。7人获评省双创人才，14人获评姑苏领军人才，62 人获评昆山领军人才（团队），中环科本公司入围昆山市头雁人才团队，获项目资金 7 500 万元。认定高新技术企业 151 家，新增省级工程技术研究中心 3 个、昆山市级工程技术研究中心 31 个。发明专利授权 774 件，PCT 专利申请 209 件。

【疫情防控】面对突如其来的新冠肺炎疫情，昆山开发区党员干部深入一线、冲锋在前、齐心战“疫”，有效切断新冠疫情传播途径，有力保障全区群众生命安全和身体健康。探索形成“小区封闭式管理”、企业员工“黄绿”双卡分类管理等一批成效明显的创新举措，超前谋划推动企业复工复产、达产满产，积极帮助企业解决劳动用工、产业配套、防疫物资等方面困难，相关经验做法多次获央视报道推广。

（昆山经济技术开发区管委会）

湛江经济技术开发区

【经济发展】2020 年，湛江经济技术开发区全年地区生产总值完成 443.93 亿元，增长 8.2%；规上工业总产值完成 991.47 亿元，增长 13.2%；固定资产投资完成 290.69 亿元，增长 5.5%；社会消费品零售总额 100.09 亿元；地方一般公共预算收入完成 12.2 亿元。累计新增减税降费 6.04 亿元，办理留底退税 2.11 亿元。

【产业发展】2020 年，湛江开发区规上工业增加值为 991.47 亿元，同比增长 13.2%；固定资产投资 290.69 亿元，同比增长 5.5%，实际利用外资 5 469 万美元，同比增长 3.3%。外贸进出口总额完成 152 亿元，同比增长 5%。总投资 400 多亿元的中科炼化一体化项目正式投产，二期项目前期工作正在加快推进；巴斯夫项目首批装置打桩开建，项目正式步入土建阶段，累计完成投资 4.25 亿元；湛江钢铁三高炉系统项目完成投资 96.2 亿元，累计完成投资 120 亿元；共投资约 456 亿元的志远环保、兴联机电等 20 个项目建成投产；实华化工项目高水平中交；宝联包装、新华粤等项目建设进展顺利。

【科技创新】2020 年，湛江开发区大力培育高新技术企业，净增高新企业 12 家，累计达 55 家，高新技术产值达 300 亿元。新申报认定 3 家省级企业技术中心，实现 5 亿元以上工业企业研发机构全覆盖。顺利通过国家级“绿色工业园区”评审。以企业为主体的研发体系逐步完善，产值 5 亿元以上的工业企业实现了研发机构全覆盖，规上工业企业研发机构覆盖率达到 45%。全区高新技术企业 52 家，科技型中小企业 23 家，圆满完成了市下达的高新技术产业三年提升计划；大众创新创业平台建设初具规模，拥有 4 家孵化器，其中国家级 1 家；4 家众创空间，其中国家级 1 家，省级新型研发机构 2 家。每万人发明专利拥有量达 7.5 件，建成湛江高新区科技创业服务中心，出台了《湛江开发区关于加快高新技术企业培育和发展的意见》；推进中小企业创新创业升级项目 83 个；启动东海岛国家级孵化器建设前期工作。

【投资促进】2020 年，湛江开发区外贸进出口总额完成 158.76 亿元，同比增长 9.8%；实际利用外资 5 469 万美元，同比增长 3.3%，进一步规范招商项目准入办法，以签订《投资协议》《监管协议》的形式，建立对引进项目的“事前”“事后”约束机制。新引进液化空气（湛江）工业气体等 12 个项目，计划投资总额约 80.7 亿元。有较强投资意向在谈项目 17 个。凯胜糖业总部、园中园总部落户经开区，浪潮集团智慧城市项目、全联集采、中久能源、宝润能源等一批服务类企业相继注册落户。全力推进全域旅游，计划总投资 200 亿元的龙海天景区升级改造项目完成规划编制等前期工作，文旅小镇项目完成前期可研，旅游经济提速发展。

【体制机制创新】2020 年，湛江开发区机构改革有序推进，组建区市场监管局和区应急管理局，协调解决涉改部门改革的重大事项；高效推进镇街体制改革，在全市率先将司法所、财政所等 5 个区级派驻机构全部下放至镇街，梳理下放权责清单 856 项；主动调整优化职能部门，创新委托管理机制，解决因功能区机构改革尚未启动造成部门职能无法与上级部门对应的问题；完成区建设工程质量检测站改革工作；理顺建成区征地管理体制，推进全区征地管理机构实体化建设。“放管服”改革不断深化，疫情防控期间推出“不见面审批”服务，推行“银政通”“马上办”“网上办”“就近办”“一次办”“容缺受理”，100% 商事登记事项可网上办理，实现办照无纸化、“零见面”“零跑动”。100% 行政事项可网上办理，1 088 项政务服务事项可“一网通办”。优化审批流程，办理营业执照审批时限由 7 个工作日压缩至 1 个工作日，80% 事项实现“最多跑一次”。新登记注册市场主体 4 327 户，累计达到 22 653 户，同比增长 26%。

【其他】2020 年，湛江东海岛产业用地软基处理二期工程完成投资 11.67 亿元，收纳土方 1 142 万立方米，工程整体形象进度完成 51%；三期工程完成立项，正在开展设计工作；东海岛产业配套用地软基处理工程整体形象进度完成 80%，完成投资 3.35 亿元。钢城路、钢展路、疏港大道东延段等 8 条路网工程建成通车，工业尾水总管（陆域）、东简污水厂提标改造、硇洲污水处理厂、东山污水处理厂、民安污水处理厂、平乐再生水厂二期 6 个环保项目建成通水，公共管廊、通港大道、港南大道等项目正加快推进，湛江港东海岛港区航道工程正在开展勘察设计工作。明堂路、明园路、明哲路雨污分流管网及管道清淤工程顺利完成。成立“经开区加快 5G 产业发展联席会议制度”，全区完成 235 个 5G 基站建设；“宝钢湛江钢铁 5G 智慧钢厂”项目获工信部“绽放杯”5G 应用大赛一等奖。实施 1+5+9 党建工程，创建特色党建，开展后进基层党组织集中整顿，挂牌整治 20 个后进村级党组织，解决 80 个基层党建和基层治理突出问题。全面排查整顿农村发展党员违规违纪问题，核实处理 244 名违规违纪发展党员。切实抓好村（社区）两委换届工作。深入推动机关党建创新，全区共有 8 个作品晋级省、市机关“先锋杯”工作技能大赛决赛。深入推进“一区一亮点”创建活动，大力打造党群服务中心建设品牌，投入 2 800 多万元成功打造东海岛园区党群服务中心、硇洲渡海先锋营纪念馆等红色文化教育基地。打造城市基层党建示范点，推进盛和园等红色物业建设。

【机构设置与管委会领导】机构设置：湛江经济技术开发区管理委员会（广东湛江东海岛经济开发区管理委员会），为湛江市政府派出机构，设置 16 个行政机构和 2 个直属事业单位和 6 个镇（街道）政府（办事处），分别为：党政办公室、发展改革和招商局、经济贸易和科技局、教育局、人口和社会事务管理局、财政局、市场监督管理局、应急管理局、国土资源局、住房建设局、社会保险基金管理局、机关事务管理局、农业事务管理局、交通运输局、城市综合管理局、环境保护局、旅游局、国有资产经营公司、东简街道办、泉庄街道办事处、乐华街道办事处、东山街道办事处、民安街道办事处、硇洲镇政府。

区领导：中共湛江经济技术开发区党委书记梁培，湛江经济技术开发区党委副书记、管委会主任李汉东，湛江经济技术开发区党委副书记、政法委书记庞康稳，湛江经济技术开发区党委委员、纪委书记、监办主任陈海，湛江经济技术开发区党委委员、管委会副主任梁权财、孙天翔，湛江经济技术开发区管委会副主任、民建湛江市委会主委陈冰湖，湛江经济技术开发区管委会副主任、区公安分局局长江浩明，湛江经济技术开发区党委委员王玮、官攀云，湛江经济技术开发区党委委员、组织部部长路静。

（湛江经济技术开发区管委会）

福清融侨经济技术开发区

【经济发展】福清融侨经济技术开发区 1992 年经国务院审批设立，规划开发面积 14.26 平方公里（含委托代管），辖区跨宏路、石竹、音西、阳下 4 个街道。经过多年发展，已成为国家显示器产业园、国家新型工业化产业示范基地、国家平板显示高新技术产业化基地。

2020 年，融侨区统筹推进园区疫情防控和工业经济发展，扎实做好“六稳”工作、全面落实“六保”任务，推动园区高质量发展超越。全区 186 家规上工业企业，完成产值 1 056 亿元，其中，列入福州市“双百双千”增产增效行动的 82 家，完成产值 993.72 亿元。完成固定资产投资 75.58 亿元，其中，工业固定资产投资完成 65.74 亿元。完成实际利用外资 3.47 亿元。完成“2020 年招商提升年”项目 44 个，总投资 276.86 亿元。完成“抓项目促跨越”开工项目 23 个，竣工项目 15 个。

【转型升级】面对园区工业用地极其紧缺现状，着力推进企业转型升级，切实增强园区发展后劲。在引导推动企业技术改造方面：2020 年，融侨开发区共备案各类技改项目 49 项，总投资 73.59 亿元，其中亿元以上技改项目 26 项。现已完成京东方光电生产线新型应用技改、欣昊光电年产液晶显示器配件 5 800 万件亿元等亿元以上技改项目 13 个。在引导新上项目入驻闲置低效厂房方面：2020 年，利用闲置厂房嫁接引进项目 53 个，总投资 34.26 亿元，盘活闲置厂房 33.42 万平方米。在引导推动企业创新发展方面：2020 年，共新申报高新技术企业 29 家(其中复核 11 家)，新增福建省首台（套）重大技术装备与智能制造装备企业 2 家，新增智能制造企业 1 家、绿色工厂 4 家、绿色供应链管理企业 2 家、制造业单项冠军企业（产品）2 家，新增发明专利数 76 件、PCT 专利数 23 件，3 家企业获评福州市民营经济示范企业，进一步提升园区产业科技创新水平。在引导推动企业实施“两化融合”方面：福耀集团完成了生产车间智能化改造，捷联电子、捷星科技从 2020 年开始也分别投入 9.3 亿元、1.5 亿元实施基于 5G 应用“工业互联网 + 智能制造”技术改造。

【招商引资】围绕电子信息、汽车部件、光学器件三大产业，聚项目、抓招商、促动建，进一步延伸补齐锻强产业链条。在产业链招商方面：2020 年，融侨开发区共先后引进三大产业的强链补链项目 46 个，总投资 151.92 亿元。其中，森达电气、东方小飞、福耀浮法技改等总投资亿元以上的项目有 35 个。在促进项目建设方面：2020 年列入各级重点建设项目 59 个。其中，50 个省“五个一批”项目完成投资 42.92 亿元，完成年计划 184%；17 个福州市重点项目完成投资 17.66 亿元，完成年计划 139%；27 个福清市重点项目完成投资 24.33 亿元，完成年计划 153%。在“抓项目促跨越”行动中属于三大产业链的开工项目 18 个，总投资 61.58 亿元；竣工项目 13 个，总投资 36.15 亿元。2020 年，园区三大产业的规上企业完成产值 738.35 亿元。

【营商环境】2020 年，融侨开发区以园区标准化建设为重要抓手，进一步补齐园区短板，全力保障园区企业发展。重点强化四个方面保障。①强化舒心暖心服务保障，建立全员挂钩服务企业机制，特别是在疫情防控期间，悉心指导企业做好疫情防控和复工复产工作，创造性率先推出产业链串联式全链条复工、跨行业共享员工、专车接送外地员工等有效举措，多方调配防疫物资帮扶企业，确保区内企业安全顺利复工复产；及时准确传递解读各级惠企政策措施，协助企业兑现落实，今年以来共帮助企业申请兑现各项补助资金5 000余万元。② 强化基础设施保障，重点推进洪宽大道、纬一路、福前路、福长路、洪智路等配套道路的建设，其中洪宽大道现已启动建设，京东方片区北侧配套道路、福长路等已建成并投入使用；提升改造完成南部片区、福政大道、福耀路等的绿化景观工程；结合市推进龙江流域综合整治，加快园区未配套的南部片区、洪宽二路和洪宽五路的污水管网建设；推动园区5G建设，建成基站86个，基本实现园区范围内的5G信号覆盖。③强化生产生活保障，加密光电园区、起步区公交班次和线路覆盖密度，规划洪宽片区公交首末接驳站建设，进一步完善区内公交配套；建成融侨小学、实验小学（第二校区）等并投入使用，完成北亭中心小学、宏路中学配套的提升改造，更好满足企业员工子女教育；开工动建福清市医院二期工程，提升改造福清市第三医院和阳下街道社区卫生服务中心，员工就医条件更加优质便捷；加快推进洪宽工业村员工宿舍（一期）、友谊集团公共租赁住房项目，捷联电子员工正式入住冠捷家园，进一步改善员工住房条件。④强化园区环保安全保障，完成园区规划环评并通过生态环境部审查，基本完成区内雨污管网疏浚修复，开展雨污分流试点工作，具备纳管条件的企业已全部纳管、达标排放。推进安全生产行政监管和社会化服务相结合模式，强化企业安全日常隐患排查及整改，确保全区无较大及以上生产安全事故发生。做好园区房屋安全隐患大排查大整治工作，共排查录入系统1 791栋房屋，排查出9宗隐患，全部整改到位。

【党的建设】2020年，融侨开发区深入学习贯彻习近平新时代中国特色社会主义思想和党的十九届四中、五中全会精神，进一步强化党建引领作用。落实意识形态责任，坚持把意识形态工作放在突出位置，建立健全新思想学习驿站，严格落实线上线下“双线”学习，落实领导带头讲党课，多次组织各级党校专家学者上党课、讲党史，联合福耀集团举办“革命历史文化展”。完善党建机制，建立委领导、处室、挂职党建员三级分片包干、挂钩联系工作机制，较好地保证“三会一课”、组织生活会、党员活动日等党内组织生活常态化、规范化。发挥典型示范，深化园区“一核六区”区域化党建品牌，新打造完成奋安铝业、永加力加等党群活动中心，切实发挥典型示范带头和辐射作用。注重作风建设，持续弘扬“马上就办、真抓实干”的优良作风，增强干部省会排头兵意识、提振干事创业精气神。组织开展工程领域警示展，编印《清风融侨》和廉政学习资料13期，制定《公职人员亲清政商行为规范（试行）》，进一步明确与企业的交往界限，构建亲清的政商关系。落实巡察整改工作，针对福州市委联动巡察反馈的问题，逐条制定整改措施切实抓好整改。在整改中，注重解决具体问题与推进制度建设紧密结合，通过建章立制来巩固维持整改成果；注重问题整改落实与园区中心工作紧密结合，以整改成效推进园区高质量发展超越。

（福清融侨经济技术开发区管委会）

杭州钱塘新区（杭州经济技术开发区）

【经济发展】2020 年，杭州钱塘新区统筹推进疫情防控和经济社会发展，扎实做好“六稳”“六保”工作，奋力夺取“两战全胜”。全年实现地区生产总值 1 095.7 亿元，增长 2.7%，规上工业增加值 658.85 亿元，增长 4.2%，服务业增加值 349.1 亿元，增长 0.8%。入选全国 218 个国家级开发区十强，在全省 20 个国家级开发区中名列第一，15 个集聚区（新区）中名列第二，全国 127 个海关特殊监管区中名列全国第六、浙江第一。

【人才科技】2020 年，钱塘新区加大人才工作考核和政策支持力度，全年新引进顶尖人才 11 人、领军人才 45 人；新认定杭州市高层次人才 804 人，增长 172.5%；新引进应届大学生 9 429 名，增长 88.8%。新增市级院士专家工作站 5 家、博士后工作站 4 个、高技能人才 2 125 人。新增落地人才项目 95 个、总投资超 30 亿元。中科院医学所等高端研发机构落户新区，杭州国际人才创业创新园钱塘园区开园。

【投资促进】2020 年，钱塘新区实际利用外资 12.3 亿美元，其中制造业利用外资 6.8 亿美元，制造业利用外资位居全市第一。全年签约落户总投资 1 亿元以上项目 64 个，其中 10 亿元以上项目 34 个，合计总投资 832 亿元。全年实现工业投资 109.9 亿元，总量居全市第二。总投资 100 亿元 29 个重点产业项目开工建设，13 个项目竣工投产。实施数字化改造攻关项目 29 个，工厂物联网项目 70 个，新增企业上云 623 个，7 个企业备案创建省级数字化车间。

【自贸区杭州片区钱塘区块启动】2020 年 11 月 9 日，中国（浙江）自贸试验区杭州片区钱塘区块启动暨 2020 钱塘新区（上海）投资推介会在上海举办。自贸区钱塘区块为杭州片区三大区块之一，由杭州综合保税区、杭州大创小镇、杭州东部湾总部基地等组成，占地 10.1 平方千米，定位建设为全球一流的跨境电商和生物医药产业创新高地、全国一流的国际创新人才培养和国家双创示范基地、长三角数字贸易与国际合作协同发展的引领区、杭州湾数字经济与智能制造融合发展的引领区。经前期洽谈，30 个项目落地自贸区钱塘区块，投资总额 110.6 亿元，涵盖生物医药、智能制造、集成电路、跨境电商等领域。其中，松下家电（中国）智慧电器项目、星月沪杭科创谷项目等总投资 33.1 亿元的首批 10 个项目落户自贸区钱塘区块；中肽泰德医药项目、高光制药新药研发项目等总投资 74.8 亿元的 10 个重点项目落户自贸区联动创新区；新区与浙江工商大学合作的中国（浙江）自贸学院项目、钱塘新区与浙江传媒学院合作的中国（杭州）直播电商产业教育学院项目等 10 个共建项目签约落地。

【六个产业功能平台启动设立】2020 年 5 月 20 日，新区产业平台建设推进大会召开。会上，杭州医药港、杭州大创小镇、杭州综合保税区、杭州江东芯谷、杭州临江高科园和杭州前进智造园 6 个产业功能平台启动设立。6 个产业功能平台聚焦经济发展主责主业，减负放权赋能，制定出台干部人事管理、财政保障、招商决策、审批服务、考核评价、要素保障配套体制机制，明晰产业功能平台、街道、部门等之间的职能。杭州医药港分医药港小镇和金沙湖商务区两个区块，医药港小镇重点发展生物医药、高性能医疗器械、数字医疗和健康食品，打造生物医药万亩千亿产业大平台；金沙湖商务区重点发展现代高端服务业，重点发展楼宇经济和为未来产业服务的科技研发、检验检测、软件信息等生产性服务业，推进国家检验检测高技术服务业集聚区（杭州园区）核心区建设。杭州大创小镇重点发展双创、人才科技项目和总部经济，打造数字经济、校友经济、人才集聚、创新创业、总部经济5个高地。杭州综合保税区以跨境电商、综合保税、临空经济、转口贸易和出口加工为基础，构建以保税加工、保税物流和跨境电商、展览销售为主导，现代金融，检测维修、研发设计、加工制造业为支撑的“保税+”新业态，推进世界电子贸易平台和自贸区联动创新片区建设。杭州江东芯谷以半导体产业、未来产业为主导方向，重点发展集成电路、柔性电子显示、智能终端、人工智能、5G、虚拟显示、区块链、增材制造等产业，打造半导体千亿产业大平台和杭州的芯片之城。杭州临江高科园重点发展高端精细化工、关键战略材料、前沿新材料、先进基础材料等产业，打造新材料千亿产业大平台。杭州前进智造园重点发展航空航天、汽车及零部件、智能机器人、高端数控机床、智能家电、智能专用装备等产业，打造航空航天和汽车及零部件两个万亩千亿产业大平台。

【生物医药平台入选省“万亩千亿”新产业平台培育名单】2020年1月，总规划面积8.5平方千米的新区高端生物医药平台入选浙江省“万亩千亿”新产业平台培育名单。根据相关发展规划，新区高端生物医药平台以全球生物医药创新网络关键节点、全国生物医药创新成果转化首要承载地、全国生物医药与数字经济融合示范区、长三角生物医药政策创新先行先试区作为战略目标，以先行先试创新产业政策、实现产业数字化转型、辐射带动区域生物医药产业发展为驱动力，汇集全球高端创新要素和创新资源。产业平台重点聚焦生物制药、医疗器械、生命医学工程、医疗大数据四大领域，构建全产业链建设新药（医疗器械）早期探索临床前研究临床试验到创新孵化的创新生态体系，助力杭州建设具有全球影响力的生物医药创新城市。作为新区高端生物医药“万亩千亿”新产业平台建设的重要载体，杭州医药港生物医药产值规模逾300亿元、占杭州市比重50%以上，全球十大药企有7家落户，累计设立生物医药企业1 000多个，中科院肿瘤与基础医学研究所、杭州医药港生物药研发公共服务平台、浙大一院创新转化中心、浙江工业大学钱塘生物产业研究院、杭州协和产业创新研究院等项目签约入驻。

【76个重大项目集中签约开工投产】2020年8月13日，杭州钱塘新区三季度项目集中签约、开工、投产暨生物医药“万亩千亿”新产业平台建设推进活动举行。省委常委、市委书记周江勇宣布重大项目集中开工投产。参加集中签约、开工、投产活动的项目合计有76个，其中，签约项目26个，总投资281亿元，涉及生物医药、区校合作、跨境电商、集成电路、新材料、智能制造等领域；开工项目35个，包括产业项目27个、基础设施及民生项目2个、城市功能性项目6个，总投资563亿元，涉及产业、社会事业、重大基础设施以及城市配套等各领域；竣工投产项目15个，合计达产年产值80.2亿元，包括东芝开利空调生产项目、正典生物科技智能化燕窝深加工工厂及智慧物流仓储项目等12个项目，6个产业平台主要负责人与项目代表签约。

【中国科学院肿瘤与基础医学研究所重大人才项目落户新区】2020年5月8日，中国科学院肿瘤与基础医学研究所重大人才项目签约落户新区，副省长成岳冲参加签约仪式。该研究所是中国科学院与浙江省合作的重要成果之一，是中国科学院首个以肿瘤医学为主要研究方向的专业研究机构，也是浙江省引进的首个国家级生命健康研究机构。项目签约仪式内容丰富，包括启动中国科学院肿瘤与基础医学研究所核酸适体筛选中心、浙江省肿瘤智能诊断与分子技术诊治技术研究中心、浙江省上消化道肿瘤诊治技术研究中心等建设；新区企业凌科药业与中国科学院肿瘤与基础医学研究所签订联合建立中国科学院肿瘤与基础医学研究所凌科药业新药研发中心协议，中国科学院肿瘤与基础医学研究所、钱塘新区与中国科学院近代物理所签约智能制造项目。

【全国“双创”活动周浙江省分会场活动举办】 2021年10月15日，2020年第六届全国“双创”活动周浙江省分会场在杭州钱塘新区启动。“双创”活动周以“创新引领创业，创业带动就业”为主题，采用线上线下相结合的方式，在全国同步展开，持续时间10月15日至10月21日。活动当日，举办钱塘芯谷揭牌仪式、芯谷首批落户项目授牌仪式，以及钱塘“芯智造”创业联盟成立仪式。活动期间，开展第十五届海外英才杭州项目对接大会暨中国集成电路设备产业发展道路的探讨分会场、创新创业沙龙、首届钱塘新区创新创业大赛——钱塘新区双创开放日等活动。钱塘芯谷位于钱塘新区核心板块，规划总面积138平方公里，以半导体产业、未来产业为主导方向，重点发展集成电路、柔性电子显示、智能终端、5G等产业，致力于打造半导体千亿产业大平台和芯片之城。

【“你带我办”场景获全国政务服务改革创新奖】 2020年12月，由中国通讯工业协会数字政务专业委员会组织的中国政博会评选中，钱塘新区“你带我办”项目被评为2020年度全国政务服务改革创新奖。“你带我办”项目是杭州钱塘新区首创首推政务服务辅助系统，通过扫码预约、自动派单、线上服务的模式，从过去“面对面”指导转变为现在“云见面”指导，从过去的电话咨询转变为“点对点”“手把手”视频同屏指导，协助企业、群众便捷、快速线上办成各类事项，提升群众便利度和满意度，大幅改善便民惠企环境。从钱塘新区推出新的服务模式至年末，新区网上受理量193 012件，网办率99.15%。“你带我办”政务服务辅助系统得到了市委周书记的批示：这一举措很亲民、解民难，将有效填平“数字鸿沟”。

【杭州国际人才创业创新园钱塘园区开园】 2020年7月23日，杭州国际人才创业创新园钱塘园区开园，开启探索以“技术＋人才”和技术成果转化为基础的“创业孵化＋产业输出”孵化新模式。杭州国际人才创业创新园钱塘园区引进第三方专业服务机构杭州枫惠六和桥创投科技有限公司作为合作共建单位，发挥枫惠六和桥的管理运营、创投融资、科技服务等全链条孵化体系优势。园区选址大创小镇，以新加坡（杭州）科技园和杭州市高科技孵化器为核心，已建设投用孵化器、加速器、众创空间等各类创新平台170余万平方米。园区首期运营地址在海聚中心6幢，建筑面积5 000多平方米。会上，大创小镇管理办公室、枫业科技（园区管理公司）与浙江工商大学国际教育学院、浙江理工大学国际教育学院共同签署战略合作协议。枫业科技与招商银行、浙江普华天勤股权投资管理有限公司等投资机构、金融机构、引才机构，就合力共建国际化人才集聚、多元化资本聚合、专业化孵化指导的新型特色园区签订合作协议。

【“投资之家”全面启动】 2020年4月13日，杭州钱塘新区“投资之家”全面启用，“投资之家”是以深化“最多跑一次”、打造一流营商环境理念为导向，以“企业投资一件事”“最多跑一次”为目标，创新打造的一站式服务平台。该平台集成整合政府涉企审批管理服务职能，可为企业提供项目落地前准入、落地后审批、投产后服务3个阶段的全生命周期投资服务。平台采用“1+4+X”服务模式，以“智慧政务”为核心，建立“杭州钱塘新区投资之家”线上服务平台，网站涵盖投资钱塘、办事审批、政策服务、项目申报、服务超市、诉求办理六大功能，实现政策信息“一键查询”“在线兑付”，问题跟踪落实“一目了然”。“投资之家”是钱塘新区打破传统政务服务模式的有效尝试。平台试运行以来，总计接待2 192人次，办理涉企业务1 211件。

（杭州钱塘新区）

长春经济技术产业开发区

【概况】长春经济技术开发区于1992年成立、1993年进入国家级行列，现辖四街一镇(临河、东方、会展、世纪四个街道和兴隆山镇，33个社区、10个行政村)，面积112平方公里，常住人口42.9万，市场主体超6万户，纳税千万元以上企业92户，世界500强兴办的企业45家，占长春市的近一半。该区集国家级经开区、兴隆综合保税区及若干特色功能园区于一体，是吉林省特有的多功能、复合型经济区。

【经济发展】2020年，长春开发区完成地区生产总值733.8亿元，规上工业总产值765.7亿元，社会消费品零售总额180.3亿元，实际利用外资7 854.1万美元，实际利用内资165亿元，分别占长春市的11.1%、9%、14.5%、20.6%和14.3%；在全国230家国家级经开区综合实力排名中居第25位，为吉林省唯一始终保持在前30位的国家级经开区。

【产业发展】

1. 工业立区优势明显。工业门类几乎涵盖长春市现有全部类别。目前，全区拥有工业企业1 100多户，其中，规上工业企业141户；产值亿元以上企业82户；产值10亿元以上企业22户；长春市工业百强企业占1/3。汽车零部件产业是全区最大支柱产业，纬湃电子、富维安道拓、马瑞利等世界知名零部件企业集聚发展，2020年产值占长春市汽车零部件总量的1/3以上。农产品深加工产业集聚了九三、中粮、正大、大北农、希杰、大成等国内外知名企业，为吉林省内最大的大豆和玉米深加工、聚乳酸可降解生物基材料和全系饲料产品的研发和生产基地。

2. 服务业发展支撑有力。服务业加快发展，重点打造的东方广场、中东大市场、赛得广场、会展中心、摩天活力城五大15分钟综合商圈成为城市新地标，瑞美万科翡翠国际等商业综合体项目加快推进。现代物流业加快发展，顺丰、中国外运、招商局物流等项目建成运营。长春国际会展中心品牌影响力不断扩大，2020年荣膺“中国会展标志性场馆奖”“最具竞争力金手指奖”等国家级行业大奖。2020年实现服务业增加值444亿元，“十三五”期间年均增长9.1%，二、三产业比重由初期的68∶32转变为当前的40∶60，产业结构得到根本优化，在最新通报的吉林省内开发区考评结果中，经开区产业发展水平居全省第一。

【科技创新】2020年，长春开发区与长春理工大学、光机所、应化所等高校和科研机构建立长期战略合作关系。成功打造科创广场，运营良好，进驻科技型企业达到74户。“院士长春创业园”发挥“筑巢引凤”功能，成功引进五位省内外院士团队项目，相关产品已经获得行业和市场认可，即将实现产业化。获得科技部满额扶持资金5 000万元，对我区特色载体实现市场化、专业化和精准化提供了重要资金保障。谋划打造“长春光电信息产业基地”，投资14亿元的国家半导体激光技术创新中心即将建成，投资20亿元的光电信息产业园即将交付使用。全区现有国家高新技术企业187户，小巨人企业107户。“十三五”期间，高企和小巨人新增数量分别是前24年总和的5倍和8.5倍，高新技术企业科技活动经费和营业收入分别年均增长43%和30%，整体呈“井喷”发展态势，科技创新正在成为经开区实现高质量发展的强大引擎。

【投资促进】长春开发区坚持把招商引资作为全区“一号工程”，创新招商方式，强化绩效激励，积极运用新渠道新手段，确保招商力度不减、节奏不停、成效明显。全年共开展各类招商活动200余次，完成签约项目115个，其中，签约10亿元以上项目5个；5亿元以上项目3个。此外，重点储备项目近百个，计划总投资600亿元，为2021年招商和项目落位奠定了扎实基础。

【营商环境】2020年，长春开发区始终立足更高标准、更高站位，积极探索优化营商环境的创新路径。从“振奋精神，提质提效”到“深化执行力建设”，从“我要服务”到“团结协作”，营商环境建设理念和思维不断迭代升级。2020年，修订完善《加快转型升级促进经济高质量发展若干政策措施》，制定《应对疫情助力企业渡过难关政策十条》，惠企政策与企业发展需求的契合度、精准度不断跃升，对区内企业加快复工复产、转型升级以及新项目落位均起到重要推动作用；“万人助万企”“企业服务日”“政策大讲堂”“基层总动员”等经开特色服务载体活动相互融合，累计为企业解决各类问题465个，“企业供需平台、企业再包保、三员服务模式”等首创案例和优秀作法得到省市领导肯定；审批事项标准化建设在全市统一规定的基础上实现再压缩、再提速，率先在长春市成立“审批服务专班”，共为长春智慧能源公司等50多家企业提供个性化审批服务；在长春市率先开展“拿地即开工”审批制度改革试点，4个“拿地即开工”项目在土地摘牌的当天取得了施工许可，审批时间从原来的25天压缩为1天；新设立企业公章刻制和税控盘购置政府买单，免费为新设立企业刻制公章万余枚；政府信息公开科学规范，基层政府信息公开标准化规范化建设试点工作得到省市高度认可，极大提升了对外形象和核心竞争力，企业做大做强的信心得到空前提振，为未来发展提供了坚强保障。截至12月31日，全年新增市场主体11 757户，增长28%，新设立企业6 243户，增长42%。

【民生福祉】2020年，长春开发区始终坚持把疫情防控作为头等大事，压实责任，夯实举措，守土尽责，全力打好疫情防控人民战争、总体战、阻击战，有效保障了人民群众身体健康和生命安全。狠抓脱贫攻坚，任务全面完成。狠抓“宜居、宜业、宜商、平安、快乐、健康”六大工程87项152件民生实事，惠民举措落实落地。狠抓农村人居环境整治，三年攻坚任务全面收官，惠及3 800余户1.1万余人，农村人居环境得到全方位提升。狠抓回迁安置，全年回迁安置575户居民，共安置房屋1 101套，三年来累计完成回迁2 656户、累计安置房屋4 914套，困扰我区近10年的回迁问题成为了历史。增5个社区，达到33个，新增社区面积近7 000平方米，实现千米社区全覆盖；新建社区卫生服务站3个，基层卫生服务布局进一步完善。近万米的民生大厦投入使用，在疫情期间发挥了指挥部作用。加大教育投入，新建洋浦、兴隆山中心园、博远实验3所幼儿园，建成后可满足1 260名幼儿入园需求。全年累计招聘教师291人，为历史最多的一年，经开区的教师结构更加合理、专业更加优化。不断提高教师地位待遇，全面落实教师奖励性补贴，真正让教师成为令人羡慕的职业。狠抓教育质量提升，与一实验合作的力行小学顺利招生，用足GES智库优势，对第九十七中学实行教学委托管理，2020年中考全区各项指标实现历史性突破，在全市基础教育综合质量检测中排名全市第二，经开教育的区域特色和社会声望进一步提高。

【城市建设】

一是城市建设高效推进。洋浦中学、大连路消防站、交警大队等房建工程已全部交付使用，极大弥补了社会事业发展短板。全年新增绿化量58万平方米，区域形象显著提升。新建续建道路48条，总投资5.6亿元，建成道路33.2公里，改造雨污水管线2.3万延米，特别是长春兴隆综保区全年建成道路23.7公里，极大地提高了区域路网综合承载能力，为发展注入新动力。兴隆污水处理厂二期投入使用，污水处理能力实现翻番。临河街提升改造有序推进，成为长春市商业金街新名片。北海公园电力线路迁建顺利实施，充分释放了沿线土地资源；实施北远达地块区域供水加压泵站及管道配套工程，惠及周边小区近3 000户居民。全面开展建业花园、新开河等6个老旧小区的提升改造，改造住房120栋，面积逾66万平方米，惠及居民8 000户2.8万人。

二是城市管理效能大幅提升。坚持问题、目标和民生需求导向，突出重点领域和关键环节，做到精准发力、主动作为，不断强化服务，完善制度体系，既形成全区精细化管理“一盘棋”，又体现各具特色的创新管理模式。倡导“721”工作法，城市管理问题解决效率大幅提升；实行“六定”模式与弹性错时执法相结合，确保了管理和执法不缺位；加大设备投入，新增各类机械化洗扫设备26台，极大提高了机械化作业效率。此外，新建垃圾中转站一座，缩短清运时间达30%，垃圾转运能力得到极大提升；落实“门前三包”，形成了上下联动、齐抓共管、全民参与城市精细化管理良好氛围。目前，城市垃圾、裸露地面、建筑工地、违法建筑等影响环境问题，占用泊位、占道经营等影响秩序问题得到全方位综合治理，街路巷道、人行步道、公用设施得到大范围升级改造，“城市伤痕”得到有效整治，交通秩序通达顺畅，“城市底色”得以整洁呈现，出入口环境得到极大改善，城市综合环境明显向好，城市管理效能大幅提升。坚决扛起生态文明建设的政治责任，生态环境质量再上新台阶，环保督察整改工作取得阶段性胜利，前三轮环保督察经开区承担的整改任务已全部按时完成，第四轮环保督察交办我区的605件信访案已全部办结。污染防治攻坚战成效显著，水、气、土污染防治攻坚战任务全面完成，辖区内伊通河、小河沿子河、东新开河、干雾海河水质均达到四类标准。

【国际合作】2020年，开发区对外合作不断扩展，长春兴隆综保区呈现良好发展势头，辐射带动能力进一步增强。全年完成园区业务额70亿元，一线进出口额40亿元，继续保持东北地区综保区排名首位。整车进口口岸完成1 000台奥迪整车进口目标，平行车进口试点、二手车出口试点获批。五丰科技研发及制造中心、中信戴卡汽车轻量化等重点项目相继落位园区。与一汽检测中心深入谋划，依托共建的国家汽车质量监督检验中心项目，开展进口试验整车保税认证业务成为全国首创。长春兴隆国际快件监管中心海关代码、企业快件运营人资质获批，国际快件业务正式开展。试点开展企业增值税一般纳税人资质和“网购保税＋线下自提”业务，有效降低企业税务成本，对培育吉林省外贸新增长点和促进贸易高质量发展将产生积极影响。药品进口口岸即将获批。中欧班列（长满欧和长珲欧）、天津长春无水港（海铁联运班列）稳定运行，通道建设能力进一步增强。

【机构设置与区级领导】

1. 机构设置。

（1）管委会机关、事业单位及街镇。

包括：党工委办公室、群团工作办公室、管委会办公室、政策研究室、人力资源和社会保障局、财政局、国有资产监督管理委员会、经济发展局、统计局、商务局、建设发展局、社会发展局、文教局、审计局、应急管理局、城市管理局、营商环境建设局、金融服务办公室、政法与维护社会稳定工作办公室、工商业联合会、产业发展研究办公室、临河街道办事处、会展街道办事处、东方广场街道办事处、世纪街道办事处、兴隆山镇政府、长春兴隆综合保税区综合办公室、长春兴隆综合保税区规划建设局、长春兴隆综合保税区口岸经济局、投资促进一局、投资促进二局、投资促进三局、投资促进四局、投资促进五局、投资促进六局、投资促进七局、项目服务一局、项目服务二局、规划和自然资源管理服务中心、房屋征收经办中心、新闻信息中心、财务结算中心、土地收购储备中心、政府采购中心。

（2）驻区机构。

包括：纪检监查工作委员会、公安分局、法院、检察院、市场监督管理局经开分局、经开税务局、规划和自然分局、生态环境分局、长春兴隆海关、对外经济联络局、社会经济调查局经开分局、交警大队、消防救援大队。

（3）区属国企。

包括：长春经济技术开发区城市建设集团有限责任公司、长铃集团有限公司、长春经济技术开发区供热集团有限公司、长春国际会展中心集团有限公司、长春经开国资控股集团有限公司、长春兴隆综合保税区投资建设有限公司。

2. 区领导。

包括：区党工委书记、管委会主任何泉秀，综保区党工委书记、副主任邹娜，副主任王大鹏，党工委委员、纪工委书记张巧珑，政法委书记、综保区管委会副主任曹臣，副主任王彪、张运广、陈艳鹏，党工委副书记宋开春，综保区管委会副主任于海军。

长春经济技术开发区 2019—2020 年主要经济综合指标一览表

项　目	单位	2019 年	2020 年	增减（%）
开发区生产总值	亿元	705.29	733.85	3
第二产业	亿元	278.90	289.63	3.9
工业	亿元	230.23	241.09	5.2
第三产业	亿元	426.27	444.05	2.3
规上工业总产值（现价）	亿元	720.8	765.7	6.2
高新技术企业	亿元	356.1	315.3	−11.4
四上销售（营业）收入	亿元	1 518.87	1 421.65	−6.4
第二产业	亿元	1 019.74	895.12	−12.2
工业	亿元	895.37	757.75	−15.4
第三产业	亿元	499.13	526.53	5.5
四上企业利润总额	亿元	79.36	71.82	−9.5
第二产业	亿元	58.59	63.93	9.1
工业	亿元	53.19	57.03	−7.7
第三产业	亿元	499.13	526.53	5.5
财政收入	亿元	68.9	65.93	−4.3
税收收入	亿元	66.9	62.69	6.3
新批企业个数	家	3 775	4 247	12.5
外商及港澳台企业	家	18	5	−72
内资企业	家	3 757	4 242	12.9
国家级高新技术企业数	家	108	200	85.2
规上企业个数	家	576	597	3.62
科学研究与试验发展经费（R&D）支出	万元	254 283.3	195 727	−23
研究与试验发展（R&D）经费投入强度	%	2.64	2.67	1.14
合同外资金额	亿美元	0.71	0.79	10
外商实际投资	亿美元	0.71	0.79	10
固定资产投资	亿元	185.5	188	1.9
年末从业人员数	万人	20.93	18.74	−10.5
上市企业数量	家	3	3	0

（长春经济技术开发区管委会）

北京经济技术开发区

【经济发展】2020 年，北京经济技术开发区（简称“北京经开区”）圆满完成“十三五”规划，坚持控疫情、保生产、促发展。“两区”建设快速启动，北京经开区“27.83 平方公里”划入中国（北京）自由贸易试验区高端产业片区，成立了以工委、管委会主要领导挂帅的“两区”建设领导小组。围绕“4+3+N”产业体系，瞄准国际创新前沿，精心编制建设方案。围绕深化金融开放创新、加快发展数字经济等十个方面，明确了北京经开区“两区”建设的主要任务和措施。结合实际研究建立“三类政策集成创新建设体系”。全力支持企业加速研发、扩充产能，强化对重要领域、重点企业、重大项目的“管家式”服务，重点企业疫情期间不停工，主要经济指标全部实现了正增长，为北京市经济稳增长做出了重要贡献。地区生产总值完成 2 045.4 亿元，比 2019 年同比增长 6.4%；第二产业增加值 1 332.1 亿元，比 2019 年增长 5.9%；第三产业增加值 713.3 亿元，比 2019 年增长 7.4%；第二产业和第三产业构成为 65.1∶34.9。规上工业总产值完成 4 467.9 亿元，比 2019 年增长 8.3%。固定资产投资比 2019 年增长 25.4%。税收收入 706.5 亿元，比 2019 年增长 16.9%；一般公共预算收入 321.9 亿元，比 2019 年增长 19.2%。实际利用外资 6.2 亿美元，比 2019 年增长 11.7%。进出口实现 199.5 亿美元，比 2019 年增长 1.9%。社会消费品零售额 408.3 亿元，比 2019 年下降 7.4%。

【产业发展】2020 年，北京经开区强化优势产业领先地位，布局战略性新兴产业、未来产业，坚决把安全自主可控作为推动产业发展的首要任务，构筑首都高精尖产业主阵地。出台《关于加快四大主导产业发展的实施意见》，推动新一代信息技术、高端汽车和新能源智能汽车、生物技术和大健康、机器人和智能制造产业高质量发展。四大主导产业实现工业总产值 4 150 亿元，比 2019 年增长 9.1%，占规上工业总产值的 92.9%。其中，电子信息产业全年完成完成产值 848.8 亿元，比 2019 年增长 20.3%，占工业总产值的 19.4%。该产业着眼信息产业变革新趋势，瞄准集成电路关键环节，投资 140 亿美元的北京集电控股、投资 70 亿美元的中芯京城项目落地，集创北方设计及封测基地等项目开工，推动小米互联网电子产业园等项目投产。汽车及交通设备产业全年完成产值 2 160.2 亿元，比 2019 年增长 6.3%，占工业总产值的 48.4%。高端汽车领域实现海斯坦普、北汽李尔、采埃孚等高端零部件企业建成投产。新能源汽车领域，推动卡达克等项目落地，促进丰田燃料电池等氢能企业投资发展。自动驾驶领域，发布全球首个网联云控式高级别自动驾驶示范区，吸引小马智行、百度阿波罗等一批项目入区。生物工程和医药产业全年完成产值 530.5 亿元，比 2019 年增长 3.1%，占工业总产值的 11.9%。该产业推动国际医药企业进一步做大规模，不断扩大国内龙头企业阵营，阿斯利康北方总部、赛诺菲新一代胰岛素大品种量产，推动拜耳 4 条现代化生产线开工，GE256 排高端 CT 机投产，恒瑞北方总部、北生研新冠疫苗产业化项目量产，依托隐形冠军企业心诺普打造中日青年新创园。京东大健康、核酸检测、基因测序等领域服务业收入超千亿元。装备制造产业全年完成产值610.5亿元，比2019年增长10.8%，占工业总产值的13.7%。该产业主要以推进新一代信息技术与制造业深度融合为主线，打造完整智能制造产业生态。促进SMC自主研发工业互联网系统上线试运行，京东无人科技、航天嘉诚等项目投产，推动设立SMC中国地区投资总部和销售总部，与施耐德共建中法智能制造产业示范园。新兴产业围绕“新技术、新模式、新业态”，推动合众思壮打造具有全球影响力的北斗产业生态，引入24家上下游企业，建设高水平、国际化、智能化的国家北斗时空产业核心集聚区。星河动力自主研制的固体运载火箭“谷神星一号”成功发射。围绕“5G+8K”高新视听、云游戏、智慧电竞等领域，实现国家超高清电视技术研究和应用实验室落地，推动北京网络游戏新技术应用中心挂牌，吸引众多行业重点企业落地。构建全国领先的信创产业生态，出台信创产业发展支持政策，完成通明湖信创园展示中心建设。

【科技创新】2020年，北京经开区以重大科技创新为引领，加强技术攻关，优化科技创新服务体系和创新环境，加快科技创新成果向现实生产力转化。“三城一区”主平台打造“一个基地、一个平台、一支基金、一个机制”，推动中关村成果产业化先导基地挂牌建设，发布“创新成长计划”和“创新伙伴计划”，对接“三城”科技成果转化项目153项。与清华工研院、北大创新研究院、北航工研院、中医药大学等开展全面对接，储备合作项目8项，专利对接需求80项。参与国家自然科学基金区域创新发展联合基金设立，立项对标解决需求项目12项。自主创新能力持续提升，制订“白菜心”工程实施方案，建立“挂图作战”调度机制，创新采用知识产权共享、首台（套）政策等方式，首批支持10个关键核心技术研发，储备项目29项。23家前沿技术创新中心研发新技术109项、新产品115个、制定标准31项。获批国家人工智能高新技术产业化基地，发布10个“人工智能+”试点应用场景。打造“龙头企业＋孵化”的融通型特色载体，鼓励昭衍新药、金风科创等企业面向中小企业开放共性技术创新研发、中试验证与技术孵化等专业平台。支持电科职院与集创北方共建中试基地，14家中试基地合同金额超6亿元。新增京东乾石等6家市级研发机构，布局肿瘤基因大数据平台等16个公共技术服务平台。年度培育“专精特新”企业110家、“小巨人”企业12家。国家高新技术企业新增207家，累计达到1 258家。持续开展创新发布，帮助49家企业推介发布70项新产品、新技术，释放投融资总需求超过120亿元。打造北方华创高价值专利培育中心，新增知识产权贯标企业8家。新增中国专利银奖1项、优秀奖3项，开展北京经开区首届绿色（疫情防控）高价值专利奖评选。申请PCT专利449件，比2019年增长72.7%。蓝箭航天突破可回收火箭关键技术。凯因科技1.1类新药打破国外对丙肝治疗药物的垄断，实现进口替代。专利申请14 665件，比2019年增长39.4%，其中发明专利8 021件，比2019年增长59.8%。获专利授权7 210件，比2019年增长19.2%，其中发明专利1 628件，比2019年增长20.9%。

【投资促进】2020年，北京经开区推进招商模式创新，构建由招商部门、头部企业、专业机构组成的“7+1”大招商格局，统筹调度区内外招商资源积极性，开展全场景、全方位招商。印发《关于支持中小企业抗疫情云办公稳发展的若干措施》，通过“四鼓励—减免—服务”鼓励企业创新生产经营模式。发布《北京经开区科技企业抗击新型冠状病毒疫情首批新技术新产品新服务清单》。通过“七促”项目调度机制，推进150个项目落地建设。其中，促签约58个，总投资为864亿元；促摘牌15个，总投资为345亿元；促开工20个，总投资为123亿元；促竣工8个，总投资为112亿元；促投产9个，总投资为151亿元；促技改40个，总投资为16亿元。北京经开区新增注册企业6 919家（内资企业6 820家、外资企业99家），比2019年增长33.08%；新设企业注册资本为1 220.30

亿元（内资企业注册资本为867.10亿元、外资企业注册资本为353.20亿元），比2019年下降39.72%。截至2020年底，北京经开区存续企业33 262家（内资企业32 148家、外资企业1 114家）；存续企业注册资本为10 984.12亿元（内资企业注册资本为8 802.79亿元、外资企业注册资本为2 181.33亿元），比2019年增长20.48%。北京经开区克服疫情不利影响，实际利用外资、新设外资企业数、进出口额等各项经济指标均实现正增长，且超额完成全年任务，实际利用外资实现6.22亿美元，比2019年增长11.7%。新增外资企业55家，比2019年增长10%。进出口实现199.5亿美元。其中，进口实现141.1亿美元，比2019年增长1.9%；出口实现58.5亿美元，比2019年增长2.1%。

【体制机制创新】2020年，北京经开区营商环境服务品质稳步提高，163项市级管理权限在亦庄新城范围内顺利承接，新扩区域职权事项完成划转，核心区内区级政府职权应接尽接。深化企业投资项目告知承诺改革，推行行政审批与技术审查相分离，创新告知承诺“数字时间戳”。将原有66枚各部门审批用章替换为行政审批专用章，实现“一枚印章管审批”。创新推进市级文物赋权试点工作，文物影响评估时间压缩了20个工作日以上。施工许可证最短取证时间压缩至1小时。199个政务服务事项采用告知承诺式办理，数量占比全市领先。政策兑现在北京市率先实现“一网申报、一口受理”。试点“清单式”执法，为执法提效，给企业减负。企业通关实现货物外观查验和实验室检测同步进行，通关效率进一步提升。

【投融资服务】2020年，北京经开区结合国家金融业开放发展战略，优化金融营商环境，推进区内金融产业集聚，丰富金融业态体系，创新金融服务供给。汇聚78家银行、证券、保险及其他地方金融机构，形成以企业信贷为主，债券、股权投资基金、保险、担保等为补充的金融服务体系，提升金融服务区域实体经济效能，为企业纾困解难，助力企业融资发展。通过股权投资、基金投资等支持重大产业项目落地，全年投资超过140亿元。搭建小微企业金融综合服务平台，发布融资需求4 470万元。吸引华盖资本等10家金融机构入区。新增落地基金7只、基金管理公司12家，落地基金规模为131亿元。截至2020年年底，北京经开区累计落地基金58只、基金管理公司47家，落地基金总规模为6 178.5亿元。建成拟上市企业培育库，助力阿尔特汽车、神州细胞、永泰生物等7家企业成功上市。区内共有上市企业31家，总市值约为3.9万亿元。共有新三板挂牌企业38家。

【绿色集约】2020年，北京经开区经开区生态环境质量持续改善。4项主要污染物持续下降，其中细颗粒物（PM2.5）年均浓度为37微克/立方米，比2019年下降15.9%，首次低于全市年均浓度；地下水环境和地表水环境均保持稳定，无黑臭水体；土壤环境质量总体良好，无污染地块和疑似污染地块，土壤安全利用率达100%。凉水河经开区段24个入河排口全部实施规范化管理。高品质再生水利用量达到30%，全国领先。完成“无废城市”试点期建设任务，中小微企业危险废物“管家式”服务全国推广。9家企业被评为国家级绿色工厂，占全市的1/3。海绵城市建设达标面积超出全市平均水平的70%。土地节约集约利用成效持续扩大。出台全市首个城市更新产业升级政策，分层分批实施城市更新项目。印发产业用地标准化管理工作的实施意见，实现“标准地”从招商到退出全流程闭环管理。研究制定工业用地保护红线办法、土地精细化管理办法，划定工业用地保护红线，保护、用好稀缺的工业用地资源。对土地管理制度进行系统性的重构式创新，逐渐形成宏观、微观两个层面的土地管理制度体系。

【国际合作】2020年，北京经开区管委会与外资头部企业施耐德电气（中国）有限公司共建中法智能制造产业示范园，与外资头部企业SMC（中国）有限公司共建中日工业自动化产业园，以及与隐形冠军企业心诺普医疗技术

（北京）有限公司共建中日青年新创园（介入医疗器械产业园），挖掘外资头部企业和隐形冠军企业在研发创新、智能制造及供应链吸附等方面的潜力，做大做强既有产业规模，实现产业链上下游产业集聚，提升产业能级。

【人才工作】2020年，围绕升级版经开区和亦庄新城建设，按照“三城一区”的战略布局和“四区一阵地”的定位要求，北京经开区推动人才工作取得了新进展、新成效。截至2020年年底，人才总量超过29.9万人，人才贡献率达59.32%，高层次人才达9 000多人，有两院院士38人、海外学人3 700多人。出台“人才十条”新政，即《北京经济技术开发区支持高精尖产业人才创新创业实施办法（试行）》，全面介绍新政出台背景、主要特点和具体措施。印发《北京经济技术开发区支持高精尖产业人才创新创业实施办法（试行）》及《任务分工方案》，进一步明确了有关单位的具体职责和目标。搭建“千人聚亦”国际化人才招聘云平台，在全球招贤纳才。成立北京亦庄国际人才发展集团有限公司，注册资本达99.92亿元，旨在打造全链条、一站式综合服务平台。启用经开区国际人才服务厅，成为全市首个实现外国人工作许可和居留许可“一窗受理、同时取证”的服务大厅。推进国际人才公寓、林肯公园国际人才社区示范街区建设。出台《北京经济技术开发区校企合作管理办法（试行）》，有校企合作人才联合培养基地24家。获批国家海外人才离岸创新创业基地，挂牌首批11家北京•亦庄离岸创新中心。建设博士后科研工作站，出台《北京经济技术开发区博士后工作管理办法》，共有园区类博士后科研工作站分站55家、博士后科研工作站3家，累计培养博士后研究人员108人。

【基础设施建设】2020年，北京经开区城市规划建设有序推进，系统打造亦庄新城“433”城市功能组团。制订控制性详规编制三年行动计划，编制完成“亦城之心”等6个区域街区控规和“南海子公园及周边地区”等城市设计。T1线试通车运行。完成次渠站等6个轨道微中心交通一体化建设。完成天宝北街、科慧大道等道路提级改造。完成马驹桥智造基地1.2平方千米区域一级开发，腾退亦庄镇东工业区国有工业用地，启动长子营镇、采育镇工业区腾退工作。支持瀛海、青云店等镇23个基础设施项目建设，通过发行20亿元专项债券的方式，支持旧宫镇南街地区棚户区改造。

【社会事业】2020年，北京经开区推进人大附中亦庄新城学校、北京二中亦庄学校机构和编制获批；区内3所小区配套民办幼儿园转为普惠性幼儿园，新增普惠学位880个；新增开班12个、小学学位492个。截至2020年底，北京经开区共有学校7所，其中公办学校4所、民办学校2所、中外合作办学机构1所；幼儿园17所，其中公办园5所、普惠园7所、民办园5所；职业教育学校2所。在医疗卫生方面，引进北京急救中心在经开区67M3地块建立直属分中心；首都医科大学附属北京同仁医院经济技术开发区院区新门急诊楼开诊运行，感染楼启用；拟定《国际学校发展三年行动计划》，谋划“国际医疗服务试点区”建设。在劳动就业方面，新增3 285名大兴区和通州区劳动力、409名平谷区劳动力在北京经开区实现就业；加强劳动力市场供需信息收集发布力度，推进重点企业与258家人力资源服务机构建立渠道，支持京东集团等企业招聘“共享员工”；开展各类线上招聘活动共计58场，参会企业840家次，提供岗位12 844个。在体育方面，各类全民建设体育运动参与群众达20多万人次。举办全民健身体育节等区级活动38场次、基层活动近百场次；完成2处广场建设和10处全民健身路径更新；公共体育设施免费或低收费开放率为100%。

【机构设置与管委会领导】2020年，北京经开区设有党政办公室、组织人事部、宣传文化部、地区协同事务局、经济发展局、营商合作局、科技创新局、财政审计局、开发建设局、城市运行局、社会事业局、商务金融局、行政审批局、综合执法局、规自分局（双重管理）15个职能部门，另设立党群服务中心、土地储备与建设服务中心、财务结算中心、政务服务中心、公共资源管理服务中心、社会保险保障中心、劳动人事争议仲裁院、档案数据中心、产经政策研究院9个公共服务机构，以及不列入机构序列的机关党委、机关纪委和总工会。

2020年北京经开区领导一览表

姓名	单位名称	职务	备注
王少峰	中共北京市委经济技术开发区工委	书记	
梁胜	中共北京市委经济技术开发区工委	副书记	
	北京经济技术开发区管委会	主任	
张继红	中共北京市委经济技术开发区工委	副书记	
	北京经济技术开发区管委会	副主任	5月免
孔磊	中共北京市委经济技术开发区工委	委员	5月任
	北京经济技术开发区管委会	副主任	
袁立洪	中共北京市委经济技术开发区工委	委员	
	北京经济技术开发区管委会	副主任	
赵雅娟	中共北京市委经济技术开发区工委	委员	
	中共北京市委经济技术开发区工委宣传文化部	部长	
陈小男	中共北京市委经济技术开发区工委	委员	
	北京经济技术开发区管委会	副主任	
吕新利	中共北京市委经济技术开发区工委	委员	
	市纪委市监委派驻经开区管委会纪检监察组	组长	
沈永刚	中共北京市委经济技术开发区工委	委员	
	北京经济技术开发区管委会	副主任	
于淼	中共北京市委经济技术开发区工委	委员	
	中共北京市委经济技术开发区工委组织人事部	部长	
张广	北京经济技术开发区管委会	副主任（挂职）	4月任
沈金坤	北京经济技术开发区工委、管委会	一级巡视员	3月任
张凤民	北京经济技术开发区总工会	主席	6月免

2019—2020年北京经开区主要经济综合指标一览表

项目	单位	2019年	2020年	增减（%）
开发区生产总值	亿元	1 932.8	2 045.4	6.4
第二产业	亿元	1 258.8	1 332.1	5.9
工业	亿元	1 212.6	1 272.6	5.7
第三产业	亿元	674	713.3	7.4
工业总产值（现价）	亿元	4 125.2	4 371.8	5.4
高新技术企业	亿元	3 431.4	3 731.8	8.8
销售（营业）收入	亿元	13 372	15 878.9	18.7
第二产业	亿元	4 937.3	5 519.8	11.8
工业	亿元	4 420.9	4 800.9	8.6
第三产业	亿元	8 417.2	10 359.1	23.1

续表

项　目		单位	2019 年	2020 年	增减（%）
利润总额		亿元	665.4	715.7	7.6
第二产业		亿元	548.1	574.6	4.8
工业		亿元	527.1	553.9	5.1
区内主导产业及产值	1. 汽车及交通设备产业	亿元	2 030.3	2 160.2	6.4
	2. 电子信息产业	亿元	705.5	848.8	20.3
	3. 装备制造产业	亿元	551.1	610.5	10.8
	4. 生物工程和医药产业	亿元	514.8	530.5	3.0
进出口总额		亿美元	195.8	199.5	1.9
出口		亿美元	57.3	58.5	2.1
税收收入		亿元	604.6	706.5	16.9
国家级高新技术企业数		家	1 051	1 258	19.7
规上企业个数		家	1 041	1 191	3.7
规上工业科学研究与试验发展经费（R&D）支出		万元	741 466	839 111	13.2
外商实际投资		亿美元	5.6	6.2	10.7
年末从业人员数		万人	37.7	38.5	2.1
万元 GDP 能耗		吨标煤／万元	0.125	0.124	−1.4
上市企业数量		家	22	31	40.9
区内职业教育学校数量		家	2	2	0.0

（北京经济技术开发区管委会）

合肥经济技术开发区

【概况】合肥经济技术开发区（以下简称“合肥经开区”）成立于1993年4月，2000年晋升为国家级，设有合肥经开综保区、合肥新桥科创示范区等重要平台，是中国（安徽）自由贸易试验区合肥片区核心区。

现辖区面积268.97平方公里（南区建成区83.12平方公里，北区新桥科创示范区185.85平方公里），全区设六个社区（高刘、芙蓉、莲花、海恒、锦绣、临湖），与肥西县合作共建新港工业园。“大学城”聚集本专科院校19所。

相继荣膺“国家新型工业化示范基地（家电）”“国家生态工业示范区”“国家制造业和现代服务业融合发展试点园区”“国家外贸转型升级基地（消费类电子产品）”“国家进口贸易创新示范区”“国家级双创示范基地”等国家级荣誉。综合发展水平跃升至全国218家国家级开发区中第11位。已发展成为国内家电产品种类和品牌集中度最高的园区，是全国最大的冰箱、叉车、挖掘机、轮胎、液压机床制造基地，以及最大的笔记本电脑生产基地，也是中西部地区最大的日资企业集聚地、台资企业首选地。

【经济发展】2020年，合肥经开区取得防疫和稳增长“双胜利”、全面创新转型升级和全面建设新桥科创示范区“双进展”。全年实现GDP增长6.1%，对合肥“过万亿”贡献率达13.6%。规上工业增加值增长9.3%，对全市增长贡献率达25%。固定资产投资增长9.4%，占全市比重达16.9%。人均居民可支配收入增长6.5%。全年有11项经济指标增速高于全市平均水平，7项增速居四大开发区之首。

【产业发展】2020年，合肥经开区产业转型取得重大成效。已有规上工业企业288家，“千亿联宝”成为合肥首个千亿产业地标。新产业产值增长10.7%，占比64%，高新技术增加值增长14.1%，占比扩大至74.7%。新能源汽车、集成电路跃升至全球前沿，新能源汽车产业增长21.8%，实现产值169.4亿元，交付4.4万辆整车，蔚来中国总部落户，大众安徽揭牌。集成电路产业增长68.5%，实现产值36.9亿元，首款“中国芯”8GbDDR4内存产品正式销售。

【科技创新】2020年，合肥经开区创新驱动取得重大进展。建设两湖科创圈，建成14个科技园区，清华公研院巨灾科学中心成为首批综合性科学中心入库项目。拥有国家级高企415家（新增98家），上市企业9家（新增1家），国家级众创空间3个（新增1个）、国家级孵化器2个（新增2个）。每万人发明专利拥有量163件，同比增长48.18%。

【招商引资】2020年，合肥经开区招商引资取得重大突破。招商引资总量增长12%，新签约项目132个，总投资额649.4亿元，合肥市第一；引进蔚来中国、沛顿、华侨城3个百亿元大项目，合肥市第一；实际利用外资20亿美元，合肥市第一；新建省外亿元以上项目35个，投资205亿元，合肥市第一。

【对外开放】2020年，合肥经开区开放经济取得重大成果。实现进出口额138亿美元，占安徽省、合肥市的18%、36%。拥有联合利华等39家世界500强投资76家企业。安徽自贸区合肥片区经开区块明确“一园四区”（明珠广场科创服务生态区、南艳湖“科技+产业”研创区、南部战新产业集聚区、合肥经开区综合保税区、派河国际综合物流园）功能定位。经开综保区获批，跻身全国第一方阵，排名第 13 位。水果、冰鲜水产品、食用水生动物口岸开检运行，肉类口岸获批设立。新桥国际机场跻身长三角机场群重要区域枢纽。跨境电商首破 200 万单，商品销往 38 个国家，“秒级通关”提速通关时效 25%。

【规划建设】2020 年，合肥经开区城市能级取得重大提升。大建设开工（含续建）项目 171 个，完成实物投资 78.8 亿，全年竣工项目 50 多个。全市首个全民健身中心——南艳湖体育公园建成运营。建成智能科技园二三期等科创平台。

新桥科创示范区建设取得重大成就。大建设总投资 69.66 亿元，完成实物投资 26.6 亿元，竣工项目 16 个，建设投入和速度创历年新高。开工建设安置房 241 万平方米，是历年建成安置房总和的 2.37 倍。重大城市功能配套加快布局，国际小镇一期 5 个地块全面开建；空港医院开工，填补大型综合医院空白；人才公寓建成。

【社会事业】2020 年，合肥经开区民生福祉取得重大改善。人均居民可支配收入 4.5 万元、增长 6.5%，跑赢 GDP。引进了清华附中、合肥 168 中学等合作办学，合作优质校已达 13 所，占中小学总数的 60%。幼儿园公办率达 50.6%，普惠率达 82.6%。建成 9 家城市阅读空间，6 家街道级综合文化服务站，58 家村居级综合文化服务中心，形成“15 分钟阅读圈”。竣工和分配史上最大的棚改安置房三千多套。

【机构设置】2020 年，合肥经开区工委、管委会共设置机构 47 个，分别为：

党工委机构 3 个：纪检监察工作委员会（工委巡察办公室）、工委办公室（融媒体办公室）、政法办公室（信访局）。

管委会内设机构 14 个：管委会办公室、经贸发展局、建设发展局、财政局（国有资产管理局）、人事劳动局、社会发展局（社会发展局党委）、社区管理局、市场监督管理局（知识产权局）、投资促进局、自贸试验区管理局、科学技术局（数据资源局）、应急管理局、城市管理局（城市管理行政执法大队）、生态环境分局。

管委会直属机构 16 个：机关事务中心、绩效考评中心、政务服务中心、发展研究中心、中小企业服务中心、建设管理服务中心、重点工程建设管理中心、财务管理中心（财政国库支付中心）、人力资源中心、公共卫生服务中心（卫生健康综合监督所）、退役军人服务管理中心、市场监管综合行政执法大队、创新转型升级办公室、审计中心、公共资源交易中心、农业农村发展中心。

党群组织 5 个：机关党委、企业党委、总工会、共青团工作委员会、妇女联合会。

街道、社区管理机构 6 个：高刘街道办事处、海恒社区管理委员会、锦绣社区管理委员会、莲花社区管理委员会、芙蓉社区管理委员会、临湖社区管理委员会。

特设机构 3 个：出口加工区管理局、空港经济示范区管理办公室、新港工业园办事处。

（合肥经济技术开发区管委会）

南昌经济技术开发区

【概况】南昌经济技术开发区（以下简称“经开区”）位于南昌市北郊，毗邻红谷滩区，创建于1992年，2000年被国务院批准成为江西省第一家国家级经济技术开发区。辖区面积158平方公里，下辖一镇（蛟桥镇）两处（白水湖管理处、冠山管理处），有26个村民委员会、29个（社区）居民委员会，常住人口约45万。2020年，在国家级经开区综合发展水平考核中，位列第31位，其中引进外资专项考核位居全国第八位。在2020年度全省争先创优考核中，全区综合发展水平位列全省第二，开放水平和营商环境两项指标均居全省第一，其中营商环境指标连续6次蝉联全省第一，开放水平指标5次全省第一。2020年9月，南昌经开区在开发区改革创新工作领域荣获省政府的“及时奖”，被评为通报嘉奖的集体，为此批次及时奖励改革创新领域唯一获此殊荣的开发区。11月，在全省扩大开放推动经济高质量跨越式发展工作大会上，南昌经开区作为全省开放平台先进单位典型发言。在2020年全省信访工作中，南昌经开区被评为全省信访工作“三无”县区。

【经济发展】2020年，南昌经开区沉着应对经济形势趋紧和疫情防控双重挑战，全区干部上下一心、同舟共济、共克时艰，疫情防控工作取得阶段性胜利，经济社会发展正在企稳回升，全年实现园区总收入5 018.14亿元，增长12.75%；地区生产总值达563.76亿元，增长5.2%；财政总收入51.8亿元，增长2.1%；规上工业增加值增长5.7%；固定资产投资增长8.5%；实现社会消费品零售总额178.40亿元，增长2.8%；完成地方一般公共预算收入19.5亿元，增长1.3%；工业用电量增长8.83%，达到了23.5亿度，居全省开发区第一；引进内资505.29亿元，同比增长22%；引进外资12.1亿美元，同比增长18%。

【产业发展】2020年，南昌经开区紧紧围绕“加速转型升级，打造现代产业新城”主题主线，以“两行动一机制”为抓手，经济社会发展成果丰硕，产业聚集发展成效明显，主要形成电子信息（数字经济）、新能源汽车新材料、生物医药和智能装备制造四大产业。同时，坚持产业聚焦、区域聚焦、政策聚焦，按照“龙头企业—产业链—产业集群—产业基地”发展思路，已形成若干产业上下游全产业链。在电子信息（数字经济）产业上，形成了以凯迅光电、鸿利光电、科瑞普、金黄光为代表，具备MO源、外延片芯片制造、芯片封装、照明应用产品的LED全产业链；形成了以欧菲光、同兴达、小米黑鲨、酷派、东田微科技、睿聪科技为代表的零部件—整机—品牌的移动智能终端产业链；正在形成以赣鄱数据湖、电信、联通、移动、广电四大5G运营商大数据中心、倬云数字集团、趣链为代表的数字经济产业链；形成了以江铃新能源、百路佳等新能源整车企业，格特拉克、辉门等汽车零部件骨干企业为代表的新能源汽车产业链，为构建现代化产业体系奠定了厚实的产业发展基础。

【科技创新】2020年，南昌经开区创新发展工作好戏连台，成功获批江西省第一批数字经济创新发展试验基地，是南昌市唯一一家入选的开发区。全年新增高新技术企业61家；培育了独角兽（潜在）企业3家、瞪羚（潜在）企业 3 家；新增国家级众创空间 1 家。重点推进中国南昌数字经济港建设，成功引进华为智慧视觉、赣鄱数据湖等 10 余个项目入驻，大力推动 5G、大数据、区块链等技术与我区产业发展深度融合，着力把数字经济港建设成为全省最大数据中心、全省最大数据应用产业支撑平台以及在全省具有影响力的虚拟现实和区块链产业孵化中心。大力推进技术协同创新园建设，并于 2020 年 12 月正式开园，现有中科院生态修复研究院、江西国科医药工程技术研究院、澳博颗粒科技研究院和同兴达等 20 余家研发机构入驻。同时，加快推进了海立研发中心、格特拉克研发中心等企业工程研究院建设，进一步充分整合和发挥科技创新资源优势，促进产学研深度结合，加快科技成果向现实生产力转化，推动创新能级再提档。

【招商引资】面对突如其来的疫情，南昌经开区通过实施“屏对屏”洽谈、直播恳谈、“网签”项目等线上招商模式，吸引了一大批企业。全年共完成产业项目签约 91 个，总投资 1 368.69 亿元。其中，完成亿元以上工业项目签约 56 个；100 亿元以上产业项目签约 6 个，50 亿～ 100 亿元产业项目签约 3 个，20 亿～ 50 亿元产业项目签约 8 个。特别是电子信息产业，引进 3 个过百亿元的项目，分别是投资 300 亿元的康佳第三代化合物半导体科技园、投资 100 亿元的华为新一代智慧视觉、投资 100 亿元的赣鄱数据湖。11 月 28 日，全区举行重大产业项目集中签约、开工活动，现场集中签约项目 46 个，集中开工项目 33 个，签约和开工项目总投资逾千亿元。

【城市建管】2020 年，南昌经开区大力实施城市功能品质提升“年年有变化、三年城区化”行动，不断推动“园区”向“城区”转型。2020 年，我区投入近亿元高标准完成“绿改彩”项目，12 个邮票绿地、2 个小游园、3 条绿道、11 条道路建成运营，新建高标准智能化公厕 67 座，桂苑大道、海棠路、青岚大道等 8 个白改黑项目也高标准完成，海棠北路、白玉兰路等断头路提前打通，得到市民的高度评价。在 2020 年全国文明城市创建评比中，位列全市第四，进入城市管理第一方阵。同时，坚决破解生态保护难题，打好污染防治攻坚战，白水湖污水处理厂挂牌督办问题顺利摘牌；深挖细查、重拳整治“散乱污”企业，现正在全面推进。

【儒乐湖建设】2020 年，南昌经开区大力推进儒乐湖新城基础设施、生态环境、公共配套、产业平台等重点项目 83 个，总投资约 600 亿元。新城路网框架、综合管廊已基本成型，“六横八纵”主干交通闭环基本形成，儒乐湖公园南、北岸已开园，四大医疗中心已全部建成，其中白玉兰远程医疗中心、瑞慈国际体检中心已开放运营；技术协同创新园一期、国际数字产业园首期等产业平台项目已基本完工，部分已投入运营。其中，国际数字产业园现有阿里云创新中心、中以（江西）创新中心等 12 家科技创新型企业已签约并入驻园区。

【民生工程】2020 年，南昌经开区坚持民本至上，不断改进民生福祉，用足扶持奖补政策，及时调整和优化援企稳岗措施，鼓励企业自主招用工，努力做好“六稳”工作，落实好“六保”任务，共拨付政策扶持奖补资金 786.071 万元，减免养老保险 3 058 万元，减免工伤保险 81 万元。针对缺工人数、工种、用工等问题，派专人前往招聘地做好服务保障工作，为欧菲光、海立、同兴达等多家区内企业 2 973 人开展各类培训。加快公共服务建设，有序推动 5 个 EPC 学校、昌北三中等工程的进度，新城教学楼、实验小学、英雄学校已提前交付使用，儒乐湖国际学校已基本竣工，南昌二中（经开校区）已启动建设。经开区人民医院、赣江新区医院正在有序推进建设中。成功引进社会资本，与广州七喜集团合作创办七喜集团南昌医院，群众关心关切的就学难、就医难等民生问题正逐步得到解决。投资 4 000 万元建成三级综治中心，打造全新的综治一体化运营平台。投入 5 000 万元新增“天眼”“智慧云眼”各 1 500 个，形成云网联动的治安防控体系。研发推出“金智”

出入境智慧管理服务系统，人均办证时间由20分钟缩短为3分钟，节约警力50%以上。打造南昌北智慧公安检查站，得到公安部、省、市公安机关领导肯定。区法院一站式多元解纷和诉讼服务体系建设得到最高人民法院院长肯定。

【疫情防控】2020年，南昌经开区在疫情防控工作中，慎终如始、识变应变，专门成立了全省第一家“复工复产服务中心”，帮助复工企业做到“四到位、两承诺、一张表”。并通过线上招聘一批、包车包机返岗一批、本地挖潜一批等工作，帮助7.4万人返岗复工，其中仅包机就达到36个航班，运送返岗员工近4 000人，及时保障了民生就业。复工复产工作实现两个100%(即规上企业、省重大重点项目100%复工；两个零发生，即复工企业零确诊、零疑似)，复工率列全市第一。《人民日报》更是以“为企业复工复产当好店小二”为题，点赞南昌经开区的复工复产工作。

【首次成功获得“全国绿色发展最佳实践园区”】2020年12月，经全国各省级商务主管部门推荐，国家级经开区绿色发展联盟专家委员会专题会议对南昌经开区绿色发展有关指标以及所提交案例（南昌经开区智慧环保信息管理系统，以“一图、一库、一档、一云”实现园区环保信息全景展示）的规划引领性、创新示范性和模式复制性的情况进行评议，南昌经开区成功获评“全国绿色发展最佳实践园区”。南昌经开区智慧环保信息管理系统以推动园区循环化改造体系建设、解决区内周边空气异味问题、实时掌握国考断面水质情况为目的，利用大数据分析、云服务、物联网等技术，建立起以在线监测及重点企业环保合规为导向、线上线下相结合的智慧环保信息管理系统。系统包含园区概述、生态环境、一企一档、一企一策、在线监控、统计分析、环境管理、政策法规八大板块内容，整合环保领域重点关注要素，同时匹配线下专家资源诊断园区企业环保“症结”，提升园区环境管理智慧信息化水平。

【用地改革】2020年，南昌经开区持续推进低效用地改革，成功出让1宗商住用地，41.53公顷的经开公园由旭辉地产以20.2亿元竞拍成交，溢价率47.27%。在土地出让前，委托国内一流设计院，对文体中心做了建筑方案设计，通过多轮方案比选，最终确定采用“经开之翼”的造型和功能布局。这是全省首例带建筑设计方案的土地出让新模式。

【营商环境】2020年，南昌经开区对标世界银行的营商环境指标，复制自贸区政策，打出优化营商环境“三张牌”。推进企情大收处与企业大走访相结合，设立企情收处中心，负责收集、处置、督办企业反映的问题，区工委管委会领导定期到反映最多的企业走访，现场协调解决，让企业绝大部分的诉求能在第一时间解决。项目推进红绿灯制度与重大项目专班相结合，对所有产业项目和政府类项目实行挂图、亮灯作战，项目进展正常亮绿灯；当接近限时办结时亮黄灯，分管领导必须亲自协调调度；项目滞后亮红灯，纪检监察部门立即启动问责程序。同时，针对重大产业项目专门成立由区工委管委会领导挂帅的工作专班，全过程专人专办。推进容缺审批与并联审批相结合，大幅降低审批时间，特别是工程领域审批时间。

（南昌经济技术开发区管委会）

南京经济技术开发区

【经济发展】南京经济技术开发区（以下简称“南京经开区”）成立于 1992 年 9 月 18 日，坐落在南京市东北郊，紧邻亚洲内河第一大港南京港新生圩外贸港区和龙潭深水港。2002 年 3 月，被批准为国家级经济技术开发区。2003 年 3 月，获国务院批准在区内设立国家级南京出口加工区。2011 年 12 月，获得国家级生态工业示范园区授牌。2012 年 9 月，国务院批准设立南京综合保税区（龙潭片）。区内先后设立国家级高新技术产业园、海峡两岸科工园、显示器件产业园和省级高校科工园、电子信息产业园以及市级生物医药科工园、韩国工业园、LG 产业园、液晶谷等十多个国家和省市级特色产业园。目前，开发区已集聚各类企业近 5 000 家，其中外资企业 300 多家、100 亿级企业 6 家。2020 年，面对突如其来的新冠肺炎疫情，南京经开区贯彻落实中央和省市决策部署，扎实做好“六稳”工作，落实“六保”任务，统筹推进疫情防控和经济社会发展，综合实力在 218 家国家级经开区中位列第九，营商环境跻身全国第四。全年实现地区生产总值 1 190 亿元，比上年增长 4.8%；规上工业总产值 2937 亿元，比上年增长 1.8%；工业固定资产投资增长 7.3%；全年实际利用外资 7.88 亿美元，比上年增长 13.6%。

【产业发展】南京经开区始终坚持产业发展核心，全力推动实体经济尤其是高端制造业发展，已形成光电显示、高端装备、生物医药三大主导优势产业。同时，抢抓新一轮产业发展态势，重点培育发展了新能源汽车和人工智能两大地标性新兴产业集群。2020 年，规上工业产值 2 937 亿元。光电显示产业集聚了 LG、夏普、中电熊猫等一批龙头企业，以新型显示方向为主，产业规模超过千亿，占全市的 70%。高端装备产业集聚了艾欧史密斯、博世、康尼机电等智能化水平较高的装备企业 50 多家，涉及工程机械、轨道交通设备、特高压输变电设备等前沿行业，并积极拓展了装备维保等现代服务产业，实现了多业态联动发展，产业规模近 400 亿元。生物医药产业集聚了正大天晴、金陵药业、圣和药业等药品生产企业 30 家和生物医药检测、器械生产、药品流通企业 10 余家，产业产值 140 亿元，其中医药制造产业规模 80 亿元，占全市近 1/3。近年来，南京经开区新能源汽车产业引进建设了蔚来、LG 化学新能源动力电等整车及“三电”核心配套企业近 30 家，形成了涵盖整车制造、电池系统、冲换电系统、无人驾驶、运营服务等新能源汽车的全产业链，企业年营收超过 200 亿元。人工智能产业充分发挥三区融合优势，高标准规划建设了 70 平方公里的中国(南京)智谷，引进和培育了地平线、旷视科技、创新工场、中智行等 120 余家人工智能企业，集聚了张钹、刘多、李开复、周志华、陈松灿等 50 多名领军人才，以及 12 家以人工智能为主攻方向的新型研发机构。

【招商引资】南京经开区深入贯彻全市“招商突破年”部署，加快落实“四新行动”要求，在做好疫情防控工作的同时，全力抓好招商引资和项目推进。坚持一把手带头抓招商，创造性地运用线上招商、以商引商等多元手段，连续性举办第四届中国人工智能峰会、第三届全球自动驾驶论坛、海峡两岸（南京）新型显示产业高峰论坛、2020南京医药生命健康大会等高水平招商活动，取得了丰硕的招商成果。2020年，南京经开区继续做大做强光电显示、高端装备、生物医药三大主导产业，培育下一代汽车和人工智能两大地标性新兴产业集群，新引进（签约）LG化学汽车动力电池项目、LG电子新能源汽车零部件项目、白云电气华东制造基地暨全球研究院项目、韦伯通讯项目等重大项目32个。新开工LG化学新能源汽车电池工厂改造项目、第8.5代TFT-LCD生产线技改项目、美迪斯智能装备华东总部基地项目、南京满汉智能智造产业园区项目等21个项目，总投资约100亿元，开工面积约42.5万平方米。四方源物流科技产业园一期项目、凤凰新港数据中心项目、冠石科技新型显示项目、南京天加空调低温余热发电机组项目等22个重点项目竣工，项目总投资约100亿元，完成工业固投约40亿元，实现竣工面积约54万平方米。

【科技创新】南京经开区坚持聚力创新，紧扣“创新名城”战略部署，加快落实市委1号文件精神，以科技创新引领转型发展。2020年，围绕全市“创新名城”和紫东科创大走廊建设，深入实施“121”战略，加快推动“两落地、一融合”，新引进宁兴安全技术研究院等新研机构8家，全年共新增市级备案新型研发机构12家，新型研发机构孵化引进企业377家；全年净增高企63家，有效高企总数达238家，同比增长36%；全年完成科技型中小企业入库329家；新引进科技型企业284家，中智行等8家企业入选市独角兽、瞪羚企业名单，诺维赞生物入选省独角兽企业名单，南京科沃斯机器人入选2020年度总部企业名单；全年新增2家国家级众创空间、2家省级众创空间、3家市级众创空间、7家市级以上工程技术研发中心，3家企业获省重大科技成果转化专项立项；新增2家市级博士后创新实践基地、3家市级“优秀博士后工作站（创新实践基地）”、1家省级外国专家工作室、2家市级企业专家工作室；全年专利申请量达3 054件，同比增长36.77%，有效发明专利达2 245件，同比增长17.11%，PCT申请163件，同比增长87%；全年完成技术合同交易额41亿元，同比增长46%；全年新增国家、省、市、区四级高层次人才111名，同比增长12.1%；设立各类基金14只，总规模139亿元。

【城市建设】2020年，南京经开区抢抓紫东地区建设发展机遇，实施产城融合发展战略，推动开发区由工业园区向产业新城转型。始终坚持规划引领，开展兴智中心、仙林湖东侧地块、龙潭老街等各类规划编制56项，两项规划设计分别荣获国家级优秀城市规划设计三等奖和表扬奖。始终坚持土地集约利用高质量发展模式，2020年度经开区集约利用评价国批范围土地开发利用率99.17%，在全省55个国家级工业主导型开发区土地集约利用综合分值排序中位列第三。加快经营性用地上市步伐，举办产城融合发展规划暨经营性用地推介会，出台“助力房企‘暖心十条’政策措施”。片区开发取得重大进展，总投资200亿元的南京华侨城欢乐谷玛雅海滩水公园、陆公园相继建成开园，引领南京文旅“新消费”热潮，龙潭新城核心区建设稳步实施，兴智中心商业住宅和配套基础设施加快建设。苏宁广场开工建设，宝龙商业综合体项目落地。优化交通格局，建成通车7条道路，地铁6号线新生圩、兴智路和新港开发区站率先启动建设。

【管理与服务】2020年，南京经开区全面抓好环境保护、安全生产、城市管理、社会保障等工作，安全的发展大局得到维护。加强环境保护和生态建设，扎实推进长江经济带高质量发展，兴武沟、便民河等主要河流水质保持V类水标准，空气优良率达85.7%。落实专项巡查督查整改要求，持续性开展全域安全生产大排查、大整治，保持了安全稳定的发展形势。加快“放管服”改革，权力事项进驻率达100%，不见面审批覆盖率达98%以上，3.0版的营商环境模式初步形成。加快提升园区城市管养水平，全区环卫机械化作业率达95%以上，在全市率先实现养护市场化全覆盖，市容环境、扬尘管控、交通秩序等工作稳步推进，环境面貌不断改善。强化民生保障，及时兑现百姓承诺，交付保障房 2 033 套，即将交付 2 661 套。妥善处理群众诉求，建立运行“先解决问题再说”工作机制，“12345”工单综合满意率达 90% 以上。

【机构设置与党工委管委会领导】（至 2020.12.31）

中共南京市委南京经济技术开发区工委领导：工委书记黎辉；工委副书记沈吉鸿、陈乙华（女），工委委员蒋伟（4 月份免）、沈吟龙、徐宁生、翟建明(4 月份免)、陈靠山(4 月份任)、刘洪文（6 月份任）、熊俊（4 月份任）；中共南京市纪委经济技术开发区工委领导：书记翟建明（4 月份免）、陈靠山（4 月份任）；南京经济技术开发区管委会领导：管委会主任沈吉鸿，管委会副主任沈吟龙、徐宁生、刘洪文（6 月份任）、熊俊（4 月份任）、周华（科技镇长团挂职）；二级巡视员李华、蒋伟（4 月份任）、刘众(8 月份任)，一级调研员陈林午。

中共南京市委南京经济技术开发区工委工作机构：党政办公室、组织人事部（人力资源和社会保障局、机关党委）、宣传与统战部、群团工作部；南京经济技术开发区管委会工作机构：经济发展局、投资促进局、企业服务局、科技人才局（知识产权局）、财政局（国有资产监督管理办公室）、审计局、规划和自然资源局、建设与交通局、城市管理局（综合执法支队）、应急管理局、行政审批局（政务服务中心）、市场监督管理局、环境保护局、南京综合保税区管理委员会（龙潭）管理局、南京新港高新园管理办公室、城市建设指挥部；纪检机构：中共南京市纪委经济技术开发区工委。

【大事记】

1 月 17 日，2019 年国家级经济技术开发区综合发展水平考核评价结果公布，南京经开区综合考评跻身全国第九。

2 月 22 日，南京经开区出台助力企业全面达产“惠企 10 条”政策，包括包飞机、发专车、给补贴等 10 条惠企措施。

3 月 8 日，南京栖霞区、南京经济技术开发区、仙林大学城三区重大项目竣工投产暨新项目集中开工仪式举行，参加现场会的重大产业项目合计 74 个，总投资 863 亿元。

5 月 12 日，南京经开区召开优化管理运行机制改革动员部署会，加速“去行政化”改革。

6 月 19 日，“未来科技智慧中心”落户南京经开区，通过共建 5G+ 智慧园区，为智慧城市的未来发展打造前瞻性标杆。

7 月 1 日，南京华侨城大型文化旅游综合项目——南京玛雅海滩水公园试营业启动仪式在加勒比海滩举行，7 月 2 日面向游客开放。

9 月 28 日上午，全省首家企业 24 小时自助政务服务驿站在南京经开区乐金化学（南京）信息电子材料有限公司正式启用。

10 月 30 日，“江苏—韩国企业家合作交流会暨第二届中韩贸易投资博览会”在盐城举行，南京经开区分别与 LG 化学株式会社、LG 电子株式会社签约了 LG 化学圆柱形汽车动力电池和 LG 电子新能源汽车零部件 2 个项目。

11 月 11 日，全国第 8 家欢乐谷——南京欢乐谷在南京经开区开业，总投资 60 亿元。

11 月 27 日，21 世纪经济研究院发布《2020 年全国南京经开区营商环境指数报告》，南京经开区营商环境跃升全国第四，比 2019 年排名大幅跃升 6 个位次。

12 月 11 日，南京经开区龙潭综合物流园荣获“2020 年度中国优秀物流园区”。

南京经济技术开发区 2019—2020 年主要经济综合指标一览表

项 目		单位	2019 年	2020 年	增减 (%)
开发区生产总值		亿元	1 135	1 190	4.85
第二产业		亿元	797	803	0.75
工业		亿元	715	739	3.36
第三产业		亿元	334	383	14.67
工业总产值（现价）		亿元	3 096	3 100	0.13
高新技术企业		亿元	648	706	8.95
销售（营业）收入		亿元	4 029	4 359	8.19
第二产业		亿元	3 453	3 293	−4.63
工业		亿元	2 955	3 038	2.81
第三产业		亿元	772	1 050	36.01
利润总额		亿元	211	222	5.21
第二产业		亿元	137	140	2.19
工业		亿元	123	125	1.63
区内主导产业及产值	1. 新型电子信息	亿元	797	855	7.28
	2. 石油化工	亿元	920	814	−11.52
	3. 装备制造	亿元	404	539	33.42
进出口总额		亿美元	126	124	−1.59
出口		亿美元	64	67	4.69
财政收入		亿元	348	383	10.06
税收收入		亿元	263	265	0.76
新批企业个数		家	1 754	3 519	200.63
外商及港澳台企业		家	13	37	184.62
内资企业		家	1 741	3 482	200
区内世界 500 强企业数		家	90	–	–
国家级高新技术企业数		家	515	694	34.76
新批企业投资额	外商及港澳台企业	亿美元	6.3	20.3	222.22
	内资企业	亿元	112	331	195.54
	增资企业	亿美元	–	–	–
规上企业个数		家	241	303	25.73
科学研究与试验发展经费（R&D）支出		万元	543 172	564 168	3.87
研究与试验发展（R&D）经费投入强度		%	1.35	1.34	−0.74
合同外资金额		亿美元	6.3	20.3	222.22
固定资产投资		亿元	156.2	226.6	45.07
年末从业人员数		万人	17	17	0.00
万元 GDP 能耗		吨标煤 / 万元	0.72	0.62	−13.89
水资源消耗总量		万立方米	8 317	9 550	14.83
单位国内生产总值取水量		立方米 / 万元	11.7	10.3	−11.97
上市企业数量		家	8	11	137.5

（南京经济技术开发区管委会）

长沙经济技术开发区

【经济发展】2020 年，长沙经济技术开发区（以下简称“长沙经开区”）实现规模工业总产值 2 530.5 亿元，同比增长 6.2%。完成规模工业增加值 562.1 亿元，同比增长 8.1%。完成全社会固定资产投资 311.6 亿元，同比增长 7.6%。完成工商税收 171 亿元，同比增长 9.9%。

【产业发展】2020 年，长沙经开区抢抓自贸区建设和战略新兴产业机遇，推动“两主一特”迭代升级，工程机械产业实现产值 1 615.2 亿元，同比增长 22.8%；汽车制造及零部件产业产值 508.5 亿元，同比下降 25.3%；电子信息产业产值 236.3 亿元，同比增长 3%。初步形成工程机械及先进轨道交通装备、汽车及零部件、以新一代半导体及集成电路为特色的电子信息、生物技术及生命健康、以区块链为核心的数字产业五大产业生态，进一步增强园区的发展后劲和抗风险能力。

【科技创新】2020 年，长沙经开区新增高新技术企业 153 家，总数达 357 家。规模工业企业完成研发投入 109.8 亿元，增长 17.6%。新研发省市首台（套）智能制造装备 19 件，专利申请量、授权量分别达 3 031 件、2 665 件。知识产权质押融资额 5.89 亿元，排名全省第一。高峰智能制造产业园等工业地产项目加快建设，新增投资 17.4 亿元，新增工业地产建筑面积 37.1 万平方米，各创业基地新引进小微企业 223 家。新增省级企业技术中心 1 家、省级工业设计中心 4 家。湖南省知识产权综合服务中心长沙经开区分中心挂牌成立。

【投资促进】2020 年，长沙经开区新引进 1 亿元以上项目 33 个，总投资额 210 亿元，其中三类 500 强项目 8 个。储备重点在谈项目 33 个，总投资额 345 亿元。完成外贸进出口总额 55 亿美元，同比增长 10.82%。完成实际利用外资 8.15 亿美元，同比增长 14.64%。完成外商直接投资 1.28 亿美元，夸特纳斯、道依茨两家企业到位直投均超过 1 000 万美元。

【绿色集约】2020 年，长沙经开区规上工业企业工业耗能 51.4 万吨标准煤，万元产值综合能耗 0.022 3 吨标准煤 / 万元。主要能源中，电力消耗 32.7 亿度，天然气消耗 4 408 万立方米。园区国控站点优良天数 305 天，优良率 83.3%，圆满完成年度优良率、臭氧、PM2.5 和重污染天的考核目标。臭氧污染防治、燃气锅炉低氮改造、重点企业挥发性有机物治理、大气污染防治监管平台建设等重点工作成效显著。重点完成园区污水处理“一园一档”工作并高分通过市联合审核。完成星沙污水处理厂四期项目扩容提质，完成梨江港等园区流域所涉及企业的错混接情况整改。严格落实“洞庭清波”专项行动督导问题整改工作，采取“一旬一调度”机制，确保完成验收销号。圆满完成省生态环保督察“回头看”迎检工作，全力抓好生态环境部臭氧污染防治帮扶指导问题整改。大力推进危险废物专项大调查大排查工作，227 家产废企业全部完成阶段性工作。从环评审批服务、排污许可核发、专项资金引导、环保业务培训等方面发力，全面实现工业园区企业排污许可证应发尽发。

【“三位一体”建设】智能制造。以试点示范项目建设带动园区数字化转型加速由点状突破向整体跃升迈进，完成 20 家区级智能制造试点企业评审验收工作，补助企业1 507万元。新增省级智能制造示范车间2家、市级智能制造试点企业48家，省级上云上平台标杆企业4家。园区已有国家级试点示范企业（专项）10个、省级智能制造示范试点14家、省级上云上平台标杆企业6家，市级智能制造试点企业总数140家，智能制造企业总产值已占规上企业的85%。

（1）工业互联网。联合中国信通院发布全国首个结合区域产业特色提出5G工业应用场景的体系性文件《长沙经济技术开发区“5G+”新型基础设施建设发展指南》，与三大运营商签订战略合作协议，开通5G基站1 205个，实现园区范围5G网络全覆盖。获批全省首个“5G+工业互联网”先导区（长沙星沙），打造6个“5G+工业互联网”标杆示范项目，园区14家企业项目入选湖南省2020年“数字新基建”100个标志性项目。

（2）智慧园区。二期项目建成企业服务管理系统、工业经济运行分析系统、电子档案系统、智慧园区信息仓以及手机端App。三期8个项目中，智慧人才招聘系统、招商引资导引图、创业中心综合服务平台、“综合能源e管家”、区块链金融服务平台、项目申报管理平台陆续开发完成，进入测试阶段，企业服务卡已投入使用。机关信息化改造项目启动开发建设。四期4个项目中，数字化人才平台、数字园区信息化运营项目进入公开招投标阶段，数字知识产权公共服务平台、知识产权保护平台正在开发建设。

【自贸区建设】2020年，长沙经开区围绕自贸区建设7大领域121项改革试点任务，坚持“高端制造业+”理念，推动113项改革事项与园区高质量、产业高端化发展有机融合，重点在智能制造、贸易便利化、重大项目用地保障、行政审批、金融创新、知识产权等领域自主承接或自主探索改革事项。对接商务部研究院等智库机构，加紧开展创新案例设计培育工作。按照高端装备制造、新一代信息技术、生物医药等产业布局，开展省外境外招商、产业链招商。区块首批引进的微智医疗创新科技园、中国—丹麦ECO产业园、中欧科技产业园、索恩格二期等16个项目，总投资400多亿元。洽谈储备恒力液压、诺玛液压、凯恩利液压、凯鹏液流器材、盈旺汽车车身等工程机械及汽车产业关键零部件配套项目20余个。围绕吸引金融、人才、项目等高端要素资源，铺排湖南自贸试验区三一科学城、国际金融港、国际人才港、国际先进制造业总部经济中心、知识产权服务中心等重大功能性平台项目。

【基础设施建设】2020年，长沙经开区铺排基础设施项目156个，完成投资35.59亿元。建成人行道、自行车道28.1千米、停车场4个，新增绿地面积29.27万平方米。推动11条道路提质改造，共25.52千米。拉通排水39.6千米。推进电力“630攻坚”，新建与续建电力工程17处，完成强弱电改迁30.8千米。完成1座110千伏专变建设。完成24.78千米自来水管网建设，改造及管线迁改1.55千米。完成星沙污水处理厂四期项目扩容提质，扩建7万吨/天污水处理设施。完成燃气民用户开发32 779户，敷设中压干管716千米。

【投融资服务】2020年，长沙经开区拓展财政筹资渠道。与国家开发银行、长沙银行、星沙农商行等金融机构签订战略合作协议，形成一系列金融产品资源库。携手金融机构联合创建金融集市产品创新研发中心。构建园区“金融集市云平台”开展18场专题活动，惠及800余家企业，促成企业融资20亿元。

夯实上市基础工作。修订园区上市（挂牌）支持政策，提高补助标准、将科创板等纳入补助范围、实施分段补助，企业申报资料实时受理，优化申报审批流程，加快补贴兑现步伐，缓解企业上市前期资金压力。开展上市专题沙龙，走访源品生物、微智医疗等30余家有潜力的企业，推荐20家园区企业进入省市上市后备企业库。

推进金融改革创新。研究探索融资租赁服务高端装备制造业发展集成业务模式、开展先进制造业企业外债便利化试点等6个制度创新方向。积极推进国际金融港重大功能性平台建设。

【体制机制创新】2020年，长沙经开区派驻改内设，将原派驻园区的国土、规划、工商、质监等市直驻区机构全部成建制划为园区管委会内设机构，办事不再“两头跑”。委托改授权，将自然资源和规划、市场监管等市直部门30项权限，由委托派驻机构改为直接授权管委会行使，服务不再“往上跑”。分散改集中，成立行政审批服务局，将市场准入、工程建设、生态环保等原分散在8个部门的75项行政许可及关联事项划转至行政审批服务局，实现“一枚印章管审批”，盖章不再“多处跑”，成功打造湖南首个审批权限全集中改革案例，成为湖南首家实现审批权限全划转的园区，完成星沙产业基地和土储中心成建制划转，开展相对集中行政许可权改革。积极争取市委组织部同意雇员参加副县职位竞聘，打通管委会和直属企业双向交流通道，同步选拔配备集团公司、城建公司及星沙产业基地管理中心班子成员。内设机构及事业单位有关职责分工明确清晰，部门职能更加优化、处室设置更加科学、运行更加有效。

【国际合作】2020年9月28日，中国民贸中日企业家俱乐部成立活动暨长沙经开区专场交流会在北京举行，出席的领导和中日知名企业家代表共80余人。长沙经开区与日本贸易振兴机构武汉代表处达成合作意向，进一步推动与日资企业全方位、多层次、宽领域合作。2020年10月16日，第四届中德汽车大会在长沙经开区举行，中德两国专家、企业、行业组织及专业服务机构代表300余人参加。围绕“深度融合升级版，协作共赢新机遇”主题，探讨数字化升级、商用车智能化、产业链投资并购、氢能源汽车发展等领域的相关话题，抢抓新形势下中德汽车产业创新合作新机遇。

【政策发布】2020年2月28日，出台《全力支持企业复工复产的十二条措施》，重点从疫情防控、稳岗招聘、金融帮扶、提升本地配套率等方面进行精准支持。12月31日，出台《加快湖南自贸试验区建设打造具有核心竞争力的高科技园区的实施办法》，围绕企业技术中心建设，高新技术企业培育、企业研发投入，关键核心技术攻关、技术转移转化等方面，深入推进创新驱动发展战略实施。出台《加快湖南自贸试验区建设促进集成电路产业发展的实施办法》，进一步加大对集成电路设计、封装、测试等企业的支持力度，提升集成电路产业技术水平，吸引优质的集成电路技术、人才等创新要素聚集。出台《长沙经开区建设国际人才港加快人才集聚发展若干措施》，对海外人才和高端人才实施差异化支持举措，打造园区招才引智政策“升级版”。

【社会事业】2020年，湖南第一师范学院星沙实验小学、康礼•克雷格学校9月竣工开学。三博脑科医院、长沙金东方颐养中心项目加快建设。制定产业员工生活配套园室内设施配备方案，协助SPV公司完成9栋多层和2栋小高层2 574套住房配套设施配置工作，协助项目工作组入驻开展运营筹备前期相关工作；协调解决山河智能、顶立科技、柯盛新材等企业200名职工入住县公租房，保障企业住房需求。启动企业服务卡试运行，为园区企业提供高铁、机场出行、入学就医服务，服务覆盖139家园区企业，1 536位企业高管、高层次人才及家属。

【党建工作】2020年，长沙经开区新建企业党组织7家、改选基层班子41家、集中整顿软弱涣散组织5家、撤销空壳党组织10家。园区349个企业基层党组织纳入管理，设置10个党建工作片区，打破园区企业党建工作条块运行的限制，完成片区前期党群服务中心建设。组织2次春（秋）训党务干部培训班，举办7期“党务小课堂”，选派各级党务干部参加上级调训3次。完成第三批示范化“五化”党支部建设，评选出9个示范化基层党支部，建设规范化党员活动室6个。依托互联共建联组、产业链党建小组等工作抓手，引导各级基层组织开展各类党群活动100余次。学习贯彻习近平在湖南考察重要讲话精神，开展“两争一创”和“聚焦高质量、星沙在行动”活动，评选表彰40个先进集体和135名优秀个人“两争一创”典型。完成109名党员发展任务，按时完成2019年272名预备党员转正审批、2020年109名新发展党员档案审批及2021年651名入党积极分子预审。深耕“书记项目”工程，实施“书记项目”100余项，直接、间接创造经济效益超过2亿元。制定《长沙经开区基层党组织和党建工作经费使用管理办法（试行）》等五个管理办法。

【机构设置与工管委领导】2020年，长沙经开区工管委内设机关党委、办公室、人力资源与社会保障局、党群工作局、纪检监察审计室、招商合作局（自贸试验区办公室）、经济发展和企业服务局、财政局、社会事业局、重点项目推进服务局、自然资源和规划建设局、市场监督管理局（知识产权局）、行政审批服务局、总工会14个工作部门；所属政务服务中心、创业服务中心、人力资源公共服务中心、投资评审中心、政府采购与招投标中心、征地拆迁安置事务所（征地服务中心）、建设工程质量安全监督站、法律事务中心、产业发展事务中心、星沙产业基地管理中心、土地储备中心11个事业单位；直属长沙经济技术开发集团有限公司、长沙经开区城建开发有限公司2家企业。

工管委班子成员：党工委书记沈裕谋，党工委副书记、管委会主任张庆红，党工委副书记贺代贵，党工委委员、纪工委书记、监察工委主任周志远，党工委委员、管委会副主任常利民，党工委委员、管委会副主任袁钊，党工委委员、管委会副主任张湘鸿。

（长沙经济技术开发区管理委员会）

萧山经济技术开发区

【概况】2020 年，面对国内外形式的深刻复杂变化特别是突如其来的新冠肺炎疫情，开发区以“领头雁”“排头兵”的担当，着力攻坚克难，主动担当作为，为发展聚力、为企业赋能、为治理提效，推动经济社会发展取得新成效。在国家级开发区综合考评中连续两年排名大幅提升，在全省 21 个国家级开发区中排名上升至第 4 位，在全国 219 个国家级开发区中排名上升至第 44 位，首次跻身全国 50 强，其中实际使用外资位列全国第 9 位。实际利用外资考核指标进入了国家级开发区的 10 强；高新技术企业数量较上年增加了 59.3%；每万人口拥有发明专利量增加了 70.5%；国家级孵化器和众创空间不仅有了零的突破，在数量上已经达到 5 家；规上工业增加值 117.6 亿元，占萧山全区规上工业增加值的比重达 32%。

【经济发展】2020 年，萧山开发区坚持疫情防控和经济发展“两手都要硬、两战都要赢”，迅速建立“社会面、企业、建设工地”三线管控防疫体系，全力推进复工复产。经济指标率先转正。在全区率先实现工业总产值、工业增加值等主要经济指标的提速增长。全年实现固定资产投资 92 亿元，同比增长 5.1%；规上工业总产值 466.9 亿元，同比增长 0.5%；规上工业增加值 117.6 亿元，同比增长 0.6%；规上高新技术产业增加值 87.4 亿元，同比增长 2.3%；数字经济增加值累计完成 41.2 亿元，同比增长 15.7%；规上服务业增加值 65 亿元。实现财政总收入 120.41 亿元、一般公共预算收入 76.65 亿元，分别增长 9.54%、19.23%。

【复工复产】2020 年，萧山开发区率先研究出台“惠企 20 条”，开通员工省际包机，破解企业难题 100 余个，帮助企业通过“亲清在线”兑现疫情相关补助资金超 6 000 多万元。政策扶持精准到位，涉及技改设备、物资保障、复工达产、产业链配套、返萧交通费用等五大政策扶持金额达 1.3 亿元。率先组建 10 个专班，激发企业发展活力。搭建“云招聘”平台，以“云招商”形式在线谈项目、抓招商。推进“创新券”应用和“云路演”平台。“暖心的服务，硬核的政策”等复工复产做法先后被《人民日报》《人民网》《浙江日报》等媒体刊播。

【招商引资】2020 年，萧山开发区集中优势资源，精准发力招引大项目、好项目，打造特色产业，做强优势产业。招商引资持续全区第一。全年招引落地项目 44 个，总投资 360 亿元，其中投资 10 亿元项目 12 个、投资 20 亿元项目 5 个，世界 500 强采埃孚驱动产品生产基地项目、华擎半导体制造项目和彗晶芯片散热新材料制造项目等重大项目签约落户。完成新批外商投资企业 45 家，商务部口径实际利用外资 3.86 亿美元。

【项目建设】2020 年，萧山开发区重点项目加快落地。“4286”产业载体重点项目建设勇挑重担，新项目开工 14 个。总投资 10 亿元的明电舍新能源汽车项目一期工厂顺利竣工，总投资 1.5 亿美元的采埃孚汽车关键零部件项目部分投产，总投资 9.57 亿元的兆丰智能化工厂项目即将投入使用，总投资 5 亿元的圣奥时尚家具生产基地项目厂房结顶。

【科技创新】2020 年，萧山开发区新引进院士专家等顶尖人才 3 人，新增国家级领军人才 7

人，省级领军人才7人。新落地“5213”计划人才项目28个，超额完成目标。新增院士工作站1家，国家级博士后工作站1家。以重点载体建设为抓手，加快高端产业集聚，提升创新创业水平。信息港小镇加速建设超300万平方米的创新载体、总部大楼，新建成运营空间53万平方米，在省级小微企业园绩效综合考评中获得第一，获评国家火炬特色产业基地，连续四年获国家级科技企业孵化器A类优秀。机器人小镇持续打造50万平方米的发展新空间，开通数字公交专线，产业综合体、生活综合体主体完工。连续三年在省级特色小镇考核中被评为优秀。三江创智小镇加快基础设施建设，14个重大项目签约入驻，总投资90亿元。科技城以收储加建设的模式，近200万平方米的“三谷一园一基地”创新载体加快推进。浙江大学杭州国际科创中心启动区块总建筑面积超10万平方米的创新空间投入使用，新建区块一期项目开工。绿色智造产业新城全年新开工基建、民生及产业项目9个，举行全省重大项目开工仪式，园区债券获批发行，绿色化工园区通过省级认定。

创新动能不断集聚，主动融入长三角，在更大范围引进资源、配置资源。数字化改造全面覆盖。新增市工厂物联网项目8个，市数字化改造攻关项目2个，区智能制造项目22个。联合西门子创新中心，免费为企业提供智能化改造“一对一”入户诊断服务。完成规上企业数字化覆盖率和上云率双百目标。链长制强化产业链协同。扎实推进高端装备制造产业链链长制试点工作，着力破解企业发展难题，有效激发企业高质量发展动力。重汽杭发营收和产值双双突破50亿元，产量突破10万台。

【功能提升】2020年，萧山开发区在扩大城市体量的同时，不断加强城市管理，提升城市品位。①规划引领更全面。高标准编制“十四五”发展规划；完成开发区发展战略研究，市北、桥南、红垦单元控规修编，益农产业单元控规评审。②城市配套更优化。扎实推进总投资258亿元、总建筑面积460万平方米的安置房建设，开工建设安置房项目占全区安置房项目68.5%。实施建设二路、弘慧路等20余条道路新改建工程。高标准推进百日攻坚行动。③教育格局更开放。总投资超5亿元的市心小学、信息港幼儿园投入使用，总投资5.5亿元的信息港初中、天德路幼儿园等加快建设。科技城尚德实验学校完成设计方案。④平安建设更深入。持续优化网格建设，开展反邪专项行动，抓好消防“回头看”，构建“大调解”格局，强化“四个平台”建设，连续15年被评为平安建设先进单位。发展保障更有力。积极与中化集团、中冶集团等央企达成战略合作，争取一般债券、专项债券等上级资金14.9亿元，发行公司债券（保障性住房）27亿元。

【党建工作】坚持党建引领，深化清廉开发区建设，不断提高干部队伍干事创业水平。2002年，萧山开发区摸排189家规上制造业、58家规上数字经济企业、2家省级特色小镇、4家省级众创空间，扣清底数，扫除盲点，实现党的工作全覆盖，扎实推进支部标准化建设。开展两新党建“品牌型、成长型、初创型”示范梯队建设，打造杭州湾信息港党委“五朵云”模式和微医集团党委“爱心援助、健康公益”等数字经济党建金名片。结合机构改革激发干事创业动力，在对标一流中拉高标杆，持续开展“民情双访”定向专访企业活动，累计开展中层干部和骨干力量“一对一”驻点服务300余次。完成社区组织换届。支部结对社区，党员下沉一线，在实际工作中历练、比拼，干部队伍精神面貌持续提升，作风效能更加优化。

【平台载体建设】

全国首个数字健康创新谷开园。5月7日，杭州湾数字健康创新谷正式开园，由此正式开启了萧山打造数字健康示范区的新篇章。杭州湾数字健康创新谷位于萧山经济技术开发区信息港小镇六期。开园仪式上，举行了落户项目集中签约仪式，首批签约的10个项目中既有世界500强中国电子旗下中电杭州数字港项目，也有独角兽乐刻运动、准独角兽贝康科技以及中科院生物物理研究所孵化的高科技项目，对推动我区优质产业加速集聚，新兴经济扩容发展具有重要意义。至2020年末，已有35个龙头型、总部型项目签约落户。

浙江大学杭州国际科创中心在开发区开园。7月16日，浙江大学杭州国际科创中心开园活动在开发区举行，市校共铸硬核科技新引擎迈出关键一步。浙江大学杭州科创中心是新时代杭州市和浙江大学全面深化市校战略合作共建的重大科技创新平台，聚焦物质科学、信息科学、生命科学的会聚融通，以打造世界一流水平、引领未来发展的全球顶尖科技创新中心为目标，打通前沿科学研究、颠覆性技术研发和成果产业化的全链条，探索有利于基础研究、应用研究与产业发展有机融通的创新体制机制。中心将围绕打造创新主体最协同、创新资源最集聚、创新成果转化最有效、创新体制机制最灵活、创新创业环境最优良的创新生态系统，打通科技创新体系和产业创新体系两大创新体系，实施顶尖人才助力计划、攻坚人才提升计划、青年人才卓越计划三大人才计划，建设卓越中心、研发中心、孵化中心、产业中心四大空间载体，聚焦微纳尺度下的功能材料、微纳电子信息、微纳智造、合成生物、生态环保五大重点攻关领域。截至2020年末，完成了取向性二维纳米材料等离子体制备关键技术与装备、基于微纳复合生物材料的定域肿瘤诊疗体系与技术研究等6个项目。

世界500强扎堆，开发区产业引“活血”。2020年继采埃孚三度投资后，ABB和圣戈班两家世界500强企业同时选择在萧山经济技术开发区追加投资、增设项目，充分体现了开发区依托区域成熟优越的创新氛围，在“创新＋研发”领域进行重要布局。12月1日，ABB工业自动化事业部中国技术中心在开发区正式成立，打造跨部门研发项目的枢纽和合作平台。ABB工业自动化事业部为流程工业和混合行业用户提供广泛的产品、系统及解决方案，包括用于特定行业的集成自动化、电气化和数字化解决方案、控制技术、软件、全生命周期服务以及测量和分析、船舶和涡轮增压产品。12月2日，圣戈班生物制药一次性系统本地化产线投产正式启动，用于各类单抗、疫苗的生产。两个新项目的落地为开发区高质量发展再添新动能，对产业的进一步聚集起到积极促进作用。创新和研发是企业不断发展的核心驱动力，作为全球技术领导企业，ABB不仅以积极行动推进自身产业创新，更通过产品、解决方案和服务努力构建全新的生态体系，实现技术研究与开发应用的本土化，将ABB的行业专长与最新数字化创新技术相结合，打通从设备端到云端的闭环，全面提升创新能力和竞争实力。圣戈班集团作为一家享誉世界的著名企业，近年来在扩大现有产能的基础上不断引进新的产品线，生产的生物制药一次性耗材已广泛应用于各类单抗、疫苗的生产。按照全球质量标准建设的本地化产线投产，与开发区的发展布局不谋而合，凭借着世界500强强大的发展实力，领先的技术水平，必将为开发区生物经济发展注入新的动力。

信息港小镇八期湾区数字公园正式开园。2020年5月27日，信息港小镇八期湾区数字公园正式开园。湾区数字公园建筑面积约5万平方米，改造总投资额超1亿元，由国家级众创空间湾区孵化器运营，已成功招引和培育众多优质数字项目。首批20余个优质数字经济项目已成功入驻，包括高科技人才领衔的潜力项目及准独角兽、独角兽公司（补充：提供一些有代表性的具体的项目、公司名称）。今年上半年，湾区孵化器还与开发区携手启动“创新杭州湾”全球项目扶持计划，力争在未来3年内扶持1 000个创新项目。

信息港小镇、萧山机器人小镇成功获评杭州数字经济十景。2020年9月17～18日，“2020杭州文旅峰会·新经济会议目的地产业交易会”在杭州举行。会上，杭州“数字经济旅游十景”发布，信息港小镇、萧山机器人小镇成功获评。

信息港小镇位于国家级萧山经济技术开发区核心区域，规划面积3.04平方公里，依托杭州湾信息港为主要载体，以“互联网+”“人工智能+”为特色，聚焦发展数字经济，先后获评国家小型微型企业创业创新示范基地、国家级科技企业孵化器（连续3年考核A类）、国家级中小企业公共服务示范平台、国家级众创空间（3家）、国家3A级旅游景区等，并于2019年正式命名为浙江省特色小镇，着力打造成为浙江省乃至全国先进的科技产业旅游示范点之一。

萧山机器人小镇位于国家级萧山经济技术开发区桥南新城，规划面积3.51平方公里，是中国十大机器人产业园、恰佩克最佳机器人产业园、浙江省首个以“机器人”命名的省级特色小镇。小镇聚焦机器人及智能制造装备产业，致力于打造集机器人研发孵化、生产制造、工程服务、总部经济、论坛会晤、展览体验、教育培训、旅游休闲等功能于一体的机器人全产业链特色小镇。

萧山国际机器人组织联盟落户。2020年11月23日，第六届中国（杭州）国际机器人西湖论坛在杭州国际博览中心举行。论坛由浙江省机器人产业发展协会和萧山经济技术开发区管委会共同举办，以“机器人与服务人类”为主题，共设两大主论坛，即机器人与服务人类论坛、国际机器人创新与合作长三角（杭州）论坛，还有工业移动机器人、机器人与大健康产业、机器人职业技术教育与培训、机器人与智能建造四场行业专题论坛，以及2020RoboCom世界机器人开发者大赛和2020GRG工业AGV邀请赛两场国际性赛事。活动期间，国际机器人组织联盟正式成立，并落户萧山机器人小镇。国际机器人组织联盟，由浙江省机器人产业发展协会与芬兰、美国、新加坡、日本、澳大利亚、以色列、西班牙、马来西亚等国家和地区的机器人组织共同发起。作为独立运行的全球化机器人产学研交流合作国际联盟，国际机器人组织联盟将致力于机器人技术科研、产业成果转化，以创新、合作、互利、共赢为准则，进一步搭建国际机器人交流合作平台，促进全球机器人产业生态有机融合及健康发展。

自由贸易试验区杭州片区正式挂牌设立。2020年9月24日，中国（浙江）自由贸易试验区杭州片区正式挂牌设立。其中涉及开发区的实施面积为10.58平方公里，占杭州片区的28.6%，萧山区块的65.8%。主要集中于桥南区块，附带红垦农场、钱江农场和科技城部分区域，经划定的四至范围为：东至红垦肉类加工有限公司—红泰六路—垦辉六路，西至耕文路，南至机场路，北至萧清大道。

开发区板块红线范围内现有规上企业149家、高新技术企业88家、上市企业9家、世界500强企业14家、固定资产投资项目46个、重点龙头企业20家，共有26个项目进入了自贸区的重点统计项目，占萧山区块项目总数的81.3%，涉及投资总额达200多亿元，共有签约项目9个，在建项目14个，竣工项目3个，涵盖了新能源汽车及关键零部件、高端装备、5G通讯、安防系统、生物医药、新材料等产业。

（萧山经济技术开发区管委会）

乌鲁木齐经济技术开发区（头屯河区）

【概况】乌鲁木齐经济技术开发区1994年8月经国务院批准设立，是新疆维吾尔自治区第一个国家级开发区；2011年1月，经开区与市辖行政区头屯河区合并，实行“区政合一”，集国家级开发区、行政区、国际陆港区、综合保税区及若干特色功能园区于一体，是乌鲁木齐乃至新疆维吾尔自治区特有的多功能、复合型经济区。

【经济发展】2020年，乌鲁木齐开发区实现国内生产总值556亿元，同比增长0.6%；财政收入124.3亿元，增长1.7%；全社会固定资产投资348亿元，增长2.4%；工业投资61.6亿元，增长42.8%；工业增加值141.2亿元，增长6.2%；进出口总额216.3亿元人民币，增长5%。

【产业发展】2020年，乌鲁木齐开发区工业发展提质增效。智能制造实现新发展，卓郎纺机填补全疆纺织机械产业空白。智能终端从无到有，中国长城新疆首台电脑整机成功下线。新疆人力资源服务产业园作为全疆首家自治区级人力资源服务产业园开源运营。①支柱产业提速升级。钢铁产业产能进一步释放，汽车制造业全面复苏，广汽稳定排产，陕汽产值增长近50%。卓郎纺织带动全疆智能制造产业升级，装备制造业量质齐升。新增规上工业企业9家，产值超亿元企业达到45家，工业总产值达到725亿元。②新兴产业加速成长。新材料、新能源、生物医药战略性新兴企业达16家，占全市41%，产业链现代化水平明显提高。乾威精密铜产量翻倍增长，恒大动力电池实现两周内极速开工，国药集团、生化药业、海瑞贝斯等快速发展。③重点项目全速推进。两河高端制造产业园、建投新兴产业园、百纳威智能终端产业园、城投高科技产业园开工建设，正威丝路产业园等项目进展顺利。传统产业转型步伐加快，蒙牛、伊利、上汽等24个技改项目全面铺开。成功举办两批重点项目集中开工仪式，169个市级重点项目完成投资199亿元，499个区级重点项目完成投资236亿元。

现代服务业加速提升。生产性服务业逐步升级。东方希望、东方今典等知名企业总部纷纷落地，京东“亚洲一号”物流园一期主体建成，海鸿、苏宁、唯品会成为全市物流基石。数字经济步入发展快车道，软件园、云计算功能提升、集成优化，新疆人力资源产业园挂牌运营，工业云大数据创新中心建成投用，电商产业园新增注册企业150余家，交易额达180亿元。金融服务不断集聚，北京银行、兴业银行相继运营，引进国海证券、新旅资本等9家金融机构，产业引导基金规模跻身全国30强。企业上市再上台阶，博纳影业顺利过会，恒升医学、冠新软件步伐加快。生活性服务业加快发展。高铁美食广场、YOYO美食街、盛达77街区全面运营，7家餐饮企业获评钻级酒家，餐饮品质进一步提升。新零售业态不断扩张，紫罗兰、百成鲜食等企业成长迅速，八点半、每日每夜等品牌遍地开花，十分钟触达千万家。

【科技创新】乌鲁木齐开发区科技创新能力迸发，成功跻身丝绸之路经济带创新驱动发展试验区“五地七区”建设序列，并被确立为“产业转型升级引领示范区”。已逐步形成以白鸟湖新区为主区，国际陆港区、新疆软件园、综合保税区、绿谷科创城、小微企业园等为联动的

"1+N" 发展格局。以绿谷创新中心为核心的创新创业载体作用显现，新增创业企业 138 家，注册资本 6.2 亿元。科技服务体系建设加速推进，全要素科技创新服务平台正式上线，"龙头企业 + 资本助力 + 产业聚集" 融通发展模式渐成规模。2020 年，全区高新技术企业 115 家，科技企业孵化器 7 家，众创空间 12 家，离岸孵化器 2 家。

【投资促进】2020 年，乌鲁木齐开发区招商服务提档升级，项目落地再创新高，全年累计引进招商引资项目 24 个，引入投资总额过百亿项目 2 个，过十亿项目 8 个，投资总额 681.83 亿元，同比增长 10.34%。其中，14 个项目实现当年引进、当年开工。投资结构不断优化，新引进工业项目 13 个，包括恒大新能源动力电池、中国长城自主创新基地、城投高科技智能制造产业园、银灵科技高端智能终端制造等项目，投资总额 495 亿元，占招商引资总额七成。恒大新能源动力电池项目在 1 周内实现从接触到签约，2 周内实现开工建设；长城电子项目用 5 个月实现从签约到第一台 "天山系列" 计算机整机下线。"妈妈式" 服务深入人心，"五个一" 服务标准深入落实，"企业服务季" 活动全覆盖走访企业 1 200 余家，政策宣讲、人才招聘纷纷走上 "云端"。中小微企业和个体工商户享受减免、延缓、补贴等各类扶持政策共计 72.43 亿元。

【体制机制创新】2020 年，乌鲁木齐开发区"放管服" 成效明显，亲清政商关系加快构建，行政审批事项大幅减压，建成智能化政务大厅，30 项可全程网办。推行 "多证合一" "容缺受理" 等服务，新设立企业增长 10%，位居全市首位。工程建设行政审批系统全面运行，办理时限进一步压缩。积极推进政务公开，加强事中事后监管，监管效能持续提高。在全市率先建成社会信用信息共享服务平台，持续打造 "诚信经开" 文化氛围。"最多跑一次" 改革提速提质，政务服务向 "一窗受理、集成服务" 转变，建立帮办代办队伍，实现企业服务 "零距离"。"互联网 + 政务服务" 优化升级，事项可网办率达 96%，以 "键对键" 减少 "面对面"。

【绿色集约】2020 年，乌鲁木齐开发区生态环境不断改善，高水平推进"六句话"工程，"树上山"新增 546 亩、改造提升 1 600 亩，"地变绿" 新增 1 060 亩，大绿谷生态公园开门迎客，居民尽享绿色福利。水土保持治理 413.3 公顷，超量完成治理目标。"城变美" 美化、亮化 2.4 万平方米，城区靓出新面貌。突出大气污染治理，加强重点企业行业污染监管，完成 28 台工业锅炉改造、46 台燃气锅炉降氮、354 户燃煤供热设施拆改，区域污染天数明显减少，空气质量优良天数达 267 天，天朗气清成为城区底色。

【城市建设】2020 年，乌鲁木齐开发区基础设施不断完善。强化规划引领作用，区域国土空间总体规划编制工作扎实推进，重点区域规划设计高标准完成。征收土地 2 580 亩，二期转型升级基本完成，整理土地 28.5 万平方米，土地利用质量和效益进一步提高。区域交通网络进一步优化，三大片区重点工程成果显著，金阳路下穿铁路工程完成 50%，豫宾路与乌奎高速互通立交完成 40%，纺服中心临时连通匝道竣工通车。两河片区 "一纵四横" 主干路网逐步形成，隧道工程完成 40%。丰田村、河南庄村等五个区域 27 条道路顺利完成。

新区开发步伐加快。纺服中心园区基础设施建设基本完成，研发设计工作站投入使用，创意研发设计中心、全国纱线电子交易市场、园区服务中心、同创城等核心项目建设全面启动。完成现代服务产业园概念性规划，大健康综合体、中国长城乌鲁木齐自主创新基地等项目开工。两河片区峥嵘初现，产业园区内部公共配套服务设施不断完善，与一号台地连通隧道工程完成 40%，"一纵四横" 主干路网逐步形成。两河高端制造科技产业园建设加速推进，助力汽车产业不断壮大。天山两河谷文旅项目建设提速提质，神榆景点吸引无数游客纷至沓来。现代化城区建设如火如荼，高铁片区、白鸟湖新区高楼林立、流光溢彩，乌鲁木齐站车水马龙，万达商圈人气爆棚，宝能地标直上云霄，高铁片区新增人口6万，成为投资置业首选地。白鸟湖万达启动建设，德港万达火爆开业，城市新地标圈粉无数。

城区面貌焕然一新。“城变美”美化、亮化2.4万平方米，城市大治理全面实施，建筑整治提升工程有力开展，“蜘蛛网”整治行动成效明显。常态化开展爱国卫生运动，疾病传播得到有效预防，健康生活方式逐渐形成。

【国际合作】2020年，乌鲁木齐开发区对外合作不断扩展，积极推进丝绸之路经济带核心区重要承载区建设，打造对外开放新平台。国际陆港区“集货、建园、聚产业”加速推进，成功入选国家首批物流枢纽，中欧班列集结中心投入使用，“集拼集运”模式在全国复制推广，全年开行中欧班列1 015列，开行至中亚及欧洲19个国家、26个城市，“钢铁驼队”在“一带一路”上飞驰前行。临港产业园基础设施建设开足马力，主体工程封顶，园区招商蓄势待发。综合保税区发展创新升级，全年引进企业25家，实现进出口贸易额29.6亿元，同比增长110.6%，位居全疆综保区第2位。跨境电商发展步伐加快，全国首单“国际公路运输跨境电商”测试成功，完成直邮出口255万单，出口额1 052万美元，日均处理单量位居西北五省首位，“西大门GO世界”线上商城成功运行。

【机构设置与区级领导】2020年，乌鲁木齐经济技术开发区（头屯河区）机构设置：

1．片区管委会（14个）：

钢城片区、火车西站片区、高铁片区、白鸟湖片区、中亚南路片区、中亚北路片区、嵩山街片区、王家沟片区、乌昌路片区、北站西路片区、北站东路片区、西湖片区、两河片区、乌鲁木齐站片区

2．法检、区委工作部门、人大办、政协办、公安（17个）：

法院、检察院、纪委监委、区委办、组织部、宣传部、统战部、政法委、网信办、编办、机关工委、巡察办、老干部局、人大办、政协办、区公安分局、钢城公安分局

3．政府工作部门（30个）：

政府办、发展和改革委员会、教育局、科学技术局、工业和信息化局、民族宗教事务局、民政局、司法局、财政局、人力资源和社会保障局、建设局、城市管理局、农业农村局、商务局、招商服务局、文化体育和旅游局、卫生健康委员会、退役军人事务局、应急管理局、审计局、国资委、市场监督管理局、统计局、医疗保障局、政务服务局、信访局、综保区保税业务局、综保区国土资源局、综保区招商服务局、综保区规划建设局

4．群团组织、直属事业单位、临时机构（18个）：

区委党校、史志办、征收办、工业园区办、软管办、留创园、园林管理局、总工会、团区委、妇联、工商联、科协、侨联、红十字会、残联、陆港办、纺服办、两河园区办

5．派驻机构（6个）：

税务局、规划分局、自然资源分局、生态环境分局、社保分中心、气象局

6．区属国企（11个）：

建投集团、建发集团、高铁集团、工投公司、维泰股份、新产投公司、新旅投公司、新城投公司、绿谷金投公司、软件园公司、综保开发公司

区四套班子领导：

区委书记朱刚，区委副书记、管委会主任、区长张峻祥，区委副书记阿地利江•阿布力孜，头屯河区政协书记、副主席党佩东，区委常委、人武部部长闫鋆，区委常委、管委会副主任（常务副区长）李贺祖，区委常委、组织部部长王光地，区委常委、统战部部长卡地尔•吐尔洪，区委常委、纪委书记、监察委主任宋美瑜，区委常委、管委会副主任、副区长李鑫，区委常委、宣传部部长王会成，区委常委、政法委书记霍宏，区委常委、管委会副主任、副区长何咏前，头屯河区人大常委会副主任李炳强，头屯河区人大常委会副主任马明华，管委会副主

任、副区长张长林，管委会副主任、副区长丁彤卒，管委会副主任、副区长侯洁琼，管委会副主任、副区长卢艳红，管委会副主任、副区长蒲杰，管委会副主任、副区长徐兰宏，管委会副主任、副区长张明师，头屯河区政协副主席李春生，头屯河区政协副主席崔芳。

乌鲁木齐经济技术开发区 2019—2020 年主要经济综合指标一览表

项　目		单位	2019 年	2020 年	增减 (%)
开发区生产总值		亿元	544.2	556.4	2
第二产业		亿元	209.45	216.6	3
工业		亿元	142.54	136.9	−4
第三产业		亿元	327.25	332.8	2
工业总产值（现价）		亿元	731.1	712.8	−3
高新技术产业		亿元	250.6	244.4	−2
销售（营业）收入		亿元	3 881.2	3 848.3	−1
第二产业		亿元	1 011.1	1 221.6	21
工业		亿元	786.4	957.6	22
第三产业		亿元	2 870.1	2 626.7	−8
利润总额		亿元	123.2	82.7	−33
第二产业		亿元	42	36.1	−14
工业		亿元	28.5	24.8	−13
区内主导产业产值		亿元	533.2	543.3	2
主导产业	1. 黑色金属冶炼和压延加工业	亿元	228.1	234.8	3
	2. 电气机械和器材制造业	亿元	228.0	233.2	2
	3. 烟草制品业	亿元	44.7	46.6	4
	4. 汽车制造业	亿元	32.4	28.7	−11
进出口总额		亿美元	34.7	31.1	−10
出口		亿美元	27.2	24.2	−11
财政收入		亿元	122.3	124.3	2
税收收入		亿元	59.1	43.2	−27
财政支出		亿元	94.5	120.8	28
新批企业数		家	5 026	5 406	8
外商及港澳台企业		家	7	10	43
内资企业		家	5 019	5 396	8
区内世界 500 强企业数		家	26	26	0
国家级高新技术企业数		家	107	115	7
新批企业投资额	外商及港澳台企业	亿美元	3.47	0.2	−94
	内资企业	亿元	629.88	517.67	−18
	增资企业	亿美元	—	—	—
规上企业个数		家	818	981	20
科学研究与试验发展（R&D）经费支出		万元	152 300	168 589	11
科学研究与试验发展（R&D）经费投入强度		%	2.86	2.93	2
合同外资金额		亿美元	3.5	0.2	−94
外商实际投资		亿美元	0.065 8	0.070 8	7
固定资产投资		亿元	431.08	348	−19
年末从业人员数		万人	10.1	12.3	22
万元 GDP 能耗		吨标煤 / 万元	0.8	0.8	0
水资源消耗总量		万立方米	9 943.45	9 428	−5
单位国内生产总值取水量		立方米 / 万元	18.3	17.3	−5
上市企业数量		个	15	15	0
区内建立的创业创新平台数量		个	21	22	5
区内科研院所数量		家	2	2	0
区内职业教育学校数量		家	7	10	43

（乌鲁木齐经济技术开发区管委会）

西宁经济技术开发区

【概述】西宁经济技术开发区是2000年7月经国务院批准设立，规划面积12.79平方公里；2005年底，按照“统一规划、统一政策、统一管理、加快发展”的目的要求，省政府对我省现有开发区进行了整合，实行“一区多园”模式，即下辖东川工业园区、甘河工业园区、生物产业园区、南川工业园区，区域规划面积102.95平方公里；2007年西宁开发区被批准为“国家第二批循环经济试点园区”；2012年被批准为“国家级电子商务基地”；2013年被评为“国家级孵化基地”；2018年被评为“国家级创新创业特色载体基地”，是青藏高原地区经济体量最大、科技创新能力最强、绿色发展水平最好的开发区。

2020年7月，根据省政府部署要求，生物产业园区从西宁经济技术开发区剥离，升级成为青海国家高新技术产业开发区。西宁经济技术开发区现实行“一区三园”模式，辖东川、甘河、南川三个工业园区，区域规划面积79.45平方公里，重点发展光伏光热、新材料、锂电、有色（黑色）金属精深加工、特色化工等主导产业。

【产业发展】经过10年的发展，西宁开发区已形成多晶硅—多晶铸锭、单晶硅—切片—电池—组件相对完整的产业链；初步形成正负极材料—隔膜—动力电池（储能电池）产业链条；已构建“原材料交易—洗毛—分梳—纺纱—染纱—藏毯”和“分梳—纺纱—染纱—针织服装”完整藏毯绒纺产业链条；建成了动力电池用电解铜箔、锂电池用铝箔、电子铝箔、腐蚀箔、化成箔、光纤预制棒、稀土铝合金电线电缆等一批新材料产业项目；形成了150万吨电解铝、10万吨铜、115万吨铝合金加工、7万吨镁合金加工、50万吨铬铁、50万吨硅铁等有色黑色金属产业生产能力。

【经济发展】截至2020年12月，西宁开发区入驻各类企业1 272户（其中工业企业489户，商贸企业732户，其他企业51户），拥有院士工作站3座，高新技术企业57家，绿色园区2个，绿色工厂19家，绿色设计产品19项，国家级研发平台4家，省级以上研发机构29家，2020年国家级经开区综合排名106位，规上工业增加值占西宁市比重52.6%，实现公共财政预算收入34.2亿元，从业人员7万余人，在拉动地方经济社会发展中发挥着重要作用。

【项目建设】西宁开发区扎实开展“百日攻坚”“会战黄金季”“夏秋季攻势”“以增补欠”等系列专项行动，各重点项目有力、有序、有效推进。2020年开发区安排重点固定资产投资项目81项，开复工项目57项，开复工率70.3%。其中，北捷新材料电池隔膜一期、鑫东达动力电池壳体等重点项目建成投产；黄河水电西宁太阳能电力N型电池项目、黄河水电新能源电子级多晶硅工艺系统优化改进项目、亚洲硅业多晶硅、中复神鹰碳纤维等重点建设项目平稳推进。开发区加快传统产业改造提升步伐，重点实施了黄河鑫业电解槽槽控系统升级等技术改造升级项目。同时，积极争取资金支持，主动对接省直各有关部门，紧抓国家及省内重点项目申报工作，积极申报政府专项债、中小企业发展专项资金、招商引资专项资金及重大前期项目经费等各类项目300余项，争取专项资金7.2亿元。

2020年，开发区在招商引资方面完成签约项目10个，完成签约金额135亿元，完成目标任务。完成当年省外实际到位资金74.83亿，当年签约项目当年开工率40%。

【科技创新】2020年，开发区研发总投入占主营业务收入比重0.9%，完成目标任务的100%；高新技术和科技型企业数量占比9.9%，完成目标任务248%（含生物园区高新技术和科技型企业数量占比12.6%，完成目标任务315%）；新增高新技术企业7户，完成目标任务175%（含生物园区新增高新技术企业18户，完成目标任务450%）；完成技术合同交易额4 693.9万元，完成目标任务的469%（含生物园区完成技术合同交易额13 959万元，完成目标任务的1 396%），4项内容指标均超额完成任务。

【绿色发展】2020年，开发区坚持创新驱动发展，加快推进创新平台建设，积极构建以企业为主体、市场为导向、政产学研用相结合的创新体系，全年新增高新技术企业7户、省级科技型企业11户，亚洲硅业（青海）股份有限公司技术中心获批国家企业技术中心，开发区企业研发总投入占主营业务收入比重0.9%，完成技术合同交易额4 700万元，高新技术企业完成工业产值（营业收入）377亿元、同比增长7.9%，其中工业企业完成产值192亿元，占比达到37.2%，比上年提高1个百分点。支持企业以市场为导向，积极研发和申报专利技术，加快推进品牌建设，全年获授权发明专利45个。推动大数据、人工智能在装备制造企业研发设计、生产制造的全流程运用，建成时代新能源、同鑫化工无水氟化氢等6个智能工厂和数字化车间，新增两化融合贯标企业3户。持续推进产业绿色化、循环化发展，甘河园区循环化改造示范试点顺利通过国家终期验收，获得国家补助资金4 451万元。推进绿色园区建设，大力培育绿色工厂、绿色设计产品，新增绿色工厂8户（国家级5户），绿色设计产品19项。“无废城市”加快建设，全年实施了铝灰渣循环再利用、炼锌尾渣无害化处理、水泥窑协同处置等20项循环经济项目，固废综合利用率达到44.7%，规上工业单位增加值能耗降低1.3%、水耗降低8.5%，绿色发展水平进一步提升。

【生态环保】2020年，开发区主要污染物排放达标率87.4%，完成目标任务的117%，危险废物安全处置率100%，完成目标任务的100%；第二轮中央生态环境保护督察反馈意见涉及开发区的6项整改任务，其中4项已完成销号备案，1项长期坚持，正在按顺序进度整改1项。督察期间，涉及开发区的信访转办36件信访转办件已完成整改32件，剩余4件正在有序推进整改。全年未发生较大以上突发生态环境事件，各园区工业废水集中处理设施及在线监控装置已全部建成投入运行。2020年规上工业单位增加值能耗降低率1.32%，完成目标任务132%，规上工业单位增加值水耗降低率8.45%，完成目标任务845%，全面完成7项内容指标任务。

【安全生产】2020年，西宁开发区牢固树立安全发展理念，不断健全完善“党政同责、一岗双责、齐抓共管、失职追责”责任体系，统筹推进疫情防控和复工复产安全检查、城市公共设施安全风险排查治理、重点行业领域安全生产大排查大整治、重要节日和重大活动安全保障等一系列专项整治行动，有效管控各类安全风险，保持了开发区安全生产形势持续稳定向好的态势。强化安全生产体制机制建设，制定出台了《西宁经济技术开发区党政领导干部安全生产责任制清单》《西宁经济技术开发区党工委管委会各园区党委管委会及有关部门安全生产工作职责规定》，层层压实安全生产责任。深化安全风险源头治理、系统治理和综合治理，组织实施了《西宁经济技术开发区安全生产专项整治三年行动实施方案》，建立健全了“协调联动”“清单管理”“情况报告和信息报送”等制度措施，排查治理隐患问题3 393条。创新监管方式，推动“专家查隐患、企业抓落实、政府严督查”模式，2020年共组织专家252人（次），对286家（次）危险化学品、冶金、工贸等重点行业企业开展巡查诊断，指导整改

2 175 项事故隐患，推动实现园区安全发展高质量发展。

【营商环境】2020 年，开发区大力推行“互联网 + 政务服务”，依托青海省政务服务审批平台，基本实现企业和群众办事线上“一网通办”。稳妥推进“证照分离”改革试点，不断降低市场主体准入门槛。截至年底，开发区各类市场主体达 8 696 户（企业 4 603 户，个体工商户 4 093 户），较上年新增 571 户。认真落实企业投资项目核准和备案管理规定，进一步简化企业投资项目审批手续。2020 年，开发区在青海政务服务审批平台受理行政审批事项 366 件，正常办结 366 件，办结率 100%。强化服务窗口建设，各园区增加进驻了消防、公安、银行、城管、财政、燃气、印章公司等22个单位部门，提升“一站式”审批服务效能。在开发区门户网、公众号等新闻媒体开设“优化营商环境，服务高质量发展”栏目，延伸宣传触角，扩大宣传覆盖面，集中宣传优优化营商环境工作的决策部署、进展动态和实际成效，做好国家和省、市优化营商环境政策解读工作，确保营商环境持续向好发展。

【党的建设】严格落实意识形态工作主体责任，制定开发区意识形态工作“1 + 8”办法制度，对维稳安全、网络舆情等工作进行部署，压实意识形态工作主体责任。加强意识形态工作日常督导督查，全面掌握党员领导干部意识形态责任落实情况，认真抓实抓好网络意识形态安全、舆情处置、队伍建设和活动引领工作，坚决做到守土有责、守土负责、守土尽责。认真开展主题教育“回头看”，制定印发《关于贯彻落实 < 关于巩固深化“不忘初 心、牢记使命”主题教育成果的意见的具体措施 > 的通知》，持续巩固和深化“不忘初心、牢记使命”主题教育成果。全年理论中心组集中学习 15 次，累计讲党课 15 次，深入园区企业学习调研 36 次，各工业园区、开投集团公司党委班子成员讲党课 26 次。充分运用“学习强国”“两微一端”等新媒体平台，持续推动习近平新时代中国特色社会主义思想进机关、进园区、进企业、进车间、进班组、进农村，把学习成果转化为政治成果、精神成果和发展成果。

【领导名录】2020 年，西宁经济技术开发区党工委、管委会领导：青海省委常委，西宁市委书记，西宁经济技术开发区党工委书记王晓；西宁市委副书记、西宁市人民政府市长、西宁经济技术开发区管委会主任张晓容；西宁市委常委，西宁经济技术开发区党工委常务副书记、管委会常务副主任孔令栋；西宁经济技术开发区党工委副书记、纪工委书记孙玉清；西宁经济技术开发区管委会副主任，兼甘河工业园区党委书记、管委会主任刘云洲；西宁经济技术开发区管委会副主任尉宝山。

（西宁经济技术开发区管委会）

宁波大榭开发区

【经济发展】2020年，宁波大榭开发区实现地区生产总值363.02亿元，比上年增长5.2%。实现财政总收入144.76亿元，其中一般公共预算收入68.95亿元。固定资产投资54.39亿元，增长20.8%。港口货物吞吐量1.06亿吨，集装箱吞吐量360万标箱。园区被评为"国家新型工业化产业示范基地"，连续两年跻身中国化工园区30强前五，纳入浙江自贸试验区扩区范围（占宁波片区31%面积）和交通强市试点。固定资产投资增幅连续三年位居全市第一。入选浙江省开发区产业链"链长制"试点示范单位，2家企业入围全省百强企业榜单，3家企业获评全市外贸实力效益企业。

【产业发展】2020年，大榭开发区列入省市长三角一体化、长江经济带建设年度计划项目6个。22个在建项目3月初全部复工，炼化一体化、化工新材料、轻烃综合利用3大产业簇群进行拓链补链。大榭石化五期项目开工，配套动力中心完成审批，基本建成华泰盛富一期、东华能源二期等项目主体，完成全国最大乙烷罐安装。穿鼻岛高性能新材料产业项目落户大榭，一期场平工程和石料出运临时码头开工，整体采矿权完成挂牌；穿鼻岛管廊隧道项目开展前期方案研究，基本落实供电供水方案；穿鼻岛大桥工程通航和建设方案获批通过。220千伏协丰变受电，公共管廊一期支线工程竣工。实施智能制造培育行动。全区工业增加值206.7亿元，规上工业增加值205.8亿元，分别增长13%、13%。全年工业总产值601.5亿元，规上工业总产值577.7亿元。石化工业产值534.6亿元，占全区规上工业总产值的92.5%。

【科技创新】2020年，大榭开发区实施高新技术企业"三年培育行动"，有效高新技术企业增加到16家，高新技术企业数再创新高。推进企业工程技术中心和研发中心建设，积极推荐、申报市级以上工程技术中心4家，市级以上企业研究院2家。专利授权量达到295件，同比增长50.5%。以万华宁波高性能材料研究院材料测试中心投用为牵引，与吉利、长阳科技等"246"万千亿级产业集群重点企业达成合作意向，推动绿色石化向车用复合材料、3D打印材料产品等下游应用材料领域延伸，其中XDI实现量产、HDI衍生物技术打破国外技术垄断。实施智能制造培育行动。推动宁波万华、大榭石化等智能工厂建设和数字化改造，成功打造"5G+工业互联网"中模云平台，发布1项"浙江制造"标准，培育1家企业获评首届市政府质量创新奖。全区企业科学技术含量更高、智能制造竞争优势更加明显。

【投资促进】2020年，大榭开发区修改完善新一轮产业扶持政策和招商引荐办法，按照"招大引强、油气优先"工作方针，全力招引税源型、能源类行业龙头企业。全年引进现代服务业企业1 186家，新设市场主体增速位居宁波市前列。开发区管委会制定中小微企业帮扶"18+9"政策。腾出用地空间，促进企业增资扩建。新批外资项目数（含增资）18个，同比增长12.5%。合同使用外资9316万美元，实际使用外资4 403万美元。新批内资项目16个，同比增长60%。实现进出口总额287.5亿元，其中进口总额202.6亿元，出口总额85.0亿元。

【体制机制创新】2020年，大榭开发区明确自贸试验区大榭区块建设目标定位，编制完成大榭区块建设实施方案。推动复制推广事项和自主创新事项尽快落地，市区两级税务部门组成专班开展数据驱动税收征管模式创新；大榭海关验放全省首票中资非五星红旗船外贸捎带业务；跨境人民币结算额达到32.05亿元。打造储运基地，积极探索非建设用地地下空间利用，推动百地年200万方地下洞库顺利复工。

【绿色集约】大榭开发区列入2021年浙江省工业特色型美丽城镇样板创建培育名单。空气质量优良率再创历史新高，PM2.5、PM10、降尘量等主要污染物考核指标位居全市前列。完成固定污染源排污许可证发放全覆盖，启动第二轮入海排污口规范化整治提升工程，完成大榭污水处理厂提标改造、挥发性有机物减排治理等专项整治。推进节能降耗，完成35蒸吨以下燃煤锅炉淘汰处置，2个项目入围全市十大节能典型案例，万元增加值能耗同比下降10.3%。完成全区第二轮山林统包986.67公顷，抚育生物防火林带及林地200公顷，修筑山林健身游步道23千米，新增绿化面积6.9万平方米，工业企业违建分类处置率100%。加快生活垃圾资源化利用中心建设。

【安全生产】构建全应急管理、防灾减灾体系，建成应急指挥中心、榭北园区人流物流一体化管理系统、大榭区域船舶污染联防联控体系，设立市特种设备检验研究院大榭工作站。深化危险化学品安全生产治理，完成7项省市挂牌督办重大事故隐患整改，启动第二轮安全生产综合治理三年行动，倒逼企业加大安全投入和安全管理力度。加强消防安全管理，设立微型消防站，新引进60米举高喷射消防车。初步形成区域协同应急处置大格局。

【社会事业】2020年，开发区出台教师队伍建设一揽子制度，搭建挂职委培平台，实现市级名师零突破，获评市级荣誉50余人次，教育质量稳步提升。深化“健康大榭”建设。推动家庭医生签约服务升级，加强大榭医院数字化建设，公共卫生服务体系不断健全。多措帮扶就业创业，成功创建省“无欠薪区”。一人获评全国爱国拥军模范，1个项目获全省退役军人创业创新大赛二等奖。狠抓民生服务保障，精准完成社保减征缓缴工作，推进示范型居家养老服务中心建设。面向本岛居民发放消费券26 293张，发放城市年度生活补贴、社会救助补助等各类补助近1亿元，筹集“大病帮困”爱心基金等善款300余万元。

【党建工作】大榭开发区提高政治站位。始终高举习近平新时代中国特色社会主义思想伟大旗帜不动摇，树牢“四个意识”，坚定“四个自信”，做到“两个维护”，做到政治上过得硬、靠得住。创新开展“谈初心、悟原理、践使命”访谈等活动，组织开展“不负韶华、攻坚担当——我为五新发展做什么”大讨论，联合开展为期半年的“周末课堂”自贸区专题培训班，打造“互动式、情景式、体验式”“周二夜学”课堂。

【机构设置与管委会领导】宁波大榭开发区党工委、管委会下设办公室（审计局）、行政服务中心；纪检监察组；组织部（巡察办、群团部、宣传部、人事局）；政法办（信访办、司法局）；经济发展局；财政局（国资局）；社会发展局；建设局（综合执法局）、房屋征收办；应急管理局（生态环境局）；交通港口局（口岸办）；投资合作局。下辖一个街道：大榭街道。双重管理单位：税务局、市场监管分局、自然资源规划分局、公安分局、检察院。区属国有企业：开发（控股）公司、房产（工程）公司、大桥公司、化工仓储公司。

党工委、管委会领导任职名单：宁波市委常委，大榭开发区党工委书记、管委会主任梁群；党工委副书记、管委会常务副主任江国梁；党工委委员、管委会副主任王志荣；党工委委员、管委会副主任刘黎勇；党工委委员、纪检监察组组长李金平；党工委委员、管委会一级调研员黄金国；管委会一级调研员陈旭勤；管委会一级调研员沈才林。

宁波大榭开发区 2019—2020 年主要经济综合指标一览表

项　目		单位	2019 年	2020 年	增减 (%)
开发区生产总值		亿元	382.81	363.02	5.2
第二产业		亿元	202.46	173.31	11.4
工业		亿元	198.88	168.85	11.3
第三产业		亿元	180.34	189.72	−0.1
工业总产值（现价）		亿元	654.08	601.54	−8.0
高新技术企业		亿元	161.78	196.32	21.4
销售（营业）收入		亿元	4 439.74	3 522.11	−20.7
第二产业		亿元	656.02	574.33	−12.5
工业		亿元	643.96	547.54	−15.0
第三产业		亿元	3 783.72	2 947.78	−22.1
利润总额		亿元	195.94	189.03	−3.5
第二产业		亿元	106.91	84.72	−20.8
工业		亿元	106.95	84.63	−20.9
区内主导产业及产值	临港石化	亿元	599.80	534.55	−10.9
第三产业		亿元	89.03	104.31	17.2
进出口总额		亿元	349.03	287.54	−17.6
出口		亿元	89.38	84.99	−4.9
财政收入		亿元	178.81	144.76	−19.0
税收收入		亿元	169.71	138.82	−18.2
财政支出		亿元	68	61.54	−9.0
新批企业个数		家	909	1 217	33.9
外商及港澳台企业		家	17	15	−11.8
内资企业		家	892	1202	34.8
区内世界 500 强企业数		家	1	1	0.0
国家级高新技术企业数		家	12	16	33.3
新批企业投资额	外商及港澳台企业	亿美元	2.49	2.72	9.2
	内资企业	亿元	11.68	27.40	134.6
	增资企业	亿美元	0.00	0.40	—
规上企业个数		家	237	285	20.3
科学研究与试验发展经费（R&D）支出		万元	—	50 520	—
研究与试验发展（R&D）经费投入强度		%	—	—	—
合同外资金额		亿美元	2.09	0.93	−55.4
外商实际投资		亿美元	0.30	0.44	46.8
固定资产投资		亿元	45.01	54.39	20.8
年末从业人员数		万人	1.90	2.17	14.2
万元 GDP 能耗		吨标煤 / 万元	0.58	0.48	−17.4
水资源消耗总量		万立方米	4 844.79	4 654.80	−3.9
单位国内生产总值取水量		立方米 / 万元	13.66	12.82	−6.1
上市企业数量		家	1	1	持平
区内科研院所数量		家	1	1	持平
区内职业教育学校数量		家	1	1	持平

（宁波大榭开发区管委会）

石河子经济技术开发区

【经济发展】2020年，石河子经济技术开发区实现社会生产总值（GDP）208.92亿元，同比增长0.37%，占八师石河子市比重57.65%；实现工业总产值（现价）489.93亿元，同比增长3.02%，工业增加值139.94亿元；第三产业增加值57.35亿元，占八师石河子市38.69%；利润总额63.83亿元，同比增长13.86%，其中第二产业利润总额47.61亿元，同比增长85.33%。实现全口径税收33.6亿元，占八师石河子市比重66.46%；完成全社会固定资产投资总额81.24亿元，同比增长2.02%；进出口总额4.62亿元，同比增长0.43%。到2020年末，开发区拥有企业3 397家，其中“四上”企业190家，百亿以上企业2家，15亿元以上企业8家，主板上市企业、高新技术企业、外资企业分别占兵团比重25%、39%和30%，就业4.13万人。

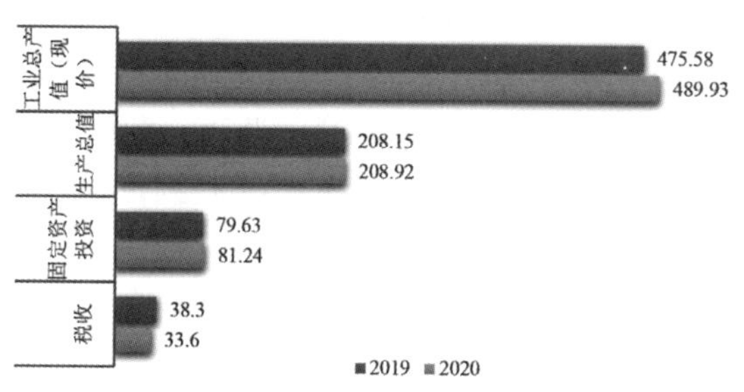

石河子经济技术开发区经济指标

【产业发展】石河子开发区依托新疆资源优势，实施“优势资源转换”“大企业大集团”“科技创新”战略，形成以新材料为主体，现代服务业和能源供应为支撑的新型工业体系，发展壮大了碳、铝、硅基材料等资源密集型产业和纺织服装、食品饮料等农业资源就地转化产业。2020年，碳基新材料、铝基新材料、硅基新材料产业的工业总产值分别为135.75亿元、159.29亿元和87.96亿元，分别占全区规上工业总产值比重27.13%、31.84%和17.58%。石河子经济技术开发区是新疆三大可发展印染项目的纺织服装产业园区之一，纺织形成“纺纱—织布—印染—成衣”全产业链，食品饮料业集聚了康师傅、娃哈哈、旺旺、今麦郎等20多个国内知名品牌，2020年纺织服装和食品饮料行业实现工业总产值61.4亿元。

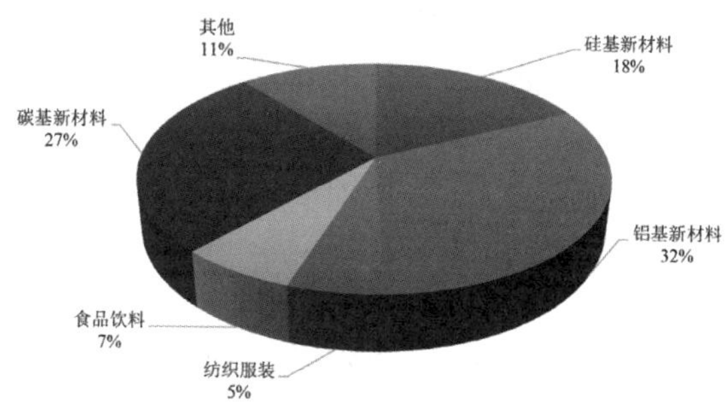

石河子经济技术开发区主导产业产值分布

【科技创新】石河子开发区积极融入乌昌石国家自主创新示范区、丝绸之路经济带创新驱动发展试验区建设，2020年，开发区高新技术企业工业总产值212.09亿元，占全区比重43.3%；企业研究与试验发展（R&D）经费支出11.34亿元，同比增长15.18%，达历史最高水平；每万人发明专利拥有量58.06件，年度发明专利授权率28件，同比增长100%；技术合同交易额1 671万元，同比增长142.17%。开发区拥有经认定的高新技术企业23家，科技型中小企业35家，国家级专精特新“小巨人”企业2家。到2020年末，拥有省级及以上研发机构31家，其中国家级研发机构12家；高技能人才占比 11.01%，高级职称专业技术人才占比 2.61%；创新创业平台 16 个，孵化器、众创空间 8 家，累计孵化企业 612 家。开发区入选国家第三批双创示范基地。

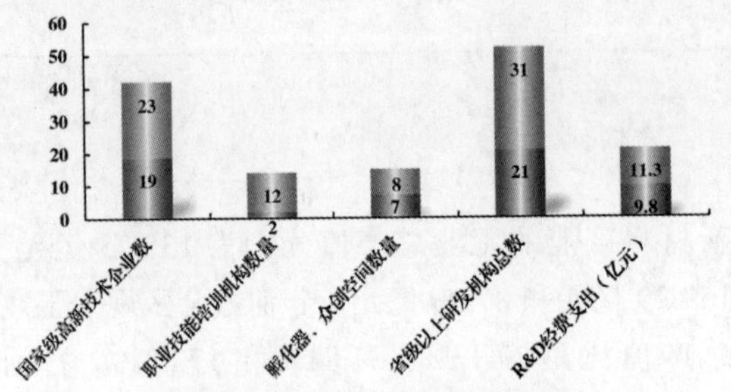

石河子经济技术开发区科技创新指标

【投资促进】石河子开发区稳步推进外向型经济，对外贸易及外贸企业蓬勃发展。引进 138 家外贸企业、中介服务企业，办理对外贸易经营者备案登记的企业数量占师市比重 90%，外贸进出口总额占师市比重 95%。2020 年，外商实际投资 0.12 亿美元，同比增长 33.33%；进出口总额 4.62 亿美元，其中出口额 4.06 亿美元，主要出口聚氯乙烯树脂（PVC）、烧碱、多晶硅等化工产品，出口市场为中亚五国。开发区拥有八师石河子市唯一的中欧班列集结站，2020 年 7 月，天业集团多式联运国际综合物流港于投入运营出口，每年可发中欧货运班列 100 列以上。

2020 年，开发区完成固定资产投资 81.2 亿元；招商引资转换实物量 88 亿元，完成全年目标的 103%，占师市比重 66.2%。新疆大全新能源股份有限公司 15GW 光伏组件配套 4A 项目、新疆西部合盛硅业有限公司 20 万吨密封胶项目、新疆天业（集团）有限公司 60 万吨煤制乙二醇等项目的相继建成投产，预计带动 2021 年经济增长 6 个百分点、经济贡献率达 60%。

开发区始终坚持把招商引资作为主责主业，创新工作方式，提升服务意识，招商引资工作实现新突破。率先在兵团推行产业链长制招商新模式，全面梳理产业链和价值链图谱，由开发区管委会委领导任链长，统筹解决延伸产业链面临的困难，全力做好延伸产业链工作。积极创新招商模式，采取外出招商 + 网络招商等招商新模式，开展招商活动 18 批次，拜访企业 188 家，接待访客 120 批次，签约 21 个项目、形成协议资金 234.1 亿元。不断强化招商引资专业服务能力，建立责任落实到人的“110”快速响应服务机制，以“店小二”精神全生命周期服务企业，建立以企业为本的“13710”服务模式的长效机制。

【体制机制创新】2020 年，按照兵团、八师党委“一整顿、两到位、三自主”开发区改革路径部署，开发区整合和撤销师市范围内八个园区，形成国家级高新区、经开区、创新驱动发展试验区、国家自主创新示范区“四区合一”，纳入开发区统一管理。建立“管委会 + 公司”园区管运分离模式，设立“一套人马四块牌子”的党工委、管委会，将原有 23 个部门精简为五个中心，园区实行统一规划建设、统一项目布局、统一财政投入、统一管理运营；将原有 12 个公司整合为赛德投资发展公司，负责园区建设、开发和服务，运营公共产品。承接行政审批和执法权力 205 项，其中兵团 33 项、师市 172 项，实现开发区办事不出区。

开发区夯实员额制，实行控制数管理，除党工委书记、管委会主任外，其他人员全部实行岗位聘任制，人员从 235 人精减至 132 人，通过变身份管理为岗位管理，建立职务和职级晋升双向发展通道，重新科学设计了薪酬制度，员工内生动力和干事创业的热情得到进一步激发。

改革后，开发区充分剥离社会事务，主责主业为招商引资、项目建设、投融资服务、安全生产和环境保护日常监督检查等经济发展和服务工作，基本实现“企业服务”型开发区转型，形成多项兵团开发区改革首创。

【投融资服务】为缓解企业融资难题，开发区常态化建立银银企座谈会，持续加强与企业和金融机构的联系沟通，开展政、银、企之间的合作交流。针对符合产业政策、技术含量高、有发展潜力的优质企业，对其进行分类辅导、梯次推进和动态管理，予以重点培育；协调相关金融担保机构对园区拟上市企业优先给予信贷支持，重点帮助拟上市重点培育企业做大做强。聚焦优惠政策落实、完善园区金融生态体系，搭建管委会和金融机构及企业之间的沟通交流平台，形成政银企三方有效对接、良性互动、共同发展的格局。

区内拥有2家国有上市公司，新疆西部牧业股份有限公司集乳制品加工、饲料生产销售、畜产品加工、牲畜饲养和畜牧技术服务于一体的国有控股上市企业，2010年8月在深交所创业板成功上市，成为新疆首家创业版上市公司。现拥有9个规模化奶牛良种繁育基地，存栏达到42 000头；年乳制品加工能力14.6万吨，建有先进的乳粉、常温奶和酸奶生产线，可生产液体乳和乳粉全系列产品，已形成乳制品、冷鲜肉、种畜、饲料、食用植物油和葡萄蒸馏酒六大产品系列。公司是自治区技术创新示范企业、拥有省部级畜牧工程技术研究中心、国家人事部确定的企业博士后科研工作站、国家绒毛用羊产业技术体系综合试验站和肉用羊产业技术体系综合试验站。

新疆天业股份有限公司于1997年6月在上海交易所上市，产品涵盖聚氯乙烯树脂（即PVC）、糊树脂、特种树脂、烧碱、水泥，形成较为完整的“自备电力→电石→聚氯乙烯树脂及副产品→电石渣及其他废弃物制水泥”一体化产业联动式绿色环保型循环经济产业链，已成为国内氯碱化工产业化配套完整、产品品种最多的电石乙炔法聚氯乙烯生产企业，成功研发出多项循环经济关键支撑技术，解决氯碱化工不同时期发展的技术难题，为国内第一批氯碱循环经济试点，用循环经济模式改变了传统氯碱工业，在氯碱化工行业竞争中处于有利地位。

【绿色集约】积极推进绿色集约发展，2020年，石河子开发区规上工业万元GDP能耗5.35吨标煤，同比下降4.27%；单位规上工业增加值能耗7.99吨标煤/万元，同比下降3.64%；重点企业完成减原煤任务100%以上，综合能源消耗同比下降3.24%，万元产值能耗同比下降5.86%，节能减排成效显著。园区循环化改造工作推进有力，22个循环化改造项目完工率91%，满足了验收要求。生态环保水平不断提升，单位工业增加值COD排放量、二氧化硫排放量、氮氧化物排放量分别为0.28千克、5.16千克、5.81千克，分别同比下降61%、36%、16%。工业固废综合利用率和再生水回用率达92.05%和18.33%。

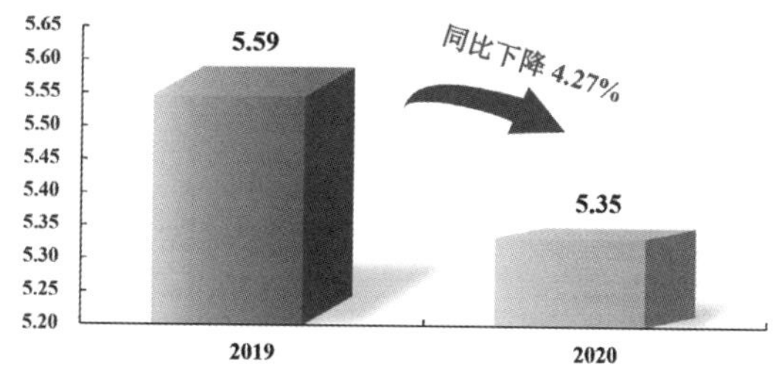

石河子经济技术开发区万元GDP能耗同比下降

按照“布局集中、用地集约、产业集聚”的总体要求，结合开发区土地集约利用评价、区域环境评价和经批准的开发区产业发展规划，开发区围绕主导产业建设优势特色产业集群，转变土地利用方式，推动工业用地更新改造，政策引导企业加快推进低效用地再开发、再利用；推动土地高效利用，对“低产项目”和“高产项目”进行差别化的资源配置，提高供地门槛，提升土地产出率，加大对闲置用地、低效用地和批而未供用地的处置力度，2020年土地开发利用率91.88%，同比增长10.43%。

【机构设置与管委会领导】根据《关于印发〈关于规范石河子经济技术开发区管理机构的设置方案〉的通知》（师市党编发〔2021〕6号）文件要求，石河子经济技术开发区党工委、管委会，实行合署办公、一套机构，为师市党委、师市派出机构，副厅级。开发区直属职能部门5个，分别为投资服务中心、经济发展中心、党群服务中心、资金管理中心和应急管理中心。直属企业有赛德投资发展公司1家。开发区核定机关聘用人员控制数132名，其中：领导职数5名。

石河子经济技术开发区 2019—2020 年主要经济综合指标一览表

项　目		单位	2019 年	2020 年	增减（%）
开发区生产总值		亿元	208.15	208.92	0.37
第二产业		亿元	151.98	151.57	−0.27
工业		亿元	140.41	139.94	−0.33
第三产业		亿元	56.17	57.35	2.10
工业总产值（现价）		亿元	475.58	489.93	3.02
高新技术企业		亿元	181.39	212.09	16.92
销售（营业）收入		亿元	871.29	694.19	−20.33
第二产业		亿元	677.17	479.76	−29.15
工业		亿元	654.72	457.13	−30.18
第三产业		亿元	194.12	214.43	10.46
利润总额		亿元	56.06	63.83	13.86
第二产业		亿元	25.69	47.61	85.33
工业		亿元	25.4	46.53	83.19
第三产业		亿元	30.67	16.22	−47.11
区内主导产业及产值	1. 硅基新材料	亿元	58.43	87.96	50.54
	2. 铝基新材料	亿元	154.96	159.29	2.79
	3. 纺织服装	亿元	33.07	27.72	−16.17
	4. 食品饮料	亿元	30.54	33.68	10.28
	5. 碳基新材料	亿元	135.95	135.75	−0.15
进出口总额		亿美元	4.6	4.62	0.43
出口		亿美元	4.04	4.06	0.50
财政收入		亿元	11.82	6.15	−47.97
税收收入		亿元	38.3	33.6	−12.27
财政支出		亿元	10.68	8.68	−18.73
新批企业个数		家	398	761	91.21
外商及港澳台企业		家	0	0	0.00
内资企业		家	398	761	100.00
国家级高新技术企业数		家	19	23	21.05
新批企业投资额	外商及港澳台企业	亿美元	0	0	0.00
	内资企业	亿元	31.83	42.33	32.99
	增资企业	亿美元	0	0	0.00
规上企业个数		家	172	190	10.47
科学研究与试验发展经费（R&D）支出		万元	98 448	113 389	15.18
研究与试验发展（R&D）经费投入强度		%	0.81	2.48	206.17
合同外资金额		亿美元	0.12	0.16	33.33
外商实际投资		亿美元	0.12	0.16	33.33
固定资产投资		亿元	79.63	81.24	2.02
年末从业人员数		万人	4.67	4.13	−11.56
万元 GDP 能耗		吨标煤 / 万元	5.59	5.35	−4.29
水资源消耗总量		万立方米	3 127.35	3 612.56	15.52
单位国内生产总值取水量		立方米 / 万元	150.25	172.92	15.09
上市企业数量		家	2	2	0.00
区内建立的创业创新平台数量		个	15	16	6.67
区内科研院所数量		家	30	32	6.67
区内职业教育学校数量		家	2	12	500.00

（石河子经济技术开发区管委会）

廊坊经济技术开发区

【区域概况】廊坊经济技术开发区（以下简称“廊坊开发区”）位于廊坊市区东北部，于1992年6月26日正式开始建设，2009年7月升级为国家级开发区。辖区面积69.4平方公里，规划面积38平方公里。距北京城市副中心30公里，距北京大兴国际机场15公里，距天津城区60公里，距雄安新区80公里，区位优势独一无二。廊坊开发区共集聚了全球33个国家和地区的4 100余家注册市场主体、占地项目1 000余家。其中，规上工业企业127家，外资企业164家，高新技术企业84家，世界500强企业25家。销售收入亿元企业115家，十亿级企业13家，百亿级企业2家，积淀了雄厚的产业基础。

【经济发展】2020年，面对突如其来的新冠肺炎疫情冲击，廊坊开发区坚持以习近平新时代中国特色社会主义思想为指导，深入落实党的十九届五中全会和省委九届十一次全会及市委六届十次、十一次全会精神，统筹打好疫情防控阻击战和经济社会发展攻坚战，扎实做好“六稳”工作、全面落实“六保”任务，积极开展“三创四建”活动，深入实施“升位争先工程”，推进完成全年经济社会发展各项目标任务。完成一般公共预算收入30.2亿元，同比增长0.5%；限上消费品零售额142.1亿元，同比增长20.4%；实际利用外资2.4亿美元；规上工业增加值增速0.1%；固定资产投资81.5亿元。被河北省开发区改革发展领导小组评为2020年度“河北省能级提升综合示范开发区”“综合发展水平考核先进开发区”，获得“中国领军智慧城区”称号。

【科技创新】2020年，廊坊开发区持续强化企业创新主体地位，构建科技企业微成长、小升高、高壮大的梯次培育机制。当年，新增省级技术创新中心6家、省级“专精特新”示范企业1家、省级“专精特新”中小企业4家。至2020年底，开发区高新技术企业达129家，科技型中小企业达221家。获批省部级科研创新平台6个，承担省部级重点科研项目13项，形成专利技术30项。腾讯众创空间（廊坊）双创社区完成创业就业孵化基地认定，21个项目入驻，带动就业200人。推进艾普艾院士工作站、研究院院士工作站、博士后创新实践基地等人才载体建设上档升级。全年引进本科以上学历人数1 382人，其中博士14人、硕士176人，1人入围国务院政府特殊津贴专家人选。柔性引进国家杰青、中科院百人计划、研究员等高端科技人才10人。

【投资促进】2020年，廊坊开发区实施亿元以上项目49项，总投资862.7亿元，当年计划投资62亿元，完成投资68.9亿元，投资完成率110%。省重点项目中国医学科学院肿瘤医院河北医院开工建设，当年计划投资10亿元，完成4.5亿元；华为云数据中心等11项市重点项目开工率100%，当年计划投资15亿元，完成17.65亿元。集中开工25个项目，项目开工率和建设速度居全市前列。出台招商引资考核办法，举办首届“网络招商会”，积极参加“5•18”经洽会，全年共签约了华大基因生命健康城、创菱汽车产业园、南洋新农业跨境电商供应链产业园、东久高端制造产业园等14个项目，总投资90亿元。重点在谈项目14个，计划总投资超201亿元，涉及高端装备制造、现代服务业等领域，发展后劲不断增强。

【体制机制创新】2020年，廊坊开发区聘请第三方权威机构，围绕衡量企业全生命周期、反映投资吸引力、体现监管与服务三大模块17个一级指标86个二级指标，调研区内310家企业，评估全区营商环境，评估结果91分，比上年提高2.8分，营商环境水平进一步提升。全面实施政务服务“好差评”制度，累计收到评价数据10 989条，好评率100%。大力提升服务审批效能，企业登记全部实现1日办结，政务服务事项网上可办率达100%，最多跑一次和不见面审批事项达96%。积极推进工程建设项目审批制度改革，社会投资简易、低风险项目审批时限压缩至15个工作日。政务服务实现“周末不打烊”。推行便民服务“只进一扇门”，206项政务服务事项进驻政务大厅，进驻率达71%。开展“证照分离”改革全覆盖，26个改革事项全部完成。

【绿色集约】在区内主要道路打造“五纵五横多节点”的市花景观，完成覆盖12万平方米60万株多月季种植；充分利用拆迁腾退用地，新增植树造林600亩，新增观锦城游园、官东路等道路绿化15万平方米。2020年，全区绿化总面积达到2 201公顷，建成区绿化覆盖率48.59%，建成区绿地率47.46%，城市森林覆盖率36.35%，区人均公园绿地15.66平方米，城区绿化水平全面提升。全年PM2.5年浓度42微克/立方米，较2019年下降10.64%；综合指数4.88，较2019年下降9.63%；优良天累计250天，较2019年增加18天，优良天数比例达68.6%，超额完成“十四五”和打赢蓝天保卫战三年行动计划目标任务。突出集约高效用地，处置完成2009—2017年批而未供土地1 238亩，处置率112.5%；通过督促开工、收回土地、办理临时用地等方式处置闲置土地9宗，面积达490亩，处置率158%；引进租赁厂房和企业利用现有厂房扩产项目18项，增加投资约6亿元，盘活闲置厂房4.7万平方米。

【服务企业】2020年，廊坊开发区持续推进减税降费政策落地实施，全年减税降费9.38亿元，有效减轻了企业负担。出台促进企业高质量发展十条措施，为38家企业兑付奖补资金409.23万元。出台出口退税信贷风险补偿金管理办法，设立500万元补偿金，推动银行业金融机构加大对出口企业的信贷支持力度。召开全区高质量发展大会，集中表彰华为、工商银行开发区支行等132家企业，兑现奖励资金3 734万元。助推企业高质量发展，为4家企业兑付产业转型升级奖补资金1 878万元，为26家企业拨付企业云服务专项资金873万元。积极开展稳岗返还工作，为华日家具等4家企业申请资金2 700万元，为617家企业发放稳岗补贴2 500万元。在全市率先完成阶段性减免社保费退费，退费5 360万元。帮扶28家企业绩效评级跻身部省标杆行列，77家企业进入环保监管正面清单。

【社会事业】2020年，廊坊开发区全力推进学校项目建设，第九小学、第十二小学、第十四小学投入使用。加强教师队伍建设，健全学科名师、骨干教师、教研教师等梯度培养机制，组织专题研讨、专家讲座等各类培训1 190人次，招聘小学、幼儿园教师176名，教育教学水平进一步提升。投资240万元在开发区医院建设170平方米核酸检测实验室，日检测能力近1 000人份。大力推进冰雪运动“六进”工程，各小学购置15套陆地冰壶设备。全力保障冬季供暖，高温水管线34千米、低温水管线35千米，供暖面积达207万平方米。完成区内近300处5G基站规划并开通运营，5G基站覆盖密度在全市第一。调整特困供养人员照料护理标准，将完全自理、半自理、完全失能特困供养人员照料护理补贴分别提高至95元、285元、380元。启动发放临时价格补贴机制，及时审核确定标准，为202人发放临时价格补贴27万元。春节、七一期间慰问老党员、生活困难党员等99人次，慰问老干部63人次，发放慰问金(品)53.2万元。

【机构设置与党工委管委会领导】2020年，廊坊开发区工委、管委共设置18个机构：党政办公室（纪工委、群团组织）、人力资源和社会保障局、财政局、经济发展局、国土资源分局、住房和规划建设局、社会发展局、文教卫生局、公用事业管理局、安全生产监督管理局、维护稳定办公室、市场监督管理局、行政审批局、综合执法局、环境保护局、综合保税区管理局、东方大学城管委会、科技谷管委会。

领导班子：工委书记王一平，副书记周春生（1月任）、杨宝骞，工委委员王冠军、孙绍虎、王保良（任至10月）、肖树华（任至3月）、王小卫、单克用、李洪旺；管委会主任王一平，副主任孙绍虎、王保良(任至10月)、肖树华(任至3月)。

（廊坊经济技术开发区管理委员会）

沧州临港经济技术开发区

【概况】 2020年，沧州临港经济技术开发区(以下简称“临港开发区”)坚持以习近平新时代中国特色社会主义思想为引领，在沧州市委、市政府的坚强领导下，紧紧围绕“打造绿色创新智慧国际一流强区”战略目标，牢牢把握“项目建设”这条主线，统筹推进常态化疫情防控和经济社会发展，现代产业生态体系不断完善，经济运行保持较快增长态势，全面改革持续深化、党的建设不断加强。

2020年，临港开发区在全国国家级开发区综合排名110位，比2017年前进84名，连续8年被评为“中国化工园区30强”。全省省级以上开发区综合排名第10名，比2017年前进78名。全市省级以上开发区连续3年综合排名第1位。

【经济发展】 2020年，临港开发区全年完成地区生产总值44.6亿元，同比增长12.4%；实现营业收入177.8亿元，同比增长10.4%；完成一般公共预算收入5.8亿元，同比下降1.6%；实际利用外资3 750万美元，同比增长19.8%；完成固定资产投资同比增长2.1%；入统“四上企业”12家，连续实现增长。

【项目建设】 临港开发区全力践行特色产业集群“六个一”要求，着力打造高质量化工医药产业集群，经济社会建设成效显著。鉴于今年特殊时期，临港开发区招商引资工作进一步解放思想，转变招商思路，创新招商引资方式，将传统招商方式转变为网络云招商，通过公众号、邮件、电话、微信、企业朋友圈等途径，全面开展“不见面招商”，通过网上洽谈、视频会议、在线签约等方式，有效保障招商引资工作持续向前。

一是圆满完成新高地示范园双竞赛及招商引资“百日攻坚”活动。共计上报新高地示范园签约项目13个，总投资35.18亿元，主要包括保利瑞合生物科技有限公司投资5亿元的年产2 000吨5-羟基色氨酸、1 000吨褪黑素、3 000吨罗汉果甙项目、泰伦特（天津）科技产业有限公司投资2亿元的金属加工新介质产业化项目等。招商引资“百日攻坚”活动自今年10月1日开始，2020年12月31日圆满结束。活动期间，招商局共计上报签约沧州市域外项目17个，总投资33.8亿元，主要包括石家庄市海森化工有限公司投资3.2亿元的新材料项目、天津银利源化工有限公司投资1.5亿元的乙腈、浮选剂项目等。

二是全力推进招商引资和项目建设。扎实推进“大干五十天、确保‘双过半’、实现‘双胜利’”活动，深入开展“三创四建”活动，积极开展招商引资大比武，大力开展网络媒体招商，深挖京津产业项目资源，拓展长三角、珠三角招商渠道。2020年，完成高质量产业项目签约107个，总投资336亿元，超额完成全年签约任务，任务完成率117%。其中，10亿元以上项目6个；5亿元以上项目18个。全年新开工50个、竣工33个。成功申请政府专项债券项目4个，合计资金11.4亿元。

三是持续深化行政审批改革，精简审批流程。积极承接省、市、新区下放（委托）审批事项131项，认领“三级四同”事项库行政服务事项244项。通过设立手续办理“二维码墙”和“百事通”窗口，全面推行“负面清单”和“容缺承诺制”，不断深化“不见面”审批和休息日预约服务机制等做法，全区工程建设项目审批类、核准类、备案类项目审批时间分别压缩至 45 个工作日以内、38 个工作日以内、35 个工作日以内。

【生物医药产业园】北京•沧州渤海新区生物医药产业园位于临港开发区西区，规划面积 28.29 平方公里，已建成面积 10 平方公里。在河北省、北京市、沧州市和沧州渤海新区各级政府的支持下，生物医药企业迅速聚集，园区发展初具规模。经过多年的发展，北京•沧州渤海新区生物医药产业园已成为国内知名品牌和产业地标，汇聚了京津冀地区众多知名药企，产业集群初步形成。2020 年，北京•沧州渤海新区生物医药产业园全年共签约项目 31 个，总投资 102.75 亿元，其中引进投资 8 亿元以上项目 3 个，5 亿元以上项目 7 个，3 亿元以上项目共 13 个。补齐医药制剂等高端领域短板，引进制剂项目 4 个，正在与对家保健品知名企业进行积极对接。

与国内医药健康大数据平台——火石创造、中国技术创业协会生物医药园区发展联盟开展合作，在其宣传平台上推介园区，加大宣传力度。同时根据其筛选企业名单，进行“靶向”对接，提升落地率。截至 2020 年 12 月底，医药园区已引入上市公司 12 家、高新技术企业 61 家（其中国家高新技术企业 17 家）、中国医药工业百强企业 4 家（天津医药集团、泰德制药、华润医药、石家庄四药）、外资企业 7 家（华润、珐博进、康蒂尼、泰德、恒心制药、石家庄四药、多卫捷）。

【科技创新】一是全周期科技研发服务体系初步形成。南开大学绿色化工研究院首批 12 个课题组已入驻，4 个研发项目达到产业化程度，20 个在南开大学校内研发培育项目已申报专利 2 项工作，成功获批“河北省新型研发机构”“河北省精细化工中间体产业技术研究院”“沧州市市级众创空间”；化学药品研究开发公共实验平台快速推进，已与多家研发型企业和高校科研人员达成合作意向；科技成果转化基地（中试基地）项目进入收尾阶段，已与河北康辰制药、河北恒心制药等企业达成药品开发合作意向；清华大学、南开大学积极推荐项目争相入驻。总投资 2.2 亿元的三支产业基金加速推进，已与多家企业达成意向。

二是区内创新主体培育实现新突破。实施高新技术企业倍增计划、科技型中小企业提质增量工程，全力推进企业研发平台建设。截至目前，开发区高新技术企业已达 37 家，科技型中小企业达 65 家，省级及以上研发中心 16 个。2020 年新增高新企业 8 家，科技型中小企业 13 家，省级研发平台 9 个。科技成果转移中心与京津冀地区 60 余所高校、科研机构 160 余名专家学者建立联系，设立科技成果项目库，组织开展线上线下技术对接活动 180 余次，达成技术合同 40 余项；成功举办三届“科技开放日”活动，产学研对接活动 50 余次，与 10 余家区内企业达成产学研合作意向；创新实施临港开发区“科技服务创新券”政策，鼓励企业积极购买科技服务，截至目前，研究院分析检测中心已为北京协和等多家企业提供样品检测 150 余批次。

三是激发企业主体活力，夯实科技创新工作基础。2020 年企业科技创新成果显著。河北丰源环保荣获中国环境保护产业协会“环境技术进步奖”二等奖；河北迪纳兴科科技创新成果斩获“河北省第七届创新创业大赛”三等奖；正元氢能荣获中国氮肥工业协会科技技术奖一等奖等多项大奖；同时，建新化工刘佳伟、华茂伟业路万里、五洲开元刘本刚等 7 人获河北省“科技型中小企业创新英才”荣誉称号。目前开发区高新技术企业达 37 家，新增高新技术企业认定 8 家，复审 5 家；实施科技型中小企业提质增量工程，鼓励全区企业积极申报科技型中小企业，科技型中小企业达 65 家，新增科技型中小企业认定 27 家，复审 10 家。

四是产学研合作持续深入。河北化工医药职业技术学院“临港订单班”已招生 30 人。国家开放大学石油和化工学院沧州临港园区大学（学习中心）本年度累计招生111人（其中本科6人，专科105人），圆满完成了上级学院下达工目标任务；启动开发区企业新型学徒制工作，推动完成福元医药与河北化院——30人有机合成中级工培养工作，北京金城泰尔、广祥制药也在组卷申报中，为开发区职工提升学历水平和岗位技能，起到较大促进作用。

【生态环保】一是扎实推进无气味园区建设，开发区环境治理能力持续提升。67家涉VOCs企业已实现监督监测全覆盖。有毒有害恶臭气体预警监测（二期）进入试运行阶段，目前各项检测指标均处于正常运行状态。污水厂改造提升工程已于4月21日投入运行，外排水质达到地表水V类标准。河流断面水质稳定达标。91家涉废企业已全部纳入河北省固体废物动态信息管理平台监管，区内23家重点行业企业开展了土壤自行监测工作，已全部完成。

二是扎实推进“双控”机制建设，开发区本质安全水平不断提升。全面推进安全生产“双控”机制建设，确定风险点1.39万个，制定隐患排查清单1 585份，71家企业完成“双控”动态评估报告，经中国化学品协会专家初查评分达到C级水平（一般风险）。全力推进“四个一批”攻坚行动，关停取缔企业1家，通过安全生产标准化创建活动企业43家。与清华大学合作共建的安全应急防控体系已通过验收，完成59家企业监控视频及相关工艺参数、重大危险源和报警参数的接入，实现了企业安全生产数据治理、可视化智能监测预警、全过程安全管理。东区消防站正在加紧建设，预计2021年7月投入使用。

三是创新危化品车辆管理举措，全面实现智能化管控。投资建设的危化品车辆交通监控管理系统即将投用。该系统投用后可实现对园区内重要路段、路口的危化品车辆行驶状态、行驶路线、停泊时间、停泊数量进行监控识别与预警管理，对违规行为能够及时预警与处置，真正实现封闭化、数智化管控，进一步提升安全环保管控水平。

（沧州临港经济技术开发区管委会）

徐州经济技术开发区

【概况】徐州经济技术开发区创建于1992年7月，2010年3月晋升为国家级开发区，是国家产业转型升级示范园区、国家知识产权示范园区、国家生态工业示范园区、国家新型工业化高端装备制造产业示范基地、国家新能源特色产业基地、国家外贸转型升级示范基地、综合实力居全省118家开发区第6位、全国218家国家级开发区第24位。

【产业发展】徐州经开区始终坚持以高端化、智能化、集群化为方向，着力构建以工程机械与智能装备“一大”世界级地标性产业为龙头，生物医药与大健康、集成电路及ICT、新能源“三大”战略性新兴产业为支柱，数字经济、跨境电商、人力资源“三大”新业态为特色，高端工程机械核心零部件、集成电路应用、硅材料、细胞治疗药物、氢能开发利用“五大”创新中心为驱动的“1335”现代产业体系。高端装备与智能制造产业，集聚了世界工程机械行业龙头卡特彼勒、中国工程机械行业龙头徐工集团等一批具有国际影响力的跨国公司，“中国工程机械之都”加速向“世界装备制造之城”迈进。新能源新材料产业，面向未来、积极进军太阳能光伏、氢能燃料电池、新能能源汽车新兴领域，集聚了以协鑫为龙头的一批新能源行业领军企业，协鑫10GW单晶项目、协鑫37GW切片产能提升、协鑫10万吨锂电池正极材料、中建材铜钢镓硒薄膜电池、华清氢能燃料电池、华恒新能源单晶PERC等一批重大项目先后落地，加快向全球绿色能源引领者华丽转身。集成电路及ICT产业，全面发力材料链、设备链、技术链、应用链和第三代半导体，拥有全球第三大的半导体晶硅材料生产企业鑫华半导体、全球领先的光刻设备制造企业博康集团、中国碳化硅行业领军企业天科合达，晶圆级扇出型封装企业中科智芯、鑫晶半导体大硅片、深圳芯思杰5G高端光芯片等一批重大项目加快推进，成为淮海经济区集成电路及ICT产业新高地。生物技术和新医药产业，以东湖医学创新港建设为抓手，加快与徐州医科大学校地共建步伐，拥有全国中枢神经药物领先企业恩华药业、全国重组人胰岛素科技领军企业万邦生化，复星医药产业园、圣极基因数字PCR、赛傲干细胞制备、上海思路迪等项目落地建设，加速抢占生物医药产业未来竞争制高点。

【平台体系】徐州开发区围绕“1335”现代产业发展体系，按照项目集中、企业集聚、产业集群的思路，坚持以“由南向北、由轻到重”的产业布局为指引，以生产空间集约高效、生活空间宜居适度、生态空间天蓝水清为目标，重点实施以中部高铁商务新城为核心，以北部徐州高端智能制造产业园、南部徐州生物医学创新港为两翼，推动综合保税区、跨境电商综试区，南北共建园区“三区联动”，谋划建设19个特色产业园的“12319”空间布局体系建设工程，持续提升特色产业园的专业化、品牌化、高端化水平，加速构建定位清晰、功能齐全的高质量发展产业平台支撑体系。特别是以深化与徐州医科大学校地共建为引领，推动产业资源、创新资源、科教资源在南部片区跨界融合；以产业数字化、数字产业化为牵引，推动工程机械等主导产业在北部片区“智”造蝶变，形成“南北呼应”发展新局面。同时，大力推进低效用地盘活攻坚行动，腾笼换鸟、开笼引凤，2020年以来盘活土地98宗6 331亩，实施了徐州重型起重装备智能工厂、天通新材料、罗特艾德环锻、协鑫高效单晶等一批产业层次高、投资体量大的战新产业项目；特别是通过二次开发利用，徐州重型项目亩均投资强度达到600万元，极大提高了土地产出效益。

【招商引资】徐州开发区牢牢把握新一轮科技革命和产业变革趋势，着力引进一批科技含量高、环境质量优、规模体量大的“大块头”项目，进一步创新招商方式、激发招商活力，深入推进全域、全产业、全方位招商，重点引进50亿级和百亿级“1号工程项目”、世界500强企业投资项目、大型总部项目、“独角兽”企业项目，形成了天天有洽谈、周周有签约的强劲态势。2020年，全区“765计划”签约项目82个、完成108%，其中，四大战略新兴产业签约项目57个、完成143%；相继签约了浙江天通、深圳晶凯、上海中车等一大批50亿级“招商1号工程项目”，特别是上海思路迪项目从洽谈到签约用时40天，跑出了招商引资新效率。

【项目建设】徐州开发区坚持围着项目转、盯着项目干，建立由重大项目指挥部牵头抓总，镇（街）部门上下联动、全面协同的统筹推进体系，设立项目建设“红黄蓝绿”四色预警平台，创新“拿地即开工、入册即考核”约束机制，进一步提升项目履约率、开工率、投产率以及列统率。持续深化“放管服”改革，对重大项目优先审批、拆迁优先启动、用地优先供给，并联平行作业、交叉快速推进，推动项目快落地、快开工、快投产、快达效。特别是在27个重大产业项目集中开工后，中能5.4万吨颗粒硅、卡特路面机械保税加工、复星医药徐州产业园等重大项目接连落地建设。

【科技创新】2020年，开发区共集聚各类高层次人才8 000余名，领军人才24名，省、市双创人才89名，省、市双创团队6个，省、市科技创新企业家133名，省级以上高技能人才52名，招引大学生4 000余名；先后建成国家华人华侨创新示范基地、国家级博士后工作站、省高层次人才创新创业基地、省级留创园、省人力资源服务产业园等特色园区，建有1家诺奖工作站、12家国家级博士后工作站、8家省外专工作室、4家省高层次人才创新创业基地等一大批聚才平台。大力实施“金龙湖海智计划”，按照A类、B类、C类人才类别，对入选的人才给予50万至300万元资助资金，团队给予300万至500万元资助资金，已累计培养262名金龙湖紧缺型人才，其中85%以上人才入选省、市“双创计划”。2020年，全区人才投入达1.9亿元，争取上级人才资助2 506万元，出台《徐州经开区大学生招引实施细则》，兑现大学生招引、购房补贴共6 832万元，依托淮海人力资源服务产业园平台开展线上招聘，疫情防控期间为企业精准输送了2.5万名专业人才，帮助1.2万人成功就业。

【营商环境】2020年，徐州开发区抢抓江苏省相对集中行政许可权改革试点机遇，坚持工程化设计、项目化推进、品牌化引领，在全省率先开展营商环境系统集成改革，以系统化集成带动全局性突破，“放管服”改革成果得到央视《焦点访谈》重点报道，并作为典型案例被《中国改革年鉴》收录。坚持整合资源、开放办公，持续加大行政审批赋权事项落实力度，承接行使省、市全链审批赋权事项187.5个，集中划转（进驻）事项734个，高标准建成全市空间最大、办事事项最多、办事效率最快的政务服务中心。在全省率先试点“证照分离”改革，积极推进工商登记全程电子化，成功颁发徐州第一张电子营业执照、第一张实行告知承诺制的“公共场所卫生许可证”。以“e窗行”改革加速推动“一窗通办”“一网通办”“一次办结”，持续深化“六合”集成审批、“五零”快捷服务，“区域评估”列入全省开发区首批实施单位，成功获批施工图审查一类资质，办理时间压缩79.29%。创新实施“一档制”改革，减少材料流转环节、加快材料流转速度，变“各个窗口、重复资料、独立档案”为“全部流程、共享资料、一套档案”，材料提交数全流程精简率最高达 61.96%，真正实现“材料瘦身、时间减半”。全面梳理、规范提升招商引资的产业政策，制定以通用政策为基础、以四大战新产业政策为具体指向的政策体系，进一步明确投资强度、税收贡献度，推动政策标准更清晰、洽谈成果快落地。2020 年，为企业减税降费 20.6 亿元，兑现各类企业扶持资金 12.5 亿元，相继为 525 家企业办理收回再贷 260 亿元，为 35 家企业办理展期、再融资 30 亿元，激活了产业发展的“源头活水”。

（徐州经济技术开发区管委会）

漳州招商局经济技术开发区

【概况】2020年，漳州招商局经济技术开发区（以下简称“漳州开发区”）坚持以习近平新时代中国特色社会主义思想为指导，在省、市党委政府、招商局集团的坚强领导下，全面贯彻党的十九大和十九届二中、三中、四中、五中全会精神，坚持“稳中求进”工作总基调，坚持新发展理念，统筹推进疫情防控和经济社会发展，扎实做好“六稳”“六保”工作，“大抓工业、抓大工业”，实现区域经济社会平稳发展。

【经济发展】2020年，漳州开发区根据市统计局最新核算口径，我区地区生产总值增长-1.9%，在全市十六个县市区、开发区中，增速排名第五位，较2019年提升了八位；规模工业总产值完成100.5亿元，增长2.3%；规模工业增加值完成24.3亿元，增长2%；外贸出口总值完成13亿元，增长135%；财政收入小幅下降，一般公共预算总收入完成9.8亿元，地方一般公共预算收入完成5.9亿元。

【产业发展】工业制造（临港工业方面），2020年，漳州开发区全港货物吞吐量1 165.64万吨，下降28.93%，集装箱吞吐量31.59万TEU，下降25.7%；交通设备制造业完成产值10.38亿元，同比增长9.37%；粮油食品加工业完成产值29.76亿元，下降18.79%；金属制品加工业完成产值26.63亿元，同比增长27.27%。

【招商引资】2020年，漳州开发区签约落地20个项目，投资额38.5亿元，实际到资额7.2亿元。重点在谈13个项目，投资总额约150亿元。开工项目8个，其中，中信重工海上风电装备产业基地项目实现“当年签约、当年落地、当年投产并交付产品”，项目二期达产后可实现年产值超20亿元。

【项目推进】2020年，漳州开发区引进台资医养生态村项目，打造新型中高端养老项目；与上海高仙、漳州市壹高讯签订战略合作协议，打造机器人产业园。开发区成功纳入中国（漳州）跨境电商综合试验区“一核两翼多园”规划，引进米仓供应链等优质跨境电商项目。芯云谷累计签约企业76家，物业出租率57.3%。威驰腾新能源汽车，顺利开发无人驾驶牵引车、氢燃料牵引车等8种车型。

【疫情防控】2020年，漳州开发区坚持“人民至上、生命至上”，聚力打好疫情防控人民战争、总体战、阻击战，成立疫情防控指挥部，压实责任，强化抓牢抓实抓细常态化疫情防控，织牢织密联防联控、群防群控疫情防控网。领导班子挂帅社区，干部包片、包户，党员干部、志愿者坚守一线，疫情发生以来累计排查省外入区20 623人，境外入区445人，国际船舶换班船员入区275人，集中医学观察250人，居家隔离约12 000人。建成集中医学观察点、进口冷链食品集中监管仓，设立水路和口岸疫情防控等工作专班，高效妥善处置外籍船舶“耐迪号”“达丽莎天秤号”涉疫事件，建成投用新冠病毒核酸检测实验室，具备5天可完成全区人员核酸检测的能力，疫情发生以来全区始终保持“零感染、零疑似、零确诊”，涌现了一批抗疫先进典型单位和个人。

【复工复产】2020年，漳州开发区坚持统筹抓好疫情防控和经济社会发展，全力推动复工复产，组建产业发展领导小组，落实领导挂钩帮扶企业机制，强化GDP指标月度跟踪、调度，出台系列惠企政策，助力工业企业、在建项目复工复产。15家规上工业企业实现产值增长，漳州中集、首钢凯西、福钢科技等企业生产逆势上扬，规模工业总产值连续五个月单月突破10亿元，创2015年以来最好成绩。外贸出口总值提前4个月完成市级下达任务，获得省级商务发展资金奖励。

【基础设施建设】一是漳州开发区港航基础设施。招银客运码头扩建二期工程竣工验收，具备投入使用条件。后石航道二期工程完成军用光缆迁改。招银航道二期工程完成监理、施工单位招标，以及海域使用权证和相关手续办理。二是公共交通配套。优化厦漳城际巴士班次，完成"海上巴士"票价调整，开通网约车"快车"服务，投用一批新能源公交车。三是城市配套设施。基础设施PPP项目完成投资1.4亿元，占年度计划88%；民生基础设施建设项目完成投资6.9亿元，占年度计划111%；大径安居房取得预售许可证，海滨学校单建式人防工程提前3个月竣工投用。

【社会管理】2020年，漳州开发区在教育卫生方面，厦大附中高考再创佳绩，本科达线率98.87%，一本达线率83.73%，5人被北大、清华录取，连续五年获评"高考功勋学校"；开发区获评"2020年漳州市初中教育质量先进区"。南滨学校小学部、实验幼儿园过渡园相继投入使用。漳州开发区第一医院住院综合大楼建成投用，设立19个临床医技科室，完成心电图、放射等辅助检查与厦大附属第一医院总院的无缝对接。

在社会保障方面，推动全民参保扩面，累计发放被征地居民养老金1 129万元，城乡居民养老金300万元，发放水平居全市第一，城乡居民养老保险缴费率97.24%，位列全省第一。完善结对帮扶机制，全年发放各类救助金、低保金438万元。

在环境治理方面，落实"党政同责、一岗双责"，出台生态环境保护目标责任考核办法；新建环境空气质量自动监测站，增加大气热点网格站点，空气质量优良率达99.36%；全区危废处置率和市级抽查考核达标率均为100%。

在安全生产方面，部署开展安全生产专项整治三年行动，累计出动执法人员2 189人次。完成省级"明厨亮灶"、市级"阳光小作坊"示范项目以及12家幼儿园"互联网＋明厨亮灶"项目建设。组织开展7 172栋房屋结构安全隐患排查，房屋重大安全隐患处置完成率100%。

在综治维稳方面，推进"最多投一次"阳光信访机制，信访件一次办结率99.2%。做好重大会议活动信访保障，全年未发生赴省进京越级上访事件。"扫黑除恶"专项斗争行动好评率和群众安全感、执法工作满意率分别位居开发区序列全市第一和第二。严厉打击信网络诈骗、"黄赌毒"等违法犯罪，全面推广"社区110"社会治理模式，推动"漳州网格E通"平台应用落地。深入开展道路交通安全综合整治，道路交通安全形势稳定向好。

【改革创新】2020年，漳州开发区持续推进《漳州开发区管理办法》立法进程。按照省政府专题会关于"法规、政策、协议"的整体安排有序推进立法工作。"政策"方面，与省市有关部门持续沟通对接；"法规"方面，委托第三方完成初步调研、访谈，深化《管理办法》具体内容；"协议"方面，进一步修改完善文本内容征求招商局集团相关部门及漳州层面意见。

深入研究未来发展规划。认真编制"十四五"规划，为开发区发展做好顶层设计和战略指引。扎实推进国土空间总体规划编制，完成开发区城镇开发边界初步划定方案上报，进行山地及低坡地开发、存量土地梳理等6项专题研究。

破解历史遗留问题。落实市委书记邵玉龙"让历史问题不再成为历史，让新问题不要成为历史问题"的要求，解决客运码头扩建竣工验收、四区军用光缆迁改等16个历史遗留问题，节约资金1 600多万元，释放土地近2 000亩。

【党建工作】2020年，漳州开发区落实党建工作责任，全面贯彻落实党的十九届五中全会精神，开展党委中心组集中学习研讨12次，开展党建创新项目竞赛，健全非公党工委组织机构建设。深入开展“弘扬蛇口精神、改进工作作风、提高工作效能”专项活动，切实将专项活动与服务企业、攻坚克难、重点工作紧密结合，极大地提升了干事创业精气神。推广“学习强国”学习平台，推动媒体融合发展，“多彩漳州港”公众号总阅读量、“漳州开发区”公众号传播指数分别位居全省、全市前三名。扎实开展中央巡视整改落实情况专项督查“回头看”，落实省委巡视二组巡视漳州市反馈意见任务整改。推进廉政风险防控体系建设，理清3大类111个风险点，进一步为权力运行明“底线”、划“红线”。在干部队伍建设方面，突出战略引领、业绩导向，以产业发展、营商环境建设为核心，班子成员分包年度目标任务，将GDP完成情况与部门绩效紧密挂钩。规范人才管理，落实“六能”机制，正向激励66人，业绩调薪7人，降档6人，选拔任用6名高管人员。

（漳州经济技术开发区管委会）

泉州经济技术开发区

【经济发展】2020年，泉州经济技术开发区实现GDP 183.77亿元，同比增长-17.2%；工业增加值143.55亿元，同比增长-16.7%（规上工业增加值同比增长-17.9%）；第三产业增加值38.22亿元，同比增长-18%；一般公共预算总收入13.23亿元，同比增长-19.2%；一般公共预算收入6.20亿元，同比增长-23.3%；全社会固定资产投资同比增长-49.6%；社会消费品零售额67.12亿元，同比增长-13.7%；进出口商品总值47.95亿元，同比增长-21%（进口1.57亿元，同比增长10.8%，出口46.38亿元，同比增长-21.7%）；实际利用外资（验资口径）2.19亿元，同比增长76.2%，完成年度计划169.76%，超额完成年度任务。

【产业升级】

一是升级传统产业。①鼓励企业实施“机器换工”。全年有22个区级重点技改项目，总投资约9.17亿元，完成年度计划投资4.815亿元，新增产值12亿元。②推进数字经济向传统产业渗透。联合阿里团队举办C2M招商，近40家企业实现高效触达终端消费者，10家企业成为C2M超级工厂试点企业，树立产业数字化新标杆。③有效集聚创新资源。引入湖南大学工业设计与机器智能研究院、华中科大智能制造研究院、泉州市中生协特种通信产业技术研究院等落户开发区，打造产业创新平台，积极申报“双创”升级示范区。④创新IP运营新模式。立足园区童装童鞋优势建立产业联盟，新引进大嘴猴、凯蒂猫、史努比等国际品牌，致力打造童装童鞋IP运营总部；洽谈引进美国黑马漫画、斯凯奇、迪斯尼等多个知名品牌IP，打造国际潮流品牌IP生产及转化基地。

二是培育数字产业。①大力发展直播电商。研究出台《扶持电子商务发展的若干措施》，鼓励直播电商等新业态的发展，推动形成“企业IP运营+5G直播+产业链”的新商业模式，利讯、魔筷等直播基地已投入使用。举办了为期10天“云上集市•泉州市产业直播购物节”，依托京东、淘宝、天猫、拼多多、抖音、快手、蘑菇街、魔筷、腾讯生态、花椒直播等平台，开辟直播间100多间，联动泉州100多家企业直播“带货”，成交金额达5.5亿元。②加快建设新型显示数字经济产业园。引入微影等14家生态企业，获得松下等10个品牌独家网络销售授权，新显京东商城线上馆成功开馆，视源、晟彩等新新显龙头企业销售中心落地。③推进智慧园区建设。推进以5G技术升级工业园区通信网络，投资6 000万建设75个5G基站，实现5G信号全覆盖。策划生成食品数字经济产业基地、智能城市智慧化改造等7个项目纳入市级数字新基建项目库；与阿里巴巴签订“春雷计划”，谋划政企平台、全域停车等项目。

三是壮大高新产业。建立高新技术企业培育库，发挥项目带动作用，推动高新技术企业数量与质量双提升，培育创新引擎。今年来，共组织22家申报国家高新技术企业；组织19家企业申报省级高新技术企业，区内企业有3个省级项目和2个市级项目通过立项；3项省级科技计划项目和1个市级科技项目通过验收；新增国家高新技术企业14家，任务目标完成率达104.08%，国家高新技术企业保有量51家，较2019年净增12家，新增量同比增长100%；

新增省级高新技术企业17家，省级科技小巨人领军企业7家，泉州市瞪羚企业1家。

四是提升第三产业。①出台《规范物流业发展的实施方案》，规范原有物流企业，促进提档升级；新引入总投资36亿元韵达福建（官桥）产业园、阿里申通等一批新物流项目，不断提升园区集约发展水平。②开展第三产业提质扩量行动，重点推进7个三产项目建设，总投资51.80亿元，年度计划投资9.02亿元，2020年完成投资9.2亿元，完成年度计划101%。其中，斐乐采购中心已于6月份正式入驻运营；九牧王智能物流仓储物流项目完成主体建设。

【招商引资】2020年，泉州开发区成立国企、民企、外资等专业化招商小组，通过委托招商、以商招商、设立招商奖励等方式，积极开展精准化招商。同时，成立专门招商后服务小组，建立和落实对接、落地、投资建设的“一条龙”服务机制，规范招商流程，提升招商质量。2020年，组织杭州、深圳等地专场招商季活动，落地特斯拉汽车销售综合体、韵达福建产业园、立邦新型智能化绿色涂料等12个优质项目，总投资超百亿元。组织参加第十八届6.18中国•海峡项目成果交易会，征集对接项目23个、技术需求项目15个；参展项目4个。组织参加2020年厦洽会，对接3个合同项目，1个意向项目，4个项目合计总投资约10 360万美元。

【项目建设】2020年，泉州开发区实行“一个项目、一套人马、一拼到底”工作机制，逐个项目明确挂钩区领导、部门负责人和跟踪服务人员，全力破解项目审批、征地拆迁、用水用电等难题，严格把控项目进度和形象节点，逐个责任攻坚，确保重点项目有序推进。15个在建重点项目全年累计完成投资12.9亿元，超额完成年度计划投资。全年“五个一批”谋划项目28个，总投资327亿元，完成任务140%；签约项目24个，总投资122亿元，完成任务200%；开工项目9个，总投资84亿元；竣工投产项目18个，总投资30亿元。利讯、立邦新型材料等11个项目参加全市集中签约活动，项目总投资超100亿元。

【民生补短】教育提优。落实义务教育优质均衡发展等举措，把教育打造成为招商引资、集聚人才的金字招牌。建成第二实验幼儿园，新增学位270个。推动现有的3所公立学校与市直名校强化结对共建，深化合作办学，打造知名学校。开发区实验学校被确认为全国青少年校园足球特色学校和福建省义务教育管理标准化学校。狠抓教师队伍建设，评选选拔25名区级中小学骨干教师培养对象。在全区中小学推行集体配餐服务，将公办幼儿园纳入课后服务范围，切实解决家长接送难题。出台《扶持民办幼儿园优质普惠发展的若干意见》，争取省、市普惠性幼儿园奖补资金共34.905万元，保障普惠性幼儿园平稳运转。卫健提质。结合疫情防控，推进基本公共卫生服务项目，建立健康档案8 356人次。深入开展尘肺病防治攻坚行动，制订《泉州开发区尘肺病防治攻坚行动实施计划》，落实企业主体责任和部门监督责任，暂无发现尘肺病患者。高质量启动创城创卫工作，全力推进爱国卫生运动、健康教育和健康促进、公共卫生与医疗服务、病媒生物预防控制等专项行动，充分利用新闻媒体、大型户外公益广告、宣传横幅等各种载体，采用群众喜闻乐见、生动活泼、能引起思想共鸣的语言和形式，广泛发动群众参与创建活动，营造人人参与、人人支持的良好氛围。城建提速。坚持城市建设与控规调整、园区标准化建设、国有企业改革相衔接，及时召开城建工作专题会，启动控规调整，推进产城人融合发展。抢抓开发区被列入全省16个标准化园区建设试点之一的有利契机，有效盘活开发区存量土地98.7亩、闲置厂房23.78万平方米，成功嫁接206家企业，加快工业更新步伐，加快推进文化中心、创业大厦、人才公寓、崇尚街、崇宏街及安泰路“白改黑”综合提升改造、德泰路夜景提升、美泰公园改造等城建项目建设。同时，加快与万科城市物业洽谈合作建设“平台通、数据通、应用通”智慧城市体系，用智能化推动生活便利化、管理现代化、服务高效化，着力打造更加宜业宜居的产业新城。

【营商环境】政策帮扶。建立联络服务员制度，出台打通“五难”操作链实施方案，在全市率先出台《企业订货会期间疫情防控工作方案》，帮助企业协调解决招工、防控物资、交通物流、供应链、金融等方面问题100多条，快速帮助企业达产达效。全区112家规上工业企业已全面复工，平均达产率达91%以上。出台《疫情防控期间支持中小微企业生产经营十六条措施》及三条补充措施，整理印发《省、市、区应对新冠肺炎疫情扶持企业发展政策汇编》，召开分行业企业座谈会、外贸专场座谈会、防疫物资生产及出口通关政策宣讲会，指导企业用好用足各项扶持政策。全年共兑现各级各类扶持企业资金1.17亿元，利用应急周转资金帮助37家企业转贷347次，转贷金额达25.038亿元。政务服务。深化商事制度改革，推进“多证合一”“集群注册”“证照分离”“证照合办”，有效激发市场主体活力。全年新增各类市场主体1 574家，注册资本总额31.15亿元，目前，全区共有各类市场全体13 977家，注册资本368.3亿元。坚持“区内事，日内结”，对简易审批服务事项明确实行“即收即办”制度，对无需现场勘察和专家论证的区级审批事项全部实行即办制，当天予以办结。大力推行政务服务“网上办、快递送”和“事前预约+现场取号”双轨制办事服务，持续提升行政审批效率，高效便捷服务群众。目前，开发区承担的289项审批服务事项中，全流程审批环节均压缩在3个以内，全区213项行政许可审批服务事项的审批时限由法定4 579个工作日压缩至567个工作日，以压缩比87.62%的成绩名列全省第一名。全区70%的行政审批服务事项达到“一趟不用跑”，100项行政审批服务事项达到五星级。实施24小时自助服务，全面推行手机微信终端“自主申报、自动审核、自助打照”个体工商户全程智能化登记新模式，群众办事真正像“网购”一样简单。开发区营商环境指数跃升至全市第3位。

【疫情防控】聚焦疫情防控下真功。严格贯彻落实国家、省、市相关工作部署要求，及时成立防控工作应急指挥部，制订开发区防控方案、应急预案、行业防控指南、复工导则、常态化防控方案和秋冬季疫情防控方案及应急预案等，推进指挥部、五大片区、企业（小区）立体化防控体系不断完善。推出学校“五个远程”“十个一律”防控机制，企业复工“五个到位”、企业防控“八个落实”等符合开发区特点的防控机制；组建医疗专班、应急专班、数据专班、转运专班，攻克患者诊治、发热门诊、核酸检测、医学观察、点对点接送、数据排查等短板、难题，并牵头做好泉州中心市区五区集中隔离点建设与管理。全区所有公共场所均实行“八闽健康码”亮码通行，疫情防控工作总体平稳有序，暂无疑似病例、确诊病例和无症状感染者病例，实现了保持“零感染”目标。

【工管委领导】2020年，泉州开发区党工委、管委会班子成员：党工委书记李文生，党工委副书记、管委会主任林荣川，党工委副书记、纪工委书记、监察组组长林明义，党工委委员、三级调研员傅国明，党工委委员陈斌（任至8月），党工委委员、管委会副主任吴福来，党工委委员、党务工作部部长卢锋，党工委委员（任至10月）、管委会副主任吴志灵，管委会副主任何汉儒（8月始）、吴文从（11月始）、柯贤初（11月始），管委会四级调研员黄清湖、黄溪洪。

2020 年泉州经济技术开发区经济和社会发展主要指标一览表

指标名称	单位	实绩	比上年增长（%）
地区生产总值	亿元	183.77	−17.2
财政总收入	亿元	13.23	−19.2
地方一般预算收入	亿元	6.20	−23.3
一般公共预算财政拨款支出	亿元	3.72	1.64
第三产业增加值	亿元	38.22	−18.0
社会消费品零售总额	亿元	67.12	−13.7
实际利用外资（验资口径）	亿元	2.19	76.2

（泉州经济技术开发区管委会）

扬州经济技术开发区

【概况】扬州经济技术开发区始建于 1992 年 5 月；2005 年 6 月，经国务院批准，在开发内设立扬州出口加工区；2009 年 7 月，升级为国家级经济技术开发区；2016 年 1 月 30 日，经国务院批准，扬州出口加工区升级为扬州综合保税区。二十多年来，在省委、省政府和市委、市政府的正确领导、社会各界的关心支持下，扬州经济技术开发区保持了较快的发展速度和较好的发展质量。

【经济发展】2020 年，扬州开发区实现地区生产总值 545.7 亿元，增长 4.2%；规模工业增加值增长 7.5%；工业开票销售 673 亿元，增长 8.8%；工业入库税收 19.3 亿元，增长 5.8%。全社会固定资产投资 172.7 亿元，增长 2.1%；进出口总额 17.89 亿美元；公共财政预算收入 23.9 亿元，增长 2.1%；实际到账外资 1.4 亿美元。其中，GDP、工业投资、工业入库税收增幅全市第一，实际到账外资总量全市第一。在 2020 年最新公布的全省开发区排名中列第 15 位，较上年度晋升 2 位。

【产业发展】开发区坚持“产业有龙头、板块有主导”，致力特色化与多元化结合，围绕聚焦主业、做强实体经济的目标，实施“一区多园”发展战略，着力打造运河产业南园、运河产业北园、滨江产业东园、滨江产业西园、综合保税区五大产业园区，综合保税区成功获批一般纳税人资格试点。梳理产业发展方向，确立“构建三大主导产业、培育四大新兴产业、发展现代服务业”的思路，加快向现代产业园区转型。2020 年，开发区“绿色光电、高档轻工、汽车及零部件”三大主导产业凸显规模优势，绿色光电产业不断向下游应用端拓展，汽车及零部件产品门类不断丰富，高档轻工产业技改项目有序推进，三大主导产业开票销售均已超百亿元，产业链条不断拉长增粗。“高端装备、海洋工程、医疗康养、新一代信息技术”四大新兴产业逐步兴起，王立军院士领衔的激光产业园项目建成运营，激光产业链初具雏形。现代服务业尤其是软件信息业，推动制造业向“智能化、绿色化、高效化、服务化”不断转型升级，获批省“工业互联网 + 先进制造业”基地，有力推动新一代信息技术与制造业深度融合，服务业成为推动经济增长的重要力量。

【项目引建】开发区始终把重大项目引建作为全区工作的重中之重，创新思维，主攻重点，强势推进招商引资和项目建设。聚焦“基地化、总部型、链条式”项目，探索产城合作、共建产业链等招商新模式，招商引资、增产扩资齐头并进，产业链项目、增资扩产项目多点开花，2020 年签约重大项目 32 个，实施技改扩建项目 30 个。整持“亩产论英雄”，以单位投资强度、投入产出效益为主要指标，规范项目评价评估、进区权利义务，建立双向约束机制。坚持班子成员挂钩重大项目、重点企业制度，全方位、零距离服务项目建设，突出项目产效跟踪，加快项目落户、开工、建设、投产、壮大进程，法国圣戈班、我国台湾康那香、瑞上乔治费歇尔等一批重点项目顺利推进，其中，晶澳 4GW 组件项目顺利投产，项目全面建成后，晶澳将成为全区第一个开票超百亿企业集团。2020 年，全区“三新”重大项目认定新开工 15 个、新竣工 21 个、新达产达效 36 个，超额完成年度目标。

【科技创新】开发区始终把推进自主创新与发展战略性新兴产业结合起来，注重发挥企业主体作用、载体支撑作用、人才关键作用，不断提高核心竞争力。深入实施创新驱动战略，加快科技创新载体建设，重点打造智谷科技综合体、西安交大科技园、科创城总部经济区“三大科技创新核”。2020年，全区科技综合体新入驻企业72家，开票销售超50亿元；智谷科技综合体入选省互联网众创园，西安交大科技园荣获省级科技孵化器A级，人力资源产业园获省级众创空间。推进产学研深度融合，精准邀才、真诚引才，王立军院士高功率激光器项目、都有为院士软磁器件项目、孙璐教授智慧城市项目顺利落户。其中，王立军院士创业团队入选省双创团队、省双创人才，获批省重大研发计划和省增材制造装备创新中心。加快推进全区技术转移体系建设，经省平台认定登记技术合同80余项，成交额达14亿元。净增国家高新技术企业13家，认定国家科技型中小企业55家；高新技术产业产值占规上工业产值比重64.8%。万人有效发明专利拥有量37.8件，列全市第一。

【城市建设】2020年，开发区坚持走城市内涵发展、城乡协调发展之路，整体谋划片区发展，“两城三园一区”格局基本形成（两城：运河文创城、扬子江科创城，三园：滨河产业园、滨江产业园、循环经济产业园，一区：生态旅游区）。智谷科技综合体三期加快建设，中小企业创业园、企业集中医学观察站竣工交付，欧美工业园开工建设，市警示教育基地建成开放，城市形象品质明显提升。围绕提升区域承载能力，建成区路网体系完备，各产业基地基本实现“九通一平”；全年建设、改造道路11条，纵八路、横三路竣工完成；服务市级交通项目，开展G345征地拆迁工作；完成水电气配套5公里，杆线迁改6.5公里。安置房开工建设10万平方米，竣工41万平方米；实施2 541套（户）棚户区改造，25.3万平方米重点项目拆迁；完成2个老小区宜居改造。坚持“共抓大保护、不搞大开发”，对纳入红线的7.5平方公里沿江区域，只保护不开发，以良好生态环境营造宜商宜居氛围。实施城市绿化提升项目5个，新增绿化面积27万平方米，马泊河一期、二期风光带建成开放。

【社会事业】2020年，开发区始终坚持发展为民的民生导向，把“生产安全、生活安宁、社会安定”放在心上、抓在手上，以城乡统筹引领和推进民生事业。一批事关长远和全局的重点民生工程按序时加快推进，振兴花园学校创成省级智慧校园示范校，开工顺达广场幼儿园，建成中信泰富锦园幼儿园，启动海信幼儿园建设，创建江苏省优质幼儿园2所；推进医疗机构基础设施建设，朴席社区卫生服务中心投入使用，施桥、八里社区卫生服务中心开工建设；朴席镇完成省级卫生镇创建，施桥镇、八里镇通过省级卫生镇复审；不断完善公共文化服务体系，全区农家书屋，社区图书室实现通借通还；长江防洪能力提升堤防加固工程加快实施，长江镇扬河段三期整治工程、仪扬河朴席段综合整治工程通过验收；加快颐养社区建设，新建示范性颐养社区3个，省标准化居家养老服务中心社区建成率达80%；社会保障不断完善，城乡低保、医疗救助、临时救助、慈善救助等社会救助体系逐步健全；安全生产、社会治安持续稳定，群众幸福指数不断提高。

（扬州经济技术开发区管委会）

张家港经济技术开发区

【概况】张家港经济技术开发区成立于1993年，2011年晋级为国家级开发区，与张家港城关镇杨舍镇实行“区镇一体”管理体制。区域面积153平方公里，人口53万，其中户籍人口28万。下辖4个城区街道办事处、5个城郊办事处，管理23个行政村、51个社区（含18个涉农社区）。2020年，张家港经开区蝉联苏州市高质量发展先进地区，杨舍镇列全国综合实力千强镇第三名。

【产业发展】2020年，张家港经开区全年实现地区生产总值1 390.32亿元，比上年增长2.5%。第二产业增加值671.19亿元，占地区生产总值的48.27%。第三产业增加值710.99亿元，占地区生产总值的51.14%。完成全口径财政收入190.60亿元，其中公共财政预算收入94.82亿元。入库税收186.41亿元。2020年区镇进出口总额882.1亿元，其中出口总额583.8亿元，进口总额298.3亿元。完成固定资产投入298亿元，比上年增长23%。社会消费品零售总额达270亿元。

【科技创新】2020年，为进一步促进科技与大众创业、万众创新深度融合，经开区出台《关于推动经济高质量发展的若干政策（修订版）》和《高质量发展政策15条》，引导企业加大研发投入，组织企业实施各级各类科技项目。全年高技术制造业投资17亿元，占工业投资的36%。全年研发投入占地区生产总值比重达3.1%，新增华夏科技创业园载体面积5万平方米。

经开区认定高新企业310家，净增高新技术企业70家。高新技术产业产值752.86亿元，增长9.2%。研发费用投入55.42亿元，年度PCT专利申请量24个，年度发明专利授权量347件，每万人发明专利拥有量190.38件/万人，发明专利拥有量3 201个。孵化器、众创空间数量6家，国家级众创空间2家。截至目前，累计建有省级以上企业研发机构183家，其中，省企业重点研发机构11个、省企业院士工作站6个、省企业研究生工作站82个、省工程技术研究中心38个、省级工程中心3个、省外资研发机构5个、博士后工作站17个（其中国家级2个）、企业技术中心19个（其中国家级1个）。年内新增省“双创”人才6名，姑苏人才15名，市领军人才38名。

【投资促进】2020年，经开区新批外商投资项目数量30个，增长30.4%。合同外资金额115 824万美元，增长53.7%。实际利用外资金额4亿美元，增长112.8%。新批内资企业数量4 219家，增长1.1%。新增内资注册资本总额518.2亿元，增长141.3%。

【体制机制创新】2020年，经开区进一步推进集成改革，新设行政审批局、综合行政执法局正式挂牌并运行。办事处、街道层面完成了赋权、扩能；村、社区层面完成了行政区划调整。

经开区围绕“一枚公章管审批、一张网络管服务、一个平台管调度、一支队伍管执法”的治理架构，以推动“放管服”改革再出发、营商环境再优化、企业群众办事再提速为目标，出台《区镇帮代办服务工作实施方案》，推出企业投资建设项目及公共服务“帮代办”，实现“主动服务”“一次办理”“上门服务”；全力打造具有区镇特色的“暨时办”政务服务新品牌，该举措陆续被“学习强国”苏州平台、全国平台实践栏目宣传推介。

【绿色集约】2020年，经开区主要污染物排放情况：

指　标	单　位	数　值
化学需氧量（COD）	千克	498 618
二氧化硫	千克	11 262 730
氮氧化物	千克	15 363 680
氨氮	千克	21 197
工业固体废物综合利用率	%	98.71
再生水（中水）回用率	%	79.16

经开区2014年10月获批创建国家生态工业示范园区。目前已形成了以低碳经济发展为主导、产业与生态相得益彰、人与自然和谐共生的生态示范工业园区。2020年“三优三保”拆旧复垦1 401亩，“腾笼换凤”土地4 273亩。坚持“绿色化”招商选资，坚持“链式化”集聚产业，坚持“高新化”改造提升。工业用水重复利用率达到97%。打好“蓝天保卫战”，涉VOCs企业全面完成深度治理改造；打好“碧水攻坚战”，经开区主要通江支流水质全部达到Ⅲ类，省考断面水质优Ⅲ类比例100%；打好“净土防御战”，土壤环境质量监测全覆盖。工业污水集中处理率100%，城镇生活污水接管率98%。实现了区内企业以天然气、电力能源结构为主的集中供热方式。

2020年经开区土地开发利用率74.23%。开发区单位土地地区生产总值产出强度51 988万元/平方公里，土地利用强度分值为93.25分。土地供应率达到了91.06%。开发区工业用地投入产出效益分值为96.26分。深化产业用地全程监管，优化项目准入机制，建立多部门协同工作机制，建立互联网+供后监管平台，将项目准入评审、开工建设、竣工验收、投产运营及产出效益等重要环节统一纳入监管平台跟踪管理。

【基础设施建设】2020年，经开区交付使用3所学校，推进6所学校建设。投入816万元为中小学、幼儿园添置电脑等教学用具。投入145万元为9所初中中考考点教室安装空调250台。开工建设总面积77万平方米的安置小区5个，交付3个。新建、改建道路7条，完成3个农贸市场标准化改造，建成口袋公园3个。高标准推进“公厕革命”，竣工交付公厕27座，其中3A级以上16座。新增文体设施面积20万平方米、智慧广场3个、24小时自助图书馆1个。增设机动车车位2 700个，修复小微市政基础设施2 000余处。

【社会事业】2020年，经开区全年村级可支配总收入7.6亿元，村均1 847万元，增长7%。投入6个经济一般村项目扶持资金2 665万元，增强“造血功能”。全年举办文化活动超1 000场次。小品《一张罚款单》获第四届省“五星工程奖”金奖。塘市小学通过全国文明校园复评，福前村获评全国文明村。年内新增就业岗位17 078个，开发公益性岗位208个，支持自主创业464人，应届高校毕业生就业率达99%以上。住房公积金扩面8 757人。新增社保和综合保险实现应保尽保。发放民政救助资金3 300万元，设立慈善项目25个。开展社区门诊48万人次，家庭医生签约服务近1.2万户。开展“阳光扶贫”大走访、“爱满港城”慈善募捐活动，全年发放救助金3 280万元。41个村（社区）开展医疗互助，村级医疗互助会实现全覆盖。

【党建工作】2020年，经开区党工委牢固树立“抓好党建就是最大的政绩”理念，以高质量党建引领高质量发展。理论学习常抓不懈，在全市率先启动“暨阳夜学”，制订《专题学习计划》，学习贯彻党的创新理论和十九届五中全会精神，推进“四史”学习教育。严格执行民主决策，对“三重一大”等事项党工委集体研究决策。全面夯实基层堡垒，扎实推进“堡垒指数、先锋指数、七问党建组织力体检”，实施“先锋力量·城市温度——党建引领城市治理现代化”书记项目。持续优化干部队伍，积极谋划基层换届布局，选派优秀干部赴国家部委等部门交流挂职。扎实推进从严治党，开展“清风行动”，设立作风建设“曝光台”“一人一委一网”实现全覆盖，立体监督权力。

【管委会领导】中共张家港经济技术开发区工作委员会：党工委书记卞东方（兼），党工委副书记卢懂平，党工委委员李良（2020 年 12 月免）、张雷、赵志凯、顾卫彬、陆忠理、吴卫中、马春青。

张家港经济技术开发区管理委员会：管委会主任邵军民（兼），副主任卢懂平、李良（2020 年 12 月免）、张雷、赵志凯、顾卫彬、陆忠理、马春青、吐尔逊买买提·艾山（2020 年 7 月任，挂 1.5 年）。

（张家港经济技术开发区管委会）

江宁经济技术开发区

【经济发展】2020年，江宁经济技术开发区（以下简称“江宁开发区”）地区生产总值1 741亿元，增长7.2%，其中服务业增加值682亿元，增长22.5%；全社会固定资产投入387亿元，增长11.6%；地方外贸进出口1 106亿元，增长10.4%，其中地方外贸出口834亿元，增长12%；一般公共预算收入183亿元；规模工业总产值2 498亿元；社会消费品零售总额增长5.9%。在商务部公布的2020年全国国家级经济技术开发区综合发展水平考核评价中位列第六，在全省经开区2019年度科学发展综合考评中排名第三。

【产业建设】2020年，江宁开发区汽车产业、电子信息产业、智能电网产业、高端装备产业、节能环保与新材料产业产值分别达739.8亿元、869.3亿元、847.6亿元、730.5亿元、743亿元，其中电子信息、智能电网、高端装备及节能环保与新材料产业均保持两位数以上增长。推进建设长城超云、五十五所射频电子、未来网络试验设施等78个区级实施类项目(含省市重大)，当年投资210.7亿元，同比增长24.2%，其中，苏宁华东物流中心、菲尼克斯新能源制造基地等省市重大项目28个，当年投资127.5亿元；完成工业固定资产投资135.6亿元，同比增长12%。深入实施覆盖企业成长全生命周期的“企业发展陪伴计划”，35家企业纳入倍增计划，举办企业座谈会、联谊会、新产品发布周、产品交流博览会等高质量活动30场。根据21世纪经济研究院《2020年全国经开区营商环境指数报告》，江宁开发区营商环境位居全国第七。

【招商引资】2020年，江宁开发区全年引进云泰物联网、亿安仓供应链等千万美元以上外资项目28个，其中1亿美元以上外资项目9个；落户福特蓝色马赫、德朔实业等知名总部型、功能性机构2个，实际利用外资11亿美元；签约引进50亿元以上内资项目4个，其中百亿元以上内资项目2个。

【科技创新】2020年，江宁开发区在创新资源集聚方面，实质运作中法、中以、中德3个海外联络工作处，设立中英、中法等7家海外创新协同中心，正式签署中法离岸孵化基地，引进Libre智能芯片等国际项目14个，全年新增培育独角兽、瞪羚企业45家，新增独角兽企业1家。创新活动举办方面，举办第四届未来网络发展大会、第三届中法创新发展大会、T20中以科技文化交流大会、首届中国•南京电竞产业发展论坛、南京创新周“征图杯”机器视觉大赛等活动；举办创新周各类活动21场，签约92个项目，落位率90%；全年引进诺奖得主、院士等顶尖人才10人，发明专利申请9 949件、发明专利授权1 166件、PCT专利申请720件。创新生态打造方面，推出科技企业专项扶持政策“腾飞8条”；完成10亿元科创基金合伙企业基金备案，设立直投及参股优质子基金10个；893家企业获高新技术企业认定，同比增长32.1%，省市入库408家，同比增长39.7%，26家高新技术企业入选南京市百强高企榜，总数位列全市第一。

【城市建设】2020年，江宁开发区推进城市交通体系、市政设施及公共配套、住房保障和房屋征迁等共计144项城建任务。重大工程推进方面，完成九龙湖南湖景观工程等25项建设任务，启动建设爱涛路南延、冲沟路南延和九龙湖南延等断头路。形象品质提升方面，新设低效用地推进组，完成低效用地再开发 1 702 亩，完成佛城西路初级中学等重点民生工程划拨手续 10 宗，兴科原、金长城等 5 家创新载体竣工，完成董村路、胜利路、挹淮街三条道路改造，打造硅巷城市小循环样板区。开展“百日攻坚”行动，对园区 41 家涉 VOCs 排放企业、38 家汽修企业建立涉气污染源名录、实施监控。精细化治理方面，按照城市管理规范化、精细化要求，推进外摆区域、沿街房屋建筑立面出新、管线改造、庭院改造、路面改造等施工，打造湖滨路国际商业街区。

【平台建设】

2020 年，空港经开区（江宁）——实现地区生产总值 87.5 亿元，同比增长 13.7%；规上工业总产值 133 亿元，同比增长 14%；社会消费品零售总额 87.8 亿元，同比增长 192%；公共预算收入 11.5 亿元，同比增长 33%；外贸出口 90 亿元，同比增长 40%；到位外资 1.64 亿美元。新引进中航伺服控制系统、迪升无油涡旋空压机等亿元以上项目 42 个，总投资 439 亿元；30 个省市区重大项目全部开工建设，完成投资 62 亿元，其中，中航机电、航发轻动等 10 个项目建成投产，益丰医药、顺丰速运等 8 个项目结构封顶。跨境电商产业园先试先行 9710 通关模式，9610 模式货物通关量位列全省同类口岸第一。南京空港枢纽经济区（江宁）快递产业园获批省级示范物流园区。如意湖绿化景观、附属设施等完成建设，礼尚路小学、玉振路幼儿园启动建设，云凤居安置房完成分房。

江宁开发区高新园——实现高新技术产业投资 68.5 亿元，同比增长 20.3%；规上高技术制造业产值 565.3 亿元，同比增长 8.1%；技术合同成交额 72.8 亿元，同比增长 36.7%；国家科技型中小企业备案数 909 家，同比增长 75.8%；高新技术企业总数 547 家，净增 165 家，新增省市高企培育入库企业 245 家；新增市级备案新型研发机构 20 家，当年新增孵化引进企业 594 家。新增海外创新中心和离岸孵化器 8 家，其中中以协同创新中心在全市考评排名中获得满分。2020 年创新周综合排名位居全市第一，市高端研发机构、市百强高企榜、PCT 申请量、发明专利授权量、市百强专利创新企业榜、省高价值专利培育、省重点产业专利导航项目入选数等系列指标和工作位列全市第一。创成全市首个国家级中小企业创新创业特色基地、中国科协国家级海外人才离岸创新创业基地。

南京综合保税区（江宁）——推行管理体制改革创新，完成综保区（生产区）和清水西苑（生活区）两个主体整合，实现部门新设、人员调整、职能划转等改革举措。完成外贸进出口 496 亿元，同比增长 15.6%；一般公共预算收入同比增长 25.8%。全年引进各类项目 67 个，其中不占资源的税源型企业 57 个；签约亿元以上项目 5 个，完成到位外资 848 万美元，到位内资 5.53 亿元；完成签约项目投资总额 20.19 亿元，亿元以上签约项目 5 个，其中亿元以上签约制造业项目 4 个。当年引进的项目中，吉宝研发中心填补综保区新业态研发类空白；方桥智能项目实现了当年引进、当年建设、当年投产。

江苏软件园——全年完成实际利用外资 1 035 万美元，同比增长 29%；实际利用内资 23 亿元，同比增长 81%；实现一般公共预算收入 2.78 亿元，同比增长 32%；高新技术企业全年净增 21 家，完成软件业务收入 1 230 亿元。成功引进征图智能科技、云问科技、奇威讯机器人等科技型企业 40 余家；完成电信三期、迈瑞研发生产基地项目部分封顶，腾讯云计算中心项目一期主体建设。全年盘活 11 200 平方米楼宇资源，其中，近 7 000 平方米实现招商再利用。

中国无线谷（未来网络谷）——网络通信与安全紫金山实验室总面积超 4 万平方米的新大楼正式启用，成功研发内生安全核心调度器芯片，发布全球首个确定性骨干网络创新试验成果。未来网络试验设施完成 24 个城市骨干节点建设，构建世界上首个以链路层虚拟化为基础的深度虚拟网络。新建毫米波太赫兹技术研究院与京东方等12个联合研究中心，新增盈富泰克、梅花晟世等8个规模投资基金，实现CMOS毫米波芯片等20多项核心技术成果就地转化，技术合同交易额18亿元，申请专利320件，其中发明专利236件、专利授权140件、申请PCT68件。全年开展国际合作项目12个，孵化项目65个，孵化产值53 500万元。

九龙湖国际企业总部园——实现税收3亿元，公共预算收入1.5亿元，实际利用外资900万美元，实际利用内资15亿元。引进安信智通通讯总部、宾德连接器研发中心、三能能源总部、固达利能源总部、小米生态链企业小沐科技总部、利安物联网科技投资总部、普枫新能源南京总部等26个项目，其中，亿元以上签约项目10个。引进新型研发机构4家，培育独角兽、瞪羚企业6家。打造总部园创新中心，启动总部园二期建设，引入金陵嘉辰酒店、星巴克咖啡、瑞幸咖啡等商业配套。

【机构设置与管委会领导】根据南京市批准的江宁开发区“三定”方案规定，江宁开发区下设12个内部机构。张会祺同志任开发区党工委副书记、管委会主任，主持开发区全面工作。

【大事记】

5月6日，总投资50亿元的“哥伦布”智能网联项目落户江宁开发区。

5月16日，江苏省首个电竞文创产业集聚区落户江宁开发区。

6月2日，由国务院国资委牵头推进，中国第一汽车股份有限公司、重庆长安汽车股份有限公司与其母公司中国兵器装备集团、东风汽车集团有限公司及南京江宁经开科技发展有限公司共同投资的中汽创智科技有限公司注册成立，注册资本金160亿元。

6月23日，由诺贝尔化学奖得主阿里耶·瓦舍尔领衔主导并出资成立的中以眼视光工程技术研究中心项目签约落户江宁开发区。

8月14日，第四届未来网络发展大会在江宁开发区举行。

10月21日，江宁经开海外投资有限公司成功发行RegS、固定利率高级无抵押美元债券，发行规模为2亿美元。

（江宁经济技术开发区管委会）

靖江经济技术开发区

【概况】 靖江经济技术开发区创建于1992年，1993年被批准为江苏省省级开发区，2012年12月升级为国家级经济技术开发区。开发区规划控制面积102.66平方公里。园区南濒长江下游黄金水道，可建万吨级以上泊位100多个，京沪高速公路、沿江高等级公路、新长铁路穿境而过，水陆交通便利，区位优势明显，是国家一类开放口岸、国家船舶出口基地、国家微特电机及控制产业基地、国家中小企业创业基地、国家知识产权试点园区、国家级科技孵化器，省现代服务业集聚区、省重点物流示范基地、省高新技术创业服务中心、省高端装备制造示范产业基地和特色产业基地、省高技术船舶产业园。目前已形成了开发区本部、城南园区、城北园区、新桥园区四个板块，围绕“高端装备制造、现代临港物流”两大主题，发挥优势，错位发展，差异竞争，特色明显。

【经济发展】 2020年，靖江开发区实现工业开票785.93亿元，同比增长8.33%，工业经济体量占到了全市70%以上；完成商贸服务业开票600.66亿元，同比增长18.16%；新增规上企业94家，新增、净增税收1 000万元以上企业23家。

【疫情防控】 2020年，靖江开发区全力打好疫情防控和复工复产“双赢战”。各园区及时组建工作专班，奋力阻击新冠疫情，积极推进复工复产，全面落实“六稳”“六保”，扎实开展“企业个性化服务月”活动，减免企业租金近3 000万元，帮助沿江企业招聘职工500多人，切实保障企业稳定生产，有力推动了全区经济逐季回暖、加速回升。

【招商引资】 2020年，靖江开发区高举产业兴区、项目突破大旗，成功举办上海（靖江）及北京（央企）投资恳谈会、大湾区投资推介会等活动，招引项目的体量质量有了新突破。全年新签约亿元以上项目173个，总投资627亿元。凯飞航空结构件、捷登环保装备、凯傲宝骊智能工厂、塔勤特种装备等46个5亿元（3 000万美元）以上重大项目成功落户，总投资374亿元。扎实开展“三比一提升”行动，新开工亿元以上项目59个，其中“三比一提升”重大项目18个，实际利用外资2.25亿美元。智能重装产业园、恒艾大健康产业园全面投产，中南高科、鼎盛智谷、空调智造等一批特色区中园加快建设。

【产业转型】 2020年，靖江开发区推动产业向高端制造迈进，建成智能生产线12条、智能车间8个。园区功能载体逐步增强，保税物流中心建成验收，喷涂中心建设加快；加大与省农垦集团、深国际、南钢集团等知名企业合作，积极盘活闲置资产；实施科技创新，完成专利申报1 300个，授权发明84个，申报泰州级以上企业中心25个，新增高新技术企业60家。国家知识产权示范园区创建顺利，木材产业“三中心”实质运行，在省特色创新产业示范园区评比中，获评省高技术船舶产业园。

【园区改革】 2020年，靖江开发区围绕管理架构更优，进一步调整理顺园区与属地镇、国有企业关系，厘清各自行为边界。港口集团、城乡建设公司、北辰公司、润新公司等国有公司脱胎换骨，相继走上实体化运作之路。围绕人事薪酬制度更活，加强经济一线人员配备、占比提升至 80% 以上，其中管委会招商人员增至 32 人，增加比例达 52%。打破干部身份职级界限，实施全员聘任制、岗位薪酬制，突出导向激励，实行优绩优酬。围绕风险防控更稳，进一步化解存量债务，优化债务结构，推动有限资金更多投向优质产业、有效项目。全年化解债务 33.74 亿元，8% 以上利率到期债务全部置换到位，港口集团信用等级升至 AA+。

【营商环境】2020 年，靖江开发区行政审批一体化运行取得实质突破，3 个项目首次实现“交地即发证”“拿地即开工”。持续推进健康长江行动，沿江封堵排污口 15 个，关闭化工企业 14 家，转型升级 10 家，关停散乱污企业 31 家，省级生态工业园区通过验收。配合第二过江通道建设，圆满完成交拆任务。深入开展扫黑除恶、信访积案化解，群众安全感、满意度持续增强。狠抓安全整治，安全生产总体平稳。

【党的建设】2020 年，靖江开发区围绕“争当排头兵，靖江怎么干”，深入开展思想解放大讨论，干事创业精气神进一步提振。举办“两江携手 共话发展”2020 江阴—靖江上市公司党建联盟活动；落实“四同八助”工作法，“‘木’邻携手，共建红色朋友圈”入围泰州优秀主题党日活动 20 强。严格巡视巡察整改销号，涉及开发区的 141 项整改措施全面完成。开展同级同类干部警示教育活动，通过建廉景、学廉文、听廉音、悟廉感等活动，不断营造风清气正的廉政氛围。

（靖江经济技术开发区管委会）

嘉善经济技术开发区

【**经济发展**】2020年，嘉善经济技术开发区完成地区生产总值135.74亿元，同比增长12.1%；实现财政总收入23.33亿元，其中地方财政收入12.37亿元；完成固定资产投资58.93亿元，增长15.7%，其中工业生产性投资29.23亿元，服务业投资29.7亿元；完成规上工业产值477.2亿元，同比增长22.1%，规上工业企业利税31.23亿元，其中利润23.13亿元；合同利用外资3.06亿美元，实际利用外资2.59亿美元，增长3.33%，新增工业用地内资备案投资额24.58亿元；完成进出口总额195.94亿元，其中出口96.67亿元。

【**产业发展**】2020年，嘉善开发区围绕高质量发展，推动产业结构转型升级，集成电路、生命健康、新能源（新材料）三大主导产业培育有力，逐渐形成了龙头带动、加速集聚的发展态势。创新“基金+股权+项目”招商模式，以股权投资推进项目落地。在集成电路产业方面，成立集成电路产业基金，签约唐人制造、飞骧科技、华进、中科冠腾等产业项目，签约总投资100亿元的半导体光电装备硬科技生态园框架项目。在生命健康产业方面，正创大健康、安瑞医疗、康桥嘉善生命健康谷、逸思医疗等项目签约落地。在新能源新材料产业方面，签约电解水制氢设备项目、兰钧新能源锂电池项目。成功组织举办第三届中国（嘉善）氢能与燃料电池产业发展与应用论坛。在转型数字赋能上精准发力，完成数字经济核心产业制造业投资11.97亿元，股改企业28家，全区规上数字制造业增加值增速达82%。大力开展“两化”深度融合，推动产业转型大升级，新增品字标认证企业6家，新思考电机和旗声电子入选2020年浙江省电子信息50家成长性特色企业名单，2家企业成功申报2020年度嘉兴市上云标杆企业。扎实推进企业股改上市，全年完成股改企业28家。

【**科技创新**】2020年，嘉善开发区完成高新技术产业产值330亿元，同比增长50%。创新型企业加速培育，众成包装获得浙江省科学技术奖三等奖，累计建成省级星创天地1家、省级众创空间1家、省级技术中心2家、省级“单项冠军”2家、市瞪羚企业1家、市级重点实验室1家（全县首家）。深入实施创新驱动战略，扎实推进省级嘉善通信电子高新技术产业园区建设，新增国家级高新技术企业41家（累计突破100家），省科技型中小企业57家，入选“国千”3人，引育省级以上高端人才16人，落实市级企业研发中心11家，科技创新券使用850万元，规上企业人才合格率达到85%以上。爱德曼氢能源入选省领军型创新创业团队，实现嘉善零的突破；华瑞赛晶列入第二批嘉兴市创新企业研究院创建名单，古奥基因被认定为市级重点研究室。

【**投资促进**】2020年，嘉善开发区抢抓长三角一体化国家战略机遇，积极融入长三角科技创新体系，加快推进长三角科技创新实验场建设，聚力构筑长三角“瞪羚谷”。加快推动“上海之窗•智慧科学城”、惠民科技新城两大功能版块建设，加速布局临沪智慧产业新区，塑造G60科创走廊风景带，加强创新要素的集聚效应与跨区域流动。坚持招商引资“一号工程”不动摇，全年赴北京、上海、深圳招商80余次，接待客商400多人，签约项目21个，三大主导产业加速集聚，成功引进百亿级项目2个（云顶新耀、格科二期），签约世界500强项目2个（中国建材、青山实业），华进半导体、矽睿科技、唐人制造、飞骧科技、安瑞医疗、逸思医疗、普济生物、正创大健康等一批细分行业龙头和“隐形冠军”项目相继签约。以全新渠道提效大招商，创新“股权+基金+项目”招商新模式，成立总规模11亿元的集成电路产业基金，组建提升五大产业招商局，成功举办第五届“梦想中国·智汇嘉善”创新创业大赛半导体组，第三届中国（嘉善）氢能与燃料电池产业发展与应用论坛等活动。

【机制体制创新】2020年，嘉善开发区优化全链审批事项流程，项目推进建立完善全过程、一条龙全生命周期服务链，旗声电子成为嘉善首个“拿地即开工”项目，云顶新耀成为全县首个实现当年洽谈、当年签约、当年到资、当年上市、当年开工建设的项目。便民服务改革提效，推动政务服务“最多跑一次”改革向基层延伸，进一步优化窗口资源，提供一站式服务，实现无差别全科受理，完善便民服务体系。全年办件量达到6 021件，办结速率提升30%，群众满意率达100%。继续深入推进“四平台一中心一网格”综治中心建设，健全完善新时代“网格连心、组团服务”“微嘉园”、初信初访“红色代办”等机制，创新设立“民生议事堂”。

【绿色集约】2020年，嘉善开发区按照“政府引导、综合施策、统一规划、试点先行、分步推进”的原则，全面启动2 585亩工业园区有机更新项目，全力推进工业园区有机更新，加快“低效用地”整治工作，加大高污染、低产出用地企业的腾退力度，全年完成低效用地再开发2 023亩，整治“低散乱”企业86家。做好“区中园”、小微企业园规划布点，开工建设两个小微园，完成小微企业入园46家，完成率153.33%。全面开展生态环境“大排查、大整治、大保护”专项行动，排查环境突出问题3 119个，全部整改销号。深入开展大气污染综合防治，推进工业企业废气清洁化改造，加快工业园区“污水零直排区”建设，整治重点行业VOCs治理减排项目5个，印刷包装行业48个，完成排水许可证申领283家。开展工业企业“净厂”行动，提升企业绿色发展水平。嘉善经济技术开发区成功创建为全市唯一国家级绿色园区。

【国际合作】2020年，嘉善开发区高质量推进开发区国际合作园区建设，加快浙江中荷（嘉善）产业合作园创新中心一期、创业中心开工建设。推进嘉善与荷兰绿港全产业链联盟合作，签订启动建设一期“中荷循环农业科创中心”项目。启动运营“中欧科创中心（荷兰）”平台项目，海外嘉善国际创新中心（欧洲）已有12家荷兰企业和机构落户，跨出了链接当地“一手资源”的重要一步。

【基础设施建设】2020年，嘉善开发区基础建设有新提速，大力提升平台能级和核心竞争力，完成开发区西区1.3平方公里的城市设计评审编制，枫南小镇未来社区控制性详细规划及管线专项规划。坚持内外兼顾提升全区综合环境，完成开发区九州路人工河二期工程、索菲亚北侧道路、横二路延伸段等5个基础设施道路建设。启动实施永丰桥港东侧500亩生活配套区以及惠民全域水系、水保、水资源“三合一”专项规划编制工作。配套功能有新提质，围绕开发区产业发展配套功能，加快推进“上海之窗·智慧科学城”、惠民科技产业新城建设，完成枫南小镇枫雅路一期等5条道路和咸水泾河道整治等工程量80%，枫南未来社区入选省级未来社区创建名单。生态街景公园和游客中心完成建设，新增绿化景观面积1万多平方米。扎实推进惠灵顿国际学校、上海理工大学附属嘉善实验学校开工建设，规划建设未来社区等一批高端生活配套项目。

【防疫复产】2020年，嘉善开发区将疫情防控作为压倒一切的政治任务，果断实行“大网格+小网格”管控，建立完善“专班+专员”“线上+线下”服务机制，设立2个集中隔离点，400余名机关干部细化成10个防控工作小组，选配 50 名专职网格员，609 名微网格长，用最短的时间、最实举措构筑起防疫“钢铁长城”。主动服务精准帮扶，组建由区（街道）班子领导领衔的“15+1”企业复工复产指导组和审批服务组，短短 10 天，通过政府包车、包列等形式接回员工 1 900 名。大力推进各项惠企政策，兑现各类奖补资金约 1.7 亿元，惠及企业 942 家，在全县率先成立企业防控组，率先出台“暖企政策”，率先实现规上企业、龙头企业和在建重点项目复工率 100%。疫情防控进入常态化后，严格按照“提前知、提前控，全程知、全程控”要求，狠抓小区、村庄、学校和重点场所，严格落实“亮码 + 测温”管控，对境外返回人员做好衔接及管控工作，确保入境人员管控万无一失，有效筑牢“外防输入、内防反弹”的铜墙铁壁。

【社会事业】2020 年，嘉善开发区均衡城乡发展，加大民生支出，城乡居民医保资助参保率 100%，全年发放低保金和重度残疾金 267 万余元，临时救助、慰问困难群众 500 多人次，大通村、新润村居家养老服务照料中心陆续启用，张泾汇社区成功创建为省级无障碍社区。教育工作有序推进，开发区幼儿园投入使用，枫南中心学校和枫南幼儿园 2 所学校开工建设，经开中央公园完成初步设计报批。全面加强“双拥”和军人荣誉体系建设。公共服务均衡提升，做精做优“善文化”品牌，新时代文明实践所、站、点全面推进，举办“嘉地善行 • 幸福惠民”新时代文明实践颁奖晚会暨原创文艺作品大赛，承办“橡林寻踪”长三角书画家走进开发区雅集等活动，《梨花又开放》荣获嘉兴市第八届广场舞大赛金奖。加强食品药品安全监管，检查辖区内企事业单位食堂 167 家，食品经营单位 1 511 家，持续抓好病虫媒防治（除四害）、健康教育、打击非法行医和禁烟等工作。

【党建工作】2020 年，嘉善开发区高标准推动学习教育走深走实，运用“学习强国”“国开大讲堂”等平台，开展“大学习大讨论大调研”“三会一课”、主题党日学习活动共 50 多次，参与党员干部 1 800 人次。严格落实党委意识形态工作责任制，全年上报舆情信息 20 余条。基层基础不断夯实。合力推进党建资源整合，在凸现特色亮点中筑牢红色堡垒，新设立惠丰、惠园 2 个社区，全区（街道）16 个村（社区）换届选举工作圆满完成。推进浙沪毗邻“五个一体化”区域化大党建，新增 10 家企业加盟“四方红色联盟”，农村党员参加组织生活到会率由 60% 提高到 85%，办结民生实事 5 361 件。坚持两新党组织“扩覆强基”和“拓展深化”，全年新建两新党组织 26 家。队伍锤炼成效明显。注重机关干部队伍梯度培养，高质量举办为期三个月、七期的“青春国开、菁英成长”青年干部培训班，组建国开青年“后浪”宣讲团。注重在防疫一线发现、考察党员干部，推选市级“战疫先锋”1 名，县级“战疫先锋”2 名，8 名防疫一线人员提交入党申请书。设置实业公司“一办七中心”，调整机关事业人员兼职 14 名、岗位 42 个。落实党风廉政主体责任，全年共开展重点工作督查 30 多次。

【机构设置与管委会领导】2020 年，嘉善经济技术开发区管委会下设党政综合办公室、党建工作办公室、招商服务局、经济发展局、农业农村局、规划建设局、财政局、社会事业发展局、社会治理局。开发区管委会党委书记钱慧，党委副书记、管委会主任卜国强，党委副书记徐俊群、赵志春；管委会常务副主任姚斌，管委会副主任郑庆华、王育青、潘莉蕴、张烈军、胡胜荣、贾玉飞。

嘉善经济技术开发区2019—2020年主要经济综合指标一览表

项　目		单位	2019年	2020年	增减（%）
开发区生产总值		亿元	520.10	548.68	12.1
第二产业		亿元	272.27	290.01	13.9
工业		亿元	243.02	262.94	15.7
第三产业		亿元	230.72	242.56	5.9
工业总产值（现价）		亿元	1 214.15	1 446.96	19.17
高新技术企业		亿元	381.80	588.97	55.4
销售（营业）收入		亿元	1 265.92	1 644.54	29.91
第二产业		亿元	982.84	1 220.68	24.2
工业		亿元	940.71	1 173.53	24.8
第三产业		亿元	283.08	423.87	49.8
利润总额		亿元	46.50	80.52	73.2
第二产业		亿元	46.33	57.63	24.4
工业		亿元	45.73	56.97	24.6
区内主导产业及产值	1. 计算机、通信和其他电子设备制造业	亿元	152.11	434.65	185.8
	2. 通用设备制造业	亿元	155.14	94.37	−39.1
	3. 非金属矿物制品业	亿元	–	67.79	–
第三产业		亿元	0.17	22.89	13 367
进出口总额		亿美元	39.78	65.63	65
出口		亿美元	31.83	47	47.7
财政收入		亿元	98.91	104.86	6.02
税收收入		亿元	90.62	100	10.36
财政支出		亿元	94.76	97.54	2.93
新批企业个数		家	2 298	2 409	4.9
外商及港澳台企业		家	38	42	10.6
内资企业		家	2 260	2 367	4.8
区内世界500强企业数		家	14	17	21.5
国家级高新技术企业数		家	223	323	44.9
新批企业投资额	外商及港澳台企业	亿美元	31.43	17.24	−45.1
	内资企业	亿元	211.34	272.8	29
	增资企业	亿美元	3.02	0.94	−68.8
规上企业个数		家	987	1 006	2
科学研究与试验发展（R&D）经费支出		万元	161 286	221 732	37.5
研究与试验发展（R&D）经费投入强度		%	3.1	4.1	32.3
合同外资金额		亿美元	12.90	6.93	−46.3
外商实际投资		亿美元	4.04	4.13	2.02
固定资产投资		亿元	270.96	305.16	12.7
年末从业人员数		万人	16.73	17.71	5.9
万元GDP能耗		吨标煤／万元	0.33	0.31	−6
水资源消耗总量		万立方米	2 468.79	2 805.04	13.7
单位国内生产总值取水量		立方米／万元	12.27	12.76	4
上市企业数量		家	6	7	16.7
区内职业教育学校数量		家	5	6	20

（嘉善经济技术开发区管委会）

衢州经济技术开发区

【概况】2020年，衢州经济技术开发区（衢州智造新城）规上工业总产值989.7亿元，同比增加12.37%。工业增加值（收入法）185.8亿元。2020年财政收入完成30.24亿元，比上年增长15.49%。

【经济发展】2020年，实现地区生产总值237.85亿元，按可比价格计算，比上年增长6.09%。其中，第二产业增加值完成211.28亿元，同比增长4.73%，第三产业增加值完成26.57亿元，同比增长18.35%。全年税收收入49.34亿元。"四上"企业主营业务收入1 253.61亿元，同比增长12.45%，"四上"企业利润总额79.64亿元，同比上升23.34%。其中，规上工业企业营业收入1 077亿元，上年同期数964.35亿元，同比11.68%；利润总额76.59亿元，上年同期数59.88亿元，同比增长27.91%。

【产业发展】智造新城完成整合后，共有高端电子材料、氟硅新材料、电子化学品、锂电新材料、传感器与微电子、生物医药与大健康、智能装备制造七大主导产业，产业集群效应初具规模。高端电子材料产业总产值254.1亿元；氟硅新材料产业总产值164.6亿元；电子化学品产业总产值138亿元，锂电新材料产业总产值174.4亿元，传感器与微电子产业总产值9.74亿元，生物医药与大健康产业总产值39.7亿元，智能装备制造产业总产值79.2亿元。

全区2020年网络零售额共64.56亿元，同比增幅26.4%。成功引进阿里巴巴诚信通全国唯一客服中心。启动中国（衢州）跨境电商综合试验区•核心区建设。

【科技创新】2020年，核心区重点区块高新技术产业总产值368.31亿元，同比增长8.03%。至年末，拥有国家级工程技术研发中心1家（国家氟材料工程技术研究中心），国家级技术中心2家（巨化集团公司国家级企业技术中心、开山集团国家级企业技术中心），国家级高新技术企业178家，省级企业研究院26家，省级高新技术研发中心49个，省级科技型企业346家。市级重点创新团队8家。

全区有博士后工作站5家，其中国家级博士后工作站1家（巨化集团），省级博士后工作站4家（浙江永力达数控机床有限公司、衢州华友钴新材料有限公司、浙江上洋机械股份有限公司、华友新能源科技（衢州）有限公司），省级院士专家工作站4家，市级院士专家工作站7家，市级专家工作站20家，市级重点创新团队8家。

【"万亩千亿"新产业平台建设】衢州高端电子材料"万亩千亿"新产业平台于2020年2月被省发改委列入第二批平台培育名单。2020年12月，衢高端电子材料"万亩千亿"产业平台共完成固定资产投资39.41亿元，其中产业项目投资32.31亿元。平台储备项目15个，新引进产业项目20个，新引进标志性项目5个，新开工项目5个，完成投资21亿元。引进省级以上高层次人才及团队12人；打造各类创新平台载体8个。工业总产值实现308亿元，主导产业工业总产值257.6亿元。目前已形成了高端电子化学材料、锂电子动力电池材料、集成电路材料、光电显示材料"四大产业链条"，2020年被评为全省链长制试点园区，主导产业集聚度达到了83.37%，在国际国内具有特色品牌优势。

【投融资服务】至2020年末，全区主板上市企业5家，新三板上市企业11家。主板5家：浙江开山压缩机股份有限公司、仙鹤股份有限公司、衢州五洲特种纸业股份有限公司、浙江巨化股份有限公司、牧高笛户外用品股份有限公司。新三板11家：浙江海昇药业股份有限公司、浙江圣安化工股份有限公司、浙江海力股份有限公司、浙江美安普矿山机械股份有限公司、浙江上洋机械股份有限公司、浙江启超电缆股份有限公司、浙江永力达数控科技股份有限公司、浙江爱吉仁科技股份有限公司、衢州龙威新材料股份有限公司、浙江强顺饲料股份有限公司、浙江明辉蔬果配送股份有限公司。

【创新平台建设】中国石油和化学工业联合会化工园区工作委员会公布2020年化工园区30强名单，衢州高新技术开发区再次跻身30强，位列14，位次比2019年前移2位。

空气动力装备产业创新服务综合体成功列入第三批浙江省产业创新服务综合体创建名单，获省财政专项补助资金2 000万元，市级专项激励资金200万元。

【项目审批改革】设立“企业开办专窗”，实现全流程“一件事”即时办、零成本。提升纳税服务便利度，实现“最多跑一次”事项100%网上办理，年纳税次数已压缩至6次、纳税时间压缩至100小时以内，进项留抵退税时间压缩至3天以内，实现出口退税无纸化管理全覆盖，平均出口退税办理时间缩短至5天。

【重大项目招引】克服新冠疫情不利影响，招商引资逆势增长，引进20亿元以上项目1个，10亿元以上项目5个，亿元以上项目33个，协议总投资132.85亿元，实现到位资金40.59亿元，其中制造业占比87.4%。中天有机硅单体及下游产品项目、奥首集成电路功能精细化学品等一大批优质项目纷纷落地，成功推动利化、元立、均瑶等存量龙头企业新上一批重点项目，产业发展竞争优势进一步提升。

【持续开放创新】承办2020中国衢州—韩国产业合作线上对接活动，成为全省首场通过浙江国际投资“单一窗口”平台举办的云对接活动。全年累计利用外资4 158万美元，占全市到位外资比重为64.4%。按照上海飞地发展需求，与上海长江联合发展集团达成战略合作，推动上海飞地有序运营。引进建设华友总部研究院（衢州区）、传感器产业研究院、智能制造技术与装备研究院等项目。

【投资促进】核心区重点区块进出口总额1 173 676万元，同比增长2.28%，其中出口644 246万元，同比增长14.94%，进口529 430万元，同比下降9.8%。

【基础设施建设】2020年内，全区加强基础设施建设。实施政府投资基础设施建设项目143个，全年累计完成投资约2.6亿元，其中投资超亿元基础设施项目3个（慧谷工业设计院、浙大实训基地、乌引干渠改线）。新建城市道路12.65公里，建成道路面积38.23万平方米；改造城市道路0.66公里，改造道路面积1.06万平方米；建成绿道1.5公里；清淤排水管网80公里，新增、改造雨污水管网30.44公里，新建改造供水管网3公里；新增公园绿化面积6公顷。

【整合提升】2020年8月4日，中共衢州市委、衢州市人民政府印发《关于市区开发区（园区）整合提升的实施意见》（衢委发〔2020〕13号），在衢州绿色产业集聚区实际管理范围基础上，将衢化片区、柯城东港工业园区、衢江经济开发区划入，整合形成智造新城，总面积121平方公里，新增面积61.5平方公里。整合后，柯城区新新街道、黄家街道、衢江区东港街道与智造新城的托管关系解除。

【社会事业】2020年，全区累计投保单位2 855家，全年养老保险征缴达到77 294人。养老、医疗、失业、工伤和生育五大社会保险征缴额为90 917.03万元，比上年同期增长21.4%。

2020年教育投入1 580万元。智造新城内共有黄家小学、新星小学、新星初中、东港初中、衢江四小、阳光小学、新华幼儿园凯旋分园、东港幼儿园、白沙小学、东港小学10所学校，在校学生9 443人，教职工639人。

社区建设方面：共有金桂社区（常住户4 551户，常住人口10 048人）、杨浦社区（常住户3 463户，常住人口9 904人）、三衢社区（常住户2 856户，常住人口8 560人）、彩虹社区（常住户1 892户，常住人口4 853人）、五环社区（常住户3 417户，常住人口8 683人）、乐业社区(常住户4 039户，常住人口8 587人)、银桂社区(常住户2 906户，常住人口8 718人)、凤凰社区（常住户4 881户，常住人口8 437人）8个社区，共计常住户28 005户，常住人口67 790人。

【机构设置与党工委、管委会领导】

2020年8月4日，中共衢州市委、衢州市人民政府印发《关于市区开发区（园区）整合提升的实施意见》（衢委发〔2020〕13号），在衢州绿色产业集聚区实际管理范围基础上，将衢化片区、柯城东港工业园区、衢江经济开发区划入，整合形成智造新城，总面积121平方公里，新增面积61.5平方公里。整合后，柯城区新新街道、黄家街道、衢江区东港街道与智造新城的托管关系解除。

2020年12月31日，根据中共衢州市委机构编制委员会《关于印发〈中共衢州智造新城工作委员会、衢州智造新城管理委员会职能配置、内设机构和人员编制规定〉》（衢市编〔2020〕111号）和《关于印发衢州智造新城党工委、管委会所属衢州智造新城综合保障服务中心等10家事业单位机构编制规定的通知》（衢市编〔2020〕112号）文件精神，进一步厘清责权利边界，理顺与市级部门、柯城区、衢江区关系。按照“经济管理职能应有尽有，社会管理职能能少则少”原则，确定了143项需要市政府授权的经济管理权限。建立“一个平台、一个主体、一套班子、多块牌子”的组织架构，精简整合内设部门。党工委、管委会下设党政综合办公室、党群与人力资源部、投资促进部、经济发展部、建设管理部、维稳和要素保障部、财政金融部、安全应急和生态环境部、城市发展与服务业部、规划管理部10个内设机构；党工委、管委会所属综合保障服务中心、人才服务中心、产业研究与招商服务中心、营商环境服务中心、东港片区企业服务中心、科技创新服务中心、公共资源交易中心、市政环卫园林中心、高新片区企业服务中心、规划编制中心10家事业单位。

区党工委、管委会领导：衢州智造新城党工委书记（2020年8月4日任职）、管委会主任刘根宏；衢州智造新城党工委副书记（2020年8月4日任职）、管委会副主任（2020年8月24日任职）钱志生；衢州智造新城党工委副书记（2020年8月13日任职）程立衡；衢州智造新城党工委委员（2020年8月4日任职）、衢州智造新城管理委员会总工程师（2020年8月24日任职）范展鸿；衢州智造新城党工委委员（2020年8月4日任职）吴俊生；衢州智造新城党工委委员、纪检监察工作委员会书记（2020年8月4日任职）鲁正良；衢州智造新城党工委委员（2020年8月4日任职）、衢州智造新城管理委员会副主任（2020年8月24日任职）郑志忠；衢州智造新城党工委委员（2020年8月4日任职）、衢州智造新城管理委员会副主任（2020年8月24日任职，2020年10月23日免职)汪土祥；衢州智造新城党工委委员（2020年8月4日任职），衢州智造新城管理委员会副主任（2020年8月24日任职）金永红；衢州智造新城党工委委员（2020年8月4日任职），衢州智造新城管理委员会副主任（2020年8月24日任职）周翔；衢州智造新城党工委委员（2020年8月4日任职），衢州智造新城管理委员会副主任（2020年8月24日任职）郑剑亮；衢州智造新城党工委委员（2020年8月4日任职）徐建勇；衢州智造新城党工委委员（2020年8月4日任职）陈利飞；衢州智造新城党工委委员（2020年8月4日任职）郑银华；衢州智造新城党工委委员（2020年8月13日任职）叶利明；衢州智造新城党工委委员（2020年8月13日任职）徐发珍。

【2020年大事记】

7月18日上午，举行浙江大学工程师学院

衢州分院实验实训基地和浙江大学衢州研究院中试实验室建设工程开工典礼。

8月6日上午，在衢州市委七届八次全体(扩大)会议上，市委书记徐文光，市委副书记、市长汤飞帆分别为“中共衢州智造新城工作委员会”“衢州智造新城管理委员会”授牌。

8月20日上午，举行智造新城党工委、管委会揭牌仪式。

9月1日上午，衢州市城东污水处理厂三期项目正式通水。该项目总投资约4.8亿元，建成后将成为衢州市最大的工业污水处理项目，为智造新城乃至全市工业发展提供强大的配套支撑。

10月15日，从2020中国化工园区与产业发展论坛上传来喜讯，衢州国家高新技术产业开发区入围2020化工园区30强，排名第14，较上年上升2名。

12月24日，衢州市与浙江华友控股集团有限公司举行华友锂电材料国际产业合作园项目战略合作框架协议签约仪式。这是衢州至2020年底计划单体投资最大的先进制造业项目。

(衢州经济技术开发区管委会)

宁国经济技术开发区

【概况】宁国经济技术开发区于2000年12月经安徽省政府批准成立，2013年3月经国务院批准，升级为国家级经济技术开发区，成为安徽省首家县域国家级开发区。2018年10月份，开发区与原省级安徽宁国港口生态工业园区正式合并，形成“一区四园一小镇”的发展格局，建成区面积近25平方公里。开发区成立以来，先后获批国家知识产权试点园区、国家绿色园区、全国橡塑密封件知名品牌创建示范区、G60科创走廊产业合作示范园区、安徽省特色产业集群（基地）、安徽（宁国）中德国际合作智能制造产业园、安徽省先进制造业和现代服务业融合发展试点园区等。

【经济发展】宁国经开区在宁国市委、市政府的坚强领导下，高举高质量发展大旗，聚力抓项目、强产业、重招商、优平台、促改革等关键环节，奋力打造全省开发区高质量发展的标杆。“十三五”期间，地区生产总值年均增长10.8%，占全市50%以上；工业总产值年均增长13.4%，占全市80%以上；财政收入年均增长7.3%，占全市75%；实际利用外资年均增长10.4%；固定资产投资年均增长13.4%。

【产业发展】经过二十年发展，经开区产业结构不断优化，正逐步形成“1+7+N”产业集群，即汽车零部件1个千亿级产业，耐磨铸件和精密制造、电子信息、循环经济、食品和农林产品深加工、生产性服务业、精细化工、成套装备7个百亿级产业，“十四五”期间致力打造N个新兴产业集群。汽车零部件产业2020年实现规上工业总产值162.7亿元，较上年同期增长4.5%，占全市工业总产值比重35.7%；重点企业有中鼎密封件、保隆汽配、亚新科、中鼎橡塑等。耐磨铸件和精密制造产业2020年实现规上工业总产值103.1亿元，较上年同期下降2.4%，占全市工业总产值比重22.6%；重点企业有凤形新材料、东方碾磨、汉扬精密、长盛精密等。电子信息产业2020年实现规上工业总产值44.4亿元，较上年同期增长1.4%，占全市工业总产值比重9.8%；重点企业有金瑞电子、裕华电器、安泽电工、源光电器等。

【科技创新】一是积极推动“政产学研”合作。先后与西安电子科技大学、合肥工业大学、安徽大学等十余所省内外高校签订合作协议，建立大学生实践教育基地。加快实现政府、企业、金融机构、高校、科研院所“优势叠加”，产业链、资金链、技术创新链“多重融合”。目前全区拥有国家级博士后科研工作站1家（中鼎）、国家级企业技术中心2家（中鼎、司尔特），省级重点实验室、工程技术研究中心、博士后科研工作站等各类研发机构55家。二是大力开展“标准化＋先进制造”行动。支持标杆企业主导或参与国际、国家和行业标准的制（修）订工作，打造一批行业标准“领跑者”企业。目前，全区共有省级工业和信息化领域标准化示范企业4家，累计主导和参与制（修）订国家、行业标准90余项。三是充分发挥企业创新主体作用。引导鼓励园区企业持续加大创新投入，增强核心竞争力。目前全区共有中国专利奖企业4家（聚隆、海天力工业、东波紧固件、飞达电气）、国家知识产权示范企业2家（中鼎密封件、聚隆）、国家知识产权优势企业6家（中鼎密封件、聚隆、源光、凤形、东方碾磨）、制造业单项冠军示范（培育）企业1家（中鼎密封件）、国家技术创新示范企业1家（中鼎控股）、国家专精特新“小巨人”企业4家（安泽电工、江南化工、裕华电器、东方碾磨）、安徽省技术创新示范企业5家、安徽省专精特新中小企业43家、安徽省智能工厂和数字化车间20家。

【投资促进】把项目工作作为园区建设发展的永恒主题，加快推动重点项目招引、开工、竣工和投产达效。“十三五”期间，经开区围绕“建链、延链、补链、强链”，制定企业“招商地图”，对内培育壮大优质企业，对外推进产业配套招商，积极引进产业链关键配套企业，签约项目累计达266个（其中亿元以上项目135个），协议资金466亿元；新投产项目累计达192个（亿元以上102个）；新开工项目累计达215个（亿元以上128个）。一是狠抓招商项目引进，坚持招大引强。瞄准长三角产业转移重点区域，着力招引一批带动力强、产业层次高、税收贡献大的优质项目。千洪产业园、科博尔机床、高德韦尔、仕净环保、长盛精密、山虎科技、金安国纪等亿元以上项目相继签约。二是狠抓重大项目落地。着力建成一批牵动性的重大项目，为园区发展注入强大动力。永电智创城、中铝工服、云燕食品、吉利科技、汉扬精密等一批重大项目开工建设。三是狠抓重点项目调度。强化项目管理、调度和考核，实行“四级调度”机制，即“责任人半月调度、局室负责人月调度、分管负责人双月调度、主要负责人季度调度”。项目投产后转入“四送一服”干部联企常态服务阶段，为每个企业配备经开区“服务管家”，确保每个项目一直处于管理服务的闭环当中。此外，将项目全生命周期服务纳入经开区绩效考核体系，考核结果作为评先树优、绩效奖励的重要依据，凸显项目落地工作的首位度。

【体制机制创新】宁国经开区于2019年启动体制机制改革，已建立领导干部“职务聘任制”，中层干部“竞争上岗制”，工作人员“双向选择制”以及全员“绩效考核制”。一是深化人事制度改革。通过科学设岗、竞争上岗、合同管理，打破原有身份界限，转换用人机制，推行岗位聘任制。建立能进能出、能上能下的用人管理制度，营造有利于人才脱颖而出的选人用人环境。实行原身份档案封存管理，实现人事管理由身份管理向岗位管理的转变。二是建立绩效考核制度。遵循科学量化、注重实绩、客观公正、简便易行的原则，制定风险绩效考核办法，建立完善的绩效考核评价机制，发挥绩效考核的激励、导向和监督作用，激励广大干部职工抢抓机遇，破解难题，争先创优。三是推行薪酬制度改革。以“水平适当、结构合理”为原则，因事设岗、以岗定薪、同岗同薪、易岗易薪，制定合理有序的薪酬分配办法，建立绩效与薪酬挂钩的薪酬制度，充分调动工作人员的积极性和创造性。

【营商环境】一是做好土地要素保障。以“亩产论英雄”为导向，倒逼企业增强“寸土寸金”意识，推动要素向高效益、高产出、高技术、高成长性企业集聚。“十三五”期间开发区共组卷上报新增建设用地4 000余亩，完成各类用地出让5 866.93亩，成功清理处置“僵尸企业”50家，盘活处置闲置低效用地2 828亩，为园区重点项目落地提供了土地要素保障。二是做好人力资源保障。组织园区企业参加大型人力资源招聘会、就业双选招聘会，通过“长三角G60科创云”“九城纳贤”云招聘平台帮助企业招引专业技术人才，“十三五”期间共协助企业招工5 000余人。三是做好资金要素保障。财政收入方面，近5年来，地方一般预算收入约62.76亿元，其中经开区实际可用财力22.29亿元，近三年基金收入7.67亿元，有力保障了经开区建设和发展。专项债方面，中德智造小镇专项债项目总投资12.69亿元，2020年已发行债券6亿元，截至目前发债资金已全部支出完成。开发区基础设施提升及配套设施建设项目总投资15.68亿元，2020年6月已发行债券2.9亿，资金已全部支出完成；2021年7月续发债1.5亿元，截至目前已使用4 870万元。

【绿色集约】作为全国首批绿色园区，宁国经开区始终坚持生态优先、绿色发展。一是严控项目准入。按照“控制源头、改造现有、淘汰落后”思路，狠抓节能环保降耗，提高资源综合利用率。近年来经开区先后拒绝“两高”企业入园投资达百亿元。二是盘活“僵尸企业”。创新“府院联动”机制，按照“兼并重组一批、关停退出一批、破产清算一批、扶持发展一批”思路，积极稳妥推进“僵尸企业”出清。2020年处置“僵尸企业”6家，盘活土地418.5亩。三是完善设施配套。大力推进污水处理厂等园区环保设施建设，总投资1.5亿元的南山污水处理厂、1.6亿元的汪溪污水处理厂及电镀中心已建成运行，日处理污水总量可达1.5万吨；总投资6 300万元的中德智造小镇污水处理厂投入试运行，日处理污水可达6 000吨。

【开放合作】依托长三角G60科创走廊联席会议和示范园区，发挥宁国经开区在对接融入长三角进程中排头兵作用，将长三角一体化高质量发展战略机遇转化为园区创新升级的更大成果。一是坚持平台搭建，实施“战略衔接”。按照“高起点规划、高标准建设、高质量招商”思路，编制宣城宁国核心基础零部件产业基地新三年建设规划，进一步明确基地战略定位和目标举措，全力打造国际化、智能化、绿色化的核心基础零部件产业基地。二是坚持合作共赢，实施“需求对接”。成功举办长三角一体化产业协调发展峰会、2020届橡胶加工与应用技术培训班；加入长三角G60科创走廊高水平应用型高校协同创新联盟，并与高校联盟签订战略合作协议；组织企业参加2020安徽汽车及零部件产需对接会、2020长三角20城电工跨区域闯关邀请赛、G60联席办线上金融惠民专场服务活动及2020年长三角G60科创走廊科技成果线上拍卖会；通过“长三角G60科创云”“九城纳贤”云招聘平台帮助企业招引专业技术人才；支持企业参加进博会、上海法兰克福国际汽配展、铸造展等。三是坚持开放共享，实施“国际接轨”。成功在北京举办2020中德（安徽）产业合作圆桌会，依托中德国际合作智能制造产业园优势，引导企业加强对德交流合作，利用德国先进制造业优势，充分消化吸收国外先进技术，打造更强创新力、更高附加值、更大带动力的产业集群。

【基础设施建设】园区基础设施日臻完善，承载能力大幅提升。“十三五”期间，经开区累计投入建设资金20多亿元，新建道路30余条，总里程近35公里。新增绿化约11.3万平方米，新建渠道约1.4万米，新增场平面积约6 300亩。建成标准化厂房33.2万平方米（众益工业广场、众益电子信息产业园、港口标准化厂房）、公园3处（南山公园、龙潭公园、松岭园）、水厂3个（汪溪水厂、河沥新水厂、港口水厂）、学校4所（开发区实验学校、开发区小学、开发区幼儿园、港口园区幼儿园）、污水处理厂3个（汪溪污水处理厂、南山污水处理厂、中德小镇污水处理厂）。一是“专项债”项目建设“蹄疾步稳”。河沥园区主次干道（东城大道、长虹路）提升改造项目完成预验收且交付使用；钓鱼台路、凤形路改造工程已完成整体工程量的70%；南山园区新建道路一期已开工建设；双龙路改造等其他“专项债”项目正在进行设计工作，整体进度稳步推进。二是基础设施配套项目扎实推进。2020年园区新建道路约5 490米，新增绿化约4万平方米，新建渠道约4 900米，新增场平面积约为653亩。开发区小学、开发区幼儿园、南山公园、河沥溪新水厂、科创中心、开发区实验学校、南山污水处理厂、汪溪污水处理厂及电镀中心相继等一批配套设施相继建成使用。累计建设标准化厂房33.2万平方米，目前已入驻30.1万平方米，入驻率达90.66%。三是重点工程建设有条不紊。中德智造小镇污水处理厂、鼎湖北路、排水干渠、沙万路停车场、中鼎倒班房场平等工程均已完成竣工验收，除污水处理厂外其他市政配套设施已全部投入使用。

【党的建设】一是完善体制机制，筑牢园区党建“动力轴心”。着力构建“经开区党工委—非公企业综合党委—党群工作指导站—非公企业党组织—非公企业群团组织”五级组织架构。依托南山党建主题公园精心打造党史学习教育微阵地，建立南山、河沥2个党群工作指导站，推动非公企业党群组织应建尽建。二是强化督导管理，夯实园区党建“传动系统”。按照月联系、季督查、年评议，全面提升园区党建工作水平。每月对园区企业进行非公党建工作指导，定期开展季度督查，年底分3个会场开展基层党组织书记述职。三是聚焦载体建设，激发园区党建“红色动能”。精心打造党工委“红·领·经”党建品牌（激活红色基因、突出示范引领、焕发经济活力），以红色引擎引领经开区高质量发展。搭建非公企业党建活动共享平台，开展“星级锋汇”品牌活动。启动打造以保隆为代表的党建U示范带，发挥非公党建品牌示范、辐射效应，做亮“风景线”。四是强化监督执纪，扎紧园区党建“制度笼子”。强化责任担当，细化责任分解，健全规章制度，常态化开展节前提醒、作风检查和廉政教育，狠抓“上下联动”“关键节点”“久久为功”，切实发挥纪检监察机构的监督保障执行作用。

【机构设置与经开区领导】2020年，宁国经开区共有内设机构18个，分别为办公室、党群工作部、财政局、建设局、综合执法局、纪检监察室、武装部、总工会、自然资源和规划局、投资服务中心、经济发展局、社会事业局、安监局、自然资源规划信息编研中心、法制办、征管办、招标办、招商中心。

经开区领导班子成员：党工委书记梅骏国，党工委委员、管委会副主任刘文超、梅长顺、刘凡、汪国成，党工委委员、纪工委书记刘定国，党工委委员余小平、邓海林。

宁国经济技术开发区2019—2020年主要经济综合指标一览表

项　目	单位	2019年	2020年	增减（%）
开发区生产总值	亿元	214	225	5.1
第二产业	亿元	155	165	6.5
工业	亿元	139	145	4.3
第三产业	亿元	59	60	1.7
进出口总额	亿美元	4.21	4.58	8.8
出口	亿美元	3.86	4.24	9.8
财政收入	亿元	23.5	26.5	12.8
税收收入	亿元	21.8	25.5	17.0
财政支出	亿元	7.7	0	−100.0
新批企业个数	家	606	663	9.4
国家级高新技术企业数	家	87	97	11.5
规上企业个数	家	236	262	11.0
合同外资金额	亿美元	109	4 336	3 878.0
外商实际投资	亿美元	3.4	3.6	7.3
固定资产投资	亿元	97	102	5.2
年末从业人员数	万人	6.2	6.3	1.6
万元GDP能耗	吨标煤／万元	0.22	0.23	5.3
水资源消耗总量	万立方米	796.96	961.94	20.7
单位国内生产总值取水量	立方米／万元	6.82	7.89	15.7
上市企业数量	家	4	4	0.0
区内建立的创业创新平台数量	个	50	55	10.0
区内职业教育学校数量	家	1	1	0.0

（宁国经济技术开发区管理委员会）

宿迁经济技术开发区

【概况】宿迁经济技术开发区成立于1998年11月，2013年1月升级为国家级开发区，现辖1个乡、3个街道，社会人口20万人，规划面积48.51平方公里，行政管辖面积118.8平方公里。经过23年的发展和积累，宿迁经开区各项工作逐步走上正轨，机制体制日趋完善，发展活力不断增强，先后获批“国家级食品产业园”“省级先进制造业基地”“中国家电产业基地”和“省级特色创新（产业）示范园区”等称号，经开区已经成为宿迁最重要的政策、资本、技术和人才高地。

【经济发展】2020年，宿迁经开区实现地区生产总值439.18亿元，同比增长15.3%，一般公共预算收入36.88亿元，同比增长5.7%；规上工业总产值646.05亿元，同比增长19.72%，规上工业增加值275.36亿元，同比增长20.97%；全社会固定资产投资158.11亿元；进出口总额10.83亿美元；高新技术企业营业收入170.49亿元。

【产业建设】宿迁经开区工业实力持续增强，形成以智能家电、食品饮料和新型电子信息为代表的“2+1”特色产业体系，2020年规上特色产业产值是“十二五”末的2.5倍。食品饮料产业，集聚了海天、娃哈哈、蒙牛、西麦等14家规上知名企业，获批“国家级食品产业制造基地”。智能家电产业，集聚了格力大松、双鹿上菱等22余家知名整机及核心配套企业，初步形成了“大中小齐全、上下游配套”的产业体系，获批“中国家电产业基地”“省级先进制造业基地”。新型电子信息产业，集聚了天合光能、龙恒新能源、阿特斯等一批行业龙头企业，成为经开区第一个百亿级产业，形成具有区域竞争力的新能源产业基地。服务业快速发展，形成科技服务、现代物流、商贸服务、电子商务等特色服务业产业体系，打造了通湖物流园、义乌商贸城、淮海建材城、中青广场、科技创业产业园五大服务业集聚区。“521”工程圆满收官，年内完成兼并重组企业5户，19个列市技改项目实现投资8.9亿元，股改项目3户，成果转化项目18个，新增开票销售超50亿元企业1户、10亿元企业4户、超1亿元企业13户、超2 000万元企业22户，百亿级重大项目实现“从无到有、接二连三”的历史性突破。

【招商引资】坚持“走出去”“请进来”相结合，积极开展“双月会战”“百日招商”等系列活动，2020年，宿迁开发区组织专题招商活动15余场，累计拜访客商近320家，新引进工业项目39个，协议总投资383亿元。市考核认定新签约工业项目41个，其中50亿元以上项目2个、10亿元以上项目9个，计划总投资359亿元，其中，特色产业投资额占比达89.1%。招商引资主要做法：一是强化产业链招商，推动主导产业加速集聚。围绕“2+1”产业，以打造全产业链为目标，研究分析产业发展趋势，完善产业招商指导目录，摸清现有企业和特色资源情况，梳理上下游产业链，绘制产业招商目标区域和线路图，建立目标企业信息库，指导全区产业招商。二是强化以商招商，以市场化手段拓宽招商渠道。加强与行业协会、商会、企业家的联系，形成政府推动、企业承办、市场运作的招商引资机制。借助重点企业的号召力和影响力，引进相关配套企业，提升招商实效。加强与国内外知名产业研究院、专业咨询公司、会计师事务所等联系和合作，通过购买服务的方式，提高招商引资的精准率。我区智能家电产业短时间内集聚了众多的相关企业，这与以商招商是分不开的。三是强化队伍建设，努力提高招商专业化水平。把加强招商队伍建设作为推动招商引资的重要手段，切实抓在手上、落实在行动上。对全区专业招商机构和人员进行整合，将原有的六个招商局重组为八个专业招商局，并通过招聘、公开选拔等方式，高起点、高标准、有计划地引进和选拔一批精通专业知识、熟悉招商流程、善于项目谈判的复合型人才充实到专业招商队伍。

【科技创新】研发投入不断加大，2020年，全社会研发费用占主营业务收入比重达1.9%，较“十二五”末提升1.2个百分点。产学研体系不断完善，积极深化同西交大、南工大、江南大学、宿迁学院等科研院校合作。创新平台载体量质提升，建成4个科技公共服务平台，打造2个科技综合体，拥有省级及以上研发机构24家，中国电器院江苏分院完成国家CNAS资质认可评定，西交大宿迁科技园、“西楚创客”获批国家级众创空间。企业自主创新能力不断增强，深入开展高新技术企业培育“小升高”行动，拥有国家高新技术企业39家，省高新技术企业培育库在库企业29家，规上高新技术产业产值占规上工业产值比重达61.1%。科技人才队伍发展壮大，入选国家“万人计划”1人，省“双创计划”创新人才2人、省有突出贡献中青年专家1人，科技副总9人，省“六大人才高峰”高层次人才5人。科技创新环境持续优化，出台《科技创新三年行动计划》《鼓励科技创新若干政策》等文件，荣批江苏省特色创新（产业）示范园区。

【城市建设】2020年，宿迁经开区交通设施全面加强，“十纵十横”的主干路网全面畅通，中心区域的道路密度超过7公里/平方公里，处于苏北国家级开发区领先水平。海绵城市建设有序开展，积极配合实施西南片区水环境综合整治，建成虞姬公园、下相公园等海绵公园。居住条件切实改善，城镇棚户区（危旧房）改造覆盖率达到99.4%；生态环境持续改善，新增（改建）绿地166.65公顷，人均公园绿地面积增至13.91平方米；完成河西污水处理厂二期二阶段扩建工程，污水处理能力扩大至10万吨/日，城市建成区黑臭水体整治稳定达标率100%；河湖生态“一河一策”治理已完成100%，水质达标率为100%；全年优良天数增加40余天，企业VOCs排放较“十二五”末减少100%。

【营商环境】2020年，宿迁经开区“放管服”改革压实推进，深入推进“互联网+”“信用+”，获批全市唯一一个省级相对集中行政许可权改革试点，21项高频服务事项下沉至乡（街道），打通服务群众“最后一公里”。营商环境更加便利，全面推广“全链通”平台，推动“不见面”审批改革，实现318项事项全流程网上办结，企业开办最优0.5个工作日完成，材料压缩65%以上，行政审批效率全市最快、全省领先。帮办服务“金字品牌”日益彰显，推行“1+N”联合会办、预审代办，推广智慧帮办App在线服务，创新重要工业企业产值增量项目和在建重大产业项目推进“双挂钩”帮办机制。

【社会文化事业】2020年，宿迁经开区教育设施加快配套，新（扩、改）建厦门路、金鸡湖路等3所学校、1所幼儿园，新增学位8 010个，与市实小、宿迁中学教育集团、海亮教育集团联合办学，教育教学质量突飞猛进，荣获宿迁市合作办学先进单位荣誉称号。医疗服务全面提升，建成一所区公共卫生服务中心，拥有市属一级医院4家、二级医院3家，80%的村居卫生室达到省示范化卫生室建设标准，每千人拥有医生数提升至3.89人，累计实施家庭医生签约1.9万人。文体服务蓬勃发展，文化服务站和文化服务中心实现全覆盖，人均体育设施面积提高1.62平方米，初步建成社区“15分钟体育健身圈”。社会保障持续巩固，开展各类职业技能培训1.4万人，城镇登记失业率控制在3.5%以内，城乡基本养老、医疗和失业保险参保覆盖率均达到98%以上，三棵树街道、南蔡乡创建为省级创业街道（乡镇）。2020年，城乡居民可支配收入达到3.3万元，是“十二五”末的1.4倍。乡村振兴战略有序推进，农房改善三年计划顺利完成，南蔡乡“菜篮子基地”品牌效应更加彰显，农村集体资产持续提升。

【党建工作】2020年，宿迁经开区全面推动党的建设往深里走、往实里抓、往严里管，各级党组织凝聚力、战斗力、号召力显著增强。一是持续夯实基层基础。抓实“书记项目”，组织非公企业开展“四比四争”活动，评选非公企业“岗位先锋”20名，有效提升“两个覆盖”质量。坚持党建引领基层治理，健全完善“社区党委—网格党支部—楼栋党小组”三级组织体系，优化调整网格党支部56个，配备“党员楼栋长”1 264名。二是筑牢意识形态阵地。严格落实意识形态工作责任制，创新制定意识形态工作“五项责任清单”，在全市范围内推广。进一步规范宗教活动场所管理，将基层宗教事务融入网格化社会治理范畴，制定了《经开区宗教设施布局规划》。三是狠抓党风廉政建设。深入开展“强‘三真’、比担当”作风建设大提升活动，排查整改作风问题223条，评选“作风奖”单位1家、“作风奖”个人4名、“蜗牛奖”单位1家。区党工委巡察实现乡（街道）、村（社区）、国有企业、教育领域全覆盖。

【机构设置与管委会领导】2020年，宿迁经济技术开发区现有11个内设机构，分别为党政办公室、组织宣传统战部、投资促进局、建设局、财政局、综合执法局（市场监督管理局、食品药品监督管理局）、经济发展局、行政审批局（政务服务管理办公室）、监察审计局、政法和社会管理办公室（司法局）、应急管理局；市派出的人大工作办公室和政协工作办公室；3个专业招商服务局，分别是智能家电产业招商服务局、光电产业招商服务局、食品饮料产业招商服务局；3个产业园管委会，分别是科技创业园管委会、智能家电产业园管委会（外贸物流产业招商局）、综合保税物流园管委会；2个双重管理机构，城管分局、人民武装办公室；下属事业单位5个，数字化城市管理指挥中心、协助海关监管队、市工业技术研究院、政务服务中心（代办帮办中心）、公共资源交易中心。

宿迁经济技术开发区领导班子成员为：市委常委、开发区党工委书记张昊；党工委副书记、管委会主任王德鹏；党工委副书记李井泉、陈武；市公安局党委委员、区党工委委员、管委会副主任、政法委书记、公安分局党委书记、局长陈作松；党工委委员、纪工委书记何杰；党工委委员、管委会副主任魏猛、许彬、朱前春、孙宇；党工委委员、管委会四级调研员谢兢玄；市商务局四级调研员、区党工委委员石斌；党工委委员、政法和社会管理办公室主任、司法局局长胡明；党工委委员、组织宣传统战部部长尤明春。

（宿迁经济技术开发区管委会）

吴江经济技术开发区

【概况】吴江经济技术开发区北接苏州主城区，东临上海，南连浙江，西濒太湖。行政区总面积176平方千米，其中古镇保护区约1平方千米。吴江经济技术开发区党工委管委会代管同里镇和江陵街道，统筹代管区域内经济发展、开发、建设、管理等各项工作；同里镇侧重于统筹辖区内古镇开发、旅游管理、农业（社区）发展等职能，下辖叶建村、文库村、九里湖村、北联村、合心村、湘娄村、屯溪村、屯南村、白蚬湖村、肖甸湖村、富渔社区、屯渔社区、屯村社区、东新社区、富土社区、鱼行社区；江陵街道侧重于统筹辖区内社区（农村）发展、组织公共服务等职能，下辖湖东社区、西湖社区（花港村）、新柳溪社区（九龙村）、江陵社区、淞南社区、三里桥社区（三兴村）、庞山湖社区、山湖社区（叶津村）、运东社区、雅辉社区、联兴村、叶泽湖花苑社区（叶泽湖村）、新港社区（龙杨村）、城南社区（三庞村）、益联村。总人口40万人，其中户籍人口约10万人。

【经济发展】2020年，吴江开发区完成地区生产总值532.6亿元，工业产品销售收入1 640亿元，一般公共预算收入64.05亿元，全社会固定资产投资152.4亿元，其中工业投资61.8亿元。注册外资6.35亿美元，到账外资2.06亿美元；进出口总额153.4亿美元，其中出口108.8亿美元，进口44.6亿美元。吴江开发区在全国219家国家级经济技术开发区综合发展水平考评中位列第34位，在全省118家经济开发区科学发展综合考评中位列第7位。

【招商引资】2020年，吴江开发区狠抓经济运行分析攀岩，完善高质量发展扶持政策，实施精准服务，全力护航经济平稳健康增长。42个重点项目全年完成投资136.2亿元，完成年度投资的112.33%，群光电能、迈为、璨曜光电等多个项目顺利竣工，京东方（苏州）智慧产业基地一期建成投产。投资超50亿元的京东方创新中心、南玻节能玻璃全球总部等高显示度项目签约落地，经济发展后劲明显增强。全年新增上市公司3家、过会2家，崛起资本市场“吴江开发区板块”。

【产业提升】2020年，吴江开发区抢抓国家战略机遇，加大对科技型企业、新兴企业扶持力度，促进企业智能化建设，“智能制造创新港”正式揭牌，获评省首批“互联网＋先进制造业”基地、长三角G60科创走廊工业互联网标杆园区，获授中国（江苏）自由贸易试验区苏州片区联动创新区。区内企业亨通、绿控荣获2019年度国家科技进步二等奖，博众精工成为国家级工业互联网试点示范项目，绿控传动入库苏州市“独角兽”培育企业名单。

【基础建设】2020年，吴江开发区围绕“一路一河一湾一区一谷”五大功能载体建设，加快提升城市功能品质。云梨路总部经济带、江陵路快速改造及周边提升工程、运东大道周边改造提升工程与智能制造创新港产业提升等城市有机更新项目启动，持续构建大交通格局，提高与苏州中心城市的交通对接水平，交通基础设施加速成网，拉开城市发展大框架。

【科技创新】2020年，吴江开发区拥有省级智能工厂2家、市级智能工厂2家；累计有效发明2 700多件，每万人发明专利拥有量144件，拥有各类人才 7.6 万人，其中高层次人才 8 700 多人，各类工程研发中心、技术研究中心 200 多家，博士后科研工作站 12 家。

【生态治理】2020 年，吴江开发区大力推进大气污染防治，开展吴赣、博鼎等企业 12 台天然气锅炉的低氮改造，完成爱思开希高、泓晟等 5 家企业 VOCs 污染治理项目。扎实推动水环境污染防治，有效推动 217 家企业开展雨污分流工程改造，促进区域水环境质量提升。开展危废规范化管理达标建设，推动 41 家危废重点监管企业标准化建设。全面完成太湖退捕工作，回收“三合一”证书 145 张，移交拆解渔船 145 艘、退捕渔民 815 人。持续推进“退二优二”“退二进三”等工作，超额完成区委区政府下达的“三治”“三优三保”任务，“三治”工作全年完成累计销项 1 233.74 亩，完成进度 135.13%；“三优三保”全年完成复垦面积约 896 亩，通过市级验收 891.36 亩，完成进度 146.85%，空间拓展成效显著。

【农村工作】2020 年，吴江开发区有序推进文明城市创建与农村人居环境整治，推进小区雨污分流改造、燃气入户、停车位建设与道路改造，完成城南片区综合改造提升工程，推进新天地农贸市场周边区域性改造、二次用水改造等工程建设。依托千年古镇、现代农业、生态湿地等多重优势，同里 5A 景区管理质量有效提升，带动周边村庄农家乐、民宿旅游业态发展，农文旅深度融合加速变现，全域旅游全面铺开。

【民生事业】2020 年，吴江开发区大力推进惠民实事工程建设，着力优化公共服务，开发区实验初中二期、山湖花园小学二期、淞南阳光小学北校区等学校竣工并交付使用，屯村卫生院完成建设，山湖花园九区动迁安置房、运河实验学校、同里镇养老服务中心等工程均稳妥推进。京东方（苏州）数字医院建设有序推进。启动街道卫生服务中心和养老服务中心建设。实施残疾人康复工程，提供精准康复服务、就业服务。持续推进村级日间照料中心建设，提高老年人生活品质。加大对低保、特困、低保边缘对象等弱势群体的补助。深入开展扫黑除恶专项斗争，群众安全感和满意度持续提升。抓紧抓牢安全生产“一年小灶”和“三年大灶”，开展安全生产“雷霆行动”，全面推进“百团进百万企业”安全生产宣讲活动，10 个三级挂牌隐患全部完成整改摘牌，安全生产形势持续平稳向好。

【党建工作】2020 年，吴江开发区深入实施“融入式党建”，启动“双十”行动支部工作，筑牢意识形态主阵地，全面落实从严治党“两个责任”工作，持续深入落实落细“三项机制”，用好监督执纪“四种形态”，专项开展“为官不为”“在岗不在状态”查改行动，切实加强机关作风效能建设。深入推进法治政府建设，全面优化政务服务，打造全链条闭环审批模式，提供帮办代办、延时审批等特色服务，实行容缺受理、并联审批等改革措施，优化办理流程、精简提交材料、压缩审批时限，满足企业群众个性化、差异化的政务服务需求，提高审批效率。全力配合做好市委优化营商环境专项巡察与十二届市委第九轮巡察暨对村（社区）提级巡察“回头看”，坚持立行立改、真抓实改，切实推动巡察工作成果转化。

【机构调整】2020 年，根据吴江区委编委《关于印发江苏吴江经济技术开发区管理体制调整方案的通知》（吴编〔2019〕8 号）和区委办公室《关于进一步深化中心城区行政管理体制改革相关操作口径的抄告单》（吴办抄〔2020〕字第 15 号）等文件精神，经研究，现就有关机构编制调整事项为：①职能机构吴江现代农业产业园区管理办公室调整为同里镇管理。②撤销吴江经济技术开发区党校、信息中心、动迁办公室、建设管理服务所、会计结算中心、人力资源服务中心、文化体育站、环境卫生管理处、市政管理处、科技创业服务中心、吴江区同里交通运输管理所，吴江区水务局同里管理服务站、吴江区动物卫生监督所同里分所。③吴江经济技术开发区经济服务中心不再保留挂牌机构统计站、安全生产监督管理所，不再保留内设机构业务一、二、三科；吴江经济技术开发区企业投资咨询服务中心不再保留内设机构业务一、二、三科；将吴江经济技术开发区农业服务中心（农技推广服务中心、农村经济管理服务中心、农产品质量安全监督管理站）更名为吴江经济技术开发区科技创业服务中心，不再保留内设机构业务一、二、三科。将吴江经济技术开发区社会事务服务中心更名为吴江经济技术开发区行政审批服务中心，不再保留内设机构业务一、二、三科。12 月 28 日上午，吴江开发区召开领导干部会议，宣布苏州市委、吴江区委关于吴江开发区领导调整的决定。免去范建龙同志吴江区委常委、吴江经济技术开发区党工委副书记、委员、管委会副主任职务，保留原职级待遇；王牟同志任吴江区委常委、吴江经济技术开发区党工委副书记、管委会副主任。

（吴江经济技术开发区管委会）

常熟经济技术开发区

【经济发展】常熟经济技术开发区成立于1992年，2010年升格为国家级经开区，拥有全国十大内河港之一的常熟港，设有国家级常熟综合保税区和常熟国际物流园。建区以来依托“濒江临港、两路一桥”区位优势，先后落户20多个国家和地区投资的外资企业600多家，外资总投资达432亿美元，形成了以汽车及零部件、电力能源、精细化工、高档造纸、海工装备、特殊钢铁为代表的临港型产业集群。2020年，全区实现地区生产总值971亿元，完成公共财政预算收入78亿元，完成工业投资153亿元，注册外资20.2亿美元。其中，核心区（沿江板块）实现一般公共预算收入37.36亿元，同比增长10.39%。完成工业投资70.45亿元，增长33.9%。完成注册外资16.27亿美元、注册内资336亿元、到账外资3.9亿美元，分别增长650.7%、429%、38.5%。在全省经开区科学发展综合考评中位列第5位。

【项目建设】2020年，常熟经开区新开工项目共29个，总投资约164亿元，总建筑面积约185万平方米，其中，外资项目6个，总投资49 476万美元，占21.13%，内资项目23个，占79.3%，总投资129.24亿元，占78.87%。立讯智能科技产业园项目创下了157天首幢厂房封顶、5个月增资11.2亿元的“立讯速度”，并在2020年实现开票30亿元。完成120个技改、扩建、新增项目，总投资约123亿元。理文化工甲烷氯化物装置回收副产盐酸扩建项目，诺华研发基地改造升级项目等顺利开工。建设25项工程，竣工经开区新建标准厂房项目、立讯科技厂区生活污水临时接管、云程路（捷豹二路）绿化等项目16项；在建新城幼儿园项目及康桥学校周边市政配套一期、二期等项目9项，完成基建投资近1.28亿元。完成总面积约3.1万平方米的新建标准厂房项目建设；新城幼儿园主体部分施工按序推进，市政、景观绿化招标完成；城市艺体中心开工建设，奥林匹克青少年文化中心冠名协议签订；2020年新开工建设道路总长1.9公里、污水管网4.9千米、护壁桩式驳岸1 046米、混凝土箱涵129米。全年完成新建道路总长860米，启动市政工程项目投资总额约1.5亿元，年内累计完成投资额约7 500万元。新建临时污水管网1.65千米，新建临时混凝土便道约4 800平方米，完成场地平整26.6万平方米。

【招商引资】2020年，常熟经开区紧扣“总量大、税源型、少消耗、适当先进性”原则，围绕新一代信息技术、互联网经济、新动能汽车及零部件、海洋经济、绿色化学、5G新材料、超高清显示七大产业开展招商引资。全年累计签约落户项目38个，总投资407.19亿元，其中超100亿项目1个。新一代信息技术及超高清产业方面完成了启弘电声产品项目、高量物联网组件项目、创思特高清LED等项目的签约注册。互联网经济产业方面完成每日优鲜华东总部、每日优鲜智慧菜场全国总部、云杉生态总部三个互联网总部项目及一批关联公司注册，引进了华傲数据、骏德、鲸灵、中面等一批优质互联网产业项目。举办珠三角先进制造业对接会2场，上海新经济产业招商会1场。联合工场网成立中日（苏州）产业合作中心，与英国恒可富合作推动中国商务中心建设，与瑞士商会、捷克商会达成合作，与上海生产性服务业协会共建发展联盟。创新打造新经济总部大厦、中德（常熟）新兴产业示范园、欧洲绿色产业示范园、长三角生鲜产业园等特色产业载体建设，新经济总部大厦汇聚长江供应链、华安钢宝利、每日优鲜、云杉世界等总部、平台项目。举办常熟港国家一类对外开放口岸25周年大会，实现中石油昆仑燃气150万KW燃气发电机组项目、长三角生鲜产业园项目、锦艺先进材料孵化器项目等总投资160亿元的20个产业、赋能项目签约落地。完成亨通智慧能源和亨通蓝德两家公司注册；投资10亿元的锦艺5G新材料项目完成工商注册，加快打造先进材料孵化器建设。

【科技创新】2020年，常熟经开区“苏州·中国声谷”落地并启动建设，引进网易（常熟）联合创新中心、海外人才网2个创新平台，落户科创项目71个。精心打造常熟精英创新创业园，发挥联盟效应，入驻项目21个。出台《关于汇聚精英人才创新创业培育发展新动能的若干意见》，升级现有人才政策。英特模检测中心项目一期顺利竣工，聚复高分子获批瞪羚入库企业，京创先进电子、奥首材料、英特维科技获得国内知名机构合计8 700万元的投资，区内企业新增4 000多万元科技信贷。全年获评常熟市级领军人才项目29个，苏州市级以上9个，引进国家级人才2名。区内2个人才项目团队获得国家科技进步二等奖，1个项目获得国家重点研发计划项目立项。已申报省级示范智能车间4家，苏州市示范智能车间14家。另外，亨通海洋获批省重点工业互联网平台、2020年苏州市智能工厂，亨通高压获批省工业互联网标杆工厂。全年申报高新技术企业71家，获批省高新技术企业培育库入库企业27家。规上工业企业研发投入高达24.85亿元，占全市比重26.7%，大中型企业及规上高企研发机构建有率达89.7%。组织捷豹路虎、美桥、英特模等16家企业申报苏州市级以上“三大中心”项目，捷豹路虎获批省级企业工程技术研究中心。累计申报苏州市级以上科技计划项目30余项，亨通高压、贝泰福获得国家重点研发计划项目立项，共获国家资助经费近2 000万元。新增专利申请1 336件，其中发明专利申请374件；专利授权866件，其中发明专利授权57件，累计拥有发明专利742件。

【安全环保】2020年，完成苏州市级重大隐患挂牌整改项目1个，常熟市级重大隐患挂牌整改项目5个，完成理文化工一级标准化验收，完成化工企业安全诊断16家，完成化工企业“五位一体”信息化建设31家，完成三类人员持证（复审）培训3 376人。出台安全生产红黑榜管理制度，制定了《全面落实企业安全生产主体责任及20项责任清单》《外包工程（委外作业）管理办法》《企业安全生产奖惩办法》《企业安全生产管理团队考核办法》《目录外特种设备安全管理指南》《经开区安全生产三年专项整治方案》等一系列文件。芬欧汇川继2017年被工信部评选为首批国家级“水效领跑者”后，2020年再次获得此殊荣，此外该企业还获评国家级“绿色工厂”。完成芬欧汇川、耀皮玻璃2个码头初期雨水、生产废水收集系统工程。对隆晟水洗城31家水洗户实施清退，完成水洗产业退出，隆晟水洗城超标纳管问题通过省级销号。环境信访压降成效显著，2020年共调处各类环境信访127件，同比减少43%。区域挥发性有机物治理工作得到生态环境部及省生态环境厅高度肯定，8月26日省生态环境厅在区内召开全省VOCs治理工作现场会。

【大事件】

1.“苏州·中国声谷”落户经开区暨全球推介会召开。2020年9月8日，在南京大学苏州校区建设工程启动仪式上，常熟市委书记周勤第与南京大学副校长陆延青共同签署“苏州·中国声学谷”战略合作框架协议，标志着“苏州·中国声谷”项目建设正式拉开帷幕。11月29日至30日，“苏州·中国声谷”全球推介会在常熟经济技术开发区举行。会上，“苏州·中国声谷”专家咨询委员会成立、国际声学产业技术研究院揭牌、南京大学苏州校区声学工程学科暨“苏州·中国声谷”全球人才双招双聘发布、中国声学学会（苏州）创新中心（筹）揭牌等一系列活动举行。

2. 常熟港开放再出发暨国家一类对外开放口岸25周年大会。2020年10月23日，常熟港开放再出发暨国家一类对外开放口岸25周年大会在常熟经开区举行。会上，包含特色产业港、物流贸易港、科技创新港、绿色生态港四大类别总投资160亿元的20个产业、赋能项目签约；常熟兴华港口有限公司、江苏亨通高压海缆有限公司等“常熟港突出贡献企业”获得表彰；“新时代常熟港发展蓝图”发布。

3. 苏州奥林匹克青少年文化中心（城市艺体中心）开工仪式。2020年11月9日，苏州奥林匹克青少年文化中心（城市艺体中心）开工奠基仪式在常熟经开区举行，这是我国华东地区首个开建的“奥林匹克青少年文化中心”。仪式上，常熟市人民政府与萨马兰奇体育发展基金会签署《苏州奥林匹克青少年文化中心框架合作协议》。中国奥运首金获得者、“改革先锋”和“最美奋斗者”称号获得者许海峰向常熟市赠送2008年北京奥运会火炬。奥运艺术使者、国际著名雕塑家黄剑向常熟市赠送2022年北京冬奥会雕塑《冬奥之约》。冬奥会冠军孙琳琳、奥运冠军黄旭与常熟青少年训练团队结对。苏州奥林匹克青少年文化中心位于滨江新市区核心位置，规划用地面积约29 629平方米，总建筑面积约5.7万平方米，总投资约5.7亿元。

（常熟经济技术开发区管委会）

如皋经济技术开发区

【经济发展】2020 年，如皋经济技术开发区实现地区生产总值 776.5 亿元，同比增长 7.99%。其中，第二产业增加值完成 436.3 亿元，同比增长 6.86%，占地区生产总值的 56.19%。第三产业增加值 322.14 亿元，增幅 9.74%，占地区生产总值的比重 41.49%，较 2019 年比重增加 0.67 个百分比。社会消费品零售总额 244.02 亿元，增幅 0.83%。固定资产投资额 340.52 亿元，同比增幅 0.55%，占所在地区的 14.53%。

【产业发展】2020 年，如皋开发区全年实现工业增加值 362.76 亿元，同比增长 7.08%。其中，规上工业增加值 310.26 亿元，同比增长 8.26%。全年工业总产值 1 250.88 亿元，同比增长 8.59%。其中，高新技术企业总产值 323.73 亿元，同比增长 19.07%。营业收入 30 亿元及以上制造业企业 2 家。全年新增新开业规模工业企业 35 家。开发区有三大主导产业，其中电气机械和器材制造业实现产业产值 412.10 亿元，同比增长 13.79%；汽车制造业产业实现产业产值 403.89 亿元，同比增长 3.49%；纺织服装、服饰业 219.88 亿元，同比增长 4.19%。汽车产业是如皋开发区大力发展的新兴产业，拥有枫盛汽车（江苏）有限公司和南通皋开汽车制造有限公司两家整车企业，其中南通皋开汽车制造有限公司被德国大众商用车子公司瑞典斯堪尼亚收购，更名为斯堪尼亚制造（中国）有限公司，建立斯堪尼亚除欧洲和南美外的全球第三个生产基地，设计产能 5 万台。

【科技创新】2020 年，如皋开发区坚持“创新驱动、特色发展”战略，充分发挥科技对经济社会的支撑引领作用，重点聚焦高新技术产业项目招引、高新技术企业招引与培育、提高研发投入占比、加快发明专利申请、加强平台载体建设、提升产学研合作水平。制定高质量发展激励意见，将科技创新工作贯穿到招商引资、招才引智、服务企业发展的全过程，真正将科技创新作为第一生产力，大力营造全社会科技创新氛围，不断激发企业创新原动力。全年申报国家高新技术企业 133 家，通过认定 69 家；规上工业企业研发活动覆盖率 93%，研发费用占主营业务收入比重 3.6%；技术合同登记成交额 23.7 亿元；每万人发明专利拥有量达 44.5 ；征集有效技术需求 84 项；引进成果转化项目数 39 项；新增 3 家省级以上博士后科研工作站；新增 12 家南通市级以上工程技术研究中心；外国人来华工作新增 3 人，省双创人才新增 1 人。

【投资促进】2020 年，如皋开发区新批外商投资企业 14 家，同比下降 46.15%，合同外资金额 14.16 亿美元，同比增长 430.33%，外商实际投资 2.39 亿美元，同比下降 26.07%，增资企业投资额 0.38 亿美元，同比增长 65.22%。新批内资企业 831 家，同比降低 29.87%。外贸进出口 26.14 亿美元，与 2019 年持平，其中，出口总额 21.21 亿美元，同比增长 5.73%。2020 年，开发区出台了招商引资相关政策文件，成功招引到世界商用车领域的头部企业斯堪尼亚落户如皋，成为首批在华独资建厂的国外汽车制造企业之一。

【体制机制创新】为提升行政审批效能，如皋开发区组建了区行政审批局，正科级建制。开发区积极落实“放管服”改革，不断推进全链审批赋权工作，2020 年区审批局获得外国人来华工作许可、建筑业资质、电镀环评审批等

32 项南通市级权限，在此基础上报请由如皋市赋予了开发区行使工业项目除消防之外的 35 个审批事项，实现了工业审批“区内事项区内办结”。开发区深化商事制度改革，不断降低市场准入门槛。探索“一区一照 + 证照分离”服务机制，实行连锁机构“一照多店”。扩大“证照分离”改革，推行更多优化审批服务事项采取告知承诺改革方式，加快推动实现“告知承诺 + 信用监管”审批新模式。梳理告知承诺审批事项，用承诺书代替相关许可，实现企业“准入即准营”。2020 年，开发区推进招商体制机制改革创新，成立招商引资领导小组，建立信息研判制度、月度例会制度和集体会商制度，打破原有体制，设立了“8+2+N”个招商局，即招商一局至八局，基金招商局、投资促进局以及工业地产招商、市场化专业机构招商等委托招商机构。在招商人员选拔上实行多元赛马制，任用上打破原有行政级别，一律以招商实绩确定薪酬，突出绩效考核、动态管理、奖优罚劣。

【投融资服务】2020 年，如皋开发区制定鼓励企业上市的相关激励政策，举办论坛、讲座、沙龙等多样化的上市培训，组织区内重点企业及有上市意愿的企业负责人参加资本运作专题培训班，打通企业上市的第一道门。财政、金融、经发、税务、国土、环保、规划、审批、消防等相关部门形成合力，靠前服务，开通绿色通道，主动帮助协调解决区内企业在上市推进过程中遇到的各类问题，规范、健全拟上市企业各项手续。开发区建立动态拟上市企业后备库，定期对后备库企业进行评估、更新，聘请专业咨询机构对后备库企业开展免费的咨询服务，并对企业上市可行性进行专业评估和指导。对已完成股改上市的企业积极落实相关优惠政策，对启动上市工作的企业协助加快进度，对有上市意愿、有上市可能的企业加强上市培训指导，对新招引的项目以上市挂牌标准从源头上规范企业审批、建设、投产全过程。如皋经济技术开发区有 5 家上市企业，另有 4 家企业筹备上市。

【绿色集约】2020 年，如皋开发区建立空气质量监测站，建立水环境自动监测点，搭建“绿色园区”平台，加强对空气、水质及重点排污企业排污情况等的监管。对所有在建和报备的 110 家建筑工地、“三场一站”进行常态化扬尘监管。完成 7 家企业 8 台生物质锅炉安装烟气在线监控安装，5 家企业 8 台工业炉窑整治，12 家企业的天然气锅炉低氮燃烧改造，对 8 家重点企业进行土壤污染重点监管，关停化工企业 1 家，迁移 2 家。完成 800 多家企业排污许可证办理，关停“散乱污”企业 5 家，提升改造 4 家。省级、南通市级地表水考核断面水质全面达到三类水以上标准。农村人居环境综合整治圆满收官，完成农村改厕 2 238 户，新增新型垃圾分类车辆 160 辆、垃圾分类收集桶 4.5 万个，累计建立生产垃圾临时堆放点 85 处、建筑垃圾临时堆放点 32 个、农膜农药收购点 69 个、农膜回收点 71 个，清理村内沟塘（四级河、家沟家塘等）211 条，清理村内沟渠 492 公里，整治破落建筑 95 户，成功创建生态健康养殖示范场 7 户。开发区抬高项目准入门槛，要求入区项目亩均投资强度超 800 万元，亩均税收超 40 万元，确保土地集约利用，产出效益高。全面摸排区内闲置土地和厂房，由重大项目办牵头，联合经济发展和科技局、投资促进局等部门，通过回购企业闲置土地、督促企业限期新上项目、招引企业合作等方式，收回盘活闲置土地资源，加快推动土地资源的“新陈代谢”，提高资源利用效率，拓展项目落地新空间。

【社会事业】如皋开发区推进全域旅游示范区建设，2020 年平园池村被选为第二批全国乡村旅游重点村，江苏省特色田园乡村建设第三批试点村庄，成功创成 AAA 级景区、三星级乡村旅游区，成功举办 2020“江风海韵 • 长寿之都”南通乡村休闲旅游节暨如皋平园池第四届荷花节。逐步完善卫生服务体系，整合辖区内 3 家民营医院，建成城北街道社区卫生服务中心，医疗机构镇村一体化管理到位，初步形成“1+1+1+37”（1 个街道社区卫生服务中心 +1 个街道社区卫生服务中心分中心 +1 个门诊部 +37 个村卫生室)医疗卫生体系。教育优质均衡发展，开发区实验初中与袁桥初中中考 51 人达如皋中学统招分数线，6 人提前录取如中初高中衔接班，2 人录取白蒲中学强基班，3 人录取为如皋定向师范生，两校中考均分均居全市第一方阵，普高录取率均居全市前列。开发区实验小学和何庄小学晋升甲类学校，教管中心、实验初中、袁桥初中均被评为如皋市义务教育阶段教育教学工作先进集体一等奖。

【机构设置与管委会领导】如皋经济技术开发区党工委、管委会内设 10 个局（办）、3 个园区，均为正科建制，另按规定设立纪检监察、工会、共青团、妇联、人民武装等组织，另设立 2 个全额拨款事业单位（综合中心和招商中心）。

开发区党工委、管委会共有 8 位班子成员，分别为：如皋市委副书记、如皋经济技术开发区党工委副书记丁兴华、如皋经济技术开发区党工委委员、管委会副主任赵宏祥、曹汉清、吴鹏、孙得利、顾季青、杨永辉及如皋经济技术开发区党工委委员张小平。

如皋经济技术开发区 2019—2020 年主要经济综合指标一览表

项　目		单位	2019 年	2020 年	增减（%）
开发区生产总值		亿元	719.08	776.5	7.99
第二产业		亿元	408.27	436.3	6.86
工业		亿元	338.78	362.76	7.08
第三产业		亿元	293.54	322.14	9.74
工业总产值（现价）		亿元	1 151.94	1 250.88	8.59
高新技术企业		亿元	271.88	323.73	19.07
销售（营业）收入		亿元	2 215.50	2 646.66	19.46
第二产业		亿元	1 062.41	1 209.21	13.82
工业		亿元	901.92	1 034.86	14.74
第三产业		亿元	1 305.21	1 632.04	25.04
利润总额		亿元	71.63	94.78	32.32
第二产业		亿元	49.58	60.51	22.04
工业		亿元	43.45	53.61	23.40
区内主导产业及产值	1. 电气机械和器材制造业	亿元	363.00	412.10	13.79
	2. 汽车制造业	亿元	390.24	403.89	3.49
	3. 纺织服装、服饰业	亿元	211.02	219.88	4.19
进出口总额		亿美元	26.11	26.14	0.11
出口		亿美元	20.06	21.21	5.73
财政收入		亿元	97.55	95.76	−1.83
税收收入		亿元	95.72	94.84	−0.92
财政支出（公共财政预算支出）		亿元	19.86	19.99	0.65
新批企业个数		家	1 211	846	−30.14
外商及港澳台企业		家	26	14	−46.15
内资企业		家	1 185	831	−29.87
国家级高新技术企业数		家	136	165	21.32
新批企业投资额	外商及港澳台企业	亿美元	6.93	30.24	336.36
	内资企业	亿元	93.77	70.48	−24.84
	增资企业	亿美元	0.23	0.38	65.22

续表

项　目	单位	2019 年	2020 年	增减（%）
规上企业个数（“四上”企业数）	家	919	1 038	12.95
科学研究与试验发展经费（R&D）支出	万元	276 498	318 386	15.15
研究与试验发展（R&D）经费投入强度（R&D 经费支出占营业收入比重）	%	3.51	3.62	3.13
合同外资金额	亿美元	2.67	14.16	430.33
外商实际投资	亿美元	3.23	2.39	−26.07
固定资产投资	亿元	338.65	340.52	0.55
年末从业人员数	万人	11.41	11.38	−0.28
万元 GDP 能耗	吨标煤／万元	0.117	0.108	−7.69
水资源消耗总量	万立方米	19 022 100	18 922 200	−0.53
单位国内生产总值取水量	立方米／万元	2.65	2.44	−7.92
上市企业数量	家	4	5	25
区内建立的创业创新平台数量	个	71	79	11.27
区内科研院所数量	家	5	5	0
区内职业教育学校数量	家	13	14	7.69

（如皋经济技术开发区管委会）

宁乡经济技术开发区

【经济发展】2020年，宁乡经济技术开发区（以下简称“宁乡经开区”）在长沙市委、市政府和宁乡市委、市政府的坚强领导下，以习近平新时代中国特色社会主义思想为指导，深入贯彻党的十九大、十九届二中、三中、四中、五中全会和习近平总书记考察湖南重要讲话精神，一手抓疫情防控，一手抓经济发展，全年实现规模工业总产值697.2亿元、工业增加值168.7亿元，固定资产投资239.1亿元、财政收入60.3亿元、税收28亿元。在工信部赛迪研究院发布的“2020中国先进制造业百强园区”中排名第88位。

【品质招商】2020年，宁乡经开区在广州、顺德等智能家电、美妆产业集聚地开展驻点招商，成功引进格力第二研发中心、百庄新材等优质产业链项目。围绕“两主一特”产业，聚焦三类500强、上市公司、行业龙头精准招商，全年签约中电互联、欣旺达、小佩科技、哈啰出行等产业项目33个，合同引资103亿元，其中三类500强项目5个、上市企业和行业头部企业11个。

【项目建设】2020年，宁乡经开区成立产业项目服务和营商环境优化联合指挥部，组建8个帮扶小分队，全面推行项目领衔制、问题交办制、限时办结制、督查考核制、讲评通报制，为58个重点产业项目提供保姆式服务。智能家电产业园、楚天华兴等28个项目竣工投产，湖南建工产业园、欧标化妆品、联塑科技二期等17个项目开工建设，实现了安全零事故、服务零缺位。两个长沙市标志性项目加快推进，格力冰洗基地11月全面进场施工，楚天科技四期完成主体建设。

【企业发展】2020年，宁乡经开区上市阵营持续壮大，园区本土上市企业3家，上市公司投资企业23家。松井股份成为宁乡首家科创板上市企业，市场占有率居全球第四、国内第二位；投资主体位于园区的中伟新材料登陆创业板，将成为全球最大正极材料生产基地之一。重点企业持续倍增，格力电器、楚天科技、中伟新能源、松井股份等重点企业持续投资，康师傅、小洋人、好益多等11家食品企业启动或完成二期项目。创新驱动持续增强，新增入规企业13家，高新技术企业53家；获批市级智能制造38家，市级以上智能制造示范试点企业达103家；完成技术交易合同成交额6.2亿元，同比增长93.1%。桑铼特获省专利二等奖，楚天科技、百川超硬获省专利三等奖，长沙格力、百川超硬获批省知识产权重点企业；中伟新能源获批省企业技术中心。

【要素保障】2020年，宁乡经开区创新模式抢抓融资机遇，平台公司主体信用评级提升至AA+，到位资金综合年利率同比下降26%。开展“三资”盘活和“亩均效益”改革，增强了造血功能。坚持依法、阳光、精准征拆，全年完成拆迁423户、征地2 246亩、腾地2 128亩、报批3 409亩、办证5 110亩，储备成熟用地1 300亩，有力保障了渝长厦高铁工程建设。持续推进“名校进园区”，明德蓝月谷学校开工建设；出台“劳动用工保障战”奖补政策，安排专项资金3 000万元，为长沙格力、康师傅、欣音科技等重点企业招聘5 000余人次；启动电力配网专项建设，格力1线投入使用；新增租赁住房 1 200 套，开通两条直达长沙市区的免费通勤巴士线路。

【优化环境】2020 年，宁乡经开区提升行政效能，推行“企业承诺 + 部门容缺”审批，工业项目审批缩短至 29 个工作日。建设“24 小时自动服务区”，完成节能、地震、环评、水保等区域评估，为企业审批提速降费。降低企业成本，推进“无收费园区”建设，实现工业项目建设阶段“零收费”，为企业节约费用 8 440 万元。全面促推复工复产，为企业减免房租 710 万元、补贴水电气费用 580 万元、争取上级资金 1.74 亿元。提质服务环境，在全省园区中设立首家巡回法庭；污染防治攻坚三年行动圆满收官；开展企业专家体检预警检查，聘请第三方机构开展标准化施工、安全生产检测，主动清查整改涉企权证办理、合同兑现等事项，让企业放心发展、安心经营。

【深化改革】2020 年，宁乡经开区高标准编制园区“十四五”发展规划，参与宁乡市成功创建第六届“全国文明城市”。树立实干实绩导向，坚持凡进必考、凡提必竞，完成第三轮全员竞聘。深化平台公司市场化改革，小镇公司正式挂牌并纳入长沙市拟上市企业名单，金玉公司正式迈出改革步伐。

【党建引领】宁乡经开区坚持党的全面领导。2020 年，实施政治引领、素质提升、强基固本、创先争优“四大工程”，开展“战疫党旗红、党员当先锋”等活动。规范支部五化建设，落实“双述双评”制度，开展“机关支部 + 企业支部”互联共建。实施支部质量提升行动，打造加加食品、格力暖通两家党群共建示范点，评选五星级党支部 28 个。严格落实意识形态责任制，建立舆情快速反应机制，全年未引发重大舆情事件。坚决落实从严治党主体责任，切实履行“一岗双责”，新成立区监察工委，新调整纪工委委员到基层一线，选聘 10 名党风政风监督员；组织两次违反中央八项规定精神突出问题专项治理“回头看”检查，摄制专题警示教育片，深入开展青年干部预防职务犯罪大讨论。决胜脱贫攻坚，对口帮扶的龙山县红岩溪镇和宁乡市双江口镇檀树湾村、老粮仓镇星石村实现全部脱贫。

【疫情防控】2020 年，宁乡经开区突出工厂、工地、公寓三个重点，选派 170 多名干部和医务人员，成立 20 个企业指导组、15 个重点企业防疫工作服务站，下沉一线、包企负责，实现企业全覆盖、员工全覆盖、防疫举措全覆盖。组织 1.7 万名企业员工免费检测核酸，免费为企业发放餐桌隔板、口罩等应急物资，发动企业捐款捐物 1 800 余万元，全区实现零输入、零感染、零传播，新华社、人民日报、央视新闻等先后报道园区防疫举措。食品产业发挥优势，粮油米面乳企业迅速复工满产，全力保障了民生物资供应。妇孕婴童企业迅速转型，上马口罩、消毒液等防疫物资生产线。加加食品、格力盛世欣兴获评长沙市“抗击疫情先进基层党组织”，楚天科技获评中国食品和包装机械行业“抗击新冠疫情先进单位”。

【大事记】

1. 宁乡经开区企业驰援武汉火神山医院建设。1 月 27 日，园区企业建益新材、中财化建向武汉输送了 10 万平方米土工膜，30 万平方米土工布和 HDPE 波纹管等多批建材，火线驰援火神山医院建设。

2. 宁乡经开区建立绿色通道保障复工复产。2 月 22 日，湖南省再次紧急支援湖北保供应，宁乡经开区坚持特事特办、急事快办，建立绿色通道，派专人上门指导康师傅等重点企业进行网上申报，基本实现当日审批当日办结，全力保障企业复工满产支援湖北疫情防控。

3. 松井股份登陆科创板。6 月 9 日，湖南松井新材料股份有限公司正式登陆 A 股市场科创板，系宁乡首家登陆科创板的上市企业，证券代码 688 157。首次发行股票 1 990 万股，首次公开发行价格 34.48 元 / 股。

4. 蓝月谷智能家电配件产业园开工。6 月 30 日，宁乡经开区的蓝月谷智能家电配件产业园开工。项目按照年产“满足 600 万台空调、

600万台洗衣机和600万台冰箱”配套产能进行设计，将为钣金、注塑、线束等智能家电全产业链企业量身定制厂房。

5. 蓝月谷智能家电产业园顺利竣工。7月16日，长沙蓝月谷智能家电产业园顺利竣工。项目开工以来，仅用8个月时间完成了全部主体结构封顶。长沙蓝月谷智能家电产业园项目总投资13.4亿元，占地270亩，总建筑面积29.8万平方米。主要以生产厂房、综合楼及配套用房等为主要布局，形成“办公—生产—配套”的完备生产体系。

6. 于新凡任宁乡经开区党工委书记、宁乡市委书记。9月1日上午，宁乡市、宁乡经开区召开负责干部会议，长沙市委常委、组织部部长张宏益出席会议并宣布省委决定：于新凡同志任宁乡经济技术开发区党工委书记、宁乡市委书记。

7. 长沙格力获评国家绿色供应链管理企业。9月24日，国家工信部公示了第五批绿色制造名单，长沙格力获评国家绿色供应链管理企业。长沙格力秉承“让天空更蓝、大地更绿”理念，将太阳能光伏发电系统、室外绿化节水喷灌系统、雨水回收利用系统等系列技术进行应用。其中厂区内光伏系统日供电量达6 000至8 000度电，年发电量100万千瓦时。

8. 明德蓝月谷学校正式开工建设。10月23日，宁乡经开区明德蓝月谷学校正式开工建设，学校位于宁乡大道西侧，永佳西路北侧，总建筑面积4.5万平方米，共开设54个班，将新增学位2 550个，预计2021年6月全部完工，实现园区营商环境再升级。

9. 美妆谷广州招商推介会成功举办。11月13日，宁乡经开区美妆谷广州招商推介会成功举办，200多位湘籍美妆企业家齐聚广州花都，英腾生物、铭颜生物等8家企业现场签约。

10. 国内首家智能家电产业小镇扬帆起航。11月30日，宁乡市重大产业项目集中签约暨蓝月谷智能家电产业小镇招商推介会召开，国内首家智能家电产业小镇正式亮相。会上共有48个项目正式落户，总投资177亿元，涵盖了智能家电、新材料等领域，格力第二研发中心、中电互联、小佩科技等行业领先项目正式入驻智能家电产业小镇。小镇总体规划区12.1平方公里，计划总投资68.14亿元，分为智能制造区、配套服务区、生态涵养区三大功能片区，将打造智能家电全产业链生产要素承载平台。

【工管委领导班子】党工委书记、宁乡市委书记于新凡（2020年8月任），党工委副书记、管委会主任张毅，党工委副书记黄瑶，党工委委员、管委会副主任刘辉，党工委委员、纪工委书记、监察工委主任洪健，管委会副主任黄梁，管委会副主任周岩（挂职），总工会主席王子进。

（宁乡经济技术开发区管委会）

海门经济技术开发区

【经济发展】2020 年，海门经济技术开发区委会认真落实“六稳六保”各项任务，加大对开发区 226 家规上企业的跟踪力度，整合生产要素，开足马力，快产快销。出台了《关于支持科技创新型企业和高层次人才项目引进的补充意见》《开发区领导干部挂钩服务企业实施意见》等文件，助力企业复工复产，提升产能。全年预计完成工业应税销售 580 亿元，同比增长 6.5%；完成规上工业总产值 375 亿元，同比增长 9%；完成工业入库税金 15.8 亿元，同比增长 12.1%；完成固定资产投资 150 亿元，同比增长 5.4%；完成服务业应税销售 328 亿元，同比增长 21.8%；完成服务业入库税金 32.5 亿元，同比增长 48.7%。全年预计有 58 家企业跻身全市百强企业行列，比上年增加 3 家；新增规上工业企业 44 家、服务业企业 13 家，新增批零住餐企业 24 家，骨干企业对全区经济的引领和支撑作用不断增强。在 2019 年度全省国家级开发区综合考核评价中，位列全省第 50 位，南通第 2 位，综合实力稳居全省开发区第一方阵。在南通市项目建设考评中，位列园区组第 2 名，获得年度先进国家级开发区流动红旗。

【产业发展】2020 年，海门开发区致力于做大做强先进制造业和现代服务业。先进制造业要聚焦海工装备、智能制造、现代建筑、新一代信息技术等主导产业，积极打造并不断壮大海工装备产业集群、智能制造产业集群、现代建筑产业集群、新一代信息技术产业集群。重点抓住产业数字化、数字产业化赋予的机遇，以新基建引领新产业、催生新业态、带动新模式，引导企业向数字化、网络化、智能化发展，推动企业真正成为技术创新、研发投入、科研组织和成果转化的“主导者”。现代服务业要对全区的服务业功能进行整合，大力发展总部经济，加快发展现代物流、服务外包、研发设计、电子商务等生产性服务业，优化提升现代商贸、文体旅游等生活性服务业。产业层面与苏锡通科技园区等进行差异化协同发展策略。

1. 海工装备及豪华邮轮制造等高新技术船舶制造和配套产业。开发区设立豪华邮轮装备产业园，规划面积 3 平方公里，优化岸线和港口资源，重点发展海洋工程装备、豪华邮轮等高技术船舶制造及配套产业。按照前港、中区、后城来规划建设，前港，规划建设豪华邮轮制造基地；中区，规划建设豪华邮轮配套产业园；后城，规划建设国际邮轮城。整个园区紧紧围绕邮轮产业，产业定位精准，布局规划合理，同时针对邮轮项目，制定了专门的产业激励措施。在园区管理上，注重生态的保护、环境的治理，加强雨污水管网的排查、入江河流的整治。

2. 新一代信息技术产业。开发区设立高新技术产业园，积极发展新一代通讯网络、云计算、大数据及新一代信息技术等领域，依托阿里巴巴江苏云计算数据中心、云谷数据中心等项目，大力招引大数据、智能终端等领域重大项目，拓展壮大大数据产业，积极打造大数据应用产业园和创业创新孵化园，努力在数据的采集、整理、分析、发掘、展现、应用等环节培育和引进大数据产业龙头企业，推动大数据产业集聚发展。大力发展集成电路设备制造及封装测试、5G 商用、人工智能、高端服务器、大容量存储、区块链等前沿产业，打造经济发展新引擎。

3. 智能制造产业。开发区设立高新技术产业园，园区主要围绕数控机床、工业机器人、智能控制系统及终端、自动化仪器仪表、传感器、光电装备、新能源装备及电池、轨道交通、民用航天航空装备、高端汽车零部件、新型医疗器械、5G电子新材料、高端通用芯片及系统软件产品等高端制造，主要发展工业机器人及其高端零部件、半导体芯片封装产品、光电装备、新能源装备、高端汽车零部件、新型传感器等产业。园区现有高新技术企业76家，占全市高新技术企业的40%，包括冠东车灯、诺博特机器人、康奈可空调压缩机、宝钢精密钢丝、通光电子和美奥迪电机等，其中有24家高新技术企业位居全市百强企业行列。产业园将积极招引一批代表性好、带动力强的智能装备制造项目，推进产业向高新化、高端化、高质化、规模化、集聚化、产业链化方向发展。

4. 现代建筑产业。开发区设立现代建筑产业园，总占地面积15平方公里，重点发展装配式建筑、绿色建筑和智慧建筑产业；关联产业包括建筑装备、节能环保和建筑电商产业；着力引进工程机械、新型建材等先进建筑制造类项目，提升建筑之乡的效率与效益。着力发展规划设计、科技研发、电子商务、职业培训等业态，补齐建筑之乡的短板与链条。园区现有规上建筑企业93家，其中特级资质企业2家，一级资质企业22家，二级资质企业41家，三级资质企业28家，建筑相关规上工业企业43家。

5. 生产性服务业。开发区大力发展研发设计与其他技术服务，物流等智能供应链服务、节能与环保服务、生产性租赁服务、商务服务、人力资源管理与培训服务、批发经纪代理服务等生产性服务；推进电子信息、生物医药等领域科创研发及服务；大力发展科创、金融、总部、电商等高端服务业。

【科技创新】2020年，海门开发区创新能力持续提升，园区出台《关于推进科技创新和人才发展的若干政策意见（试行）》《开发区科技人才创业项目创业场所租金补贴评审办法（试行）》，推动更多人才把专利、项目、团队落户开发区创新创业，推进科技成果转化，解决关键技术问题，探索“科研飞地”模式。鼓励企业申报高新技术企业。对新申报高新技术企业的，一次性奖励2万元，通过认定的，再奖3万元；鼓励企业申报科技奖项，获得国家、省及南通市科技进步奖的，分别奖励5万元、3万元、2万元；支持企业设立科技创新载体。新获批各类科技创新载体和研发机构的，按国家级、省级、南通市级分别奖励10万元、5万元、3万元；支持企业引进培养高层次人才。每引进一名国家顶尖人才奖励企业10万元，每引进一名省“双创”等同层次人才奖励企业5万元；鼓励社会化招才引智。引荐的人才创业团队主要成员为国家顶尖人才的，奖励引荐者5万元；团队主要成员为博士学位且成功申报入围江苏省“双创计划”答辩的，奖励引荐者2万元，成功入选的再奖励引荐者2万元。

此外，对于落地的科技人才类创业项目，国家顶尖人才创业项目，根据项目规模和发展情况，给予3年内免租金提供500平方米左右的创业场所支持。以每年评审10个项目给予200平方米租金补贴，4个项目给予500平方米租金补贴，2个项目给予1 000平方米租金补贴，每平方月租金15元计，每年预计支出租金补贴约108万元。通过落实好各项政策，开发区着力营造更加开放便利的创新创业环境，集聚更多高端人才在海创新创业，不断提升园区科技创新策源功能，激发区内企业和各类人才创新创业活力，打造最舒心人才创新创业环境。

截至2020年底，开发区有省工程技术研究中心15家，市工程技术研究中心61家，国家高新技术企业76家；1个院士工作站：招商局重工（江苏）有限公司；有江苏京海禽业集团有限公司、招商局重工（江苏）有限公司、南通中远重工有限公司、南通金坤机械设备有限公司、南通合硕电子有限公司、江苏宝钢精密钢丝有限公司、油威力液压科技股份有限公司、江苏斯德雷特通光光纤有限公司、江苏通光电子线缆股份有限公司9个研究生工作站；有1家国家级科技企业孵化器：海门都市科技创业园；1家国家企业中心：招商局重工（江苏）有限公司；有通光集团有限公司、江苏京海禽业集团有限公司2家国家博士后工作站；有1家省级重点实验室：招商局重工（江苏）有限公司；有龙信建设集团有限公司、招商局重工（江苏）有限公司、金轮蓝海股份有限公司3家省创新实践基地；有东洲青创空间、中南智创谷、珞珈之鹰3家省级众创空间。

【投资促进】2020年开发区参与南通市及海门区组织的各类招商活动11场，自主举办首批重大项目集中签约仪式、第四代住房技术专题会等招商活动，2020年共签约重特大项目18个，注册重特大项目14个，总投资超700亿元。其中，胜宏科技多层高密度印制线路板项目总投资100亿元，成为海门电子信息产业布局的新标杆；豪华邮轮制造激光车间及配套设施、海门中心、盛瑞动力总成等6个项目投资额均超20亿元。全年完成外资到账2.1亿美元，外资到账金额和在海门占比均创历史新高。推动赫联科创园、大生创业园、謇公湖科创中心、平谦国际工业园等平台载体加快建设，引导优质新项目入驻，全年新增超亿元注册项目17个，总投资超20亿元。

【体制机制创新】2020年，海门开发区体制机制改革推进有力，园区和街道区街职能分设、机构设置调整、人员编制转隶等基础性工作已经全部完成，三定方案已交编办审定。实行一个预算统一编制，推行国库电子化支付，通过唯一账户进行清算；首次搭建综合治税网络，综合治税能力得到进一步提升；推动实行政府建设项目代建制度，顺利实现建管分离。“放管服”改革落到实处，顺利承接南通市政府17项赋权清单，大力推行“不见面审批”，不断提高审批效率，确保新开办企业0.5个工作日完成各项流程，工程建设项目从立项到施工许可平均20个自然日内办结。国企改革不断深入，长江口集团公司尝试建立职业经理人制度，积极统筹运用各类中长期激励政策，形成“人员能进能出、工资能多能少、职务能高能低”的考核管理体制，着力提高企业活力和效率。

【设施建设】2020年，海门开发区党工委坚持高点站位，规划先行，积极推动开发区《发展战略规划》及“十四五”规划的编制工作。开发区污水处理厂正式奠基，完成《入河排污口设置论证报告》评审工作，项目地块围墙、清表、地勘等施工前期工作同步推进。实施滨江工业城雨污管道工程、老小区雨污管网改造工程等市政工程建设，完成海南新村、长江新村、月亮湾小区等6个老旧小区的改造任务，实施复兴新村、通源北村、世纪光华苑、地纬东洲半岛等小区部分楼幢的立管改造等工程，共计投入12.46亿元。实施东海路两侧、嫩江路及河道、大港路等6个绿化工程，绿化面积18万平方米。完成农村改厕工作，建设8个村庄生活污水处理设施。对江心沙农场、长豪电子、展鑫电子、江海高科朗晖二期等地块实现清拆，保障了2个重大项目的顺利开工和4个重特大产业项目的顺利落户，全年共计搬迁面积44.94万平方米。

【社会事业】2020年，海门开发区海门街道政务中心正式启用，入驻14个部门，22个受理窗口，极大提高了百姓办事效率。持续推进信访积案化解，今年以来共化解重点信访老户11户。打好“蓝天、碧水、净土”保卫战，施工扬尘管理达到“六个100%”，四个市级断面考核水质均达到Ⅲ类，完成十一号横河、十三号横河黑臭水体整治工作。2020年，建档立卡低收入农户399户615人已全部实现脱贫，圆满完成了脱贫攻坚任务。新冠疫情期间，开发区1 500多名党员带头持续奋战在一线，视疫情如命令，真正做到守土有责、守土尽责，筑起保卫主城区数十万居民生命和身体健康的钢铁长城。持续开展安全隐患大排查大整治，严格查处安全生产违法违规行为，完成国务院、江苏省、南通市安全生产督查、巡查问题的整改闭环，辖区内群众的满意度和幸福感得到进一步提升。

【党建工作】2020年，海门开发区党建基础快速提升，成功打造解放西路社区党建综合体和光华社区、三南村等党建示范点；开创"两新"组织片区融合党建新模式，建立10个党建片区、5个党建工作站，破解了非公企业面广量大、党建基础薄弱的难题。党建工作制度完善，制定出台了《2020年开发区五大区域联盟党建组织员考核办法》《2020年开发区非公企业党组织书记考核办法》《区街机关支部联建方案》，规范党建组织员工作内容，激发非公企业党务工作者在企业党建中的领航表率作用。今年以来，共组织党工委中心组集中理论学习11次，举办"立足岗位比学赶超"、学习"三大法宝""突破县域思维"等主题竞赛党日活动3次，更好地凝聚了机关党员干部合力。全年开展各类日常监督70余次，发出各类通报36期。为营造风清气正的政治生态奠定了基础。

（海门经济技术开发区管委会）

吴中经济技术开发区

【经济发展】苏州吴中经济技术开发区（简称“吴中开发区”）位于东太湖之滨。规划面积152.23平方公里，下辖5个街道办事处，总人口63.96万人，其中户籍人口21万人。2020年，实现地区生产总值709.7亿元，现价增速9.6%；完成一般公共预算收入82.9亿元，下降4.8%；完成规上工业总产值1 331.9亿元，增长13%；实现服务业增加值290.6亿元，增长8.9%；完成全社会固定资产投资362.7亿元，增长35.6%；工业投资64.5亿元，增长26.1%。2020年全国国家级经开区综评排名中位列第39位，在全省省级以上开发区综评排名中位列第18位。

【招商引资】2020年，吴中开发区注册外资及港澳台投资5.34亿美元，增长146.4%；到账外资及港澳台资4.17亿美元，增加30.96%；内资注册476.9亿元，增长10.7%。61个区级以上重点项目，完成年度总投资157.5亿元。面对疫情冲击，创新“线连线”“屏对屏”招商模式，招引10亿元以上项目5个，微软（中国）有限公司、埃诺威（苏州）新能源科技有限公司、中国交通建设集团有限公司等企业落地，苏州石川制铁有限公司、苏州味知香食品有限公司等项目正式开工。苏州浪湖智能科技有限公司、苏州精濑光电有限公司等项目竣工投运。举办2020苏州吴中（上海）生物医药产业营商环境推介会、吴中太湖新城（北京）营商环境推介会等招商推介活动。

【转型升级】2020年，吴中开发区贯彻存量用地管理实施意见和政策意见，系统摸清低效用地现状和改造开发潜力，组建苏州融新建设发展有限公司，引导社会资本参与开发，推进存量工业更新改造，苏州金记食品、城南科技产业园等8个项目开工建设，亚青永葆生活用纸（苏州）有限公司、宝仁科技产业园等8个项目正式开业，苏州市宏利来服饰有限公司、越溪工业坊等12个项目进入前期预审，合计9.93公顷低效利用土地进入存量更新流程。落实高质量发展扶持政策，发放扶持资金1.6亿元。苏州电器科学研究院股份有限公司、中认英泰（苏州）检测技术有限公司获评国家中小企业公共服务示范平台，苏州瑞可达连接系统股份有限公司、苏州精濑光电有限公司获国家专精特新“小巨人”企业认定，苏州汇川技术有限公司、科沃斯机器人股份有限公司、苏州赛腾精密电子有限公司入围全省民营企业创新百强，欧康维视生物医药有限公司、苏州伟创电气科技股份有限公司成功上市。开发区获评省“互联网＋先进制造业”基地。苏州协同创新智能制造装备有限公司获国家级综合型标识解析二级节点项目。苏州维信电子有限公司智能工厂成功入选市级智能工厂，实现了吴中区智能工厂零的突破。进一步优化人才引进制度机制，推进高层次人才创业投资引导基金进入实质运作，引进“高精尖缺”人才，66个项目入选领军人才，其中11个项目入选市级以上领军人才。

【改革创新】2020年，吴中开发区挂牌苏州自贸片区联动创新区以来，推进重点改革领域融合协同，复制推广“新兴产业用地10+N弹性出让”等改革措施，“保税＋”业务有效拓展开发区检验检测业务范围，中欧卡航、区港联动等业务物流贸易灵活便捷。深化行政审批改革，压缩投资项目审批时限，优化审批流程，实现赋权事项平均审批承诺时限较法定时限压缩70%，新办企业营业执照实现0.5个工作日常态化，并新增行政审批赋权事项3项，为企业和群众提供最大便利。纵深推进国资国企改革，经发集团成为吴中区首家拥有全资控股上市公司的国有企业。

【载体建设】2020年，吴中开发区苏州（太湖）软件产业园对标国内一流软件产业园区，重点聚焦互联网、工业软件、5G、大数据等领域，先后引进江苏爱数专云信息技术有限公司、达梦数据技术（江苏）有限公司等软件产业链关键企业，赛迪研究院苏州分院实现开园运营，软件特色名城展馆顺利开馆。大力发展信创产业，获批苏州信创产业园、省级信创协同攻关基地等荣誉称号，信创产业集聚效应初步显现。生物医药产业园加快基础设施建设和招商项目储备，完成控规修编、启动区土地平整，设立产业专项基金，吸引落户仁东医学、乐明医药等创新企业，项目储备率达160%。综保区加快缩区后功能叠加、平台拓展、政策创新，落地一般纳税人资格试点，获评省级重点物流基地，区域工业总产值同比增长86%。化工集中区根据企业类别，大力推进内部环境整治和产业提升，做精做强生物医药、精细化工两大主导产业，高质量完成省安全风险等级评估，通过省级化工集中区认定。

【民生保障】2020年，吴中开发区压紧压实疫情防控四方责任，运用“大数据＋网格化＋铁脚板”工作模式，实现防控网络全覆盖，保障了人民群众生命安全和身体健康。坚持疫情防控和经济发展两手抓、两手硬，通过设立复工复产工作小组、开通员工返岗专车、协调防疫物资供应，建立健全复工复产备案制度和疫情防控工作体系，全力做好保障服务，推动企业项目复工达产增效。严格落实“惠企暖企”政策，累计减免317家中小企业3 100多万元租金，帮扶企业共克时艰。公共服务提质增效。提升优质公共资源供给水平，建成投用溪秀实验小学及附属幼儿园等3所学校，开工建设澄湖路学校、独墅湖中学等6所学校，成立3个教育集团，探索教育多元化供给，开启集团化办学新模式。深入开展尹山湖医院与上海十院合作共建，启动建设5G+数字化医疗健康服务示范区，竣工投用郭巷文体中心，加快建设城南卫生院、越溪文体中心、横泾区域养老服务中心等实事工程。开展精准就业帮扶和阳光惠农走访，举办108期招聘集市，提供就业岗位近6万多个。

【城乡一体化建设】2020年，吴中开发区抓牢城市形象和功能品质改善提升，区域发展更加协调。太湖新城瞄准“苏州湾总部经济湾区”目标定位，加快导入先进产业集群，完善综合配套能力，放大城市发展能级，360剧场、太湖新城三甲医院、中信泰富新经济科创湾等项目正式启动，嘉盛、东山精密总部项目、JW万豪、君悦高端酒店以及苏州湾城市会客厅等项目签约入驻，能源中心、核心区商务中心加快建设，城际铁路太湖新城站点纳入线网规划，成功举办全国OP帆船锦标赛、苏州湾马拉松赛等体育赛事，创建成为全省首个国家三星级绿色生态城区，加速打造“未来之城、活力湖区”。拆迁安置协同推进，加快重点地块拔钉清零，腾出用地约93.33公顷。新开工6个约102.8万平方米安置房项目，交付3个约62万平方米安置小区，新增完成安置房办证735本。提档升级城南、郭巷等成熟片区，加快重点区域“退二进三”和片区更新改造，大力推进安置小区提升、九里湖高标准农田等工程，不断改善人居环境和城市功能。加快“农文旅”融合发展，越溪旺山文旅风情小镇入选省特色小镇创建名单，建成投用景区小镇客厅，获评省乡村旅游重点村；张桥完成特色田园乡村建设，签约体育康养小镇项目，进一步丰富产业业态。横泾完成南部农旅总体规划方案编制，与同程旅游组建的文旅公司正式运营，东林渡获评“江苏省特色田园乡村”。

（吴中经济技术开发区管委会）

盐城经济技术开发区

【概况】盐城经济技术开发区位于盐城大市区东南部，成立于1992年，2010年升格为国家级开发区，辖区面积200平方公里，拥有20万常住人口和10万产业工人，是中韩（盐城）产业园产城融合核心区、国家跨境电商综合试验区、全国百强产业园区、江苏省先进开发区。现已集聚各类企业3 900多家，投资主体涉及美国、韩国、日本、意大利、法国、德国及我国台湾、香港特别行政区等30多个国家和地区，韩国现代起亚、韩国SK、美国江森、法国佛吉亚、德国亚曼、我国台湾台玻等一批世界500强企业投资落户，是江苏沿海发展战略向纵深开拓的新高地。

【经济发展】2020年，盐城开发区实现地区生产总值317.4亿元，一般公共预算收入25.7亿元，进出口总额25.9亿美元，注册外资实际到账3亿美元。

【产业建设】盐城开发区重点发展汽车（包括新能源汽车）、新能源装备、电子信息三大主导产业。汽车产业以东风悦达起亚汽车公司为龙头，集聚了韩国摩比斯、美国德纳、法国佛吉亚等企业400多家，已经形成了汽车整车、汽车零部件、汽车服务业完整的产业体系，全新K5上市3个月销售突破万台，华人运通高合新能源汽车试生产下线，北汽摩登首款车型正式面市，总投资20.1亿美元的SKI动力电池盐城基地一期1栋厂房顺利投产，2020年实现开票销售409.5亿元。新能源装备产业重点发展光电光伏，初步建成以天合、阿特斯、润阳为龙头，集聚百佳薄膜、易事特、九天等一批产业链项目的光伏全产业链，电池、组件产能约占全球1/10，2020年实现开票销售123.6亿元。电子信息产业依托盐城综保区、跨境电子商务综合试验区等功能平台优势，集聚了中国电子、深圳英锐、光耀高端摄像头、iA汽车半导体、台湾里梭科技等企业40多家，2020年实现开票销售36.6亿元。

【招商引资】2020年，盐城开发区面对新冠疫情快速反应、精准防控，为811名韩籍技术人员争取开通“中韩快捷通道”包机服务，积极推动复工复产复市。配强招商专班，接轨上海，深耕韩国，开展产业链、集群式、精准化招商，签约总投资1.8亿美元的台湾半导体光刻机、10亿元的元隆100万台冰箱、1亿美元的尚谦芯片封装等重大项目88个。持续深化“三个一”工作机制和月度“五张清单”责任管理，建立重大项目周会办制度，每月督查通报项目推进情况，全年新开工亿元以上项目54个，新竣工亿元以上项目38个。坚持问需企业、量身服务，扎实推进科级干部挂钩、企业服务“直通车”等行动，一线服务、现场服务、即时服务，特别是对重大项目实施超常规、无假日、保姆式全程服务，华人运通、SKI等8个超1亿美元或10亿元项目顺利投产，消化闲置厂房36万平方米，完成固定资产投资205亿元。

【科技创新】2020年，盐城开发区突出企业创新主体，国家高新技术企业数量达88家，高新技术企业产值占比提高到30%，研发投入占比达2.8%，新建设各类企业研发机构177家，省级示范智能车间认定数全市第一。新增省级工程技术研究中心2家，新增市级企业工程技术研究中心33家，规上企业市级以上研发机构覆盖面达78%。提升科技创新能力建设，加快建设中韩（盐城）产业园未来科技城，建成院士工作站1家，博士后工作站4家，获批国家级孵化器1个，省级孵化器5个，东方兴宇国家级孵化器新增科技项目35个，盐城汽车智能装备众创社区获批省众创社区备案。构建创新驱动新生态，江苏新能源汽车研究院建成开放，与南京大学环境学院签约共建“盐城南大环保科技创新中心”，与西安交大合作智能制造研究院，与复旦大学、上海交大等高校签订产学研合作协议16项，向185家企业兑现科技奖励资金4 945万元，帮助27家企业申请获批苏科贷7 090万元。

【改革开放】2020年，盐城开发区深化“简政、行政、财政”改革，建设全市首家智慧政务服务大厅，推动287个服务事项24小时自助办理，设立“一站式”服务专区，推广“全链通”综合服务平台，获批国家名称字号审核、进出口化妆品许可等审批权限。设立工程建设项目审批专区，审批时限压缩40%，重点产业项目审批时间缩减2/3，实现企业开办0.5个工作日办结、全程电子化登记率100%、电子营业执照发放率100%。全面推行“双随机、一公开”监管，全年开展部门联合“双随机”抽查25次、检查企业195家，检查结果、执法监管信息全部公开。全面落实中韩FTA政策，复制推广自贸试验区改革试点经验127项，获批国家跨境电商综合试验区、国家外贸转型升级基地、全省首批国际合作园区，举办江苏—韩国企业家合作交流会暨第二届中韩贸易投资博览会，中韩盐城产业园发展基金被评为2020中国最佳政府引导基金。

【城市建设】2020年，盐城开发区全面推动韩风国际文化名城“一中心四街区”建设，“6+1”项目包陆续挂牌上市，商品住宅上市77万平方米、6 425套，同比分别增长305%、335%。中韩文化广场完成中央水体开挖，中韩文化客厅加快建设，中韩迎宾苑、燕舞亚朵酒店运营良好，植入韩国文化元素的城东宝龙广场成为网红打卡地和城市新地标。高标准实施赣江路改造、东环路南延等道路工程，盐渎路通榆河大桥建成通车、新都路通榆河大桥恢复通车，建成庆公路、新龙路等4条农村公路29.7公里，新改建桥梁44座，整改危桥13座，污水处理、供气供热、消防应急等一批基础配套项目投入使用，城市综合承载能力持续提升。推动人居环境综合整治，投入1.72亿元建设通榆河生态景观廊道、新四军文化林等13项园林绿化工程，投入近9亿元完成农房改善3 046户，4个新型农村社区建成交付1 100套，全区841户四类对象中124户C级、D级危房全部完成拆除和改造翻新，步凤镇获评省级生态文明建设示范镇。

【社会文化事业】2020年，盐城开发区教育事业取得新实绩，累计投入14亿元新建6所中小学，市一小集团、市初级中学对区属学校实施全面托管办学，北师大盐城附校、盐城外国语学校成为全市民办教育的标杆，盐城机电高职移址新建。开发区中学本科达线率居全市三星级高中首位，全区中考成绩增幅连续两年全市第一，4所学校荣获“省健康促进金牌学校”称号，区级以上称号骨干教师占比30%。总投资9.1亿元的盐城妇幼保健院投入使用，家庭医生累计签约服务60 416人，对全区19至64周岁62 790人开展健康体检。全力推进健康扶贫，推行低收入人口“先诊疗，后付费”一站式结算，对低收入人口开辟绿色通道，免除一般诊疗费。497户1 018人建档立卡低收入农户全部稳定脱贫，7个经济薄弱村年经营性收入超过20万元。全面落实“六补一免”专项政策，全年新增就业人员7 500人。获评省级信访系统“人民满意窗口”，深入开展清风行动和扫黑除恶斗争，全区社会大局保持和谐稳定。

（盐城经济技术开发区管委会）

镇江经济技术开发区

【概况】2020年，镇江经济技术开发区（简称镇江经开区）完成地区生产总值683.59亿元，按可比价比上年增长3.7%；一般公共预算收入52.5亿元，增长2.1%；完成工业应税销售1 005.3亿元，增长0.3%；社会消费品零售总额118.45亿元，城乡居民人均可支配收入分别增长3.7%、5.9%。在国家级经开区营商环境指数排名中，位列全国第18位，比上年上升5位。

【产业建设】2020年，镇江开发区一、二、三产业分别实现增加值6.37亿元、427.96亿元、249.27亿元，三产比例0.9∶62.6∶36.5；聚焦新能源、新材料、航空航天、生命健康四大主导产业，全年制造业投资118.2亿元，比上年增长27.9%。金斯瑞、晶鼎光电、荣海生物3家企业获省战略性新兴产业发展资金扶持4 400万元，吉贝尔药业在科创板上市。优利德“5G+无人叉车”、中节能“5G+机器视觉”2个5G示范应用项目实施，30家企业创建省星级上云企业。中节能（镇江）公司成为全区首个“江苏省互联网标杆工厂”，斯诺物联LOGIDELTA工业互联网平台被认定为省级重点平台，航发优才、优利德等5家企业创成省级示范智能车间。对16家重点用能企业开展节能诊断，实施绿色制造项目27个；新增国家级绿色工厂1家，市级绿色工厂4家，累计培育市级以上绿色工厂28家，居全市第一。

【招商引资】2020年，镇江开发区聚焦重大项目招引，新冠病毒肺炎疫情期间推行“不见面招商”，全年新签约亿元以上项目81个，比上年增长80%，其中10亿元以上项目20个，数量超前5年总和。签约项目中符合新能源、新材料、航空航天、生命健康“四个一”产业布局占比超60%，总投资50亿元的凯莱英项目、30亿元的江化微高端电子材料项目落地，项目转化率超70%。完成产业类到位外资2.8亿美元，全市占比超过1/3；新批外商投资企业36家，其中增资扩股企业23家。创新贸易公司等轻资产模式，新设立外资贸易公司3家，实现到位外资1 200万美元。吸引深圳荣辉、香港百万葵园等外贸企业落户，实现进出口总额34.98亿美元，其中，进口总额20.83亿美元，出口总额14.15亿美元。

【科技创新】2020年，镇江开发区全年入库培育高新技术企业62家，新增高新技术企业70家，全区拥有高新技术企业210家。加强科技研发平台建设，全区累计建有孵化器7家、众创空间4家；建有市级及以上研发机构253个，其中，2020年新增38个。成立专业科技招商队伍2个，畅通与省产业技术研究院等平台信息沟通渠道，全年招引科技类项目62个，其中，科技企业类项目42个、科技孵化类项目20个。开展“企业进高校”“专家赴企业”活动10场，新签订产学研合作协议40项；新聘任“科技副总”20名，数量超历年总和。为科技类企业发放科技贷款超2亿元。

【城市建设】2020年，镇江开发区全年实施47个政府投资项目，包括产业配套、生态治理、民生等六大类，完成年度投资11.6亿元，其中城建类项目43个。江化微南侧挡土墙、培山路东延、大路安置房二期等重点项目建设完成，连淮扬镇高铁大港南站站房及配套设施投入使用。成功创建全省首家“省级节水型社会示范区”；开展“宜地清尘”行动，清理各类垃圾2.6万吨，联合电信部门整治非法小广告，停机处理263件，行政处罚110件。加大违法建设防控和拆除力度，集中开展市容环境整治、智能制造园环境整治，拆除违建174处、3万平方米；首次开展51座桥梁结构体检，全部合格。市政设施不断完善，绿化管护市场化率提升至26.8%；新划设非机动车停车线6 000余米，新增及出新730个道路停车位，建成新材料产业园和智能智造园公共停车场2个；引入3 000辆助力共享单车。

【管理与服务】2020年，镇江开发区探索“一核两网三集成”（“一核”即坚持党建引领为核心。“两网”即社会网格和企业网格全覆盖，“三集成”即实现集成受理、集成办理、集成处理）高效能治理新路径。以党建为引领，构建七级组织架构；划分5个镇(街道)、54个村(社区）和96个片区三层级社会网格，新布局38个企业网格，2 400多家企业可享受线上线下快捷服务。梳理项目推进、帮办代办等10项服务清单，干部下沉一线提供专班志愿服务；上线“清上加亲、宜企在线”微信小程序。全年两类网格主动发现问题4 206件，办结率99.88%，满意率98.81%。推行“1113”审批改革试点，将开办企业、不动产登记、施工许可3个阶段审批周期分别压缩至1天、1天和13个工作日，审批时间平均压缩86%，环节压缩59%，立项到施工许可材料精简60%。

【“十三五”成果】“十三五”期间，镇江经开区总投资150亿元孚能科技项目、总投资100亿元航空教育小镇项目等相继落户，世界500强、央（国）企、上市公司、行业领军企业投资项目超过1/3，制造业实体经济项目占比超70%，项目质效提升。累计实际利用外资17.16亿美元，外资总量连续5年居全市第一；累计签约亿元以上产业类项目305个，总投资1 848亿元。2017年，编制全国第一张国家级开发区“全链审批”赋权清单，推行实施“2332阳光高效审批”，将开办企业、不动产登记、施工许可3个阶段审批周期分别压缩至2个、3个和32个工作日；2019年，开辟企业开办“全链条”绿色通道，新设立市场主体在5个小时内具备市场运行基本条件；2020年试点“1113”审批制度改革。形成以航空航天、生命健康、新材料、新能源为主的“四个一”产业发展体系。其中新材料产业园创成中国智慧化工园区示范试点单位，2018年跻身“中国化工园区30强”；航空航天产业园建成国家新型工业化（航空产业）示范基地、中国航空运动飞行营地2个国家级品牌，苏南国家自主创新示范区优秀科技园区、江苏省航空特色产业集群等8个省级品牌。全区高新技术企业210家，建有省级以上企业研发机构152家；累计获批科技项目540项，入选省“双创计划”人才75人，“双创团队”4个。社会民生不断改善。打造宜园、人才第四空间两大人才高地和乐业中心、魔方公寓、精英公寓3个人才驿站；心湖高中、丁卯二小、姚桥卫生院等建成使用。累计完成15个村、22个社区整治提升，建成家门口的公园广场13.4万平方米，新建小区、道路停车位4 098个。累计教育投入24.75亿元，新建校舍16.5万平方米，公办中小学全部创成市教育现代化先进学校和数字化校园，教育设施装备100%达省定I类标准。引进建设南师大镇江附小、枫叶国际学校、镇江第一外国语学校等民办教育品牌，获江苏省学前教育改革发展示范区、江苏省社区教育示范区等称号。建成日间照料中心5家、社会化运行助餐点14个，建成标准化居家养老服务中心15个，每千名老人拥有床位数45张；建成全省首家中美合资、全市首家二级老年病医院，完成基层医疗机构标准化建设。人均拥有公共体育场地设施面积3.52平方米，连续举办五届镇江国际马拉松赛，2018年获“金牌赛事”称号。

（镇江经济技术开发区管委会）

义乌经济技术开发区

【经济发展】义乌经济技术开发区（以下简称“义乌开发区”）于1992年8月挂牌并实施首期开发。2012年3月，经国务院批准升级为国家级经济技术开发区，核准面积9.17平方公里。2020年，义乌开发区完成地区生产总值618亿元，财政收入151亿元，税收收入73亿元，实际利用外资22 079万美元。2020年10月12日，义乌开发区深化整合提升方案获批(浙政函〔2020〕99号)，经深化整合提升后区域面积为93.5平方公里，其中，核心区块75.17平方公里（含国家核准面积9.17平方公里)。

【产业发展】义乌开发区把加快新兴产业培育和传统产业改造提升作为发展方向，高质量引进新兴产业，支持传统产业转型提升，推动产业集群化发展。随着锋锐发动机、义利动力总成投产，英伦新能源整车TX5系列投放市场，DHT混动变速器工厂进场及动力总成制造总部项目的迁入，从1.0、1.5、2.0系列发动机到变速器，义乌开发区正积极打造世界级的发动机制造基地。东方日升高效电池及组件项目于9月举行开工仪式，项目总投资约206亿元，是2020年义乌市签约投资额最大的工业项目，项目完成后预计新增太阳能电池片产能和高效太阳能组件产能各15GW。东方日升高效电池及组件项目继续带动抗老化胶膜、储能接线盒等产业上下游项目入驻义乌开发区，为义乌开发区下一步大力发展光伏产业奠定了基础。2020年10月23日，义乌经济技术开发区先进装备制造业“链长制”试点入选浙江省开发区“链长制”试点单位（浙商务发〔2020〕36号)。

【招商引资】2020年，义乌开发区面对疫情，积极谋求转变，加码“云上招商”，坚持线下奔跑。瞄准主导产业、龙头企业、高新产业全力拼抢；抓牢链长制，在汽车及零部件、新能源、芯片、生物医药、食品健康、商业文旅等板块开拓深挖；拓宽招商途径，与多个基金公司对接，深入开展基金招商、中介招商、以商引商。义乌开发区核心区全年共签约项目16个，签约投资达650亿元，其中200亿元以上项目2个，10亿元以上项目9个，亿元以上项目15个，实现了签约投资总额的逆势增长和产业结构的丰富优化。

【项目建设】义乌开发区坚持稳投资、促发展，围绕“有效投资”抓好项目建设，2020年实现固定资产投资188亿元。全面实施“三服务”项目攻坚计划，英伦新能源整车TX5正式投放义乌市场，DHT专用混动变速器生产线安装调试，正大饲料、丰树产业园、迪士尼服饰等项目陆续投产，东方日升高效电池及组件、易换骑锂电池项目等项目开工，为义乌开发区的发展增添新动能。

【绿色动力小镇】绿色动力小镇规划面积3.32平方公里，按照产业、文化、旅游和社区功能叠加的要求和生产生活生态融合的理念，分步建成产业发展核心区、创新综合服务区、运动休闲体验区、城镇综合服务区等四大功能区。绿色动力小镇于2015年5月启动建设，2017年7月入选省级特色小镇第三批创建名单，2020年4月获批国家3A级旅游景区，2020年11月获浙江省政府命名为第四批省级特色小镇，是金华市首批、义乌市首个荣获省政府命名的省级特色小镇，是浙江省十个高端装备制造类小镇之一。2015至2020年，小镇已累计完成科技相关投入超30亿，完成固定资产投资96.13亿元，其中特色产业投资83.92亿元，累计实现产值96.27亿元，实现税收7.61亿元。小镇已集聚24家优质企业入驻，现有省重大产业项目6个、省特别重大产业项目4个、省重点建设项目5个、省重大工业项目3个。

【森山健康小镇】森山健康小镇是一座集大健康、生态农业、文化旅游、养生养老、国际康复等功能产业为一体的新型化健康特色小镇，2017年3月开工建设，占地面积4.06平方公里，总投资51.8亿元，入列浙江省重大产业项目。至2020年年底，森山健康小镇列入第二批国家农村产业融合发展示范园创建名单，省级农业科技园区创建与培育名单；是国家级农业示范园，浙江省中小学生研学营地，浙江省院士之家，浙江中医药文化旅游基地，浙江省干部培训基地。2020年，森山健康小镇接待参观、学习共15万人次。森山健康小镇“浙江院士之家”先后邀请了597位院士及团队专家来到义乌研讨合作。

【科技创新】2020年，义乌开发区围绕“创新驱动”战略，抓好创新主体培育，加强创新平台建设，不断强化义乌高层次人才创业园、义乌绿色动力小镇等平台的引才聚才效应，科技创新能力不断提升。吉利集团动力研发总部顺利搬迁至义乌开发区，集聚了一批动力研发、动力检测等专业人才。以义乌高层次人才创业园为主要载体，加大招才引智力度，打造义乌人才集聚的新高地，引进高层次人才及科技孵化项目63个；同时引进成熟的园区运营机构，完善园区配套，提升改造高创园整体环境，积极营造适合高层次人才生活工作的生态圈。

【城市建设】2020年，义乌开发区内有甬金高速、杭金衢高速在南北两面连通，以五洲、四海、03省道、速港、上佛路5条交通主干道为主的30条道路纵横交错；供水管网覆盖整个开发区，建有4个自来水厂，日供水能力32万吨；有220千伏变电所3座，110千伏变电所5座；5个污水处理厂，日处理污水能力达34万吨/天。拥有万达广场、文化广场、总部经济写字楼、人力资源市场、儿童公园等一批商业综合体、文化教育、总部大楼、医疗、金融、住宅等配套设施。

【绿色集约】2020年，义乌开发区坚持产城融合和绿色低碳协调发展，建立从生产—消费—服务全过程的环境监控体系，严格保护区域内水土和生态资源，积极构建绿色生态产业链，打造绿色生态新社区，窑址公园、后龙湖公园、廊道公园等景观工程相继建成开放。积极引进优质教育、医疗和文化娱乐机构等，营造良好的创新创业生态。积极依托交通、科创及生态廊道建设，打好“拆治归”组合拳，加快推进整合提升区范围内老工业区、老镇区有机更新进度，为城市发展腾出新的发展空间。

【开放合作】义乌开发区借助义乌国际贸易综合改革试验区的开放优势，不断提升开放型经济发展水平。2020年，义乌开发区实现出口总额1 018亿元，进口总额72亿元，是浙江省对外贸易十强开发区。推进多元招商机制，开展国内国外全球招商，在疫情得到有效控制期间，依托世界商人支架、境外采购商服中心、国际商会、海外联络站等经贸合作平台，充分发挥义乌侨商“世界义乌人”的桥梁作用，将强经贸交流，促进招商合作。加强与上海、深圳等各地商会联系，开展承接高端产业转移招商引资。

【体制机制创新】2020年，义乌开发区持续深入推进“最多跑一次”改革，聚焦“18+2+6+x”营商环境评价指标体系，打造“干事不受礼，办事不求人”城市，企业办事实现“一网通办”，为营商环境的优化打下了坚实的基础。

【党建工作】2020年，义乌开发区深化党员干部“五（吾）带头”，结合中心工作，统筹抓好疫情防控和复工复产，构建“党建+单元”作战体系，组建党员招商突击队，面对疫情积极转变，坚持“云上招商”和线下奔跑相结合；组建党员建设突击队，对标全年工作任务，全力保障项目建设；组建党员服务突击队，为企业提供专班服务。进一步延伸“党建+招商”“党建+规划”“党建+建设”“党建+服务”“党建+人才”“党建+特色小镇”等开发区党建品牌，坚定发展定力，强化使命担当，聚焦重点难点，使广大党员干部的政治素质、理论水平和业务能力得到了新的提高。

【机构设置】2020年，开发区管委会主要牵头做好整合提升区的产业带规划，对近期重点开发区块实行统一招商、统一建设，及基础、公共服务设施统一配套等。开发区内的项目用地征迁、企业管理、社会事务管理按属地原则由镇街负责。开发区管委会内设办公室（稽查审计局）、招商一局、招商二局、招商三局、招商四局、经贸局、规划局、建设局、财政局，另设1个派驻机构国土分局；下设开发有限公司，主要负责政府投资项目的开发建设。

（义乌经济技术开发区管委会）

安庆经济技术开发区

【产业发展】2020年，安庆开发区实现地区生产总值241亿元，同比增长10.0%；规上工业增加值同比增长13.0%；固定资产投资同比增长16.4%，房地产投资同比增长115.7%；4项指标增幅均居全市第一。全年社会消费品零售总额88.7亿元，同比增长4.1%；地方财政收入同比增长17.5%；进出口总额4.74亿美元，同比增长52.81%。3项指标列全市第二；城镇居民人均可支配收入4.3万元，同比增长5.9%，居全市第三；高新技术产业增加值同比增长31.6%，一般预算财政收入同比增长8.0%，均居全市第四。

【主导产业】“十三五”期间，安庆经开区聚焦汽车及零部件、高端装备制造两大首位产业，引入江淮汽车、振宜汽车、雷萨汽车、爱信精机、富士康等一批国内外知名企业，产业基础逐步夯实。汽车及零部件产业现有规上工业企业23家，2020年，实现规上工业产值58.7亿元，同比增长19.7%，汇集环新集团、安簧机械、浩博汽车、大洋机械等百余家汽车零部件企业，近几年累计招引汽车产业链项目24个，涉及动力系统、车身部件、底盘系统、电子电气等多个领域，产业链条不断完善。高端装备制造产业现有规上工业企业31家，获评安徽省高端装备制造专业商标品牌基地，2020年实现规上工业产值28.2亿元，同比增长6.0%，近几年引进了智租科技、昆山北钜、浩扬机械、华欣电器等一批优质产业企业，形成了以数控机床、海工装备、成套智能生产设备等为基础的高端装备制造产业集群。

汽车及零部件产业实现产值58.7亿元，同比增长19.7%，占全区规上工业总产值比重10.6%。代表企业有江淮汽车、振宜汽车、雷萨汽车、爱信精机、环新集团、安簧机械等。

高端装备制造产业实现产值28.2亿元，同比增长6.0%，占全区规上工业总产值比重5.1%。代表企业有恒昌机械、同发设备、智租科技、昆山北钜、浩扬机械、华欣电器等。

【科技创新】2020年，安庆经开区高新产业增加值增长31.3%；指导19家企业申报高新技术企业，17家正式申报并通过认定；R&D经费投入增至4.3亿元，增长17.8%，拥有高新技术企业46家，位居全市第一；全年指导60家企业评价入库国家科技型中小企业，圆满完成目标任务，数量位居全市第一；指导企业在统计平台归集上报2019年度研发费用6.07亿元（不含石化），超额完成6亿元的目标任务；推动企业紧密对接省内外高校院所，全年签订和推进实施产学研协议12项，合作金额260多万元；推荐上报50余家企业上报企业重点研发项目，31个项目纳入市科技项目库，4个项目入选市科技计划，获资金支持150万元，2个项目获省重大科技专项，获省级资金支持250万元。

传统产业改造升级步伐加快，ATG、安簧等3家企业获得国家级绿色工厂称号，AAT获批省级智能工厂，建成中船柴油机、ATP粉末冶金等5个省级数字车间。创业载体建设成效显著，成功创建省级孵化器滨江新区高新技术中小企业孵化中心，2家众创空间，拥有省级以上研发平台35家，其中院士工作站2家、博士后工作站4家。恒昌机械、安簧机械、安庆中船等企业9个项目荣获安徽省科技进步奖，安簧机械、安徽同发、安徽新富等企业5个项目获评安徽省科技重大专项，安簧机械入选第二批国家级专精特新“小巨人”企业，鸿庆精机全电注塑机获得安徽省首台（套）重大技术装备称号，恒昌机械连续6年入围省发明专利百强企业。

出台《安庆经开区2020年科技促进专项政策》。具体支持以下几个方面：一是支持创新平台建设，对公共研发服务平台、当年新认定的国家级平台、省级平台、博士后工作站给予奖励；二是鼓励企业加大创新投入，具体包含支持科技攻关项目和资助发明创造；三是促进产学研合作；四是提升产业发展层次，支持高新技术企业发展。五是优化创新创业环境，具体包含支持孵化器建设和支持科技服务中介机构发展。

【投资促进】2020年，安庆经开区实际利用市外资金额175.58亿元，同比增长64.11%，完成目标任务的167.22%。新签约5 000万元以上项目50个，完成年度目标任务的100%。其中，工业项目46个，完成年度目标任务的109.52%；首位产业项目38个，完成年度目标任务的100%；10亿元以上项目7个，完成年度目标任务的175%。新入省库项目38个，完成年度目标任务的100%。其中，战新项目32个，完成年度目标任务的145.45%；15亿元以上项目3个，完成年度目标任务的100%。全年招商项目入统17个（目标任务24个），完成全年目标任务的70.83%；入规企业10个（目标任务6家），完成全年目标任务的166.67%。

2020年，安庆经开区积极推动园区开放型经济发展，外贸总量贡献全市领先。实现进出口总额47 414万美元，同比增长52.81%，总量占全市进出口总额25.31%，排名全市第一位。其中，实现进口额20 756万美元，同比增长17.29%；实现出口额26 658万美元，同比增长99.96%。

出台《安庆经济技术开发区招商引资奖励办法》。具体包含以下几方面：①对新引进内资项目，按实际完成固定资产投资额的6‰给予奖励。②对新引进外资项目，按实际完成固定资产投资额的8‰给予奖励。③对新引进中国500强企业，按实际完成固定资产投资额的8‰给予奖励。④对新引进世界500强企业，按实际完成固定资产投资额的10‰给予奖励。⑤对已落户安庆经开区的项目：新引进境外资金增资扩产部分，按实际完成固定资产投资额的5‰给予奖励；新引进境内区外资金增资扩产部分，按实际完成固定资产投资额的4‰给予奖励。⑥新注册的内外资企业不新购置土地且投产之日起2年内累计实缴税收达到1 000万元人民币及以上的项目，按照2年内累计实缴税收额的10‰给予奖励。⑦对新引进特别重大项目或具有国际领先水平、对全区产业发展具有重大推动作用的投资项目，其奖励标准实行“一事一议”，由安庆经开区招商引资工作领导小组提出奖励意见后报安庆经开区管委会审定。

【体制机制创新】安庆经开区按照安庆市委、市政府《关于安庆经济技术开发区体制改革与机制创新总体方案》要求，在机构精简、干部人事制度、相对集中行政许可权等方面进行了改革创新。在全市率先实施体制改革和机制创新，优化组织职能设置，更加突出经济发展，打破人员身份界限，实行七级雇员制，深层次激发了干部职工干事创业活力和创新动力，为全市开发区贡献了可推广可复制的改革样板。我们持续深化“放管服”改革，优化营商环境，成为全省第一家获批相对集中行政许可权改革试点的开发区，设立行政审批局，顺利承接市级37项审批权限，实现区内事项区内办，“一枚印章管审批”，企业开办0.5个工作日办结，一般工业项目审批事项精简至22项，时限压缩到25个工作日。同时，在全市带头推行工业“标准地”改革，工业项目实现拿地即开工。积极开展“诚信经营、文明经营”宣传活动，获批国家法人与产业活动单位并重统计改革试点单位。

【投融资服务】2020年，安庆经开区投融资渠道实现多元化。疫情冲击下，主动转危为机，积极拓展多元化融资渠道，全年累计实现融资72.55亿元，为园区建设、产业发展提供强大资金保障。成功申报老旧小区改造、棚户区改造、老工业区改造等中央预算内项目资金8 626万元；组织企业申报省、市各类政策资金1.43亿元，均取得历史性成绩。全年出让工业、仓储、经营性用地共计16宗，宗面积2 298.8亩，收入18.46亿元，创历史新高。完成太极担保公司管理制度改革，深度激活政策性融资担保功能，为实体经济输血增氧，全年新增担保企业8户，新增担保余额5 892万元，周转过桥资金6.4亿元，周转率达18.5次。持续加大园区首位产业直接投资力度，全年通过设立产业投资基金、直属公司股权出资、代建自建厂房等渠道，累计投资35.6亿元。

【绿色集约】

1. 保卫蓝天。一是组织实施大气重点项目。2020年，经开区PM2.5均值为35μg/m³（城区平均36μg/m³），优良天数率为86.4%（城区平均88%），全面达到市政府下达的空气质量年度考核任务，其中，主要考核指标PM2.5实现优于城区平均水平的目标。牵头蓝天保卫战各职能部门实施工业炉窑特排提标改造、工业炉窑淘汰、建筑工地扬尘治理、工业企业VOCs整治46个重点项目，按期调度推进，目前已全部完成。二是推动工业企业燃气锅炉低氮改造。全面摸排辖区内燃气锅炉，督促9家企业开展燃气锅炉改造。目前已有8台锅炉已完成低氮改造，2台锅炉报停使用，5台锅炉即将实施改造。三是秸秆禁烧工作。按照区、镇、村三级网格，实行全方位、全天候禁烧督查巡查，截至目前无火点发生。

2. 守护碧水。一是持续开展工业雨污分流排查整治。组织辖区45家企业完成厂区雨污管网自查，督促安簧机械、佰联无油压缩、和兴化工、安塑管业、同发设备等11家企业进行管网整改。二是入河入江排口取样。完成162个入河入江排污口点位核查及采样工作，完成41个入河入江排污口溯源工作。

加强土壤污染防治和固废管理。一是纳入重点行业企业用地土壤污染状况调查的7家企业全部按规范上报材料。二是我区5块疑似污染地块均已完成环境初步调查工作并通过专家评审。三是督促辖区内重点监管企业帝伯格茨活塞环、帝伯粉末冶金、江淮汽车、新亚菱化工建立土壤和地下水污染隐患排查制度、开展土壤及地下水自行监测等工作。

3. 土地管理。2020年计划报批3 000亩，目前已完成报批558.852亩，正在报批2 518.687 5亩；2020年全年共纳入储备库中土地7宗，共1 835.24亩，合同收储金额47 348.97万元。出让方面，供应土地15宗，面积2 140.26亩。

【基础设施建设】2020年，安庆经开区抢抓机遇，拿下国家农发行整区域城镇化建设贷款业务全国第一单，成功启动22.4平方公里圆梦新区建设，千方百计拓宽融资渠道，累计投入170余亿元，全面完成了新区范围内征地拆迁、基础设施建设、水系治理等任务，基本实现“九通一平”。总里程108公里的34条道路实现通车，3条综合管廊顺利建成，整理出工业（含物流）用地13 000亩，居住用地5 000亩，商业服务设施用地2 000亩，具备承接重大产业项目的能力。

【社会事业】2020年，安庆经开区统筹兼顾推进各项事业全面进步。民生保障体系进一步完善，全面落实稳岗就业，新增就业岗位5 040人，城镇登记失业率仅为0.55%；支持教育发展，石化一小、舒巷小学教学质量迈入市区第一方阵，123名初中毕业生顺利考入安庆一中。支持人居环境提升，8个老旧小区完成改造。13个社区居家养老服务点投入运营，23个还建房小区办证登记率100%；脱贫攻坚持续发力，定点帮扶与结对帮扶取得实效。狠抓污染防治，全面完成中央、省环保督察整改任务。系统防范化解重大风险，政治、经济、社会、党的建设等领域稳定有序。党旗引领推动干群同心，防汛救灾取得重大胜利。“大国点名没你不行”，圆满完成第七次全国人口普查。光彩大市场划行规市顺利推进，长江禁捕工作有序开展。

【党建工作】2020年以来，开发区坚定不移全面加强党的建设，推动全面从严治党向纵深发展。不断强化政治引领，坚持以习近平新时代中国特色社会主义思想为指导，着力提高政治判断力、政治领悟力和政治执行力，切实增强“四个意识”、坚定“四个自信”、做到“两个维护”。不断强化政治监督，坚持“党中央重大决策部署到哪里，政治监督就跟进到哪里”，围绕统筹疫情防控和经济社会发展、六稳六保、防汛救灾、项目建设、文明创建等重点任务，开展专项监督。不断强化作风建设，以深化“三个以案”警示教育为抓手，持续纠治形式主义、官僚主义，培养了一支对党忠诚，堪当重任、作风优良的干部队伍。不断强化基层党建，推行基层党建项目化管理；成立汽车产业链党委，以高质量党建引领产业高质量发展。

【机构设置与管委会领导】

2020年，安庆经开区管委会下设办公室、经济发展局、招商局、行政审批局、国土规划建设局、产业与科技促进局、建筑工务局、市场监督管理局、安监环保局、城市管理局、政法办公室、人社局、社发局、教育局、党群部、财政局、纪监工委、机关党委。下辖老峰镇和菱北办事处，以及皖江高科、建投公司、新能源公司、保税物流公司、太极担保公司5家直属企业。

管委会领导：党工委书记、管委会主任吴三九，党工委副书记、管委会常务副主任汪建宁，党工委委员、管委会副主任黄震，党工委委员、管委会副主任秦毅，党工委委员、纪监工委书记李振宏，党工委委员、管委会副主任涂婷婷、王楚，党工委委员刘川，党工委委员、管委会副主任（挂）梅剑平。

安庆经济技术开发区2019—2020年主要经济综合指标一览表

项　目		单位	2019年	2020年	增减（%）
开发区生产总值		亿元	239.2	240.9	10.0
第二产业		亿元	181.2	178.7	12.6
工业		亿元	169.6	167.8	11.8
第三产业		亿元	57.9	62.1	3.2
工业总产值（现价）		亿元	538.9	554.8	3.0
高新技术企业		亿元	90.4	123.1	36.2
销售（营业）收入		亿元	628.3	593.5	-5.5
第二产业		亿元	536.2	478.7	-10.8
工业		亿元	520.8	467.7	-10.2
第三产业		亿元	92.1	114.8	24.6
利润总额		亿元	32.1	22.5	-29.9
第二产业		亿元	23.9	15.7	-34.4
工业		亿元	24.0	15.8	-34.1
区内主导产业及产值	1. 石油化工	亿元	387.8	413.7	6.7
	2. 汽车及汽车零部件	亿元	46.4	57.1	22.9
	3. 高端装备制造	亿元	20.4	23.1	13.0
第三产业		亿元	8.2	6.8	-16.7
进出口总额		亿美元	3.1	4.7	52.8
出口		亿美元	1.3	2.7	100.0
财政收入		亿元	15.3	16.5	8.0
税收收入		亿元	14.7	15.1	3.1

续表

项　目	单位	2019 年	2020 年	增减（%）
财政支出	亿元	6.38	6.92	8.4
新批企业个数	家	1 092	1 298	18.76
外商及港澳台企业	家	3	4	33.3
内资企业	家	1091	1294	18.6
国家级高新技术企业数	家	41	46	12.2
规上企业个数	家	237	257	8.4
科学研究与试验发展（R&D）经费支出	万元	81 499.0	105 278.1	29.2
研究与试验发展（R&D）经费投入强度	%	3.5/GDP	4.7/GDP	34.3
外商实际投资	亿美元	0.7	0.8	11.5
固定资产投资	亿元	76.0	88.5	16.4
年末从业人员数	万人	28 765	28 484	-0.1
万元 GDP 能耗	吨标煤／万元	1.8	1.7	-4.4
水资源消耗总量	万立方米	35 138 805	34 976 473	-0.5
单位国内生产总值取水量	立方米／万元	14.7	4.5	-1.2
上市企业数量	家	1	1	—
区内建立的创业创新平台数量	个	2	2	—
区内科研院所数量	家	3	3	—
区内职业教育学校数量	家	3	3	—

（安庆经济技术开发区管委会）

宜兴经济技术开发区

【经济发展】2020 年，宜兴经济技术开发区面对严峻复杂的宏观形势、突如其来的新冠疫情，紧扣“勇当宜兴高质量发展领跑者”定位，开展“巡视意见整改年、安全发展强基年、绿色发展固本年、高质量发展提速年”活动，保持定力、齐心协力、艰苦努力，全年工贸营收突破 1 000 亿元，达到 1 022.6 亿元、同比增长 6.3%；完成规上工业产值 694.1 亿元，同比增长 5.3%，总量位居宜兴市第二；完成工业投资 97.2 亿元，超过宜兴市的 1/3 ；实际使用外资超 2 亿美元，占宜兴市的一半；完成外贸进出口总额 30.89 亿美元，超过宜兴市的 2/5 ；完成一般公共预算收入 45 亿元，主要经济指标顺利完成年度目标任务，连续四年被宜兴市委市政府授予“集体三等功”。

【疫情防控】2020 年，宜兴经开区始终把群众生命安全放在首位，把疫情防控作为必守底线，闻令而动、有令必行。“最美逆行者”义无反顾、日夜坚守，始终站在抗疫最前沿，坚决守住“外防输入、内防扩散”的防线；全区党员干部不怕艰险、冲锋在前，认真做好社区防控、动态排查、舆论引导、物资保障等工作，形成了联防联控、群防群治的良好局面；广大企业挺身而出、展现担当，累计捐款近 600 万元，卡尤迪生物科技入选科技部“新冠病毒核酸快检产品”推进项目名录，全国仅有 2 家，并获省疫情防控专项资金 50 万元，是无锡地区唯一获得支持的企业，为疫情防控贡献了“宜兴力量”；园区群众守望相助、同心抗疫，用实际行动为防疫大局提供“最强后盾”，汇聚起众志成城、同舟共济的强大力量。

【招商引资】宜兴经开区始终坚持产业强区、项目为王战略，聚焦新能源、集成电路材料、智能装备制造、5G 信息技术等战略性新兴产业，2020 年共实施在建项目 34 只、在批项目 19 只，总投资 562.6 亿元。一方面，项目招引更具实效。奋力克服新冠疫情不利影响，优化招商布局、拓展招商路径，持续招引牵动性强、投资额大的好项目。去年 2 月，举行“打造新能源产业高地重大项目开工签约仪式”，签约 3 个项目、开工 1 个项目，总投资 120 亿元；去年 5 月，参加宜兴（上海）经贸文旅合作洽谈会，签约合作项目 7 只；秋洽会期间，签约合作项目 34 只，总投资 125 亿元，发展动能持续增强。另一方面，项目推进更加高效。总投资 30 亿美元的中环领先大硅片项目，8 英寸、12 英寸大硅片分别实现产能 50 万片 / 月、5 万片 / 月，二期及外延片项目已经启动；总投资 30 亿元的环晟新能源 3GWG12 高效太阳能电池组件项目，从开工到满产仅用时 10 个月，再次刷新“中环速度”；总投资 20 亿元的先科半导体新一代电子信息材料、总投资 8.03 亿元的中石伟业 5G 高效散热模组、总投资 5 亿元的帝科股份光伏新材料项目，将于近期启动建设。2020 年，战略性新兴产业完成应税销售超 500 亿元，梯次分明、布局合理、结构优化的现代产业体系初具规模。

【改革创新】2020 年，宜兴经开区重点改革有序推进，扎实推进行政审批制度改革，镇村两级政务服务体系全覆盖，政务服务中心全年办件突破 7 万件，群众满意率始终保持在 99% 以上。实质性启动国企改革，顺利完成基层整合审批服务执法力量改革。创新驱动持续发力，培育高新技术企业102家，全年净增24家，创历史新高；省市示范智能车间增至13家，超过宜兴市的一半；入库培育无锡市准独角兽企业5家、瞪羚企业25家、雏鹰企业53家，帝科股份成为宜兴市唯一的准独角兽企业，并在深交所主板上市；硅谷电子获中国专利优秀奖，宝银公司、银环公司、江苏鑫泰三家企业获省科学技术奖一等奖，帝科股份、环晨光伏入选“无锡市重点产业集群龙头企业”。入选省“双创计划”团队1个、人才1名，入选无锡市“太湖人才计划”团队1个、人才4名，均居全市前列。全区税收超千万元企业47家，同比净增9家，其中，超亿元企业4家，红牛饮料税收贡献近7亿元，连续6年位列宜兴市第一。高规格举办宜兴经开区开放合作大会、长三角（宜兴）集成电路材料产业研讨会，成立长三角（宜兴）氢能产业联盟，致力打造永不落幕的秋洽会。12月，举办2020宜兴“双招双引”南方（深圳）活动，与南方科技大学开展科技人才对接，有效汇聚一批创新资源和高端要素。

【城市建设】2020年，宜兴开发区载体建设不断优化，抓好智能制造产业园、5G信息技术产业园建设，加快引进优质市场主体；编制“3985”电子专用材料产业园规划，启动氢能产业园建设，有针对性地布局优质项目、优势企业，增强专业园区集聚功能。生态建设有力有效，坚决打好污染防治攻坚战，5万吨级工业污水处理厂主体完工，太湖一级保护区村庄生活污水治理全覆盖，近两年关停化工企业46家，超额完成市定任务，处置破产关停企业45家，盘活闲置低效用地5 000亩。全力推进安全生产专项整治，狠抓危化品、“厂中厂”“小化工”整治，防范和遏制各类安全事故，灵谷化工、雅克科技分别被省督导组评为安全生产“样板企业”“典型企业”。

【社会文化事业】2020年，宜兴开发区新城建设加速推进，把科创新城作为融入锡宜一体化、深化产城融合的重要载体，不断完善基础设施、加强公共配套，打造清华科技园等创新载体，共有在建商业地产和载体项目近160万平方米、总投资97亿元，一座现代化的产业新城、科创新城正加速崛起。民生福祉持续改善，高质高效推进民生实事工程，经开区实验小学正式投用，芳桥街道敬老院、日间照料中心完成改造提升，悲鸿小学扩建、培源小学改建、经开区人民医院建设等有序推进，文明城市管理常态长效，“徐悲鸿艺术节”等节庆品牌进一步打响，新时代文明实践活动持续掀起新热潮。社会治理全面加强，完善政法综治中心和网格化管理中心功能，组建经开区交警中队，扎实做好退役军人权益保障、信访稳定、食品药品监管等工作，社会大局始终和谐稳定。

（宜兴经济技术开发区管委会）

太仓港经济技术开发区

【概况】2020 年，太仓港经济技术开发区深入学习和贯彻习近平新时代中国特色社会主义思想和党的十九届五中全会精神，在市委、市政府的正确领导下，主动融入“双循环”新发展格局，统筹抓好疫情常态化防控与经济高质量发展，逆势奋进、乘势而上，以全市“主力军”“主阵地”的担当作为，交出了一份特殊之年的不凡答卷。在全省省级以上开发区中排名上升至第 17 位，获评全省唯一港口型国家物流枢纽，获评省智慧园区，顺利通过全省化工园区认定。

【经济发展】2020 年，太仓港开发区主要指标稳中向好。全年实现一般公共预算收入 109.88 亿元，同比增长 7.53%；完成工业总产值 1 004 亿元，其中规上工业产值 843.4 亿元，同比增长 3.9%；先导产业产值同比增长 26.4%，占全市 39.6%；战略性新兴产业产值占比 49.9%，较上年提高 5.4 个百分点；高新、新兴产业产值占比分别为 40%、64.4%；物贸主营收入 1 005 亿元；太仓港完成集装箱吞吐量 521 万标箱，再创历史新高。

【产业招商】2020 年，太仓港开发区完成注册外资 6.9 亿美元，同比增长 114%；实际利用外资 3.04 亿美元，同比下降 11.48%；注册内资 108 亿元，同比增长 109%。引进百亿级投资的清洁能源数字产业园、百亿级销售的苏宁环上海电商产业园等 4 个世界 500 强投资项目。成功举办春季重点项目签约周和夏季、秋季重点项目开工开业活动。获评全市年度招商引资工作一等奖。项目建设再掀热潮。完成全社会固定资产投资 118.9 亿元，其中工业投资 38.8 亿元，同比增长 21.2%；产业项目投资约占全市四分之一。利洁时、科方生物等 28 个太仓市级及以上重点项目加快建设。斯凯奇一期、南华机电等 14 个重点项目竣工投产，集装箱码头四期交工验收。江苏宝洁获评全球灯塔工厂。年内新增“四上”列统企业 52 家，其中规上工业企业 25 家。

【改革创新】2020 年，太仓港开发区创新主体持续集聚。全年净增高企 69 家。国发创投基金正式备案，钟鼎等股权投资企业设立。获评省工程技术研究中心 2 家、苏州市工程技术研究中心 3 家，同高科技、海路生物获评江苏省科学技术奖。获批省知识产权示范园区创建单位。政策载体日趋完善。调整优化《太仓港经济技术开发区创新发展奖励实施办法》《太仓港经济技术开发区社会化招才引智激励实施办法（试行）》等政策，进一步加大招才引智力度。太仓港科创园一期开工建设，生物港三期结构封顶，亿达太仓港创智空间投入运营，东软太仓信息工场正式启用，同济科创联（太仓）产业化基地签约落地。改革发展不断深化。苏州自贸片区港区联动创新区加快建设。综保区获批一般纳税人资格试点。深化“放管服”改革，全面落实“1120”改革目标，政务服务中心累计办理各项审批 1.5 万余件，在全市第一个实现外资工业项目“成交即发证，交地即开工”。港口投资公司首次探索市场化股权投资业务。

【城乡统筹】2020 年，港城建设提档升级。以七浦塘北岸现代港城、南岸活力小镇为建设目标，加快推进新港城和老镇区融合发展。皇冠假日酒店、港区医院、港城中专等项目进展顺利，功能配套日益完善。疏港铁路、中兴街等加快建设，浮宅路竣工通车。建成七浦塘三期、七丫口郊野湿地工程，新增绿化面积 2 300 亩，“一核一廊二园三横三纵”生态系统不断完善。农村环境切实改善。深入推进新一轮美丽乡村建设，三家市完成江苏省特色田园乡村验收，新建牌楼社区万家宅等 11 个三星级康居乡村。获评“苏州市美丽城镇建设先进集体”。新时代文明实践所投用。动迁安置重点突破。长江大道等 5 个重点地块实现拆迁“清零”，六尺塘以西一公里范围内完成整组拆迁，全年完成动迁签约 315 户。完成安置房分房 683 套，下发不动产权证书 696 本，完成注册证办理 6 632 套。18 万平方米的静江佳苑安置房加快建设。

【乡村振兴】2020 年，太仓港开发区现代农业加快布局。因地制宜打造“1111”（1 000 亩菜篮子工程、1 000 亩太仓白蒜基地、1 000 亩中华绒螯蟹种蟹基地、10 000 亩粮食生产基地）特色工程。太仓白蒜成为国家农产品地理标志产品。创建江苏省绿色优质农产品基地面积 3.66 万亩，主要粮食作物耕种收机械化水平达 97%。富民强村加快实施。村企联建“富桥模式”不断推广，全年村均可支配收入突破 1 000 万元。茜泾村“桃李”文化项目实现亩均增收 3 000 元。“三优三保”、增减挂钩强力推进，腾出盘活土地 1 260 亩，土地集体流转率达 91.4%。综合治理加快推进。持续开展“331”“散乱污”“三沿”等专项整治。严格落实安全生产责任制，完成化工园区封闭式管理，化工专业消防站和危化品车辆专用停车场加快建设。入江支流水质均值达标，净水湿地工程获评省生态安全缓冲区建设示范项目。常态化做好疫情防控、文明城市建设和信访维稳等工作，社会保持和谐稳定。

【党的建设】从严治党引向深入。充分发挥党工委统揽全局、把关定向作用，扎实开展“不忘初心、牢记使命”学习教育，上级各项决策部署在港区落地生根。“两个责任”贯通协同，“四种形态”深化运用，严格执行中央八项规定及其实施细则精神，定期开展作风效能督查以及“清风行动”。持续完善“三项机制”配套措施，认真落实苏州市委巡察和苏州市纪委专责监督整改工作。党建责任压严压实。深化“红色港湾”“金九月”等党建品牌，“太仓港区党群服务中心”建成投用。“港湾红贝 2.0”动力指数评价体系发布，“红色显微镜”党建体检定期进行。开展“党建领航、企业远航”党建惠企系列行动，举办全市首个企业自主评价技师班，塑造了一批“红色工匠”典型群像。浮桥镇、港区招商中心、化工园区办获评苏州市“激励干事创业、奉献火红年代”先进集体。意识形态工作全面加强。传递“港区声音”，讲好“港区故事”，深化“同聚力、在一起”“和为贵”等文化标识，港区微信公众号跻身苏州党建新媒体联盟“红色矩阵”20 强。在苏州市级以上媒体发布报道 198 篇，“学习强国”平台刊登 65 篇，其中省级以上平台 21 篇。组建江畔新语宣讲团，开设理论微课堂。党员冬训获评省示范乡镇和市一类创新项目。

（太仓港经济技术开发区管委会）

锡山经济技术开发区

【经济发展】2020 年，面对宏观经济下行和新冠疫情影响的双重压力，锡山经济技术开发区坚持稳中求进总基调，紧紧围绕“高标打造高质量发展标杆园区”的总目标，危中寻机争主动，创新思路破难题，经济社会发展取得新的进展，为“十三五”画上了圆满的句号。全年完成一般公共预算收入 69.95 亿元，同比增长 7.09%；规上工业总产值 1 329.09 亿元，同比增长 7.7%；全社会固定资产投资 480.9 亿元，同比增长 8.0%，其中工业投入 261.3 亿元；到位外资 3.6 亿美元。主要经济指标增幅在全区均位列第一方阵，在 2019 年度江苏省 118 家经济开发区科学发展综合考核评价中位列第 8 位。

【项目招引】2020 年，锡山开发区累计签约工业项目 35 个、科创项目 40 个、服务业项目 59 个，签约投资总额超 340 亿元，其中总投资超亿元工业项目 24 个、3 亿元以上 13 个、10 亿元以上 3 个、协议外资 3 000 万美元以上 6 个，引进了总投资 1.8 亿美元的鹰普航空（无锡）有限公司零部件项目、总投资 21.5 亿元的科创新源华东总部项目、总投资 10 亿元的哈威亚太区研发运营中心项目等重特大项目。全年挂牌 9 个产业项目，挂牌面积 508 亩，金光地块、宛山湖 11 号地块顺利出让。全力推进重大项目建设，蜂巢能源无锡技术中心项目、无锡理奇智能装备增资项目、诺马连接技术（无锡）有限公司等 15 个项目顺利开工，中科微至智能制造科技江苏有限公司、无锡三峰汽车零部件有限公司等 16 个项目主体工程封顶，无锡英特利智能科技有限公司、派克汉尼汾工程材料（无锡）有限公司等 12 个项目竣工投产。

【产业升级】2020 年，锡山开发区强化规划引领，开发区“十四五”产业发展规划、西区产业集聚空间优化提升规划成编制。积极服务企业发展，全年为企业争取各级各项扶持和补贴资金 5.66 亿元，电子信息、精密机械、汽车零部件等优势产业同比分别增长 16.3%、17.9%、8.2%，全年新增开票超 100 亿元企业 1 家、50 亿元企业 1 家、10 亿元企业 1 家，新增超亿元企业 12 家。大力实施技改扩能，全年实施技改项目 49 个、技改投入 94 亿元，成功创建省“互联网 + 先进制造业”基地，无锡恩福油封有限公司、乐星汽车技术（无锡）有限公司等 7 家企业获评省、市级智能车间，无锡鑫宏业线缆科技股份有限公司、无锡恩捷新材料科技有限公司等 8 家企业获评省、市级技术中心，德力佳传动科技（江苏）有限公司、安民汽车安全零配件（无锡）有限公司等 7 家企业获评市两化融合示范企业。引导企业加快上市挂牌，中科微至科创板 IPO 获受理，鑫宏业报省证监局辅导备案，高德（无锡）电子有限公司即将完成股改，无锡吉同精密科技股份有限公司进入新三板创新层。

【科技创新】2020 年，锡山开发区实现高新技术产业产值 382.3 亿元，同比增长 14.5%，占规上工业产值比重达 58.7%。加速培育创新企业，认定省级高新技术企业 61 家、培育入库 70 家，有效期内省级高企数量达 162 家；完成“雏鹰”企业、“瞪羚”企业、“准独角兽”企业入库分别为 55 家、23 家和 4 家，认定省、市级工程技术研究中心分别为 1 家和 6 家，累计通过国家科技型中小企业 190 家。积极发动企业申报省市科技项目，累计立项39个，项目立项数与获扶持资金额度均占全区一半以上。加快引聚高端人才，入围省“双创”人才项目3个、“太湖人才计划”创新创业人才及团队项目8个、“锡山英才计划”创新创业人才及团队项目20个，全年争取各级各类科技人才扶持资金7 500万元。

【园区建设】2020年，锡山开发区规划“锡山芯谷”集成电路产业集聚区，出台“芯片十条”产业政策，承办全国集成电路创业之芯大赛，江苏集成电路应用技术创新中心成功落户，全年招引芯片企业19家。加快专业园区建设，中欧高端装备产业园完成总体规划方案和一期施工图设计，集成电路产业园完成一期方案设计。拓展离岸科创资源，锡山北京离岸加速器、锡山深圳离岸孵化器正式落地，锡山上海离岸创新中心即将启用。加快高端平台搭建，国家知识产权示范园区平台启动建设，无锡市智能制造产业知识产权运营服务平台投入运营，中科微至智能物流装备与机器人技术产业研究院成功挂牌。完善人才生活服务配套，建融家园高端人才公寓、锡山区高层次人才一站式服务中心投入运营。高起点开展规划修编，完成宛山湖核心片区景观规划深化设计，启动宛山湖科技城战略规划及云林片区园区二次更新整体规划研究。高标准推进工程建设，春江路、春雷路完成改建，云林生态体育公园、云林滨水公园基本建成，春雷小学一号教学楼、春雷幼儿园开工建设，云林棚改安置房、检验检测中心主体结构封顶，“宛心花田”、胶阳路等景观工程顺利建成，集智广场荣获省优质工程奖“扬子杯”，德力佳传动科技（江苏）有限公司新建厂房工程被评为省建筑施工标准化星级工地，厚桥幼儿园装饰工程荣获市优质工程奖“太湖杯”。充分发挥数字城管平台作用，持续推进立体化精细化城市管理，全年通报各类城管问题3 466个，有效处置率92%以上。坚决打好污染防治攻坚战，关停取缔“散乱污”企业94家，中央和省市环保督察交办及反馈问题全部完成销号，国家生态工业示范园区创建通过预验收。持续深化网格化社会治理，妥善处置无锡开普机械有限公司重组、友谊文化产业园等信访矛盾，社会大局持续和谐稳定。

（锡山经济技术开发区管委会）

浒墅关经济技术开发区

【概况】浒墅关经济技术开发区（镇）位于高新区东北部。区城总面积65.4平方公里。下辖青灯村、九图村、吴公村等6个行政村，兴贤社区、阳山社区、长江等14个社区。党工委管委会驻苏州市高新区大同路19号。2020年底，辖区户籍人口11万人。年内，浒墅关经开区和浒墅关镇实行一体化运作，紧扣“打造国家级经开区高质量发展新高地”目标，深入实施党建扎根、民生保障、环境提升“三大工程”，全面推进产业、城市、生态、文化“四大转型”，较好完成全年主要目标任务，2020年在国家级经开区综合考评中跃升61位，位列53名，获评苏州市高质量发展先进集体和先进地区等荣誉称号。

【产业发展】浒墅关开发区（镇）新增合同外资3.35亿美元，增长122.4%；实际使用外资2.76亿美元，增长282.04%；注册内资139.5亿元，增长119.6%；引进开市客、麦科奥特、怡道生物、中软国际、光羿科技等高质量产业类项目43个，投资规模超亿元产业类项目10个，位列全区第一。科技招商全面提速，成功举办深圳招商推介会和“绿色技术小镇智能制造产业发展论坛”，引进科技人才项目23个。协助举办“中国医疗器械行业协会外植体专委会年会”，助推医疗器械产业发展；强化高质量科技项目招引，全年引进创新型企业246家、市外高新技术企业24家，均列全区第一。

【科技创新】浒墅关开发区（镇）创新主体加快培育，净增高新技术企业78家，增长70%；获批省民营科技企业136家，增长74%；新立项省级工程技术研究中心6家，市重点研发产业化项目4个；认定省、市独角兽培育企业6家，省、市瞪羚企业19家次。科技人才不断集聚，批各级领军人才66人次，增长144%，获批数超历年总和。全新组建科创服务联盟，打造“贤聚浒溪”人才服务品牌，设立“苏南科创”人才服务工作站，启动产业引导基金。创新生态持续优化，获批市级以上众创空间6家、区级孵化器2家；成功引进上海大学智慧城市研究院、华东理工大学技术转移中心等5个优质科创平台；首个产业研究院项目——西交大电子功能材料项目正式落户。载体空间提速释放，全面加快“退二优二”“退二进三”步伐，推动完成苏辰建筑、塑料九厂等企业股权转让，引导和支持江泰国际、力特光电、宝进研等企业提档升级，成功实施包钢开元物流土地回购，全年盘活低效用地约111.2公顷。

【城乡建设】浒墅关开发区（镇）污染防治综合施策，持续开展水环境整治工作，完成中虹、大新片区114家企业排水情况摸底工作。着力抓好危废处置专项整治行动，累计检查企业固废危废20余次，整改危废隐患47条，清退搬离企业3家。按时完成9个地块土壤污染状况调查、原东渚陶土厂污染地块治理等项目，切实打好蓝天、碧水、净土三大保卫战。城市管理日趋精细，大力开展垃圾分类专项行动，完成58个居民小区247座清洁屋建设。紧抓大运河文化带建设契机，加快推进浒墅关古镇建设，蚕里街区顺利竣工，绿色技术小镇获批省级特色小镇。按序推进浒墅关道路工程、老镇北片区亮化改造提升等项目建设，河道清淤整治及圩区一期等工程顺利完成，打造宜居宜业城市环境。以深入推进“331”专项整治工作，进一步做优扮靓城市“颜值”。人居环境不断优化，三星级康居乡村达标率超60%，加快“三村一体”特色田园乡村建设，花野圩特色田乡村顺利通过省级验收，青灯村荣获市级农村人居环境整治示范村，华盛社区荣获市级“美丽菜园”示范村。征收动迁持续攻坚，创新运用“小红旗+木园堂+铁脚板”工作法，深入开展征收拆迁“百日攻坚”行动，累计完成征收拆迁项目12个，3个上市地块实现清零，腾出地块24.27公顷。

【社会事业】浒墅关开发区（镇）科学施策精准防疫，切实打好疫情防控攻坚战，2020年完成隔离医学观察5 575人、密接医学观察57人，居重隔离4 750人，实现“零传播”“零风险”目标。民生工程扎实推进，紧抓总投资14亿元的16项为民实事工程建设，新建浒墅关实验幼儿园、改扩建阳山实验幼儿园分园，15所学校安防技防改造等项目如期竣工，白豸山体育公园建成启用。惠民举措更加有力，稳步实施兜底救助，发放各类民政助困、助残救助金2 600余万元；完成近3 000名被征地大龄居民基本养老保险缴纳工作，居民参保率达99.9%。有效保障重点群体就业，举办各类招聘会46场，实现本地人员就业3 200人。公共服务快速发展，优化教育资源配置，集团化办学深入推进，成立浒墅关实验小教集团和浒墅关实验幼教集团，教育集团优质资源辐射效益日益显现。成功举办“见证30年.开放再出发”等公共文体活动，推出“悦享浒墅关”夜经济系列活动，全方位拉动经济消费再升级。安全生产常抓不懈，持续开展长江农贸市场、租赁厂房、“小化工”等专项整治行动。安全生产态势总体平稳向好，全年未发生人员伤亡事故，社会治理卓有成效。

（浒墅关经济技术开发区管委会）

石家庄经济技术开发区

【经济发展】2020 年，石家庄经济技术开发区实现地区生产总值 208.5 亿元，同比增长 5.2%；营业收入 2 082.47 亿元，同比增长 47.9%；财政收入 103.66 亿元，同比增长 18.8%；税收收入 101.4 亿元，同比增长 18.8%；公共财政收入 22.96 亿元，同比增长 9.8%，固定资产投入 131.9 亿元，同比增长 6.6%；利用外资 3.12 亿美元，同比增长 7.3%。2020 年首次实现营业收入突破 2 000 亿元，税收收入突破 100 亿元。在河北省经开区综合考评中连续五年位居第三名。2020 年，被河北省委、省政府评为“河北省先进开发区”“河北省能级提升综合示范开发区”，蝉联“河北省先进开发区”“十佳优质营商环境产业园区”，被国家工业和信息化部认定为“国家新型工业化产业示范基地”“国家绿色工业园区”。

【产业发展】2020 年，开发区以石家庄“4+4”特色产业格局为引领，积极争引相关优质产业项目入驻。全区注册企业 3 954 家，拥有工业企业 824 家，规上企业 139 家，高新技术企业 115 家、科技型中小企业 683 家，拥有世界 500 强参股企业 11 家、大型央企 6 家、上市公司 21 家、中外合资企业 18 家，形成了生物医药、轻工食品、智能制造和新材料四大主导产业集群，四大主导产业产值占到了全区的 90% 以上，拥有全省、全国多家拳头产品，培育了“华药”“石药”“欧意”“石门”“金龙鱼”“青啤”“同福”“香满园”“钻石”“桃李”“可口可乐”等一批知名品牌，产业特色鲜明，经济活力强劲，产业的影响力和竞争力不断增强。先后被认定为“河北省生物医药产业集群”“国家新型工业化产业示范基地”“国际医药产业园”“智能制造示范园区”。

1. 生物医药产业。全区拥有生物医药企业 61 家，占全区工业产值 45.2%，建有石药、华药、石家庄四药等多家大型医药产业园区，形成了基因类、靶向类新药、生物药和高端生物及智能医疗器械等富有特色产业链和较高价值链的现代产业体系，形成了具有较强影响力的开发区产业品牌。石药恩必普药业主营品种丁苯酞胶囊是我国脑血管病治疗领域第一个拥有自主知识产权的国家级一类新药，填补了我国脑血管领域无自研高技术药品的空白，2020 年单品纳税 12.5 亿元。特别是新冠疫情期间，石药、华药、石四药等药企生产的盐酸阿比多尔、环孢素软胶囊、软袋输液等药品物资多批次驰援疫情重点区域，为全国抗击疫情做出较大贡献。

2. 轻工食品产业。全区拥有轻工食品企业 57 家，占全区工业产值 27.3%，已建成的国际食品园区吸引了可口可乐、益海粮油、青岛啤酒、同福碗粥、桃李面包等一批国际知名品牌入驻，产业集聚效应明显，辐射带动能力强，成为经开区的亮丽名片。其中，益海粮油是我省最大的综合性粮油企业，是全省唯一通过美国 AIB 食品安全认证的企业；同福碗粥在同类产品中销量全国第一。

3. 智能制造产业。全区拥有机械制造企业 103 家，占全区工业产值比重 11.6%，形成了以翼辰集团、新宏昌天马、中农博远、太行机械、大成冀台等为代表的精密部件制造、智能机器人的高端装备制造业，其中，太行机械厂响应“军民融合国家战略”号召，成功转型为高铁制动系统核心零部件供应商，经济效益同比增56.5%；中农博远公司自主研发的自走式玉米联合收获机市场占有率全国第一；翼辰实业集团是中国少数有能力生产铁路扣件系统核心部件的铁路扣件系统生产商之一，完成了多个“中国第一”的里程碑项目，并参与了高速铁路、重载铁路以及其他运营环境严苛的铁路项目。

4. 新材料产业。目前主要代表企业有河冶科技股份有限公司，是中国新材料领域的龙头企业，其产品广泛应用于国内外航天领域，多次获得国家表彰，高速合金钢产量全球第一。主要研发和生产高速钢等先进金属材料，产品广泛用于工具、模具、汽车、航空、船舶、军工、冶金、汽轮机等行业；河北陆元新材料科技有限公司主要研制开发高模高强碳纤维和大直径连续碳化硅纤维，是国内第一家也是目前唯一一家采用射频法生产高性能碳纤维的研发企业，产品主要应用于航空航天、兵器等军工领域。

石家庄经开区在做大做强现有优势产业的基础上，着力培育壮大现代生产性服务业和生活性服务业，推进产业转型升级和产城融合，现代服务业迅速发展。以北国物流科技园、中南高科·藁城大健康产业园、河北智能制造赋能中心、联东U谷科技创新港、丽康源生物科技产业园等为代表的生产性服务业项目和北席、南席、北邑棚改社区等为代表的生活性服务业项目的实施，使经开区现代服务业比重迅速提升，日益成为省会经济发展新的增长极。

【项目建设】2020年，开发区始终坚持抓住项目建设这个中心不动摇，成立项目建设推进领导小组，成立项目建设四个工作专班，持续开展项目征地攻坚行动，着力解决项目建设各个环节中的“难点、痛点、堵点”，为项目落地、开工、建设等全流程提供“保姆式”服务。建立网格化企业服务直通车制度，开展“点对点”“面对面”对接帮扶，确保项目国土、规划等前期手续快办急办；成立项目占地赔偿攻坚小组，集全区之力开展项目落地攻坚行动，完成了14个项目1 235.06亩占地赔偿工作，保障项目顺利开工建设。截至2020年底，总投资146.66亿元的21个续建项目中，万联大数据、石药中诺等8个项目投产达效；总投资146.96亿元的丽康源、联东U谷等16项目顺利开工建设；储备项目93个，新签约项目32个，总投资143.9亿元，其中总投资31.4亿元的8个项目实现当年签约、当年开工，动态保持“五个一批”项目梯次推进的良好格局。

【科技创新】2020年，石家庄经开区科研经费投入达27亿元，占藁城区科研经费投入95%以上。2020年规上高新技术企业营业收入275.25亿元，规上高新技术企业增加值占全区工业企业增加值43.5%。较上年增长8个百分点。同时，经开区出台了《支持生物医药产业做大做强的若干措施》《支持工业企业加快发展的五条措施》《支持高端装备制造、轻工食品、新材料产业发展政策》《支持总部经济产业发展优惠政策》等一系列支持创新发展硬核举措，从企业固定投资增长、对地方综合贡献增长、进出口额度、科技创新、总部落户、高端人才引进等方面，研究制定了26条实实在在的支持政策，以贷款贴息、资金奖励等形式“真金白银”地给予企业资金支持，年内培育规上企业12家，培育科技型中小企业155家，申报高新技术企业37家。

【平台建设】石家庄经开区高度重视平台建设，支持引导完成各类平台搭建，为“聚集高端要素、引进高端人才、承接高端项目”提供了保障要素支撑。一是建好人才引进平台。强化“人才强区”战略，制定人才引进激励政策，建立经开区高端专业人才库，优化人才在经开区工作生活环境，启动建设高端人才社区等服务业设施，千方百计留人才。截至2020年底，区内企业共有高级研发人员6 072人，其中有硕士以上670人，拥有发明专利518项。二是做强科研成果转化平台。支持科技创新公共服务平台建设，支持公共技术研发平台、检测试验平台、科技信息资源共享平台、科技成果及技术转移平台、技术市场平台、知识产权交易平台等创新服务机构及产业集群服务机构的建设。加大与高校、产业技术联盟、检验检测认证机构等科研院所合作交流，鼓励企业与科研院所共建“产、学、研”平台，48家企业与高等院校开展了对接合作，拥有国家级检测中心、实验室3家，院士工作站3家，博士后工作站5家，省级工程技术中心，工程实验室37家。三是搭好创新创业平台。突出抓好联东U谷科技创新港、京津冀联创、能客•微工厂众创空间、中国振华生态科技园等创新创业服务平台，培育引进科技型中小企业家、小巨人企业和创业导师，引进带技术、带成果、带项目的创新团队，促进技术、人才、项目等资源的引进。目前，经开区国家级众创空间1家、省级5家。四是打造投融资平台。在投融资平台建设上，成立了石家庄经开区开发建设公司和石家庄经开区创投公司，通过市场化、多元化的运作机制，吸引各类银行、基金、风投等金融机构入驻，参与我区经济发展，放大资金投入。年内与兴业银行、农发行、国开行等5家金融机构签署战略合作协议，为宇惠制药、能客微工厂等17家企业融资5.1亿元。与河北科投集团成立2只基金，用于扶持科技型中小企业发展。

【体制机制创新】石家庄经开区作为河北省十个行政审批改革试点之一，按照“一枚印章管审批、一个中心全覆盖”的运行要求，2016年6月21日行政审批局正式设立并投入运行。2020年以来，扎实推进“放管服”改革，全力推进“一网一门一窗一次”办理。一是优化审批流程，提高审批效率，在全省率先推进“秒批”制度改革和系统研发，将企业和个体登记业务审批时间缩短至十几秒，全程人工零干预。二是全力推行“网上办”“不见面”审批，经开区行政审批局涉及政务服务事项共94项，网上可认领事项主项80，子项183项，已全部开通网上办理，网上可办率100%。同时，从本月开始实行了审批服务365天“不打烊”。三是大力推行虚拟审批、并联审批，实行工程项目虚拟快办、并联即办，研究出台了《关于推进企业投资工业项目“标准地＋承诺制”改革的实施意见》，在石家庄全市范围内率先启动了项目招商、供地、审批、监管新模式，实现了工程项目建设用地规划许可证、不动产权证书、建设工程规划许可证和建筑工程施工许可证“四证齐发”。

【绿色集约】经开区按照“科技高地、绿色园区”的发展理念，高度重视节能环保工作，大力开展大气和水污染防治攻坚，强化建设项目环境管理，严把环评审准入关，全面推进污染减排工程建设，COD、SO_2、氨氮、氮氧化物四项主要污染物排放总量削减率完成石家庄市政府下达的各项指标任务。2020年，规上工业增加值能耗0.766吨标准煤/万元，较去年同期下降8.3%；规上工业增加值水耗8.259立方米/万元，较去年同期下降6.5%。

【机构设置与管委会领导】石家庄经开区党工委、管委会下设综合办公室（人力资源和社会保障局、考核办公室）、行政审批局、规划建设局（综合执法局）、招商局、财政局、经济发展局（应急管理局）6个内设机构；另设有社区事务管理办公室1个派出机构，负责经开区社区（农村）的全面工作；1个下属事业单位综合服务中心；人员控制在195人。

领导名单：党工委书记李宪英，党工委副书记吴概球，党工委委员贾书莉（女）、刘栋侠、崔永辉、景建华、剧玉龙（2020年1～3月）。管委会主任吴概球，管委会副主任贾书莉（女）、刘栋侠、崔永辉。

（石家庄经技术开发区管委会）

金华经济技术开发区

【**概况**】金华经济技术开发区成立于1992年，1993年核准为省级经济开发区，2010年晋升为国家级经济技术开发区，发展模式是“开辟园区、工业集聚”。2013年与原金西经济开发区成建制整合，发展模式转变为“整合两区、产城融合”，托管一乡三镇四街道（苏孟乡、汤溪镇、罗埠镇、洋埠镇、秋滨街道、三江街道、西关街道、江南街道），托管面积261.8平方公里，建成区面积50平方公里，下辖155个村(社区)，集聚人口55万人。

【**经济发展**】2020年是“十三五”收官之年，是全面建成小康社会的决胜之年，更是两个“百年奋斗目标”的交汇之年。面对突如其来的疫情以及错综复杂的内外部环境，金华开发区全面贯彻省、市决策部署，始终坚定不移讲政治、聚合力、稳发展，以优异成绩为“十三五”画上了圆满句号。全年实现地区生产总值334.26亿元，同比增长4.1%；实现规上工业产值514.53亿元，增长3.1%，规上工业增加值94.89亿元，增长4.2%；限上批零总额达294.46亿元，增长17.2%。

【**疫情防控**】2020年，疫情发生后，根据中央和省市统一部署，金华开发区闻令而动，攻坚克难，实现疫情防控“零病例、零感染、零传播”。全员全域全力防控，快速建立疫情防控指挥部以及整个作战体系，迅速落实各项防控举措，守好“小门”，打好“巷战”。创新“浅黄预警”机制，累计核查人数近15万人，排查冷链食品商家超2 000户，扎实做好核酸检测和新冠疫苗接种工作，“12336”疫情防控指导法被省卫健委采用并在全省推广。迅速推进复工复产，规上工业、数字经济、商贸业、重点项目仅用10天全部实现复工复产；创新“五色法”加速提产能，全市首趟包机接员工；累计兑现复工用工奖补342万元，帮助企业稳定员工岗位16 057个，切实缓解企业用工困难；仅用2个月时间，企业员工应返尽返，服务业经营场所有序开业，中小学、幼儿园教学秩序井然恢复，为经济企稳回升赢得了时间、抢到了先机。

【**经济企稳回升**】2020年，金华开发区提速争先创优，GDP、制造业投资、出口、建筑业省内产值等多项主要经济指标始终保持全市前列。全力稳企赋能，深化“三大员”服务机制，健全企业服务体系，打出涉及工业、商贸、外贸、建筑等行业的稳企惠企“6个10条”政策组合拳，推广职业技能培训633场，惠及180余家企业1万余名员工，落实省市区各级企业“五减”等扶持政策资金近15亿元，发放抗疫贷款4.53亿元，把疫情造成的损失尽可能降到最低。快速畅通循环，对接淘宝、快手等平台抢占直播市场，带动皇冠等企业销售额破2亿，“淘宝镇”实现零突破，省级新零售示范企业占全市半壁江山，对内发动1 000多家企业抢占消费市场，带动消费近10亿元，限上批零商品销售额增长17.2%；游客接待668万人次，实现旅游收入82.18亿元；创新“跨境电商+”等新型贸易模式，举办线上广交会开拓海外市场，外贸外资智稳指数连续8次居全市第一。

【**招商招才**】2020年，金华开发区率先开展云招商招才，瞄准头部企业、重点区域、主导产业，创新“全员招商”“以商引商”“亲情招商”“乡镇书记吆喝”“飞地招商”等招商方式，外出招商引才累计 150 余次、接待客商 350 批。全年签约招商项目 33 个，其中 3 亿元以上项目数、总投资额两项指标均超市考核目标 200%，分别为 25 个和 358 亿元，实际利用外资 4 239 万美元，实际引进内资 71.81 亿元，重大产业项目到位资金 34.6 亿元，各项招商指标完成率均超 100%。项目推进见成效，省市重点项目、县市长工程提前两个月超额完成全年投资目标；总投资 151 亿元的 36 个技改项目 25 个投产或试生产；总投资 78 亿元的 21 个产业园项目中 13 个已开始运营并通过省级认定，入园企业 1127 家；总投资 78 亿元的 17 个安置房项目累计分配 6 559 套；总投资 51 亿元的 49 个教育卫生项目中妇保院等 15 个项目完工或投入使用，南苑中学新校区等 7 个新建学校结顶；总投资 50 亿元的 55 个城市功能项目 16 个完工，金婺大桥工程过半。

【基础设施建设】2020 年，金华开发区供需两端双向发力，构建平台、片区和各类综合体联动的复合型城市开发和经济建设体系，五大平台实现公路网全覆盖，推进 5 个片区综合开发，启动 1.4 万亩，向上争取土地指标 1 280 亩；启动整村搬迁 19 个，涉及 3 155 户、8 664 人、2 055 亩、89 万方拆除面积，更新工业用地近千亩，整治低效用地近 6 000 亩。中央创新区、湖海塘新区、文旅康养区、高端装备制造产业园、健康生物产业园五大重点平台能级全速提升，湖海塘公园喜获 BALI 全球景观大奖，百诚、花园等一批优质企业再添动能，岭垅湖核心区扫尾全速推进；恒大养生谷为金西新城再添新彩，75 万方“金华之心”数字经济产业园一期开园，现已集聚阿里云、洲际等 49 家企业；湖海塘以西片区开发率先启动，打响 170 万方“G60 区域创新中心新引擎”建设第一枪。

【产业转型升级】2020 年，金华开发区坚持培育、整治两手抓，全面加速产业向高端化、智能化发展。创新能力显著提升，规上工业企业研发投入连续 6 个月保持增幅 20% 以上；包揽全市今年省级重点实验室创建名额；万人发明专利拥有量全市第一；专利质押的登记合同数和金额数增长均超 50%，融资额增长 226.8%；工业重大研发项目占全市 50%；入选市重点技术项目数五年全市第一；中科科技园成功创建为国家级科技企业孵化器；金华科技园获评 A 类国家级科技企业孵化器，全市唯一；“长三角 G60 科创走廊科技成果转移转化金华示范基地”共建项目落地并加快建设。产业强链效应扩大，高端装备制造业产教融合示范基地上榜省“五个一批”；健康生物医药和新能源汽车分别入选省产业链“链长制”试点示范单位和试点单位；省数字文化产业创新服务综合体创建实现零突破；高新技术产业投资 31.78 亿元，同比增长 16.3%。企业转型成效显现。获评国家级“小巨人”企业 3 家，总量全市第一；获评 A 类生产制造小微园亩均效益超 3 000 万，全市第一；成为省级小微企业园建设提升重点县（市、区），全省仅五家；新认定国家高新技术企业 46 家、省级科技型中小企业 118 家、市级以上研发中心 68 家。

【科技创新】2020 年，金华开发区立足国际视野、前沿理念，聚焦关键领域和突出问题，全面推进各项内部改革，扩大对外开放。人才改革提质，“人才智谷”两大场馆全面启用，全年共引进顶尖院士专家及国家领军人才专家 16 名，乌克兰院士舒尔等顶尖人才 2 名；出台“金开英才”新政 20 条，对“带项目、带技术、带资金、带团队”的“四带”人才补助“上不封顶”；打造永不落幕的“揭榜挂帅、全球引才”中心；新增人才用房 334 套，最快当场“拎包入住”。国企改革提效，构建“管委会 + 国资公司 + 片区开发”开发模式，优化第三方购买服务程序，国企 2.0 改革实效明显，组建 21 亿元市场化产业基金三支，混改项目有序推进，全年国企融资到位资金 94.79 亿元。开放战略走深，深度融入长三角一体化，在上海、杭州、深圳三地设立 1.8 万方招商招才中心，搭建了海外引才站、中加科创园等一批创新招引平台，聚人聚企聚项目。

【社会管理】2020 年，金华开发区实现“党建 + 大数据 + 微网格 +X”网格功能扩展，依托“八网”融合智慧治理系统，深度参与区内经济社会发展各项工作。网格建设新突破，建设四级“微网格”9 538 个，优化完善网格化社会治理机制，实行社会“微智治”新模式，培育了“一圆一网一代办”“罗小兴”等一批基层治理新品牌，获全国 48 家晚报点赞。多项工作居前列，村社换届 100% 实现“一肩挑”，“换届九法”得到市委陈龙书记批示肯定；成为中央环保督察中全市唯一无环保重点信访件和警示案例的县（市、区）；以三年 26 次市级月度综合考评 15 次第一、6 次红榜的亮眼成绩助力金华高分创成全国文明城市；“睦家园”反家暴项目获全国妇联肯定；人口普查登记 68.6 万人，登记进度全市第一，登记质量全市第二。

【社会民生】2020 年，金华开发区三农工作卓有成效，创建省级农业绿色发展先行地 2 个、省级示范性家庭农场 6 个；衢江获评省“美丽河湖”；低收入农户人均可支配收入达到市定 9 000 元以上目标；所有行政村达到总收入 20 万元且经营性收入 10 万元以上。教卫文体提档升级，教育大会涉及的校园提档、产教融合等十大举措逐项落地，教师工资总额增速 19.8%，新增义务教育阶段学位 6 503 个。家庭（责任）医生签约人数近 10 万人；金西三镇成功创建国家级卫生乡镇；建成全市首家县级 PCR 实验室；新建农村文化礼堂 15 家，创成四星级以上文化礼堂 9 个；送电影、送表演等文化下乡超 2 600 场，送书 9 200 册，获省文化示范村（社）、市“体育 +”特色村（社）等省市级荣誉 23 个，建成基层体育场地设施 32 处。社会保障更加到位，基本养老保险参保率 96.4%，基本医疗保险参保率 99.97%；累计建成村（社区）居家养老服务照料中心 206 家、乡镇（街道）示范型居家养老服务中心 8 家。

【生态环境】2020 年，金华开发区全力以赴扮靓城乡，全面改善城乡人居环境。城乡改造见新貌。实施 19 个老旧小区改造、12 个绿化、82 个污水零直排等项目；完成美丽乡村项目建设 12 个，4 个村上榜省级引领型农村社区；建成美丽乡村精品线 4 条、美丽宜居示范村 8 个、精品村 27 个、秀美村 95 个。生态环境出佳绩，13 个生态廊道项目快速推进；6 项空气环境质量指标全面达标；市本级交接断面水质考核结果优秀，农村饮用水提升工程惠及 14 个村 12 000 余人；建成城区垃圾投放点 782 个，累计创建农村生活垃圾分类优秀村 84 个；全域土壤污染地块利用率、危废无害化处置利用率 100%。

【党建工作】2020 年，金华开发区围绕中心抓党建，全面从严带队伍、凝心聚力促攻坚。政治引领不断强化，开展党的十九届五中全会精神等主题线下线上宣讲 570 余场。正风肃纪持续加强，省委巡视反馈问题整改扎实推进，各领域审计、督查、“清风护航”等专项行动坚定有力，开展正风肃纪 79 次共检查单位 278 家，实现全域村（社区）巡察全覆盖，督促整改问题 1 521 个，排查 6 家国企廉政风险点 240 个。干部队伍日益优化，干部队伍结构进一步优化，科级干部大学本科以上学历比例达到 92%、平均年龄降至 45.6 岁；累计晋升职级干部 108 名，提拔抗疫一线优秀年轻干部 8 名。基层党建成效显著，建立书记抓党建工作责任制，领办党建 696 个重点项目全部销号，化解软弱后进基层党组织 45 个，新建、提升村级组织活动场所 92 个，打造市区级党建示范点 32 个，市区级“职工三满意”示范企业 47 家、红色物业小区 12 个。

（金华经济技术开发区管委会）

明水经济技术开发区

【经济发展】2020 年，明水经济技术开发区 238 家规上工业企业实现主营业务收入 1 214 亿元，同比增长 35.7%，占章丘区的 89.52%；完成工业增加值 282 亿元，同比增长 24.78%；实现利税 143.1 亿元，同比增长 128.2%；实现利润 115.6 亿元，同比增长 185.3%；进出口总额完成 64.8 亿元，同比增长 52.13%；实际利用外资 1.5 亿美元，同比增长 31%；固定资产投资 89.8 亿元。

【产业发展】截至 2020 年底，明水开发区集聚了中国重汽、伊莱特能源、山东章鼓、中集车辆、可口可乐、娃哈哈、山东银鹭、安莉芳、科兴生物等几十家国内外知名企业，建设了中意高端前沿产业园、济东智造新城、济南高层次人才创新创业基地（以下简称“双创基地”）、济南（明水）汽车制造产业园等 7 个特色园区，形成了以中国重汽、伊莱特能源、山东章鼓等为龙头的高端装备制造业，以圣泉、明泉化工等为龙头的新材料产业，以可口可乐、娃哈哈、山东银鹭等为龙头的食品饮料产业，以科兴生物、华润双鹤利民制药等为龙头的新医药产业和以蓝海领航、山大地纬等为龙头的新信息产业正在加速培育。三齐能源等 7 家企业通过“两化融合”贯标体系认证，蓝海领航被认定为全省成长型数字经济园区（试点），中白新材料产业园成为江北首个 5G 智慧园区。

2020 年实现工业总产值 1 466.7 亿元，同比增长 23.4%；规上工业总产值 1 180.8 亿元，同比增长 49.3%，占章丘区的 88.9%；第一主导产业汽车制造业工业总产值 653 亿元，同比增长 97.6%，占全区规上工业总产值的 55.3%。

四大主导产业 2020 年完成情况　　单位：亿元

产业类型	主营业务收入		工业增加值		利 税		利 润	
	完成数	比重 %	完成数	比重 %	完成数	比重 %	完成数	比重 %
机械制造	229.45	19.5	65.63	23.3	20.84	14.7	16.91	14.9
交通装备	675.74	57.4	134.19	47.9	88.15	62.3	73.31	64.5
精细化工	152.18	12.9	37	13.1	15.09	10.7	10.75	9.5
食品饮料	53.31	4.5	17.1	6.1	5.24	3.7	3.63	3.2
合计	1 110.68	94.4	253.92	90.1	129.32	91.5	104.6	92

截至 2020 年，开发区 7 个特色园区已签约入驻项目 130 余家，园区企业实现销售收入 50 亿元，完成税收 2.5 亿元，带动就业 8 000 余人。

【科技创新】2020 年，明水开发区一方面不断提升科技创新水平。抢抓齐鲁科创大走廊建设的发展机遇，鼓励企业加大科技研发投入，依托双创基地、蓝海领航大数据产业园、中白新材料产业园等园区载体，借助哈工大机器人和北京机电研究所等科研机构的技术、人才资源，鼓励引导企业、科研机构、高校深度融合，组建产业技术研发、协同创新、重点实验室等创新组织和成果转化组织，加速科技成果转化，新增 28 家高新技术企业，12 家研发平台，申报 1 个市级孵化器和 2 个市级众创空间，实现高新技术企业主营业务收入 706.7 亿元，同比增长 81.2%。另一方面加快人才队伍建设。聚焦人力资源，协调 20 余个项目参加济南市创新创业大赛，参加“青鸟回巢，共赢未来”2020 年济南市青年人才空中“招聘会，组织“选择明水，共赢未来”园区企业青年人才招聘会，引进各类人才 417 人，有效解决了银鹭、裕兴等 30 余家企业的用工需求。同时，大力实施招财引智计划，加大高层次人才引进力度，目前已引进院士 8 人，建成开发区博士后科研工作站，8 家院士工作站。

【投资促进】2020 年，明水开发区坚持按照“四新四化”方向，在高端装备、新材料、新医药、新信息四大产业上狠下功夫，招大引强，招才引智，培育新动能，发展新经济。参加“选择济南，共赢未来”云招商章丘专场推介会，依托微信公众号、新华社现场云等各类自媒体，集中对 10 个特色园区进行高频次、大力度宣传；成立特色园区联盟，推行一体化招商。全年签约项目 21 个，总投资 82.7 亿元。储备重点项目 20 余个，包括龙飞船智能安防、法因数控整体搬迁、扬子江药业、高铁装备制造基地、ABB 牵引电机、富士汽车零部件等大项目、好项目，总投资 100 余亿元，领域涵盖高端装备、新材料、新医药、新信息领域。

外贸方面：2020 年明水经济技术开发区内企业完成外贸进出口总额 647 725 万元，同比增长 52.1%，占济南市外贸进出口总额的 4.7%；其中出口额 617 867 万元，同比增长 58.7%，占济南市外贸出口总额的 8.2%；进口额 29 858 万元，同比减少 17.9%，占济南市外贸进口总额的 0.5%。高端装备制造业作为明水经济技术开发区传统重点产业，外贸进出口额超 10 亿元人民币。同时，受疫情影响，防疫物资大量出口，新材料产业外贸业务大幅增长，外贸进出口总额超 30 亿元。

外资方面：新批外商投资项目数量 7 个，合同外资金额 34 344 万美元，实际利用外资金额 15 015.559 5 万美元，同比增长 30.96%，占全市比重 7.8%。增资项目数量 5 个，投资总额 10 095.559 5 万美元。

【体制机制创新】2020 年 9 月底，按照山东省委、济南市委安排部署，明水开发区启动体制机制改革工作，利用两个月时间，全面完成改革任务。人员竞聘上岗。原 131 人，56 人成功落座，75 人分流安置，力度之大前所未有；新招聘 19 人，其中硕士研究生及以上学历 11 人，占比 57.9%，双一流学校 7 人，占比 36.8%；推行 KPI 绩效考核，打破平均主义“大锅饭”，有效解决了“干多干少一个样、干与不干一个样”的问题。审批实现从无到有。承接省市区三级审批权限 82 项，其中省级权限 49 项，市级权限 10 项，区级权限 23 项，创新出台《项目“8+N”全流程帮办代办服务制度》，极大增强了服务企业能力。财税改革破旧立新。确立了“明确收入范围，核定支出基数，实行激励补助，土地收益按比例返还”的管理方式，土地纯收益 30%、四个街道财力增量的 50% 返还开发区，有效增强了发展保障能力。

【投融资服务】2020 年，明水开发区充分发挥平台公司——山东国开实业开发有限公司的融资造血能力，不断拓宽融资渠道，积极与鼎舜基金、产发集团等金融企业开展合作，打造集产业基金、应急转贷、股权质押贷、融资租赁、供应链金融等多种形式的金融生态体系，助力企业发展壮大。坚持“平台 + 服务”的理念，为入园企业提供良好的成长环境，促进产业培育，目前已聚集医疗康养企业及服务机构 29 家；引进人工智能、互联网企业 13 家，互联网在线经济聚集区初步形成。鼓励引导扶持企业加快上市步伐，2020 年 12 月 14 日，科兴生物制药股份有限公司在上海证券交易所科创板上市，目前全区上市企业已达 4 家。

【绿色集约】明水开发区充分发挥省级循环化改造园区的示范带动作用，积极走绿色低碳发展之路，2020 年企业能耗同比下降 21.7%，水耗下降 3.3%，固废综合利用率提高了 85.5%，废水排放量下降 20%。发挥土地的最大效益，通过加强土地利用监管、合理安排用地，严格供地标准、加强闲置土地和低效利用土地清理等措施，切实提高土地利用率。2020 年，在开发区实际管辖面积 154.13 平方公里内，土地供应率 81.07%，土地开发率 65.20%，土地建成率 92.28%。亩均税收 8.98 万元，比 2019 年增长 20.33%，投资强度 18.79 万元 / 亩，土地集约利用效益明显。

【国际合作】截至 2020 年底，明水开发区建有中意高端前沿产业园及中白新材料产业园两家国际合作园区。中意高端前沿产业园由山东明水国开实业开发有限公司运营管理，致力于搭建济南市与意大利等国际深层次交流的合作窗口，园区总体规划 1 000 亩，总投资 120 亿元。一期占地 120 亩，建筑面积 13 万平方米，建设了 24 栋独栋科研办公楼。园区主要分为科研办公、企业总部创业孵化区、意大利风情休闲街区和公寓配套服务区 3 个功能分区。已落户德国汉诺威研究院、邦恩泰医药、西班牙凝胶等 6 个项目。

中白新材料产业园是由山东华凌电缆联合白俄罗斯国家科学院、山东省科学院、济南轨道交通集团等战略伙伴联合打造的山东首个 M0 新型产业用地示范园区。园区总占地约 370 亩，总建筑面积约 40 万平方米，以科技研发与应用、绿色智能制造、新材料研发、轨道交通、高端装备、智慧物流等为主导产业，具备产业链上下游融合、优质资源集聚和服务生态系统搭建等优势的第四代新型智能制造产业园。目前已签约入驻山东先进材料联合研究院、山东龙飞机电设备有限公司、山东鑫永恒新材料有限公司等 14 家知名企业。

【党建工作】

2020 年，明水开发区始终秉承“抓好党建是最大政绩”的理念，深入巩固“不忘初心、牢记使命”主题教育成果，以学习贯彻落实党的十九大和十九届三中、四中、五中全会精神为主轴主线，全面落实从严管党治党责任，严肃“三会一课”“主题党日”等党内政治生活，严格落实党风廉政建设责任制，“四个意识”“四个自信”“两个维护”成为大家的政治自觉、思想自觉、行动自觉。

【疫情防控】2020 年，明水开发区按照上级的安排部署，认真组织，周密部署，积极开展疫情防控工作。一是加强领导。成立了疫情处置工作领导小组，全面加强疫情工作的领导。同时设立了综合保障组、企业协调组、工程建设组 3 个专项工作组，具体负责开展疫情防控工作。二是加强企业防控。明水经济技术开发区作为经济建设的第一线，积极做好所负责的 110 家企业疫情防控工作，责任到人。同时要求企业按照“八个必须”“五个到位”“三个坚持”的原则，全力做好防控，确保不出现任何问题。三是加强督导。成立了 7 个企业督导组，全天不间断到企业巡检，指导督导企业做好疫情防控，确保各项防控任务落实到位，实现了疫情防控全覆盖，所负责范围内未发生一起新冠疫情。

【复工复产】2020 年，明水开发区在做好疫情防控的基础上，全力推进企业复工复产，严格标准、快速验收，符合一家，开工一家，有效保障了企业的生产经营。疫情期间企业复工复产前必须经过“三关”，一是企业开工前的申请关，即企业具备复工条件—提交申请、承诺书—联系开发区联络员—开发区到企业现场督导、写出检查记录书—开发区出具同意复工通知书—发放给企业；二是园区入口关，所有企业人员入园前要经过严格的检查，核实身份登记、体温检测、消毒等一系列举措后方可入园，尤其是来自章丘之外的人员要开具居住地证明、职工本人承诺，居家隔离期满后经必要的检查，方可准予返岗；三是企业入口关，所有职工在进入企业之前，要严格做好登记、体温检测等必需步骤，方可上岗。

【服务企业】2020 年，明水开发区实行领导包重点企业、项目专员等制度，将“遍访企业”活动形成一项机制持续巩固。协办第六届全国变电技术年会和全国“纺织之光”年会活动；邀请中泰证券的高管，组织 32 家企业举办企业上市知识讲座；聘请专家多次召开人才政策宣讲会；帮助科兴生物完成上市工作；帮助可口可乐协调盘活 50 亩土地用于新上项目建设……全年为园区企业解决等实际问题及办理各类手续 320 余项。与此同时，疫情期间还积极帮助园区企业协调解决防疫物资，免费为入园企业发放消毒液 90 吨，累计为 34 家企业减免租金近 700 万，有效保障了企业的复工复产。

【机构设置及管委会领导】明水开发区是济

南唯一一家国家级经济技术开发区，2020年通过改革，“推行管委会+公司”模式，破除体制束缚，重塑了体制机制，激发了内生活力。明水开发区管委会现有员额83人。管委会下设综合服务部、经济发展部、投资促进部、财审部、科技人才部、发展规划部、审批服务部。另设有纪工委，为济南市纪委监委派驻机构。

领导班子：中共章丘区委书记兼任开发区党工委书记马保岭，开发区党工委副书记、管委会主任黄波，党工委副书记、管委会副主任陈伦华，党工委委员、纪工委书记、监工委主任于冬梅，党工委委员、管委会副主任郎咸颖、董鹏，党工委委员、管委会副主任、党委委员、经发局局长潘立浩（任至9月），区委常委、统战部部长黄凯东（任至9月），党委副书记李趋（任至9月），管委会副主任、党工委委员张刚（任至8月）。

（明水经济技术开发区管委会）

临沂经济技术开发区

【经济发展】以“五场擂台赛、五大攻坚战、五项改革任务”为总抓手，推动全区各项事业逆势而上、高质量发展。全年完成地区生产总值264.84亿元，同比增长5.5%，增幅全市第1；完成规上工业总产值520亿元，同比增长17.6%，增幅全市第1；完成规上工业增加值105亿元，同比增长12.2%，增幅全市第1；完成固定资产投资116亿元，同比增长10.9%；完成一般公共预算收入20.8亿元，同比增长15.7%，增幅全市第1；各项主要指标圆满完成年初确定的任务，多数核心指标处于全市前列。在全市推动高质量发展现场交流评比中，开发区获得了14个县区第一名的好成绩。

【产业发展】聚焦项目建设主责主业，在全市率先召开“打擂台、抓攻坚”誓师大会，梳理确定总投资330亿元的64个项目开展比拼竞赛，每周观摩打分、半月总结评比，颁红旗、亮黄旗，强势推进项目建设。全年新招商引进项目142个，合同投资额288亿元，同比增长26%，其中世界500强、中国500强、行业龙头企业8家；投资过亿元项目中，有22个项目开工建设，21个项目竣工投产；8个项目列入省级重点项目、16个项目列入全市重大建设项目、12个项目列入全市重点技改项目，数量均居全市第1。智能制造、医药健康、新兴产业三大主导产业分别完成产值或主营业务收入311.8亿元、43.2亿元、162.7亿元，同比分别增长20.5%、16.3%、9.5%；开发区成为临沂市国家级生物医药产业集群核心承载区，工程机械制造产业入选省“十强”产业“雁阵形”集群。

【科技创新】坚持把创新作为“第一动力”，新引进清华汽车研究院、同济大学技术转移中心临沂分中心等创新类项目26个、高层次人才356人，新增省级以上创新平台5个、高新技术企业23家，成功举办第十三届中国开发区信息化年会，获评“全国数字化转型先进园区”。

【投资促进】全年新签约外资项目18个，总投资2.1亿美元，同比增长51.6%；实际利用外资7 183万美元，同比增长82%；实现进出口总额49.62亿美元，新增有进出口实绩企业30家；新引进总部经济项目90个，创历史新高；新增5家企业在齐鲁股权交易市场挂牌上市。

【体制机制创新】坚持把改革作为“关键一招”，圆满完成体制机制改革面上试点任务，设立9个工作机构和3个产业中心，直接服务经济发展的机构占比75%以上，岗位绩效占薪酬总额60%以上；深化国企改革，优化重组城投公司等4家国有企业，新设立招商、土地储备、财金担保等3家公司，提升国有企业发展水平。

【投资服务】牢固树立“营商环境就是生产力”理念，在全市试点开展项目全周期服务机制改革，建立7个环节、8项机制，开发“经开通”App，打造集项目推进、企业服务、经济发展、城市管理、工作落实等功能于一体的综合性线上平台。开发区获评“中国十佳优质营商环境产业园区”。

【绿色集约】深入推进大气污染防治攻坚战，持续推进水污染防治，扎实开展固体废物管理，主要工业源化学需氧量、氨氮、二氧化硫和氮氧化物排放总量分别为14.671吨、1.738吨、448.308吨、481.292吨，圆满完成2020年和“十三五”减排任务。全年新增绿化面积约

35.3万平方米，空气质量优良天数持续走在全市前列。提高土地节约集约利用水平，试点推进"标准地"出让改革工作，出让标准地面积318亩，处置闲置低效用地632.6亩，全力保障土地供应。

【党建工作】强化理论武装，坚持用习近平新时代中国特色社会主义思想和党的十九届系列全会精神武装头脑、指导推动工作，党工委理论学习中心组带头开展学习研讨12次，带动各级研学1 100余次。压实意识形态责任，完善意识形态联席会议制度，投资拍摄的电视连续剧《遍地书香》被国家广电总局列为2020年脱贫攻坚重点剧目，获评"沂蒙文艺奖"。强化基层党建，评选四星级以上党组织72个，转化后进支部12个，打造企业党建品牌20个，翔宇集团党建引领企业高质量发展、临工集团"党工共建"等经验被省市推广。强化队伍建设，开展党员干部纪律作风集中整顿暨新业务培训活动，实施干部职工队伍"本质健康"提升工程，建立干部选拔任用、末位淘汰、容错纠错、评议评价机制，狠抓反腐倡廉，广大干部职工干事创业热情不断迸发，政治生态持续优化。

【机构设置与管委会领导】临沂经济技术开发区党工委、管委会设9个工作机构，分别是党政办公室、党群工作部、投资促进局、经济发展局、财政金融局、园区建设局、行政审批服务局、科技创新局、综合行政执法局。保留市公安局经济技术开发区分局、市自然资源和规划局经济技术开发区分局、市生态环境局经济技术开发区分局、经济技术开发区人民法院、经济技术开发区人民检察院5个市直部门派驻机构。经济技术开发区纪工委、监工委按有关规定设置。

临沂开发区工委、管委会领导：临沂经济技术开发区党工委书记、管委会主任陈一兵，党工委副书记、管委会副主任、医药健康产业服务中心主任冉凡亚，党工委副书记张潇梦，纪工委（监工委）书记（主任）、党工委委员任光利，党工委委员、管委会副主任、新兴产业服务中心主任张秀发，党工委委员、管委会副主任、智能制造产业服务中心主任杨振魁，党工委委员凌绫（挂职）（7月任），党工委委员吴清波（挂职）（7月任），管委会副主任甄杰（挂职）（9月任）。

临沂经济技术开发区2019—2020年主要经济综合指标一览表

项　目		单位	2019年	2020年	增减（%）
开发区生产总值		亿元	251.00	264.84	5.50
第二产业		亿元	173.03	180.66	4.40
工业		亿元	166.76	172.98	3.73
第三产业		亿元	72.62	78.59	8.22
工业总产值		亿元	513.79	520.15	17.64
高新技术企业		亿元	269	364.00	35.32
销售（营业）收入		亿元	695.72	836.1	20.18
第二产业		亿元	475.23	568.68	19.73
工业		亿元	450.69	549.64	20.66
第三产业		亿元	245.00	259.72	6.50
利润总额		亿元	27.45	35.68	45.70
第二产业		亿元	17.09	28.66	48.8
工业		亿元	15.32	24.74	51.31
区内主导产业及产值	1. 智能制造产业	亿元	258.76	311.80	20.50
	2. 医药健康产业	亿元	37.15	43.20	16.30
	3. 新兴产业	亿元	148.58	162.70	9.50

续表

项　目	单位	2019 年	2020 年	增减（%）
第三产业增加值	亿元	72.62	78.59	8.22
一般公共预算收入	亿元	17.97	20.78	15.7
税收收入	亿元	16.49	18.27	10.8
财政支出	亿元	14.25	14.31	0.5
新批企业个数	家	70	140	100
外商及港澳台企业	家	12	17	42
内资企业	家	48	123	156
国家级高新技术企业数	家	62	85	37.1
规上企业个数	家	477	321	
科学研究与试验发展经费（R&D）支出	万元	110 015	112 925	2.65
研究与试验发展（R&D）经费投入强度	%	4.4	4.3	−0.1
合同外资金额	亿美元	1.395 4	2.115	51.6
外商实际投资	亿美元	0.394 6	0.718 3	82
年末从业人员数	万人	4.086 4	4.357 7	7.31
万元 GDP 能耗	吨标煤／万元	0.41	0.38	−7.3
水资源消耗总量（工业用水）	万立方米	7 102 681.81	7 820 917	10.11
单位国内生产总值取水量	立方米／万元	7.1	7.31	2.96
区内建立的创业创新平台数量	个	40	58	45
区内科研院所数量	家	1	1	0
职业技能培训机构数量	家	10	12	20

（临沂经济技术开发区管委会）

丽水经济技术开发区

【经济发展】2020年，丽水经济技术开发区实现地区生产总值同比增长41.35%，一般公共预算收入同比增长34.74%，固定资产投资118.82亿元，规上工业产值668.76亿元；全区实有企业15 949家，高新技术企业206家，规上企业507家。全国国家级经开区排名从158位跃升至80位，历史性跨越前进了78位。

【产业发展】2020年，丽水开发区工业总产值增长10.48%，规上工业企业产值增长2.3%。丽水开发区以"链长制"的理念，大力培育壮大半导体全链条、精密制造、健康医药、时尚产业、数字经济"五大产业集群"，构建"有引领性研发机构、有龙头企业和隐形冠军、有大好高项目、有产业创新服务综合体、有核心竞争力"的"五个有"产业生态体系。①半导体产业：已经建成芯片产业园，落地光珀智能、珏芯微电子、江丰电子、晶睿电子、中科半导体等7个产业项目和3家研究机构，在短短一年半时间内，形成了一条以硅基功率半导体材料、设计、制造、封测、应用全产业链为主导，第三代功率半导体及光电子前沿为重点发展方向的特色半导体产业链发展路线。②精密制造产业：已有中车集团、中广电器、嘉利工业、威帝股份、方德电机等龙头企业，落地天裕型钢、杰祥科技、"台湾"全球传动、航讯双螺旋桨直升机、法国G1飞机等滚动功能部件和高端装备制造项目，建立了中车方正智能驱动研究院、滚动功能部件省级创新服务综合体等科研机构。其中，滚动功能部件及特色工业机器人产业链，由吴晓东市长亲自担任"链长"，以全省测评分数第一的成绩列入省级"链长制"示范单位。③生物医药产业：规划千亩"大健康生命科技走廊"，沿大梁山脚规划用地约3 000亩，投资100亿元，发展生物医药研发平台、孵化加速器、医药制造、药妆企业、生物提取、康养基地、"两山"转化示范基地等项目。已建成维康大健康重点实验室、上海张江生物医药科创中心、华润三九新药研发中心等科研机构。④时尚产业：建成时尚产业园，发展水性合成革、水性树脂、时尚箱包、时尚设计、国际贸易等项目。落地昶丰新材料、科天、嘉科、宏得利、中革实业等水性革引领企业，是全国产业链最集聚、产业链最齐全、水性化改造最早提出、水性革招商环境最优的园区，成功建立中老磨憨—磨丁经济合作区（生态合成革国际产业国际合作园）。合成革成功获"链长制"省级试点，新智造产业集群。通过"产业大脑+未来工厂"加快数字赋能产业升级。积极建立全球水性合成革生产基地。⑤数字经济：已经落地京东云、优商美地、优医保、毕马威、小羚工、飞利信大数据中心、东岸科技等产业项目。涉及数字经济产业园、大数据、网络支付、跨境支付、共享员工、信用修复、医药互联网、工业互联网等多种类型和业态。总部经济方面，新引进项目26个（已纳统销售额为112亿元），引进基金项目35个（累计达到53家），掌管基金规模210亿元，并成立了浙西南首家金融产业园——丽水水街基金产业园，现有基金90家、基金规模234亿元，三年将招引110家以上规模企业、预计产生税收5亿元。⑥未来建筑产业：以集聚未来建筑全产业链、构造"秀山丽水+未来建筑"、争创全国智能建造与建筑工业化协同发展先行示范区为目标，发展建筑智造、绿色建筑、建筑能源、建筑设计、智能建造等项目。已有上海城建智能装配式木结构、加拿大木结构、精工钢结构、德国智能门窗、宝业建筑工业化等产业项目，已启用未来建筑总部大楼，启动建设国内首个未来建筑科技小镇，形成“七园一平台”基本架构。开发区整治“低散乱”企业100家，盘活土地62.39余公顷，整治后企业销售收入同比增加90.8%。滚动功能部件和生态合成革产业分别列入“链长制”省级示范、试点。滚动功能部件产值同比增长30%，研制出高精度滚动直线导轨“母机”，精度超过中国台湾地区水平；水性合成革产值同比增长59%，引进科天、嘉科等水性革项目6个，与美国陶氏化学、万华化学共建新材料应用推广中心。维康药业登陆首批注册制创业板，中广电器基本完成IPO（首次公开募股）辅导，培育珏芯微电子、光珀智能、晶睿电子、杰祥科技、吉瑞通等企业列入上市后备库。

【科技创新】2020年，丽水开发区实有企业15 949家，高新技术企业206家，规上企业507家。“南明英才”科创大赛在上海、杭州、苏州等一线城市举办，落地人才项目21个。入选“绿谷精英·创新引领行动计划”项目27个，总量全市第一。首创人才社区、创客空间、主题公园等人才配套设施。兑付人才奖励资金2 200万元，投放人才项目基金4亿元。对接中科院半导体研究所、中科院工程过程所、哈工大新材料研究所，新增硕士122人、博士96人。新增省级高新技术企业研发中心和省级企业研究院9家、国家高新技术企业35家、省级科技型中小企业130家，增量均为全市第一。

【投资促进】2020年，丽水开发区创新运用专业招商、全员招商、产业链招商、平台招商、基金招商、飞地招商等模式，全年招引项目114个、同比增长153.3%，总投资131.4亿元，实际到位资金39.7亿元、同比增长55.6%，供地1 300.5亩、同比增长35.4%，

【体制机制创新】2020年，开发区在全市首创窗口职业化改革、拿地即开工、“浙里通办、多厅互办”、政策计算器、企业免息转贷等惠企便民举措。参与制定《全国政务服务礼仪规范标准》。获丽水市撤地设市20周年十大改革样板。

【投融资服务】2020年，开发区在丽水市率先推出惠企政策18条，全年兑付惠企资金5.7亿元，同比增长79.25%；落实“五减”“两直”资金4.5亿元，设立绿色产业基金15亿元，投放人才项目基金4亿元。

【绿色集约】2020年，开发区推进中央生态环保督察整改工作，完成生态环保和公共设施投资4.4亿元，首创企业土壤“健康码”，推出环保问题整改和污染治理设施在线监控平台，区域空气质量优良率99.7%，PM2.5平均浓度每立方米21微克，同比下降2微克。完成文明城市和卫生城市“双国测”工作。

【国际合作】2020年，丽水开发区成立全市首个招商公司，在美英法德四国设立海外授权联络站，开办全市首个上海科创飞地，引进境内外上市公司。与中国老挝磨憨—磨丁经济区设立全市首个跨境合作区。

【机构设置与管委会领导】丽水经济技术开发区管理委员会内设机构17个，分别为：党政办公室、党群工作部、发展和改革局（挂集聚区管理办公室、统计局、市统计局开发区分局牌子）、经济贸易局（挂金融工作办公室牌子）、财政局（挂国有资产监督管理办公室牌子）、政法委员会（挂劳动监察处、信访局，市劳动保障监察支队开发区大队牌子）、建设局（挂市住房和城乡建设局开发区分局牌子）、投资促进部、招商一局、招商二局、环境保护局（挂市生态环境局开发区分局、市环境保护监察支队开发区大队牌子）、安全生产监督管理局（挂市应急管理局开发区分局牌子）、审计局、社会事务管理局、营商服务局、房屋征收安置办公室、市综合行政执法局开发区分局（挂开发区国土执法监察大队牌子）。

下属事业单位4个，开发区投资创业服务

中心（挂开发区招商中心牌子）、开发区建设管理服务中心［挂开发区建筑工程质量（安全）监督所牌子］、开发区经济发展和管理服务中心（挂开发区党群服务中心、开发区人才服务中心牌子）、南城土地储备中心（市土地储备中心开发区分中心牌子）。开发区土地和房屋征收工作指导中心与经济发展和管理服务中心合署办公。

开发区管委会成立丽水经济技术开发区实业发展集团有限公司和代管丽水开发区城市建设投资有限公司。丽水经济技术开发区实业发展集团下设丽水南城新区投资发展有限公司、丽水南城新润开发建设有限公司、丽水南城新澜住房经营有限公司、丽水中科半导体材料研究中心有限公司4个子公司，并代管丽水南城建设有限公司（市城投）。

党工委、管委会领导班子：丽水生态产业集聚区（丽水经济技术开发区）党工委书记、管委会主任刘志伟，丽水生态产业集聚区（丽水经济技术开发区）管理委员会工作委员会副书记 、管委会常务副主任潘惠健，中共丽水生态产业集聚区（丽水经济技术开发区）管理委员会工作委员会副书记许积标，丽水生态产业集聚区（丽水经济技术开发区）管理委员会工作委员会委员 、管委会副主任郑兰富，丽水生态产业集聚区（丽水经济技术开发区）管理委员会工作委员会委员 、管委会副主任朱剑成，丽水生态产业集聚区（丽水经济技术开发区）管理委员会工作委员会委员 、管委会副主任张尚军，丽水生态产业集聚区（丽水经济技术开发区）管理委员会工作委员会委员 、管委会副主任陈磊。

（丽水经济技术开发区管委会）

宾西经济技术开发区

【概况】宾西经济技术开发区（以下简称“宾西开发区”）位于哈尔滨市东29公里，2002年9月11日经黑龙江省人民政府批准设立为省级开发区。2010年6月26日，经国务院批准晋升为国家级经济技术开发区，国批面积18.56平方公里。2015年居仁镇核心区域由宾西开发区托管，规划面积47平方公里。2016年，经省委、省政府同意，批建了哈尔滨综合保税区，与宾西开发区一体化协同发展，现已初具规模。2019年国家级考核中排名第145位。

【经济发展】2020年，宾西开发区地区生产总值同比增长25.3%；第二产业增加值同比增长10.8%；第三产业增加值同比增长32.5%；财政收入同比增长12.7%；财政支出同比增长12.5%；税收收入同比增长2.5%；企业经营收入同比增长7.4%；进出口额同比增长10.7%；固定资产投资额同比增长45.8%。

【产业发展】2020年，宾西开发区核心区已签约项目159个，其中投资亿元以上项目87个，投资5 000万元以上项目35个，合同总投资270亿元，合同固定资产投资190亿元，项目全部达产后，预计年产值537亿元，税金36亿元。

核心区现有主导产业企业102家，占全区企业总数64.2%，2021年上半年主导产业工业产值30.5亿元，同比增长18%，占全区比重71.6%；工业增加值6.9亿元，同比增长21%，占全区比重92%。

【科技创新】宾西开发区依托科技创新力量，赋能园区高质量发展。一是创建科技服务平台，打造智慧园区硬件设施。建设信息化网络管理平台和智能节能电网管理平台，提供公共检测服务，开发区能源消耗、能源结构分析、负荷管理、指标管理、有序用电管理、生产经营统计，物流循环等数据一目了然。二是建立产业孵化中心，推动创新创业高效发展。按照国家级经济技术开发区产业基地规模，建设完成宾西开发区创新创业孵化中心，定位方向为工业4.0，农业科技成果转化，提升循环化经济效益，新能源、新材料研发及生产，校企合作的实训基地，人工智能、科技双创企业孵化等产、学、研一体化的孵化器。具备创意开发、科技研发、成果转化试验、产品小试、综合试验、产品路演、公共培训、产品展示、金融服务及其他应该具备的孵化功能。目前已取得省级孵化器认定。三是培育高新技术企业，提高园区科技发展水平。建立宾西开发区高新技术企业储备库，采取集中培训和个别辅导相结合的方法，选择基本符合条件的企业进行培育，指导相关企业申报高新技术企业。开发区核心区高新技术企业11家，高新技术企业从业人员2 941人，其中中高级职称人数119人。四是鼓励企业技术研发，提升企业自主创新能力。建立11个企业技术中心，其中省级企业技术中心6个，研发人员933人，其中中高级职称人数46人。五是加强知识产权保护，增强企业发明创造动力。积极普及知识产权法律法规，提升企业技术员工进行知识产权自我保护意识，通过省市知识产权部门的大力支持，宾西经开区在新材料、农副产品、机电等领域取得了一批优秀科技成果，填补了省市多项产品空白。全区共获得国家和省级科技奖励（包括年度专利奖励）和国家省部级科技成果20项。如：奥瑞德获得了国家科技进步二等奖。企业共拥有各种专利技术139项，其中高新技术专利21项。专利申请量和授权量年增长8%以上。

【体制机制创新】2020年，宾西开发区积极落实《中共黑龙江省委 黑龙江省人民政府关于促进开发区改革和创新发展的意见》文件精神，制定《中共宾县委 宾县人民政府关于支持宾西经济技术开发区高质量发展的实施意见》。委托北京正略钧策公司（已在全国开发区创造65家成功案例）设计《宾西经济技术开发区管理体制机制改革总体方案》《宾西经济技术开发区创新招商体制改革总体方案》及系列子方案。

【投融资服务】2020年，宾西开发区核心区现有上市企业7家，其中本土上市企业2家，控股公司上市企业5家。

【绿色集约】2012年9月，国家发展改革委、财政部下发的《关于确定2012年园区循环化改造示范试点初选名单及有关事项的通知》（发改办环资〔2012〕1306号文）中，确定宾西经济技术开发区为国家循环化改造示范试点园区，试点期限5年。在宾西经开区循环化改造示范试点实施方案（国家发改委批复调整后）中，共批复13个循环化改造重点项目，其中，获得中央财政资金支持的项目13个。目前项目完成率达到90.8%。基本完成了《实施方案》中确定的各项预定目标。

截至2020年底，开发区核心区已建成城镇建设用地总面积954.04公顷，未建成城镇用地中已达到供地条件的土地总面积130.05公顷，土地开发率为63.83%。已建成城镇建设用地范围内建筑总面积为536.38万平方米，综合容积率为0.56；建筑基底总面积为241.43万平方米，建筑密度为25.31%。工业（物流）企业固定资产投资总额累计达189.29亿元，地均固定资产投资为2 849.88万元/公顷；工业（物流）企业总收入为108.95亿元，地均总收入为1 189.63万元/公顷；工业（物流）企业税收总额为4.56亿元，地均税收为68.58万元/公顷。

【国际合作】2020年8月10日，宾西开发区中韩国际创新创业哈尔滨宾西产业合作中心正式成立。现有7家韩国科创企业入驻中心，注册范围涵盖跨境电商、跨境物流、电子信息、节能环保、科技金融等领域。

【机构设置与管委会领导】宾西开发区党工委、管委会内设6个机构，机构规格均为正科级，分别为党建办公室、投资促进局、规划监管局、审批服务局、经济发展局、财政审计局。

领导班子：宾西经济技术开发区管委会党工委书记李莹，宾西经济技术开发区管委会主任赵洪臣，宾西经济技术开发区党工委副书记、管委会副主任、党委书记祁彦勇，宾西经济技术开发区党工委副书记陈兆江，宾西经济技术开发区管委会副主任、党委委员王元涛、秦万波、韩铁明。

开发区2019—2020年主要经济综合指标一览表

项 目	单位	2019年	2020年	增减（%）
开发区生产总值	亿元	274.9	344.5	25.3
第二产业	亿元	75.2	83.3	10.8
工业	亿元	74.1	78.9	6.48
第三产业	亿元	188.2	249.4	32.5
工业总产值（现价）	亿元	235.8	284.1	20.5
高新技术企业	亿元	29.2	39.5	35.4
销售（营业）收入	亿元	954.7	1 025.7	7.4
第二产业	亿元	379.6	412.5	8.7
工业	亿元	231.6	283.9	22.5

续表

项 目		单位	2019 年	2020 年	增减（%）
第三产业		亿元	564.4	601.3	7.4
利润总额		亿元	118.5	149.9	26.5
第二产业		亿元	44.2	49	10.9
工业		亿元	34.2	39	14.1
区内主导产业及产值	1．农副品精深加工	亿元	101.2	125.1	23.6
	2．先进制造业	亿元	32.2	35.2	9.5
	3．现代建材产业	亿元	35.3	36.3	2.8
	4．现代包装产业	亿元	10	10.3	2.5
	5．健康产业	亿元	6.2	6.5	4.6
第三产业		亿元	73.3	99.9	36.3
进出口总额		亿美元	3.2	3.6	10.7
出口		亿美元	1.8	1.7	−8
财政收入		亿元	26.6	30	12.7
税收收入		亿元	25.9	26.5	2.5
财政支出		亿元	26.6	29.9	12.5
新批企业个数		家	1 003	1 029	2.6
外商及港澳台企业		家	3	5	66.6
内资企业		家	1 000	1 024	0.024
国家级高新技术企业数		家	116	145	25
新批企业投资额	外商及港澳台企业	亿美元	0.05	0.1	1
	内资企业	亿元	8.1	11.3	38.5
	增资企业	亿美元	110	150	36.4
规上企业个数		家	116	117	0.9
科学研究与试验发展经费（R&D）支出		万元	2.67	2.83	6
研究与试验发展（R&D）经费投入强度		%	1.1	1.1	
合同外资金额		亿美元	0.4	0.5	25
外商实际投资		亿美元	0.3	0.4	33.3
固定资产投资		亿元	8.7	12.6	45.8
年末从业人员数		万人	8.2	8.3	1.3
万元 GDP 能耗		吨标煤／万元	0.31	0.3	−3.2
水资源消耗总量		万立方米	8 742.6	10 887.7	24.5
单位国内生产总值取水量		立方米／万元	31.8	31.6	−0.6
上市企业数量		家	1	1	0
区内建立的创业创新平台数量		个	1	2	100
区内科研院所数量		家	3	5	66.7
区内职业教育学校数量		家	2	2	0

（宾西经济技术开发区管理委员会）

万州经济技术开发区

【概况】2010年6月，经国务院批准，重庆市万州工业园区升级为国家级开发区，定名为万州经济技术开发区（简称“万州经开区”）。2011年3月，中央编办批准设立万州经开区管委会，机构规格正厅级。2011年10月，重庆市编委批准设立万州经开区党工委、管委会，分别为市委、市政府派出机构，由万州区委、区政府代管，万州经开区的党务、社会事务由区委、区政府统筹管理。万州经开区规划范围为高峰园、天子园、五桥园、九龙园和新田园“一区五园”，开发建设面积58.56平方公里。

【经济发展】2020年，万州经开区完成地区生产总值184.7亿元。完成一般公共预算收入13.5亿元、同比增长33.3%，其中税收收入10.8亿元、同比增长29.9%，占全区比重达到28%。完成固定资产投资30.7亿元、同比增长66.5%，其中工业投资23.8亿元、同比增长72.8%。完成服务业营销收入611亿元。实际利用外资1.23亿美元，占全区比重达到96%。进出口总额32.5亿元，同比增长13倍。

【产业发展】2020年，万州经开区完成规上工业产值260.5亿元、同比增长6.2%，占全区比重达到78.4%。规上工业增加值增长6%、达到68亿元。规上工业企业实现利润18亿元。新材料、汽车、智能装备、食品医药、绿色照明五大重点产业完成产值202.6亿元，占规上工业产值达到77.8%，其中，新材料产业23家规上工业企业完成产值95.5亿元，汽车制造产业9家规上工业企业完成产值65.8亿元，智能装备产业5家规上工业企业完成产值3.1亿元，食品医药产业8家规上工业企业完成产值15亿元，绿色照明产业8家规上工业企业完成产值23.2亿元。建成管理信息系统的工业企业占比达到65%，应用电子商务的工业企业占比达到50%，“上云上平台”企业15家。13家企业实施技改扩能，24家企业实施数字车间、机器换人等智能自动化改造，建成数字车间2个，智能工厂1个。

【科技创新】2020年，万州经开区新增入园企业36家、达到360家，其中新增规上工业企业17家、达到81家，新增高新技术企业5家、达到30家，新增战略性新兴企业3家、达到22家，新增科技型企业12家、达到72家，市级企业技术中心达到13个。规上工业企业研究与试验发展（R&D）经费支出占主营业务收入达到1.8%。年度申请发明专利47个。主营业务收入10亿元及以上制造业企业5家，其中金龙集团、长安跨越分别达到70亿元、59亿元。每年预算安排2亿元智能循环型工业发展专项资金，鼓励企业加大研发投入和创新力度。金龙集团、长安跨越等重点企业与中科院、香港理工大学、重庆大学等10余所高校建立战略合作关系，现拥有国家级企业技术中心1家，英才计划创新创业团队6个，博士后工作站1个。

【投资促进】2020年，万州经开区强力推进万州综合保税区、重庆市照明电气特色产业园、渝东表面处理中心、万州科创中心四大平台建设，并与上海中产集团、广东照明电气协会达成合作，探索平台招商、中介招商、专业招商新路。全年新签约项目54个，协议总投资156.3亿元、到位资金30亿元。其中，协议投资1亿～10亿元项目25个，10亿元及以上项目2个。川渝地区重要的现代化新材料产业园项目加紧跟进。扎实开展“合同全面兑现行动”，加力加压跟踪推进13个产业项目建设。竣工投产维都利锂离子电池、康力优蓝服务机器人等项目48个，正在建设象征科技手机、笔电消费电子玻璃盖板等项目39个。其中，塔雷斯高端自动化计量装备产销一体化运营基地等15个项目实现“当年签约、当年开工、当年投产”。

【开发建设】2020年，万州经开区新增建成区面积1平方公里，达到25.5平方公里。新增绿化35万平方米，建成市政道路8.6公里、管网22公里。实施场平整治0.8平方公里。竣工标准厂房23万平方米。实施房地产开发项目6个，在建71.69万平方米，竣工21.58万平方米。建成或在建公交车站点39个，开通公交线路9条。调整城镇建设用地2 800亩。完成征地报批2 560亩，征地拆迁1 568亩，土地供应4 455亩。扎实开展“土地高效利用行动”，督促限期开工7宗220亩土地，协议收回、收购7宗共1 050亩土地。现结存已征土地3.6万亩，其中工业用地0.8万亩、商住用地0.5万亩、市政基础设施和公共服务设施用地2.3万亩。完成（开展）12个控规局部修改论证。完成48个项目设计方案审查。83个市政基础设施和公共服务设施项目建设有序推进，其中竣工27个、开工25个、续建8个、储备23个。

【绿色集约】万州经开区牢固树立“生态优先、绿色发展”理念，大力发展智能循环型工业，推动经济节约增长、精明增长。2020年，万州经开区扎实推进园区规划环境影响跟踪评价工作，环评及“三同时”执行率达100%，实现污染物全收集、全处理，全年未发生较大及以上环境污染事故。竣工投产23个循环化改造项目，建成废弃物循环经济产业链4条、再生资源回收利用项目6个，成功获批国家级循环化改造示范试点园区，已建成国家级绿色工厂2家。

【深化改革】2020年，万州经开区纵深推进改革事项，大力实施社会投资小型低风险建设项目审批服务改革。委托专业机构管护已征存量土地。经开区售电公司业务扩大到38家，为企业节约电费1 200万元。完成3家国有企业公务用车改革，处置转让公务用车108辆。金龙集团股权多元化改革取得实质进展，公司治理结构进一步优化。启动智慧园区建设。积极推进与南京江宁经开区东西部协作。

【自身建设】2020年，万州经开区全面加强党的政治建设、思想建设、组织建设、作风建设、纪律建设，将制度建设贯穿其中。始终在思想上政治上行动上同以习近平同志为核心的党中央保持高度一致，深学笃用习近平新时代中国特色社会主义思想，严守党的政治纪律和政治规矩，严格执行请示报告制度，进一步增强“四个意识”、坚定“四个自信”、做到“两个维护”。修订经开区管委会工作规则，完善议事决策制度，细化向区委、区政府、经开区党工委请示报告重大事项机制。坚持定期举办“经开大讲堂”，组织干部外出学习培训，提高干部队伍素质。扎实开展“以案四改”，筑牢思想道德防线。切实加强党风廉政建设和反腐败工作，严格落实中央八项规定精神，不敢腐、不能腐、不想腐一体推进。以“企业评价部门工作”为契机，坚持“四个一”机制，保姆式服务企业，心齐气顺、风正劲足的干事创业氛围逐渐形成。

【机构设置】2020年，万州经开区党工委书记由万州区政府区长兼任，配备党工委副书记、管委会主任1名，党工委委员、管委会副主任3名。管委会下设办公室、经济发展局、投资促进局、财务局、建设管理局、应急管理局、生态环境局7个正处级内设机构，下属经济发展服务中心1个正处级事业单位，重庆万州经济技术开发（集团）有限公司、万州经济技术开发区建设发展有限公司2家国有直属公司，另有公安（副处级）、税务（正处级）、市场监管（正科级）3个派驻单位。

万州经开区领导班子：万州区委副书记，区政府区长、党组书记，万州经开区党工委书记（兼）聂红焰；万州经开区党工委副书记、管委会主任蒲承明；万州经开区党工委委员、管委会副主任曾斌、李忠云、骆高燕。

（万州经济技术开发区管委会）

龙岩经济技术开发区

【经济发展】2020年，龙岩经济技术开发区在龙岩市委、市政府的坚强领导下，认真贯彻落实习近平新时代中国特色社会主义思想、党的十九大和十九届历次全会精神，围绕市委、市政府“产业发展项目建设年”活动要求，实施项目化推进工作落实机制，统筹疫情防控和经济发展，扎实做好“六稳”工作，全面落实“六保”任务，经济运行总体保持平稳增长的态势。全年实现规上工业产值比增4%；财政总收入比增3.6%，地方级财政收入比增10.4%；固定资产投资比增3.3%，其中工业固定资产投资比增51.1%。在2020年国家级经开区综合发展水平考核评价中排名第157位，比2019年度提升7位。

【产业发展】2020年，龙岩开发区编制了“十四五”产业发展规划，在原有“333”产业基础上，梳理调整“123”新产业体系，重点做强机械装备制造主导产业，培育总部经济、现代物流两个优势产业，发展新一代信息技术、新医药和新材料三大战略性新兴产业。全年新增“四上”企业21家，福建龙马环卫装备股份有限公司获评全国质量标杆企业、国家级企业技术中心，福建荣建集团承建项目获得鲁班奖，龙合智能装备制造有限公司获评工业互联网应用标杆企业。围绕机械装备主导产业，实施技改项目22个，技改投资比增31.5%；新一代信息技术产业“从无到有”，引入龙嘉晟、龙显电子等7个电子信息类项目；生物医药产业“有中生新”，引进普东智能医疗、妙杏医疗等医药项目7个；总部经济引进智康光热等企业21家，累计入驻企业108家，实现税收约2.7亿元。

【科技创新】2020年，龙岩开发区出台鼓励科技创新促进高质量发展十五条、鼓励入驻孵化若干政策，建立“高校研究院＋公共服务平台＋技术中心”创新创业服务体系，与4所高校院所共建公共技术服务平台6个、研究院2个、产教融合协同创新中心1个，新增企业研发机构2个、省级重点实验室1个。2020年新增国家级高新技术企业20家、“上云上平台”企业24家、省级创新平台3个、专业技术服务平台13个，授权专利、有效发明专利分别比增13.28%、34.16%。开展“人才政策进企业”宣传活动，协助企业申报高层次人才18人，工科类青年15人，百千万人才工程国家级候选人4人、推荐享受国务院政府特殊津贴人员2人，1人荣获福建省青年科技奖。

【投资促进】2020年，开发区实现签约项目54个，总投资106.526亿元，其中，引进了日永智能影像半导体生产基地等10亿元以上项目3个，强纶新材料技术创新中心等2个项目在中国航天大会签约。出台《招商引资优惠政策》《招商项目落地奖励办法》等政策文件，围绕“123”新产业体系，制定工程机械、专用车环保机械、新基建等“四大”产业链招商指导目录，专题制作了工程机械和专用车产业链招商微视频。调整充实全区三分之一人员到招商一线，设立4个专业招商部分区域招商。

【项目建设】2020年，园区13个省市重点、3个“重中之重”项目分别完成投资48.5亿元、7.53亿元，完成计划的115%、124.3%；持续开展“一月一活动”开竣工仪式，实现开工项目32个、总投资67.37亿元，竣工项目29个、总投资 80.47 亿元；完成项目入库 24 个，5 000 万以上入库项目 12 个。龙马环卫高端智造、龙净环保输送装备、晨远山机械配件生产、标茂高端玻璃深加工项目开始试生产；泉龙医药物流中心项目投入运营；聚光系统高端装备制造及中试、聚绅药业加工生产项目主体施工建设。

【体制机制创新】2020 年，龙岩开发区推行工业项目“拿地即开工”审批新模式，打破传统工程建设项目分阶段审批方式，使项目立项、环评、能评等多项手续环节同时起步、并联审批，首例试点项目“高端汽车钢化玻璃、建筑钢化玻璃及节能环保安全玻璃”从落地到开工比计划时间缩短至少 80 天；推进企业服务大厅改革，通过“一组两部”(综合收件组、审批服务部、帮办代办部)，开展“一窗通办、全程帮办”，推行“前台综合受理，后台分类审批，统一窗口出件”的服务模式。

【投融资服务】2020 年，园区主体运营公司经济发展集团主体信用等级提升至 AA 级，可发行债券 20 亿元，首期 3 亿元成功发行。发挥科技贷、融资担保、融资租赁等平台功能，为园区企业提供融资租赁 4 581 万元、商业保理 3 547 万元、应急还贷资金 1.8 亿元、融资担保 8 395 万元，争取企业纾困贷款 1.5 亿，兑现企业奖励补助 2.95 亿元。举办产融对接会，助力区内 12 家企业签订合作协议，综合授信超 12 亿元。2020 年共有境内上市企业 2 家、境外上市企业 1 家、新三板挂牌企业 4 家。

【基础设施建设】2020 年，开发区实施园区标准化建设三年行动计划，19 个基础设施项目完成年度计划的 125.3%，南北环路、上洋西路一期等路网通车，209、211 内循环公交路线开通，中小微创业园二期、专用车主题公园、永高幼儿园等投入使用；新建、盘活闲置厂房 16 万平方米，收储工业项目用地 564.94 亩，实现滚动发展储备用地 1 000 亩以上；落实中央环保督查要求，建设大气自动监测站，园区 26 家涉气企业均实现达标排放；陆地港获批“9610”跨境电商业务，成为福建省第三个拥有跨境进出口直购监管资质场所；成立全省首个经开区职业技能提升中心，实现了“入校即入企，入企即入校”。

【党建工作】2020 年，龙岩开发区认真贯彻落实市委《关于加强监督制约一体推进不敢腐、不能腐、不想腐推动全面从严治党的若干意见》，制定《构建亲清新型政商关系“十准十不准”(试行)》，拍摄《“亲”上加“清”》宣传片。围绕创建经开区“经开党旗红”品牌，打造了机关“经开先锋”、税务“龙腾先锋”、经发集团“红心经发”载体，组织 16 名青年党员加入专业招商“党员先锋”特色队伍，突出一线攻坚，助推招商引资、项目建设、减税降费等工作。

【机构设置】龙岩经济技术开发区党工委、管委会内设 9 个工作机构，即综合办公室、党群工作部、科技局、财政金融局、环境与国土规划建设局、经济发展局、商务局、统计局、安全生产监督管理局，内设 3 个事业单位，即收储分中心、企业服务中心、投资促进中心。

龙岩经济技术开发区 2019—2020 年主要经济综合指标一览表

项　目	单位	2019 年	2020 年	增减 (%)
开发区生产总值	亿元	97.610 8	109.866 0	12.6
第二产业	亿元	76.106 0	84.408 8	10.9
工业	亿元	64.012 5	74.149 1	15.8
第三产业	亿元	21.504 8	25.457 2	18.4
工业总产值（现价）	亿元	242.389 1	275.890 7	13.8
高新技术企业	亿元	206.272 5	215.989 5	4.7
销售（营业）收入	亿元	484.599 8	474.614 2	−2.1
第二产业	亿元	314.522 6	294.261 5	−6.4

续表

项　目		单位	2019年	2020年	增减（%）
工业		亿元	218.807 0	226.989 9	3.7
第三产业		亿元	170.077 2	180.352 7	6.0
利润总额		亿元	20.531 1	22.077 1	7.5
第二产业		亿元	14.510 0	16.876 9	16.3
工业		亿元	10.617 8	13.701 9	29.0
区内主导产业及产值	机械装备制造	亿元	218.043 1	228.378 4	4.7
第三产业		亿元	6.021 1	5.200 2	−13.6
进出口总额		亿美元	5.070 6	6.306 7	24.4
出口		亿美元	4.557 8	5.932 8	30.2
财政收入		亿元	10.884 6	11.280 6	3.6
税收收入		亿元	21.193 7	21.602 5	1.9
财政支出（一般公共预算）		亿元	5.055 9	5.288 7	4.6
新批企业个数		家	407	550	35.1
外商及港澳台企业		家	5	11	120
内资企业		家	402	539	34.1
国家级高新技术企业数		家	42	61	45.2
规上企业数		家	143	156	9.1
科学研究与试验发展经费（R&D）支出		万元	10.245 4	11.270 0	10.0
研究与试验发展（R&D）经费投入强度		%	2.114 2	2.374 6	0.260 4
合同外资金额		亿美元	0.222 7	0.083 9	−62.3
外商实际投资		亿美元	0.052 0	0.080 0	53.8
固定资产投资		亿元	42.393 0	43.788 0	3.3
年末从业人员数		万人	3.449 5	3.635 4	5.4
万元GDP能耗		吨标煤/万元	0.035	0.031	−11.4
水资源消耗总量		万立方米	1 536 350	1 452 682	−5.4
单位国内生产总值取水量		立方米/万元	1.574	1.322	−12.7
上市企业数量		家	3	3	0
区内建立的创业创新平台数量		个	1	1	0
区内职业教育学校数量		家	1	1	0

（龙岩经济技术开发区管委会）

汉中经济技术开发区

【历史沿革】1995 年 3 月 10 日，陕西省人民政府办公厅印发《关于同意设立蔡家坡等四个经济技术开发区的批复》(陕政办函〔1995〕32 号)，汉中市（现汉台区）鑫源开发区和南郑经济技术开发区同时被确定为省级开发区。1999 年 6 月，陕西省人民政府以《关于同意将汉中市鑫源开发区和南郑经济技术开发区合并更名为汉中经济开发区的批复》(陕政函〔1999〕104 号)，将汉中市（现汉台区）鑫源开发区和南郑经济技术开发区合并更名为汉中经济开发区，授权开发区管委会在项目审批、外经外贸、国有资产管理、工商行政管理等方面，行使地市一级经济管理权。2001 年 2 月，中共汉中市委下发《中共汉中市委办公室关于印发汉中经济开发区、汉中高新产业园区管委会组成人员名单的通知》(汉市办字〔2001〕17 号)，汉中经济开发区管委会由此加冠汉中高新产业园区之名，对外宣称为汉中经济开发区（高新技术产业园区)管理委员会。2012 年 10 月 13 日，国务院办公厅下发《关于陕西汉中经济开发区升级为国家级经济技术开发区的复函》(国办函〔2012〕176 号）文件，批准升级为国家级经济技术开发区。

【经济发展】2020 年，汉中经济技术开发区全区生产总值 152.592 亿元，占汉中市生产总值的 9.58%。实现财政总收入 192 983 万元，同比增长 3%，占汉中市财政总收入的 15.7%；实现税收收入 191 728 万元，占汉中市税收收入总额的 17.8%。全年完成固定资产投资 25.38 亿元，同比增长 66.75%。

【产业发展】汉中开发区坚持产业立区、特色强区，牢牢把握产业发展的阶段特征，实施差别化产业发展策略，明晰产业发展方向，现代中医药产业、现代装备制造产业、绿色食品加工业、新经济四大主导产业加速集聚，有力推动园区产业转型升级。2020 年汉中经开区有“四上”企业 149 户，“四上”企业主营业务收入 4 294 001 万元，“四上”高新技术企业主营业务收入 1 765 003 万元。

【科技创新】2020 年，汉中开发区规上工业企业研发费用支出 155 692 万元，全区有省级以上研发机构 14 家，有高新技术企业 31 家，拥有省级及以上名牌产品的企业 11 家。经开区企业拥有发明专利 176 项，年度发明专利授权量 33 个。

【投资促进】2020 年，汉中开发区实际利用外资 4 321 万美元，完成外贸进出口总额 158 780 万元，其中进口总额 41 935 万元，出口总额 116 845 万元。

【招商引资】2020 年，汉中开发区制定并印发《招商引资优惠政策实施细则》《产业发展顾问管理办法》《驻外招商引资联络处管理办法》等文件，加强政策引导和联络服务。建立“65322”协同招商体系，聘请 6 位产业发展顾问，设立京津冀、珠三角、长三角、川渝、关天 5 个区域招商分局，在东京、名古屋、特拉维夫设立 3 个驻外招商联络处，搭建蓝湾、星空云 2 支产业引导基金，设立深圳、成都 2 个离岸孵化器，全面实施产业链招商、驻点招商、中介招商、代理招商和以商招商等多元化招商模式。全年新签项目 26 个，累计到位资金 45.73 亿元，其中省际到位资金 38.97 亿元。

【项目建设】2020年，汉中开发区牢固树立“项目为命、落地为王”理念，成立项目建设推进工作专班，全面推行项目长制，将重点项目责任、任务细化分解落实到部门和具体责任人，做到层层压实责任、人人推动落实，保障项目建设顺利实施。汉王药业现代中药生产迁建基地、德容航空智能制造基地、力箭生物中药提取及杜仲饮品生产线建设等一大批重点项目建设快速推进。绿色农产品、中药材展示交易服务中心项目完成展示中心扩建区域装修、销售专区和连廊装修建设、线上交易平台搭建（App开发和PC端开发）及办公区建设。石门污水处理厂项目完成可研、设计、地质勘察、土地征用等前期工作，地面附着物清表及赔付工作顺利完成，并开始铺设污水管网。褒城组团项目开发建设有序开展。

【融资平台整合】为实现政府融资平台向市场化转变，积极推行“产业+园区+资本”发展模式，大力推进园区整合和市级平台公司搭建工作。汉中经开区属下国有控股的经开集团公司于2020年完成城固、宁强、洋县、西乡4县区共6家县级平台公司的资产整合，整合后经开集团公司总资产76.78亿元。至2020年底，市级园区平台搭建方案已经市委、市政府审议通过，“市带县”模式发行债券已具备基本条件，企业债发行工作进入冲刺阶段，三年合并审计报告、法律审核尽职调查、AA评级担保、债券募集说明书编写等前期工作已经完成，融资平台整合报告已报上级部门待批。

【优化营商环境】2020年，汉中开发区充分发挥“一委八中心”作用，积极为入区企业提供全生命周期“保姆式”服务。大力发挥政务大厅联合审批职能，承接的82项审批事项全部进驻政务服务大厅，首批36项相对集中行政许可权改革事项统一由行政服务中心集中审批办理。深入推进“放管服”改革，全年承接上级管理权限72项。积极推进“五减”审批服务，审批办理时限整体压缩50%，申报材料精简30%。做实“店小二”服务，全程开展“帮代办”，推动成立全程代办服务中心，通过政府购买服务的方式，为新开办企业免费提供印章刻制、邮政速递等，推行“送证上门”服务。扎实推行出口退税“服务前置”新机制，将平均办理退税周期缩短至3.05天，在全省率先实现税务“一窗通办”全覆盖，纳税服务满意度获全省第五、全市第一。通过持续优化营商环境，项目建设周期大幅缩减，审批效率切实提高，市场主体满意度大幅上升。

【督查考核】2020年，汉中开发区印发《绩效考核管理办法（修订版）》《2020年考核方案》，按照“一部门一档案”的原则，建立内设机构及经开集团公司的考核台账，确定考核要素，明确任务，实行科学动态化管理。完成《2020年度工作目标责任书》及指标设置工作，组织实施月度考核工作，印发通报，通过差异化评价，进一步增强考核的精准性、客观性、权威性，形成亮点、重点、基础工作考核指标203项。组织开展亮点工作评审工作，从创新性、重要性、影响力和推广性四个方面进行评分，结合重点工作、基础工作得分形成总成绩，作为年度目标责任考核依据。印发《督查工作办法（试行）》，建立督查考核联动机制，明确清单和任务，对各部门及经开集团公司全年目标任务和“三重一大”事项落实完成情况进行督查，将督查结果作为绩效考核依据，以“三色督办单”为抓手，对办理事项进行督办，并与考核挂钩，不断强化督查实效和结果运用。通过进一步完善督查考核工作，考核“指挥棒”作用得到发挥，干部职工工作作风得到转变，工作效率得到提高，全区各项重点工作切实落到实处。

【体制机制改革】2020年，汉中开发区继续深化人事薪酬制度改革，修订并印发《员工招聘选聘管理办法》《岗位聘用管理办法》《绩效薪酬管理办法》等制度文件，进一步完善用人机制，建立并完善涵盖国考、市考和内控考核的三级指标考核体系，将个人动态考核与部门中心工作、个人工作实绩、招商引资到位资金等指标紧密结合，实现干部考核由“主观评价”

向“量化考评”的转变。本年度通过面向社会公开招聘、选聘等方式，相继引进高层次人才、高校优秀毕业生等20余人。组织安排领导干部和部门业务骨干等100余人分两期赴全国干部教育培训浙江大学基地，采用“课堂教学＋现场观摩”的方式进行培训，业务能力得以提高。

【绿色集约】2020年，汉中开发区严格落实“禁燃区”“禁放区”管理制度，对辖区企业开展大气污染防治专项督查巡查，确保燃煤锅炉大气污染物达标排放，按要求落实环境监管网格化管理制度，对辖区施工工地实施“六个100%管理＋红黄绿牌结果管理”联动制度，执行率达100%。制定印发《经开区建筑工地扬尘治霾管理办法》对渣土车进行实名制管理，有效防止超拉快跑、沿途抛撒行为发生。严格执行建设项目环境影响评价和“三同时”制度，受理建设项目环境影响报告表8份，受理建设项目固废污染防治设施环保验收5家。据有关环境监测站监测数据显示，汉中经开区可吸入颗粒物（PM10）浓度为68微克/立方米；细粒物（PM2.5）平均浓度为41微克/立方米；SO_2平均浓度为17微克/立方米；NO_2平均浓度为24微克/立方米；臭氧（O_3）平均浓度为127微克/立方米。全年环境空气质量优良天数为300天，优良天数比上年增加20天。

【表彰奖励】汉中颐高互联网＋双创园被科学技术部认定为“国家备案众创空间”并授牌，汉中褒河物流园区被陕西省发展和改革委员会评审为陕西省示范物流园区。国家税务总局汉中经济技术开发区分局被人力资源社会保障部、国家税务总局评为全国税务系统先进集体。汉中经济技术开发管委会被中共汉中市委、汉中市人民政府评为专项工作优秀单位。汉中经开区招商服务局被中共汉中市委、汉中市人民政府记为二等公务员集体，创智产业孵化园综合办公楼工程荣获汉中市建筑行业工程质量最高荣誉奖“天汉杯”奖。

【机构设置及党工委管委会领导】2020年，汉中经开区领导机构设中共汉中经济技术开发区工作委员会、汉中经济技术开发区管理委员会、中共汉中经济技术开发区纪律检查工作委员会。下属汉中褒河物流园区建设管理委员会办公室为汉中经济技术开发区管委会副处级全额预算事业单位。经开区设有党政办公室、党群工作部、纪检监察室、发展和改革局、财政局、招商服务局、经济发展局、住房和建设环保局、经济发展局、应急管理局、行政审批服务局、经开集团公司等机构11个。派驻机构有汉中市自然资源局经济技术开发区分局，汉中市公安局经济开发区分局，国家税务总局汉中经济技术开发区分局，汉中经济技术开发区消防救援大队，汉中市市场监管局经济技术开发区分局等5个。

中共汉中经济技术开发区工作委员会：书记陈晓勇（兼，2020.12止），王浩（兼，2020.12任），副书记汪瑞亭、王睿，委员陈晓勇（2020.12止）、王浩（2020.12任）、汪瑞亭、王睿、袁俊海、殷彦军、陈亮、雍波；汉中开发区管理委员会：主任曹宇（兼），常务副主任汪瑞亭，副主任袁俊海、殷彦军（兼）、陈亮（兼）、陈沛洲，调研员冯晓群、苗俊胜、谭宝明；中共汉中经济技术开发区纪律检查工作委员会书记王睿；汉中褒河物流园区建设管理委员会办公室主任雍波。

（汉中经济技术开发区管委会）

畹町边境经济合作区

2020年，新型冠状病毒感染肺炎疫情席卷全国，在瑞丽市委、市政府的坚强领导下，畹町边境经济合区管理委员会（以下简称“畹町边合区管委会”）团结带领全区人民一手抓疫情防控一手抓经济发展，围绕目标任务和总体要求，坚持稳中求进工作总基调，坚持新发展理念，扎实推进各项工作，畹町呈现经济稳中向好、开放在提升、民生有保障、党建在加强的良好局面。

【经济发展】2020年，受国内外疫情态势的影响，经济增长低迷、下行压力大，畹町边合区管委会全年全区实现工业总产值54 375万元，超额完成41 000万元任务数；完成公共财政预算收入1 633万元，完成任务数2 000万元的82%；完成固定资产投资总额57 675万元，完成任务数126 846万元的45%；招商引资实际到位资金247 371万元，完成245 700万元的任务数；完成向上争取资金6 661万元。主要经济指标稳步增长，为再创畹町新辉煌迈出新步伐。

【投资促进】畹町边合区口岸基础设施“智慧化”、组织化程度、流通效率大幅提高，口岸边境贸易竞争力整体增强，对外开放格局不断提升。畹町口岸国门项目竣工验收，芒満通道进出口查验货场进入试运行，畹町边合区“小组团”滚动开发规划实施方案编制完成，广董通道提升改造项目、芒満通道对外形象展示工程、芒満物流园、畹町WD4号路跨畹町河桥梁等相关口岸联通配套设施建设加紧实施中；成功探索出“边民互市落地加工”新模式，实现产业经济转型升级；2020年口岸贸易方式向多元化发展，一般贸易实现51.5亿元，占贸易总额的67.4%；边民互市助力脱贫攻坚成效明显，全年边民互市交易31.9万票、货值24.9亿元，2 400个边民受益，为普通群众每人增收4 000元，为贫困户每户增收15 000元；坚持在中央、省州市疫情指挥部一盘棋统筹安排部署下，严防口岸疫情输入，担当疫情战线上的“摆渡人”，实施“人货分离、分段运输、封闭管理”，突出“严、紧、细”，打出联防联动、成立专班、整合第三方、精准施策等“组合拳”，创新采用“缅甸代驾不入中国，中国代驾在口岸限定区”，进行“点对点、分段式”跨境运输，构筑起口岸第一道防线，有力促进了中缅贸易健康有序发展。2020年完成进出口贸易额总额76.37亿元，同比增长231.54%；进出口货运量222万吨，同比下降21.65%；出入境人员累计61.1万人次，同比下降74.7%；出入境交通工具累计25.4万辆次，同比下降45.3%；完善招商工作体系，优化营商环境，确保了锦川食品、盛达食品、生物园区标准厂房建设等项目有序推进。全年共开展招商引资项目审查会4次，引进食品及物流项目共9个，预计总投资达28.57亿元。积极开展外出招商活动，全年赴北京、亳州、禹州、义乌、深圳、等地外出招商6次，主要引进中药材交易、中药材加工、物流业、食品加工等企业。

【特色小镇创建】根据重新调整的畹町特色小镇规划，在现有老城区基础上提升改造，以小镇亚热带边境风光为载体，以小镇的边关文化、抗战文化、民族文化为内涵，全面推进“文化旅游+”全产业链发展，打造集边境游览、文化体验、国际文化交流、爱国主义教育、休闲康养等功能于一体的中华边关第一镇。策划、整合、实施了17个基础设施、完善文化旅游提升等特色小镇重点项目，其中红色旅游景观雕塑、旅游标识标牌、景观绿化提升等9个项目已竣工，外立面改造、南洋华侨机工回国抗日纪念遗址建设（南侨机工三期停车场）等4个项目施工进行中。2020年，畹町特色小镇创建工作已经接受了第三方专家评估、省级专家组的考核验收，得到了专家组提出的“变化巨大，推进快速，特色彰显，未来可期”的充分肯定。

【社会事业】一是严格落实安全生产责任制，签订安全生产责任书39份，召开安全生产联席会4次，专题会6次，安全生产联合大检查5次，安全生产形势保持平稳。二是扎实开展扫黑除恶专项斗争，全年召开专题会议4次，发放扫黑除恶宣传手册10 000余份。三是提升人居环境，推动美丽畹町建设，集中治理拆除违法违规建筑22宗。四是大力开展义务植树活动，种植树木1万株，生态宜居环境进一步巩固。五是认真做好信访维稳工作，有力化解信访案件。全年来信来访13件(65人次)，网上信访13件，政府热线1件，市纪委转办件2件，社会公众安全感和满意度全面提升。

【脱贫攻坚】畹町共2个建档立卡贫困村，共有建档立卡户187户626人，其中：芒棒村114户394人；混板村62户192人；新合村11户40人。2019年，现有建档立卡户已全部脱贫，贫困村已经全部出列。畹町边合区管委会始终把脱贫攻坚作为第一民生工程，尽锐出战、全力攻坚。强化“挂包帮”单位和帮扶干部与挂包村的同向责任，加强畹町镇芒棒村脱贫攻坚示范村建设，分别挂钩联系芒棒村委会5个村民小组。到挂钩村寨悬挂横幅宣传标语，入户开展党的路线方针政策以及扫黑除恶、走私、毒品、跨境赌博等危害宣传。每个月至少抽出半天实地深入挂钩农户家中，同吃同劳动。节假日到扶贫挂钩点开展慰问活动。为69户建档立卡户购买2020年财产人身组合保险。充分利用边民互市助力脱贫攻坚工作，为边民、建档立卡户及困难群众增收。畹町边民参与边民互市累计246 346人，普通群众参与边民互市每人每年增收4 000元左右；其中共有89户建档立卡户、边缘户、低保户、残疾户按天参与边民互市获利，每户每年增收15 000元左右。开展创业就业培训149人。

【疫情防控】自新冠肺炎疫情发生以来，畹町边合区管委会高度重视疫情防控工作，主要通过采取十一个方面措施团结带领全区各族干部群众坚定信心、同舟共济、科学防治、精准施策，累计排查过往人员18万人次。新建边境拦阻设施2.86万米，封堵涵洞50余处。建立巡逻队14支，130人开展24小时巡逻、值守，实现了零输入、零感染、零传播。一是建立“指挥长—畹町镇前线指挥部—畹町边境9个挂包责任段包保领导—各包保单位、责任单位、畹町镇”的三级防控指挥体系构架；二是畹町边合区班子成员分片挂村、分段挂边境线；三是整合全区300余名干部职工、5个市派单位、民兵、企业人员全天候值守90个边境执勤点，24小时不间断巡逻；四是强制拆除畹町界河沿线两违建筑25户2 580平方米，实现畹町边境线物理拦阻设施建设全覆盖，重点地段、重点部位加强监控、路灯等配置；五是制定群众生产生活通道（门）具体管理办法，全面加强群众生产生活预留通道监督管理；六是与相邻的芒市遮放镇做到信息互通，力量整合，共同筑牢边境防线，联手打击边境违法犯罪；七是在畹町荔枝园立交桥、畹町黑山门、北汽加油站一段增设堵卡点全天24小时排查人员车辆；八是通过6次对话、中缅边境相邻15个村寨一对一结对子、3批次捐赠抗疫物资等形式，加强中缅对话，共同维护和谐安全的边境；九是对外籍人员发放瑞丽市外籍人员临时登记卡，持证识别，编码管理，并组织3 293名缅籍人员自费核酸检测，加强缅籍人员管控；十是以乡镇、农场为主体，制定村规民约、管控办法，管好边民，打击协助偷越国边境者。十一是通过延长畹町口岸芒满通道通关时间、每天抽检封闭车厢运输且有内外包装的货物做核酸检测、“三段代驾，三次消杀”、所有代驾封闭管理等方式全面落实口岸防疫。

【党建工作】进一步落实主体责任，履行“一岗双责”，做到廉政责任与业务工作同考虑、同部署、同实施、同检查，真正做到“两手抓、两手硬”。严肃党内政治生活，认真落实“三会一课”制度，坚持领导带头讲党课，2020 年畹町边合区管委会班子成员讲党课 19 次。严格落实党员领导干部双重组织生活会制度，畹町边合区管委会班子成员带头以普通党员身份参加所在党支部的活动和组织生活会。加强干部教育，组织观看了廉政警示教育片《腐殇》；启动了“树家训、立家规、正家风、重家教、共建清廉畹町”教育活动。始终把党风廉政建设和反腐倡廉工作摆在突出位置抓紧抓实，抓常抓细，与经济建设、社会稳定等业务工作同安排、同部署、同落实、同检查，2020 年召开党风廉政会议 4 次；级级传导压力、层层压实责任，先后与三个内设机构签订《2020 年党风廉政建设工作目标管理责任书》；落实“谁分管谁谈话”工作制度，班子成员开展经常性谈话 31 人次；始终坚持党风廉政建设“一岗双责”，时刻要求干部“既要干事，还不能出事”，坚决执行“三重一大”事项集体决策、“三个不直接分管”及末位表态制度；强化纪工委和督查室监督力度，重大项目、重要节假日开展突击检查；严格执行“五个严禁”、干部外出报备、行程日报告等规章制度。

【机构设置与管委会领导】2013 年 10 月德宏州实行瑞丽、畹町、姐告同城化改革，畹町经济开发区正式划并瑞丽市，畹町边合区牌子加挂于畹町经济开发区工管委，无单独的办公机构、人员编制和独立财权，边合区书记、主任分别由畹町经济开发区工委书记、管委会主任兼任，设有一名专职副主任，级别为副处级，无相对应的职能部门和人员负责开展具体工作，日常工作由畹町招合办（原畹町商务局）具体承接。

领导班子：2020 年，畹町边境经济合作区工委书记由瑞丽市委常委、畹町经济开发区工委书记尹忠德兼任，畹町边境经济合作区管委会主任由畹町经济开发区工委副书记、管委会主任杨顺昌兼任，段兴海任畹町边境经济合作区管委专职副主任。

（畹町边境经济合作区管理委员会）

长沙高新技术产业开发区

【经济发展】2020年，长沙高新技术产业开发区（以下简称“长沙高新区”）坚持高质量发展导向，在综合实力、科技创新、产业发展、人才集聚、产城融合、营商环境等领域取得新突破，高质量发展态势持续显现。全年实现企业总收入5 170.2亿元，增长8.1%，实现利润584亿元，增长36.8%；完成全社会固定资产投资693.7亿元，财政总收入279.4亿元，增长21%；完成进出口总额82.3亿美元，在湖南省、长沙市创新发展绩效评价中排名第一。

【产业发展】①支柱产业增长有力。智能制造装备产业集群获批国家首批战略性新兴产业集群，工程机械产业集群成为国家十大先进制造业集群，获评全国电池产业集群示范区。突出“两主一特”产业发展定位，着力做大做强以先进装备制造、电子信息、新能源与节能环保为核心的优势产业集群，先进制造业增长7%，电子信息增长5%，生物医药增长45%。②智能制造统领转型。获批全国第三个国家级车联网先导区。全年获批市级以上智能制造示范企业187个，其中国家级试点示范14个，位居全省第一。获批全市唯一人工智能国家级产业园区，聚集人工智能企业175家，16家企业入选长沙市人工智能重点企业名单。③新兴产业规模扩大。大力发展网络安全产业，全国第二家国家网络安全产业园揭牌运营，全面启动“一院四中心”建设，实现产值140亿元，增长40%，以“两芯一生态”为引领的产业生态“长沙样板”基本形成。“软件业再出发”迈出坚实步伐，成功举办“岳麓峰会”“1024中国程序员节”“百度联盟峰会”，引进CSDN、百度微算互联、文思海辉等重大软件项目36个，31家企业入选全省软件业50强。打造区块链技术创新应用基地，区块链产业园启动建设，成立星辉区块链高科技产业基金。制订产业发展专项规划，加速布局新一代芯片及集成电路产业，打造千亿产业集群。

【科技创新】创新平台聚集效应显著。获批全国第三个国家级车联网先导区，粤港澳科创产业园、国家首批科技成果转化和技术转移示范基地、国家军民融合发展重点区域长沙国防科研基地（全国仅2个）等落户，岳麓山工业创新中心、岳麓山种业创新中心、国家网络安全产业园区、海外人才离岸创新创业基地正式揭牌。全年新增5个国家级平台，累计建成国家级创新平台153个，总数居全国高新区第3位，市级以上创新平台694个。科技创新能力持续增强。高企总数1 800家，完成科技型中小企业备案910家。全年专利申请数12 013件，专利授权数7 731件，每万人发明专利拥有量为298件，位居全国高新区前列。园区累计获得国家级科技进步奖29项，其中一等奖6项。第三代杂交稻双季亩产突破1 500公斤，再创历史新高。天仪研究院成功研制全球首颗基于有源相控阵天线的百公斤级，填补了我国商业SAR卫星的空白。铁建重工研制的我国最大直径盾构机成功下线，三安、楚微半导体开发的功率芯片生产工艺国内领先，中联重科、中冶长天被授予中国专利金奖。高端人才不断汇聚。新获批全省首家国家海外人才离岸创新创业基地，省内第一个区级高层次人才服务窗口、国家海外高层次人才创新创业基地、全国第九家“侨梦苑”、国家级人力资源产业园成功落户。园区各类高层次人才占全市总量一半以上，全省三分之一。黄伯云、何继善、卢光琇等“双一流”高校院士、教授纷纷在园区创新创业，涌现了一批优秀的科技型企业。

【投资促进】①高质量招商成效明显。在全省首创新设园区产业链办公室，产业链招商推进有力。全年新引进深信服、光环新网、京东方等行业龙头企业项目和中国五矿、中国航天科工集团等“三类500强”企业投资项目项目51个，总投资额857.1亿元。先后引进、组建包括天仪空间研究院、长沙北斗产业安全技术研究院等一批新型研发机构。②项目建设推进有力。全年铺排购地产业项目81个，其中50亿元以上项目10个，总投资2 056亿元，实现新开工项目36个，新竣工项目27个。中联智慧产业城首台中大挖掘机成功下线，加快打造世界级“灯塔工厂”；天际汽车首车下线，成为全省新能源汽车产业发展的“里程碑”；投资200亿元的三安项目120天完成26栋34万平方米厂房建设，刷新“高新速度”。③营商环境持续优化。创新“互联网+企业服务”服务模式，组建企业家培训中心、法律公共服务平台等十大服务平台，为提供企业亟需的政策、法律、人才、资金、技术、设备、信息等方面的服务。园区营商环境年度测评获全市第一，企业对园区营商环境满意率达到99.2%，长沙高新区优化营商环境的系列举措被树为典型在全省作经验推介。

【体制机制创新】优化服务提效能。获批开展集中行政许可权改革试点，率先全市园区推行“一枚印章管审批”，率先全市实行告知承诺制审批，率先全省试点推行个体工商户全程电子化登记。“放管服”改革升级，实现1天企业开办、1天工规领证、10天施工许可。创建“无费园区”，强化“一网通办”服务，网办率达到99%。创新审批方式，推行“特事特办”审批、“加急容缺”审批等举措。精准帮扶强信心。深入推行“领导联点、部门对口、干部驻企”三联帮扶举措，帮助企业复工复产。建立长沙首个“企业百事通”平台，搭建产业链供应链云平台，悉心化解“政策落地最后一公里”。政策惠企稳底盘。多层面推出惠企政策，率先全省园区制定实施“援企稳岗16条”“金融8条”“黄金11条”，助力中小微企业渡过难关。加强立法保权益。率先全市成立劳动仲裁巡回庭、律师调解中心，积极为企业提供法律咨询和法律援助，保障企业家和企业合法权益，全面建设法治园区。

【投融资服务】打造资本市场培育体系。2020年上市企业数132家，占全市65%、全省41%。全区上市企业市值总额已破万亿，已形成上市一批、培育一批、储备一批的梯队化、长效化布局。汇集股权融资服务机构。全面打造麓谷基金广场，吸引包括70亿元财信新兴产业引导基金等一批高质量产业基金和投资平台落地。聚集投融资机构1 000余家，总注册资金近1 300亿元，其中含股权投资机构321家，管理资金规模超1 100亿元。加大科技金融服务力度。建立“麓谷信贷风险补偿模式”，支持222家企业获得纯信用贷款8.4亿元，近5年实现无风险零代偿，在全国高新区独具特色。园区目前聚集银行18家、融资性担保公司12家、小额贷款公司15家，融资性担保、小贷机构数量在全省园区中排名第一。

【绿色集约】发展工业地产。立足有限的土地资源，探索地上空间的利用鼓励多层、高标准厂房建设，引进工业地产项目，从源头节约土地资源，提高单位土地效益，为园区产业集聚发展提供基础。目前，高新区仅麓谷园区已建成的工业地产项目15个，占地面积232.9亩，建筑面积386.3万平方米，包括湖南省麓谷军民融合科技创新产业园（东区）、中国（长沙）信息安全产业园、长沙国家网络安全产业园等。共享服务资源。根据企业购地面积的7%～10%核定配套用地，分开挂牌，企业只建设生产设施，生产配套设施诸如倒班房、职工宿舍、活动中心、公共食堂、办公大楼等，由园区组织专业机构集中开发。园区创业基地中的孵化器、加速器等建有集中共享的配套设施，企业根据要按成本价租赁。此外，园区对企业各时段的闲置厂房、配套设施进行招商租赁等形式吸纳新项目，减少重复建设和土地资源的浪费，发挥了土地资产的最大效益，实现节约用地 30% 以上。集约安置用地。园区采取统一建设高层住宅安置小区的方式安置拆迁居民，大力推进公共租赁住房，对农民自住以外的安置房进行统筹、归集，形成整栋的公共租赁住房，经政府反租后作为企业职工住房，保障拆迁居民现有生活水平的稳定和提升，节约企业用于配套建设员工住房的土地。“腾笼换鸟”。长沙高新区淘汰或转移高污染、高消耗、低产出、低效益等为主要特征的相对低端产业、企业或某些生产环节，腾出原占有的土地、能源、环境空间，继而置换相对高端的先进制造业和现代生产服务业、优质企业或某些先进生产环节。

【国际合作】扩大高水平对外开放。认定首个海外工作站（以色列工作站，搭建全省唯一的国际科技商务平台，累计引进美国、德国等 31 家国家和地区商协会入驻平台。积极融入自贸区中非经贸合作体系，构建完善“湘企出海长沙专区”等平台服务体系，做实“网上中非经贸论坛”，重点瞄准非洲、东盟、中东、南美等“一带一路”国家，实现“抱团出海”。加快企业国际化步伐。中联重科、威胜集团参与国际标准的制订，三诺生物、远大住工、方盛制药分别在海外建立研发机构。构建“走出去”综合服务体系，先后联合组建“智能电力产业联盟”“工业化住宅产业联盟”“大健康产业联盟”，促进企业国际化经营和开拓全球市场。与美国北卡州立大学、美国北卡创新设计与创业中心联合建设湖南北卡创新创业中心。安克创新成为国内跨境电商 IPO 第一股，产品畅销海内外 70 多个国家和地区，在全球拥有超过 3 000 万购买用户。强化区域合作发展。深入对接“一带一路”、长江经济带、粤港澳大湾区等国家战略，全面落实开放型经济“2+4”政策。瞄准打造工程机械、轨道交通、航空动力三大先进制造业集群和一批战略性新兴产业集群，形成错位发展、相互配套的产业发展新格局。湘赣边区域合作示范区建设正式启动，长江中游城市群、粤港澳大湾区等区域合作稳步推进，粤港澳科创产业园签约落户。

【其他】产城建设加速融合。建成“九纵四横”交通路网体系，公交、高铁、地铁、城铁无缝对接，打造同城半小时“经济圈”，形成辐射全市西高地、西中心。与长郡中学、湖南师大附中等“四大名校”合作共建中学，全区教育质量和水平稳定提升。城市网络安全运营总部落户，结合智慧城市建设，加快构建“1+1+3+N”智慧麓谷信息化支撑服务体系，为城市管理“赋能”“赋智”。民生福祉持续增进。社保体系全面完善，围绕打造 17 个“15 分钟生活圈”，先后建成教育医疗、社区养老、文化体育、生活服务、生态景观、公园绿地等 120 余个公共配套和提质改造项目，形成了园区、城区、景区的有机融合。社会治理创新试点，建设环境在多年保持优良记录基础上再创新优，雷锋派出所被评为全国公安机关“枫桥式”派出所。党的建设不断加强。创新非公党建做法，提出“把党委建在行业（产业链）上，助推园区产业高质量发展”构想，入选“全国两新党组织优秀案例”；聚焦基层党建，构建完善“三纵三横”社区治理体系。深化实化机关党建，扎实开展“亮身份、强服务、争先锋”活动，促进党建与业务双融合、双促进，服务企业做好疫情防控和复工复产。

【机构设置与管委会领导】2020 年，长沙高新技术产业开发区党工委、管委会内设机构：党政办公室（研究室）、组织人事局（人力资源和社会保障局）、党群工作局、经济发展局、招商合作局、住房和建设管理局、城管环保局、社会事业局、社会治安综合治理局、行政审批服务局、市场监督管理局、自然资源和规划局。党工委、管委会直属机构：人大政协联络工作办公室（督查室），科技创新办公室，纪检监察审计局。党工委、管委会直属事业单位：信息产业园党工委、管委会，创业服务中心（留学人员创业园服务中心），科技金融服务中心，土地储备中心，征地拆迁安置事务所，城管执法大队，教育局（教育服务中心），统计中心，外经外贸和商务中心，投资评审中心，建设工程质量安全监督站。

区领导班子成员：党工委书记、湖南湘江新区管委会副主任（兼）周庆年，党工委副书记、管委会主任（2020 年 4 月 27 日—）郭力夫，党工委副书记、一级调研员陈志红，党工委委员、管委会副主任陈大庆，党工委委员、总工会主席杨金林，党工委委员、人大政协联络工作办公室主任江从平，党工委委员（挂）李平波，党工委委员、纪工委书记彭欣荣，党工委委员、管委会副主任崔晓，党工委委员、管委会副主任帅军，管委会副主任（挂）、长沙市公安局高新区分局局长漆曙光。

长沙高新技术产业开发区 2019—2020 年主要经济综合指标一览表

项　目	单位	2019 年	2020 年	增减（%）
开发区生产总值	亿元	1 891.00	2 077.21	9.85
第二产业	亿元	1 201.32	1 319.61	9.85
工业	亿元	1 201.32	1 319.61	9.85
第三产业	亿元	408.10	457.59	12.13
工业总产值（现价）	亿元	3 561.63	3 269.86	−8.19
高新技术企业	亿元	3 256.88	1 769.05	−45.68
销售（营业）收入	亿元	4 782.83	5 170.20	8.10
利润总额	亿元	427.04	583.96	36.75
进出口总额	亿美元	104.32	82.28	−21.13
出口	亿美元	70.11	51.07	−27.16
财政收入	亿元	230.80	279.35	21.04
财政支出	亿元	152.64	236.28	54.80
新批企业个数	家	7 699	11 931	54.97
外商及港澳台企业	家	329	510	55.02
内资企业	家	7 370	11 421	54.97
区内世界 500 强企业数	家	32	36	12.50
国家级高新技术企业数	家	1 377	1 580	14.74
规上企业个数	家	1 599	1 834	14.70
科学研究与试验发展经费（R&D）支出	万元	2 070 962.60	2 307 517.10	11.42
研究与试验发展（R&D）经费投入强度	%	4.33	4.45	2.77
合同外资金额	亿美元	22.53	24.78	9.99
固定资产投资	亿元	615.55	693.72	12.70
年末从业人员数	万人	36.88	31.89	−13.53
万元 GDP 能耗	吨标煤 / 万元	0.02	0.02	0.00
上市企业数量	家	150	132	−12.00
区内建立的创业创新平台数量	个	132	153	15.91
区内科研院所数量	家	362	373	3.04

（长沙高新技术产业开发区管理委员会）

鞍山高新技术产业开发区

【经济指标】2020年，鞍山高新技术产业开发区（以下简称“鞍山高新区”）完成地区生产总值95.3亿元，同比增长5.2%；公共财政预算收入10.08亿元，同比增长12.8%；规上工业增加值37.9亿元，同比增长10.4%；全社会固定资产投资46亿元，同比增长9.6%；在科技部火炬中心公布的2020年全国169个国家级高新区排名中列第45位，上升10位，首次冲进全国前50名，位列东北第4名，实现建区以来历史最好排名。

【招商引资】鞍山高新区坚持项目谋划、招引、落地一体推进，协同发力，2020年全年“走出去”招商46次，会见“请进来”客商100余次，考察洽谈企业300余家，完成签约项目105个，总投资近120亿元。推进亿元以上建设项目17个，千万元以上开复工项目71个。

加强产业链延伸力度。明晰三大主导产业强链方向，坚持项目引进和产业培育相结合，以项目招商补齐拉长产业链条。扩充项目和产业转化力度。通过招商引资盘活闲置资产，荣信汇科扩大产能盘活亚盛特钢10万平闲置资产、引进鞍钢节能盘活1.5万平激光园F座。2020年，鞍山高新区激光产业园实现销售收入70亿元，税收1.5亿元，实现了跨越式增长。

【科技创新】鞍山高新区实施“科技企业梯度培育”工程。荣信兴业、优迅科技、亚世光电入选潜在瞪羚企业、高博、骑士隆、欧波同等18家企业晋升高新技术企业，辽宁冶金设计研究院等31家入库科技型中小企业，冠达新材料等8家企业入选科技小巨人种子项目。

实施“国家级工程平台”建设工程。充分发挥“双创升级示范工程”资金作用，支持47个项目；充分发挥“创新券”使用平台作用，支持近50个研发项目。

实施“新兴产业助力工程”。争取专项资金支持新兴产业发展，2020年鞍山高新区企业累计获得资金支持1.38亿元，其中，国家资金1.12亿元、管委会财政资金2 633万元。正发表面技术工程公司获批省级企业技术中心。组织参加各级创新创业大赛，获省级奖项10家、市级奖项24家。

【体制机制改革】鞍山高新区全力打造办事方便、法治良好、成本竞争力强、生态宜居的营商环境。为市场主体做好精准服务。推进“互联网＋政务服务”一体化政务建设，攻坚“一网、一门、一次”流程工作体系，在鞍山率先实施企业开办“零成本”政策，完善《高新区政务服务中心窗口工作人员服务规范》《现场管理标准化实施规范》等制度文件16件。聘任区级营商环境特约监督员24名，完成“三级”审批赋权事项176项，政务中心全年累计办理各类业务事项近3万件。

【优化营商环境】鞍山高新区落实“春风行动”六个工程。推进“包保帮扶”工程，为重点企业、重大项目提供特别通道、特别程序、特别服务、特别时限的“四特服务”。实施助力工程“组合拳”。实施“财税政策”助力工程，帮助企业争取了土地和房产使用税减免或缓交税费累计超过500万元。实施“金融助力”工程，组织银企对接活动50余次，为50余户企业实现贷款金额8 000万元以上，帮助13家企业办理续贷及展期8 095万元，为4家企业贷款担保

1 100万元。实施“营商助企”工程，清理651户“僵尸”企业，盘活37户休眠企业。开展了《广告法》等各类培训，为企业培训300余人。

（鞍山高新技术产业开发区管理委员会）

河北唐山海港经济开发区

【经济发展】2020年，河北唐山海港开发区认真贯彻落实中央和省、市决策部署，坚持以“三创四建”活动为载体和抓手，围绕市委“33458”工作思路，聚焦聚力“八个发展”，持续对标对表、拼搏竞进，努力克服疫情影响，全力推进经济回速、工业回稳、投资回升、消费回暖，各项工作取得明显成效。全区全年地区生产总值同比增长4.5%，规上工业增加值增长5.1%，服务业增加值同比增长6.29%，高新技术产业增加值增长14.8%，固定资产投资增长7.6%，一般公共预算收入增长8.5%，新增规上工业企业7家，新增规上服务业企业8家。

【疫情防控】海港开发区党工委、管委会始终把人民群众生命安全和身体健康放在第一位，面对突如其来的新冠肺炎疫情，快速反应、积极应对，迅速成立防控领导小组，下设办公室及9个工作组，抽调精干人员快速到岗开展工作，及时制定应急预案、技术方案，组建专家队伍、应急处置队伍、救治队伍。在镇（街）建立包片（小区）、包村（居民楼）、包户层次分明、责任清晰、保障有力的防控网络体系，形成一级抓一级、层层有责任、上下协同抓落实的工作格局。立足地方实际，依托网络体系，逐级履职尽责，按照“镇（街）不漏村（居）、村（居）不漏户、户不漏人”的原则开展全面摸排和动态摸排。全面调动部门、乡镇、社区、群众各方积极性，组织开展重点人员留观、流行病学调查、卡点执勤、船员接返、医校包联、核酸检测、应急演练、集中隔离点建设、重点人员疫苗接种等系列工作，举全区之力打响疫情防控攻坚战。开发区管委会慎终如始坚持常态化精准防控和局部应急处置有机结合，针对港区实际，不断完善口岸联防联控机制和工作流程，建立港口、边检、海关、海事、区防控办五位一体的防疫机制，船舶风险研判、靠泊引航、卫生检疫、巡查检查、登轮作业、船员换班、内外贸兼营船舶由国际航线转国内航线等内容都进行明确规定并严格执行，坚决筑牢水上防线，保持了新冠肺炎疫情“零输入”“零感染”的良好态势。

【招商引资】海港开发区在招商部门先行先试推进人事薪酬制度改革，面向社会公开招聘4名招商局副局长，进一步充实招商力量，提升招商水平。新聘人员活力竞相迸发，招商局面日趋活跃。按照全市统一部署，深入开展“四个一百”活动，重大科技研发平台建设取得突破性进展，与北京理工大学机械与车辆学院合作建设的转化研究中心项目正式运营，该项目计划总投资5亿元，正在转化项目5项，均在“十三五”时期《国家战略性新兴产业重点产品目录》及科技部明确的我国“35项卡脖子技术”范畴，其中科研成果超高纯氧化镁纯度高达99.95%，达到国际先进水平，成功填补我国该产品生产领域空白，具有极大市场潜力。引进北大创业（唐山）科技园项目，谋划建成北京大学位于河北的现代化产学研用示范平台，打造“北京研发、唐山转化”孵化器。发挥港口和政策优势，积极引进临港服务业企业。2020年共洽谈项目102个，涉及总投资569亿元，其中，上海鑫宝能源发展集团投资18.96亿元的年产12万吨聚苯醚，中储粮唐山直属库投资11.11亿元的中储粮物流仓储等37个重点项目成功签约。

【项目建设】2020年，海港开发区全力以赴为项目建设和企业发展提供最优质、最便捷、最高效的服务，强力推进项目建设提质增效。全年共实施重点项目68个，涉及总投资650.51亿元，其中续建项目30个，新开工项目38个，列入市重点项目22个，列入省重点项目8个，达到开发区历史之最。全年共举行4次重点项目集中开工活动，共有25个亿元以上的产业项目参与活动；举行2次项目观摩活动，在第一季度全市项目观摩中荣获B组第一。成功引进一批氢能源产业链项目，大力发展从制氢、储氢到用氢的氢能源产业，打造全产业链集群。服从服务全市发展大局，总投资约220亿元的天柱、华西、天顺三家重点钢铁企业及焦化企业整合搬迁工作正快速推进。

【六稳六保】2020年，海港开发区坚持疫情防控和经济社会发展“两手抓、两促进”，扎实做好“六稳”工作，全面落实“六稳”任务，深入开展“万名干部下基层、万名干部联企业”活动，严格落实“五个一”工作机制，做到一个重点企业（项目），一名县级领导、一个责任部门对口帮扶，实现全区510家企业包联服务全覆盖。认真贯彻执行省、市有关融资、降息、减税降费等政策措施，全力协调解决企业人员、原料、物资等困难问题，助推企业复工复产。特别是疫情防控期间，以“特事特办、及时审批”的速度，仅24小时就落地上线日产15万只口罩生产项目，有效缓解疫情防控初期物资紧张难题，为全市抗疫工作贡献海港力量，被多家媒体宣传报道。牢固树立“过紧日子”思想，大力压减一般性支出，全力以赴保民生。全年一般性支出压减5%，拨付困难群众生活补贴、优抚支出等1 949万元，开展线上线下培训活动2 536人次，促进城镇新增就业2 319人，最大限度降低疫情带来的负面影响。

【绿色集约】2020年，海港开发区严格落实省、市委关于生态建设和环境治理的相关决策部署，统筹打好蓝天、碧水、净土保卫战，打造空气常新、绿水长流的美丽海港。不断加强粉尘、异味、超载超限和散乱污企业治理，PM2.5年均浓度降至47微克/立方米。积极推进清水润城工程，建立健全河长制领导小组和区、镇、村三级河长制工作巡查体系，扎实开展“碧水2020”环境执法专项行动，河流断面水质稳定达标，坚持“冬病夏治”，在秋收前组织制定秸秆禁烧工作方案，对稻田沟渠、坑塘、荒地杂草清除及稻田秸秆打捆作业进行安排部署，秸秆由企业全面回收，彻底解决群众秸秆处理难题，有效降低大气污染指数。深入推进“双代一清”，在王滩镇集中开展气代煤改造使用攻坚行动，将75个自然村逐一明确分包领导、分包单位、片长、包村干部和村级负责人，建立起从上到下的“五级”工作机制，每日进行汇总、排名、通报，激励先进、鞭策后进，并制定激励措施，对农户安装水暖炕、水暖空调进行补贴，力度之大前所未有。2020年，共完成暖炕改造9 369户，切实解决农村清洁取暖问题，改善生态环境和人居环境。

【体制机制创新】2020年，海港开发区严格按照上级部署，组织开展企业注册改革，充分对办事窗口授权，不断优化审批流程，推进审批工作再提速，让审批做“减法”、为服务做“加法”，将原承诺3个工作日办结的企业注册登记改为2小时内即可办结的即办件。整合企业开办相关窗口，设立企业开办专区，配置完善企业开办一窗通系统，大力优化企业开办审批环节，实现企业开办1个工作日内办结。完善“互联网+政务服务”系统建设，网上可办率达到100%，实现“不见面审批”。推行双休日“不打烊”服务机制，针对服务企业、保障民生的重大事项，以及与疫情防控相关的重点业务，实行“即来即办”，并大力推行上门服务、延时服务、预约服务，统筹推进新冠肺炎疫情防控和经济社会发展工作。持续优化营商环境，全面落实减税降费政策，成立全面落实减税降费工作专班，全年减税降费超4亿元，实质性减轻了企业负担。

【社会事业】2020年，海港开发区将改善民生摆在突出位置，扎实推进新时代城市社区治理、农村人居环境提升达标等十项民心工程建设，让广大人民群众获得感、幸福感、安全感更加充实、更有保障、更可持续。奋力推进教育高质量发展，教育高地事业基础已初步形成，第三中学建成投入使用，海港高中、海港二中在市级同类学校中名列前茅；海港二中被评为第一批全国青少年校园篮球特色学校，海港一小获得唐山市第四届“金凤凰杯”校园足球精英比赛冠军，海港幼儿园被评为唐山市名园。通过政府购买服务的形式，租用高标准建设的民办幼儿园投入使用，有效解决了学前教育“入公办园难”问题。乡村振兴“十百千”工程建设均已完工并顺利通过验收，以农村人居环境整治为基础，持续开展村庄清洁行动，全年累计完成580座无害化卫生厕所改造任务和12个行政村整村推进任务，农村人居环境得到明显改善，村庄环境干净整洁有序。扎实开展现有建档立卡贫困户、脱贫人口的后续帮扶工作，确保真脱贫、不返贫，真正实现互帮互助、共同富裕，交出了一份温暖人心的民生答卷。

【机构设置与管委会领导】海港开发区辖1个管委会、1个镇、57个村民委员会、2个居民委员会，下设党政综合办公室（人民武装部与其合署办公）、发改局（交通运输局、行政审批局）、招商局（商务局）、财政局、人社局（社会事务局）、住建局、安监局、政法委（司法局）、机关党委（党群工作部）9个内设机构，及社保局、政务服务中心（公共资源交易中心）、财政集中支付中心（政府采购中心）、综合执法大队（城区办事处）、人力资源和就业服务中心、社会事业服务中心（文化体育广播电视新闻服务中心）、城市建设服务中心（住房保障服务中心）、劳动人事争议仲裁院、综合治税领导小组办公室9个财政性资金基本保证事业单位。党工委、管委会班子成员包括：党工委书记、管委会主任黄玉刚，党工委副书记、管委会副主任刘军，党工委委员、纪工委书记宋朝红，党工委委员、管委会副主任常荣兴，党工委委员、管委会副主任莫辉，党工委委员、管委会副主任王建新。

【开发区党工委、管委会负责人】唐山海港经济开发区党工委书记、管委会主任黄玉刚。

河北唐山海港经济开发区2019—2020年主要经济综合指标一览表

项 目		单位	2019年	2020年	增减（%）
开发区生产总值		亿元	200.03	207.8	4.5
第二产业		亿元	74.62	75.7	0.5
工业		亿元	73.22	73.7	0.5
第三产业		亿元	120.06	125.4	6.2
工业总产值（现价）		亿元	348	356	2.3
高新技术企业		亿元	–	35.7	–
销售（营业）收入		亿元	1 870	1 907	1.98
其中：第二产业（工业）		亿元	342	399	16.7
利润总额　工业		亿元	9.4	7.1	−24.5
区内主导产业及产值	1. 见后注	亿元	129.57	124.69	–
	2. 见后注	亿元	242.5	155.83	–
	3. 见后注	亿元	86.26	503.88	–
进出口总额		亿美元	33 846	38 960	15.1
出口		亿美元	7 775	18 957	144
财政收入		亿元	26.3	28	6.4

续表

项 目	单位	2019 年	2020 年	增减（%）
税收收入	亿元	24.6	25.6	4
区内世界 500 强企业数	家	3	3	0
规上企业个数	家	62	219	253
合同外资金额	亿美元	–	4 650	–
外商实际投资	亿美元	–	973	–
固定资产投资	亿元	157.6	164.3	4.2
年末从业人员数	万人	2.6	1.8	−30.7
万元 GDP 能耗	吨标煤／万元	163.3	220	34.7
水资源消耗总量	万立方米	1 163	10 051	764

注：

2019 年主导产业：1. 水上运输；2. 石油加工、炼焦及核燃料加工业；3. 农副食品加工。

2020 年主导产业：1. 石油加工、炼焦及核燃料加工业；2. 黑色金属冶炼及压延加工业；3. 道路运输业。

（河北唐山海港经济开发区管理委员会）

河北清河经济开发区

【经济发展】2020年，河北清河经济开发区累计完成地区生产总值71.7亿元；工业总产值163.05亿元，同比增长8.69%；主营业务收入607.13亿元，同比增长24.12%；财政收入12.85亿元，同比增长11.16%；进出口总额3.8亿美元，同比增长15.85%。

【招商选资】2020年，清河经济开发区围绕“招商选资突破年”“项目建设突破年”工作要求，创新招商机制，压实招商责任，重点推进“招大引强、清商回归、激发本地企业内生动力”，扎实推进项目“双进双产”。全年签约项目44个，总投资78亿元，其中超亿元项目36个；完成引进外资5 430万美元，内资6.3亿元。创新网络招商，冲破疫情困难，变上门招商为网上招商，变走出去为请进来，北京金鹰羊绒制衣有限公司与河北宇宏羊绒制品有限公司建设纱线研发与智能纺纱项目、桐乡市华家那羊绒服饰有限公司建设羊绒智能织造产业园项目等8个项目，通过“屏对屏”网络签约形式落户。注重资本招商，引导投资人采取合作入股、租赁厂房等方式进行投资，减少土地征收、基建等环节，提高投资效益，河北魁星新能源科技有限公司新能源等项目实现“签约即开工”“当年就投产”。坚持科技招商，中汇公司建设智能数字化纺织工厂项目，充分利用智能技术、网络技术和制造技术，建设智能化、无人化数字工厂，打造清河“智造”新标杆。强化亩均效益，清河县同德有色金属冶炼有限公司新建硬质合金钨资源循环再利用、钨钴分离项目，投产后将实现年亩均税收150万元。开展驻外招商，向北京、上海、深圳派驻招商办事处，开展招商推介，广泛搜集招商线索，走访企业1 000余家，获取有效信息96条，邀请来清考察33批次，签约项目37个。进行集中招商，在上海、南京、深圳组织举办4次产业招商推介活动，总投资30.6亿元的16个项目签约，涵盖羊绒智造、新能源汽车、物流、城市经济综合体等领域。

【项目建设】2020年，清河经济开发区对2018年以来73个新建项目进行逐一梳理，编制项目台账，按照前期服务、过程管控、后期跟踪的三个阶段，将项目建设全流程分门别类入表，逐项明确办理内容、任务进展、时间节点，每周汇总通报，高效解决项目建设痛点、堵点和难点问题。同时，继续实行重点项目联系分包制度，坚持一线工作法，现场协调解决问题300余个。全年新开工项目33个，总投资60.6亿元；竣工项目13个，总投资48.9亿元。全年重点推进项目设备总投资7.3亿元的河北天达晶阳半导体技术股份有限公司碳化硅单晶体项目，总投资1.1亿元的河北株冀硬质合金公司高端精密陶瓷数控刀具项目，投资5亿元的河北吉派羊绒制品有限公司与杭州绅秋服装有限公司共同建设精纺纱线、制衣项目等项目建设进度。

【项目承载平台】2020年，清河经济开发区按照资源集约、要素集中、服务集成的原则，进一步加快推进小微企业科创园、汽配科创园、羊绒科创园建设。至年底，小微企业科创园完成2期建设，一期入驻小微企业94个，二期交付使用70个标准厂房；汽配科创园引进22家科技型中小汽配企业入驻；羊绒科创园引进10家羊绒纺织企业入驻。充分发挥经济开发区平台公司的市场作用，按照高标准规划、高门槛入驻原则，集中打造小微企业聚集发展平台（中小企业孵化园）、羊绒产业高端平台（清河国际羊绒服饰柔性快反基地）、汽配产业高端平台（温州汽配产业园）等项目承载平台；至年底，平台项目建议书编制完成，项目备案。高效利用闲置厂房、盘活现有资产，建设大数据信息产业基地；至年底，入驻包括互联网＋产业大数据、区块链＋农产品、5G技术应用清河承接平台、新媒体及网络科技公司等10家大数据信息产业企业，入驻率80%，纳税超百万元，筑巢引凤取得初步成效。

【创新创业平台】2020年，清河经济开发区集聚创新资源，完善“双创”聚力平台，丰富完善创业殿堂内涵，提升整体文化氛围，全年共接待各级领导、企业高管等参观140余批次，共计2 000余人。充分发挥“易正号——助企航母”助企作用，联合第三方培训机构组织企业开展安全员、叉车工、焊工等相关培训20余次，办理安全员资格证200余个；吸引10家电子商务公司入驻众创空间。组织企业注册服贸会数字平台，参加线上展会，为企业发展成果转换及服务外包搭建新的交流对接平台。加快企业复工复产复市，拉动刺激消费，由清河县宇微网络科技有限公司开发设计的政府消费券App小程序，发放累计400万元消费券，进行政府补贴消费，为经济发展提供科技技术支撑。持续拓展发展空间，营造“双创”文化氛围，在网络上举办创业分享、导师讲座、企业培训等各类活动10余场；在做好疫情防控措施下，邀请生产管理、公司发展战略、品牌建设等领域专家为企业开展集中培训活动6期，起到引才聚智、助力发展作用。组织召开网络招聘会，在经济开发区人力资源数据服务大厅，以“为企业寻找人才，为人才寻求岗位”为服务宗旨，向企业及求职人员开放，招聘求职信息随时更新，双方可第一时间根据自己需求选择合适的人才及岗位，并结合线上招聘，共提供就业岗位1 800余个，达成求职意向1 000余人，为企业招录各类普工450余人。

【营商环境优化】2020年，清河经济开发区围绕“营商环境突破年”工作要求，大力推行机制改革、效率改革和作风改革，全力打造“妈妈式”服务的营商环境。构建“一张网、无证明，一码通、全网办”模式，打造“无证明”开发区。一张网、无证明，解决企业在办事过程中重复提交证明材料问题，构建“企业综合信息网”，通过数据先行、监管前移，对企业证照、经济指标、环保安监、土地税收、人才科技等基础信息一网整合、动态更新一网共享、业务办理一网互认，推进企业“至简申报”，甚至无证明办理；从项目立项到施工许可阶段可精简相关证明材料20余项，精简比例超过40%，项目规划意见、环评申报初审意见等35类事项可实现“无证明”办理。一码通、全网办，借助信息技术手段，创新企业“一码通”服务，根据企业信用评价情况，凭码可“差异办”“极速办”“上门办”服务，做到一企一码、一码多用、凭码办事；并整合部门碎片化、条线化涉企服务事项，将业务办理、要素服务、应急保障三大类150余项服务集中到24小时“网上办事大厅”，企业凭码即可进行“不见面”办理，实现“进一个平台、办成所有事”。政务服务全天候、全流程，提升企业满意度，全年审批大厅接受各类咨询7 500余人次，服务市场主体2 600余个，为518家市场主体提供1 000余项便捷服务和延时服务，提供不见面审批900余次，形成档案卷宗2 791份。企业开办“一日办结”，共办理商事登记业务2 382个，一日办结率100%。推行河北省企业开办“一窗通”网上服务平台，共新设立公司579个，实现企业开办“一窗通”不跑腿、不见面。加快投资项目审批，办理固定资产投资项目审批448个；其中核准类项目从立项到施工许可（包含中介机构评估时间）全流程历时100日历天（折合71.4个工作日），比《河北省优化投资建设项目审批流程实施办法（试行）》中审批流程时限160个工作日（不含中介机构评估时间）缩短55%以上。

【基础设施建设】2020 年，清河经济开发区加快道路和管网建设，EPC 工程总承包模式建设完成桂江街、五指山路、玉龙山路、武夷山路（挥公大道—刘庄村）等 14 条道路工程以及羊绒科创园道路排水工程、挥公大道排水管网工程、东区污水管网工程等工程建设，加快推进汽配科创园道路改建以及 G340 北、渤海路西侧道路排水工程的建设。推进电力工程建设，先后完成 200 千伏陆清线迁建、武夷山路 10 千伏线路及配变迁建、羊绒科创园电力配套、汽配科创园新建道路与闽江街 10 千伏高压线杆迁移；新架九华山路、桂江街 10 千伏线路，并推进清城 35 千伏等电力线路迁改、天达晶阳项目双电源电力配套工程建设。加快供排水工程建设，经济开发区污水处理厂二期建成运营，完成对丰收渠雨水排口和珠峰路排污泵站高标准改造以及珠峰路至丰收渠段污水管道清淤疏通工作，完成经济开发区西区长江水切换工作，铺设供水管道 4 600 余米。加强对供热站的改造，改建 45 吨 / 小时兰炭锅炉试运行，65 吨 / 小时兰炭锅炉加紧建设。

【环境保护】2020 年，清河经济开发将管理区域区划分 5 个网格，并成立 5 个片区组、1 个应急中心，建立 3 个督查组、纪检组联动工作机制，打造一支生态环保队伍，以精准、精确、精细思路，打赢大气污染防治攻坚战。深化面源污染综合治理，严格落实施工工地扬尘污染整治要求，加强物料储运管控，每周开展“两清一保”净企降尘活动；严格落实涉气企业错时、限产要求，强化精准减排，全年指导 189 家涉气工业企业制定“一厂一策”；严厉打击跑冒滴漏无组织排放等违法违规行为，推进“散乱污”动态清零，加强危险废物排查整治；全面推进秸秆、垃圾露天禁烧工作，强力推行禁煤、烟花爆竹禁燃。全年排查企业 3 000 余次，对 66 家在建项目排查 1 000 余次，所有问题全部整改完毕。

【安全生产】2020 年，清河经济开发区加强安全生产责任领导，严格落实党政领导干部安全生产责任制，每周调度安全生产工作，加强日常监督排查。强化宣传培训，印发安全生产及消防安全宣传页 3 000 余份，举行有限空间、施工工地、消防和电力、“双控”机制建设等培训会议 25 场次。引进社会化服务机构，开展专项排查整治行动，对 34 家在建续建施工工地进行隐患排查，现场进行安全技术指导。推进“双控”机制建设，督促 46 家企业，对风险辨识不到位、不全面的，进行整改落实，联合第三方专家对 100 余家重点企业进行“双控”机制建设现场指导，并组织其他一般工贸企业进行“双控”机制建设培训；对属地管理的 4 条河渠安排 6 人全天巡查，“秒办”中心 24 小时进行露天焚烧巡查和管控，做到“横到边、竖到底、网格化、全覆盖”。

【土地集约利用】2020 年，清河经济开发区以“亩均论英雄”改革、标准地改革和“五未”（批而未供、供而未用、用而未尽、建而未投、投而未达标）土地处置等为主要抓手，强化措施，挖潜存量，做优增量，整合资源，实现“有限资源、无限发展”“有限资源、最大化地发展”，为“大好高优”项目留足发展空间。全年开展“五未”等各类低效用地排查专项行动，建立台账，完成 13 个项目“腾笼换业”，盘活低效土地 42.5 公顷，提高闲置土地利用效益。积极开展企业投资项目“标准地 + 承诺制”出让工作；至年底，工业用地全面实行“标准地”模式供地。推进“亩均论英雄”改革，对开发区内现有企业税收情况进行摸排核实，按亩均纳税情况将企业分为 A、B、C、D 四类，根据企业亩均综合评价结果，引导企业对标提升、补齐短板，加快“亩产效益”提档升级，通过分类施策，综合实施精准帮扶、改造提升、限期整改、要素倒逼、税务辅导、整合重组等措施，完成既有用地 3 亩以上工业企业亩均税收增长 15% 以上。

【人才引进】2020 年，清河经济开发区围绕“引、培、育、留、暖”人才工作五字方针，构建五大人才服务平台，推进人才“生态圈”建设。构建政策服务平台，推进人才“外引内培”，大力实施“人才驿站”“人才门诊”“技能提升”三大计划，最大限度地引进人才、留住人才和培育人才，帮助企业引进大专以上学历人才392人，其中引进企业经营管理人才54名。构建大学生实习基地平台，打造人才“工厂”，石家庄学院与河北南冠科技有限公司建成河北南冠大学生实习基地、河北工业职业技术学院与中航上大高温合金材料有限公司建成中航上大大学生实习基地等，精准点对点引进人才。构建校企合作平台，柔性引进高端人才，加强与高端院校对接，强化校企合作共建，引进相关院所人才、技术、项目等优质资源，围绕产业升级、技术研发等方面，建设相关产业联合创新实验室、创新创业基地、技术创新和孵化应用基地，加快推动高端人才、高新技术、科研成果在清河落地，累计引进博士、教授、专家等各类高层次人才40名。构建科技创新平台，优化要素配置，指导企业建成四个省级科研创新平台，促进人才、技术、资本、服务等各类要素高效配置和有效集成，打造有利于科研人员创新创业的生态环境，促进产业技术创新，加快科技成果转化。构建人才飞地平台，推进人才共享共用，通过与企业外地分公司、研发中心、合作公司建设人才飞地，多形式引进外地人才，全年共建设3个人才飞地，引来各类人才200余名。

【非公党建】2020年，清河经济开发区狠抓学习教育，严格落实“三会一课”制度，举办8期党支部书记和“红星纵队”教育培训活动，开展“习近平新时代中国特色社会主义思想进企业”活动。发展新党员41名，转正党员31名，培养入党积极分子260名，开展企业党员、入党积极分子培训10期。创建20个企业党支部示范点，新建8个支部，提升15个支部。开展迎“七一”系列活动，举行预备党员入党宣誓仪式、上党课活动，对表现突出的15个党支部进行表彰；组织非公企业党支部书记到东野庄、邢台园博园等地参观学习；积极开展“党建+新时代文明实践”志愿服务活动，成立14支服务队，开展活动30余次，党群活动服务中心接待各级参观学习20余次。

【防疫复工】2020年年初，清河经济开发区面对新冠肺炎疫情迅速行动起来。1月24日，经济开发区党工委连夜成立疫情防控指挥部，每天至少召开一次调度会，传达上级会议精神、工作安排，总结、部署疫情防控工作；并成立党员突击队和退役军人“秒办”中心，24小时全员备勤，全面落实一级应急响应要求，以战时状态、战时标准、战时纪律，加强重大疫情处置。增强责任意识强，成立17个网格小组，对全区域40平方千米内500余家企业、3个社区以及280余个门店、住户2万余人，以“洗房子”标准进行滚动式、地毯式实时摸排；尤其对社区实施“楼长+单元长+党员志愿者”管控模式，充分调动业主委员会、党员、群众积极性，形成“政、企、民”联防联控机制，汇聚抗击疫情强大合力。对隔离人员，密切关注，真情服务；对居家（厂）隔离人员，专人分包，每天详细了解其健康状况、心理动态和生活需求，开展上门服务；对集中隔离人员，安排专人24小时值守；在保障生活物品供应同时，通过视频、电话等方式与隔离人员沟通，安抚情绪，疏导心理，全力做好隔离人员精神、物质生活保障。对复工复产企业，实行本地员工优先使用，外地员工有序回流、先隔离后复工的差异化“人才返清”措施；对县内员工，由各企业提出用人申请，经职工住所属地政府或疫情防控责任单位确认无疫情隐患，免费为其健康体检后，统一办理工作证，用于早晚往返住所、企业“点对点”通行，实施“柔性管理”；对企业县外员工，开通“点对点”爱心专车专程接迎，返清河健康体检后，立即落实居家（厂）隔离措施，并为其开通网络视频办公，确保隔离、生产两不误，做到员工“安全来”、企业“安全用”。疫情防控期间，免费为企业提供口罩30余万个、84消毒液5 000余升、酒精3 000余升、喷壶600余个、红外体温计

300个等应急物资；安排车辆342车次，接迎企业员工5 855人，免费为6 000名企业职工进行体检，办理员工通行证12 458个。加快推进企业复工复产，成立复工复产工作专班，帮助企业制定疫情防控、复工复产等各项方案，做好口罩、消毒液、体温枪等防疫物资储备；制作《企业复工标准手册》《企业复工视频指南》，加强企业复工科学指导；出台《关于应对疫情支持企业共渡难关的十条意见》等有关措施，实施“特别护航行动”，在稳岗、融资、复产上给予定向扶持，帮助企业共渡难关。疫情防控期间，清河县总投资21.9亿元的8个招商项目网络集中签约仪式、6个超亿元重点项目开工仪式先后在经济开发区举行，国内汽车滤清器龙头企业河北亿利集团转产医用口罩。中央广播电视总台2次集中报道经济开发区疫情防控、复工复产做法，尤其是2月22日中央广播电视总台“东方时空”栏目对经济开发区开通“点对点”爱心专车进行专题报道。同月26日，省委原副书记赵一德在省委政研室《两手抓 两手硬 两手赢——清河县统筹做好疫情防控和经济社会发展工作》上做出批示，对清河县有效统筹防疫和有序复工复产工作给予充分肯定。

【清水河区域生态综合治理工程】2020年，清水河区域生态综合治理工程PPP项目管理办公室推进项目核心区建设，推进展览馆布展施工；完成青阳广场铺装和地下综合管廊工程建设，110千伏入廊施工完成电缆铺设；基本完成湖心区（挥公路—赣江街段）景观绿化种植和赣江街桥主体、桥头引路的铺设；长江街桥桩基完工，并进行承台施工；滨河西路部分路面完工，剩余部分因高压线塔基影响暂缓施工；百旺山堆筑至36米封顶，清水湖蓄水完成96%。

【荣誉】2020年，先后有20家省内外单位和开发区前来河北清河经济开发区对接交流，《人民日报》《经济日报》《河北日报》，及中央广播电视总台、河北电视台等国家省市媒体146次刊发报道经济开发区重点工作。清河经济开发区行政审批局入选“河北省优化营商环境推动高质量发展先进集体”，经济开发区“一张网、无证明、一码通、全网办”模式被列入省“三创四建”典型经验和省委党校教学案例，先后被表彰为“河北省劳动关系和谐先进工业园区”“河北省外贸出口先进开发区”（奖励500万元）、三星级国家新型工业化产业示范基地，被中国钨业协会授牌为国家级“钨资源再生利用试验基地”。

【机构设置与党工委管委会领导】2020年清河经济开发区设业务服务局、项目服务局、市政服务局、综合执法局和综合办公室、党建办公室。

党工委书记刘国林（6月始），副书记刘国林（6月止）、郭文军，党工委委员宁景毅、王军堂、贾振奎、安文锁、高华珍；管委会主任刘国林（6月始），副主任刘国林（6月止）、宁景毅、郭志强、李茂林。

河北清河经济开发区 2019—2020 年主要经济综合指标一览表

项目		单位	2019 年	2020 年	增减（%）
开发区生产总值		亿元	73.28	71.7	−2.2
第二产业		亿元	45.6	41.1	−9.9
工业		亿元	42.18	40.7	−3.3
第三产业		亿元	25.37	29.92	17.9
工业总产值（现价）		亿元	150.01	163.05	8.7
高新技术企业		亿元	44.97	49.2	9.4
销售（营业）收入		亿元	489.15	607.13	24.1
利润总额		亿元	–	–	–
第二产业		亿元	14.51	16.01	10.3
工业		亿元	14.51	16.01	10.3
进出口总额		亿美元	3.28	3.8	15.6
出口		亿美元	2.72	3.2	17.6
财政收入		亿元	11.56	12.85	11.1
税收收入		亿元	11.56	12.85	11.1
新批企业个数		家	534	656	22.8
国家级高新技术企业数		家	39	50	28.2
新批企业投资额	外商及港澳台企业	亿美元	0.516 8	0.530 0	2.6
	内资企业	亿元	28.58	–	–
	增资企业	亿美元	0	0	0
规上企业个数		家	100	99	−1
科学研究与试验发展（R&D）经费支出		万元	21 330.6	14 459.2	−32.2
外商实际投资		亿美元	0.516 8	0.530 0	2.6
固定资产投资		亿元	23.16	27.36	18.1
年末从业人员数		万人	2.3	2.31	0.5
水资源消耗总量		万立方米	316.64	344	8.6
上市企业数量		家	5	5	0
区内建立的创业创新平台数量		个	2	2	0
区内科研院所数量		家	2	2	0
区内职业教育学校数量		家	2	2	0

（河北清河经济开发区管委会）

山东邹城经济开发区

山东邹城经济开发区位于孟子故里、全国综合实力百强县市、全国十佳投资创业城市——山东省邹城市，始建于1992年，是山东省首批省级经济开发区之一。规划用地面积95.41平方公里，设立邹城化工产业园（23.48平方公里）、高端装备制造产业园（36.03平方公里）和新能源新材料产业园（35.9平方公里）三个区中园，规划发展高端绿色化工、新能源新材料、高端装备制造、生物医药、机器人五大主导产业，全力打造千亿级园区和国家级经济开发区。先后荣获国家级绿色园区、国家火炬邹城智能矿用装备特色产业基地、国家火炬济宁邹城精细有机材料特色产业基地、全国模范劳动关系和谐工业园区、全国十佳最具投资价值医药产业园区、中国最具发展潜力开发区、国家级科技企业孵化器、国家级众创空间、国家小型微型企业创业创新示范基地等荣誉称号。在2020年全省开发区综合发展水平评价考核中，邹城经济开发区以376.88分的优异成绩位列全省160家开发区中第9名，较2019年前移了7个位次，在省级开发区中排第4名，在济宁市开发区中位居第1名。

【经济发展】2020年，邹城经济开发区“四上”企业数量达到304家，其中规上工业企业108家；实现开发区生产总值396.26亿元，同比增长5.32%；规上工业总产值488.92亿元，同比增长4.02%，占邹城市的89.38%；固定资产投资179.72亿元，同比增长8.29%，占邹城市的50.35%；财政收入36.59亿元，其中税收收入36.43亿元，占邹城市的70.95%；拥有外贸进出口企业72家，业务量过千万元的企业达到19家，完成进出口贸易总额40亿元；实际到位外资11 471万美元。

【产业发展】邹城经济开发区按照产业基础高级化、产业链现代化的发展方向，围绕五大主导产业，实行“5个产业园+1个物流园”的六大专业园区模式，以荣信集团、泰山玻纤、鲁抗医药、落陵精密制造、机器人产业园等12家龙头企业带动的产业链集聚发展基地为核心抓手，分类制订发展计划，加快建设重点项目，推动规模再突破、价值再提升，全力打造形成“产业集群化、企业集聚化、资源集约化”的经开区产业生态圈，不断增强产业集群实力。以“链长制”为主抓手，组建5条产业链建设团队，建立“一名链长、一个产业链、一个团队、一套工作机制、一抓到底”的工作机制，每条产业链形成“1个图谱”和“N张清单”，以工程化、项目化方法开展部署设计，有效推动产业链上中下游、大中小企业融通创新。实行“揭榜挂帅”、定期“打擂”考核，人员定责、指标定量，抓好产业体系构建、强企培育、项目引进等重点工作，全面加速产业发展。同时，围绕供应链布置产业链，围绕产业链强化供应链，强化大企业、大集团的龙头引领作用，全力锻造一批体量大、效益好、牵引强的“群长”企业；定期召开“群长”企业座谈会，逐个梳理企业问题，了解企业需求，带动产业垂直分布，力争加速形成集聚效应。2020年，累计培育产业骨干企业17家，达到“四上”企业规模的主导产业企业数量突破89家（包括高端绿色化工企业8家，健康医药企业12家，新材料企业3家，智能装备制造企业34家，新能源新材料企业32

家），产业培育初见成效。

【科技创新】 强化招才引智，集聚创新要素，为开发区发展注入强大“智慧”力量。2020年，成功引进两院院士、国家重点人才工程专家等高层次人才4名，自主培育1名外籍专家入选省科技厅“外专双百计划”，2名经开区企业专家入选科技部科技创新创业人才，并被省厅列入国家重点人才工程推荐名单。新增省级以上创新创业平台13家，累计达到91家；拥有国家级高新技术企业达到64家。深化产学研合作，在济宁市15家园区中率先设立科技建设部，为企业发展高新技术提供精准服务；2020年，先后推进了山东中医药大学暨山东优杰中药凝胶贴剂产学研基地、安徽理工大学与兖煤黑豹公司硕士研究生联合培养工程等13家企业与高等院所的产学研合作，开展项目16项；其中，山东天河科技公司与中国矿业大学、山东科学院激光研究所合作的深层矿区智能化无人快速掘进成套装备研发及产业化、冲击地压多参量在线监测系统等3个产学研项目，技术已经达到国际先进水平。同时，积极引导辖区企业投资10.85亿元，开展了“加热炉低氮燃烧技术”“高端煤机装备智能制造技术工艺研究”等73项科研项目，全力攻坚“卡脖子”技术，进一步筑牢了园区科技发展基石。

【投资促进】 按照“引进核心项目、拉长产业链条、培育产业集群、建设产业基地”工作思路，聚焦重点产业、重点企业、重点区域，绘制完成11条产业链图谱和2张产业招商地图，建立了招商引资项目库，深耕京津冀、长三角、珠三角，发挥三个驻外招商点作用，瞄准世界500强、中国500强、行业50强，科学制订招商活动计划，按照“小规模、专业化、多频次”的原则开展招商活动，保证了项目招引有的放矢、精确高效。2020年，先后赴北京、上海、深圳等地开展外出招商活动22次，拜访韩国希杰集团中国总部、重庆大龙网集团等500强及行业龙头企业70余家，接待中建材集团、华电国际、大唐集团等来邹考察客商约160余批次。全年共完成项目签约31个，总投资191.9亿元，其中，投资过50亿元的项目1个，过30亿元的项目1个，过10亿元及以上的项目3个，提前完成了济宁市下达的招商目标任务（招引30亿元大项目1个、10亿元大项目1个）。在建项目44个，总投资295.4亿元，到位资金100.5亿元；其中，500强企业投资项目11个，总投资93.6亿元，到位资金26.8亿元；符合省“十强”产业考核项目25个，总投资153.6亿元，到位省外国内资金47.7亿元。

【体制机制创新】 按照山东省、济宁市关于开发区体制机制改革创新有关要求，2020年3月，邹城经济开发区与邹城工业园区（成立于2003年，2006年8月获批省级开发区）整合为新的邹城经济开发区。实行“管委会＋公司”运行模式，剥离36项社会管理事务和10项开发运营职能，将正方集团作为开发运营公司、正商公司作为专业招商公司，管委会聚焦双招双引、项目建设、经济发展等主责主业。推行“大部门、扁平化”管理，整合13个内设机构为组织部、综合部、安全环保部、经济发展部、投资促进部、财政金融部、科技建设部7个职能部门，派出邹城市行政审批服务局经济开发区分局、邹城市应急管理局经济开发区分局，全面负责经济开发区行政审批和安全生产工作，2020年累计完成全程网办、当日办结项目立项备案100件、企业设立登记业务267件、其他技术改造项目备案35件。实行全员聘任制，人员控制数由改革前的150人压缩到110人，经过五个批次的公开选聘，聘任(任命)人员84人，平均年龄37岁，较整合前降低1.35岁；大学及以上学历80人，其中研究生学历19人，占人员总数的23%，人员队伍年轻化、知识化、专业化水平显著提升。全面推行“基础性工资＋绩效工资”收入分配方式，合理拉开差距，确保人员多劳多得、争先进位，激发了干劲活力。山东省电视台、大众日报等新闻媒体先后对邹城开发区改革经验进行了刊发报道。

【投融资服务】 设立5亿元的高端装备制造

产业专项基金，首期设立1亿元，以后每年列支1亿元。专项基金使用坚持公开、公正、公平的原则，采取参股投资、融资支持、本地产品推广补贴等方式，支持高端装备制造产业发展。鼓励和引导银行机构加大与上级行沟通协调，创新支持产业发展的金融产品，加快推广科技贷、税易贷、知识产权质押贷、股权质押及动产质押贷等融资模式。支持商业保理公司与各类银行业金融机构合作，开展应收账款、存货、仓单、商标等权益类质押融资业务。积极发展融资租赁业务，为高端装备制造业企业技术改造、扩建生产线提供大型设备租赁服务。积极对接资本市场，支持各类高端装备制造业企业发行企业债券、公司债、短期融资券、中期票据等，替代其他高成本融资方式。支持符合“中国制造2025”和战略性新兴产业方向的高端装备制造业企业，通过IPO、科创板、新三板挂牌、区域性股权交易市场交易等方式，在多层次资本市场进行股权融资，并按照有关规定对挂牌上市企业给予相应奖励补助。

【国际合作】邹城经济开发区规划建设中日韩（济宁）生物科技产业园，该产业园核心区面积约700亩，拟建设标准厂房，配套办公、仓储、质检、研发、专家公寓、职工公寓等生活服务设施。产业园面向日本、韩国，精准引进生物科技产业项目入驻，广泛开展对日韩国际贸易，承接生物科技产业转移，力争形成以生物制剂、生物医药、生物制造业为主导，医美健康、生物技术服务为辅助的产业格局，建设成为支撑邹城市高质量发展的国际合作生物科技产业园区。目前，已进驻希杰尤特尔（山东）生物科技有限公司、奥晶生物有限公司、意可曼生物科技有限公司等企业，产业园周边建有圣琪生物精制淀粉、酵母抽提物项目、优杰生物水凝胶医疗器械项目等，产品广泛销往日韩等国家，与建立密切的经贸联系。

【党建引领】邹城经济开发区落实新时代党的建设总要求，创新设置“党工委—综合党委—区中园党委—‘两新’党组织”体系架构。2020年新成立非公企业党支部5个，完成66家“两新”组织全覆盖；选派64名机关党员担任“两新”组织党建指导员，为企业开展标准化建设、特色活动、疫情防控等工作提供了有力指导。严把党员发展“入口关”，落实“县乡联审”制度，确保了党员队伍先进性、纯洁性，全年共培养入党积极分子200余名，发展党员42人；培育济宁市级党建“百千万提升工程”示范点1个，打造邹城市级“六好”“两新”组织党建工作示范点5个，培育了荣信集团“党企联建”、中再生华惠“四抓四促工作法”、金鼎实业“三创促发展”等一批特色鲜明、内涵丰富、带动作用突出的企业党建品牌。深化全面从严管党治党，压实“两个责任”，加强日常履责、常态履责、留痕履责的监督执纪，切实做到真管真严、常管常严。开展制度建设年活动，制定《2020年党风廉政建设工作要点》，出台“三重一大”事项议事规则、涉企服务“六条禁令”等纪律文件，健全餐饮接待、公车管理等13项内部管理制度，为党员干部划清了底线、标明了红线。

【营商环境】根据“流程最优、时限最短、效率最高、服务最好”的四最原则，推进制度创新，开辟“绿色通道”，广泛实行“承诺制+容缺办”模式，最大限度简化审批工作流程，实现项目“拿地即开工”。2020年以来，累计完成全程网办、当日办结新建项目立项备案100件、企业设立登记267件、技术改造项目备案35件。完善基础设施，提升承载能力。对22.4公里化工园区路网进行大修提升，完成新华路、平安路等1.1公里污水管网改造，架设12.3公里泰玻双电源110kV线路；完成高精新医药园区孵化中心一期项目厂房主体建设，启动化工园区危化停车场工程。启动投资1.5亿元的荣信集团“数智”平台、泰玻公司玻璃纤维智能制造等“新基建”项目6个；深化5G建设，实现重点区域全覆盖，“善感知、慧服务”的新型智慧园区初步显现。实行“企业代办员+网格化包保”服务机制，对137家企业、49个重点项目进行全面包保，建立“一企一档”，开展精准服务，全力打造市场化、法治化、专业化和开放型、服务型、效率型“三化三型”优良营商环境。

【机构设置与管委会领导】邹城经济开发区党工委下设组织部，管委会下设综合部、自然资源规划建设部、经济发展部、投资促进部、财政金融部、科技合作部。

邹城工业园区（2020年3月整合为邹城经济开发区）党工委第一书记：张百顺（2020.1—2020.3），党工委书记、管委会主任：曾凡玉（2020.1—2020.3），党工委委员、管委会副主任：乔凡英（女）（2020.1—2020.3），党工委委员、管委会副主任：孙本铎（2020.1—2020.3），党工委委员、管委会副主任：刘轩（2020.1—2020.3）。

邹城经济开发区（2020年3月整合成立）党工委第一书记：张百顺（2020.3—），党工委书记、管委会主任：曾凡玉（2020.3—2020.5），主持全面工作：蔡庆华（2020.8—2020.12），党工委书记、管委会主任：蔡庆华（2020.12—），党工委委员、管委会副主任：乔凡英（女）（2020.3—），党工委委员、管委会副主任：孙本铎（2020.3—）；党工委委员、管委会副主任：刘轩（2020.3—2020.11），党工委委员、管委会副主任：宋广伟（2020.3—），党工委委员、组织部部长：邱勇（2020.3—），党工委委员、纪工委书记，市监委派出经开区监察室主任：杨奉明（2020.3—）。

山东邹城经济开发区2019—2020年主要经济综合指标一览表

项目		单位	2019年	2020年	增减（%）
开发区生产总值		亿元	376.24	396.26	5.32
第二产业		亿元	318.21	337.41	6.03
工业		亿元	284.62	302.59	6.31
第三产业		亿元	41.95	43.57	3.86
工业总产值（现价）		亿元	470.02	488.92	4.02
高新技术企业		亿元	186.12	195.58	5.08
销售（营业）收入		亿元	989.12	1 001.78	1.28
第二产业		亿元	612.57	619.19	1.08
工业		亿元	581.02	588.11	1.22
第三产业		亿元	297.81	313.44	5.25
利润总额		亿元	99.47	103.46	4.01
第二产业		亿元	69.63	72.45	4.05
工业		亿元	62.73	65.21	3.95
区内主导产业及产值	1. 高端绿色化工产业	亿元	56.55	64.80	14.59
	2. 新能源新材料产业	亿元	240.39	243.21	1.17
	3. 高端装备制造产业	亿元	83.01	88.69	6.84
	4. 工业机器人	亿元	7.90	8.50	7.59
	5. 生物医药产业	亿元	32.02	33.59	4.90
第三产业（利润）		亿元	24.66	25.96	5.27
进出口总额		亿美元	5.13	6.17	20.27
出口		亿美元	2.06	2.44	18.45
财政收入		亿元	35.34	36.59	3.54
税收收入		亿元	35.88	36.43	1.53
财政支出		亿元	35.32	36.57	3.54

续表

项　目		单位	2019 年	2020 年	增减（%）
新批企业个数		家	285	310	8.77
外商及港澳台企业		家	13	15	15.38
内资企业		家	272	295	8.46
区内世界 500 强企业数		家	9	11	22.22
国家级高新技术企业数		家	51	64	25.49
新批企业投资额（注册资本）	外商及港澳台企业	亿美元	8 403.29	11 010	31.02
	内资企业	亿元	131.33	165.59	26.09
	增资企业	亿美元	–	–	–
规上企业个数		家	219	304	38.81
科学研究与试验发展（R&D）经费支出		万元	194 547	201 896	3.78
研究与试验发展（R&D）经费投入强度		%	3.35	3.47	3.58
合同外资金额		亿美元	1.18	1.68	42.37
外商实际投资		亿美元	0.66	1.15	74.24
固定资产投资		亿元	155.28	179.72	15.74
年末从业人员数		万人	10.76	10.85	0.84
万元 GDP 能耗		吨标煤 / 万元	0.48	0.46	−4.17
水资源消耗总量		万立方米	3 190.05	3 348.8	4.98
单位国内生产总值取水量		立方米 / 万元	8.95	8.92	−0.34
上市企业数量		家	36	66	83.33
区内建立的创业创新平台数量		个	66	72	9.09
区内科研院所数量		家	4	4	0.00

（山东邹城经济开发区管委会）

统计资料篇

2020年国家级经济技术开发区主要经济指标情况

一、总体情况

根据初步核算，2020 年，全国 217 家国家级经开区地区生产总值 11.6 万亿元，同比增长 6.4%，增幅高于同期全国平均水平（2.3%）4.1 个百分点，占同期国内生产总值比重为 11.5%。其中:第二产业增加值7万亿元，同比增长3.9%，占同期全国第二产业增加值比重为 18.3%；第三产业增加值 4.5 万亿元，同比增长 10.9%，占同期全国第三产业增加值比重为 8%。

217 家国家级经开区财政收入 2.1 万亿元，同比增长 2.8%，占全国财政收入比重为 11.7%。税收收入 1.9 万亿元，同比增长 2.3%，占全国税收收入比重为 12.4%。

217 家国家级经开区实际使用外资和外商投资企业再投资金额 611 亿美元，同比增长 17.5%，占全国利用外资比重为 23.1%；进出口总额 6.7 万亿元（其中，出口 3.9 万亿元，进口 2.8 万亿元），同比增长 4.8%，占全国进出口总额比重为 20.8%。

二、分区域情况

东部地区 107 家国家级经开区地区生产总值 7.4 万亿元，同比增长 6.3%，其中：第二产业增加值4.3万亿元，第三产业增加值3万亿元，同比分别增长 3.1% 和 11.3%；财政收入 1.5 万亿元，税收收入 1.3 万亿元，同比分别增长 2.6% 和 1.4%；进出口总额 5.7 万亿元(其中，出口 3.3 万亿元，进口 2.4 万亿元)，同比增长 3.2%；实际使用外资和外商投资企业再投资 359 亿美元，同比增长 14.8%。

中部地区 63 家国家级经开区地区生产总值 2.7 万亿元，同比增长 6.7%，其中：第二产业增加值 1.8 万亿元，第三产业增加值 8 629 亿元，同比分别增长 6% 和 10.1%；财政收入 3 762 亿元，税收收入 3 371 亿元，同比分别增长 1.8% 和 2.8%；进出口总额 7 200 亿元（其中，出口 4 206 亿元，进口 2 994 亿元），同比增长 12.3%；实际使用外资和外商投资企业再投资 191 亿美元，同比增长 25.1%。

西部地区 47 家国家级经开区地区生产总值 1.6 万亿元，同比增长 6.2%，其中：第二产业增加值 1 万亿元，第三产业增加值 5 394 亿元，同比分别增长 3.9% 和 10%；财政收入 2 459 亿元，税收收入 2 318 亿元，同比分别增长 5.7% 和 7%；进出口总额 2 616 亿元（其中，出口 1 540 亿元，进口 1 076 亿元），同比增长 22.8%；实际使用外资和外商投资企业再投资 61 亿美元，同比增长 11.9%。

（来源：商务部外资司开发区）

2019年国家级经济技术开发区主要经济指标情况

2019 年，218 家国家级经济技术开发区总体发展态势向好。地区生产总值、第二产业增加值、第三产业增加值、财政收入、税收收入、进出口总额和实际使用外资同比均保持增长。

一、总体情况

2019 年，全国 218 家国家级经济技术开发区（以下简称“国家级经开区”）实现地区生产总值 10.8 万亿元（注：初步核算数，下同），同比增长 8.3%，增幅高于同期全国平均水平（6.1%）2.2 个百分点，占同期国内生产总值比重为 10.9%。其中：第二产业增加值 6.7 万亿元，同比增长 4.5%，占同期全国第二产业增加值比重为 17.4%；第三产业增加值 3.9 万亿元，同比增长 16.9%，占同期全国第三产业增加值的比重为 7.4%。

218 家国家级经开区实现财政收入 2.1 万亿元，同比增长 5.6%，增幅高于同期全国平均水平（3.8%）1.8 个百分点，占全国财政收入的比重为 10.9%。实现税收收入 1.9 万亿元，同比增长 2.9%，增幅高于同期全国平均水平（1%）1.9 个百分点，占全国税收收入的比重为 11.7%。

218 家国家级经开区实际使用外资和外商投资企业再投资金额 532 亿美元，同比增长 8.5%，占全国吸收外资（含外商直接投资和其他投资）比重约 1/5。实现进出口总额 6.3 万亿元（其中，出口 3.5 万亿元，进口 2.8 万亿元），同比增长 1.6%，占全国进出口总额的比重为 19.9%。

二、分区域情况

东部地区 107 家国家级经开区实现地区生产总值 69 242 亿元，同比增长 7.9%，其中：第二产业增加值 40 903 亿元，第三产业增加值 27 323 亿元，同比分别增长 3.1% 和 16%；实现财政收入 14 659 亿元，税收收入 13 070 亿元，同比分别增长 6.5% 和 3.4%；进出口总额 54 784 亿元（其中，出口 30 601 亿元，进口 24 183 亿元），同比增长 0.6%；实际使用外资和外商投资企业再投资 320 亿美元，同比增长 12.3%。

中部地区 63 家国家级经开区实现地区生产总值 24 380 亿元，同比增长 8.9%，其中：第二产业增加值 16 806 亿元，第三产业增加值 7 376 亿元，同比分别增长 6.6% 和 20.5%；实现财政收入 3 766 亿元，同比下降 0.2%，税收收入 3 329 亿元，同比增长 1.1%；进出口总额 6 368 亿元（其中，出口 3 513 亿元，进口 2 855 亿元），同比增长 9.7%；实际使用外资和外商投资企业再投资 156 亿美元，同比增长 1.7%。

西部地区 48 家国家级经开区实现地区生产总值 14 776 亿元，同比增长 9%，其中：第二产业增加值 9 649 亿元，第三产业增加值 4 695 亿元，同比分别增长 6.4% 和 17%；实现财政收入 2 331 亿元，税收收入 2 146 亿元，同比分别增长 10.2% 和 2.7%；进出口总额 2 165 亿元（其中，出口 1217 亿元，进口 948 亿元），同比增长 5%；实际使用外资和外商投资企业再投资 55 亿美元，同比增长 7.3%。

（来源：商务部网站）

2018年国家级经济技术开发区主要经济指标情况

2018年，219家国家级经济技术开发区总体发展态势向好。地区生产总值、第二产业增加值、第三产业增加值、财政收入、税收收入、进出口总额和实际使用外资同比均保持增长。

一、总体情况

2018年，全国219家国家级经济技术开发区（以下简称“国家级经开区”）实现地区生产总值10.2万亿元，同比增长13.9%，增幅高于同期全国平均水平（6.6%）7.3个百分点，占同期国内生产总值的比重为11.3%。其中，第二产业增加值6.5万亿元，同比增长9.6%，增幅高于同期全国平均水平（5.8%）3.8个百分点，占同期全国第二产业增加值的比重为17.7%；第三产业增加值3.3万亿元，同比增长13.2%，增幅高于同期全国平均水平（9.6%）3.6个百分点，占同期全国第三产业增加值的比重为6.9%。

219家国家级经开区实现财政收入1.9万亿元，同比增长7.7%，增幅高于同期全国平均水平（6.2%）1.5个百分点，占全国财政收入的比重为10.6%。实现税收收入1.7万亿元，同比增长10.1%，增幅高于同期全国平均水平（8.3%）1.8个百分点，占全国税收收入的比重为11.1%。

219家国家级经开区实际使用外资和外商投资企业再投资金额513亿美元，同比增长5.5%，占全国吸收外资（含外商直接投资和其他投资）的比重约为1/5。实现进出口总额61 937亿元（其中，出口34 108亿元，进口27 829亿元），同比增长10.8%，占全国进出口总额的比重为20.3%。

二、分区域情况

东部地区107家国家级经开区实现地区生产总值67 333亿元，同比增长14.6%。其中，第二产业增加值40 461亿元，第三产业增加值22 885亿元，同比分别增长8.3%和12.2%；实现财政收入13 524亿元，税收收入12 151亿元，同比分别增长5.5%和8.6%；进出口总额54 281亿元（其中，出口29 953亿元，进口24 328亿元），同比增长9.5%；实际使用外资和外商投资企业再投资额306亿美元，同比增长2.1%。

中部地区63家国家级经开区实现地区生产总值21 389亿元，同比增长14%。其中，第二产业增加值15 250亿元，第三产业增加值5 819亿元，同比分别增长12.8%和17.6%；实现财政收入3 783亿元，税收收入3 183亿元，同比分别增长16.9%和16.2%；进出口总额5 681亿元（其中，出口3 059亿元，进口2 622亿元），同比增长23.1%；实际使用外资和外商投资企业再投资额154亿美元，同比增长9.3%。

西部地区49家国家级经开区实现地区生产总值13 302亿元，同比增长10.2%。其中，第二产业增加值9 052亿元，第三产业增加值3 823亿元，同比分别增长10.8%和12.8%；实现财政收入2 081亿元，税收收入2 045亿元，同比分别增长6.7%和10.6%；进出口总额1 975亿元（其中，出口1 096亿元，进口

879 亿元)，同比增长 13.6%；实际利用外资和外商投资企业再投资额 53 亿美元，同比增长 15.9%。

三、高新技术产品进出口情况

国家级经开区高新技术产品出口额达到 12 531 亿元，同比增长 12.8%，占国家级经开区出口总额的 36.7%，占全国高新技术产品出口总额的 25.4%；高新技术产品进口额达到 9 001 亿元，同比增长 21.2%，占国家级经开区进口总额的 32.3%，占全国高新技术产品进口总额的 20.3%。

(来源：商务部网站)

2017年国家级经济技术开发区主要经济指标情况

2017年，219家国家级经济技术开发区总体发展态势向好。地区生产总值、第二产业增加值、第三产业增加值、固定资产投资、财政收入、税收收入、进出口总额和实际使用外资金额同比均保持增长。

一、总体情况

2017年，全国219家国家级经济技术开发区（以下简称“国家级经开区”）实现地区生产总值91 364亿元人民币（如无说明，币种下同），第三产业增加值28 511亿元，财政收入17 810亿元，税收收入15 724亿元，同比分别增长9.9%、17.3%、15.9%和12.2%，增幅分别高于全国（6.9%、8%、7.4%和10.7%）3、9.3、8.5和1.5个百分点；第二产业增加值61 010亿元，同比增长6.1%，增幅与全国（6.1%）持平；固定资产投资53 853亿元，同比增长6.6%，低于全国（7.2%）0.6个百分点；实际使用外资和外商投资企业再投资额3 758亿元，同比增长13.8%；实现进出口总额55 938亿元（其中，出口31 583亿元，进口24 355亿元），同比增加17.5%。国家级经开区地区生产总值、第二产业增加值、第三产业增加值、固定资产投资、财政收入、税收收入和进出口总额占全国的比重分别为11%、18.2%、6.7%、8.5%、10.3%、10.9%和20.1%。

二、分区域情况

东部地区107家国家级经开区实现地区生产总值58 933亿元，其中，第二产业增加值37 702亿元，第三产业增加值20 146元，同比分别增长10%、6.6%和16.3%；实现财政收入12 525亿元，税收收入11 049亿元，同比分别增长16%和11.4%；进出口总额48 462亿元(其中，出口27 193亿元，进口21 269亿元)，同比增长16.4%；实际使用外资和外商投资企业再投资额2 254亿元，同比增长10.7%。

中部地区63家国家级经开区实现地区生产总值20 450亿元，其中，第二产业增加值15 020亿元，第三产业增加值5 056亿元，同比分别增长8.2%、4.8%和16.7%；实现财政收入3 349亿元，税收收入2 831亿元，同比分别增长17.4%和14%；进出口总额4 842亿元（其中，出口2 584亿元，进口2 258亿元），同比增长17.7%；实际使用外资和外商投资企业再投资额1 208亿元，同比增长19.2%。

西部地区49家国家级经开区实现地区生产总值11 982亿元，其中，第二产业增加值8 288亿元，第三产业增加值3 309亿元，同比分别增长12.1%、6.2%和25.3%；实现财政收入1 935亿元，税收收入1 843亿元，同比分别增长12.7%和14.3%；进出口总额2 634亿元（其中，出口1 806亿元，进口828亿元），同比增长42.3%；实际使用外资和外商投资企业再投资额295亿元，同比增长17.7%。

三、高新技术产品进出口情况

国家级经开区高新技术产品出口额达到 11 128 亿元，同比增长 11.5%，占国家级经开区出口总额的 35.2%，占全国高新技术产品出口总额的 24.6%。高新技术产品进口额达到 7 737 亿元，同比增长 5.3%，占国家级经开区进口总额的 31.8%，占全国高新技术产品进口总额的 19.6%。

（来源：商务部网站）

2016年国家级经济技术开发区主要经济指标情况

2016 年，219 家国家级经济技术开发区总体发展态势平稳。地区生产总值、第二产业增加值、第三产业增加值、财政收入、税收收入和固定资产投资同比均保持增长，其中，地区生产总值、第三产业增加值、财政收入和税收收入增幅均高于全国平均水平。中、西部地区国家级经济技术开发区的地区生产总值、第三产业增加值、税收收入和固定资产投资增幅均高于东部地区国家级经济技术开发区。

一、总体情况

2016 年，全国 219 家国家级经济技术开发区（以下简称“国家级经开区”）实现地区生产总值 83 139 亿元人民币（如无说明，币种下同），第三产业增加值 24 299 亿元，财政收入 15 371 亿元，税收收入 14 018 亿元，同比分别增长 7.0%、18.1%、4.7% 和 7.2%，增幅分别高于全国（6.7%、7.8%、4.5% 和 4.8%）0.3、10.3、0.2 和 2.4 个百分点；第二产业增加值 57 505 亿元，同比增长 3.0%，低于全国（6.1%）3.1 个百分点；固定资产投资 50 532 亿元，同比增长 1.1%，低于全国（8.1%）7 个百分点；实际使用外资和外商投资企业再投资额 3 301 亿元，同比下降 10.3%；实现进出口总额 47 605 亿元（其中，出口 26 946 亿元，进口 20 659 亿元），同比增加 0.53%。国家级经开区地区生产总值、第二产业增加值、第三产业增加值、财政收入、税收收入和进出口总额占全国的比重分别为 11.2%、19.4%、6.3%、9.6%、12.1% 和 19.6%。

二、分区域情况

东部地区 107 家国家级经开区实现地区生产总值 53 551 亿元，第二产业增加值 35 373 亿元，第三产业增加值 17 328 亿元，同比分别增长 6.2%、2.6% 和 14.1%；实现财政收入 10 800 亿元，税收收入 9 922 亿元，同比分别增加 4.4% 和 5.5%；进出口总额 41 641 亿元(其中，出口 23 480 亿元，进口 18 161 亿元)，同比增长 0.3%；实际使用外资和外商投资企业再投资额 2 036 亿元，同比下降 11.3%。

中部地区 63 家国家级经开区实现地区生产总值 18 900 亿元，第二产业增加值 14 328 亿元，第三产业增加值 4 331 亿元，同比分别增长 6.3%、1.2% 和 26.2%；实现财政收入 2 854 亿元，税收收入 2 483 亿元，同比分别增长 3.7% 和 5.9%；进出口总额 4 113 亿元(其中，出口 2 391 亿元，进口 1 722 亿元)，同比增长 2.5%；实际使用外资和外商投资企业再投资额 1 014 亿元，同比增长 1.7%。

西部地区 49 家国家级经开区实现地区生

产总值 10 688 亿元，第二产业增加值 7 804 亿元，第三产业增加值 2 640 亿元，同比分别增长 12.5%、8.3% 和 34.1%；实现财政收入 1 717 亿元，税收收入 1 613 亿元，同比分别增长 8.5% 和 21.6%；进出口总额 1 851 亿元（其中，出口 1 075 亿元，进口 776 亿元），同比增长 1.15%；实际使用外资和外商投资企业再投资额 251 亿元，同比下降 35%。

■ 东部107家国家级经济技术开发区
■ 中部63家国家级经济技术开发区
■ 西部49家国家级经济技术开发区

地区生产总值

东部 53 551亿元 6.2%⬆
中部 18 900亿元 6.3%⬆
西部 10 688亿元 12.5%⬆

第二产业增加值

东部 35 373亿元 2.6%⬆
中部 14 328亿元 1.2%⬆
西部 7 804亿元 8.3%⬆

第三产业增加值

东部 17 328亿元 14.1%⬆
中部 4 331亿元 26.2%⬆
西部 2 640亿元 34.1%⬆

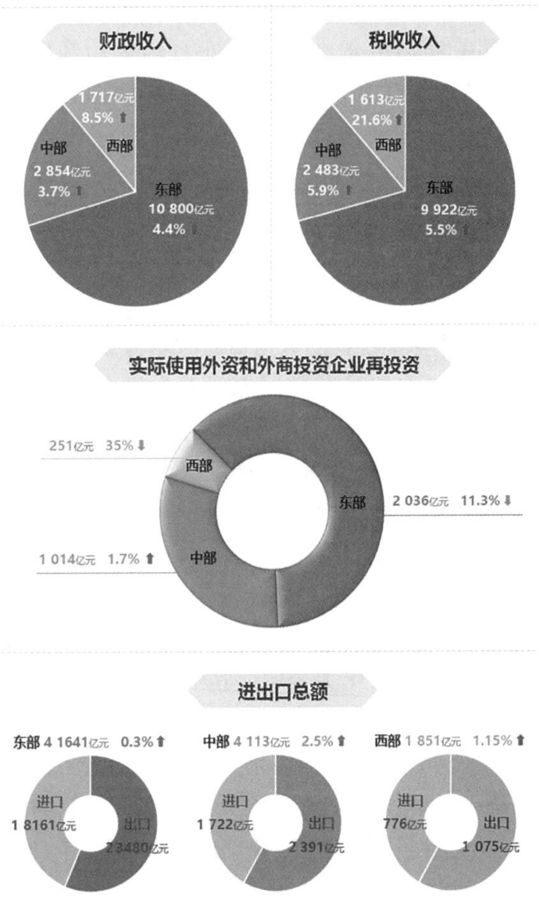

（来源：商务部网站）

关于2020年度国家级开发区土地集约利用监测统计情况的通报

为掌握开发区用地状况，促进开发区节约集约利用土地资源，根据《自然资源部办公厅关于开展2020年度建设用地节约集约利用状况评价有关工作的通知》（自然资办函〔2020〕1007号）要求，541个国家级开发区参与了2020年度监测统计工作。现将监测统计结果通报如下。

一、监测统计基本情况

本次监测统计的数据更新时点为2019年12月31日，自愿参与的国家级开发区共541个，参评率约为98%。监测统计范围50.07万公顷，平均每个开发区面积约926公顷左右。土地集约利用主要指标如下：

（一）土地利用程度

1. 土地开发率。扣除河流、湖泊、山体等不可建设土地后，参评国家级开发区共有可开发建设土地48.38万公顷，其中，达到“三通一平”以上供应条件的土地43.28万公顷，土地开发率89.46%，较上年度增加0.93个百分点。从省级行政区情况来看，18个省（区、市）参评开发区土地开发率达到90%以上；11个省（区、市）在80%～90%；海南、福建相对较低，分别为76.20%和77.66%。

2. 土地供应率。从全国层面看，参评国家级开发区已供应国有建设用地40.12万公顷，土地供应率92.68%，较上年度减少0.06个百分点。从省级行政区情况来看，25个省（区、市）参评开发区土地供应率达到90%以上；4个省(区)在80%～90%；新疆(含兵团)、青海相对较低，分别为71.90%和76.86%。

3. 土地建成率。从全国层面看，参评国家级开发区已建成城镇建设用地37.22万公顷，土地建成率92.77%，较上年度减少0.53个百分点。从省级行政区情况来看，25个省（区、市）参评开发区土地建成率达到90%以上；5个省（区、市）在80%～90%；海南相对较低，为76.62%。

（二）土地利用强度

1. 综合容积率。从全国层面看，参评国家级开发区综合容积率0.98，较上年度增加0.02个百分点。从省级行政区情况来看，15个省（市）参评开发区综合容积率达到1.0以上；11个省（区、市）在0.8～1.0；海南、宁夏、新疆（含兵团）、黑龙江、青海等5个省（区）低于0.8，其中海南仅为0.49。

2. 工业用地综合容积率。从全国层面看，参评国家级开发区工业用地综合容积率0.93，较上年度增加0.02个百分点。从省级行政区情况来看，9个省（市）参评开发区工业用地综合容积率达到1.0以上；14个省（区、市）在0.8～1.0；8个省（区）低于0.8，青海、内蒙古分别仅为0.4和0.48。

（三）土地利用潜力

待建地占比。从全国层面看，参评国家级开发区待建地规模6.70万公顷，约为开发区可开发建设规模的13.84%。从省级行政区情况来看，4个省（市）参评开发区待建地比例小于10%；23个省(区、市)在10%～20%；新疆(含兵团)、海南、西藏、青海4个省（区）大于20%，新疆（含兵团）、海南分别达到35.76%和31.96%。

（四）用地结构和效益

1. 工业用地率。参评国家级开发区工业用地率 48.52%，较上年度减少 0.13 个百分点，其中，430 个工业主导型开发区工业用地率 58.47%，111 个产城融合型开发区工业用地率 23.81%。

2. 投入产出效益。参评国家级开发区工业用地固定资产投入强度 8 984.30 万元 / 公顷，较上年度提高 4.60%；工业用地地均税收 678.99 万元 / 公顷，较上年度提高 3.40%；综合地均税收 539.96 万元 / 公顷，较上年度减少 3.87%。

此外，372 个开发区实际管理范围合计约为批准范围的 8.44 倍。各开发区土地集约利用主要指标数据详见附件。

二、土地集约利用总体状况

2020 年度参评开发区土地利用集约度分值为 61.53。其中，东部地区 247 个参评开发区集约度分值为 63.36，中部（114 个参评开发区）、西部（126 个参评开发区）、东北部（54 个参评开发区）依次降低，分别为 60.65、58.59 和 56.67 ；土地利用集约度呈现出“东部 > 中部 > 西部 > 东北部”的梯度分异格局。

（一）工业主导型开发区。430 个工业主导型开发区按土地利用集约度排名，位居前 30 位的开发区中 28 个位于东部地区、2 个位于中部地区。排名后 30 位的开发区中，6 个位于东部地区、7 个位于中部地区、11 个位于西部地区、6 个位于东北地区。

（二）产城融合型开发区。111 个产城融合型开发区按土地利用集约度排名，位居前 10 位的开发区中 6 个位于东部地区、4 个位于西部地区。排名后 10 位的开发区中，7 个位于西部地区、3 个位于东北地区。

三、主要问题

从监测统计情况来看，开发区还有较大的用地潜力。一是开发区中已建成土地占可开发建设土地仅为 76.92%。特别是海关特殊监管区和边境经济合作区，占比不到 60%。甚至有个别开发区已建成土地占比不足 10%。二是开发区内还有较多的待建地，规模达到 6.70 万公顷。其中，35 个开发区待建地在可开发建设土地中的占比超过 50%，还有个别开发区超过 80%。三是开发区土地闲置率连续两年持续增加，闲置土地面积 0.06 万公顷，较上年度增加近 4 成。

四、下一步工作重点

各省级自然资源主管部门要进一步深入分析 2020 年度开发区监测统计成果数据，完善开发区用地管理工作措施，提升土地利用效率。一是强化开发区用地内涵挖潜。对于监测统计反映的待建地、闲置土地等，省级自然资源主管部门要督促有关市县进一步摸清情况，建立健全盘活利用存量建设用地的有效措施和工作机制，释放存量用地空间。二是强化成果应用。各地要研究开发区监测统计成果在土地利用计划管理改革、土地要素市场化配置、开发区动态管理等方面应用的具体措施，积极探索将监测统计成果与年度建设用地计划安排、自然资源节约集约示范县（市）创建、土地征收成片开发等相衔接的工作机制等。

附件：

1. 国家级开发区土地集约利用监测统计基本情况表 .docx（略）

2. 国家级开发区土地集约利用监测统计结果排序 .docx（略）

3. 各省（区、市）国家级开发区土地集约利用省内排序及主要指标数据 .docx（略）

4. 有关指标名词解释 .docx（略）

（来源：自然资源部网站）

杭州钱塘新区

HANGZHOU QIANTANG NEW AREA

2020 年，杭州钱塘新区统筹推进疫情防控和经济社会发展，扎实做好“六稳”“六保”工作，奋力夺取“两战全胜”。全年实现地区生产总值 1 095.7 亿元，增长 2.7%；规上工业增加值 658.85 亿元，增长 4.2%；服务业增加值 349.1 亿元，增长 0.8%。人选全国 218 个国家级开发区十强，在全省 20 个国家级开发区中名列第一，15 个集聚区（新区）中名列第二，全国 127 个海关特殊监管区中名列全国第六、浙江第一。

WENZHOU
ECONOMIC & TECHNOLOGICAL DEVELOPMENT ZONE

温州经济技术开发区

2020 年，温州经济技术开发区深入实施全省“争先创优”和全市经济高质量回升行动，主要经济指标实现逆势上扬，规上工业增加值增长 3.9%，数字经济增加值增长 10.8%，工业性投资增长 22%，财政总收入增长 14.3%。实现地区生产总值 249.73 亿元，增长 2.1%；规上工业总产值 507.2 亿元，增长 3.2%；规上工业增加值 105.3 亿元，增长 3.9%；财政总收入 38.74 亿元，增长 14.3%，其中，一般公共预算收入 22.88 亿元，增长 12.1%；固定资产投资 124 亿元，增长 4.3%；外贸出口额 143.5 亿元，增长 50.1%；城镇和农村居民人均可支配收入分别增长 4.4%、7.0%。

《经开区奔腾激光（温州）有限公司》
摄影 / 王靖华

《经开区奔腾激光（温州）有限公司》组照5
摄影 / 王靖华

《大美画卷徐徐展开》组照4
摄影 / 苏巧将

《夜色金海湖》
摄影 / 朱进兴

温州

《大美画卷徐徐展开》组照1
摄影／苏巧将

《大美金海湖》 摄影／项慧君

CANGZHOULINGANG
ECONOMIC & TECHNOLOGICAL DEVELOPMENT ZONE

沧州临港经济技术开发区

2020 年，沧州临港经济技术开发区紧紧围绕“打造绿色创新智慧国际一流强区”战略目标，牢牢把握“项目建设”这条主线，统筹推进常态化疫情防控和经济社会发展，现代产业生态体系不断完善，经济运行保持较快增长态势，全面改革持续深化、党的建设不断加强。

2020 年，沧州临港经济技术开发区全年完成地区生产总值 44.6 亿元，同比增长 12.4%；实现营业收入 177.8 亿元，同比增长 10.4%；完成一般公共预算收入 5.8 亿元，同比下降 1.6%；实际利用外资 3 750 万美元，同比增长 19.8%；完成固定资产投资同比增长 2.1%；入统“四上企业”12 家，连续实现增长。

南开大学——沧州渤海新区绿色化工研究院

南开大学——沧州渤海新区绿色化工研究院公园

2020 年 2 月，开发区管委会主要领导夜巡疫情防控一线值班卡口

2020 年 6 月 24 日，沧州渤海新区举行重点项目观摩活动

临港开发区召开 2020 年高质量发展大会

2020 年 12 月 16 日临港开发区召开贯彻党的十九大五中全会精神专题党课活动

化工药品研发试验平台

JINGJIANG
ECONOMIC & TECHNOLOGICAL DEVELOPMENT ZONE
靖江经济技术开发区

靖江经济技术开发区创建于 1992 年，1993 年被批准为江苏省省级开发区，2012 年 12 月升级为国家级经济技术开发区，已形成了开发区本部、城南园区、城北园区、新桥园区四个板块，围绕高端装备制造、现代临港物流两大主题，发挥优势，错位发展，差异竞争，特色明显。

2020 年，靖江经济技术开发区全力打好疫情防控和复工复产“双赢战”，全面落实“六稳”“六保”，切实保障企业稳定生产，有力推动了全区经济逐季回暖、加速回升。全年实现工业开票收入 785.93 亿元，同比增长 8.33%，工业经济体量占到了全市 70% 以上；完成商贸服务业开票 600.66 亿元，同比增长 18.16%；新增规上企业 94 家，新增、净增税收 1 000 万元以上企业 23 家。

道道全油脂生产基地（靖江）项目加快建设

众拓航空航天科技（江苏）有限责任公司

海豚之星 AGV 机器人生产线

先锋半导体科技有限公司

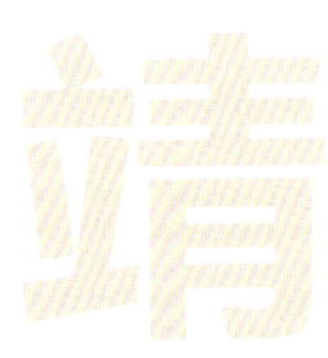
靖

江

装备制造类项目
大型高端装备制造基地项目
（总投资10亿元）
房德科创创智科技产业园
（总投资10亿元）
船用柴油发动机制造项目
（总投资5亿元）
新型冶金专用成套设备项目
（总投资3.1亿元）
矿用智能安全装备制造项目
（总投资3亿元）

中南集团
中南高科
中南高科·靖江智造谷首批入驻企业签约仪式
苏州家美适电梯 江苏天川自动化 张家港安达机械 张家港万容机械
张家港臻图电气 张家港大邦轧辊 江阴科创电气

凯飞民用航空结构件生产制造合资项目
KAIFEI CIVIL AEROSTRUCTURE MANUFACTURING JOINT VENTURE PROJECT
签约奠基仪式
SIGNING GROUNDBREAKING CEREMONY

NINGGUO

ECONOMIC & TECHNOLOGICAL DEVELOPMENT ZONE

宁国经济技术开发区

宁国经济技术开发区经过20年长足发展，已形成“一区四园一小镇”的发展格局，先后获批为国家知识产权试点园区、国家绿色园区、全国橡塑密封件知名品牌创建示范区、G60科创走廊产业合作示范园区、安徽省特色产业集群（基地）、安徽（宁国）中德国际合作智能制造产业园、安徽省先进制造业和现代服务业融合发展试点园区等。

“十三五”期间，宁国经济技术开发区地区生产总值年均增长10.8%，占全市50%以上；工业总产值年均增长13.4%，占全市80%以上；财政收入年均增长7.3%，占全市75%；实际利用外资年均增长10.4%；固定资产投资年均增长13.4%。

经开区管委会职工帮扶项目建设

经开区管委会主要负责人走访企业

众益工业广场

凤形科技全景图

紫燕食品

中德智造小镇

XIAOSHAN

ECONOMIC & TECHNOLOGICAL DEVELOPMENT ZONE

萧山经济技术开发区

2020 年，萧山经济技术开发区在国家级开发区综合考评中首次跻身全国 50 强，其中实际使用外资位列全国第 9 位。实际利用外资考核指标进入了国家级开发区的 10 强；高新技术企业数量较上年增加了 59.3%；每万人口拥有发明专利量增加了 70.5%；国家级孵化器和众创空间不仅零突破并已达到 5 家；规上工业增加值 117.6 亿元，占萧山全区规上工业增加值的比重达 32%。全年实现固定资产投资 92 亿元，同比增长 5.1%；规上工业总产值 466.9 亿元，同比增长 0.5%；规上工业增加值 117.6 亿元，同比增长 0.6%；规上高新技术产业增加值 87.4 亿元，同比增长 2.3%；数字经济增加值累计完成 41.2 亿元，同比增长 15.7%；规上服务业增加值 65 亿元。实现财政总收入 120.41 亿元、一般公共预算收入 76.65 亿元，分别增长 9.54%、19.23%。

德意智慧工厂

钱江机器人

开发区管委会

信息港小镇

信息港初中

科技城

机器人小镇

三江创智新城

WANZHOU

ECONOMIC & TECHNOLOGICAL DEVELOPMENT ZONE

万州经济技术开发区

万州经济技术开发区规划范围为高峰园、天子园、五桥园、九龙园和新田园“一区五园”，开发建设面积 58.56 平方公里。2020 年，完成地区生产总值 184.7 亿元。完成一般公共预算收入 13.5 亿元、同比增长 33.3%， 其中税收收入 10.8 亿元、同比增长 29.9%，占全区比重达到 28%。完成固定资产投资 30.7 亿元、同比增长 66.5%，其中工业投资 23.8 亿元、同比增长 72.8%。完成服务业营销收入 611 亿元。实际利用外资 1.23 亿美元，占全区比重达到 96%。进出口总额 32.5 亿元、同比增长 13 倍。完成规上工业产值 260.5 亿元、同比增长 6.2%，占全区比重达到 78.4%。规上工业增加值增长 6%、达到 68 亿元。规上工业企业实现利润 18 亿元。新材料、汽车、智能装备、食品医药、绿色照明五大重点产业完成产值 202.6 亿元。

万州综合保税区

万州经开区天子园

万州绿色智造赋能中心

万州科技创新中心

万州照明电气产业园

TANGSHAN HAIGANG

ECONOMIC DEVELOPMENT ZONE

唐山海港经济开发区

2020年，唐山海港经济开发区坚持以“三创四建”活动为载体和抓手，围绕唐山市委“33458”工作思路，聚焦聚力“八个发展”，持续对标对表、拼搏竞进，努力克服疫情影响，全力推进经济回速、工业回稳、投资回升、消费回暖，各项工作取得明显成效。2020年，地区生产总值同比增长4.5%，规上工业增加值增长5.1%，服务业增加值同比增长6.29%，高新技术产业增加值增长14.8%，固定资产投资增长7.6%，一般公共预算收入增长8.5%，新增规上工业企业7家，新增规上服务业企业8家。

唐耀科技有限公司生产车间

行驶在京唐港集装箱码头上的无人驾驶卡车

唐山海港

海港体育中心

唐山海港

NANCHANG
ECONOMIC & TECHNOLOGICAL DEVELOPMENT ZONE
南昌经济技术开发区

2020年，南昌经济技术开发区沉着应对经济形势趋紧和疫情防控双重挑战，经济社会发展企稳回升，全年实现园区总收入5 018.14亿元，增长12.75%；地区生产总值达563.76亿元，增长5.2%；财政总收入51.8亿元，增长2.1%；规上工业增加值增长5.7%；固定资产投资增长8.5%；实现社会消费品零售总额178.40亿元，增长2.8%；完成地方一般公共预算收入19.5亿元，增长1.3%；工业用电量增长8.83%，达到了23.5亿度，居全省开发区第一；引进内资505.29亿元，同比增长22%；引进外资12.1亿美元，同比增长18%。2020年，南昌经开区在国家级经开区综合发展水平考核中，位列第31位；在2020年度全省争先创优考核中，全区综合发展水平位列全省第二。

南昌海立

黄家湖立交

南昌

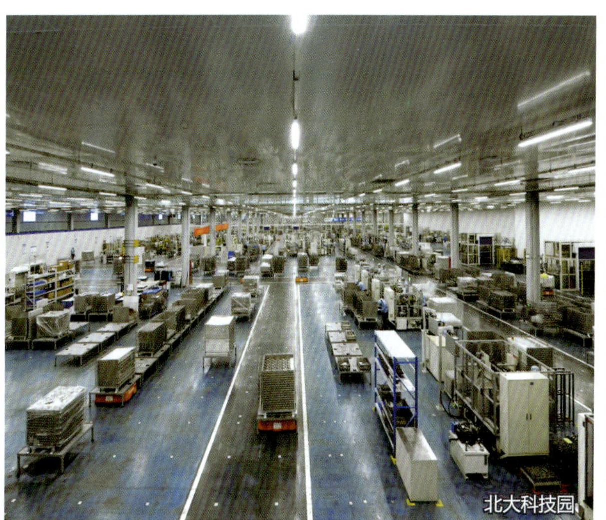

北大科技园

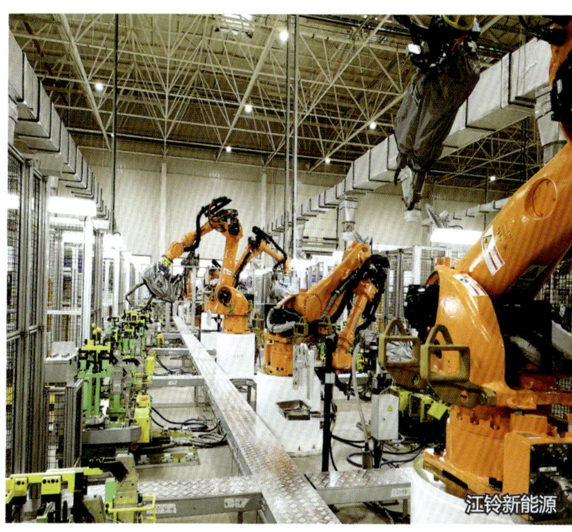

江铃新能源

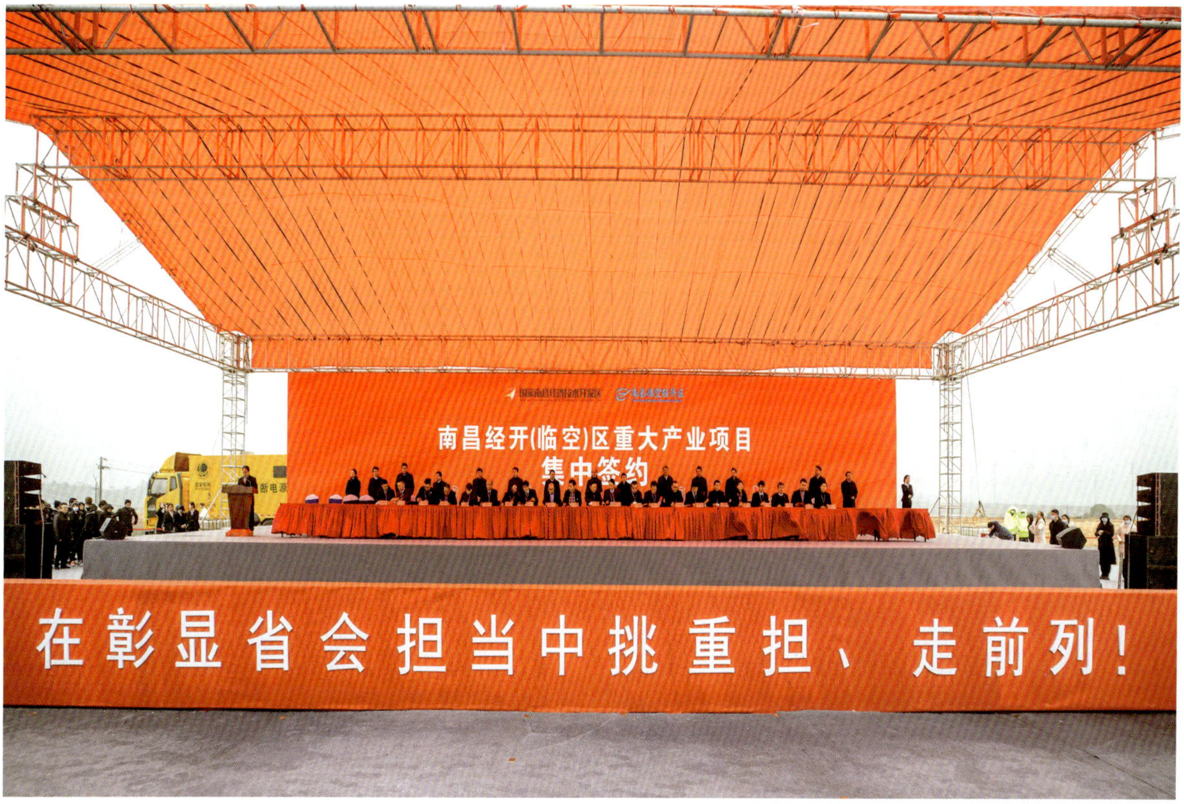
南昌经开(临空)区重大产业项目
集中签约
在彰显省会担当中挑重担、走前列！

《港通四海》沈颖俊

NINGBO
ECONOMIC & TECHNOLOGICAL DEVELOPMENT ZONE

宁波经济技术开发区

宁波经济技术开发区（北仑区）依托港口优势和开发优势，经过近 36 年的发展，形成了以汽车、装备、石化、钢铁、能源等为主体的临港产业集群，以及集成电路、高端装备、新材料等新兴产业版块。拥有吉利、申洲、海天等一大批实力企业，规上工业企业 784 家，产值超百亿元企业 11 家、超十亿元企业 58 家，境内外上市公司 18 家。2020 年全区实现地区生产总值 2 020 亿元，财政总收入 612 亿元。外贸进出口总额、规上工业总产值、规上工业增加值全省第一，财政总收入全省第二，10 项总量指标位居宁波市首位。

宁波开发区（北仑区）大碶高档模具及汽配产业园区

宁波开发区（北仑）全景